Bilingual Dictionary

English-Malay
Malay-English
Dictionary

Compiled by
Azimah Husna

© Publishers
ISBN : 978 1 912826 11 7

All rights reserved with the Publishers. No part of this publication may be reproduced or transmitted in any form or by any means, electronic, mechanical, photocopying, recording or otherwise, without the prior written permission of the Publishers.

First Edition : 2020

Published by
STAR Foreign Language BOOKS
a unit of
ibs BOOKS (UK)
56, Langland Crescent
Stanmore HA7 1NG, U.K.
info@starbooksuk.com
www.starbooksuk.com

Printed in India at
Star Print-O-Bind, New Delhi-110 020

About this Dictionary

Developments in science and technology today have narrowed down distances between countries, and have made the world a small place. A person living thousands of miles away can learn and understand the culture and lifestyle of another country with ease and without travelling to that country. Languages play an important role as facilitators of communication in this respect.

To promote such an understanding, STAR **Foreign Language** BOOKS has planned to bring out a series of bilingual dictionaries in which important English words have been translated into other languages, with Roman transliteration in case of languages that have different scripts. This is a humble attempt to bring people of the word closer through the medium of language, thus making communication easy and convenient.

Under this series of *one-to-one dictionaries*, we have published almost 55 languages, the list of which has been given in the opening pages. These have all been compiled and edited by teachers and scholars of the relative languages.

Publishers

Bilingual Dictionaries in this Series

English-Afrikaans / Afrikaans-English	Abraham Venter
English-Albanian / Albanian-English	Theodhora Blushi
English-Amharic / Amharic-English	Girun Asanke
English-Arabic / Arabic-English	Rania-al-Qass
English-Bengali / Bengali-English	Amit Majumdar
English-Bosnian / Bosnian-English	Boris Kazanegra
English-Bulgarian / Bulgarian-English	Vladka Kocheshkova
English-Cantonese / Cantonese-English	Nisa Yang
English-Chinese (Mandarin) / Chinese (Mandarin)-Eng	Y. Shang & R. Yao
English-Croatian / Croatain-English	Vesna Kazanegra
English-Czech / Czech-English	Jindriska Poulova
English-Danish / Danish-English	Rikke Wend Hartung
English-Dari / Dari-English	Amir Khan
English-Dutch / Dutch-English	Lisanne Vogel
English-Estonian / Estonian-English	Lana Haleta
English-Farsi / Farsi-English	Maryam Zaman Khani
English-French / French-English	Aurélie Colin
English-Georgian / Georgina-English	Eka Goderdzishvili
English-Gujarati / Gujarati-English	Sujata Basaria
English-German / German-English	Bicskei Hedwig
English-Greek / Greek-English	Lina Stergiou
English-Hindi / Hindi-English	Sudhakar Chaturvedi
English-Hungarian / Hungarian-English	Lucy Mallows
English-Italian / Italian-English	Eni Lamllari
English-Japanese / Japanese-English	Miruka Arai
English-Korean / Korean-English	Mihee Song
English-Latvian / Latvian-English	Julija Baranovska
English-Levantine Arabic / Levantine Arabic-English	Ayman Khalaf
English-Lithuanian / Lithuanian-English	Regina Kazakeviciute
English-Malay / Malay-English	Azimah Husna
English-Nepali / Nepali-English	Anil Mandal
English-Norwegian / Norwegian-English	Samuele Narcisi
English-Pashto / Pashto-English	Amir Khan
English-Polish / Polish-English	Magdalena Herok
English-Portuguese / Portuguese-English	Dina Teresa
English-Punjabi / Punjabi-English	Teja Singh Chatwal
English-Romanian / Romanian-English	Georgeta Laura Dutulescu
English-Russian / Russian-English	Katerina Volobuyeva
English-Serbian / Serbian-English	Vesna Kazanegra
English-Sinhalese / Sinhalese-English	Naseer Salahudeen
English-Slovak / Slovak-English	Zuzana Horvathova
English-Slovenian / Slovenian-English	Tanja Turk
English-Somali / Somali-English	Ali Mohamud Omer
English-Spanish / Spanish-English	Cristina Rodriguez
English-Swahili / Swahili-English	Abdul Rauf Hassan Kinga
English-Swedish / Swedish-English	Madelene Axelsson
English-Tagalog / Tagalog-English	Jefferson Bantayan
English-Tamil / Tamil-English	Sandhya Mahadevan
English-Thai / Thai-English	Suwan Kaewkongpan
English-Tigrigna / Tigrigna-English	Tsegazeab Hailegebriel
English-Turkish / Turkish-English	Nagme Yazgin
English-Ukrainian / Ukrainian-English	Katerina Volobuyeva
English-Urdu / Urdu-English	S. A. Rahman
English-Vietnamese / Vietnamese-English	Hoa Hoang
English-Yoruba / Yoruba-English	O. A. Temitope

English - Malay

a *(art.)* satu
aback *(adv.)* terperanjat
abaction *(n.)* mencuri ternakan
abactor *(n.)* pencuri ternakan
abacus *(n.)* sempoa
abandon *(v.)* meninggalkan
abandonable *(adj.)* boleh ditinggalkan
abandoner *(n.)* pengabai
abase *(v.)* memalukan
abasement *(n.)* penghinaan
abash *(v.)* memalukan
abashed *(adj.)* malu
abate *(v.)* meredakan
abatement *(n.)* reda
abattoir *(n.)* pembantaian
abbey *(n.)* biara
abbot *(n.)* rahib
abbreviate *(v.)* memendekkan
abbreviation *(n.)* singkatan
abdicate *(v.t,)* melepaskan
abdication *(n.)* pelepasan takhta
abdomen *(n.)* abdomen
abdominal *(adj.)* berkaitan perut
abduct *(v.)* menculik
abductee *(n.)* mangsa culik
abduction *(n.)* penculikan
abductor *(n.)* penculik
abed *(adv.)* di katil
aberrance *(n.)* kelainan
aberration *(n.)* penyimpangan
abet *(v.)* bersubahat
abetment *(n.)* subahat
abeyance *(n.)* penangguhan
abeyant *(adj.)* ditangguh
abhor *(v.)* benci
abhorrence *(n.)* kebencian
abide *(v.)* mematuhi
abideable *(adj.)* bersesuaian

abiding *(adj.)* berlanjutan
ability *(n.)* kebolehan
abject *(adj.)* hina
abjection *(n.)* kehinaan
abjunction *(n.)* abjungsi
abjure *(v.)* menafikan
abjurer *(n.)* pembicara
ablactate *(v.)* bercerai susu
ablactation *(n.)* cerai susu
abland *(adj.)* buta
ablate *(v.)* membuang
ablation *(n.)* ablasi
ablative *(adj.)* ablatif
ablaze *(adv.)* terbakar
able *(adj.)* mampu
ablepsy *(n.)* buta
ablush *(adv.)* menjadi merah
ablution *(n.)* wuduk
ablutionary *(adj.)* wuduk
abnegate *(v.)* menafikan
abnegation *(n.)* penafian
abnormal *(adj.)* ganjil
abnormalcy *(n.)* kelainan
abnormality *(n.)* keganjilan
abnormally *(adv.)* ganjilnya
aboard *(adv.)* di atas
abode *(n.)* kediaman
abolish *(v.)* membatalkan
abolisher *(n.)* pembasmi
abolishment *(n.)* pembatalan
abolition *(v.)* pemansuhan
abolitionism *(n.)* memansuhkan
abominable *(adj.)* dahsyat
abominably *(adv.)* dengan teruk
abominate *(v.)* membenci
abomination *(n.)* kebencian
aboriginal *(adj.)* asli
aborigines *(n. pl)* bumiputera
abort *(v.)* menggugurkan
abortion *(n.)* pengguguran
abortive *(adv.)* terbantut
abound *(v.)* melimpah-ruah
aboundance *(n.)* banyak
about *(adv.)* hampir

above *(adv.)* melampaui
abrasion *(n.)* calar
abrasive *(adj.)* kasar
abrasively *(adv.)* secara kasar
abrasiveness *(n.)* kekasaran
abreast *(adv.)* seiring
abridge *(v.)* meringkaskan
abridgement *(n.)* singkatan
abroad *(adv.)* luar negara
abrogate *(v.)* memansuhkan
abrogation *(n.)* pemansuhan
abrupt *(adj.)* tiba-tiba
abruption *(n.)* mendadak
abscess *(n.)* bisul
abscond *(v.)* cabut lari
abscondence *(n.)* melarikan
absence *(n.)* ketiadaan
absent *(v.)* tidak hadir
absentee *(n.)* tidak hadir
absolute *(adj.)* mutlak
absolutely *(adv.)* sama sekali
absolution *(n.)* pengampunan
absolutism *(n.)* absolutisme
absolve *(v.)* mengampuni
absonant *(adj.)* tidak munasabah
absorb *(v.)* menyerap
absorption *(n.)* penyerapan
abstain *(v.)* berpantang
abstinence *(n.)* pantang
abstract *(v.)* meringkaskan
abstraction *(n.)* pemisahan
absurd *(adj.)* karut
absurdity *(n.)* bukan-bukan
abundance *(n.)* berlimpah-limpah
abundant *(adj.)* mewah
abuse *(v.)* menyalahgunakan
abuser *(n.)* penyalahguna
abusive *(adj.)* kasar
abut *(v.)* bersempadan
abutment *(n.)* landas
abyss *(n.)* jurang
acacia *(n.)* akasia

academic *(adj.)* akademik
academy *(n.)* akademi
accede *(v.)* bersetuju
acceder *(n.)* setuju
accelerate *(v.)* memecut
acceleration *(n.)* pemecutan
accelerator *(n.)* pemecut
accend *(v.)* naik
accent *(n.)* loghat
accept *(v.)* menerima
acceptable *(adj.)* boleh diterima
acceptance *(n.)* penerimaan
access *(n.)* akses
accessibility *(n.)* ketersediaan
accession *(n.)* penaikan
accessorise *(v.)* menghias
accessory *(n.)* aksesori
accident *(n.)* kemalangan
accidental *(adj.)* kebetulan
acclaim *(n.)* pujian
acclamation *(n.)* aklamasi
acclimatise *(v.)* membiasakan
accommodate *(v.)* menampung
accommodation *(n.)* penginapan
accompaniment *(n.)* iringan
accompany *(v.)* menemani
accomplice *(n.)* rakan jenayah
accomplish *(v.)* menjayakan
accomplished *(adj.)* berjaya
accomplishment *(n.)* pencapaian
accord *(v.)* bersetuju
accordance *(n.)* kesuaian
accordingly *(adv.)* sewajarnya
accost *(v.)* menghampiri
account *(n.)* akaun
accountability *(n.)* kebertanggungjawaban
accountable *(adj.)* bertanggungjawab
accountancy *(n.)* perakaunan
accountant *(n.)* akauntan
accredit *(v.)* mengakreditasi

accreditation *(n.)* akreditasi
accrementition *(n.)* penggemaan
accrete *(v.)* mengumpulkan
accrue *(v.)* bertambah
accumulate *(v.)* mengumpulkan
accumulation *(n.)* pengumpulan
accuracy *(n.)* ketepatan
accurate *(adj.)* tepat
accursed *(adj.)* terkutuk
accusation *(n.)* tuduhan
accusator *(n.)* penuduh
accuse *(v.)* menuduh
accused *(n.)* dituduh
accustom *(v.)* membiasakan
accustomed *(adj.)* terbiasa
ace *(n.)* jaguh
acellular *(adj.)* asel
acene *(n.)* asena
acentric *(adj.)* tak sepusat
acephalous *(adj.)* tanpa kepala
acephaly *(n.)* tanpa kepala
acetate *(n.)* asetat
acetifier *(n.)* pencukaan
acetify *(v.)* mengasidkan
acetone *(n.)* aseton
ache *(v.)* kesakitan
achieve *(v.)* mencapai
achievement *(n.)* pencapaian
achiever *(n.)* pencapai
achromatic *(adj.)* tidak berwarna
acid *(n.)* asid
acidic *(adj.)* berasid
acknowledge *(v.)* mengakui
acknowledgement *(n.)* pengakuan
acne *(n.)* jerawat
acolyte *(n.)* pembantu paderi
acorn *(n.)* buah oak
acoustic *(adj.)* akustik
acoustics *(n.)* ilmu akustik
acquaint *(v.)* berkenalan
acquaintance *(n.)* rakan

acquest *(n.)* pemerolehan
acquiesce *(v.)* bersetuju
acquiescence *(n.)* persetujuan
acquire *(v.)* memperoleh
acquirement *(n.)* perolehan
acquisition *(n.)* pemerolehan
acquit *(v.)* membebaskan
acquittal *(n.)* pembebasan
acre *(n.)* ekar
acreage *(n.)* bilangan ekar
acrid *(adj.)* pedih
acrimony *(n.)* kepedihan
acritical *(adj.)* tidak kritis
acrobat *(n.)* akrobat
acrobatic *(adj.)* akrobatik
acrobatics *(n.)* gaya akrobatik
acropolis *(n.)* akropolis
across *(adv.)* bersilang
acrostic *(n.)* teka-teki
acrylic *(adj.)* akrilik
act *(v.)* melakonkan
acting *(n.)* bertindak
action *(n.)* tindakan
activate *(v.)* mengaktifkan
active *(adj.)* aktif
activist *(n.)* aktivis
activity *(n.)* aktiviti
actor *(n.)* pelakon lelaki
actress *(n.)* pelakon wanita
actual *(adj.)* sebenar
actually *(adv.)* sebenarnya
acuatic *(adj.)* berkenaan air
acumen *(n.)* ketajaman
acupuncture *(n.)* akupunktur
acupuncturist *(n.)* ahli akupunktur
acute *(adj.)* tajam
ad hoc *(adj.)* ad hoc
adage *(n.)* pepatah
adamant *(adj.)* berkeras
adapt *(v.)* menyesuaikan
adaptation *(n.)* penyesuaian
add *(v.)* tambah
addict *(v.)* ketagih

addiction *(n.)* ketagihan
addition *(n.)* penambahan
additional *(adj.)* tambahan
addle *(adj.)* kacau
address *(n.)* alamat
addressee *(n.)* penerima
addresser *(n.)* pengirim
adduce *(v.)* mengemukakan
adept *(adj.)* cekap
adequacy *(n.)* kecukupan
adequate *(adj.)* cukup
adhere *(v.)* melekat
adherence *(n.)* kepatuhan
adhesion *(n.)* pelekatan
adhesive *(adj.)* perekat
adhibit *(v.)* menggunakan
adieu *(n.)* selamat tinggal
adiposity *(n.)* obesiti
adjacent *(adj.)* berdekatan
adjective *(n.)* adjektif
adjoin *(v.)* bersebelahan
adjourn *(v.)* menangguhkan
adjournment *(n.)* penangguhan
adjudge *(v.)* memutuskan
adjunct *(n.)* tambahan
adjuration *(n.)* bersumpah
adjure *(v.)* mendesak
adjust *(v.)* menyesuaikan
adjustment *(n.)* penyesuaian
adjuvant *(n.)* yang membantu
administer *(v.)* mentadbir
administrate *(v.)* pentadbir
administration *(n.)* pentadbiran
administrative *(adj.)* tadbir
administrator *(n.)* pentadbir
admirable *(adj.)* terpuji
admiral *(n.)* laksamana
admiralty *(n.)* admiralti
admiration *(n.)* kekaguman
admire *(v.)* mengagumi
admirer *(n.)* peminat
admissible *(adj.)* dapat diterima
admission *(n.)* pengakuan
admit *(v.)* mengaku

admittance *(n.)* kemasukan
admittedly *(adv.)* diakui
admonish *(v.)* menegur
admonisher *(n.)* yang menegur
admonition *(n.)* teguran
ado *(n.)* kekecohan
adobe *(n.)* bata jemur
adolescence *(n.)* masa rermaja
adolescent *(adj.)* remaja
adopt *(v.)* mengangkat
adoption *(n.)* pengangkatan
adoptive *(adj.)* angkat
adorable *(adj.)* menawan
adoration *(n.)* pujaan
adore *(v.)* mengasihi
adorn *(v.)* mendandani
adrenaline *(n.)* adrenalin
adrenalise *(v.)* merangsang adrenalin
adscititious *(adj.)* tambahan luaran
adscript *(adj.)* ditulis selepas
adsorption *(n.)* penjerapan
adulate *(v.)* menyanjung
adulation *(n.)* sanjungan
adult *(adj.)* cukup umur
adulterate *(v.)* mencemarkan
adulteration *(n.)* pemalsuan
adultery *(n.)* zina
advance *(v.)* memajukan
advancement *(n.)* kemajuan
advantage *(n.)* keuntungan
advantageous *(adj.)* menguntungkan
advent *(n.)* ketibaan
adventure *(n.)* pengembaraan
adventurous *(adj.)* mencabar
adverb *(n.)* kata keterangan
adverbial *(adj.)* berkaitan adverba
adversary *(n.)* lawan
adverse *(adj.)* bertentangan
adversity *(n.)* kesengsaraan
advert *(v.)* merujuk

advertise *(v.)* mengiklankan
advertisement *(n.)* iklan
advice *(n.)* nasihat
advisability *(n.)* kebijaksanaan
advisable *(adj.)* sebaiknya
advise *(v.)* menasihati
advocacy *(n.)* sokongan
advocate *(n.)* penganjur
aeolic *(adj.)* dialek Greek
aerial *(adj.)* seperti udara
aeriform *(adj.)* lemah gemalai
aerify *(v.)* mengewap
aerobic *(adj.)* aerobik
aerobics *(n.)* aerobik
aerobiologic *(adj.)* berkaitan aerobiologi
aerobiology *(n.)* aerobiologi
aerocraft *(n.)* pesawat udara
aerodigestive *(adj.)* menjejaskan pernafasan
aerodrome *(n.)* lapangan terbang
aerodynamic *(adj.)* aerodinamik
aeronautics *(n.pl.)* aeronautik
aeroplane *(n.)* kapal terbang
aeropulse *(n.)* aerodenyut
aerosol *(adj.)* aerosol
aerostatic *(adj.)* berkenaan aerostatik
aerostatics *(n.)* aerostatik
aesthetic *(adj.)* estetik
aesthetics *(n.pl.)* estetika
aestival *(adj.)* aestival
afar *(adv.)* jauh
affable *(adj.)* mesra
affair *(n.)* urusan
affect *(v.)* mengesankan
affectation *(n.)* kepura-puraan
affection *(n.)* kasih
affectionate *(adj.)* pengasih
affidavit *(n.)* surat sumpah
affiliate *(v.)* bergabung
affiliation *(n.)* penggabungan
affinity *(n.)* pertalian

affirm *(v.)* mengesahkan
affirmation *(n.)* pengesahan
affirmative *(adj.)* mengiakan
affirmatively *(adv.)* mengiakan
affix *(v.)* melekatkan
affixation *(n.)* penyambungan
afflict *(v.)* menyakiti
affliction *(n.)* kesakitan
afflictive *(adj.)* sakit
affluence *(n.)* kekayaan
affluent *(adj.)* kaya
affluential *(n.)* orang berpengaruh
affluenza *(n.)* psikologi kaya
afford *(v.)* mampu
affordability *(n.)* kemampuan
afforest *(v.)* menghutankan
affray *(n.)* kekecohan
affront *(v.)* menghina
afield *(adv.)* jauh
aflame *(adv.)* terbakar
afloat *(adv.)* terapung
afoot *(adv.)* berjalan kaki
afore *(prep.)* sebelum
aforementioned *(adj.)* tersebut sebelumnya
aforesaid *(adj.)* tersebut sebelumnya
afraid *(adj.)* takut
afresh *(adv.)* baru
aft *(adv.)* buritan
after *(adv.)* selepas
aftereffect *(n.)* akibat
aftergrowth *(n.)* tumbuhan lanjur
afternoon *(n.)* petang
afterthought *(n.)* fikiran kemudian
afterwards *(adv.)* kemudian
again *(adv.)* lagi
against *(adj.)* bertentangan
agape *(adv.,)* ternganga
agaze *(adv.)* merenung
age *(n.)* umur

aged *(adj.)* berumur
agency *(n.)* agensi
agenda *(n.)* agenda
agent *(n.)* ejen
agglomerate *(adj.)* aglomerat
aggravate *(v.)* memburukkan
aggravation *(n.)* pemburukkan
aggregate *(v.)* mengumpulkan
aggression *(n.)* penyerangan
aggressive *(adj.)* agresif
aggressor *(n.)* penyerang
aggrieve *(v.)* mendukakan
aggroupment *(n.)* pembentukkan kumpulan
aghast *(adj.)* terkejut
agile *(adj.)* tangkas
agility *(n.)* ketangkasan
agist *(v.)* upah gembala
agitate *(v.)* merunsingkan
agitation *(n.)* pergolakan
aglare *(adj.)* menyilaukan
aglow *(adv.)* berseri
agnosticism *(n.)* agnostisisme
agnus *(n.)* anak kambing
ago *(adv.)* dahulu
agog *(adj.)* ghairah
agonist *(n.)* agonis
agonize *(v.)* menyakiti
agony *(n.)* kesakitan
agoraphobia *(n.)* agorafobia
agrarian *(adj.)* pertanian
agree *(v.)* bersetuju
agreeable *(adj.)* menyenangkan
agreement *(n.)* persetujuan
agricultural *(adj.)* pertanian
agriculture *(n.)* pertanian
agriculturist *(n.)* petani
agro *(adj.)* berkenaan pertanian
agrology *(n.)* agrologi
agronomy *(n.)* agronomi
ague *(n.)* demam
ahead *(adv.)* dahulu
aheap *(adv.)* berlonggok
ahoy *(interj.)* ahoi

aid *(v.)* menolong
aide *(n.)* pembantu
aigrette *(n.)* hiasan kepala
ail *(v.)* mendukakan
ailment *(n.)* penyakit
aim *(n.)* niat
air *(n.)* udara
airbag *(n.)* beg udara
airborne *(adj.)* terbang
airbrake *(n.)* brek angin
airbus *(n.)* kapal terbang
aircraft *(n.)* pesawat terbang
aircrew *(n.)* anak kapal
airlift *(v.)* menerbangkan
airy *(adj.)* berangin
aisle *(n.)* lorong
ajar *(adv.)* renggang
akin *(adj.)* serupa
akinesia *(n.)* akinesia
alabaster *(adj.)* alabaster
alacrious *(adj.)* ceria
alacrity *(n.)* beria-ria
alamort *(adj.)* separuh mati
alarm *(v.)* mencemaskan
alarming *(adj.)* menakutkan
alas *(interj.)* aduhai
albeit *(conj.)* walaupun
albino *(n.)* balar
album *(n.)* album
albumen *(n.)* albumin
alchemist *(n.)* ahli alkimia
alchemy *(n.)* alkimia
alcohol *(n.)* alkohol
alcoholic *(n.)* penagih arak
alcoholism *(n.)* ketagihan arak
alcove *(n.)* ruang kecil
ale *(n.)* sejenis bir
aleatory *(adj.)* rambang
alegar *(n.)* sejenis cuka
alert *(adj.)* berwaspada
alertness *(n.)* kewaspadaan
alfa *(n.)* huruf a
alga *(n.)* alga
algal *(adj.)* berkaitan alga

algebra *(n.)* algebra
alias *(adv.)* atau
alibi *(n.)* alibi
alien *(adj.)* ganjil
alienate *(v.)* merenggangkan
aliferous *(adj.)* bersayap
alight *(v.)* turun
align *(v.)* menjajarkan
alignment *(n.)* penjajaran
alike *(adv.)* sama
aliment *(n.)* makanan
alimony *(n.)* alimoni
aliquot *(n.)* alikuot
alive *(adj.)* hidup
alkali *(n.)* alkali
alkaline *(adj.)* bersifat alkali
all *(pron)* kesemuanya
allay *(v.)* mengurangkan
allegation *(n.)* perbuatan menuduh
allege *(v.)* mendakwa
alleged *(adj.)* pesalah disyaki
allegiance *(n.)* kesetiaan
allegorical *(adj.)* berkaitan kiasan
allegory *(n.)* ibarat
allergy *(n.)* alahan
alleviate *(v.)* mengurangkan
alleviation *(n.)* kelegaan
alley *(n.)* lorong
alliance *(n.)* perikatan
alligator *(n.)* buaya
alliterate *(v.)* aliterasi
alliteration *(n.)* aliterasi
allness *(n.)* keseluruhan
allocate *(v.)* menguntukkan
allocation *(n.)* perbuatan menguntukkan
allot *(v.)* memperuntukkan
allotment *(n.)* tanah peruntukkan
allow *(v.)* membenarkan
allowance *(n.)* peruntukkan
alloy *(n.)* aloi

allude *(v.)* menyebut sipi-sipi
allure *(v.)* menggoda
allurement *(n.)* godaan
allusion *(n.)* bayangan
allusive *(adj.)* mengandungi kiasan
ally *(n.)* sekutu
almanac *(n.)* almanak
almighty *(adj.)* maha kuasa
almond *(n.)* badam
almost *(adv.)* hampir
alms *(n.)* derma
aloft *(adv.)* tinggi
alone *(adj.)* sendirian
along *(prep.)* sepanjang
aloof *(adv.)* dingin
aloud *(adv.)* kuat-kuat
alp *(n.)* alp
alpha *(n.)* alfa
alphabet *(n.)* abjad
alphabetical *(adj.)* menurut abjad
alpine *(n.)* pokok alp
alpinist *(n.)* pendaki gunung
already *(adv.)* sudah
also *(adv.)* juga
altar *(n.)* altar
alter *(v.)* menukar
alteration *(n.)* perubahan
altercation *(n.)* perbalahan
alternate *(v.)* menggilirkan
alternative *(adj.)* alternatif
although *(conj.)* sungguhpun
altimeter *(n.)* altimeter
altitude *(n.)* altitud
alto *(n.)* alto
altogether *(adv.)* semuanya
altruism *(n.)* altruisme
altruist *(n.)* altruis
altruistic *(adj.)* altruistik
aluminate *(v.)* aluminat
aluminium *(n.)* aluminium
alumna *(n.)* alumni
alveary *(n.)* stor maklumat

always *(adv.)* sentiasa
am *(abbr)* pagi
amalgam *(n.)* amalgam
amalgamate *(v.)* bergabung
amalgamation *(n.)* penggabungan
amass *(v.)* mengumpulkan
amateur *(n.)* amatur
amatory *(adj.)* berahi
amaurosis *(n.)* amaurosis
amaze *(v.)* sungguh menghairankan
amazement *(n.)* kehairanan
ambassador *(n.)* duta
amberite *(n.)* serbuk bakar
ambidexter *(n.)* ambidekster
ambient *(adj.)* ambien
ambiguity *(n.)* ketaksaan
ambiguous *(adj.)* taksa
ambissexual *(n.)* dwiseksual
ambissexuality *(n.)* kedwijantinaan
ambition *(n.)* cita-cita
ambitious *(adj.)* bercita-cita tinggi
ambivalence *(n.)* ambivalen
ambivalent *(adj.)* berbelah-bagi
ambry *(n.)* ceruk gereja
ambulance *(n.)* ambulans
ambulant *(adj.)* boleh berjalan
ambulate *(v.)* jalan
ambuscade *(v.)* menyerang hendap
ambush *(n.)* serang hendap
ameliorate *(v.)* memperbaiki
amelioration *(n.)* kemajuan
amen *(interj.)* amin
amenable *(adj.)* boleh menerima
amend *(v.)* meminda
amendment *(n.)* pindaan
amends *(n.pl.)* pampasan
amenorrhoea *(n.)* amenorea
amiability *(n.)* keramahan
amiable *(adj.)* mesra

amicable *(adj.)* secara baik
amid *(prep.)* di tengah-tengah
amiss *(adv.)* tidak kena
amity *(n.)* persahabatan
ammonia *(n.)* ammonia
ammunition *(n.)* bekalan peluru
amnesia *(n.)* amnesia
amnesty *(n.)* pengampunan
among *(prep.)* di antara
amongst *(prep.)* di kalangan
amoral *(adj.)* biadap
amorous *(adj.)* penuh berahi
amorph *(n.)* amorf
amortise *(v.)* melunaskan
amortization *(n.)* pelunasan
amount *(v.)* berjumlah
amour *(n.)* hubungan cinta
ampere *(n.)* ampere
amphibious *(adj.)* amfibia
amphitheatre *(n.)* amfiteater
ample *(adj.)* cukup
amplification *(n.)* pembesaran
amplifier *(n.)* penguat
amplify *(v.)* menguatkan
amplitude *(n.)* amplitud
amputate *(v.)* memotong
amputation *(n.)* amputasi
amputee *(n.)* kudung
amuck *(adv.)* mengamuk
amulet *(n.)* azimat
amuse *(v.)* menghiburkan
amusement *(n.)* hiburan
amygdala *(n.)* amigdala
an *(art.)* satu
anabaptism *(n.)* doktrin pembaptisan
anabolic *(adj.)* berkenaan anabolik
anachronism *(n.)* anakronisme
anaclasis *(n.)* anaklasis
anaemia *(n.)* anemia
anaesthesia *(n.)* bius
anaesthetic *(n.)* ubat bius
anal *(adj.)* dubur

analogous *(adj.)* seakan-akan sama
analogy *(n.)* analogi
analyse *(v.)* menganalisis
analysis *(n.)* analisis
analyst *(n.)* juruanalisis
analytical *(adj.)* analitis
anamnesis *(n.)* anamnesis
anamorphosis *(adj.)* anamorfosis
anarchism *(n.)* anarkisme
anarchist *(n.)* anarkis
anarchy *(n.)* anarki
anatomy *(n.)* anatomi
anbandonee *(n.)* yang ditinggalkan
ancestor *(n.)* nenek moyang
ancestral *(adj.)* pusaka
ancestry *(n.)* keturunan
anchor *(n.)* sauh
anchorage *(n.)* pelabuhan
ancient *(adj.)* kuno
ancon *(n.)* siku
and *(conj.)* dan
androphagi *(n.)* pemakan orang
anecdote *(n.)* anekdot
anemometer *(n.)* anemometer
anew *(adv.)* semula
anfractuous *(adj.)* berliku
angel *(n.)* malaikat
anger *(n.)* kemarahan
angina *(n.)* kesakitan dada
angiogram *(n.)* angiogram
angle *(verb.)* condongkan
angry *(adj.)* marah
anguish *(n.)* kesakitan
angular *(adj.)* berbucu-bucu
animal *(n.)* binatang
animate *(adj.)* hidup
animation *(n.)* animasi
animosity *(n.)* permusuhan
animus *(n.)* kebencian
aniseed *(n.)* adas manis
ankle *(n.)* pergelangan kaki

anklet *(n.)* gelang kaki
annalist *(n.)* periwayat
annals *(n.pl.)* riwayat
annectent *(adj.)* anekten
annex *(v.)* dilampirkan
annexation *(n.)* penambahan
annihilate *(v.)* menghapuskan
annihilation *(n.)* penghapusan
anniversary *(n.)* ulang tahun
annotate *(v.)* menganotasi
announce *(v.)* mengumumkan
announcement *(n.)* pengumuman
annoy *(v.)* menyakitkan hati
annoyance *(n.)* meradang
annoying *(adj.)* menyebabkan meradang
annual *(adj.)* tahunan
annuitant *(n.)* penerima anuiti
annuity *(n.)* anuiti
annul *(v.)* membatalkan
annulet *(n.)* gelang
annulment *(n.)* pemansuhan
anoint *(v.)* melumurkan
anomalous *(adj.)* ganjil
anomaly *(n.)* anomali
anon *(adv.)* tanpa nama
anonymity *(n.)* ketanpanamaan
anonymosity *(n.)* ketiadaan nama
anonymous *(adj.)* tanpa nama
anorak *(n.)* anorak
anorexic *(adj.)* pesakit anoreksia
another *(adj.)* satu lagi
answer *(v.)* menjawab
answerable *(adj.)* bertanggungjawab
ant *(n.)* semut
antacid *(adj.)* antasid
antagonism *(n.)* permusuhan
antagonist *(n.)* antagonis
antagonize *(v.)* membangkitkan kemarahan

antarctic *(adj.)* antartik
antecardium *(n.)* tubuh atas
antecede *(v.)* mendahului
antecedent *(adj.)* sebelum
antedate *(n.)* mengawal tarikh
antelope *(n.)* antelop
antenatal *(adj.)* sebelum bersalin
antennae *(n.)* sesungut
antenuptial *(adj.)* sebelum perkahwinan
anthem *(n.)* lagu kebangsaan
anthology *(n.)* antologi
anthrax *(n.)* antraks
anthropoid *(adj.)* antropoid
anti *(pref.)* menentang
anti-aircraft *(adj.)* pembinasa kapal terbang
antibiotic *(n.)* antibiotik
antic *(n.)* telatah
anticipate *(v.)* menjangka
anticipation *(n.)* jangkaan
antidote *(n.)* penawar
antinomy *(n.)* antinomi
antipathy *(n.)* rasa benci
antiphony *(n.)* nyanyian dua kumpulan
antipodes *(n.)* berlainan
antiquarian *(n.)* purbawan
antiquary *(n.)* purbawan
antiquated *(adj.)* antik
antique *(adj.)* antik
antiquity *(n.)* zaman purba
antiseptic *(adj.)* antiseptik
antitheism *(n.)* antiteisme
antitheist *(n.)* antiteis
antithesis *(n.)* lawan
antler *(n.)* tanduk rusa
antonym *(n.)* kata lawan
anus *(n.)* dubur
anvil *(n.)* andas
anxiety *(adj.)* kebimbangan
anxious *(adj.)* bimbang

anxiously *(adv.)* dengan bersungguh
any *(adv.)* sama sekali
anyhow *(adv.)* secara sembarangan
anyone *(pron)* sesiapa
anyplace *(pron)* anywhere
anything *(pron)* apa-apa
anytime *(adv.)* bila-bila
anyway *(adv.)* lagipun
anywhen *(adv.)* bila-bila masa
anywhere *(adv.)* di mana-mana
anywho *(adv.)* bagaimanapun
aorta *(n.)* aorta
apace *(adv.)* cepat
apart *(adv.)* terpisah
apartment *(n.)* pangsapuri
apathy *(n.)* apati
ape *(v.)* meniru
aperture *(n.)* bukaan
apex *(n.)* puncak
aphasia *(n.)* afasia
aphorism *(n.)* pepatah
apiary *(n.)* sarang lebah
apiculture *(n.)* pemeliharaan lebah
apish *(adj.)* kebodoh-bodohan
apnoea *(n.)* apnea
apologize *(v.)* meminta maaf
apologue *(n.)* apolog
apology *(n.)* maaf
apostle *(n.)* pelopor
apostrophe *(n.)* koma terbalik
apotheosis *(n.)* pengagungan
apparatus *(n.)* radas
apparel *(v.)* pakaian
apparent *(adj.)* jelas
appeal *(v.)* membuat rayuan
appear *(v.)* muncul
appearance *(n.)* kemunculan
appease *(v.)* menenangkan
appellant *(n.)* perayu
append *(v.)* melampirkan
appendage *(n.)* lampiran

appendicitis *(n.)* apendisitis
appendix *(n.)* apendiks
appetence *(n.)* keinginan
appetent *(adj.)* berhasrat
appetite *(n.)* selera
appetizer *(n.)* pembuka selera
applaud *(v.)* memberi tepukan
applause *(n.)* tepukan
apple *(n.)* epal
appliance *(n.)* alat
applicable *(adj.)* berkenaan
applicant *(n.)* pemohon
application *(n.)* permohonan
apply *(v.)* memohon
appoint *(v.)* melantik
appointment *(n.)* janji temu
apportion *(v.)* dibahagikan
apposite *(adj.)* tepat
appositely *(adv.)* dengan tepat
appraise *(v.)* menilai
appreciable *(adj.)* agak ketara
appreciate *(v.)* menghargai
appreciation *(n.)* penghargaan
apprehend *(v.)* menangkap
apprehension *(n.)* tanggapan
apprehensive *(adj.)* khuatir
apprentice *(n.)* perantis
apprise *(v.)* memberitahu
approach *(n.)* pendekatan
approbate *(v.)* bersetuju
approbation *(n.)* keizinan
appropriate *(adj.)* wajar
appropriation *(n.)* peruntukan
approval *(n.)* persetujuan
approve *(v.)* berkenan
approximate *(adj.)* kira-kira
appurtenance *(n.)* perlengkapan
apricot *(n.)* aprikot
April *(n.)* April
apron *(n.)* apron
apt *(adj.)* sesuai
aptitude *(n.)* kebolehan
aquarium *(n.)* akuarium

aquarius *(n.)* akuarius
aqueduct *(n.)* saluran air
Arab *(n.)* Arab
Arabic *(adj.)* Arab
arable *(adj.)* suai tani
arbiter *(n.)* pengadil
arbitrary *(adj.)* sewenang-wenang
arbitrate *(v.)* menimbang tara
arbitration *(n.)* pengadilan
arbitrator *(n.)* pengadil
arc *(n.)* lengkok
arcade *(n.)* arked
arch *(adj.)* angkuh
archaeology *(n.)* arkeologi
archaic *(adj.)* kuno
archangel *(n.)* ketua malaikat
archbishop *(n.)* ketua biskop
archer *(n.)* pemanah
archery *(n.)* sukan memanah
architect *(n.)* jurubina
architecture *(n.)* seni bina
archives *(n.pl.)* arkib
Arctic *(n.)* berkenaan Artik
ardent *(adj.)* ghairah
ardour *(n.)* keghairahan
arduous *(adj.)* sukar
area *(n.)* kawasan
areca *(n.)* pinang
arefaction *(n.)* mengeringkan
arena *(n.)* gelanggang
argil *(n.)* tanah liat
argonaut *(n.)* sotong argonaut
argue *(v.)* bertengkar
argument *(n.)* pertengkaran
argute *(adj.)* tajam
arid *(adj.)* gersang
aries *(n.)* aries
aright *(adv.)* dengan betul
arise *(v.)* timbul
aristocracy *(n.)* aristokrasi
aristocrat *(n.)* aristokrat
arithmetic *(n.)* aritmetik
arithmetical *(adj.)* aritmetik

ark *(n.)* bahtera
arm *(n.)* lengan
armada *(n.)* armada
armament *(n.)* persenjataan
armature *(n.)* angker
armistice *(n.)* genjatan senjata
armlet *(adj.)* gelang lengan
armour *(n.)* baju besi
armoury *(n.)* gudang senjata
armpit *(n.)* ketiak
army *(n.)* tentera
aroma *(n.)* bau sedap
aromatherapy *(n.)* aromaterapi
around *(adv.)* keliling
arouse *(v.)* menimbulkan
arraign *(v.)* menuduh
arrange *(v.)* mengatur
arrangement *(n.)* rancangan
arrant *(n.)* tepat
array *(n.)* susunan
arrears *(n.pl.)* tunggakan
arrest *(n.)* penangkapan
arrival *(n.)* ketibaan
arrive *(v.)* tiba
arrogance *(n.)* keangkuhan
arrogant *(adj.)* angkuh
arrow *(n.)* anak panah
arrowroot *(n.)* ararut
arsenal *(n.)* gudang senjata
arsenic *(n.)* arsenik
arson *(n.)* pembakaran sengaja
art *(n.)* seni
artery *(n.)* arteri
artful *(adj.)* berseni
arthritis *(n.)* artritis
artichoke *(n.)* articok
article *(n.)* artikel
articulate *(adj.)* petah
artifice *(n.)* helah
artificial *(adj.)* tiruan
artillery *(n.)* artileri
artisan *(n.)* artisan
artist *(n.)* seniman
artistic *(adj.)* artistik
artless *(adj.)* polos
as *(pron.)* seperti
asafoetida *(n.)* getah kering
asbestos *(n.)* asbestos
ascend *(v.)* menaiki
ascendancy *(n.)* kerajaan
ascent *(n.)* pendakian
ascertain *(v.)* memastikan
ascetic *(adj.)* zuhud
ascribe *(v.)* menganggap
asexuality *(n.)* ketiadaan nafsu seks
ash *(n.)* abu
ashamed *(adj.)* malu
ashen *(adj.)* pucat
ashore *(adv.)* ke pantai
aside *(n.)* bisikan
asinine *(adj.)* bodoh
ask *(v.)* menyoal
asleep *(adv.)* lena
asparagus *(n.)* asparagus
aspect *(n.)* aspek
asperse *(v.)* menfitnah
asphyxia *(n.)* asfiksia
asphyxiate *(v.)* melemaskan
aspirant *(n.)* yang bercita-cita
aspiration *(n.)* harapan
aspire *(v.)* bercita-cita
ass *(n.)* orang bodoh
assail *(v.)* menyerang
assassin *(n.)* pembunuh
assassinate *(v.)* membunuh
assassination *(n.)* pembunuhan
assault *(v.)* menyerang
assemble *(v.)* menghimpunkan
assembly *(n.)* perhimpunan
assent *(n.)* persetujuan
assert *(v.)* bertegas
assertive *(adj.)* penegasan
assess *(v.)* menilai
assessment *(n.)* penilaian
asset *(n.)* harta
assibilate *(v.)* desis
assign *(v.)* menugaskan

assignee *(n.)* penerima tugas
assimilate *(v.)* menyerapkan
assimilation *(n.)* penyerapan
assist *(v.)* membantu
assistance *(n.)* bantuan
assistant *(n.)* pembantu
associate *(n.)* bersekutu
association *(n.)* persatuan
assoil *(v.)* membebaskan
assort *(v.)* bergaul
assuage *(v.)* mengurangkan
assume *(v.)* menganggap
assumption *(n.)* anggapan
assurance *(n.)* jaminan
assure *(v.)* menjamin
astatic *(adj.)* tidak statik
asterisk *(n.)* asterisk
asterism *(n.)* asterisme
asteroid *(adj.)* asteroid
asthma *(n.)* asma
astir *(adv.)* sibuk
astonish *(v.)* menghairankan
astonishment *(n.)* kehairanan
astound *(v.)* menakjubkan
astral *(adj.)* aster
astray *(adv.,)* sesat
astrolabe *(n.)* astrolab
astrologer *(n.)* ahli nujum
astrology *(n.)* ilmu nujum
astronaut *(n.)* angkasawan
astronomer *(n.)* ahli astronomi
astronomy *(n.)* astronomi
asunder *(adv.)* berkecai
asylum *(n.)* hospital gila
asymmetrical *(adj.)* tidak simetri
at *(prep.)* pada
atheism *(n.)* ateisme
atheist *(n.)* ateis
athirst *(adj.)* dahaga
athlete *(n.)* olahragawan
athletic *(adj.)* atletik
athletics *(n.)* olahraga
athwart *(prep.)* melintangi
atlas *(n.)* atlas

atmosphere *(n.)* atmosfera
atmospheric *(adj.)* berkaitan atmosfera
atoll *(n.)* atol
atom *(n.)* atom
atomic *(adj.)* berkaitan atom
atone *(v.)* menebus dosa
atonement *(n.)* penebusan dosa
atopic *(adj.)* atopi
atrocious *(adj.)* kejam
atrocity *(n.)* kekejaman
atrophy *(v.)* menjadi lemah
atropine *(n.)* atropina
attach *(v.)* memasang
attache *(n.)* atase
attachment *(n.)* lampiran
attack *(v.)* menyerang
attain *(v.)* mencapai
attainment *(n.)* pencapaian
attaint *(v.)* dipengaruhi
attempt *(n.)* percubaan
attend *(v.)* menghadiri
attendance *(n.)* kehadiran
attendant *(n.)* pelayan
attention *(n.)* perhatian
attentive *(adj.)* tekun
attenuance *(n.)* pelemahan
attest *(v.)* memperakui
attire *(v.)* berpakaian
attitude *(n.)* sikap
attorney *(n.)* peguam
attract *(v.)* memikat
attraction *(n.)* tarikan
attractive *(adj.)* menarik
attribute *(n.)* sifat
atypic *(adj.)* bukan biasa
aubergine *(n.)* terung ungu
auburn *(adj.)* coklat kemerah-merahan
auction *(v.)* dilelong
audacity *(n.)* keberanian
audible *(adj.)* boleh didengar
audience *(n.)* penonton

audiovisual *(adj.)* pandang dengar
audit *(v.)* mengaudit
auditive *(adj.)* auditori
auditor *(n.)* juruaudit
auditorium *(n.)* auditorium
auger *(n.)* gerudi
aught *(n.)* kosong
augment *(v.)* menambah
augmentation *(n.)* penambahan
august *(adj.)* agung
aunt *(n.)* ibu saudara
aura *(n.)* aura
auriform *(adj.)* auriform
aurilave *(n.)* pembersih telinga
aurora *(n.)* aurora
auspicate *(v.)* meramal
auspice *(n.)* petanda
auspicious *(adj.)* bertuah
austere *(adj.)* serius
authentic *(adj.)* tulen
author *(n.)* penulis
authoritative *(adj.)* berkuasa
authority *(n.)* kuasa
authorize *(v.)* membenarkan
autobiography *(n.)* autobiografi
autocracy *(n.)* autokrasi
autocrat *(n.)* autokrat
autocratic *(adj.)* berkuasa sepenuhnya
autograph *(n.)* autograf
automatic *(adj.)* automatik
automobile *(n.)* kereta
autonomous *(adj.)* merdeka
autumn *(n.)* musim luruh
auxiliary *(n.)* bantuan
avail *(v.)* sedia
available *(adj.)* tersedia
avale *(v.)* turun
avarice *(n.)* ketamakan
avenge *(v.)* membela
avenue *(n.)* jalan masuk
average *(v.)* pukul rata
averse *(adj.)* enggan

aversion *(n.)* keengganan
avert *(v.)* mengelakkan
aviary *(n.)* rumah burung
aviation *(n.)* penerbangan
aviator *(n.)* juruterbang
avid *(adj.)* sangat gemar
avidity *(adv.)* minat keterlaluan
avidly *(adv.)* dengan minat
avoid *(v.)* mengelakkan
avoidance *(n.)* pengelakan
avow *(v.)* mengakui
avulsion *(n.)* avulsi
await *(v.)* menunggu
awake *(v.)* terjaga
awakening *(n.)* kesedaran
award *(n.)* anugerah
aware *(adj.)* sedar
awareness *(n.)* kesedaran
away *(adv.)* jauh
awe *(n.)* kagum
awesome *(adj.)* hebat
awful *(adj.)* dahsyat
awhile *(adv.)* sebentar
awkward *(adj.)* janggal
axe *(n.)* kapak
axial *(adj.)* paksi
axis *(n.)* paksi
axle *(n.)* gandar
ayield *(v.)* membayar balik
azote *(n.)* nitrogen
azure *(n.)* lazuardi
azzure *(adj.)* biru cerah

babble *(n.)* bebelan
babble *(v.)* membebel
babe *(n.)* bayi
babel *(n.)* bising
baboon *(n.)* babun
baby *(n.)* bayi
babyface *(n.)* bermuka bayi

babyproof *(adj.)* selamat untuk bayi
babysit *(v.)* menjaga budak
babysitting *(n.)* mengasuh
baccalaureate *(n.)* sarjana muda
bacchanal *(adj.)* keganasan
bachelor *(n.)* lelaki bujang
bachelorette *(n.)* perempuan bujang
back *(v.)* menyokong
backbite *(v.)* mengumpat
backbone *(n.)* tulang belakang
backfire *(v.)* memakan diri
background *(n.)* latar belakang
backhand *(n.)* pukulan kilas
backlash *(v.)* bereaksi hebat
backlight *(v.)* menerangi belakang
backlit *(adj.)* bercahaya belakang
backpack *(v.)* mengembara
backpacker *(n.)* pengembara
backslide *(v.)* menurun
backstairs *(adj.)* tangga belakang
backtrack *(v.)* berpatah balik
backup *(adj.)* sokongan
backward *(adv.)* terbalik
bacon *(n.)* bakon
bacteria *(n.)* bakteria
bad *(adj.)* buruk
badge *(n.)* lencana
badger *(n.)* sejenis binatang
badly *(adv.)* teruk
badminton *(n.)* badminton
baffle *(v.)* keliru
baffling *(adj.)* mengelirukan
bag *(n.)* beg
bag *(v.)* mematikan
baggage *(n.)* bagasi
bagpipe *(n.)* begpaip
bagpiper *(n.)* pemain begpaip
baguette *(n.)* roti Perancis

bail *(v.)* diikat jamin
bailable *(adj.)* boleh dijamin
bailiff *(n.)* bailif
bait *(v.)* mengumpan
bake *(v.)* membakar
baker *(n.)* pembuat roti
bakery *(n.)* kedai roti
balaclava *(n.)* sarung kepala
balance *(v.)* mengimbangkan
balcony *(n.)* anjung
bald *(adj.)* botak
bale *(v.)* membungkus
baleen *(n.)* balin
baleful *(adj.)* bayangan buruk
ball *(n.)* bola
ballad *(n.)* balada
ballet *(sn.)* balet
ballistics *(n.)* balistik
balloon *(n.)* belon
ballot *(v.)* mengundi
ballpoint *(n.)* mata bulat
balm *(n.)* balsam
balmlike *(adj.)* seperti balsam
balsam *(n.)* keembung
balsamic *(adj.)* seperti keembung
bam *(n.)* dentuman
bamboo *(n.)* buluh
ban *(v.)* mengharamkan
banal *(adj.)* basi
banana *(n.)* pisang
band *(n.)* kugiran
bandage *(v.)* membalut luka
bandit *(n.)* penyamun
bane *(v.)* merosakkan
bang *(n.)* dentuman
bangle *(n.)* gelang
banish *(v.)* dibuang negeri
banishment *(n.)* pembuangan
banjo *(n.)* banjo
bank *(v.)* menyimpan
banker *(n.)* jurubank
banknote *(n.)* duit kertas
bankrupt *(n.)* muflis

bankruptcy *(n.)* kemuflisan
banner *(n.)* sepanduk
bannister *(n.)* selusur
banquet *(v.)* berjamu
bantam *(n.)* ayam katik
banter *(n.)* gurau senda
bantling *(n.)* anak kecil
banyan *(n.)* pokok jejawi
baptism *(n.)* baptis
baptize *(+v.t.)* membaptiskan
bar *(v.)* memalang
barb *(n.)* cangkuk
barbarian *(n.)* orang gasar
barbarism *(n.)* barbarisme
barbarity *(n.)* kebiadaban
barbarous *(adj.)* kejam
barbed *(adj.)* tajam
barber *(n.)* tukang gunting
bard *(n.)* pujangga
bare *(v.)* mendedahkan
barefoot *(adj.)* kaki ayam
barely *(adv.)* hanya
bargain *(v.)* menawar
barge *(n.)* baj
baritone *(n.)* bariton
barium *(n.)* barium
bark *(v.)* menyalak
barley *(n.)* barli
barman *(n.)* pelayan bar
barn *(n.)* bangsal
barnacle *(n.)* teritip
barometer *(n.)* barometer
baron *(n.)* baron
baroque *(adj.)* barok
barouche *(n.)* kenderaan berkuda
barrack *(n.)* berek
barrage *(n.)* bedilan berterusan
barrel *(n.)* tong
barren *(n.)* mandul
barricade *(n.)* sekatan
barrier *(n.)* penghalang
barrister *(n.)* peguam
bartender *(n.)* pelayan bar

barter *(n.)* pertukaran
basal *(adj.)* asas
base *(v.)* menempatkan
baseborn *(adj.)* anak haram
baseless *(adj.)* tidak berasas
basement *(n.)* bawah tanah
bash *(v.)* menghentam
bashful *(adj.)* pemalu
basic *(adj.)* asas
basically *(adv.)* pada dasarnya
basil *(n.)* daun selasih
basin *(n.)* besen
basis *(n.)* asas
bask *(v.)* menikmati
basket *(n.)* bakul
basketball *(n.)* bola keranjang
bass *(n.)* bes
bastard *(n.)* anak haram
bastard *(adj.)* palsu
bastion *(n.)* kubu
bat *(v.)* mengedipkan
batch *(n.)* kumpulan
bath *(n.)* mandi
bathe *(v.)* memandikan
baton *(n.)* baton
batsman *(n.)* pemukul
battalion *(n.)* batalion
batter *(v.)* memukul
battery *(n.)* bateri
battle *(v.)* berlawan
battlefield *(n.)* medan pertempuran
battleground *(n.)* medan perang
battlement *(n.)* baluarti
battlezone *(n.)* zon perang
baulk *(n.)* rintangan
bawd *(n.)* ibu ayam
bawl *(v.)* meraung
bawn *(n.)* dinding pertahanan
bay *(n.)* teluk
bayonet *(n.)* bayonet
bayou *(n.)* bayou
bayside *(adj.)* tepian teluk

bazaar *(n.)* bazar
bazooka *(n.)* bazuka
be *(pref.)* menjadi
be *(v.)* menjadi
beach *(n.)* pantai
beachergoer *(n.)* pengunjung pantai
beachfront *(adj.)* menghadap laut
beachside *(adj.)* tepi pantai
beacon *(n.)* suar
bead *(n.)* manik
beadle *(n.)* pegawai gereja
beadwork *(n.)* hiasan bermanik
beady *(adj.)* bermanik
beak *(n.)* paruh
beaker *(n.)* bikar
beam *(v.)* memancarkan
beamless *(adj.)* suram
bean *(n.)* kacang
bear *(v.)* menanggung
beard *(n.)* jambang
bearded *(adj.)* berjambang
beardless *(adj.)* tidak berjambang
bearing *(n.)* kedudukan
beast *(n.)* binatang
beastly *(adj.)* ganas
beat *(n.)* pukulan
beautiful *(adj.)* cantik
beautify *(v.)* mencantikkan
beauty *(n.)* kecantikan
beaver *(n.)* memerang
beaverskin *(n.)* kulit memerang
becalm *(v.)* menenangkan
because *(conj.)* kerana
beck *(n.)* anak sungai
beckon *(v.)* menggamit
beckon *(v.)* memberi isyarat
become *(v.)* menjadi
becoming *(adj.)* sesuai
bed *(v.)* meniduri
bed *(n.)* katil
bedding *(n.)* dasar

bedevil *(v.)* mengganggu
bedight *(v.)* menghias
bedlamp *(n.)* lampu tidur
bedrobe *(n.)* jubah tidur
bedroom *(n.)* bilik tidur
bedsheet *(n.)* cadar
bedsore *(n.)* bedsor
bed-time *(n.)* waktu tidur
bee *(n.)* lebah
beech *(n.)* pokok bic
beef *(n.)* daging lembu
beefy *(adj.)* tegap
beehive *(n.)* sarang lebah
beekeeper *(n.)* penjaga lebah
beer *(n.)* bir
beet *(n.)* bit
beetle *(n.)* kumbang
beetroot *(n.)* ubi bit
befall *(v.)* menimpa
before *(conj.)* sebelum
beforehand *(adv.)* terlebih dahulu
befriend *(v.)* berkawan
beg *(v.)* merayu
beget *(v.)* beroleh
beggar *(n.)* pengemis
begin *(v.)* mula
beginner *(n.)* pemula
beginning *(n.)* permulaan
begird *(v.)* melingkungi
begrudge *(v.)* mencemburui
begrudging *(adj.)* iri hati
beguile *(v.)* memperdaya
beguiling *(adj.)* mempesona
behalf *(n.)* wakil
behave *(v.)* berkelakuan
behaviour *(n.)* tingkah laku
behead *(v.)* memancung
behind *(prep.)* di sebalik
behold *(v.)* mengamati
being *(n.)* kewujudan
bejewel *(v.)* dihiasi permata
belabour *(v.)* menghentam
belated *(adj.)* lewat

belch *(v.)* bersendawa
belch *(n.)* sendawa
belief *(n.)* kepercayaan
believe *(v.)* mempercayai
belittle *(v.)* merendahkan
bell *(n.)* loceng
bellboy *(n.)* tukang angkut
belle *(n.)* wanita cantik
bellhop *(n.)* tukang angkut
bellicose *(adj.)* suka berperang
belligerency *(n.)* peperangan
belligerent *(n.)* berperang
bellow *(v.)* menempik
bellowing *(n.)* laungan
bellows *(n.)* pam angin
belly *(n.)* perut
belong *(prep.)* tergolong
belong *(v.)* milik
belonging *(n.)* kepunyaan
belongings *(n.)* kepunyaan
beloved *(n.)* kekasih
below *(adv.)* ke bawah
belt *(n.)* tali pinggang
beluga *(n.)* paus putih
belvedere *(n.)* berpemandangan baik
bemask *(v.)* melindungi
bemire *(v.)* mengotorkan
bemuse *(v.)* bingung
bench *(n.)* bangku
bencher *(n.)* ahli senior
benchtop *(n.)* permukaan bangku
benchwork *(n.)* kerja bangku
bend *(v.)* membengkokkan
beneath *(prep.)* di bawah
benediction *(n.)* restu
benefaction *(n.)* derma
benefactor *(n.)* penderma
benefic *(adj.)* bermanfaat
benefice *(n.)* jawatan gereja
beneficial *(adj.)* berguna
benefit *(v.)* memanfaatkan

benevolence *(n.)* kedermawanan
benevolent *(adj.)* dermawan
benight *(v.)* menyelubungi kegelapan
benign *(adj.)* baik
benignly *(adv.)* dengan lembut
benison *(n.)* rahmat
bent *(adj.)* bengkok
benzene *(n.)* benzin
benzidine *(n.)* benzidina
bequeath *(v.)* mewariskan
bereave *(v.)* merampas
bereaved *(adj.)* kehilangan
bereavement *(n.)* berkabung
beret *(n.)* beret
berm *(n.)* bahu jalan
berry *(n.)* beri
berserk *(n.)* mengamuk
berth *(n.)* tempat tidur
beryllium *(n.)* berilium
beseech *(v.)* merayu
beseeching *(n.)* rayuan
beserk *(adj.)* mengamuk
beserker *(n.)* pengamuk
beshame *(v.)* memalukan
beside *(prep.)* di sebelah
besides *(prep.)* selain
besides *(adv.)* lagi pun
besiege *(v.)* mengepung
beslaver *(v.)* memuji berlebihan
besmirch *(v.)* mencemarkan
bespeak *(v.)* menunjukkan
bespectacled *(adj.)* berkaca mata
bespoken *(adj.)* bertunang
bestial *(adj.)* bengis
bestow *(v.)* menganugerahkan
bestrew *(v.)* menaburi
bet *(n.)* pertaruhan
beta *(n.)* beta
betel *(n.)* sirih
betray *(v.)* membelot
betrayal *(n.)* pengkhianatan

betroth *(v.)* bertunang
betrothal *(n.)* pertunangan
betrothed *(adj.)* tunang
better *(v.)* membaiki
betterment *(n.)* peningkatan
betting *(adj.)* pertaruhan
bettor *(n.)* petaruh
between *(prep.)* di antara
betwixt *(prep.)* di antara
beverage *(n.)* minuman
bewail *(v.)* meratapi
beware *(v.)* berjaga-jaga
bewilder *(v.)* membingungkan
bewilderment *(n.)* kebingungan
bewind *(v.)* diselubungi
bewitch *(v.)* menyihir
bewitched *(adj.)* disihir
bewitching *(n.)* pesona
beyond *(adv.)* melebihi
bi *(pref)* dwi
biangular *(adj.)* dwi sudut
biannual *(adj.)* dua kali setahun
biannually *(adv.)* dua kali setahun
biantennary *(adj.)* dua antena
bias *(v.)* mempengaruhi
biased *(adj.)* berat sebelah
biaxial *(adj.)* dwipaksi
bib *(v.)* meminum
bibber *(n.)* peminum
bible *(n.)* kitab Injil
bibliographer *(n.)* ahli bibliografi
bibliography *(+n)* bibliografi
bicellular *(adj.)* bisel
bicentenary *(adj.)* dua ratus tahun
biceps *(n.)* biseps
bicker *(v.)* bertengkar
bicycle *(n.)* basikal
bid *(v.)* mengucapkan
bid *(n.)* bida
bidder *(n.)* pembida
bide *(v.)* menunggu
bidet *(n.)* bidet

bidimensional *(adj.)* dua dimensi
biennial *(adj)* dwitahunan
bier *(n.)* usungan jenazah
bifacial *(adj.)* dwimuka
biff *(v.)* memukul
biformity *(n.)* dua bentuk
bifurcate *(v.)* bercabang
bifurcation *(n.)* percabangan
big *(adj.)* besar
bigamist *(n.)* bigamis
bigamous *(adj.)* beristeri dua
bigamy *(n.)* bigami
bighead *(n.)* besar kepala
bighearted *(adj.)* baik hati
bight *(n.)* teluk
bigot *(n.)* fanatik
bigotry *(n.)* ketaasuban
bike *(n.)* motor
biker *(n.)* penunggang motor
bikini *(n.)* bikini
bilateral *(adj.)* bilateral
bile *(n.)* hempedu
bilingual *(adj.)* dwibahasa
bill *(v.)* memberi bil
bill *(n.)* bil
billable *(adj.)* boleh dibayar
billboard *(n.)* papan iklan
billiard *(n.)* biliard
billion *(n.)* seribu juta
billionaire *(n.)* jutawan
billow *(v.)* berombak
bimonthly *(adj.)* dwibulanan
binary *(adj.)* perduaan
bind *(v.)* mengikat
binding *(adj.)* pengikatan
binge *(v.)* melahap
binocular *(adj.)* teropong
binoculars *(n.)* teropong
bioabsorption *(n.)* penyerapan tisu
bioactivity *(n.)* kesan tisu
bioagent *(n.)* mikro organisma berbahaya

biochemical *(adj.)* biokimia
bioclimate *(n.)* bioiklim
biodegradation *(n.)* biodegradasi
bioengineering *(n.)* biokejuruteraan
biofuel *(n.)* biobahan api
biographer *(n.)* penulis biografi
biography *(n.)* biografi
biohazardous *(adj.)* bahaya biologi
biologist *(n.)* ahli biologi
biology *(n.)* biologi
biomass *(n.)* biojisim
biometric *(adj.)* biometrik
bionic *(adj.)* bionik
biopsy *(v.)* membuat biopsi
bioscope *(n.)* bioskop
bioscopy *(n.)* pemeriksaan perubatan
biped *(n.)* berkaki dua
bipolar *(adj.)* dwikutub
biracial *(adj.)* dua bangsa
birch *(n.)* pokok birch
bird *(n.)* burung
birdcage *(n.)* sangkar burung
birdlime *(n.)* getah burung
birth *(n.)* kelahiran
birthdate *(n.)* tarikh lahir
birthmark *(n.)* tanda lahir
biscuit *(n.)* biskut
bisect *(v.)* membelah dua
bisexual *(adj.)* biseksual
bishop *(n.)* biskop
bison *(n.)* bison
bisque *(n.)* bisk
bistro *(n.)* bistro
bit *(n.)* sedikit
bitch *(n.)* anjing betina
bite *(n.)* gigit
bitter *(adj.)* pahit
bi-weekly *(adj.)* dwimingguan
bizarre *(adj.)* pelik
blab *(n.)* umpatan

blabber *(n.)* ocehan
black *(adj.)* hitam
blacken *(v.)* menghitamkan
blacklist *(v.)* disenarai hitamkan
blackmail *(v.)* memeras ugut
blackmailer *(n.)* pemeras ugut
blacksmith *(n.)* tukang besi
bladder *(n.)* pundi kencing
blade *(n.)* mata pisau
blain *(n.)* pembengkakkan kulit
blame *(n.)* dipersalahkan
blanch *(v.)* memutihkan
bland *(adj.)* tawar
blank *(n.)* tempat kosong
blanket *(n.)* selimut
blare *(v.)* bingar
blasé *(adj.)* bosan
blast *(v.)* meletupkan
blastoff *(n.)* pelancaran
blatant *(adj.)* terang-terangan
blaze *(n.)* marak
blaze *(v.)* membara
blazing *(adj.)* dengan marak
blazon *(v.)* memampangkan
blazoned *(adj.)* terpampang
bleach *(n.)* peluntur
bleak *(adj.)* suram
blear *(v.)* mengaburi
bleat *(v.)* mengembek
bleb *(n.)* lepuh
bleed *(v.)* berdarah
blemish *(v.)* mencacati
blend *(n.)* campuran
bless *(v.)* memberkati
blether *(n.)* celoteh
blight *(n.)* hawar
blind *(adj.)* buta
blindage *(n.)* struktur perlindungan
blindfold *(n.)* penutup mata
blindness *(n.)* buta
bling *(n.)* perhiasan mahal
blink *(v.)* berkelip
blip *(v.)* blip

bliss *(n.)* kebahagiaan
blister *(n.)* lecet
blizzard *(n.)* ribut salji
blob *(n.)* tepek
bloc *(n.)* blok
block *(v.)* menghalang
blockade *(n.)* pengepungan
blockhead *(n.)* bebal
blood *(n.)* darah
bloodshed *(n.)* pertumpahan darah
bloody *(adj.)* berlumuran darah
bloom *(v.)* mekar
blossom *(v.)* berkembang
blot *(n.)* tompok
blot *(v.)* bertompok-tompok
blotted *(adj.)* kesan kotoran
blouse *(n.)* blaus
blow *(n.)* pukulan
blowout *(n.)* memadamkan
blue *(adj.)* sedih
bluff *(n.)* temberang
blunder *(v.)* terlanjur
blundering *(n.)* kesilapan besar
blunt *(adj.)* tumpul
bluntly *(adv.)* terus-terang
blur *(v.)* mengaburkan
blurt *(v.)* mendedahkan
blush *(v.)* menjadi merah
blushing *(n.)* kemerahan
boa *(n.)* ular boa
boar *(n.)* babi hutan
board *(v.)* menaiki
board *(n.)* papan
boast *(n.)* kemegahan
boat *(v.)* bersampan
boat *(n.)* bot
boathouse *(n.)* rumah terapung
boatman *(n.)* awak-awak
bob *(v.)* pergerakan atas bawah
bobbin *(n.)* gelendong
bodice *(n.)* korset
bodily *(adv.)* berkaitan badan
body *(n.)* badan

bodyboard *(n.)* papan luncur
bodyguard *(n.)* pengawal peribadi
bog *(n.)* paya
bog *(v.)* terkandas
bogland *(n.)* tanah paya
boglet *(n.)* tanah berbencah
bogus *(adj.)* palsu
bohemian *(adj.)* bohemian
boil *(v.)* mendidihkan
boiler *(n.)* dandang
boist *(n.)* kotak
boisterous *(adj.)* riuh-rendah
bold *(adj.)* berani
boldly *(adv.)* dengan berani
boldness *(n.)* keberanian
bolero *(n.)* tarian bolero
bollocks *(int.)* teguran keras
bolt *(v.)* menyelak
bomb *(n.)* bom
bomb *(v.)* mengebom
bombard *(v.)* membedil
bombardment *(n.)* pembedilan
bomber *(n.)* pengebom
bonafide *(adj.)* tulen
bond *(n.)* ikatan
bondage *(n.)* penghambaan
bonds *(n.)* pertalian
bone *(n.)* tulang
bonefish *(n.)* sejenis ikan
bonehead *(n.)* bodoh
boneheaded *(adj.)* bodoh
boneless *(adj.)* tanpa tulang
bonfire *(n.)* unggun api
bonnet *(n.)* bonet
bonus *(n.)* bonus
book *(v.)* menempah
bookish *(n.)* menggemari buku
book-keeper *(n.)* penyimpan kira-kira
book-keeping *(n.)* simpan kira-kira
booklet *(n.)* risalah
book-mark *(n.)* penanda buku

book-seller *(n.)* penjual buku
book-worm *(n.)* ulat buku
boom *(int.)* dentuman
boon *(n.)* anugerah
boor *(n.)* orang gasar
boost *(v.)* menggalakkan
boot *(n.)* kasut but
booth *(n.)* gerai
booty *(n.)* harta rampasan
booze *(v.)* mereguk
border *(v.)* sempadan
bore *(n.)* bosan
born *(v.)* dilahirkan
born rich *(adj.)* dilahirkan kaya
borne *(adj.)* ditanggung
borough *(n.)* bandar
borrow *(v.)* meminjam
bosom *(n.)* dada
boss *(n.)* bos
bossy *(adj.)* suka mengarah
botany *(n.)* botani
botch *(v.)* merosakkan
both *(conj.)* kedua-dua
bother *(v.)* mengganggu
botheration *(n.)* gangguan
bottle *(v.)* membotolkan
bottle *(n.)* botol
bottler *(n.)* pembotol
bottom *(n.)* punggung
bough *(n.)* dahan
boulder *(n.)* batu besar
bouncer *(n.)* tukang pukul
bound *(v.)* melonjak-lonjak
bound *(n.)* batasan
boundary *(n.)* sempadan
bountiful *(adj.)* melimpah-ruah
bounty *(n.)* ganjaran
bouquet *(n.)* jambak bunga
bourgeois *(adj.)* borjuis
bourgeoise *(n.)* perempuan kaya
bout *(n.)* perlawanan
bow *(v.)* tunduk
bow *(n.)* lengkungan

bowel *(n.)* usus
bower *(n.)* para-para
bowl *(v.)* menggolekkan
box *(n.)* kotak
boxing *(n.)* tinju
boy *(n.)* budak lelaki
boycott *(n.)* boikot
boyhood *(n.)* zaman kanak-kanak
boyish *(adj.)* kebudak-budakan
brace *(n.)* pendakap
bracelet *(n.)* gelang tangan
braces *(n.)* pendakap
bracket *(v.)* memasukkan
brag *(n.)* bercakap besar
braid *(v.)* menjalin
braille *(n.)* braille
brain *(n.)* otak
brainless *(adj.)* bodoh
brainstorm *(v.)* mengeluarkan idea
brake *(v.)* membrek
branch *(n.)* dahan
brand *(n.)* jenama
branding *(n.)* mengecap
brandy *(n.)* brandi
brangle *(v.)* berbalah
brass *(n.)* loyang
brat *(n.)* budak nakal
brave *(adj.)* berani
bravery *(n.)* keberanian
brawl *(n.)* pergaduhan
bray *(v.)* meringkik
braze *(v.)* memateri
brazen *(v.)* menahan malu
breach *(v.)* melanggar
bread *(n.)* roti
breaden *(v.)* daripada roti
breadth *(n.)* lebar
break *(n.)* rehat
breakage *(n.)* pemecahan
breakdown *(n.)* kegagalan
breakfast *(n.)* sarapan
breakfront *(n.)* perabot

breaking *(n.)* pemecahan
breakneck *(n.)* sangat laju
breakoff *(n.)* penghentian
breakout *(n.)* pelepasan
breakpoint *(n.)* titik putus
breaktime *(n.)* waktu rehat
breakup *(n.)* perpisahan
breast *(n.)* payudara
breath *(n.)* nafas
breathe *(v.)* bernafas
breeches *(n.)* seluar
breed *(n.)* baka
breeze *(n.)* bayu
breviary *(n.)* buku doa
brevity *(n.)* singkat
brew *(n.)* bru
brewery *(n.)* kilang bir
bribe *(v.)* menyogok
brick *(n.)* batu-bata
bride *(n.)* pengantin perempuan
bridegroom *(n.)* pengantin lelaki
bridge *(v.)* menghubungkan
bridle *(n.)* kekang
brief *(adj.)* ringkas
brigade *(n.)* briged
brigadier *(n.)* brigedier
brigand *(n.)* penyamun
bright *(adj.)* terang
brighten *(v.)* menerangi
brilliance *(n.)* kebijakan
brilliant *(adj.)* bijak
brim *(n.)* pinggir
brine *(n.)* air garam
bring *(v.)* membawa
brinjal *(n.)* terung
brink *(n.)* pinggir
briquet *(n.)* bahan bakar
brisk *(adj.)* pantas
bristle *(n.)* bulu kejur
british *(adj.)* british
brittle *(adj.)* rapuh
broad *(adj.)* lebar
broadcast *(n.)* siaran

broadcast *(v.)* menyiarkan
brocade *(v.)* menenun kain
broccoli *(n.)* brokoli
brochure *(n.)* buku kecil
brochure *(n.)* risalah
broker *(n.)* broker
bromite *(n.)* kenyataan biasa
bronchial *(adj.)* berkaitan bronkus
bronze *(adj.)* perunggu
brood *(adj.)* terlebih fikir
broom *(n.)* penyapu
broth *(n.)* air rebusan
brothel *(n.)* rumah pelacuran
brother *(n.)* abang
brotherhood *(n.)* persaudaraan
brow *(n.)* kening
brown *(n.)* warna perang
brownnoser *(n)* pembodek
browse *(v.)* melihat-lihat
browser *(n.)* pelayar sesawang
bruise *(n.)* lebam
bruit *(n.)* desas-desus
brunt *(n.)* bahagian terhebat
brup *(n.)* sendawa
brush *(v.)* memberus
brustle *(v.)* menaikkan darah
brutal *(adj.)* kejam
brute *(n.)* buas
brutify *(v.)* menjadi kejam
brutish *(adj.)* ganas
bubble *(n.)* buih
buck *(v.)* menentang
bucket *(n.)* baldi
buckle *(v.)* mengancingkan
bud *(n.)* kudup
buddy *(n.)* kawan
budge *(v.)* anjakan
budget *(n.)* bajet
buff *(n.)* kuning pucat
buffalo *(n.)* kerbau
buffoon *(n.)* badut
bug *(n.)* serangga
bugle *(n.)* begol

build *(n.)* tubuh badan
building *(n.)* bangunan
bulb *(n.)* mentol
bulimia *(n.)* bulimia
bulk *(n.)* pukal
bulky *(adj.)* besar
bull *(n.)* lembu jantan
bull's eye *(n.)* sasaran tepat
bulldog *(n.)* anjing bulldog
bullet *(n.)* peluru
bulletin *(n.)* buletin
bullock *(n.)* lembu
bully *(v.)* membuli
bulwark *(n.)* benteng
bumper *(n.)* bampar
bumpy *(adj.)* berbonggol-bonggol
bunch *(n.)* kumpulan
bundle *(n.)* ikat
bungalow *(n.)* banglo
bungee *(n.)* getah bernilon
bungle *(n.)* kesilapan
bunk *(n.)* tempat tidur
bunker *(n.)* bunker
buoy *(n.)* boya
buoyancy *(n.)* keapungan
burden *(n.)* beban
burden *(v.)* membebankan
burdensome *(adj.)* menyusahkan
Bureacuracy *(n.)* birokrasi
bureau *(n.)* biro
bureaucrat *(n.)* birokrat
burglar *(n.)* pencuri
burglary *(n.)* kecurian
burial *(n.)* pengebumian
burke *(v.)* menekup lemas
burlesque *(v.)* mengajuk
burn *(n.)* bakar
burp *(v.)* bersendawa
burrow *(n.)* lubang
burst *(n.)* pecah
bury *(v.)* menguburkan
bus *(n.)* bas

bush *(n.)* belukar
business *(n.)* perniagaan
businessman *(n.)* ahli perniagaan
bustle *(v.)* sibuk
busy *(adj.)* sibuk
but *(conj.)* tetapi
butcher *(v.)* menyembelih
butt *(v.)* menyondol
butter *(v.)* menyapu mentega
butterfingers *(n.)* orang cemerkap
butterfly *(n.)* rama-rama
butterhead *(n.)* jenis salad
buttermilk *(n.)* mentega susu
buttock *(n.)* punggung
button *(n.)* butang
button *(v.)* membutangkan
buy *(n.)* beli
buyer *(n.)* pembeli
buzz *(v.)* berdengung
buzz *(n.)* dengungan
by *(adv.)* berdekatan
bye-bye *(interj.)* selamat tinggal
by-election *(n.)* pilihan raya kecil
bylaw, bye-law *(n.)* undang-undang kecil
bypass *(n.)* pintasan
by-product *(n.)* keluaran sampingan
byre *(n.)* kandang lembu
byte *(n.)* bait
bywalk *(n)* jalan persendirian
byway *(n.)* jalan kecil
byword *(n.)* peribahasa

C

cab *(n.)* teksi
cabana *(n.)* pondok pantai
cabaret *(n.)* kabaret
cabbage *(n.)* kubis
cabby *(n.)* pemandu teksi
cabin *(n.)* kabin
cabinet *(n.)* kabinet
cable *(v.)* menelegram
cabuncle *(n.)* batu merah
cache *(n.)* pengumpulan tersorok
cachet *(n.)* prestij
cackle *(v.)* berketak
cactus *(n.)* kaktus
cad *(n.)* kurang ajar
cadaver *(n.)* mayat
cadaverous *(adj.)* pucat
cadence *(v.)* nada
cadet *(n.)* kadet
cadge *(v.)* mengecek
cadmium *(n.)* kadmium
cafe *(n.)* kafe
cage *(v.)* mengurung
caged *(adj.)* terkurung
cajole *(v.)* memujuk
cake *(n.)* kek
calamity *(n.)* malapetaka
calcite *(n.)* kalsit
calcium *(n.)* kalsium
calculate *(v.)* mengira
calculation *(n.)* kiraan
calculator *(n.)* kalkulator
calendar *(n.)* kalendar
calf *(n.)* betis
calibrate *(v.)* menentukur
calibration *(n.)* penentukuran
call *(v.)* panggil
call *(n.)* lawatan
caller *(n.)* pemanggil
calligraphy *(n.)* kaligrafi
calling *(n.)* pekerjaan
callous *(adj.)* tidak berperasaan
callow *(adj.)* mentah
calm *(v.)* menenangkan
calmative *(adj.)* menenangkan
calorie *(n.)* kalori
calorific *(adj.)* berkaitan kalori
calumniate *(v.)* memfitnah
calumny *(n.)* fitnah
camel *(n.)* unta
cameo *(v.)* mengukir
camera *(n.)* kamera
camlet *(n.)* fabrik tenunan
camouflage *(v.)* samaran
camouflaged *(adj.)* menyamarkan diri
camp *(v.)* berkhemah
campaign *(v.)* berkempen
camper *(n.)* pekhemah
campfire *(n.)* unggun api
camphor *(n.)* kapur barus
campsite *(n.)* tapak perkhemahan
campus *(n.)* kampus
can *(v.)* boleh
can *(n.)* tin
canal *(n.)* terusan
canard *(n.)* cerita bohong
canary *(v.)* menari cergas
cancel *(v.)* membatalkan
cancellation *(n.)* pembatalan
cancer *(n.)* kanser
cancerogenic *(adj.)* punca kanser
candid *(adj.)* terus terang
candidacy *(n.)* pencalonan
candidate *(n.)* calon
candle *(v.)* melilin
candour *(n.)* berterus terang
candy *(v.)* menggelas
cane *(v.)* merotan
cane *(n.)* rotan
canid *(n.)* anjing
canine *(adj.)* kanin

caning *(n.)* merotan
canister *(n.)* bekas silinder
cannibal *(n.)* kanibal
cannibalise *(v.)* kanibal
cannibalism *(n.)* kanibalisme
cannon *(n.)* meriam
cannonade *(v.)* membedil berterusan
canny *(adj.)* licik
canon *(n.)* kanun
canonize *(v.)* diisytihar santa
canopy *(n.)* kanopi
canteen *(n.)* kantin
canter *(n.)* ligas
canton *(n.)* kanton
cantonment *(n.)* kantonmen
canvas *(n.)* kain kanvas
canvass *(v.)* merayu undi
canyon *(n.)* ngarai
cap *(v.)* menutupi
cap *(n.)* topi
capability *(n.)* kebolehan
capable *(adj.)* berkebolehan
capacious *(adj.)* luas
capacity *(n.)* kapasiti
cape *(n.)* tanjung
capillary *(adj.)* rerambut
capital *(adj.)* kesilapan besar
capitalist *(n.)* kapitalis
capitulate *(v.)* menyerah
caprice *(n.)* kerenah
capricious *(adj.)* tidak menentu
Capricorn *(n.)* Kaprikorn
capsicum *(n.)* lada benggala
capsize *(v.)* terbalik
capsular *(adj.)* berkaitan kapsul
capsule *(n.)* kapsul
captain *(n.)* kapten
captaincy *(n.)* pangkat kapten
caption *(n.)* kapsyen
captivate *(v.)* memukau
captive *(adj.)* khusyuk
captive *(n.)* tawanan
captivity *(n.)* pengurungan

capture *(n.)* penangkapan
capture *(v.)* menangkap
car *(n.)* kereta
carabine *(v.)* senapang automatik
carat *(n.)* karat
caravan *(n.)* karavan
carbide *(n.)* sebatian karbon
carbon *(n.)* karbon
carbonization *(n.)* pengkarbonan
carbonize *(v.)* mengkarbonkan
card *(n.)* kad
cardamom *(n.)* buah pelaga
cardboard *(n.)* kadbod
cardiac *(adj.)* berkenaan jantung
cardinal *(n.)* kardinal
cardinal *(adj.)* dasar
cardio *(n.)* senaman kardiovaskular
cardiology *(n.)* kardiologi
care *(v.)* menghiraukan
care *(n.)* kerunsingan
career *(n.)* kerjaya
careful *(adj.)* cermat
careless *(adj.)* cuai
caress *(v.)* belaian
caretaker *(adj.)* penjaga
cargo *(n.)* kargo
caricature *(n.)* karikatur
carious *(adj.)* karies
carl *(n.)* petani
carlock *(n.)* penapis wain
carnage *(n.)* pembunuhan beramai-ramai
carnal *(adj.)* nafsu syahwat
carnival *(n.)* karnival
carnivore *(n.)* karnivor
carol *(n.)* lagu Krismas
carp *(n.)* ikan Kaloi
carpal *(adj.)* tulang karpus
carpenter *(n.)* tukang kayu
carpentry *(n.)* pertukangan kayu
carpet *(n.)* permaidani

carrack *(n.)* kapal dagang
carriage *(n.)* pedati
carrier *(n.)* pembawa
carrot *(n.)* lobak merah
carry *(v.)* membawa
carsick *(adj.)* mabuk kereta
carsickness *(n.)* mabuk kereta
cart *(n.)* pedati
cartage *(n.)* kereta angkut
cartilage *(n.)* rawan
cartographer *(n.)* ahli kartografi
carton *(n.)* karton
cartoon *(n.)* kartun
cartoonist *(n.)* pelukis kartun
cartridge *(n.)* kartrij
carve *(v.)* mengukir
cascade *(n.)* air terjun
case *(v.)* menyaluti
casern *(n.)* bangunan sementara
cash *(v.)* membayar
cash *(n.)* wang tunai
cashier *(n.)* juruwang
cashmere *(n.)* fabrik kashmir
casing *(n.)* bingkai
casino *(n.)* kasino
cask *(n.)* tong
casket *(n.)* keranda
casserole *(n.)* kaserol
cassette *(n.)* kaset
cast *(n.)* lontaran
caste *(n.)* kasta
castellan *(n.)* gabenor istana
caster *(n.)* bekas
castigate *(v.)* menghukum
casting *(n.)* lontaran
cast-iron *(adj.)* besi tuang
castle *(n.)* istana
castor *(n.)* kastroli
castor oil *(n.)* minyak jarak
casual *(adj.)* kasual
casualty *(n.)* mangsa korban
cat *(n.)* kucing
cataclysm *(n.)* bencana alam

catacomb *(n.)* kubur
catalogue *(v.)* mengkatalogkan
catalyst *(n.)* mangkin
catalyzer *(n.)* pemangkin
catapult *(v.)* melastik
cataract *(n.)* katarak
catastrophe *(n.)* bencana
catastrophic *(adj.)* dahsyat
catch *(n.)* penangkapan
catch *(v.)* menangkap
categorical *(adj.)* mutlak
category *(n.)* kategori
cater *(v.)* membekalkan makanan
caterer *(n.)* penyedia makanan
caterpillar *(n.)* ulat bulu
catfight *(n.)* perkelahian wanita
catfish *(n.)* ikan keli
catharsis *(n.)* katarsis
cathartical *(adj.)* ejen pembersih
cathedral *(n.)* gereja besar
catholic *(adj.)* katolik
catholicism *(n.)* katolik
cattle *(n.)* lembu
catwalk *(n.)* pentas peragaan
caudal *(adj.)* dekat ekor
cauldron *(n.)* kawah
cauliflower *(n.)* kubis bunga
causal *(adj.)* bersebab
causality *(n.)* prinsip punca
causative *(adj.)* berpunca
cause *(v.)* menyebabkan
cause *(n.)* sebab
causeway *(n.)* tambak
caustic *(adj.)* kaustik
caution *(v.)* memberi amaran
caution *(n.)* berwaspada
cautious *(adj.)* berwaspada
cavalry *(n.)* tentera berkuda
cave *(n.)* gua
cavern *(n.)* gua besar
caviar *(n.)* kaviar
cavil *(v.)* mencela

cavity *(n.)* rongga
cavort *(v.)* melompat teruja
cavorting *(n.)* lompatan teruja
caw *(v.)* menggauk
caw *(n.)* gauk
cease *(v.)* menghentikan
ceasefire *(n.)* genjatan senjata
ceaseless *(adj.)* berterusan
cedar *(n.)* pokok sedar
cede *(v.)* menyerah
ceiling *(n.)* siling
celebrate *(v.)* meraikan
celebration *(n.)* perayaan
celebrity *(n.)* selebriti
celerity *(n.)* kepantasan
celery *(n.)* sayur saderi
celestial *(adj.)* samawi
celibacy *(n.)* pembujangan
celibate *(adj.)* membujang
cell *(n.)* sel
cellar *(n.)* bawah tanah
cello *(n.)* selo
cellular *(adj.)* tisu bersel
Celsius *(adj.)* Celsius
cement *(v.)* menyimen
cement *(n.)* simen
cemetery *(n.)* perkuburan
cense *(v.)* membakar kemenyan
censer *(n.)* dupa
censor *(v.)* menapis
censor *(n.)* penapis
censorious *(adj.)* suka mencela
censorship *(n.)* penapisan
censure *(v.)* mengkritik
census *(n.)* banci
cent *(n.)* sen
centenarian *(n.)* seratus minimum
centenary *(n.)* seratus tahun
centennial *(n.)* abad
center *(n.)* pusat
centigrade *(adj.)* celsius
centipede *(n.)* lipan
central *(adj.)* pusat

centre *(n.)* titik tengah
centrical *(adj.)* dekat tengah
centrifugal *(adj.)* menjauhi tengah
centuple *(n. & adj.)* gandaan besar
century *(n.)* abad
cephaloid *(adj.)* berbentuk kepala
ceramics *(n.)* seramik
cerated *(adj.)* berlilin
cereal *(adj.)* bijirin
cereal *(n.)* bijirin
cerebral *(adj.)* serebrum
ceremonial *(adj.)* istiadat
ceremonious *(adj.)* beradat
ceremony *(n.)* upacara
certain *(adj.)* pasti
certainly *(adv.)* sudah tentu
certainty *(n.)* kepastian
certificate *(n.)* sijil
certify *(v.)* mengesahkan
cerumen *(n.)* tahi telinga
cervical *(adj.)* berkenaan serviks
cesarean *(adj.)* bedah bersalin
cessation *(n.)* penghentian
cesspool *(n.)* penakung najis
cetin *(n.)* bahan putih
cetylic *(adj.)* alkohol radikal
chain *(v.)* merantai
chair *(n.)* kerusi
chairman *(n.)* pengerusi
chaise *(n.)* kereta kuda
chalice *(n.)* piala
chalk *(v.)* menulis
chalkdust *(n.)* debu kapur
challenge *(v.)* mencabar
challenge *(n.)* cabaran
chamber *(n.)* bilik
chamberlain *(n.)* bendaharawan
champion *(v.)* memperjuangkan
chance *(n.)* peluang
chancellor *(n.)* canselor

chancery *(n.)* pejabat duta
change *(n.)* perubahan
change *(v.)* mengubah
channel *(n.)* saluran
chant *(v.)* berteriak berulang-ulang
chaos *(n.)* kekecohan
chaotic *(adv.)* berantakan
chapel *(n.)* gereja kecil
chapter *(n.)* bab
character *(n.)* watak
charade *(n.)* kepura-puraan
charge *(n.)* caj
charge *(v.)* mengecas
charger *(n.)* pengecas
chariot *(n.)* cikar
charisma *(n.)* karisma
charismatic *(adj.)* berkarisma
charitable *(adj.)* berkaitan amal
charity *(n.)* amal
charm *(v.)* memikat
chart *(n.)* mencartakan
charter *(n.)* piagam
chase *(n.)* pengejaran
chaste *(adj.)* suci
chasten *(v.)* menginsafkan
chastise *(v.)* menghukum
chastity *(n.)* kesucian
chat *(v.)* bersembang
chatter *(v.)* berceloteh
chauffeur *(n.)* pemandu
chauvinism *(n.)* cauvinisme
chauvinist *(n.)* cauvinis
cheap *(adj.)* murah
cheapen *(v.)* menurunkan
cheat *(n.)* penipuan
cheat *(v.)* menipu
cheater *(n.)* penipu
check *(n.)* pemeriksaan
check *(v.)* menyemak
checkers *(n.)* dam
checklist *(n.)* senarai semak
checkmate *(n.)* mat
checkout *(n.)* daftar keluar

checkpoint *(v.)* periksa
checkup *(v.)* memeriksa
cheddar *(n.)* keju cheddar
cheek *(n.)* pipi
cheep *(v.)* berkicau
cheer *(v.)* bersorak
cheerful *(adj.)* riang
cheerless *(adj.)* muram
cheese *(n.)* keju
cheesy *(adj.)* berkeju
chef *(n.)* tukang masak
chemical *(n.)* bahan kimia
chemical *(adj.)* kimiawi
chemise *(n.)* pakaian longgar
chemist *(n.)* ahli kimia
chemistry *(n.)* kimia
cheque *(n.)* cek
cherish *(v.)* menghargai
cheroot *(n.)* cerut
cherry *(adj.)* kemerah-merahan
cherub *(n.)* kerubin
chess *(n.)* catur
chest *(n.)* dada
chestnut *(n.)* buah berangan
chevalier *(n.)* kesatria
chew *(v.)* mengunyah
chi *(n)* khi
chia *(n.)* biji chia
chic *(adj.)* bergaya
chick *(n.)* anak ayam
chicken *(adj.)* pengecut
chide *(v.)* memarahi
chief *(adj.)* utama
chieftain *(n.)* ketua
child *(n.)* kanak-kanak
childhood *(n.)* zaman kanak-kanak
childish *(adj.)* keanak-anakan
chiliad *(n.)* ribu
chill *(n.)* sejuk
chilli *(n.)* cili
chilly *(adj.)* dingin
chime *(v.)* berbunyi
chimera *(n.)* angan-angan

chimney *(n.)* serombong
chimpanzee *(n.)* cimpanzi
chin *(n.)* dagu
China *(n.)* Cina
chip *(v.)* menjadi sumbing
chirp *(n.)* kicauan
chisel *(v.)* memahat
chisel *(n.)* pahat
chit *(n.)* nota pendek
chivalrous *(adj.)* sifat kesatriaan
chivalry *(n.)* kesatriaan
chlorine *(n.)* klorin
chloroform *(n.)* kloroform
chocolate *(n.)* coklat
choice *(n.)* pilihan
choir *(n.)* koir
choke *(v.)* tercekik
cholera *(n.)* kolera
choose *(v.)* memilih
chop *(v.)* memotong
chord *(n.)* perentas
choroid *(n.)* koroid
chorus *(n.)* korus
Christ *(n.)* Al-Masih
Christendom *(n.)* umat Kristian
Christian *(adj.)* agama Kristian
Christianity *(n.)* Kristian
Christmas *(n.)* krismas
chrome *(n.)* krom
chromosome *(n.)* kromosom
chronic *(adj.)* kronik
chronicle *(n.)* riwayat
chronograph *(n.)* jam
chronological *(n.)* secara kronologi
chronology *(n.)* kronologi
chrysalis *(n.)* kepompong
chubby *(adj.)* tembam
chuckle *(v.)* ketawa kecil
chum *(v.)* berkawan
church *(n.)* gereja
churchyard *(n.)* kawasan gereja
churl *(n.)* orang kampung
churn *(n.)* penggodak

churn *(v.)* bergolak
cicada *(n.)* riang-riang
cider *(n.)* tuak epal
cigar *(n.)* cerut
cigarette *(n.)* rokok
cinema *(n.)* pawagam
cinnabar *(n.)* sinabar
cinnamon *(n.)* kayu manis
cipher *(v.)* mengekodkan
circle *(v.)* mengelilingi
circuit *(n.)* litar
circular *(n.)* surat pekeliling
circulate *(v.)* mengedarkan
circulation *(n.)* peredaran
circumference *(n.)* lilitan
circumfluence *(n.)* sirkumfluens
circumspect *(adj.)* waspada
circumstance *(n.)* situasi
circumstantial *(adj.)* terperinci
circumvent *(v.)* menghindari
circumvention *(n.)* penghindaran
circus *(n.)* sarkas
cirrhosis *(n.)* sirosis
cirrhotic *(adj.)* penyakit hati
cisco *(n.)* ikan putih
cist *(n.)* sista
cistern *(n.)* tangki
citadel *(n.)* kubu kota
cite *(v.)* memetik
citizen *(n.)* warganegara
citizenship *(n.)* kewarganegaraan
citric *(adj.)* sitrik
citrine *(adj.)* kuning kristal
citrus *(n.)* sitrus
city *(n.)* bandar raya
civic *(adj.)* sivik
civics *(n.)* sivik
civil *(adj.)* sivil
civilian *(n.)* orang awam
civilization *(n.)* tamadun
civilize *(v.)* bertamadun
clack *(n.)* bunyi keletak

claim *(v.)* menuntut
claim *(n.)* tuntutan
claimant *(n.)* pihak menuntut
clam *(v.)* mencari kepah
clamber *(v.)* memanjat
clamour *(v.)* mendesak
clamour *(n.)* keriuhan
clamp *(n.)* pengapit
clandestine *(adj.)* sulit
clap *(n.)* tepukan
claque *(n.)* topi klak
clarification *(n.)* penjelasan
clarify *(v.)* menjelaskan
clarinet *(n.)* klarinet
clarion *(n.)* lantang
clarity *(n.)* kejelasan
clash *(v.)* bertembung
clash *(n.)* percanggahan
clasp *(v.)* menggenggam
class *(n.)* kelas
classic *(n.)* klasik
classic *(adj.)* klasik
classical *(adj.)* berkaitan klasik
classification *(n.)* pengelasan
classify *(v.)* mengelaskan
clatter *(v.)* menggeletuk
clause *(n.)* klausa
clausula *(n.)* clausula
clave *(n.)* alat bunyian
claw *(v.)* mencakar
clay *(n.)* tanah liat
clean *(v.)* membersihkan
clean *(adj.)* bersih
cleanliness *(n.)* kebersihan
cleanse *(v.)* membersihkan
clear *(adj.)* jelas
clear *(v.)* membersihkan
clearance *(n.)* pembersihan
clearly *(adv.)* dengan jelas
cleft *(n.)* rekahan
clergy *(n.)* paderi
clerical *(adj.)* berkenaan kerani
clerk *(n.)* kerani
clever *(adj.)* bijak

clew *(n.)* tali kapal
cliché *(n.)* kelaziman
click *(v.)* klik
client *(n..)* pelanggan
cliff *(n.)* jurang
climate *(n.)* iklim
climax *(n.)* kemuncak
climb *(v.)* memanjat
climber *(n.)* pendaki
cling *(v.)* berpaut
clingy *(adj.)* melekap
clinic *(n.)* klinik
clinical *(adj.)* klinikal
clink *(n.)* bunyi kelenting
clip *(v.)* menggunting
clive *(v.)* memanjat
cloak *(n.)* mantel
clock *(n.)* jam
clod *(n.)* gumpalan tanah
cloister *(n.)* koridor
close *(v.)* menutup
close *(n.)* berakhir
closet *(v.)* almari
closure *(n.)* penutupan
clot *(v.)* membeku
cloth *(n.)* kain
clothe *(v.)* memakaikan
clothes *(n.)* pakaian
clothing *(n.)* pakaian
cloud *(n.)* awan
cloudy *(adj.)* mendung
clove *(n.)* cengkih
clown *(n.)* badut
club *(n.)* kelab
clue *(n.)* petunjuk
clumsy *(adj.)* cemerkap
cluster *(v.)* berkelompok
clutch *(v.)* mencengkam
clutter *(v.)* berselerak
coach *(v.)* melatih
coach *(n.)* jurulatih
coachman *(n.)* pemandu
coal *(n.)* arang
coalition *(n.)* gabungan

coarse *(adj.)* kasar	**coin** *(n.)* duit syiling
coast *(n.)* pantai	**coinage** *(n.)* duit syiling
coastal *(adj.)* berdekatan pantai	**coincide** *(v.)* serentak
coat *(v.)* menutupi	**coir** *(n.)* sabut kelapa
coat *(n.)* kot	**coke** *(v.)* kok
coating *(n.)* saduran	**coky** *(adj.)* berkaitan kok
coax *(v.)* memujuk	**cold** *(n.)* kesejukan
cobalt *(n.)* kobalt	**collaborate** *(v.)* bekerjasama
cobble *(v.)* membetulkan	**collaboration** *(n.)* kerjasama
cobbler *(n.)* tukang kasut	**collapse** *(v.)* runtuh
cobblestone *(n.)* batu buntar	**collar** *(n.)* kolar
cobra *(n.)* ular tedung	**colleague** *(n.)* rakan sekerja
cobweb *(n.)* sawang	**collect** *(v.)* mengumpul
cocaine *(n.)* kokaina	**collection** *(n.)* kutipan
cock *(n.)* ayam jantan	**collective** *(adj.)* kolektif
cocker *(v.)* memanjakan	**collector** *(n.)* pengumpul
cockle *(v.)* berkedut	**college** *(n.)* kolej
cock-pit *(n.)* kokpit	**collide** *(v.)* berlanggar
cockroach *(n.)* lipas	**collision** *(n.)* perlanggaran
coclourless *(adj.)* tiada warna	**colloquial** *(adj.)* perbualan
coconut *(n.)* kelapa	**colloquialism** *(n.)* bahasa basahan
cod *(n.)* ikan kod	**collusion** *(n.)* pakatan sulit
code *(v.)* mengekodkan	**colon** *(n.)* usus besar
coding *(n.)* pengekodan	**colonel** *(n.)* kolonel
coeducation *(n.)* pendidikan campuram	**colonial** *(adj.)* kolonial
coefficient *(n.)* koefisien	**colony** *(n.)* tanah jajahan
coerce *(v.)* memaksa	**colour** *(v.)* mewarnakan
coexist *(v.)* wujud bersama	**colour** *(n.)* warna
coexistence *(n.)* kewujudan bersama	**colour-blind** *(adj.)* buta warna
coffee *(n.)* kopi	**colourful** *(adj.)* berwarna-warni
coffer *(n.)* peti simpanan	**colter** *(n.)* pisau bajak
coffin *(n.)* keranda	**column** *(n.)* ruang
cog *(n.)* gigi roda	**columnist** *(n.)* penulis ruangan
cogent *(adj.)* meyakinkan	**coma** *(n.)* koma
cognate *(adj.)* kognat	**comatose** *(adj.)* koma
cognitive *(adj.)* kognitif	**comb** *(v.)* menyikat
cognizance *(n.)* pengetahuan	**comb** *(n.)* sikat
cohabit *(v.)* bersekedudukan	**combat** *(v.)* bertarung
coherent *(adj.)* koheren	**combatant** *(n.)* pejuang
cohesive *(adj.)* padu	**combative** *(adj.)* suka berdebat
cohort *(n.)* sekutu	**combination** *(n.)* menggabungkan
coif *(n.)* tudung rahib	**combine** *(v.)* bergabung

combust *(v.)* terbakar
combustile *(adj.)* mudah terbakar
combustion *(n.)* pembakaran
combustor *(n.)* pembakar
come *(v.)* datang
comedian *(n.)* pelawak
comedy *(n.)* komedi
comely *(adj.)* cantik
comeradery *(n.)* persekutuan
comet *(n.)* komet
comfit *(n.)* gula-gula berkacang
comfort *(v.)* memujuk
comfortable *(adj.)* selesa
comforter *(n.)* gebar selesa
comfy *(adj.)* selesa
comic *(n.)* komik
comic *(adj.)* jenaka
comical *(adj.)* kelakar
comma *(n.)* tanda koma
command *(v.)* mengarahkan
commandant *(n.)* komandan
commander *(n.)* panglima
commandment *(n.)* perintah
commemorate *(v.)* memperingati
commemoration *(n.)* peringatan
commence *(v.)* memulakan
commencement *(n.)* permulaan
commend *(v.)* memuji
commendable *(adj.)* terpuji
commendation *(n.)* pujian
comment *(n.)* ulasan
comment *(v.)* mengulas
commentary *(n.)* ulasan
commentator *(n.)* pengulas
commerce *(n.)* perdagangan
commercial *(adj.)* komersial
commiserate *(v.)* bersimpati
commission *(n.)* komisen
commissioner *(n.)* pesuruhjaya
commissure *(n.)* komisur

commit *(v.)* melakukan
commitment *(n.)* komitmen
committee *(n.)* jawatankuasa
commodity *(n.)* barangan
common *(adj.)* biasa
commoner *(n.)* orang biasa
commonplace *(adj.)* biasa
commonwealth *(n.)* komanwel
commotion *(n.)* keriuhan
commove *(v.)* bergerak ganas
communal *(adj.)* komunal
commune *(v.)* berhubung rapat
communicate *(v.)* berkomunikasi
communication *(n.)* komunikasi
communiqué *(n.)* kenyataan rasmi
communism *(n.)* komunisme
communist *(n.)* komunis
community *(n.)* masyarakat
commute *(v.)* berulang-alik
compact *(n.)* persetujuan
companion *(n.)* teman
company *(n.)* syarikat
comparative *(adj.)* perbandingan
compare *(v.)* membandingkan
comparison *(n.)* perbandingan
compartment *(n.)* bahagian
compass *(n.)* kompas
compassion *(n.)* simpati
compel *(v.)* memaksa
compensate *(v.)* memampas
compensation *(n.)* pampasan
compete *(v.)* bersaing
competence *(n.)* kebolehan
competent *(adj.)* berkebolehan
competition *(n.)* pertandingan
competitive *(adj.)* kompetitif
compilation *(n.)* himpunan
compile *(v.)* menghimpunkan
complacent *(adj.)* puas
complain *(v.)* merungut

complaint *(n.)* rungutan
complaisance *(n.)* sifat menyenangkan
complaisant *(adj.)* bersifat menyenangkan
complement *(n.)* pelengkap
complementary *(adj.)* pelengkap
complete *(adj.)* lengkap
complete *(v.)* melengkapkan
completion *(n.)* pelengkapan
complex *(n.)* bangunan
complexion *(n.)* warna kulit
compliance *(n.)* kepatuhan
compliant *(adj.)* patuh
complicate *(v.)* merumitkan
complication *(n.)* keadaan rumit
compliment *(v.)* memuji
comply *(v.)* mengikut
component *(adj.)* komponen
compose *(v.)* menggubah
composition *(n.)* gubahan
compositor *(n.)* pengatur huruf
compost *(n.)* kompos
composure *(n.)* ketenangan
compound *(n.)* kawasan
compound *(v.)* mencampurkan
compounder *(n.)* tukang campur
comprehend *(v.)* memahami
comprehension *(n.)* kefahaman
comprehensive *(adj.)* menyeluruh
compress *(v.)* memampatkan
comprise *(v.)* mengandungi
compromise *(v.)* berkompromi
compromise *(n.)* kompromi
compulsion *(n.)* paksaan
compulsory *(adj.)* wajib
compunction *(n.)* penyesalan
computation *(n.)* pengiraan
compute *(v.)* mengira

computer *(n.)* komputer
computeracy *(n.)* literasi komputer
comrade *(n.)* sahabat
concave *(adj.)* lekuk
conceal *(v.)* menyembunyikan
concede *(v.)* mengakui
conceit *(n.)* keangkuhan
conceive *(v.)* hamil
concentrate *(v.)* menumpukan perhatian
concentration *(n.)* tumpuan
concept *(n.)* konsep
conception *(n.)* penghamilan
concern *(n.)* kebimbangan
concert *(v.)* konsert
concert *(n.)* konsert
concession *(n.)* konsesi
conch *(n.)* konc
conciliate *(v.)* mendamaikan
concise *(adj.)* ringkas
conclude *(v.)* menyimpulkan
conclusion *(n.)* kesimpulan
conclusive *(adj.)* meyakinkan
concoct *(v.)* membancuh
concoction *(n.)* bancuhan
concord *(n.)* kesesuaian
concrescence *(n.)* konkresens
concrete *(n.)* konkrit
concrete *(v.)* konkrit
concubinage *(n.)* gundik
concubine *(n.)* gundik
conculcate *(v.)* memijak
condemn *(v.)* mengecam
condemnation *(n.)* kecaman
condensate *(n.)* hasil pemeluwapan
condense *(v.)* memekatkan
condescend *(v.)* merendah-rendahkan
condescending *(dj.)* angkuh
condign *(adj.)* hukuman berat
condition *(n.)* keadaan

conditional *(adj.)* dengan syarat
condole *(v.)* memberi takziah
condolence *(n.)* takziah
condonation *(n.)* ketidakpedulian kesalahan
condor *(n.)* kondor
conduce *(v.)* membawa kepada
conduct *(v.)* berkelakuan
conductor *(n.)* pemimpin orkestra
cone *(n.)* kon
confectioner *(n.)* tukang manisan
confectionery *(n.)* manisan
confer *(v.)* menganugerahkan
conference *(n.)* perundingan
confess *(v.)* mengakui
confession *(n.)* pengakuan
confidant *(n.)* tempat mengadu
confide *(v.)* mengadu
confidence *(n.)* keyakinan
confident *(adj.)* yakin
confidential *(adj.)* sulit
config *(n.)* konfigurasi
configuration *(n.)* konfigurasi
configure *(v.)* membuat konfigurasi
confine *(v.)* mengurung
confinement *(n.)* pengurungan
confirm *(v.)* mengesahkan
confirmation *(n.)* pengesahan
confiscate *(v.)* merampas
confiscation *(n.)* rampasan
conflict *(v.)* bertelingkah
confluence *(n.)* kuala
confluent *(adj.)* mengalir bersama
conformity *(n.)* keakuran
confraternity *(n.)* persaudaraan
confrontation *(n.)* konfrontasi
confuse *(v.)* mengelirukan
confusion *(n.)* kekeliruan
confute *(v.)* menyangkal

conge *(n.)* kebenaran berlepas
congeal *(v.)* membeku
congenial *(adj.)* cocok
conglutinate *(v.)* lengket
congolmerate *(adj.)* konglomerat
congratulate *(v.)* mengucapkan tahniah
congratulation *(n.)* tahniah
congregate *(v.)* berhimpun
congregation *(n.)* jemaah
congress *(n.)* kongres
congruency *(n.)* kesesuaian
congruent *(adj.)* sepadan
conical *(adj.)* berbentuk kon
conjecture *(n.)* andaian
conjecture *(v.)* meneka
conjugal *(adj.)* suami isteri
conjugate *(v.)* berkonjugat
conjunct *(adj.)* bersepadu
conjunction *(n.)* kata penghubung
conjunctiva *(n.)* konjunktiva
conjuncture *(n.)* gabungan
conjure *(v.)* silap mata
connaisseur *(n.)* pakar
connect *(v.)* bersambung
connection *(n.)* sambungan
connivance *(n.)* kerjasama diam-diam
connive *(v.)* berkomplot
conniving *(adj.)* berkomplot
conquer *(v.)* menewaskan
conquerer *(n.)* penakluk
conquest *(n.)* penaklukan
conscience *(n.)* kesedaran
conscious *(adj.)* sedar
consecrate *(v.)* mengabdikan
consecutive *(adj.)* berturutan
consecutively *(adv.)* secara berturutan
consensual *(adj.)* dengan izin
consensus *(n.)* konsensus
consent *(v.)* mengizinkan

consent *(n.)* keizinan
consequence *(n.)* akibat
consequent *(adj.)* akibat daripada
conservation *(n.)* pemuliharaan
conservative *(n.)* konservatif
conservative *(adj.)* konservatif
conserve *(v.)* memulihara
consider *(v.)* mempertimbangkan
considerable *(adj.)* banyak
considerate *(adj.)* bertimbang rasa
consideration *(n.)* pertimbangan
considering *(prep.)* mempertimbangkan
consign *(v.)* menyerahkan
consignment *(n.)* pengiriman
consist *(v.)* mengandungi
consistence *(n.)* konsisten
consistency *(n.)* konsisten
consistent *(adj.)* konsisten
consolation *(n.)* menghiburkan
console *(v.)* memujuk
consolidate *(v.)* mengukuhkan
consolidation *(n.)* pengukuhan
consonance *(n.)* keserasian
consonant *(n.)* konsonan
consort *(n.)* kapal pengiring
conspectus *(n.)* ringkasan
conspicuous *(adj.)* ketara
conspiracy *(n.)* komplot
conspirator *(n.)* dalang
conspire *(v.)* berkomplot
constable *(n.)* konstabel
constant *(adj.)* tetap
constellation *(n.)* buruj
constipation *(n.)* sembelit
constituency *(n.)* kawasan pengundian
constituent *(n.)* konstituen
constituent *(adj.)* organik
constitute *(v.)* membentuk
constitution *(n.)* perlembagaan
constrict *(v.)* mengecilkan
construct *(v.)* membina
construction *(n.)* pembinaan
consult *(v.)* merujuk
consultation *(n.)* konsultasi
consume *(v.)* menggunakan
consumption *(n.)* penggunaan
contact *(n.)* hubungan
contact *(v.)* menghubungi
contagious *(adj.)* berjangkit
contain *(v.)* mengandungi
containment *(n.)* pembendungan
contaminate *(v.)* mencemarkan
contemplate *(v.)* merenungi
contemplation *(n.)* renungan
contemporary *(adj.)* kontemporari
contempt *(n.)* kebencian
contemptuous *(adj.)* penuh kebencian
contend *(v.)* bersaing
content *(adj.)* puas
content *(n.)* muatan
contention *(n.)* perdebatan
contentment *(n.)* puas hati
contest *(n.)* pertandingan
context *(n.)* konteks
contiguous *(adj.)* bersempadan
continent *(n.)* benua
continental *(adj.)* berkenaan benua
contingency *(n.)* kebarangkalian
continual *(adj.)* berterusan
continuation *(n.)* lanjutan
continue *(v.)* meneruskan
continuity *(n.)* kesinambungan
continuous *(adj.)* berterusan
continuum *(n.)* kontinum
contour *(n.)* kontur
contra *(pref.)* kontra

contraception *(n.)* pencegahan kehamilan
contraceptive *(adj.)* kontraseptif
contract *(v.)* membuat kontrak
contraction *(n.)* penegangan
contractor *(n.)* kontraktor
contradict *(v.)* menyangkal
contradiction *(n.)* percanggahan
contralto *(n.)* kontralto
contrarian *(n.)* penentang pendapat
contrary *(adj.)* bertentangan
contrast *(n.)* berbeza
contribute *(v.)* menyumbang
contribution *(n.)* sumbangan
control *(v.)* mengawal
controller *(n.)* pengawal
controversy *(n.)* kontroversi
contuse *(v.)* melebamkan
contusion *(n.)* lebam
conundrum *(n.)* teka-teki
convalesce *(v.)* sembuh
convalescence *(n.)* penyembuhan
convalescent *(adj.)* sembuh
convene *(v.)* bersidang
convener *(n.)* penganjur
convenience *(n.)* kesesuaian
convenient *(adj.)* sesuai
convent *(n.)* biara
convention *(n.)* konvensyen
conventional *(adj.)* kebiasaan
convergence *(n.)* pertumpuan
convergent *(adj.)* tertumpu
conversant *(adj.)* mengetahui benar-benar
conversation *(n.)* perbualan
converse *(v.)* berbual
conversion *(n.)* penukaran
convert *(v.)* menukar
convert *(n.)* mualaf
convertible *(adj.)* boleh ditukarkan

convey *(v.)* membawa
conveyance *(n.)* pemindahan
convict *(n.)* banduan
conviction *(n.)* sabitan
convince *(v.)* meyakinkan
convivial *(adj.)* meriah
convocation *(n.)* konvokesyen
convoke *(v.)* bersidang
convolve *(v.)* berpintal-pintal
convoy *(v.)* mengiringi
convulse *(v.)* menggelepar
convulsion *(n.)* sawan
coo *(n.)* dekut
coo *(v.)* berdekut
cook *(v.)* memasak
cook *(n.)* tukang masak
cooker *(n.)* dapur
cool *(adj.)* sejuk
cool *(v.)* menyejukkan
cooler *(n.)* pendingin
cooperate *(v.)* bekerjasama
cooperation *(n.)* kerjasama
cooperative *(adj.)* kerjasama
coordinate *(adj.)* koordinat
coordinate *(v.)* menyelaraskan
coordination *(n.)* penyelarasan
coot *(n.)* burung panglin
copartner *(n.)* rakan kongsi
cope *(v.)* menangani
coper *(n.)* peniaga kuda
copier *(n.)* mesin fotokopi
copist *(n.)* penyalin
copper *(n.)* tembaga
coppery *(adj.)* meyerupai tembaga
coppice *(n.)* belukar
coprology *(n.)* kajian tahi
copulate *(v.)* mengawan
copy *(n.)* salinan
copy *(v.)* menyalin
coral *(n.)* batu karang
corbel *(n.)* penyangga
cord *(n.)* tali pintal
cordate *(adj.)* berbentuk hati

corded *(adj.)* bertali
cordial *(adj.)* peramah
cordless *(adj.)* tanpa kord
cordon *(n.)* pertahanan
corduroy *(n.)* korduroi
core *(n.)* teras
coriander *(n.)* ketumbar
cork *(n.)* gabus
cormorant *(n.)* burung kosa
corn *(n.)* jagung
cornea *(n.)* selaput mata
corner *(n.)* sudut
cornet *(n.)* kornet
cornicle *(n.)* kornikel
coronation *(n.)* pertabalan
coronet *(n.)* mahkota
corporal *(adj.)* korporal
corporate *(adj.)* korporat
corporation *(n.)* syarikat
corps *(n.)* kor
corpse *(n.)* mayat
correct *(v.)* membetulkan
correction *(n.)* pembetulan
correlate *(v.)* menghubungkan
correlation *(n.)* hubung kait
correspond *(v.)* selaras
correspondence *(n.)* surat-menyurat
correspondent *(n.)* koresponden
corridor *(n.)* koridor
corroborate *(v.)* menyokong
corroborative *(adj.)* menyokong
corrosive *(adj.)* bersifat menghakis
corrupt *(v.)* merosakkan
corrupt *(adj.)* tercemar
corruption *(n.)* korupsi
cosmetic *(n.)* alat solek
cosmic *(adj.)* kosmik
cosmopolitan *(adj.)* kosmopolitan
cosmos *(n.)* kosmos
cost *(n.)* harga

costal *(adj.)* rusuk
costly *(adj.)* mahal
costume *(n.)* kostum
cosy *(adj.)* selesa
cot *(n.)* katil bayi
cote *(n.)* bangsal haiwan
cotemporal *(adj.)* serentak
cotransfer *(n.)* pemindahan bersama
cottage *(n.)* pondok
cotton *(n.)* kapas
couch *(n.)* sofa
cough *(n.)* batuk
cough *(v.)* batuk
could *(v.)* boleh
council *(n.)* majlis
councillor *(n.)* ahli majlis
counsel *(v.)* memberi nasihat
counsellor *(n.)* penasihat
count *(v.)* mengira
countable *(adj.)* boleh dikira
countdown *(n.)* pengiraan detik
countenance *(n.)* air muka
counter *(v.)* membalas
counteract *(v.)* bertindak balas
countercharge *(n.)* tuduhan balas
counterfeit *(adj.)* palsu
counterfeiter *(n.)* pemalsu
countermand *(v.)* membatalkan
counterpart *(n.)* rakan sejawat
countersign *(v.)* menandatangani balas
countess *(n.)* wanita bangsawan
countless *(adj.)* tidak terkira
country *(n.)* negara
county *(n.)* desa
coup *(n.)* kudeta
couple *(n.)* pasangan
couple *(v.)* bersetubuh
couplet *(n.)* kuplet
coupon *(n.)* kupon

courage *(n.)* keberanian	**crater** *(n.)* kawah
courageous *(adj.)* berani	**crave** *(v.)* mengidam
courier *(n.)* pemandu pelancong	**craving** *(n.)* mengidam
course *(n.)* arah	**craw** *(n.)* tembolok
court *(v.)* memikat	**crawl** *(n.)* lata
courteous *(adj.)* sopan	**crayfish** *(n.)* udang krai
courtesan *(n.)* pelacur	**craze** *(n.)* kegilaan
courtesy *(n.)* kesopanan	**crazy** *(adj.)* gila
courtier *(n.)* penggawa	**creak** *(v.)* berkeriut
courtship *(n.)* tempoh berkenalan	**creak** *(n.)* keriut
courtyard *(n.)* halaman	**cream** *(n.)* krim
cousin *(n.)* sepupu	**crease** *(n.)* kesan lipat
coven *(n.)* perhimpunan	**create** *(v.)* mencipta
covenant *(n.)* perjanjian	**creation** *(n.)* ciptaan
cover *(n.)* penutup	**creative** *(adj.)* kreatif
coverlet *(n.)* penutup cadar	**creator** *(n.)* pencipta
covet *(v.)* mendambakan	**creature** *(n.)* makhluk
cow *(v.)* menakutkan	**credential** *(adj.)* terbukti layak
coward *(n.)* pengecut	**credible** *(adj.)* boleh dipercayai
cowardice *(n.)* sifat pengecut	**credit** *(n.)* kredit
cower *(v.)* merangkung	**creditable** *(adj.)* patut dipuji
coy *(n.)* kelakuan malu	**creditor** *(n.)* pemiutang
cozy *(adj.)* selesa	**credulity** *(n.)* sifat mudah percaya
crab *(n.)* ketam	**credulous** *(adj.)* mudah percaya
crack *(v.)* meretakkan	**creed** *(n.)* kepercayaan
cracker *(n.)* biskut tawar	**creek** *(n.)* anak sungai
crackle *(v.)* menggerutup	**creep** *(v.)* merayap
cradle *(n.)* buaian	**creeper** *(n.)* tumbuhan menjalar
craft *(n.)* kemahiran tangan	**creepy** *(adj.)* menyeramkan
craftsman *(n.)* tukang	**cremate** *(v.)* membakar mayat
crafty *(adj.)* licik	**cremation** *(n.)* pembakaran mayat
cram *(v.)* menyumbat	**crematorium** *(n.)* krematorium
crambo *(n.)* permainan perkataan	**creole** *(n.)* orang Kreol
crane *(n.)* burung jenjang	**crepe** *(n.)* krep
crankle *(v.)* membengkok	**crepitate** *(v.)* menggeresek
crash *(n.)* perlanggaran	**crepitation** *(n.)* gersak
crasher *(n.)* penceroboh	**crest** *(n.)* jambul
crasis *(n.)* kependekkan perkataan	**cretin** *(n.)* sangat bodoh
crass *(adj.)* bodoh	**crevet** *(n.)* teko mencair
crate *(n.)* peti	**crew** *(n.)* anak kapal
	crib *(n.)* kot
	cricket *(n.)* kriket

crime *(n.)* jenayah
criminal *(adj.)* penjenayah
crimp *(n.)* kedut
crimple *(v.)* berkedut
crimson *(n.)* merah
cringe *(v.)* mengekot
cripple *(n.)* cacat
crisis *(n.)* krisis
crisp *(adj.)* garing
crispen *(v.)* memanggang
criterion *(n.)* kriteria
critic *(n.)* pengkritik
critical *(adj.)* genting
criticism *(n.)* kritikan
criticize *(v.)* mengkritik
croak *(n.)* kuak
crochet *(v.)* mengait
crockery *(n.)* pinggan mangkuk
crocodile *(n.)* buaya
croesus *(n.)* raja kaya
croft *(n.)* ladang disewa
crome *(v.)* mencangkuk
crone *(n.)* perempuan tua
crook *(adj.)* senget
crooked *(adj.)* senget
crookery *(n.)* amalan kotor
crooning *(n.)* mendendangkan
crop *(n.)* tanaman
cross *(adj.)* marah
crossbar *(n.)* palang
crossbeam *(n.)* alang melintang
crossbench *(adj.)* bangku bebas
crosscut *(v.)* jalan pintas
crossfire *(n.)* tembak-menembak
crossing *(n.)* lintasan
crotch *(n.)* kelangkang
crotchet *(n.)* krotcet
crouch *(v.)* bercangkung
crow *(v.)* berkokok
crowbar *(n.)* tuil
crowd *(n.)* orang ramai
crowded *(adj.)* sesak

crowdy *(adj.)* sesak
crown *(v.)* menobatkan
crowned *(adj.)* bermahkota
crucial *(adj.)* penting
crucified *(adj.)* tersalib
crucifix *(n.)* salib
crucify *(v.)* menyalib
crude *(adj.)* lucah
cruel *(adj.)* kejam
cruelty *(n.)* kekejaman
cruise *(v.)* menjelajah
cruiser *(n.)* penjajap
crumb *(n.)* cebisan
crumble *(v.)* hancur
crump *(v.)* berbunyi kuat
crunch *(v.)* mengunyah
crusade *(n.)* perang salib
crusader *(n.)* pejuang perang
crush *(v.)* menghancurkan
crust *(n.)* kerak
crutch *(n.)* topang ketiak
cry *(v.)* menangis
cryogenics *(n.)* kriogenik
cryptography *(n.)* kriptografi
crystal *(n.)* kristal
crystalize *(v.)* menghablur
cub *(n.)* anak binatang
cubby *(n.)* para kecil
cube *(n.)* kubus
cubical *(adj.)* berbentuk kiub
cubiform *(adj.)* berbentuk kubus
cubit *(n.)* hasta
cuckold *(n.)* dayus
cuckoo *(n.)* gila
cucumber *(n.)* timun
cuddle *(v.)* memeluk
cudgel *(n.)* belantan
cue *(n.)* isyarat
cueless *(adj.)* tanpa tanda
cuff *(v.)* menggari
cuisine *(n.)* masakan
cullet *(n.)* pecahan gelas
culminate *(v.)* kemuncak

culpable *(adj.)* patut dipersalahkan
culprit *(n.)* pesalah
cult *(n.)* kultus
cultivate *(v.)* memupuk
cultivation *(n.)* pemupukan
cultural *(adj.)* kebudayaan
culture *(n.)* budaya
culvert *(n.)* pembetung
cunning *(n.)* muslihat
cup *(n.)* cawan
cupboard *(n.)* almari
Cupid *(n.)* dewa asmara
cupidity *(n.)* tamak
cupon *(n.)* cupon
curable *(adj.)* boleh diubati
curative *(adj.)* berkhasiat
curb *(v.)* mengawal
curcumin *(n.)* kunyit
curd *(v.)* membuat dadih
cure *(v.)* mengubati
curfew *(n.)* perintah berkurung
curiosity *(n.)* sikap ingin tahu
curious *(adj.)* ingin tahu
curl *(n.)* gulungan
curly *(adj.)* keriting
currant *(n.)* kismis
currency *(n.)* mata wang
current *(n.)* arus
current *(adj.)* semasa
curriculum *(n.)* kurikulum
curse *(n.)* sumpahan
curse *(v.)* menyumpah
cursory *(adj.)* sepintas lalu
curt *(adj.)* ringkas
curtail *(v.)* memendekkan
curtain *(n.)* tirai
curvature *(n.)* lengkung
curve *(n.)* lengkung
curve *(v.)* lengkuk
cushion *(v.)* melindungi
custard *(n.)* kastard
custodian *(n.)* penjaga
custody *(n.)* penjagaan

custom *(n.)* buatan khas
customary *(adj.)* kebiasaan
customer *(n.)* pelanggan
cut *(n.)* luka
cutis *(n.)* kulit
cutter *(n.)* pemotong
cuvette *(n.)* kuvet
cyan *(adj.)* biru kehijauan
cyanide *(n.)* sianida
cyber *(adj.)* siber
cybercafé *(n.)* kafe siber
cyberchat *(n.)* sembang siber
cybercrime *(n.)* jenayah siber
cycle *(v.)* menunggang basikal
cyclic *(adj.)* berpusing
cyclist *(n.)* penunggang basikal
cyclone *(n.)* siklon
cyclops *(n.)* siklops
cyclostyle *(v.)* mensiklostil
cylinder *(n.)* silinder
cylindrical *(adj.)* berbentuk silinder
cynic *(n.)* sinis
cynical *(adj.)* bersifat sinis
cypher *(n.)* mengekodkan
cypress *(n.)* sipres

dabble *(v.)* menceburkan
dacoit *(n.)* penjahat
dacoity *(n.)* rompakan ganas
dad *(n.)* bapa
daddy *(n.)* ayah
daffodil *(n.)* bunga dafodil
daft *(adj.)* dungu
dagger *(n.)* pisau belati
daily *(n.)* harian
daily *(adv.)* harian
dainty *(n.)* kuih kecil
dairy *(n.)* tenusu

dais *(n.)* peterana
daisy *(n.)* bunga daisi
dale *(n.)* lembah
dam *(n.)* empangan
damage *(v.)* merosakkan
damage *(n.)* kerosakan
damask *(adj.)* merah jambu
dame *(n.)* perempuan
damn *(int.)* jahanam
damnable *(adj.)* terkutuk
damnation *(n.)* laknat
damned *(adj.)* terlaknat
damp *(v.)* melembapkan
damp *(n.)* keadaan lembap
dampen *(v.)* mengurangkan
damsel *(n.)* gadis
dance *(v.)* menari
dancer *(n.)* penari
dancing *(adj.)* menari
dandelion *(n.)* dandelion
dandle *(v.)* menimang-nimang
dandruff *(n.)* kelemumur
dandy *(n.)* peraga
danger *(n.)* bahaya
dangerous *(adj.)* berbahaya
dangle *(v.)* tergantung
dangling *(adj.)* tergantung
dank *(v.)* melembap
dap *(v.)* memancing
dapper *(adj.)* segak
dare *(n.)* cabaran
daredevil *(v.)* berani mati
daresay *(v.)* mengakui kebenaran
daring *(adj.)* berani
dark *(n.)* kegelapan
darken *(v.)* menjadi gelap
darkle *(v.)* menjadi kelam
darkly *(adv.)* dengan marah
darkness *(n.)* keadaan gelap
darling *(adj.)* menarik
dart *(v.)* meluru
darting *(n)* meluru
dash *(n.)* simbahan

dashing *(adj.)* tampan
data *(n.)* data
databank *(n.)* bank data
database *(n.)* pangkalan data
date *(v.)* bertarikh
dated *(adj.)* ketinggalan zaman
daub *(n.)* bahan turap
daub *(v.)* memalit
daughter *(n.)* anak perempuan
daunt *(v.)* melemahkan semangat
daunting *(adj.)* menakutkan
dauntless *(adj.)* sangat berani
dawdle *(v.)* berlengah-lengah
dawdler *(n.)* pemalas
dawn *(v.)* mulai jelas
dawnlight *(n.)* cahaya subuh
day *(n.)* hari
daydream *(v.)* berkhayal
daylight *(n.)* siang hari
daze *(v.)* bingung
dazed *(adj.)* bingung
daziness *(n.)* keadaan kebingungan
dazzle *(v.)* menyilaukan
dazzling *(adj.)* menyilaukan mata
dazzlingly *(adv.)* dengan menyilaukan
deacon *(n.)* paderi
deaconship *(n.)* pejabat paderi
deactivate *(v.)* menyahaktifkan
deactivation *(n.)* penyahaktifan
deactivator *(n.)* penyahaktif
dead *(n.)* mati
deadbeat *(adj.)* sangat letih
deadbolt *(v.)* menyelak
dead-end *(v.)* membuntu
deadline *(n.)* tempoh akhir
deadlock *(v.)* kandas
deadly *(adj.)* menyebabkan kematian
deaf *(adj.)* pekak
deafen *(v.)* memekakkan

deafening *(adj.)* membingitkan telinga
deal *(n.)* perjanjian
deal *(v.)* berurusan
dealer *(n.)* peniaga
dealership *(n.)* pengedar
dealings *(n.)* urusan
dealmaker *(n.)* pengurus niaga
dean *(n.)* dekan
dear *(adj.)* yang dikasihi
dearth *(n.)* kekurangan
death *(n.)* kematian
deathbed *(n.)* saat-saat kematian
deathblow *(n.)* tumbukan maut
deathly *(adj.)* membawa maut
debar *(v.)* menyekat
debase *(v.)* menurunkan kualiti
debate *(v.)* berbahas
debate *(n.)* perbahasan
debated *(adj.)* telah diperbahaskan
debauch *(n.)* perbuatan buruk
debauchee *(n.)* penagih seks
debauchery *(n.)* kegiatan buruk
debile *(adj.)* tiada kekuatan
debilitant *(n.)* ubat pelemah
debilitating *(adj.)* melemahkan
debilitation *(n.)* perbuatan melemahkan
debility *(n.)* kelemahan fizikal
debit *(v.)* mendebitkan
debris *(n.)* serpihan
debt *(n.)* hutang
debtor *(n.)* penghutang
debuff *(n.)* kesan melemahkan
debug *(v.)* nyahpepijat
debutant *(n.)* muncul pertama
decade *(n.)* dekad
decadent *(adj.)* kemerosotan
decalcification *(n.)* penyahkapuran
decalcifiy *(v.)* mengurangkan kalsium

decalibrate *(v.)* membuang penentukur
decamp *(v.)* menghilangkan diri
decay *(v.)* mereput
decay *(n.)* pereputan
decease *(v.)* maut
deceased *(adj.)* mendiang
deceit *(n.)* penipuan
deceitful *(adj.)* tidak jujur
deceive *(v.)* menipu
decelerate *(v.)* memperlahankan
deceleration *(n.)* pengurangan kelajuan
december *(n.)* disember
decency *(n.)* kesopanan
decennnary *(n.)* dasawarsa
decent *(adj.)* sopan
decentralized *(adj.)* pemencaran
decentre *(v.)* menjauhi tengah
deception *(n.)* penipuan
deceptive *(adj.)* menyesatkan
decibel *(n.)* desibel
decide *(v.)* memutuskan
decided *(adj.)* jelas
decidedly *(adv.)* dengan jelas
decidedness *(n.)* keputusan
decillion *(n.)* ribuan jutaan
decimal *(adj.)* persepuluh
decimate *(v.)* menghapuskan besar
decimetre *(n.)* desimeter
decipher *(v.)* mentafsirkan
decision *(n.)* keputusan
decisive *(adj.)* penentu
deck *(n.)* geladak kapal
deck *(v.)* menjatuhkan
declaration *(n.)* pengisytiharan
declare *(v.)* mengisytiharkan
decline *(n.)* kemerosotan
decline *(v.)* menolak
declinous *(adj.)* menurun
declutter *(v.)* mengemaskan

decode *(v.)* mentafsirkan kod
decoder *(n.)* pentafsir kod
decolonization *(n.)* penyahjajahan
decolonize *(v.)* menyahjajah
decommission *(v.)* menarik balik senjata
decompose *(v.)* mereput
decomposition *(n.)* pereputan
decompress *(v.)* mengurangkan tekanan
decompression *(n.)* pengurangan tekanan
deconstruct *(v.)* menganalisa
deconstruction *(n.)* penganalisaan
deconstructively *(adv.)* dengan menganalisa
decontrol *(v.)* menyahkawalan
decor *(n.)* perhiasan bilik
decorate *(v.)* menghiasi
decoration *(n.)* perhiasan
decorative *(adj.)* hiasan
decorum *(n.)* kesopanan
decoy *(v.)* mengumpan
decoyman *(n.)* pemikat burung
decrease *(n.)* mengurang
decreasingly *(adv.)* berkurangan
decree *(v.)* mengeluarkan perintah
decrement *(n.)* pengurangan
decrepitate *(v.)* meletik
decrepitation *(n.)* peletikan
decriminalization *(n.)* penafian jenayah
decriminalize *(v.)* menafikan jenayah
decrypt *(n.)* pengdekodan
decryption *(n.)* pengdekodan
dedicate *(v.)* berdedikasi
dedication *(n.)* dedikasi
dedicatory *(adj.)* berdedikasi

deduce *(v.)* membuat kesimpulan
deduct *(v.)* memotong
deduction *(n.)* pemotongan
deed *(n.)* perbuatan
deem *(v.)* menganggap
deep *(adj.)* dalam
deepen *(v.)* mendalamkan
deeply *(adv.)* dengan mendalam
deer *(n.)* rusa
defamation *(n.)* fitnah
defamatory *(adj.)* fitnah
defame *(v.)* memfitnah
default *(n.)* kegagalan
defeat *(n.)* kekalahan
defeat *(v.)* mengalahkan
defecate *(v.)* berak
defect *(n.)* kecacatan
defence *(n.)* pertahanan
defenceless *(adj.)* tanpa pertahanan
defend *(v.)* mempertahankan
defendant *(n.)* defendan
defensive *(adv.)* defensif
defer *(v.)* menangguhkan
deference *(n.)* penghormatan
defiance *(n.)* keingkaran
defiant *(adj.)* ingkar
deficiency *(n.)* kekurangan
deficient *(adj.)* kekurangan
deficit *(n.)* kurang
defile *(n.)* menodai
define *(v.)* mentakrifkan
definite *(adj.)* tentu
definition *(n.)* definisi
deflate *(v.)* mengempiskan
deflation *(n.)* pengempisan
deflect *(v.)* memesongkan
deflection *(n.)* pemesongan
deflesh *(v.)* mengeluarkan isi
deflower *(v.)* menghilangkan dara
defoliant *(n.)* peranggas
defoliate *(v.)* meranggas

deforest *(v.)* memusnahkan hutan
deform *(v.)* mencacatkan
deformity *(n.)* kecacatan
defragment *(v.)* mengurangkan pemecahan
defragmentation *(n.)* pengurangan pemecahan
deft *(adj.)* cekap
degenerate *(n.)* kemerosotan
deglutination *(n.)* pembuangan gluten
degrade *(v.)* mengaibkan
degrading *(adj.)* penurunan martabat
degree *(n.)* darjah
degustation *(n.)* mengecap
dehort *(v.)* menawarkan hati
dehumidify *(v.)* menyahlembabkan
dehydrate *(v.)* menyahhidratkan
dehydration *(n.)* penyahhidratan
deify *(v.)* mendewakan
deign *(v.)* sudi
deism *(n.)* deisme
deist *(n.)* penganut deisme
deity *(n.)* dewa
deject *(v.)* kecewa
dejection *(n.)* kemuraman
delay *(n.)* lambat
delayment *(n.)* kelewatan
delectability *(n.)* kelazatan
delegacy *(n.)* delegasi
delegalize *(v.)* melarang perbuatan
delegate *(v.)* mewakilkan
delegation *(n.)* delegasi
delegator *(n.)* perwakilan
deletable *(adj.)* boleh dipadam
delete *(v.)* memadamkan
deliberate *(v.)* mempertimbangkan
deliberation *(n.)* pertimbangan

delicacy *(n.)* kelembutan
delicate *(adj.)* lembut
delicious *(adj.)* lazat
delight *(n.)* kegembiraan
delight *(v.)* menggembirakan
delightedly *(adv.)* dengan gembira
delightful *(adj.)* menggembirakan
delimit *(v.)* membatasi
delimitate *(v.)* membatasi
delimitation *(n.)* batas
delinquency *(n.)* kelakuan buruk
delinquent *(n.)* delinkuen
delipidate *(v.)* memburuk
delipidation *(n.)* kerosakkan
deliriant *(n.)* orang meracau
deliver *(v.)* menghantar
deliverance *(n.)* dibebaskan
delivery *(n.)* penghantaran
delta *(n.)* delta
deltoid *(n.)* deltoid
delude *(v.)* memperdaya
deluded *(adj.)* terpedaya
delusion *(n.)* delusi
delusional *(adj.)* berkhayal
demagnatize *(v.)* membuang kemagnetan
demagogue *(n.)* demagog
demagogy *(n.)* demagogi
demand *(v.)* meminta
demarcate *(v.)* menetapkan had
demarcation *(n.)* had
demasculinization *(n.)* kembiri
dematerialisation *(n.)* lenyap
dematerialize *(v.)* melenyapkan
dement *(v.)* penurunan mental
demented *(adj.)* tidak siuman
demerit *(n.)* kesilapan
demicircle *(n.)* pengukur sudut
demilitarized *(adj.)* bebas tentera
demise *(n.)* kematian

demobilization *(n.)* demobilisasi
demobilize *(v.)* memberhentikan
democracy *(n.)* demokrasi
democratic *(adj.)* bersifat demokrasi
demolish *(v.)* merobohkan
demolition *(n.)* perobohan
demon *(n.)* syaitan
demonetize *(v.)* nyahwang
demonstrate *(v.)* menunjukkan
demonstration *(n.)* demonstrasi
demoralize *(v.)* melemahkan semangat
demur *(v.)* membantah
demurrage *(n.)* bayaran lewat
den *(n.)* sarang
dengue *(n.)* denggi
denial *(n.)* penafian
denominate *(v.)* menamai
denomination *(n.)* penggolongan
denote *(v.)* menunjukkan
denounce *(v.)* mengecam
dense *(adj.)* padat
density *(n.)* kepadatan
dentist *(n.)* doktor gigi
denude *(v.)* menggondolkan
denunciation *(n.)* pengecaman
deny *(v.)* menafikan
deodorant *(adj.)* deodoran
deontological *(adj.)* ikut peraturan
deontology *(n.)* teori etika
deoxidation *(n.)* penyahoksidaan
deoxy *(adj.)* deoksi
depart *(v.)* berlepas
department *(n.)* jabatan
departmentalization *(n.)* penjabatanan
departure *(n.)* perlepasan
depauperate *(v.)* membantut

depend *(v.)* bergantung
dependant *(n.)* tanggungan
dependence *(n.)* kebergantungan
dependent *(adj.)* bergantung pada
depict *(v.)* menggambarkan
depiction *(n.)* perihal menggambarkan
depilatory *(adj.)* depilatori
deplete *(v.)* mengurangkan
depleted *(adj.)* berkurang
depletion *(n.)* pengurangan
deplorable *(adj.)* luar penerimaan
deploy *(v.)* menggerakkan
depolarize *(v.)* menyahkutubkan
deponent *(n.)* saksi sumpah
deport *(v.)* diusir
depose *(v.)* menggulingkan
deposit *(n.)* wang pendahuluan
deposit *(v.)* meletakkan
depot *(n.)* stesen
depravation *(n.)* kerosakan akhlak
deprave *(v.)* merosakkan akhlak
depraved *(adj.)* rosak akhlak
depreciate *(v.)* susut nilai
depreciating *(adj.)* penyusutan
depreciatory *(adj.)* memperkecil-kecilkan
depredate *(v.)* mencuri
depress *(v.)* menyedihkan
depression *(n.)* kemurungan
deprive *(v.)* tidak mendapat
depth *(n.)* kedalaman
deputation *(n.)* perwakilan
depute *(v.)* mewakilkan
deputy *(n.)* timbalan
derail *(v.)* tergelincir
derailment *(n.)* gelinciran kereta api
derive *(v.)* berasal

dermabrasion *(n.)* pembuangan kulit luar
dermatologist *(n.)* pakar dermatologi
dermic *(adj.)* berkaitan kulit
derogatory *(adj.)* menghina
derrick *(n.)* derik
desalt *(v.)* membuang masin
descale *(v.)* menyisik
descend *(v.)* turun
descendant *(n.)* keturunan
descent *(n.)* turun
describe *(v.)* menghuraikan
description *(n.)* huraian
descriptive *(adj.)* deskriptif
desert *(n.)* padang pasir
deserve *(v.)* berhak
design *(n.)* reka bentuk
designate *(v.)* menandakan
designated *(adj.)* dilantik
designer *(n.)* pereka
desirable *(adj.)* diingini
desire *(v.)* menginginkan
desirous *(adj.)* ingin
desk *(n.)* meja
desktop *(n.)* permukaan meja
desocialization *(n.)* desosialisasi
desolate *(adj.)* terbiar
desolvate *(v.)* membuang pelarut
despair *(n.)* putus asa
despair *(v.)* berputus asa
desperate *(adj.)* terdesak
despicable *(adj.)* keji
despise *(v.)* membenci
despiteful *(adj.)* berniat jahat
despot *(n.)* pemerintah zalim
dessert *(n.)* pencuci mulut
destabilization *(n.)* penyahstabilan
destabilize *(v.)* menyahstabilkan
destination *(n.)* destinasi
destiny *(n.)* takdir
destitute *(adj.)* miskin
destress *(v.)* mengurangkan tekanan
destroy *(v.)* memusnahkan
destroyer *(n.)* pemusnah
destruction *(n.)* kemusnahan
detach *(v.)* memisahkan
detachment *(n.)* perpisahan
detail *(n.)* butiran
detail *(v.)* membutirkan
detain *(v.)* menahan
detect *(v.)* mengesan
detective *(adj.)* kebolehan mengesan
detective *(n.)* detektif
determination *(n.)* keazaman
determine *(v.)* menentukan
detest *(v.)* benci
dethrone *(v.)* diturun takhta
detonate *(v.)* meletup
detoxication *(n.)* detoksifikasi
detractor *(n.)* pengkritik
deturpation *(n.)* penyalahgunaan kuasa
devaluate *(v.)* turun nilai
devastate *(v.)* membinasakan
develop *(v.)* memajukan
development *(n.)* perkembangan
deviate *(v.)* melencong
deviation *(n.)* lencongan
device *(n.)* alat
devil *(n.)* syaitan
devise *(v.)* memikirkan
devoid *(adj.)* tanpa
devote *(v.)* mendedikasikan
devotee *(n.)* pemuja
devotion *(n.)* ketaatan
devour *(v.)* melahap
dew *(n.)* embun
diabetes *(n.)* kencing manis
diagnose *(v.)* mendiagnosis
diagnosis *(n.)* diagnosis

diagram *(n.)* gambar rajah
dial *(n.)* dail
dialect *(n.)* loghat
dialogue *(n.)* dialog
diameter *(n.)* garis pusat
diamond *(n.)* berlian
diaper *(n.)* lampin
diarrhea *(n.)* cirit birit
diary *(n.)* diari
dib *(v.)* menangkap ikan
dice *(v.)* potong dadu
dictate *(v.)* merencanakan
dictation *(n.)* rencana
dictator *(n.)* diktator
diction *(n.)* gaya bercakap
dictionary *(n.)* kamus
dictum *(n.)* pepatah
didactic *(adj.)* bertujuan mengajar
die *(n.)* dadu
diesel *(n.)* diesel
diet *(v.)* diet
differ *(v.)* berbeza
difference *(n.)* perbezaan
different *(adj.)* berbeza
difficult *(adj.)* susah
difficulty *(n.)* kesusahan
diffuse *(adj.)* tersebar
dig *(v.)* mengorek
dig *(n.)* mencucuk
digest *(v.)* menghadam
digest *(n.)* ringkasan
digestion *(n.)* penghadaman
digit *(n.)* angka
digital *(adj.)* digital
dignify *(v.)* memuliakan
dignity *(n.)* maruah
digress *(v.)* menyimpang
digression *(n.)* penyimpangan
dilaceration *(n.)* dilaserasi
dilemma *(n.)* dilema
diligence *(n.)* kerajinan
diligent *(adj.)* rajin
dilute *(adj.)* cair

dim *(adj.)* malap
dim *(v.)* menjadi malap
dimension *(n.)* dimensi
diminish *(v.)* mengurangkan
diminutive *(adj.)* begitu kecil
dimly *(adv.)* kelam
dimness *(n.)* kekelaman
din *(n.)* hingar-bingar
dine *(v.)* makan malam
diner *(n.)* kedai makan
dingy *(adj.)* suram
dinner *(n.)* makan malam
diocese *(n.)* kawasan paderi
dioxide *(n.)* dioksida
dip *(v.)* mencelup
diploma *(n.)* diploma
diplomacy *(n.)* diplomasi
diplomat *(n.)* diplomat
diplomatic *(adj.)* diplomatik
dire *(adj.)* teruk
direct *(adj.)* langsung
direct *(v.)* menghalakan
direction *(n.)* arah
director *(n.)* pengarah
directory *(n.)* direktori
dirt *(n.)* kotoran
dirty *(adj.)* kotor
disability *(n.)* ketidakupayaan
disable *(v.)* melumpuhkan
disabled *(adj.)* cacat
disadvantage *(n.)* kelemahan
disagree *(v.)* tidak bersetuju
disagreeable *(adj.)* tidak menyenangkan
disagreement *(n.)* tiada persetujuan
disappear *(v.)* hilang
disappearance *(n.)* kehilangan
disappoint *(v.)* mengecewakan
disapproval *(n.)* bantahan
disapprove *(v.)* tidak bersetuju
disarm *(v.)* melucutkan senjata
disarmament *(n.)* pelucutan senjata

disaster *(n.)* bencana
disastrous *(adj.)* membawa bencana
disband *(v.)* membubarkan
disbelief *(n.)* ketidakpercayaan
disbelieve *(v.)* tidak mempercayai
disc *(n.)* cakera
discard *(v.)* membuang
discharge *(n.)* pemunggahan muatan
disciple *(n.)* pengikut
discipline *(n.)* disiplin
disclose *(v.)* membongkarkan
discomfort *(n.)* ketidakselesaan
disconnect *(v.)* memutuskan
discontent *(n.)* ketidakpuasan
discontinue *(v.)* menghentikan
discord *(n.)* perselisihan
discount *(n.)* potongan harga
discourage *(v.)* melemahkan semangat
discourse *(n.)* perbincangan
discourteous *(adj.)* biadap
discover *(v.)* menemui
discovery *(n.)* penemuan
discredit *(v.)* tidak dipercayai
discretion *(n.)* budi bicara
discriminate *(v.)* mendiskriminasikan
discrimination *(n.)* diskriminasi
discuss *(v.)* membincangkan
disdain *(v.)* hina
disease *(n.)* penyakit
disembody *(v.)* memisahkan
disfigure *(v.)* mencacatkan
disguise *(v.)* menyamar
disgusting *(adj.)* jijik
dish *(n.)* hidangan
dishearten *(v.)* tawar hati
dishonest *(adj.)* tidak jujur
dishonesty *(n.)* kecurangan
dishonour *(n.)* aib
dislike *(n.)* kebencian
disloyal *(adj.)* tidak setia
dismay *(n.)* rasa kecewa
dismiss *(v.)* menyingkirkan
dismissal *(n.)* pemecatan
disobey *(v.)* mengingkari
disorder *(n.)* gangguan
disparity *(n.)* kelainan
dispensary *(n.)* dispensari
disperse *(v.)* meleraikan
displace *(v.)* menggantikan
display *(n.)* pameran
display *(v.)* mempamerkan
displease *(v.)* tidak menyenangkan
displeasure *(n.)* rasa menyusahkan
disposal *(n.)* pembuangan
dispose *(v.)* menyusun atur
disprove *(v.)* membuktikan salah
dispute *(n.)* pertelingkahan
dispute *(v.)* bertelingkah
disqualification *(n.)* penyingkiran
disqualify *(v.)* tidak layak
disquiet *(n.)* kerunsingan
disregard *(v.)* mengabaikan
disrepute *(n.)* pemburukan nama
disrespect *(n.)* biadab
disrupt *(v.)* menganggu
dissatisfaction *(n.)* ketidakpuasan
dissatisfy *(v.)* tidak puas
dissect *(v.)* membedah
dissection *(n.)* diseksi
dissimilar *(adj.)* berbeza
dissolve *(v.)* melarutkan
dissuade *(v.)* menawarkan hati
distance *(n.)* jarak
distant *(adj.)* jauh
distil *(v.)* menyuling
distillery *(n.)* penyulingan
distinct *(adj.)* jelas

distinction *(n.)* perbezaan
distinguish *(v.)* membezakan
distort *(v.)* mengherotbenyotkan
distress *(n.)* kesedihan
distress *(v.)* menyebabkan kesedihan
distribute *(v.)* mengagihkan
distribution *(n.)* pengagihan
district *(n.)* daerah
distrust *(v.)* mencurigai
disturb *(v.)* mengganggu
ditch *(n.)* parit
ditto *(n.)* sama
dive *(v.)* terjun
dive *(n.)* perbuatan menjunam
diverse *(adj.)* pelbagai
divert *(v.)* mengalihkan
divide *(v.)* membahagikan
divine *(adj.)* ketuhanan
divinity *(n.)* sifat ketuhanan
division *(n.)* pembahagian
divorce *(v.)* bercerai
divulge *(v.)* mendedahkan
do *(v.)* membuat
doable *(adj.)* dapat dilakukan
doating *(v.)* menyayangi berlebihan
dob *(int.)* tarik lahir
doc *(n.)* doktor
docent *(adj.)* pemandu pameran
docile *(adj.)* patuh
dock *(v.)* berlabuh
dockmaster *(n.)* ketua dok
dockworker *(n.)* pekerja dok
dockyard *(n.)* limbungan
doctor *(v.)* merawat
doctorate *(n.)* ijazah kedoktoran
doctored *(adj.)* suai pinda
doctrine *(n.)* doktrin
document *(n.)* dokumen
documentary *(n.)* dokumentari
dodge *(v.)* mengelak
dodo *(n.)* burung dodo
doe *(n.)* rusa betina
doer *(n.)* pelaksana
doeskin *(n.)* kulit rusa betina
dog *(n.)* anjing
dog *(v.)* mengekori
dogbreath *(n.)* nafas busuk
dogcatcher *(n.)* penangkap anjing
dogeared *(adj.)* kertas terkelepet
dogfight *(v.)* bergaduh kasar
doghole *(n.)* bukaan kecil
doghouse *(n.)* rumah anjing
dogma *(n.)* dogma
dogmatic *(adj.)* dogmatik
dole *(v.)* pembahagian sedikit
doll *(n.)* anak patung
dollar *(n.)* dolar
dolman *(n.)* pakaian labuh
dolmen *(n.)* batu prasejarah
dolorous *(adj.)* sedih
dolphin *(n.)* ikan lumba-lumba
domain *(n.)* domain
dome *(n.)* kubah
domestic *(adj.)* domestik
domestic *(n.)* orang gaji
domestical *(adj.)* tak sofistikated
domesticate *(v.)* membela jinak
domesticator *(n.)* pembela jinak
domicile *(n.)* domisil
domiciled *(adj.)* mastautin
domiciliary *(adj.)* berkenaan domisil
dominant *(adj.)* berkuasa
dominate *(v.)* menguasai
domination *(n.)* penguasaan
dominion *(n.)* kuasa memerintah
domino *(n.)* domino
donate *(v.)* menderma
donation *(n.)* derma
donkey *(n.)* keldai

donor *(n.)* penderma
doom *(v.)* takdir buruk
doomed *(adj.)* takdir buruk
doomsday *(n.)* kiamat
door *(n.)* pintu
doorbell *(n.)* loceng pintu
doorknob *(n.)* tombol pintu
doormat *(n.)* alas kaki
dope *(adj.)* dungu
doped *(adj.)* penggunaan dadah
dopey *(adj.)* bodoh
dorky *(adj.)* guna dadah
dormant *(adj.)* dorman
dormitory *(n.)* asrama
dorsal *(adj.)* dorsal
dosage *(n.)* dos
dose *(n.)* dos
dot *(v.)* bertaburan
double *(n.)* orang seakan
double *(v.)* gandakan
doubt *(n.)* keraguan
doubt *(v.)* meragui
doubtful *(adj.)* ragu-ragu
doubtless *(adj.)* pasti
dough *(n.)* doh
doughnut *(n.)* donat
dour *(adj.)* wajah masam
douse *(v.)* memadamkan
dove *(n.)* burung merpati
dowery *(n.)* hantaran kahwin
down *(v.)* teguk
down *(prep.)* menuruni
downfall *(n.)* kejatuhan
downpour *(n.)* hujan lebat
downright *(adj.)* terus terang
downstairs *(adj.)* tingkat bawah
downward *(adv.)* dan selepasnya
downwards *(adv.)* ke bawah
doze *(v.)* tidur-tidur ayam
dozen *(n.)* dua belas
drab *(v.)* membosankan
draconic *(adj.)* berkaitan naga
draft *(n.)* draf

draftsman *(adj.)* pelukis
drafty *(adj.)* berangin
drag *(n.)* seret
drag *(v.)* mengheret
dragon *(n.)* naga
dragonfly *(n.)* pepatung
drain *(v.)* menyalurkan
drainage *(n.)* saliran
drainpipe *(n.)* paip salir
dram *(n.)* sedikit wiski
drama *(n.)* drama
dramatic *(adj.)* dramatik
dramatist *(n.)* dramatis
drape *(v.)* menutupi
draper *(n.)* penjual kain
drapery *(adj.)* tabir
drastic *(n.)* drastik
draught *(n.)* deruan angin
draw *(n.)* cabutan bertuah
draw *(v.)* melukis
drawback *(n.)* kelemahan
drawbridge *(n.)* jambatan tarik
drawer *(n.)* laci
drawing *(n.)* lukisan
drawing-room *(n.)* ruang tamu
dread *(n.)* ketakutan
dread *(adj.)* amat ditakuti
dreadful *(n.)* ketakutan sangat
dreadfully *(adv.)* dengan takut
dreadlock *(v.)* memintal rambut
dream *(v.)* bermimpi
dreamer *(n.)* mat jenin
dreamily *(adv.)* dengan berkhayal
dreamworld *(n.)* dunia ideal
dreamy *(adj.)* khayal
drench *(v.)* basah kuyup
dress *(n.)* gaun
dress *(v.)* memakai pakaian
dressing *(n.)* balutan luka
dressmaker *(n.)* tukang jahit
drib *(n.)* leleh
dribble *(v.)* meleleh
dried *(adj.)* kering

drift *(v.)* hanyut
drill *(v.)* menggerudi
drink *(v.)* minum
drip *(v.)* menitis
drive *(n.)* perjalanan
drive *(v.)* memandu
driver *(n.)* pemandu
drizzle *(n.)* gerimis
drizzle *(v.)* merenjis
droid *(n.)* mesin robotik
drone *(n.)* lebah jantan
drool *(v.)* meleleh air liur
droop *(n.)* layu
droopy *(adj.)* kurang semangat
drop *(v.)* jatuh
drop *(n.)* titik
dropout *(n.)* tercicir
dropzone *(n.)* zon penurunan
drought *(n.)* kemarau
drown *(v.)* lemas
drug *(n.)* dadah
druggist *(n.)* ahli farmasi
druid *(n.)* paderi
drum *(v.)* bergendang
drumbeat *(n.)* rentak gendang
drumfish *(n.)* sejenis ikan
drunk *(adj.)* mabuk
drunkard *(n.)* pemabuk
dry *(v.)* mengeringkan
dual *(adj.)* dua
duality *(n.)* keduaan
dub *(v.)* menggelar
dubious *(adj.)* mencurigakan
ducat *(n.)* syiling emas
duchess *(n.)* duchess
duck *(v.)* tunduk
duct *(v.)* salur
dude *(n.)* lelaki
due *(adv.)* tepat
duel *(n.)* perlawanan
duel *(v.)* berlawan
duet *(v.)* berduet
duke *(n.)* duke
dull *(adj.)* tidak menarik

dull *(v.)* membosankan
duly *(adv.)* seperti sepatutnya
dumb *(adj.)* bisu
dumbell *(n.)* orang bodoh
dumbfound *(v.)* terperanjat
dumbfounded *(adj.)* terperanjat
dumbo *(n.)* orang bodoh
dummy *(v.)* dungu
dump *(v.)* membuang
dumpster *(n.)* tempat sampah
dunce *(n.)* orang bodoh
dune *(n.)* timbunan pasir
dung *(n.)* tahi binatang
dungeon *(n.)* kurungan bawah tanah
dunk *(v.)* mencelup
duo *(n.)* sepasang
dup *(v.)* membaptiskan
dupe *(n.)* penipuan
duplex *(n.)* dupleks
duplicate *(v.)* membuat salinan
duplicity *(n.)* kependuaan
durable *(adj.)* tahan lasak
duration *(n.)* tempoh
during *(prep.)* semasa
dusk *(n.)* senjakala
dust *(v.)* menyapu debu
duster *(n.)* kain pengesat
dutiful *(adj.)* bertanggungjawab
duty *(n.)* kewajiban
duvet *(n.)* selimut
dwarf *(adj.)* kerdil
dwell *(v.)* memikirkan
dwelling *(n.)* kediaman
dwindle *(v.)* susut
dye *(n.)* pencelup
dynamic *(adj.)* dinamik
dynamics *(n.)* dinamik
dynamite *(n.)* bahan letupan
dynamo *(n.)* dinamo
dynasty *(n.)* dinasti
dysentery *(n.)* disenteri
dystopia *(n.)* dystopia

E

each *(pron.)* masing-masing
each *(adv.)* tiap-tiap seorang
eager *(adj.)* sangat berminat
eagle *(n.)* burung helang
ear *(n.)* telinga
early *(adj.)* awal
earn *(v.)* mendapat
earnest *(adj.)* tekun
earth *(n.)* bumi
earthen *(adj.)* daripada tanah
earthly *(adj.)* duniawi
earthquake *(n.)* gempa bumi
ease *(v.)* melegakan
east *(adv.)* ke timur
east *(adj.)* sebelah timur
easter *(n.)* hari Easter
eastern *(adj.)* berkaitan timur
easy *(adj.)* mudah
eat *(v.)* makan
eatable *(adj.)* boleh dimakan
eave *(n.)* cucuran
eavesdrop *(n.)* bunyi cucuran
ebb *(n.)* surut
ebb *(v.)* semakin merosot
ebony *(n.)* kayu hitam
e-book *(n.)* e-buku
ebulliate *(v.)* menggelegakkan
ebullience *(n.)* penuh semangat
ebullient *(adj.)* bersemangat
eccentric *(adj.)* pelik
ecclesiast *(n.)* paderi
ecclesiastical *(adj.)* berkaitan paderi
echinid *(adj.)* ekinoid
echo *(v.)* bergema
echocardiogram *(n.)* ekokardiogram
eclampsia *(n.)* eklampsia
eclectic *(n.)* eklektik
eclipse *(v.)* menyelubungi
eclipsis *(n.)* eklipsis
ecological *(adj.)* berkenaan ekologi
ecologist *(n.)* pakar ekologi
ecology *(n.)* ekologi
e-commerce *(n.)* e-dagang
economic *(adj.)* berkenaan ekonomi
economical *(adj.)* berjimat cermat
economics *(n.)* ekonomi
economy *(n.)* ekonomi
ecosystem *(n.)* ekosistem
ecoterrorism *(n.)* keganasan demi persekitaran
ecstatic *(adj.)* gembira
ectasy *(n.)* ekstasi
ectoplasm *(n.)* ektoplasma
ecumenic *(adj.)* penyatuan gereja
ecumenical *(adj.)* wakil gereja-gereja
eczema *(n.)* ekzema
edema *(n.)* edema
edge *(n.)* sisi
edible *(adj.)* boleh dimakan
edict *(n.)* perintah
edificant *(adj.)* membina
edification *(n.)* peneguhan akhlak
edifice *(n.)* bangunan besar
edify *(v.)* meneguhkan akhlak
edit *(v.)* menyunting
edition *(n.)* terbitan
editor *(n.)* penyunting
editorial *(adj.)* editorial
editorial *(n.)* rencana pengarang
educate *(v.)* mendidik
education *(n.)* pendidikan
eel *(n.)* belut
eerie *(adj.)* menyeramkan
effable *(adj.)* boleh dilaksanakan
effably *(adv.)* boleh dilaksana

efface *(v.)* memadamkan
effect *(v.)* mengakibatkan
effective *(adj.)* berkesan
effeminate *(adj.)* bersifat kewanitaan
efficacy *(n.)* keberkesanan
efficiency *(n.)* kecekapan
efficient *(adj.)* cekap
effigy *(n.)* patung
effort *(n.)* usaha
effortless *(adj.)* mudah
effusive *(adj.)* keterlaluan
egg *(n.)* telur
ego *(n.)* ego
egocentric *(adj.)* egosentrik
egotism *(n.)* egotisme
eight *(n.)* lapan
eighteen *(adj.)* lapan belas
eighty *(n.)* lapan puluh
either *(pron.)* sama ada
either *(adv.)* salah satu
ejaculate *(n.)* air mani
ejaculation *(n.)* pancutan
ejaculatory *(adj.)* pemancutan
eject *(v.)* memaksa keluar
elaborate *(adj.)* secara terperinci
elapse *(v.)* berlalu
elastic *(adj.)* elastik
elasticity *(n.)* keelastikan
elate *(adj.)* gembira
elated *(adj.)* sungguh gembira
elation *(n.)* kegembiraan
elbow *(n.)* siku
elder *(adj.)* lebih tua
elder *(n.)* pegawai gereja
elderly *(adj.)* tua
elect *(v.)* mengundi
election *(n.)* pilihan raya
electorate *(n.)* pengundi
electric *(adj.)* elektrik
electricity *(n.)* tenaga elektrik
electrify *(v.)* mengelektrifikasi
electrocute *(v.)* kejutan elektrik

electrocution *(n.)* hukuman kejutan elektrik
electrolyte *(n.)* elektrolit
electron *(n.)* elektron
electronic *(adj.)* elektronik
elegance *(n.)* anggun
elegant *(adj.)* elegan
elegy *(n.)* elegi
element *(n.)* unsur
elemental *(adj.)* unsuri
elementary *(adj.)* paling asas
elephant *(n.)* gajah
elephantine *(adj.)* seperti gajah
elevate *(v.)* menaikkan
elevation *(n.)* penaikan
elevator *(n.)* lif
eleven *(n.)* sebelas
elf *(n.)* bunian
elicitate *(v.)* mencungkil
eligibility *(n.)* kelayakan
eligible *(adj.)* layak
eliminate *(v.)* menghapuskan
elimination *(n.)* penghapusan
eliminator *(n.)* penghapus
eliminatory *(adj.)* kecenderungan menyingkir
elision *(n.)* elisi
elite *(n.)* elit
elitism *(n.)* elitisme
elitist *(n.)* elitis
elixir *(n.)* eliksir
elk *(n.)* elk
ellipse *(v.)* elips
elliptic *(adj.)* bujur
elocution *(n.)* pidato
elope *(v.)* kahwin lari
eloquence *(n.)* kefasihan
eloquent *(adj.)* fasih
else *(adv.)* lagi
elucidate *(v.)* menjelaskan
elude *(v.)* mengelak
elusion *(n.)* selamat diri
elusive *(adj.)* sukar ditemui
emaciate *(v.)* menyusutkan

emaciated *(adj.)* kurus kering
emaculate *(v.)* membetulkan
emaculation *(n.)* pembetulan
email *(n)* e-mel
emanate *(v.)* datang
emanation *(n.)* pancaran
emancipate *(v.)* membebaskan
emancipation *(n.)* pembebasan
embalm *(v.)* mengawet
embalming *(n.)* pengawetan
embank *(v.)* menambak
embankment *(n.)* tambak
embargo *(n.)* embargo
embark *(v.)* menaiki
embarrass *(v.)* malu
embarrassing *(adj.)* memalukan
embarrassment *(n.)* keseganan
embassy *(n.)* kedutaan
embitter *(v.)* menyebabkan marah
emblem *(n.)* lambang
embodiment *(n.)* penjelmaan
embody *(v.)* menjelma
embolden *(v.)* memberanikan
embrace *(n.)* pelukan
embroidery *(n.)* sulaman
embryo *(n.)* embrio
embryonic *(adj.)* berkaitan embrio
embush *(v.)* serang hendap
emend *(v.)* membetulkan
emendate *(v.)* pembetulan
emerald *(n.)* zamrud
emerge *(v.)* muncul
emergency *(n.)* kecemasan
emigrate *(v.)* berhijrah
emigration *(n.)* penghijrahan
eminence *(n.)* yang mulia
eminent *(adj.)* terkemuka
emissary *(n.)* wakil
emission *(n.)* pengeluaran
emit *(v.)* mengeluarkan
emittance *(n.)* pemancaran
emmet *(n.)* seekor semut

emoji *(n.)* imej digital emosi
emolument *(n.)* gaji
emote *(v.)* mengada-ngada
emoticon *(n.)* ikon emosi
emotion *(n.)* emosi
emotional *(adj.)* berkenaan emosi
emotive *(adj.)* emotif
empath *(n.)* berkeupayaan luar biasa
empathic *(adj.)* memahami
empathy *(n.)* empati
emperor *(n.)* maharaja
emphasis *(n.)* penekanan
emphasize *(v.)* menekankan
emphatic *(adj.)* tegas
empire *(n.)* empayar
empirical *(adj.)* empirik
empiricism *(n.)* empirisisme
empiricist *(n.)* aliran empiris
employ *(v.)* mengambil pekerja
employee *(n.)* pekerja
employer *(n.)* majikan
employment *(n.)* pengambilan pekerja
empower *(v.)* memberi kuasa
empress *(n.)* maharani
empty *(v.)* mengosongkan
empty *(adj.)* kosong
emulate *(v.)* mengikut jejak
emulation *(n.)* persaingan
emulsifier *(n.)* pengemulsi
emulsify *(v.)* mengemulsi
enable *(v.)* membolehkan
enact *(v.)* melakonkan
enamel *(n.)* enamel
enamour *(v.)* memikat
enamoured *(adj.)* terpikat
enamourment *(n.)* lamunan cinta
encage *(v.)* mengurung
encapsulate *(v.)* mengurung
encase *(v.)* membungkus
enchant *(v.)* mempesonakan

encircle *(v.)* mengelilingi
enclose *(v.)* memagari
enclosure *(n.)* lampiran
encompass *(v.)* melingkungi
encounter *(v.)* berjumpa
encourage *(v.)* menggalakkan
encroach *(v.)* menceroboh
encrust *(v.)* bertatahkan
encrusted *(adj.)* diselaputi
encrypt *(v.)* mengekodkan
encrypted *(adj.)* telah dikodkan
encryption *(n.)* pengkodan
encumber *(v.)* membebankan
encyclopaedia *(n.)* ensiklopedia
end *(n.)* tamat
endanger *(v.)* membahayakan
endangered *(adj.)* terancam
endear *(v.)* disayangi
endearment *(n.)* kata-kata sayang
endeavour *(v.)* berusaha
endemic *(n.)* endemik
endemiology *(n.)* berkaitan endemik
endless *(adj.)* tanpa kesudahan
endorse *(v.)* mengesahkan
endorsement *(n.)* pengesahan
endorser *(n.)* pengesah
endoscopic *(adj.)* berkaitan endoskopi
endoscopy *(n.)* endoskopi
endow *(v.)* mengurniakan
endowed *(adj.)* kurniaan
endurable *(adj.)* dapat ditahan
endurance *(n.)* ketahanan
endure *(v.)* tahan
enemy *(n.)* musuh
energetic *(adj.)* penuh tenaga
energize *(v.)* memberi tenaga
energy *(n.)* tenaga
enervate *(v.)* melemahkan
enervated *(adj.)* lemah
enfeeble *(v.)* melemahkan
enforce *(v.)* menguatkuasakan

enfranchise *(v.)* membebaskan
engage *(v.)* terlibat
engagement *(n.)* pertunangan
engaging *(adj.)* menarik perhatian
engine *(n.)* enjin
engineer *(n.)* jurutera
engineering *(n.)* kejuruteraan
enginious *(adj.)* bijak
English *(n.)* Inggeris
englobe *(v.)* memagari seperti glob
engorge *(v.)* memolok
engrave *(v.)* mengukir
engross *(v.)* leka
engulf *(v.)* meliputi
enhance *(v.)* meningkatkan
enhancement *(n.)* peningkatan
enigma *(n.)* enigma
enigmatic *(adj.)* membingungkan
enigmatical *(adj.)* membingungkan
enigmatically *(adv.)* dengan bermisteri
enjoy *(v.)* menikmati
enjoyability *(n.)* penerimaan kepuasan
enjoyable *(adj.)* menyeronokkan
enjoyment *(n.)* keseronokan
enlarge *(v.)* membesarkan
enlighten *(v.)* menjelaskan
enlist *(v.)* masuk tentera
enliven *(v.)* memeriahkan
enmity *(n.)* permusuhan
ennoble *(v.)* memuliakan
enormous *(adj.)* sangat besar
enough *(adv.)* secukupnya
enrage *(v.)* sangat marah
enrapture *(v.)* mempesonakan
enrich *(v.)* menjadikan kaya
enrol *(v.)* mendaftarkan
enshrine *(v.)* menyemadikan
enslave *(v.)* memperhamba

ensue *(v.)* berikutan
ensure *(v.)* memastikan
entangle *(v.)* terbelit
enter *(v.)* memasuki
enterprise *(n.)* perusahaan
entertain *(v.)* melayani
entertainment *(n.)* hiburan
enthral *(v.)* memukau
enthrone *(v.)* menabalkan
enthusiasm *(n.)* semangat
enthusiastic *(adj.)* bersemangat
entice *(v.)* menarik
enticement *(n.)* penarikan
enticer *(n.)* penarik
enticing *(adj.)* menggoda
entire *(adj.)* seluruh
entirely *(adv.)* sepenuhnya
entitle *(v.)* berhak
entity *(n.)* entiti
entomb *(v.)* memakamkan
entomology *(n.)* entomologi
entrails *(n.)* usus
entrance *(n.)* pintu masuk
entrap *(v.)* memerangkap
entrapment *(n.)* perangkap
entreat *(v.)* merayu
entreaty *(n.)* rayuan
entrench *(v.)* berkubu
entrenchment *(n.)* pengubuan
entropic *(adj.)* semakin kelam-kabut
entropy *(n.)* kecenderungan kelam-kabut
entrust *(v.)* mengamanahkan
entry *(n.)* masuk
enumerate *(v.)* menghitung
enumerative *(adj.)* berkaitan penghitungan
enunciate *(v.)* menyebutkan
enunciation *(n.)* sebutan
enunciatory *(adj.)* berkaitan sebutan
envelop *(v.)* menyelubungi
envelope *(n.)* sampul surat

envelopment *(n.)* pembalutan
enviable *(adj.)* sangat baik
envious *(adj.)* iri hati
environment *(n.)* persekitaran
environmental *(adj.)* berkenaan persekitaran
environmentalism *(n.)* environmentalisme
environmentalist *(n.)* pencinta persekitaran
envisage *(v.)* membayangkan
envision *(v.)* membayangkan
envoy *(n.)* utusan
envy *(v.)* iri hati
envy *(v.)* cemburu
enzyme *(n.)* enzim
enzymic *(adj.)* berkaitan enzim
eon *(n.)* berzaman-zaman
ephemera *(n.)* efemera
ephemeral *(adj.)* seketika
ephemeric *(adj.)* hayat pendek
epibole *(n.)* epiboli
epic *(n.)* epik
epical *(adj.)* epik
epicentre *(n.)* pusat gempa
epicure *(n.)* penggemar makanan
epicurean *(n.)* penggemar makanan
epidemic *(n.)* wabak
epidural *(n.)* suntikan epidura
epiglittis *(n.)* epiglotis
epigram *(n.)* epigram
epilepsy *(n.)* epilepsi
epileptic *(n.)* epileptik
epilogue *(n.)* epilog
epiphany *(n.)* epifani
episode *(n.)* peristiwa
epitaph *(n.)* epitaf
epoch *(n.)* zaman
equal *(n.)* sama
equal *(adj.)* setanding
equal *(v.)* sama dengan
equality *(n.)* kesamaan

equalize *(v.)* menyamakan
equate *(v.)* menyamakan
equation *(n.)* persamaan
equator *(n.)* khatulistiwa
equilateral *(adj.)* sama sisi
equinox *(n.)* ekuinoks
equip *(v.)* melengkapkan
equipment *(n.)* kelengkapan
equitable *(adj.)* saksama
equivalent *(adj.)* sama banyak
equivocal *(adj.)* taksa
era *(n.)* zaman
eradicate *(v.)* membasmi
eradication *(n.)* pembasmian
eradicator *(n.)* pembasmi
erase *(v.)* memadamkan
eraser *(n.)* pemadam
erect *(adj.)* tegak
erectile *(adj.)* erektil
erection *(n.)* ereksi
erode *(v.)* menghakis
erosion *(n.)* hakisan
erosive *(adj.)* menghakis
erotic *(adj.)* erotik
erotica *(n.)* erotika
eroticism *(n.)* erotisisme
eroticize *(v.)* mengghairahkan
err *(v.)* melakukan kesalahan
errand *(n.)* tugas
erroneous *(adj.)* salah
error *(n.)* kesalahan
erupt *(v.)* meletus
eruption *(n.)* letusan
escalator *(n.)* eskalator
escapability *(n.)* tahap boleh lepas
escapable *(adj.)* boleh lepas
escape *(v.)* melepaskan diri
escapee *(n.)* pelarian
escapism *(n.)* eskapisme
escapist *(n.)* pengelamun
escapology *(n.)* kemahiran melepaskan diri
escargot *(n.)* keong

eschew *(v.)* mengelak
eschewment *(n.)* pengelakan
escort *(v.)* mengiringi
escorted *(adj.)* menemani seseorang
escribe *(v.)* melukis bulatan
escrow *(v.)* disimpan bersyarat
esophageal *(adj.)* berkaitan esofagus
esoteric *(adj.)* esoterik
esoterism *(n.)* esoterisme
espace *(n.)* ruang
especial *(adj.)* istimewa
especially *(adv.)* khususnya
espouse *(v.)* mendukung
essay *(v.)* mencuba
essayist *(n.)* penulis
essence *(n.)* intipati
essential *(adj.)* sangat perlu
establish *(v.)* menubuhkan
establishment *(n.)* penubuhan
estate *(n.)* estet
esteem *(n.)* rasa hormat
esteem *(v.)* amat dihormati
estimate *(n.)* anggaran
estimate *(v.)* membuat anggaran
estimation *(n.)* anggaran
estimative *(adj.)* boleh dianggar
estragon *(n.)* herba beraroma
estrange *(v.)* merenggangkan
estranged *(adj.)* telah berpisah
estrogen *(n.)* estrogen
estuary *(n.)* muara
etcetera *(adv.)* dan lain-lain
etch *(v.)* mengukir
etched *(adj.)* terukir
etching *(adj.)* seni ukir
eternal *(adj.)* abadi
eternalize *(v.)* mengabadikan
eternally *(adv.)* selama-lamanya
eternity *(n.)* abadi
ether *(n.)* eter
ethical *(adj.)* beretika

ethics *(n.)* etika
ethnic *(adj.)* etnik
ethnicity *(n.)* keetnikan
ethos *(n.)* etos
etiquette *(n.)* etika
etymology *(n.)* etimologi
eucalypt *(n.)* sejenis pokok
eunuch *(n.)* sida-sida
euphemistic *(adj.)* berkaitan eufemisme
euphoria *(n.)* euforia
eureka *(int.)* eureka
euthanize *(v.)* bunuh tenang
eutopia *(n.)* tempat sempurna
evacuate *(v.)* memindahkan
evacuation *(n.)* pemindahan
evade *(v.)* mengelak
evaluate *(v.)* menilai
evangel *(n.)* prinsip Kristian
evangelic *(adj.)* berdasarkan prnsip Kristian
evaporate *(v.)* sejat
evasion *(n.)* pengelakan
evasive *(adj.)* bersifat mengelak
even *(adv.)* pun
evening *(n.)* petang
evenly *(adv.)* rata
event *(n.)* peristiwa
eventually *(adv.)* akhirnya
ever *(adv.)* pernah
everglade *(n.)* rumput berpaya
evergreen *(n.)* malar hijau
everlasting *(adj.)* kekal
evert *(v.)* membalikkan organ
every *(adj.)* setiap
everybody *(pron.)* setiap orang
everyday *(adj.)* setiap hari
everyone *(pron.)* setiap orang
everything *(pron.)* semuanya
everywhere *(pron.)* merata-rata
evict *(v.)* mengusir
eviction *(n.)* pengusiran
evictor *(n.)* pengusir
evidence *(n.)* bukti

evident *(adj.)* terbukti
evil *(adj.)* jahat
evil *(n.)* kejahatan
evince *(v.)* menampakkan
eviscerate *(v.)* membuang dalaman
evisceration *(n.)* pembuangan dalaman
evitability *(n.)* keupayaan mengelak
evocate *(v.)* membangkitkan
evocation *(n.)* pembangkitan
evocative *(adj.)* yang membangkitkan
evoke *(v.)* membangkitkan
evolution *(n.)* evolusi
evolutionary *(adv.)* evolusi
evolve *(v.)* berevolusi
ewe *(n.)* bebiri betina
exact *(adj.)* tepat
exactly *(adv.)* tepat sekali
exaggerate *(v.)* menokok tambah
exaggeration *(n.)* tokok tambah
exalt *(v.)* menaikkan pangkat
examination *(n.)* peperiksaan
examine *(v.)* memeriksa
examinee *(n.)* calon peperiksaan
examiner *(n.)* pemeriksa
example *(n.)* contoh
excavate *(v.)* mengorek
excavation *(n.)* ekskavasi
exceed *(v.)* melebihi
excel *(v.)* cemerlang
excellence *(n.)* kecemerlangan
excellency *(n.)* yang Terutama
excellent *(adj.)* sangat baik
except *(prep.)* kecuali
exception *(n.)* pengecualian
exceptional *(adj.)* luar biasa
excerpt *(n.)* petikan
excess *(adj.)* berlebihan

excessive *(adj.)* keterlaluan
exchange *(v.)* tukar ganti
excise *(n.)* eksais
excite *(v.)* merangsang
exclaim *(v.)* berteriak
exclamation *(n.)* teriakan
exclude *(v.)* mengecualikan
exclusive *(adj.)* eksklusif
excommunicate *(v.)* mengucilkan
excursion *(n.)* rombongan
excuse *(n.)* alasan
execute *(v.)* menjalankan
execution *(n.)* pelaksanaan
executioner *(n.)* pelaksana
exempt *(adj.)* dikecualikan
exercise *(v.)* bersenam
exhaust *(v.)* meletihkan
exhibit *(v.)* mempamerkan
exhibition *(n.)* pameran
exile *(v.)* dibuang negeri
exist *(v.)* wujud
existence *(n.)* kewujudan
existential *(adj.)* wujud
existentialism *(n.)* eksistensialisme
exit *(v.)* keluar
expand *(v.)* mengembangkan
expansion *(n.)* pengembangan
ex-parte *(adv.)* satu pihak
expect *(v.)* menjangka
expectation *(n.)* jangkaan
expedient *(adj.)* wajar
expedite *(v.)* menyegerakan
expedition *(n.)* ekspedisi
expel *(v.)* membuang
expend *(v.)* membelanjakan
expenditure *(n.)* perbelanjaan
expense *(n.)* perbelanjaan
expensive *(adj.)* mahal
experience *(v.)* mengalami
experiment *(n.)* eksperimen
expert *(adj.)* mahir
expert *(n.)* pakar

expire *(v.)* tamat tempoh
expiry *(n.)* tempoh tamat
explain *(v.)* menjelaskan
explanation *(n.)* penjelasan
explicit *(adj.)* jelas
explode *(v.)* meletup
exploit *(v.)* mengeksploitasi
exploration *(n.)* penjelajahan
explore *(v.)* menjelajah
explosion *(n.)* letupan
explosive *(adj.)* mudah meletup
exponent *(n.)* pendukung
export *(v.)* mengeksport
export *(n.)* eksport
expose *(v.)* mendedahkan
express *(n.)* ekspres
expression *(n.)* penyataan
expressive *(adj.)* penuh perasaan
expulsion *(n.)* pemecatan
exquisite *(adj.)* sangat cantik
exquisitive *(adj.)* ingin tahu
extend *(v.)* terbentang
extent *(n.)* takat
external *(adj.)* luar
extinct *(adj.)* pupus
extinguish *(v.)* memadamkan
extol *(v.)* menyanjung
extra *(adv.)* ekstra
extract *(v.)* mengekstrak
extrajuducial *(adj.)* luar undang-undang
extramarital *(adj.)* luar nikah
extranet *(n.)* Internet persendirian
extraordinary *(adj.)* luar biasa
extrapolate *(v.)* mengekstrapolasi
extrapolation *(n.)* ekstrapolasi
extraspecial *(adj.)* luar biasa
extraterrestrial *(n.)* makhluk asing
extravagance *(n.)* keborosan
extravagant *(adj.)* boros

extreme *(n.)* yang bertentangan
extremist *(n.)* pelampau
extremity *(n.)* keterlaluan
extricate *(v.)* melepaskan
extrinsic *(adj.)* ekstrinsik
extrinsically *(adv.)* dengan ekstrinsik
extrovert *(n.)* ekstrovert
exude *(v.)* meleleh
exult *(v.)* amat bergembira
exultant *(adj.)* sangat gembira
eye *(n.)* mata
eyeball *(n.)* biji mata
eyebrow *(n.)* bulu kening
eyecatcher *(n.)* penarik perhatian
eyelash *(n.)* bulu mata
eyelet *(n.)* lelubang
eyelid *(n.)* kelopak mata
eyespot *(n.)* bintik mata
eyewash *(n.)* pencuci mata

fable *(n.)* cerita teladan
fabric *(n.)* kain
fabricate *(v.)* mereka-reka
fabrication *(n.)* rekaan
fabulous *(adj.)* menakjubkan
facade *(n.)* zahirnya
face *(v.)* menghadapi
facelift *(v.)* membaiki rupa
facet *(n.)* aspek
facial *(adj.)* berkenaan muka
facile *(adj.)* mudah
facilitate *(v.)* memudahkan
facility *(n.)* kemudahan
fac-simile *(n.)* faksimile
fact *(n.)* fakta
faction *(n.)* puak

factious *(adj.)* berpuak-puak
factor *(n.)* faktor
factory *(n.)* kilang
faculty *(n.)* fakulti
fad *(n.)* sementara
fade *(v.)* menjadi pudar
faggot *(n.)* bapok
fail *(v.)* gagal
failure *(n.)* kegagalan
faint *(v.)* pengsan
fair *(n.)* karnival
fairly *(adv.)* dengan adil
fairy *(n.)* pari-pari
faith *(n.)* kepercayaan
faithful *(adj.)* setia
fake *(v.)* memalsukan
falcon *(n.)* falkon
fall *(v.)* kejatuhan
fallacy *(n.)* salah anggapan
fallen *(n.)* terkorban
fallout *(n.)* debu radioaktif
fallow *(n.)* tanah terbiar
falls *(n.)* air terjun
falmboyance *(n.)* keranggian
falmboyant *(n.)* seni bina Perancis
false *(adj.)* salah
falsehood *(n.)* kata-kata bohong
falsetto *(n.)* suara tinggi
falsification *(n.)* pemalsuan
falsify *(v.)* memalsukan
falter *(v.)* teragak-agak
fame *(n.)* kemasyhuran
familiar *(adj.)* biasa
family *(n.)* keluarga
famine *(n.)* keadaan kebulluran
famous *(adj.)* terkenal
fan *(n.)* kipas
fanatic *(n.)* fanatik
fanciful *(adj.)* merupakan khayalan
fancy *(adj.)* banyak hiasan
fantastic *(adj.)* fantastik
fantasy *(n.)* khayalan

far *(adj.)* jauh	feces *(n.)* tahi
farce *(n.)* sandiwara	fecund *(adj.)* subur
fare *(n.)* tambang	fecundation *(n.)* pemfekunan
farewell *(interj.)* selamat tinggal	federal *(adj.)* federal
farm *(n.)* ladang	federation *(n.)* persekutuan
farmaceutical *(adj.)* sebatian perubatan	fee *(n.)* yuran
farmer *(n.)* petani	feeble *(adj.)* lemah
fascinate *(v.)* mempesona	feed *(n.)* makanan binatang
fascination *(n.)* pesona	feel *(v.)* merasai
fashion *(n.)* fesyen	feeling *(n.)* perasaan
fashionable *(adj.)* bergaya	feign *(v.)* berpura-pura
fast *(v.)* berpuasa	felicitate *(v.)* mengucapkan tahniah
fasten *(v.)* dikancing	felicitations *(int.)* tahniah
fat *(n.)* lemak	felicity *(n.)* kebahagiaan
fatal *(adj.)* membawa maut	feline *(adj.)* berkenaan kucing
fatalism *(n.)* fatalisme	felinity *(n.)* ciri felin
fatality *(n.)* kematian	fell *(v.)* menjatuhkan
fate *(n.)* takdir	fellatio *(n.)* felatio
father *(v.)* melahirkan	fellow *(n.)* teman
fathom *(n.)* depa	felony *(n.)* feloni
fathom *(v.)* menduga	female *(n.)* perempuan
fatigue *(v.)* meletihkan	feminine *(adj.)* feminin
fault *(n.)* ketidaksempurnaan	feminist *(n.)* penyokong kewanitaan
faulty *(adj.)* tidak sempurna	femur *(n.)* tulang paha
fauna *(n.)* fauna	fence *(v.)* memagar
favour *(n.)* kelebihan	fencer *(n.)* pemain pedang
favour *(v.)* memihak	fend *(v.)* menjaga
favourable *(adj.)* menggalakkan	ferment *(v.)* menapai
favourite *(n.)* kesukaan	fermentation *(n.)* penapaian
fax *(v.)* faks	fern *(n.)* paku-pakis
fealty *(n.)* kesetiaan	ferocious *(adj.)* ganas
fear *(v.)* takut	ferret *(v.)* mengorek
fearful *(adj.)* menakutkan	ferry *(v.)* mengangkut
feasible *(adj.)* boleh dilaksanakan	ferryboat *(n.)* feri
feast *(v.)* menjamu	fertile *(adj.)* subur
feat *(n.)* pencapaian	fertility *(n.)* kesuburan
feather *(n.)* bulu pelepah	fertilize *(v.)* mensenyawakan
feature *(v.)* menonjolkan	fertilizer *(n.)* baja
febrile *(adj.)* dedar	fervent *(adj.)* membara
February *(n.)* Februari	fervour *(n.)* keghairahan
fecal *(adj.)* tahi	fester *(v.)* bernanah
	festival *(n.)* pesta

festive *(adj.)* meriah
festivity *(n.)* kemeriahan
festoon *(n.)* hiasan berangkai
fetal *(adj.)* fetus
fetch *(v.)* mengambil
fetish *(n.)* fetisy
fetishism *(n.)* fetisyisme
fetter *(v.)* membelenggu
feud *(v.)* bermusuhan
feud *(n.)* permusuhan
feudal *(adj.)* feudal
feudalism *(n.)* feudalisme
fever *(n.)* demam
feverish *(adj.)* demam
few *(adj.)* sedikit
fiancé *(n.)* tunang
fiasco *(n.)* kegagalan
fiberglass *(n.)* gentian kaca
fibre *(n.)* serat
fibrillate *(v.)* fibrilat
fibroid *(adj.)* fibroid
fibromuscular *(adj.)* fibromuskular
fibrosis *(n.)* tisu berserat
fibrosity *(n.)* kualiti bergentian
fibrous *(adj.)* bergentian
fickle *(adj.)* berubah-ubah
fiction *(n.)* cereka
fictional *(adj.)* berkenaan cereka
fictitious *(adj.)* rekaan
fiddle *(v.)* bermain-main
fiddle *(n.)* biola
fidelity *(n.)* kesetiaan
fidget *(v.)* gelisah
fie *(interj)* cis
field *(n.)* padang
fiend *(n.)* setan
fierce *(adj.)* garang
fiery *(adj.)* menyala
fifteen *(n.)* lima belas
fifty *(n.)* lima puluh
fig *(n.)* buah tin
fight *(v.)* berlawan

figment *(n.)* khayalan
figurative *(adj.)* figuratif
figure *(v.)* fikir
filament *(n.)* filamen
filamentation *(n)* pembesaran bakteria
filamented *(adj.)* berbenang halus
file *(v.)* memfailkan
fill *(v.)* mengisi
fillet *(v.)* membuat filet
film *(v.)* membuat filem
filmmaker *(n.)* pembuat filem
filter *(v.)* menapis
filth *(n.)* kotoran
filthy *(adj.)* menjijikkan
fin *(n.)* sirip ikan
final *(adj.)* akhir
finance *(v.)* membiayai
financial *(adj.)* berkenaan kewangan
financier *(n.)* ahli kewangan
find *(v.)* jumpa
fine *(adj.)* bagus
finger *(v.)* meraba-raba
fingernail *(n.)* kuku jari
fingerpaint *(n.)* cat jari
fingerstick *(n.)* cucukan jari
finish *(n.)* penghujung
finish *(v.)* menamatkan
finite *(adj.)* terbatas
fir *(n.)* fir
fire *(v.)* menembak
fireball *(n.)* bola api
firefight *(n.)* tembak-menembak
firefighter *(n.)* ahli bomba
firehose *(v.)* hos air
firehouse *(n.)* balai bomba
firepit *(n.)* lubang api
fireproof *(v.)* menjadikan kalis api
firesuit *(n.)* sut api
firetruck *(n.)* kereta bomba
fireworks *(n.)* bunga api

firm *(n.)* syarikat
firm *(adj.)* teguh
firmament *(n.)* cakerawala
firmness *(n.)* kepejalan
first *(adv.)* sulung
fiscal *(adj.)* fiskal
fish *(v.)* memancing
fisherman *(n.)* nelayan
fissure *(n.)* rekahan
fist *(v.)* menggenggam
fistula *(n.)* fistula
fit *(n.)* padan
fit *(v.)* memadankan
fitful *(adj.)* sekejap-sekejap
fitter *(n.)* pemasang
five *(n.)* lima
fix *(n.)* baiki
fixer-upper *(n.)* rumah rosak
fizz *(v.)* berdesis
fizzy *(adj.)* bergas
flabbergast *(v.)* mencengangkan
flabbergasted *(adj.)* tercengang
flabby *(adj.)* menggeleber
flag *(n.)* bendera
flagrant *(adj.)* terang-terangan
flake *(v.)* menyerpih
flaking *(adj.)* menggelupas
flambé *(v.)* bubuh arak
flame *(v.)* menyala
flank *(v.)* diapit
flannel *(n.)* flanel
flap *(v.)* berkibaran
flapper *(n.)* wanita berfesyen
flapping *(v.)* menggebar
flare *(n.)* nyalaan
flash *(v.)* memancarkan
flashback *(n.)* imbas kembali
flashbulb *(n.)* mentol
flashcard *(n.)* kad imbas
flasher *(n.)* pengelip
flashing *(n.)* kelipan
flask *(n.)* kelalang
flat *(n.)* rumah pangsa

flatbed *(adj.)* kawasan mendatar
flatfoot *(n.)* tapak leper
flatland *(n.)* tanah pamah
flatter *(v.)* mengampu
flattery *(n.)* pujian
flatulence *(n.)* kembung
flatulent *(adj.)* flatulen
flaunt *(v.)* menunjuk-nunjuk
flaunter *(n.)* penarik perhatian
flavour *(n.)* perisa
flaw *(n.)* kecacatan
flea *(n.)* kutu
flee *(v.)* melarikan diri
fleece *(v.)* mencukur
fleet *(n.)* armada
flesh *(n.)* daging
flexible *(adj.)* fleksibel
flicker *(n.)* kelipan
flicker *(v.)* berkelipan
flight *(n.)* penerbangan
flimsy *(adj.)* tipis
fling *(v.)* melemparkan
flip *(adj.)* sambil lewa
flippancy *(n.)* sikap sambilewa
flirt *(v.)* suka bermain-main
float *(v.)* terapung
flock *(v.)* berduyun-duyun
flog *(v.)* memberikan sebatan
flood *(v.)* membanjiri
floor *(v.)* menjatuhkan
flora *(n.)* flora
florist *(n.)* penjual bunga
flour *(n.)* tepung
flourish *(v.)* berkembang
flow *(v.)* mengalir
flower *(n.)* bunga
flowery *(adj.)* berbunga-bunga
fluent *(adj.)* fasih
fluid *(n.)* cecair
flush *(n.)* kemerahan
flute *(v.)* menjejaluri
flutter *(n.)* mengepak-ngepak
flutter *(v.)* terbang mengepak-ngepak

fly *(v.)* terbang
foal *(v.)* melahirkan anak kuda
foam *(n.)* buih
foam *(v.)* berbuih
foamy *(adj.)* berbuih
focal *(adj.)* tumpuan
focalization *(n.)* perbuatan fokus
focalize *(v.)* memfokuskan
focus *(n.)* fokus
focus *(v.)* memfokuskan
focused *(adj.)* tertumpu
focusing *(adj.)* menumpu
fodder *(n.)* makanan binatang
foe *(n.)* musuh
fog *(n.)* kabus
fogbank *(n.)* kabus
foggy *(adj.)* berkabus
foil *(v.)* menggagalkan
fold *(v.)* melipat
folding *(n.)* lipatan
foldup *(adj.)* lipat
foliage *(n.)* dedaun
foliate *(v.)* memotong nipis
foliation *(n.)* pendaunan
folic *(adj.)* asid folik
folio *(n.)* folio
folk *(n.)* rakyat
folklore *(n.)* budaya rakyat
folkloric *(adj.)* turun-temurun
follies *(n.)* kebodohan
follow *(v.)* mengikut
follower *(n.)* pengikut
folly *(n.)* kebodohan
foment *(v.)* menimbulkan kacau-bilau
fond *(adj.)* suka
fondant *(n.)* gula-gula kapas
fondle *(v.)* membelai-belai
fondler *(n.)* yang mengusap
fondling *(n.)* mengusap
font *(n.)* fon
food *(n.)* makanan
fool *(n.)* orang bodoh

foolish *(adj.)* bodoh
foolscap *(n.)* kertas kajang
foot *(v.)* membayar
football *(n.)* bola sepak
foothold *(n.)* tempat berpijak
footman *(n.)* kundang
footsore *(adj.)* sakit kaki
footwork *(n.)* gerak kaki
for *(conj.)* kerana
forage *(v.)* mencari makanan
forager *(n.)* pemburu pengumpul
foraging *(n.)* memburu mengumpul
foray *(v.)* menyerbu
forbear *(v.)* menahan diri
forbearance *(n.)* kesabaran
forbid *(v.)* melarang
forbidden *(adj.)* dilarang
forbode *(n.)* ramalan
forboding *(adj.)* perasaan khuatir
force *(v.)* memaksa
forceful *(adj.)* penuh tenaga
forceps *(n.)* forseps
forcible *(adj.)* secara paksa
forearm *(v.)* bersiap sedia
forecast *(v.)* meramal
forefather *(n.)* nenek moyang
forefinger *(n.)* jari telunjuk
forehead *(n.)* dahi
foreign *(adj.)* asing
foreigner *(n.)* orang asing
foreknowledge *(n.)* pengetahuan terdahulu
foreleg *(n.)* kaki depan
forelock *(n.)* jambul
foreman *(n.)* mandur
foremost *(adj.)* terutama
forenoon *(n.)* pagi
forerunner *(n.)* perintis
foresee *(v.)* meramal
foresight *(n.)* pandangan jauh
forest *(n.)* hutan

forestall *(v.)* menghalang
forester *(n.)* pegawai kehutanan
forestry *(n.)* perhutanan
foretell *(v.)* meramal
forethought *(n.)* sikap berhati-hati
forever *(adv.)* selama-lamanya
forewarn *(v.)* memperingatkan
foreword *(n.)* prakata
forfeit *(n.)* denda
forfeiture *(n.)* pelucutan hak
forge *(v.)* menempa
forgery *(n.)* jenayah pemalsuan
forget *(v.)* lupa
forgetful *(adj.)* pelupa
forgive *(v.)* memaafkan
forgo *(v.)* melepaskan
forlorn *(adj.)* sedih
form *(v.)* membentuk
formal *(adj.)* rasmi
format *(n.)* format
formation *(n.)* pembentukan
former *(pron)* yang pertama
formerly *(adv.)* dahulunya
formidable *(adj.)* menggerunkan
formula *(n.)* rumusan
formulate *(v.)* merumuskan
forsake *(v.)* meninggalkan
forswear *(v.)* bersumpah berhenti
fort *(n.)* kota
forte *(n.)* kekuatan seseorang
forth *(adv.)* keluar
forthcoming *(adj.)* akan datang
forthwith *(adv.)* serta-merta
fortify *(v.)* mengukuhkan
fortitude *(n.)* kecekalan
fort-night *(n.)* dua minggu
fortress *(n.)* kubu besar
fortunate *(adj.)* bernasib baik
fortune *(n.)* nasib
forty *(n.)* empat puluh
forum *(n.)* forum
forward *(v.)* menghantar
fossil *(n.)* fosil
foster *(v.)* menggalakkan
foul *(v.)* melanggar peraturan
found *(v.)* jumpa
foundation *(n.)* perbuatan mengasaskan
founder *(n.)* pengasas
foundry *(n.)* faundri
fountain *(n.)* pancuran air
four *(n.)* empat
fourteen *(n.)* empat belas
fowl *(n.)* ayam
fowler *(n.)* pemburu ayam
fox *(n.)* rubah
frachise *(n.)* francais
fraction *(n.)* bahagian
fracture *(v.)* menyebabkan retak
fragile *(adj.)* mudah pecah
fragment *(n.)* serpihan
fragrance *(n.)* minyak wangi
fragrant *(adj.)* wangi
frail *(adj.)* lemah
frame *(n.)* bingkai
frank *(adj.)* terus-terang
frantic *(adj.)* kegila-gilaan
fraternal *(adj.)* saudara
fraternity *(n.)* persaudaraan
fratricide *(n.)* pembunuhan saudara
fraud *(n.)* penyataan palsu
fraudulent *(adj.)* palsu
fraught *(adj.)* tidak tenang
fray *(n.)* pergaduhan
freak *(v.)* terkejut besar
free *(v.)* membebaskan
freedom *(n.)* kebebasan
freeze *(v.)* membeku
freight *(n.)* pengangkutan
French *(adj.)* berkenaan Perancis
French *(n.)* orang Perancis
frenzy *(n.)* kegila-gilaan
frequency *(n.)* kekerapan

frequent *(n.)* kerap
fresh *(adj.)* segar
fret *(v.)* risau
friction *(n.)* geseran
Friday *(n.)* Jumaat
fridge *(n.)* peti ais
friend *(n.)* kawan
fright *(n.)* ketakutan
frighten *(v.)* menakutkan
frigid *(adj.)* sangat dingin
frill *(n.)* ropol
fringe *(v.)* hiasi rumbai
frivolous *(adj.)* tidak serius
frock *(n.)* baju gaun
frog *(n.)* katak
frolic *(n.)* bermain-main
frolic *(v.)* bermain-main
from *(prep.)* dari
front *(v.)* menghadap
frontier *(n.)* sempadan
frost *(n.)* fros
frown *(v.)* mengerutkan dahi
frugal *(adj.)* jimat
fruit *(n.)* buah
fruitful *(adj.)* membuahkan hasil
frustrate *(v.)* mengecewakan
frustration *(n.)* kekecewaan
fry *(n.)* anak ikan
fuel *(n.)* bahan api
fugitive *(n.)* pelarian
fulfil *(v.)* memenuhi
fulfilment *(n.)* kepuasan
full *(adv.)* tepat
fullness *(n.)* kekenyangan
fully *(adv.)* sepenuhnya
fumble *(v.)* meraba-raba
fun *(n.)* keseronokan
function *(v.)* bekerja
functionary *(n.)* pegawai
fund *(n.)* dana
fundamental *(adj.)* asas
funeral *(n.)* pengebumian
fungus *(n.)* kulat
funny *(n.)* lucu

fur *(n.)* bulu binatang
furious *(adj.)* berang
furl *(v.)* menggulung
furlong *(n.)* ukuran panjang
furnace *(n.)* relau
furnish *(v.)* menyediakan perabot
furniture *(n.)* perabot
furrow *(n.)* alur
further *(v.)* melanjutkan
fury *(n.)* keberangan
fuse *(n.)* fius
fusion *(n.)* penyatuan
fuss *(v.)* membuat kecoh
futile *(adj.)* sia-sia
futility *(n.)* keadaan sia-sia
future *(adj.)* bakal
future *(n.)* masa depan
futuristic *(adj.)* futuristik
futurology *(n.)* ramalan sistematik
fuzz *(v.)* menjadi kabur
fuzzy *(adj.)* gebu

gabble *(v.)* berceloteh
gadfly *(n.)* langau
gadget *(n.)* alat kecil
gaffe *(n.)* kesilapan
gag *(n.)* peyumbat mulut
gaiety *(n.)* keriangan
gain *(n.)* manfaat
gain *(v.)* mendapat
gainful *(adj)* bermanfaat
gainly *(adj)* lemah-lembut
gainsay *(v.)* menafikan
gait *(n.)* gaya berjalan
gala *(n.)* pesta
galactic *(adj.)* berkenaan galaksi

galaxy *(n.)* galaksi
gale *(n.)* badai
gallant *(n.)* lelaki budiman
gallantry *(n.)* keberanian
gallery *(n.)* galeri
gallon *(n.)* gelen
gallop *(v.)* menderap
gallows *(n..)* tali gantung
galore *(adv.)* berlambak
galvanize *(v.)* menyadur
galvanometer *(n.)* galvanometer
galvanoscope *(n.)* galvanoskop
gambit *(n.)* muslihat
gamble *(n.)* judi
gambler *(n.)* kaki judi
game *(v.)* bertaruh
gamemaster *(v.)* mengatur permainan
gamepad *(n.)* alat permainan
gameplayer *(n.)* pemain
gamespace *(n.)* ruang permainan
gamma *(n.)* gama
gander *(n.)* angsa jantan
gang *(n.)* geng
gangrene *(n.)* gangren
gangster *(n.)* gengster
gap *(v.)* sela
gape *(v.)* ternganga
garage *(n.)* garaj
garb *(v.)* berpakaian
garbage *(n.)* sampah
garden *(n.)* taman
gardener *(n.)* tukang kebun
gargle *(v.)* berkumur
garisson *(v.)* menempatkan
garland *(v.)* mengalungkan
garlic *(n.)* bawang putih
garlicky *(adj.)* berbau bawang putih
garment *(n.)* pakaian
garnish *(n.)* hiasan hidangan
garnishment *(n.)* perhiasan

garrotte *(v.)* menjerut leher
garrotter *(n.)* penjerut leher
garter *(n.)* getah cerut
gas *(n.)* gas
gasesous *(adj.)* bergas
gash *(v.)* melukai
gashing *(adj.)* melukai
gasification *(n.)* kepada gas
gasified *(adj.)* menjadi gas
gasify *(v.)* mengewapkan
gasket *(n.)* gasket
gasmask *(n.)* topeng gas
gasoline *(n.)* petrol
gasp *(v.)* tercungap-cungap
gassy *(adj.)* berkarbonat
gastric *(adj.)* gastrik
gastronomy *(n.)* gastronomi
gate *(n.)* pintu pagar
gatehouse *(n.)* pondok pengawal
gatekeeper *(n.)* penjaga pagar
gatepost *(n.)* tiang pagar
gateway *(n.)* gerbang
gather *(v.)* mengumpulkan
gaudy *(adj.)* menjolok mata
gauge *(n.)* ukuran piawai
gaunt *(adj.)* kurus kering
gauntlet *(n.)* sarung tangan
gawk *(v.)* melopong
gawky *(adj.)* kekok
gay *(n.)* gay
gaze *(n.)* renungan
gazelle *(n.)* gazel
gazette *(n.)* warta kerajaan
gazillion *(n.)* berjuta
gear *(n.)* gear
gearbox *(n.)* kotak gear
gearset *(n.)* set gear
gearwheel *(n.)* roda gear
geek *(v.)* berminat
geeksville *(n.)* tempat aneh
geekwear *(n.)* pakaian
geeky *(adj.)* berkelakuan aneh
geisha *(n.)* geisya

gel *(v.)* kental
gelatin *(n.)* gelatin
gelatinize *(v.)* menggelatin
gelatinous *(adj.)* seperti gelatin
geld *(v.)* mengembiri
gelded *(adj.)* kembiri
gelding *(n.)* binatang kembiri
gem *(n.)* permata
geminal *(adj.)* geminal
geminate *(v.)* berkembar
Gemini *(n.)* Gemini
gender *(n.)* jantina
gene *(n.)* gen
genealogical *(adj.)* berkenaan salasilah
genealogy *(n.)* salasilah
generable *(adj.)* boleh dihasilkan
general *(adj.)* am
generally *(adv.)* secara umumnya
generate *(v.)* menghasilkan
generation *(n.)* generasi
generator *(n.)* janakuasa
generosity *(n.)* sifat murah hati
generous *(adj.)* murah hati
genetic *(adj.)* genetik
geneticist *(n.)* pakar genetik
genial *(adj.)* ramah
geniality *(n.)* keramahan
genie *(n.)* jin
genital *(adj.)* kemaluan
genitalia *(n.)* genitalia
genius *(n.)* genius
genocide *(n.)* genosid
genome *(n.)* genom
genre *(n.)* genre
genteel *(adj.)* bangsawan
gentility *(n.)* kesopanan
gentle *(adj.)* lembut
gentleman *(n.)* lelaki budiman
gentry *(n.)* golongan atasan
genuine *(adj.)* tulen
geographer *(n.)* ahli geografi

geographical *(adj.)* berkenaan geografi
geography *(n.)* geografi
geological *(adj.)* berkenaan geologi
geologist *(n.)* ahli geologi
geology *(n.)* geologi
geometrical *(adj.)* berkenaan geometri
geometry *(n.)* geometri
geopolitical *(adj.)* berkenaan geopolitik
geranium *(n.)* geranium
germ *(n.)* kuman
germicide *(n.)* pembunuh kuman
germin *(n.)* kumpulan protein
germinate *(v.)* bercambah
germination *(n.)* percambahan
gerund *(n.)* gerund
gesture *(n.)* gerak isyarat
get *(v.)* menerima
geyser *(n.)* geiser
ghastly *(adj.)* dahsyat
ghetto *(n.)* geto
ghost *(n.)* hantu
ghostwriter *(n.)* penulis siluman
ghoul *(n.)* yang suka ngeri
ghoulish *(adj.)* mengerikan
giant *(n.)* gergasi
giantess *(n.)* gergasi betina
gib *(v.)* menyendal
gibber *(v.)* meraban
gibberish *(adj.)* meraban
gibbon *(n.)* ungka
gibe *(n.)* ejekan
giddy *(adj.)* pening
gift *(v.)* menghadiahkan
gifted *(adj.)* berbakat
gift-wrap *(v.)* membungkus hadiah
gig *(v.)* bot ringan
gigabit *(n.)* gigabit
gigabyte *(n.)* gigabait

gigantic *(adj.)* sangat besar
giggle *(v.)* mengekek
gild *(v.)* menyadur
gilt *(adj.)* bersepuh emas
gimmick *(v.)* mempublisiti palsu
gimmickry *(n.)* gimik
gimp *(adj.)* bodoh
gin *(n.)* gin
ginger *(n.)* halia
giraffe *(n.)* zirafah
gird *(v.)* mengelilingi
girder *(n.)* galang
girdle *(v.)* melilit
girl *(n.)* budak perempuan
girlish *(adj.)* berkenaan gadis
gist *(n.)* inti
give *(v.)* memberi
gizmo *(n.)* alat kecil
glacier *(n.)* glasier
glad *(adj.)* gembira
gladden *(v.)* menggembirakan
glade *(n.)* cerang
gladiator *(n.)* gladiator
gladiatorial *(adj.)* perlawanan ganas
gladly *(adv.)* dengan gembira
glam *(n.)* kegemilangan
glamour *(n.)* glamor
glance *(v.)* mengerling
gland *(n.)* kelenjar
glare *(v.)* menjegil
glass *(n.)* kaca
glasses *(n.)* kaca mata
glasshouse *(n.)* rumah kaca
glassify *(v.)* menjadikan gelas
glassmaker *(n.)* pembuat gelas
glaucoma *(n.)* glaukoma
glaze *(n.)* sadur
glazier *(n.)* tukang kaca
gleam *(v.)* bersinar
gleaming *(adj.)* bersinar
glee *(n.)* riang
gleeful *(adj.)* penuh riang
gleefully *(adv.)* dengan gembira

glide *(v.)* meluncur
glider *(n.)* peluncur
glimmer *(v.)* berkelipan
glimpse *(n.)* sekali imbas
glitter *(n.)* gemerlapan
gloat *(n.)* seronok
gloatingly *(adv.)* dengan megah
global *(adj.)* sejagat
globe *(n.)* glob
gloom *(n.)* kemuraman
gloomy *(adj.)* muram
glorification *(n.)* pengagungan
glorify *(v.)* mengagung-agungkan
glorious *(adj.)* gemilang
glory *(n.)* kemegahan
gloss *(n.)* kilauan
glossary *(n.)* glosari
glossy *(adj.)* berkilat
glove *(n.)* sarung tangan
glow *(v.)* berseri
glow *(n.)* seri
glucose *(n.)* glukosa
glue *(v.)* melekatkan
glut *(n.)* lebihan
glutton *(n.)* pelahap
gluttony *(n.)* sifat lahap
glycerine *(n.)* gliserin
gnarl *(v.)* merungut marah
gnaw *(v.)* kunyah
gnome *(n.)* kurcaci
go *(v.)* pergi
goad *(v.)* mendorong
goal *(n.)* gol
goalkeeper *(n.)* penjaga gol
goalpost *(n.)* tiang gol
goalscoring *(n.)* kemasukkan gol
goanna *(n.)* biawak
goat *(n.)* kambing
gobble *(n.)* memolok
goblet *(n.)* piala
god *(n.)* dewa

goddess *(n.)* dewi
godhead *(n.)* tuhan
godly *(adj.)* soleh
godown *(n.)* gudang
godsend *(n.)* rahmat
goggles *(n.)* gogal
gold *(n.)* emas
golden *(adj.)* keemasan
goldsmith *(n.)* tukang emas
golf *(n.)* golf
gonads *(n.)* organ pembiakan
gondola *(n.)* gondola
gong *(n.)* gong
goo *(v.)* beremosi lebih
good *(n.)* orang baik
good-bye *(interj.)* selamat tinggal
goodness *(n.)* kebaikan
goodwill *(n.)* muhibah
goof *(v.)* silap bodoh
goofy *(adj.)* bebal
google *(v.)* mencari maklumat
gooney *(n.)* pelik
goose *(n.)* angsa
gooseberry *(n.)* beri berduri
gore *(v.)* merodok
gorge *(adj.)* gelojoh
gorgeous *(adj.)* sangat cantik
gorilla *(n.)* gorila
gospel *(n.)* prinsip
gossip *(v.)* bergosip
gothic *(adj.)* kembara romantik
gouda *(n.)* keju gouda
gourd *(n.)* labu
gout *(n.)* gout
govern *(v.)* memerintah
governance *(n.)* pemerintahan
governess *(n.)* guru pengasuh
government *(n.)* kerajaan
governor *(n.)* gabenor
gown *(n.)* gaun
grab *(v.)* meragut
grace *(v.)* menyerikan
gracious *(adj.)* murah hati

gradation *(n.)* peringkat
grade *(v.)* memberi gred
gradual *(adj.)* beransur-ansur
graduate *(n.)* siswazah
graft *(v.)* bergraf
grain *(n.)* bijirin
grammar *(n.)* tatabahasa
grammarian *(n.)* ahli tatabahasa
gramme *(n.)* gram
gramophone *(n.)* gramofon
granary *(n.)* jelapang
grand *(adj.)* besar
grandeur *(n.)* kebesaran
grant *(n.)* bantuan
grape *(n.)* anggur
graph *(n.)* graf
graphic *(adj.)* grafik
grapple *(v.)* bergelut
grasp *(n.)* genggaman
grass *(n.)* rumput
grate *(v.)* memarut
grateful *(adj.)* bersyukur
grater *(n.)* pemarut
gratification *(n.)* kepuasan
gratis *(adv.)* gratis
gratitude *(n.)* berterima kasih
gratuity *(n.)* gratuiti
grave *(adj.)* teruk
gravitate *(v.)* ditarik graviti
gravitation *(n.)* graviti
gravity *(n.)* graviti
graze *(n.)* lecet
grease *(n.)* minyak
grease *(v.)* meminyaki
greasy *(adj.)* berminyak
great *(adj.)* hebat
greed *(n.)* ketamakan
greedy *(adj.)* tamak
Greek *(n.)* yunani
Greek *(adj.)* berkaitan yunani
green *(adj.)* hijau
green *(n.)* warna hijau
greenery *(n.)* dedaunan

greet *(v.)* menyapa
grenade *(n.)* bom tangan
grey *(adj.)* kelabu
greyhound *(n.)* anjing greyhound
grief *(n.)* kesedihan
grievance *(n.)* rungutan
grieve *(v.)* dukacita
grievous *(adj.)* parah
grind *(v.)* mengisar
grinder *(n.)* pengisar
grip *(n.)* genggaman
groan *(n.)* bunyi mengerang
grocer *(n.)* pekedai runcit
grocery *(n.)* kedai runcit
groom *(v.)* mencantikkan diri
groove *(v.)* beralur
grope *(v.)* meraba-raba
gross *(adj.)* kasar
grotesque *(adj.)* pelik
ground *(v.)* terkandas
group *(v.)* mengumpulkan
grow *(v.)* membesar
grower *(n.)* penanam
growl *(n.)* deraman
growth *(n.)* pertumbuhan
grudge *(n.)* dengki
grumble *(v.)* merungut
grunt *(n.)* rengusan
grunt *(v.)* merengus
guarantee *(v.)* menjamin
guard *(n.)* berjaga-jaga
guardian *(n.)* penjaga
guava *(n.)* jambu batu
guerilla *(n.)* gerila
guess *(v.)* meneka
guest *(n.)* tetamu
guidance *(n.)* bimbingan
guide *(v.)* membimbing
guide *(n.)* panduan
guild *(n.)* persatuan
guile *(n.)* tipu muslihat
guilt *(n.)* kesalahan
guilty *(adj.)* bersalah

guise *(n.)* samaran
guitar *(n.)* gitar
gulf *(n.)* teluk
gull *(v.)* menipu
gulp *(n.)* telan
gum *(n.)* gusi
gun *(n.)* pistol
gust *(n.)* deruan
gutter *(n.)* longkang
guttural *(adj.)* garuk
gymnasium *(n.)* gimnasium
gymnast *(n.)* ahli gimnastik
gymnastic *(adj.)* gimnastik
gymnastics *(n.)* gimnastik

habeas corpus *(n.)* habeas corpus
habit *(n.)* tabiat
habitable *(adj.)* sesuai didiami
habitat *(n.)* habitat
habitation *(n.)* kediaman
habituate *(v.)* membiasakan
hack *(v.)* menggodam
hacker *(n.)* penggodam
hag *(n.)* perempuan tua
haggard *(adj.)* letih lesu
haggle *(v.)* tawar-menawar
hail *(v.)* menahan
hair *(n.)* rambut
hale *(adj.)* sihat
half *(adj.)* separuh
hall *(n.)* dewan
hallmark *(n.)* cap kempa
hallocentric *(adj.)* halosentrik
hallow *(v.)* dianggap suci
halt *(n.)* perihal berhenti
halve *(v.)* membelah dua
hamlet *(n.)* kampung kecil
hammer *(n.)* tukul

hammer *(v.)* menukul
hand *(v.)* menyerahkan
handbill *(n.)* surat sebaran
handbook *(n.)* buku panduan
handcuff *(v.)* menggari
handful *(n.)* segenggam
handicap *(n.)* kecacatan
handicap *(v.)* melalau
handicraft *(n.)* kraftangan
handiwork *(n.)* kerja tangan
handkerchief *(n.)* sapu tangan
handle *(v.)* mengendalikan
handsome *(adj.)* kacak
handy *(adj.)* berguna
hang *(v.)* gantung
hanker *(v.)* teringin
haphazard *(adj.)* lintang pukang
happen *(v.)* terjadi
happening *(n.)* kejadian
happiness *(n.)* kegembiraan
happy *(adj.)* gembira
harass *(v.)* mengganggu
harassment *(n.)* gangguan
harbour *(v.)* menyembunyikan
hard *(adv.)* dengan gigih
harden *(v.)* menjadi keras
hardihood *(n.)* keberanian
hardly *(adv.)* hampir tidak
hardship *(n.)* kesusahan
hardy *(adj.)* tahan lasak
hare *(n.)* sejenis arnab
harm *(v.)* mencederakan
harmonious *(adj.)* harmoni
harmonium *(n.)* harmonium
harmony *(n.)* keharmonian
harness *(v.)* abah-abah
harp *(n.)* hap
harsh *(adj.)* kasar
harvest *(v.)* menuai
harvester *(n.)* penuai
haste *(n.)* tergesa-gesa
hasten *(v.)* bergegas
hasty *(adj.)* terburu-buru
hat *(n.)* topi

hatchet *(n.)* kapak
hate *(v.)* benci
haughty *(adj.)* sombong
haunt *(n.)* tempat tumpuan
have *(v.)* mempunyai
haven *(n.)* tempat perlindungan
havoc *(n.)* huru-hara
hawk *(n.)* helang
hawker *(n.)* penjaja
hawthorn *(n.)* semak berduri
hay *(n.)* rumput kering
hazard *(v.)* membahayakan
haze *(n.)* kabus
hazy *(adj.)* samar-samar
he *(pron.)* dia
head *(v.)* mengetuai
headache *(n.)* sakit kepala
heading *(n.)* tajuk
headlong *(adv.)* menjunam
headstrong *(adj.)* keras kepala
heal *(v.)* sembuh
health *(n.)* kesihatan
healthy *(adj.)* sihat
heap *(v.)* melonggokkan
hear *(v.)* dengar
hearsay *(n.)* khabar angin
heart *(n.)* jantung
hearth *(n.)* perdiangan
heartily *(adv.)* dengan sepenuh hati
heat *(v.)* memanaskan
heave *(v.)* mengangkat
heaven *(n.)* syurga
heavenly *(adj.)* berkenaan syurga
hedge *(v.)* memagari
heed *(n.)* perhatian
heel *(n.)* tumit
hefty *(adj.)* besar
height *(n.)* ketinggian
heighten *(v.)* meningkatkan
heinous *(adj.)* sangat kejam
heir *(n.)* pewaris
hell *(adj.)* neraka

helm *(n.)* stering kemudi
helmet *(n.)* topi keledar
help *(n.)* pertolongan
helpful *(adj.)* berguna
helpless *(adj.)* tidak berdaya
helpmate *(n.)* teman hidup
hemisphere *(n.)* separuh bulatan
hemp *(n.)* hem
hen *(n.)* ayam betina
hence *(adv.)* oleh itu
henceforth *(adv.)* dari sekarang
henceforward *(adv.)* mulai sekarang
henchman *(n.)* pengikut setia
henpeck *(v.)* merungut suami
her *(adj.)* kepunyaan perempuan
herald *(v.)* mengumumkan
herb *(n.)* herba
herculean *(adj.)* perkasa
herd *(n.)* kawanan binatang
herdsman *(n.)* gembala
here *(adv.)* di sini
hereabouts *(adv.)* sekitar sini
hereafter *(adv.)* dari sekarang
hereditary *(n.)* turun-temurun
heredity *(n.)* keturunan
heritable *(adj.)* boleh diwarisi
heritage *(n.)* warisan
hermit *(n.)* pertapa
hermitage *(n.)* tempat bertapa
hernia *(n.)* burut
hero *(n.)* wira
heroic *(adj.)* sangat berani
heroine *(n.)* wirawati
heroism *(n.)* keperwiraan
herring *(n.)* ikan hering
hesitant *(adj.)* teragak-agak
hesitate *(v.)* teragak-agak
hesitation *(n.)* keadaan teragak-agak
hew *(v.)* menetak
heyday *(n.)* zaman kegemilangan

hibernation *(n.)* hibernasi
hiccup *(n.)* sedu
hide *(v.)* menyembunyikan
hideous *(adj.)* sangat hodoh
hierarchy *(n.)* hierarki
high *(adj.)* tinggi
highly *(adv.)* amat
Highness *(n.)* Tuanku
highway *(n.)* lebuh raya
hilarious *(adj.)* sangat lucu
hilarity *(n.)* keriuhan
hill *(n.)* bukit
hillock *(n.)* anak bukit
him *(pron.)* dia
hinder *(v.)* menghalang
hindrance *(n.)* halangan
hint *(v.)* memberi petunjuk
hip *(n.)* pinggul
hire *(v.)* mengupah
hireling *(n.)* orang upahan
his *(pron.)* kepunyaan lelaki
hiss *(v.)* berdesis
historian *(n.)* sejarawan
historic *(a.)* bersejarah
historical *(adj.)* sejarah
history *(n.)* sejarah
hit *(n.)* pukulan
hit *(v.)* memukul
hitch *(n.)* masalah
hither *(adv.)* ke mari
hitherto *(adv.)* sekarang ini
hive *(n.)* sarang lebah
hoarse *(adj.)* parau
hoax *(v.)* memperolok-olokkan
hobby *(n.)* hobi
hobbyhorse *(n.)* kuda mainan
hockey *(n.)* hoki
hoist *(v.)* menaikkan
hold *(v.)* bertahan
hole *(v.)* membuat lubang
holiday *(n.)* cuti
hollow *(v.)* mengorek
holocaust *(n.)* kemusnahan
holy *(adj.)* suci

homage *(n.)* penghormatan
home *(n.)* rumah
homeopath *(n.)* pakar homeopati
homeopathy *(n.)* homeopati
homicide *(n.)* pembunuhan
homogeneous *(adj.)* seragam
honest *(adj.)* jujur
honesty *(n.)* kejujuran
honey *(n.)* madu
honeycomb *(n.)* sarang lebah
honeymoon *(n.)* bulan madu
honorarium *(n.)* sagu hati
honorary *(adj.)* kehormat
honour *(n.)* penghormatan
honour *(v.)* menghormati
honourable *(adj.)* mulia
hood *(n.)* hud
hoodwink *(v.)* memperdaya
hoof *(n.)* kuku
hook *(n.)* cangkuk
hooligan *(n.)* samseng
hoot *(v.)* mengejek
hop *(n.)* loncatan
hope *(n.)* harapan
hopeful *(adj.)* mempunyai harapan
hopeless *(adj.)* putus asa
horde *(n.)* sekumpulan orang
horizon *(n.)* ufuk
horn *(n.)* tanduk binatang
hornet *(n.)* tebuan
horrible *(adj.)* dahsyat
horrify *(v.)* menggerunkan
horror *(n.)* kengerian
horse *(n.)* kuda
horticulture *(n.)* hortikultur
hose *(n.)* hos
hosiery *(n.)* sarung kaki
hospitable *(adj.)* ramah
hospital *(n.)* hospital
hospitality *(n.)* layanan baik
host *(n.)* tuan rumah
hostage *(n.)* orang tebusan

hostel *(n.)* asrama
hostile *(adj.)* bermusuhan
hostility *(n.)* kebencian
hot *(adj.)* panas
hotchpotch *(n.)* campuran
hotel *(n.)* hotel
hound *(n.)* anjing pemburu
hour *(n.)* jam
house *(v.)* menumpangkan
how *(adv.)* bagaimana
however *(adv.)* cara apapun
however *(conj.)* walau bagaimanapun
howl *(n.)* lolongan
hub *(n.)* hab
hubbub *(n.)* keriuhan
huge *(adj.)* sangat besar
hum *(n.)* dengungan
human *(adj.)* manusia
humane *(adj.)* berperikemanusiaan
humanitarian *(adj.)* kemanusiaan
humanity *(n.)* perikemanusiaan
humanize *(v.)* menjadikan berperikemanusiaan
humble *(adj.)* rendah diri
humdrum *(adj.)* menjemukan
humid *(adj.)* lembap
humidity *(n.)* kelembapan
humiliate *(v.)* menghina
humiliation *(n.)* penghinaan
humility *(n.)* rendah hati
humorist *(n.)* pelawak
humorous *(adj.)* lucu
humour *(n.)* sifat jenaka
hunch *(n.)* firasat
hundred *(n.)* ratus
hunger *(n.)* kelaparan
hungry *(adj.)* lapar
hunt *(n.)* pemburuan
hunter *(n.)* pemburu
huntsman *(n.)* pemburu
hurdle *(v.)* melompati

hurl *(v.)* melempar
hurrah *(interj.)* hore
hurricane *(n.)* taufan
hurry *(n.)* tergesa-gesa
hurt *(n.)* sakit
husband *(n.)* suami
husbandry *(n.)* penternakan
hush *(v.)* mendiamkan
husk *(n.)* sekam
husky *(adj.)* serak
hut *(n.)* pondok
hyaena, hyena *(n.)* dubuk
hybrid *(n.)* kacukan
hydrogen *(n.)* hidrogen
hygiene *(n.)* kebersihan
hygienic *(adj.)* bersih
hymn *(n.)* mazmur
hyperbole *(n.)* hiperbola
hypnotism *(n.)* hipnotisme
hypnotize *(v.)* memukau
hypocrisy *(n.)* kepura-puraan
hypocrite *(n.)* hipokrit
hypocritical *(adj.)* hipokrit
hypothesis *(n.)* hipotesis
hypothetical *(adj.)* hipotetikal
hysteria *(n.)* histeria
hysterical *(adj.)* diserang

histeria
I *(pron.)* saya
iambic *(adj.)* iambik
ice *(v.)* diliputi ais
ice *(n.)* ais
iceberg *(n.)* aisberg
iceblock *(n.)* blok ais
icebraker *(n.)* pemecah ais
icecap *(n.)* liputan ais
iced *(adj.)* berais
icicle *(n.)* isikel
icon *(n.)* ikon

iconic *(adj.)* ikonik
iconoclastic *(adj.)* antikepercayaan umum
icy *(adj.)* sangat sejuk
idea *(n.)* idea
ideal *(n.)* sempurna
idealism *(n.)* idealisme
idealist *(n.)* idealis
idealistic *(adj.)* idealistik
idealize *(v.)* mengidealkan
identical *(adj.)* serupa
identify *(v.)* mengenalpasti
identity *(n.)* identiti
idiocy *(n.)* kebodohan
idiom *(n.)* simpulan bahasa
idiomatic *(adj.)* idiomatik
idiot *(n.)* orang bodoh
idiotic *(adj.)* bodoh
idle *(adj.)* sia-sia
idleness *(n.)* kemalasan
idler *(n.)* pemalas
idol *(n.)* idola
idolater *(n.)* penyembah berhala
if *(conj.)* jika
igloo *(n.)* iglu
ignition *(n.)* pencucuhan
ignoble *(adj.)* keji
ignorance *(n.)* kejahilan
ignorant *(adj.)* jahil
ignore *(v.)* mengabaikan
ill *(adj.)* sakit
ill *(n.)* keburukan
illegal *(adj.)* haram
illegibility *(n.)* kesukaran dibaca
illegible *(adj.)* sukar dibaca
illegitimate *(adj.)* luar nikah
illicit *(adj.)* haram
illiteracy *(n.)* buta huruf
illiterate *(adj.)* buta huruf
illness *(n.)* penyakit
illogical *(adj.)* tidak munasabah
illuminate *(v.)* menerangi

illumination *(n.)* menerangi
illusion *(n.)* khayalan
illustrate *(v.)* mengilustrasi
illustration *(n.)* ilustrasi
image *(n.)* imej
imagery *(n.)* imejan
imaginary *(adj.)* khayalan
imagination *(n.)* imaginasi
imaginative *(adj.)* mempunyai imaginasi
imagine *(v.)* membayangkan
imitate *(v.)* meniru
imitation *(n.)* ajukan
imitator *(n.)* tukang ajuk
immaterial *(adj.)* tidak penting
immature *(adj.)* tidak matang
immaturity *(n.)* ketidakmatangan
immeasurable *(adj.)* tidak terhingga
immediate *(a)* segera
immemorial *(adj.)* wujud berzaman-zaman
immense *(adj.)* sangat besar
immensity *(n.)* luas
immerse *(v.)* merendam
immersion *(n.)* perendaman
immigrant *(n.)* imigran
immigrate *(v.)* berimigrasi
immigration *(n.)* imigrasi
imminent *(adj.)* pasti berlaku
immodest *(adj.)* tidak senonoh
immodesty *(n.)* tidak senonoh
immoral *(adj.)* tidak berakhlak
immorality *(n.)* tidak bermoral
immortal *(adj.)* kekal abadi
immortality *(n.)* bersifat kekal
immortalize *(v.)* mengekalkan
immovable *(adj.)* tetap
immune *(adj.)* lali
immunity *(n.)* kelalian
immunize *(v.)* melalikan
impact *(n.)* kesan
impart *(v.)* menyampaikan

impartial *(adj.)* adil
impartiality *(n.)* secara adil
impassable *(adj.)* mustahil dilalui
impasse *(n.)* jalan buntu
impatience *(n.)* ketidaksabaran
impatient *(adj.)* tidak sabar
impeach *(v.)* mendakwa
impeachment *(n.)* pendakwaan
impede *(v.)* menghalang
impediment *(n.)* halangan
impenetrable *(adj.)* mustahil dimasuki
imperative *(adj.)* sangat penting
imperfect *(adj.)* tidak sempurna
imperfection *(n.)* kecacatan
imperial *(adj.)* berkenaan empayar
imperialism *(n.)* imperialisme
imperil *(v.)* membahayakan
imperishable *(adj.)* kekal
impersonal *(adj.)* impersonal
impersonate *(v.)* mengajuk
impersonation *(n.)* ajukan
impertinence *(n.)* kebiadaban
impertinent *(adj.)* biadab
impetuosity *(n.)* bersifat terburu-buru
impetuous *(adj.)* terburu-buru
implement *(v.)* melaksanakan
implicate *(v.)* melibatkan
implication *(n.)* implikasi
implicit *(adj.)* tersirat
implore *(v.)* memohon
imply *(v.)* mengimplikasikan
impolite *(adj.)* tidak sopan
import *(n.)* import
importance *(n.)* kepentingan
important *(adj.)* penting
impose *(v.)* mengenakan cukai
imposing *(adj.)* mengagumkan
imposition *(n.)* pengenaan
impossibility *(n.)* kemustahilan
impossible *(adj.)* mustahil

impostor *(n.)* penyamar
imposture *(n.)* penyamaran
impotence *(n.)* mati pucuk
impotent *(adj.)* tidak berupaya
impoverish *(v.)* memiskinkan
impracticability *(n.)* tak praktikal
impracticable *(adj.)* tidak praktikal
impress *(v.)* mengkagumkan
impression *(n.)* tanggapan
impressive *(adj.)* hebat
imprint *(n.)* kesan
imprison *(v.)* memenjarakan
improper *(adj.)* tidak sopan
impropriety *(n.)* ketidaksopanan
improve *(v.)* mempertingkatkan
improvement *(n.)* peningkatan
imprudence *(n.)* kebiadaban
imprudent *(adj.)* biadab
impulse *(n.)* dorongan
impulsive *(adj.)* dedenyut
impunity *(n.)* bebas hukuman
impure *(adj.)* tidak bersih
impurity *(n.)* tidak tulen
impute *(v.)* menuduh
in *(prep.)* dalam
inability *(n.)* ketidakmampuan
inaccurate *(adj.)* tidak tepat
inaction *(n.)* ketidakgiatan
inactive *(adj.)* tidak aktif
inadmissible *(adj.)* tidak boleh diterima
inanimate *(adj.)* tidak bernyawa
inapplicable *(adj.)* tidak boleh dipakai
inattentive *(adj.)* alpa
inaudible *(adj.)* tidak kedengaran
inaugural *(adj.)* perasmian
inauguration *(n.)* pengisytiharan
inauspicious *(adj.)* tidak baik

inborn *(adj.)* semula jadi
incalculable *(adj.)* tak terkira
incapable *(adj.)* tidak mampu
incapacity *(n.)* ketidakupayaan
incarnate *(v.)* menjelma
incarnation *(n.)* penjelmaan semula
incense *(v.)* membakar kemenyan
incense *(n.)* kemenyan
incentive *(n.)* dorongan
inception *(n.)* permulaan
inch *(n.)* inci
incident *(n.)* peristiwa
incidental *(adj.)* sampingan
incite *(v.)* mengapi-apikan
inclination *(n.)* kecenderungan
incline *(v.)* cenderung
include *(v.)* termasuk
inclusion *(n.)* pemasukan
inclusive *(adj.)* termasuk
incoherent *(adj.)* tidak keruan
income *(n.)* pendapatan
incomparable *(adj.)* tiada tandingan
incompetent *(adj.)* tidak cekap
incomplete *(a.)* tidak lengkap
inconsiderate *(adj.)* tidak bertimbang rasa
inconvenient *(adj.)* menyusahkan
incorporate *(adj.)* menggabungkan
incorporation *(n.)* penggabungan
incorrect *(adj.)* salah
incorrigible *(adj.)* teruk betul
incorruptible *(adj.)* amanah
increase *(n.)* pertambahan
increase *(v.)* menambah
incredible *(adj.)* sukar dipercayai
increment *(n.)* tambahan

incriminate *(v.)* buktikan bersalah
incubate *(v.)* mengeram
inculcate *(v.)* menanam
incumbent *(adj.)* wajib
incur *(v.)* menyebabkan
incurable *(adj.)* tak boleh diubati
indebted *(adj.)* berhutang
indecency *(n.)* ketidaksopanan
indecent *(adj.)* tidak senonoh
indecision *(n.)* keadaan teragak-agak
indeed *(adv.)* sudah tentu
indefensible *(adj.)* tak dapat dipertahankan
indefinite *(adj.)* tidak jelas
indemnity *(n.)* pampasan
indentification *(n.)* pengenalan
independence *(n.)* kemerdekaan
independent *(adj.)* berdikari
indescribable *(adj.)* tak dapat diperikan
index *(n.)* indeks
Indian *(adj.)* berkaitan India
indicate *(v.)* menunjukkan
indication *(n.)* petanda
indicative *(adj.)* menunjukkan
indicator *(n.)* petunjuk
indict *(v.)* mendakwa
indictment *(n.)* indikmen
indifference *(n.)* sikap tak endah
indifferent *(adj.)* tak endah
indigenous *(adj.)* bumiputera
indigestible *(adj.)* sukar dihadam
indigestion *(n.)* ketakcernaan
indignant *(adj.)* marah
indignation *(n.)* kemarahan
indigo *(n.)* biru nila
indirect *(adj.)* tidak langsung
indiscipline *(n.)* tak berdisiplin

indiscreet *(adj.)* kurang hati-hati
indiscretion *(n.)* perlakuan bodoh
indiscriminate *(adj.)* sembarangan
indispensable *(adj.)* amat diperlukan
indisposed *(adj.)* uzur
indisputable *(adj.)* tak boleh dipertikaikan
indistinct *(adj.)* tidak jelas
individual *(adj.)* individu
individualism *(n.)* individualisme
individuality *(n.)* identiti tersendiri
indivisible *(adj.)* tak terbahagikan
indolent *(adj.)* malas
indomitable *(adj.)* bersemangat waja
indoor *(adj.)* dalam rumah
indoors *(adv.)* di dalam
induce *(v.)* memujuk
inducement *(n.)* pujukan
induct *(v.)* melantik
induction *(n.)* pelantikan
indulge *(v.)* memanjakan diri
indulgence *(n.)* kegemaran
indulgent *(adj.)* menurut kemahuan
industrial *(adj.)* perindustrian
industrious *(adj.)* rajin
industry *(n.)* industri
ineffective *(adj.)* tidak berkesan
inert *(adj.)* tak bergerak-gerak
inertia *(n.)* rasa malas
inevitable *(adj.)* tak boleh dielakkan
inexact *(adj.)* tidak tepat
inexorable *(adj.)* tak dapat disekat
inexpensive *(adj.)* murah

inexperience *(n.)* kekurangan pengalaman
inexplicable *(adj.)* tak dapat diterangkan
infallible *(adj.)* tak berbuat salah
infamous *(adj.)* terkenal
infamy *(n.)* terkenal
infancy *(n.)* peringkat permulaan
infant *(n.)* bayi
infanticide *(n.)* membunuh anak
infantile *(adj.)* kebudak-budakan
infantry *(n.)* infantri
infatuate *(v.)* terinspirasi sekejap
infatuation *(n.)* tergila-gila
infect *(v.)* menjangkiti
infection *(n.)* jangkitan
infectious *(adj.)* berjangkit
infer *(v.)* membuat kesimpulan
inference *(n.)* kesimpulan
inferior *(adj.)* rendah
inferiority *(n.)* rendah diri
infernal *(adj.)* neraka
infinite *(adj.)* tidak terhad
infinity *(n.)* infiniti
infirm *(adj.)* tak berdaya
infirmity *(n.)* kelemahan
inflame *(v.)* menaikkan kemarahan
inflammable *(adj.)* mudah terbakar
inflammation *(n.)* radang
inflammatory *(adj.)* mengapi-apikan
inflation *(n.)* inflasi
inflexible *(adj.)* tak fleksibel
inflict *(v.)* mengenakan
influence *(v.)* mempengaruhi
influential *(adj.)* berpengaruh
influenza *(n.)* selsema
influx *(n.)* kemasukan banyak
inform *(v.)* memberitahu
informal *(adj.)* tidak rasmi
information *(n.)* maklumat
informative *(adj.)* beri maklumat
informer *(n.)* pemberi maklumat
infringe *(v.)* melanggar
infringement *(n.)* pelanggaran
infuriate *(v.)* memberangkan
infuse *(v.)* terendam
infusion *(n.)* penanaman
ingrained *(adj.)* melekat
ingratitude *(n.)* tak bersyukur
ingredient *(n.)* ramuan
inhabit *(v.)* mendiami
inhabitable *(adj.)* sesuai didiami
inhabitant *(n.)* penduduk
inhale *(v.)* menarik nafas
inherent *(adj.)* ada dalam
inherit *(v.)* mewarisi
inheritance *(n.)* pewarisan
inhibit *(v.)* menghalang
inhibition *(n.)* tersekat lalu
inhospitable *(adj.)* tak ramah
inhuman *(adj.)* tidak berperikemanusiaan
inimical *(adj.)* memudaratkan
inimitable *(adj.)* tak boleh ditiru
initial *(n.)* parap
initial *(v.)* memarapi
initiate *(v.)* memulakan
initiative *(n.)* inisiatif
inject *(v.)* menyuntik
injection *(n.)* suntikan
injudicious *(adj.)* kurang bijak
injunction *(n.)* injunksi
injure *(v.)* cedera
injurious *(adj.)* mencederakan
injury *(n.)* kecederaan
injustice *(n.)* ketidakadilan
ink *(n.)* dakwat

inkling *(n.)* bayangan
inland *(adv.)* pendalaman
inland *(adj.)* pedalaman
in-laws *(n.)* ipar
inmate *(n.)* penghuni
inmost *(adj.)* paling dalam
inn *(n.)* rumah penginapan
innate *(adj.)* semula jadi
inner *(adj.)* sebelah dalam
innermost *(adj.)* paling dalam
innings *(n.)* inning
innocence *(n.)* tak bersalah
innocent *(adj.)* tidak bersalah
innovate *(v.)* membuat pembaharuan
innovation *(n.)* inovasi
innovator *(n.)* pembuat pembaharuan
innumerable *(adj.)* tidak terkira
inoculate *(v.)* menginokulasi
inoculation *(n.)* inokulasi
inoperative *(adj.)* tidak berjalan
inopportune *(adj.)* tidak sesuai
input *(n.)* input
inquest *(n.)* inkues
inquire *(v.)* bertanya
inquiry *(n.)* pertanyaan
inquisition *(n.)* penyiasatan
inquisitive *(adj.)* ingin tahu
insane *(adj.)* gila
insanity *(n.)* kegilaan
insatiable *(adj.)* tak puas-puas
inscribe *(v.)* menulis
inscription *(n.)* inskripsi
insect *(n.)* serangga
insecticide *(n.)* racun serangga
insecure *(adj.)* tidak selamat
insecurity *(n.)* tiada jaminan
insensibility *(n.)* ketidaksedaran
insensible *(adj.)* pengsan
inseparable *(adj.)* tak boleh dipisahkan
insert *(v.)* memasukkan

insertion *(n.)* perbuatan memasukkan
inside *(adv.)* di dalam
inside *(n.)* bahagian dalam
insight *(n.)* wawasan
insignificance *(n.)* ketidakpentingan
insignificant *(adj.)* tidak penting
insincere *(adj.)* tidak ikhlas
insincerity *(n.)* tidak ikhlas
insinuate *(v.)* menyindir
insinuation *(n.)* perbuatan menyindir
insipid *(adj.)* hambar
insipidity *(n.)* kehambaran
insist *(v.)* mendesak
insistence *(n.)* desakan
insistent *(adj.)* bersifat mendesak
insolence *(n.)* kurang ajar
insolent *(adj.)* kurang ajar
insoluble *(n.)* tidak larut
insolvency *(n.)* ketakmampuan bayar
insolvent *(adj.)* tak mampu bayar
inspect *(v.)* memeriksa
inspection *(n.)* pemeriksaan
inspector *(n.)* pemeriksa
inspiration *(n.)* ilham
inspire *(v.)* mengilhamkan
instability *(n.)* ketidakstabilan
install *(v.)* memasang
installation *(n.)* pemasangan
instalment *(n.)* ansuran
instance *(n.)* kejadian
instant *(adj.)* segera
instantaneous *(adj.)* serta-merta
instantly *(adv.)* dengan segera
instigate *(v.)* menghasut
instigation *(n.)* hasutan
instil *(v.)* menyemai idea
instinct *(n.)* naluri

instinctive *(adj.)* bersifat naluri
institute *(n.)* yayasan
institution *(n.)* institusi
instruct *(v.)* mengarahkan
instruction *(n.)* arahan
instructor *(n.)* pengajar
instrument *(n.)* alat muzik
instrumental *(adj.)* bunyian alat muzik
instrumentalist *(n.)* pemain muzik
insubordinate *(adj.)* ingkar
insubordination *(n.)* keingkaran
insufficient *(adj.)* tidak mencukupi
insular *(adj.)* berkenaan pulau
insularity *(n.)* kesempitan fikiran
insulate *(v.)* menebat
insulation *(n.)* penebatan
insulator *(n.)* penebat
insult *(v.)* menghina
insupportable *(adj.)* tidak tertanggung
insurance *(n.)* insurans
insure *(v.)* menginsuranskan
insurgent *(n.)* pemberontak
insurgent *(adj.)* memberontak
insurmountable *(adj.)* tidak dapat diatasi
insurrection *(n.)* pemberontakan
intact *(adj.)* berkeadaan baik
intangible *(adj.)* tidak ketara
integral *(adj.)* penting
integrity *(n.)* integriti
intellect *(n.)* intelek
intellectual *(adj.)* bijaksana
intellectual *(n.)* cendekiawan
intelligence *(n.)* kepintaran
intelligent *(adj.)* cerdik
intelligentsia *(n.)* cendekiawan

intelligible *(adj.)* mudah difahami
intend *(v.)* berniat
intense *(adj.)* terlalu
intensify *(v.)* menambahkan lagi
intensity *(n.)* kekuatan
intensive *(adj.)* intensif
intent *(adj.)* tekun
intention *(n.)* tujuan
intentional *(adj.)* sengaja
intercept *(v.)* memintas
interception *(n.)* pemintasan
interchange *(v.)* saling bertukar
intercourse *(n.)* perhubungan
interdependence *(n.)* kesalingbergantungan
interdependent *(adj.)* saling bergantung
interest *(n.)* minat
interested *(adj.)* berminat
interesting *(adj.)* menarik
interfere *(v.)* campur tangan
interference *(n.)* gangguan
interim *(n.)* interim
interior *(n.)* bahagian dalam
interjection *(n.)* kata seru
interlock *(v.)* mencantumkan
interlude *(n.)* waktu selang
intermediary *(n.)* perantara
intermediate *(adj.)* pertengahan
interminable *(adj.)* tidak habis-habis
intermingle *(v.)* bercampur
intern *(n.)* pelatih
internal *(adj.)* dalaman
international *(adj.)* antarabangsa
interplay *(n.)* hubung kait
interpret *(v.)* mentafsir
interpreter *(n.)* jurubahasa
interrogate *(v.)* menyoal siasat
interrogation *(n.)* soal siasat
interrogative *(n.)* pertanyaan

interrupt *(v.)* mengganggu
interruption *(n.)* gangguan
intersect *(v.)* bersilang
intersection *(n.)* persilangan
interval *(n.)* waktu selang
intervene *(v.)* masuk campur
intervention *(n.)* campur tangan
interview *(v.)* menemu duga
intestinal *(adj.)* berkenaan usus
intestine *(n.)* usus
intimacy *(n.)* keintiman
intimate *(v.)* rapat
intimation *(n.)* tanda-tanda
intimidate *(v.)* mengugut
intimidation *(n.)* ugutan
into *(prep.)* ke dalam
intolerable *(adj.)* tidak tertanggung
intolerance *(n.)* tiada toleransi
intolerant *(adj.)* tidak bertoleransi
intoxicant *(n.)* bahan memabukkan
intoxicate *(v.)* memabukkan
intoxication *(n.)* kemabukkan
intransitive *(adj. (verb))* intransitif
intrepid *(adj.)* berani
intrepidity *(n.)* keberanian
intricate *(adj.)* rumit
intrigue *(n.)* rancangan jahat
intrinsic *(adj.)* intrinsik
introduce *(v.)* memperkenalkan
introduction *(n.)* pengenalan
introductory *(adj.)* pengenalan
introspect *(v.)* mengkaji diri
introspection *(n.)* kajian diri
intrude *(v.)* mengganggu
intrusion *(n.)* gangguan
intuition *(n.)* gerak hati
intuitive *(adj.)* intuitif
invade *(v.)* menyerang
invalid *(adj.)* tidak berasas

invalid *(n.)* tidak sah
invalidate *(v.)* membuktikan salah
invaluable *(adj.)* sangat berharga
invasion *(n.)* pencerobohan
invective *(n.)* bahasa kesat
invent *(v.)* mencipta
invention *(n.)* ciptaan
inventive *(adj.)* berkenaan ciptaan
inventor *(n.)* pencipta
invert *(v.)* menyongsangkan
invest *(v.)* melabur
investigate *(v.)* menyiasat
investigation *(n.)* penyiasatan
investment *(n.)* pelaburan
invigilate *(v.)* mengawasi peperiksaan
invigilation *(n.)* pengawasan peperiksaan
invigilator *(n.)* pengawas peperiksaan
invincible *(adj.)* kebal
inviolable *(adj.)* tidak boleh dicabul
invisible *(adj.)* halimunan
invitation *(n.)* jemputan
invite *(v.)* menjemput
invocation *(n.)* doa
invoice *(n.)* invois
invoke *(v.)* berdoa
involve *(v.)* melibatkan
inward *(adj.)* dalaman
inwards *(adv.)* ke dalam
irate *(adj.)* marah
ire *(n.)* kemarahan
Irish *(n.)* orang Ireland
irksome *(adj.)* menjengkelkan
iron *(v.)* menyeterika
ironical *(adj.)* ironik
irony *(n.)* ironi
irradiate *(v.)* menyinari
irrational *(adj.)* tidak rasional

irreconcilable *(adj.)* sangat bertentangan
irrecoverable *(adj.)* tidak dapat dipulihkan
irrefutable *(adj.)* tidak dapat dinafikan
irregular *(adj.)* tak sekata
irregularity *(n.)* ketaksekataan
irrelevant *(adj.)* tidak berkaitan
irrespective *(adj.)* tanpa menghiraukan
irresponsible *(adj.)* tidak bertanggungjawab
irrigate *(v.)* mengairi
irrigation *(n.)* pengairan
irritable *(adj.)* mudah marah
irritant *(n.)* perengsa
irritate *(v.)* menjengkelkan
irritation *(n.)* kejengkelan
irruption *(n.)* serbuan
island *(n.)* pulau
isle *(n.)* pulau
isobar *(n.)* isobar
isolate *(v.)* mengasingkan
isolation *(n.)* pengasingan
issue *(n.)* isu
it *(pron.)* ia
Italian *(adj.)* berkenaan Itali
Italian *(n.)* orang Itali
italic *(adj.)* italik
italics *(n.)* huruf italik
itch *(v.)* berkeinginan
item *(n.)* perkara
ivory *(n.)* gading
ivy *(n.)* pokok ivy

jab *(v.)* mencucuk
jabber *(v.)* berceloteh
jack *(v.)* membicu
jackal *(n.)* barua
jacket *(n.)* jaket
jade *(n.)* jed
jail *(v.)* memenjarakan
jailer *(n.)* pegawai penjara
jam *(v.)* tersekat
janitor *(n.)* penjaga bangunan
January *(n.)* Januari
jar *(n.)* balang
jargon *(n.)* jargon
jasmine *(n.)* melur
jaundice *(v.)* penyakit kuning
javelin *(n.)* lembing
jaw *(n.)* rahang
jay *(n.)* gagak Eurasia
jealous *(adj.)* cemburu
jealousy *(n.)* perasaan cemburu
jean *(n.)* jean
jeer *(v.)* mencemuh
jelly *(n.)* agar-agar
jeopardize *(v.)* membahayakan
jeopardy *(n.)* bahaya
jerk *(n.)* sentakan
jerkin *(n.)* jerkin
jerky *(adj.)* tersentak-sentak
jersey *(n.)* jersi
jest *(v.)* bergurau
jet *(n.)* jet
Jew *(n.)* orang Yahudi
jewel *(v.)* permata
jeweller *(n.)* jauhari
jewellery *(n.)* barang kemas
jingle *(v.)* bergerincing
job *(n.)* pekerjaan
jobber *(n.)* jober
jobbery *(n.)* penyelewengan

jocular *(adj.)* jenaka
jog *(v.)* berlari perlahan-lahan
join *(v.)* menyambung
joiner *(n.)* tukang kayu
joint *(adj.)* bersama
jointly *(adv.)* dengan bersama
joke *(v.)* bergurau
joker *(n.)* pelawak
jollity *(n.)* keriangan
jolly *(adj.)* riang
jolt *(v.)* bergoncang-goncang
jostle *(v.)* mengasak
jot *(n.)* sedikit pun
jot *(v.)* mencatat
journal *(n.)* jurnal
journalism *(n.)* kewartawanan
journalist *(n.)* wartawan
journey *(v.)* mengembara
jovial *(adj.)* girang
joviality *(n.)* kegirangan
joy *(n.)* kegembiraan
joyful *(n.)* menggembirakan
joyous *(n.)* sangat gembira
jubilant *(adj.)* sangat gembira
jubilation *(n.)* kegembiraan
jubilee *(n.)* jubli
judge *(v.)* menghakimi
judgement *(n.)* pertimbangan
judicature *(n.)* kehakiman
judicial *(adj.)* berkaitan kehakiman
judiciary *(n.)* badan kehakiman
judicious *(adj.)* bijak
jug *(n.)* jag
juggle *(v.)* menjugel
juggler *(n.)* penjugel
juice *(n.)* jus
juicy *(adj.)* banyak jus
jumble *(n.)* campur aduk
jumble *(v.)* bercampur aduk
jump *(v.)* melompat
junction *(n.)* persimpangan
juncture *(n.)* waktu ini
jungle *(n.)* hutan

junior *(n.)* junior
junk *(n.)* barang-barang lama
jupiter *(n.)* musytari
jurisdiction *(n.)* kuasa
jurisprudence *(n.)* jurisprudens
jurist *(n.)* pakar undang-undang
juror *(n.)* ahli juri
jury *(n.)* juri
juryman *(n.)* ahli juri
just *(adv.)* baru
justice *(n.)* keadilan
justifiable *(adj.)* boleh dijustifikasikan
justification *(n.)* justifikasi
justify *(v.)* menjustifikasikan
justly *(adv.)* secara adil
jute *(n.)* jut
juvenile *(adj.)* kebudak-budakan
juxtapose *(v.)* mengatur seiring
juxtaposed *(adj.)* teratur seiring
juxtaposition *(n.)* pengaturan seiring

K

kaffir *(n.)* orang hitam
kaki *(n.)* pisang kaki
kamikaze *(n.)* kamikaze
kangaroo *(n.)* kanggaru
karat *(n.)* karat
keen *(adj.)* beria-ia
keenness *(n.)* ketajaman
keep *(v.)* simpan
keeper *(n.)* penjaga
keepsake *(n.)* kenang-kenangan
kennel *(n.)* rumah anjing
kerchief *(n.)* kain tudung
kernel *(n.)* intisari
kerosene *(n.)* minyak tanah

ketchup *(n.)* sos tomato
kettle *(n.)* cerek
key *(adj.)* kunci
keyhole *(n.)* lubang kunci
keypad *(n.)* papan kekunci
keysmith *(n.)* pembuat kunci
keystone *(n.)* asas
keyword *(n.)* kata kunci
kick *(v.)* menendang
kid *(n.)* budak
kidnap *(v.)* menculik
kidney *(n.)* buah pinggang
kill *(n.)* pembunuhan
kiln *(n.)* tanur
kilo *(n.)* kilo
kilogram *(n.)* kilogram
kilt *(v.)* memakai skirt
kin *(n.)* keluarga
kind *(adj.)* baik hati
kindergarten *(n.)* tadika
kindle *(v.)* menyalakan
kindly *(adv.)* dengan lembut
kindness *(n.)* kebaikan
kinetic *(adj.)* kinetik
king *(n.)* raja
kingdom *(n.)* kerajaan
kinship *(n.)* hubungan kekeluargaan
kiss *(v.)* mencium
kit *(n.)* kelengkapan
kitchen *(n.)* dapur
kite *(n.)* layang-layang
kith *(n.)* saudara mara
kitten *(n.)* anak kucing
knave *(n.)* penipu
knavery *(n.)* penipuan
knee *(n.)* lutut
kneel *(v.)* melutut
knife *(n.)* pisau
knight *(v.)* mengurniai kesatria
knit *(v.)* mengait
knock *(v.)* mengetuk
knot *(n.)* simpulan
knot *(v.)* menyimpulkan

know *(v.)* mengetahui
knowledge *(n.)* pengetahuan
knowledgeable *(adj.)* berpengetahuan luas
knuckle *(v.)* bekerja keras
koala *(n.)* koala
koi *(n.)* ikan koi
krill *(n.)* krill

label *(v.)* melabelkan
labial *(adj.)* berkenaan bibir
laboratory *(n.)* makmal
laborious *(adj.)* memerihkan
labour *(v.)* bekerja keras
labour *(n.)* kerja
laboured *(adj.)* sukar
labourer *(n.)* buruh
labyrinth *(n.)* jalan berselirat
lac, lakh *(n.)* lak
lace *(v.t.)* mengikat tali
lace *(n.)* renda
lacerate *(v.)* dilukai
lachrymose *(adj.)* mudah menangis
lack *(v.)* kurang
lackey *(n.)* orang suruhan
lacklustre *(adj.)* kurang bersemangat
laconic *(adj.)* ringkas
lactate *(v.)* laktat
lactometer *(n.)* laktometer
lactose *(n.)* laktosa
lacuna *(n.)* lompang
lacy *(adj.)* berkaitan renda
lad *(n.)* budak lelaki
ladder *(n.)* tangga
lade *(v.)* memuatkan kargo

ladle *(n.)* senduk
ladle *(v.)* menyenduk
lady *(n.)* wanita
lag *(v.)* ketinggalan
laggard *(n.)* orang ketinggalan
lagoon *(n.)* lagun
lair *(n.)* sarang
lake *(n.)* tasik
lama *(n.)* sami Buddha
lamb *(n.)* biri-biri
lambaste *(v.)* membelasah
lambkin *(n.)* anak kambing
lame *(v.)* menempangkan
lament *(n.)* ratapan
lament *(v.)* meratapi
lamentable *(adj.)* dikesali
lamentation *(n.)* ratapan
laminate *(v.)* laminat
lamp *(n.)* lampu
lampoon *(v.)* menyindir
lance *(v.)* memecahkan bisul
lancer *(n.)* askar bertombak
lancet *(adj.)* pisau bedah
land *(v.)* mendarat
landing *(n.)* mendaratkan
landscape *(n.)* landskap
lane *(n.)* lorong
language *(n.)* bahasa
languish *(v.)* lesu
languor *(n.)* kelesuan
lank *(adj.)* panjang lurus
lantern *(n.)* tanglung
lanugo *(n.)* lanugo
lap *(n.)* riba
lapse *(n.)* kesilapan kecil
laptop *(n.)* komputer riba
lard *(n.)* minyak babi
large *(adj.)* besar
largesse *(n.)* derma
lark *(n.)* burung lark
lascivious *(adj.)* berahi
lash *(n.)* sebatan
lass *(n.)* gadis
last *(adv.)* kali terakhir

last *(n.)* yang terakhir
lasting *(adj.)* abadi
lastly *(adv.)* akhir sekali
latch *(n.)* selak
late *(adv.)* lambat
lately *(adv.)* kebelakangan ini
latent *(adj.)* terpendam
lath *(n.)* bilah
lathe *(n.)* pelarik
lather *(n.)* buih
latitude *(n.)* latitud
latrine *(n.)* jamban korek
latter *(adj.)* kedua
lattice *(n.)* kekisi
laud *(n.)* pujian
laudable *(adj.)* terpuji
laugh *(v.)* tertawa
laughable *(adj.)* melucukan
laughter *(n.)* perihal ketawa
launch *(n.)* pelancaran
launder *(v.)* mendobi
laundress *(n.)* tukang cuci
laundry *(n.)* dobi
laureate *(n.)* penerima penghormatan
laurel *(n.)* pokok laurel
lava *(n.)* lava
lavatory *(n.)* tandas
lavender *(n.)* lavender
lavish *(adj.)* sangat mewah
lavish *(v.)* mencurahkan
law *(n.)* undang-undang
lawful *(adj.)* sah
lawless *(adj.)* tanpa undang-undang
lawn *(n.)* halaman
lawyer *(n.)* peguam
lax *(adj.)* longgar
laxative *(n.)* julap
laxative *(adj.)* julap
laxity *(n.)* kerendahan
lay *(n.)* keadaan
lay *(adj.)* orang kebanyakan
layer *(n.)* lapisan

layman *(n.)* orang kebanyakan
laze *(v.)* bermalas-malas
laziness *(n.)* kemalasan
lazy *(n.)* malas
lea *(n.)* padang
leach *(v.)* melarut resap
lead *(n.)* plumbum
lead *(n.)* pimpinan
leaden *(adj.)* sedih
leader *(n.)* pemimpin
leadership *(n.)* kepimpinan
leaf *(n.)* daun
leaflet *(n.)* risalah
leafy *(adj.)* berdaun
league *(n.)* liga
leak *(v.)* berlubang
leakage *(n.)* kebocoran
lean *(v.)* condong
leap *(n.)* loncatan
learn *(v.)* belajar
learned *(adj.)* terpelajar
learner *(n.)* pelajar
learning *(n.)* sedang belajar
lease *(v.)* memajakkan
least *(adv.)* langsung
leather *(n.)* kulit binatang
leave *(v.)* meninggalkan
lecture *(n.)* kuliah
lecture *(v.)* memberi kuliah
lecturer *(n.)* pensyarah
ledger *(n.)* lejar
lee *(n.)* lindungan
leech *(n.)* lintah
leek *(n.)* lik
left *(n.)* meninggalkan
leftist *(n.)* berhaluan kiri
leg *(n.)* kaki
legacy *(n.)* warisan
legal *(adj.)* sah undang-undang
legality *(n.)* kesahan
legalize *(v.)* menjadikan dibenarkan
legend *(n.)* legenda
legendary *(adj.)* ternama

leghorn *(n.)* ayam Mediterranean
legible *(adj.)* boleh dibaca
legibly *(adv.)* supaya mudah dibaca
legion *(n.)* legion
legionary *(n.)* askar legion
legislate *(v.)* menggubal undang-undang
legislation *(n.)* perundangan
legislative *(adj.)* perundangan
legislator *(n.)* ahli perundangan
legislature *(n.)* badan perundangan
legitimacy *(n.)* kesahan
legitimate *(adj.)* sah
leisure *(n.)* masa lapang
leisurely *(adv.)* santai
lemon *(n.)* lemon
lemonade *(n.)* lemonad
lend *(v.)* meminjamkan
length *(n.)* panjang
lengthen *(v.)* memanjangkan
lengthy *(adj.)* sangat panjang
lenience *(n.)* sikap lembut
leniency *(n.)* sikap lembut
lenient *(adj.)* lembut
lens *(n.)* kanta
lentil *(n.)* lentil
Leo *(n.)* Leo
leonine *(adj.)* seperti singa
leopard *(n.)* harimau bintang
leper *(n.)* pesakit kusta
leprosy *(n.)* kusta
leprous *(adj.)* berkenaan kusta
less *(prep.)* kurang
lessee *(n.)* pemajak
lessen *(v.)* mengurangkan
lesser *(adj.)* kurang
lesson *(n.)* pelajaran
lest *(conj.)* kalau-kalau
let *(v.)* membenarkan
lethal *(adj.)* membawa maut
lethargic *(adj.)* tidak bermaya

lethargy *(n.)* kelesuan
letter *(n.)* surat
level *(v.)* meratakan
lever *(v.)* menuas
leverage *(n.)* penuasan
levity *(n.)* sambil lewa
levy *(n.)* levi
lewd *(adj.)* lucah
lexicography *(n.)* leksikografi
lexicon *(n.)* kamus
liability *(n.)* kecenderungan
liable *(adj.)* bertanggungjawab
liaison *(n.)* hubungan
liar *(n.)* pembohong
libel *(v.t.)* memfitnah bertulis
liberal *(adj.)* liberal
liberalism *(n.)* liberalisme
liberality *(n.)* kemurahan hati
liberate *(v.)* membebaskan
liberation *(n.)* kebebasan
liberator *(n.)* pembebas
libertine *(n.)* buaya darat
liberty *(n.)* kebebasan
librarian *(n.)* pustakawan
library *(n.)* perpustakaan
licence *(n.)* lesen
license *(v.)* melesenkan
licensee *(n.)* pemegang lesen
licentious *(adj.)* gasang
lick *(v.)* menjilat
lick *(n.)* jilatan
lid *(n.)* penutup
lie *(n.)* bohong
lie *(v.)* berbaring
lien *(n.)* lien
lieu *(n.)* sebagai ganti
lieutenant *(n.)* leftenan
life *(n.)* hayat
lifeless *(adj.)* tidak bernyawa
lifelong *(adj.)* sepanjang hayat
lifestyle *(n.)* gaya hidup
lift *(v.)* mengangkat
light *(v.)* menyalakan
lighten *(v.)* meringankan

lightening *(n.)* penurunan rahim
lighter *(n.)* pemetik api
lightly *(adv.)* dengan perlahan
lignite *(n.)* lignit
like *(v.)* suka
like *(prep.)* seperti
likelihood *(n.)* kemungkinan
likely *(adj.)* mungkin
liken *(v.)* menyamakan
likeness *(n.)* persamaan
likewise *(adv.)* begitu juga
liking *(n.)* gemar
lilac *(n.)* pokok lilac
lily *(n.)* teratai
limb *(n.)* anggota badan
limber *(n.)* saliran
lime *(n.)* pokok limau nipis
lime *(v.)* membubuh kapu
limelight *(n.)* publisiti
limit *(v.)* menghadkan
limitation *(n.)* had
limited *(adj.)* terhad
limitless *(adj.)* tanpa had
line *(v.)* berbaris
lineage *(n.)* keturunan
linen *(n.)* kain linen
linger *(v.)* berlengah-lengah
lingo *(n.)* bahasa
lingual *(adj.)* bunyi lidah
linguist *(n.)* ahli bahasa
linguistic *(adj.)* linguistik
linguistics *(n.)* linguistik
lining *(n.)* alas
link *(n.)* kaitan
link *(v.)* mengaitkan
linseed *(n.)* biji rami
lintel *(n.)* ambang
lion *(n.)* singa
lioness *(n.)* singa betina
lip *(n.)* bibir
liquefy *(v.)* mencair
liquid *(n.)* cecair

liquidate *(v.)* menjelaskan hutang
liquidation *(n.)* pembubaran
liquor *(n.)* arak
lisp *(n.)* kepelatan 's'
list *(v.)* menyenaraikan
listen *(v.)* mendengar
listener *(n.)* pendengar
listless *(adj.)* lesu
literacy *(n.)* celik huruf
literal *(adj.)* sebenar
literary *(adj.)* sastera
literate *(adj.)* celik huruf
literature *(n.)* kesusasteraan
litigant *(n.)* litigan
litigate *(v.)* membuat litigasi
litigation *(n.)* litigasi
litre *(n.)* liter
litter *(v.)* membuang sampah
litter *(n.)* sampah
litterateur *(n.)* ahli sastera
little *(n.)* sedikit
little *(adv.)* sedikit
littoral *(adj.)* litoral
liturgical *(adj.)* berkenaan liturgi
live *(adv.)* secara langsung
livelihood *(n.)* mata pencarian
lively *(adj.)* cergas
liver *(n.)* hati
livery *(n.)* pakaian seragam
living *(n.)* yang hidup
lizard *(n.)* cicak
load *(v.)* memuatkan
loadstar *(n.)* bintang panduan
loadstone *(n.)* batu magnet
loaf *(n.)* buku roti
loaf *(v.)* membuang masa
loafer *(n.)* kaki lepak
loan *(v.)* meminjamkan
loath *(adj.)* enggan
loathe *(v.)* benci
loathsome *(adj.)* menjijikkan
lobby *(n.)* lobi
lobe *(n.)* cuping telinga

lobster *(n.)* udang kara
local *(adj.)* tempatan
locale *(n.)* tempat peristiwa
locality *(n.)* kawasan
localize *(v.)* mengesan tepat
locate *(v.)* mengesan
location *(n.)* kedudukan
lock *(v.)* mengunci
locker *(n.)* lokar
locket *(n.)* loket
locomotive *(n.)* lokomotif
locus *(n.)* lokus
locust *(n.)* belalang juta
locution *(n.)* gaya pertuturan
lodge *(n.)* rumah pekerja
lodge *(v.)* sarang
lodging *(n.)* penginapan
loft *(n.)* loteng
lofty *(adj.)* tinggi mengawan
log *(v.)* merekodkan
logarithm *(n.)* logaritma
loggerhead *(n.)* pertelagahan
logic *(n.)* logik
logical *(adj.)* munasabah
logician *(n.)* ahli logik
loin *(n.)* daging batang pinang
loiter *(v.)* melepak
loll *(v.)* bermalas-malas
lollipop *(n.)* lolipop
lone *(adj.)* bersendirian
loneliness *(n.)* kesunyian
lonely *(adj.)* keseorangan
lonesome *(adj.)* sunyi
long *(v.)* ingin sekali
long *(adj.)* panjang
longevity *(n.)* panjang usia
longing *(n.)* keinginan
longitude *(n.)* longitud
look *(adj.)* rupa
loom *(v.)* muncul
loop *(n.)* gelung
loop-hole *(n.)* jalan keluar
loose *(adj.)* longgar
loosen *(v.)* melonggarkan

loot *(v.)* merampas barang
lop *(n.)* dahan dipotong
lord *(n.)* Tuhan
lordly *(adj.)* seperti raja
lordship *(n.)* Yang Arif
lore *(n.)* tradisi
lorry *(n.)* lori
lose *(v.)* hilang
loss *(n.)* kehilangan
lot *(n.)* lot tanah
lotion *(n.)* losen
lottery *(n.)* loteri
lotus *(n.)* teratai
loud *(adj.)* lantang
lounge *(n.)* ruang istirehat
louse *(n.)* kutu
lovable *(adj.)* mudah disayangi
love *(v.)* cinta
lovely *(adj.)* cantik
lover *(n.)* kekasih
loving *(adj.)* mencintai
low *(adv.)* rendah
low *(n.)* paras rendah
lower *(v.)* merendahkan
lowliness *(n.)* keturunan bawahan
lowly *(adj.)* bertaraf rendah
loyal *(adj.)* setia
loyalist *(n.)* orang taat
loyalty *(n.)* kesetiaan
lubricant *(n.)* pelincir
lubricate *(v.)* melincirkan
lubrication *(n.)* pelinciran
lucent *(adj.)* menerangi
lucerne *(n.)* lusern
lucid *(adj.)* jelas
lucidity *(n.)* kejelasan
luck *(n.)* nasib
luckily *(adv.)* nasib baik
luckless *(adj.)* gagal
lucky *(adj.)* bertuah
lucrative *(adj.)* menguntungkan
lucre *(n.)* laba
luggage *(n.)* bagasi

lukewarm *(adj.)* suam
lull *(n.)* reda
lullaby *(n.)* dodoi
luminary *(n.)* terkenal
luminous *(adj.)* berkilau
lump *(v.)* melonggokkan
lunacy *(n.)* kegilaan
lunar *(adj.)* berkaitan bulan
lunatic *(adj.)* gila
lunch *(v.)* makan tengah hari
lunch *(n.)* makan tengah hari
lung *(n.)* paru-paru
lunge *(n.)* terkaman
lunge *(v.)* menerkam
lurch *(v.)* tersengguk-sengguk
lure *(v.)* mengumpan
lurk *(v.)* bersembunyi
luscious *(adj.)* lazat
lush *(adj.)* subur
lust *(n.)* berahi
lustful *(adj.)* bernafsu
lustre *(n.)* kilauan
lustrous *(adj.)* berkilat
lusty *(adj.)* bertenaga
lute *(n.)* kecapi
luxuriance *(n.)* kesuburan
luxuriant *(adj.)* subur
luxurious *(adj.)* mewah
luxury *(n.)* kemewahan
lynch *(v.)* menggantung
lyre *(n.)* lyre
lyric *(n.)* lirik
lyric *(adj.)* lirik
lyrical *(adj.)* bersifat lirik
lyricist *(n.)* penulis lirik

M

macadamia *(n.)* makadamia
mace *(v.)* memukul
machinate *(v.)* berkomplot
machination *(n.)* komplot
machine *(n.)* mesin
machinery *(n.)* jentera
machinist *(n.)* jurumesin
mack *(v.)* menggoda
macro *(n.)* makro
macrobiotic *(adj.)* makrobiotik
macrocephaly *(n.)* kepala membesar
macrofibre *(n.)* serat Makro
macrosphere *(n.)* sfera luas
maculate *(adj.)* noda
mad *(adv.)* tergila-gila
madam *(n.)* puan
madden *(v.)* berang
maddening *(adj.)* menimbulkan kemarahan
madhouse *(n.)* hospital gila
madness *(n.)* kegilaan
mafia *(n.)* mafia
magazine *(n.)* majalah
mage *(n.)* ahli sihir
maggot *(n.)* renga
magic *(n.)* sihir
magical *(adj.)* ajaib
magician *(n.)* ahli sihir
magisterial *(adj.)* berkenaan majistret
magistracy *(n.)* majistret
magistrate *(n.)* majistret
magistrature *(n.)* jabatan majistret
magma *(n.)* magma
magnanimity *(n.)* bermurah hati
magnanimous *(adj.)* murah hati
magnate *(n.)* hartawan

magnet *(n.)* magnet
magnetic *(adj.)* magnetik
magnetism *(n.)* magnetisme
magnificent *(adj.)* mengkagumkan
magnify *(v.)* membesarkan
magnitude *(n.)* magnitud
magpie *(n.)* burung murai
mahogany *(n.)* mahogani
mahout *(n.)* gembala gajah
maid *(n.)* pembantu rumah
maiden *(adj.)* sulung
mail *(v.)* mengirim
main *(n.)* saluran
mainly *(adv.)* kebanyakannya
mainstay *(n.)* laberang
maintain *(v.)* mengekalkan
maintenance *(n.)* penyelenggaraan
maize *(n.)* jagung
majestic *(adj.)* agung
majesty *(n.)* keagungan
major *(n.)* mejar
majority *(n.)* kebanyakan
make *(n.)* pembuatan
maker *(n.)* pembuat
mal adjustment *(n.)* ketidakselarasan
mal administration *(n.)* salah pentadbiran
maladroit *(adj.)* kekok
malady *(n.)* penyakit
malaise *(n.)* malaise
malaria *(n.)* malaria
malcontent *(n.)* ketidakpuasan
male *(n.)* lelaki
malediction *(n.)* sumpahan
malefactor *(n.)* pesalah
maleficent *(adj.)* jahat
malice *(n.)* niat jahat
malicious *(adj.)* berniat jahat
malign *(adj.)* berbahaya
malignancy *(n.)* malignan
malignant *(adj.)* malignan

malignity *(n.)* kejahatan
malleable *(adj.)* mudah dibentuk
malmsey *(n.)* wain malmsey
malnutrition *(n.)* malnutrisi
malpractice *(n.)* penyelewengan
malt *(n.)* malt
mal-treatment *(n.)* penyeksaan
mamma *(n.)* mama
mammal *(n.)* mamalia
mammary *(adj.)* susu
mammon *(n.)* karun
mammoth *(adj.)* gergasi
man *(v.)* mengendalikan
man *(n.)* lelaki
manage *(v.)* mengurus
manageable *(adj.)* dapat diuruskan
management *(n.)* pengurusan
manager *(n.)* pengurus
managerial *(adj.)* berkenaan pengurusan
mandate *(n.)* mandat
mandatory *(adj.)* mandatori
mane *(n.)* surai
manes *(n.)* hantu
manful *(adj.)* berani
manganese *(n.)* mangan
manger *(n.)* palung
mangle *(v.)* merosakkan
mango *(n.)* mangga
manhandle *(v.)* memperlakukan
manhole *(n.)* lurang
manhood *(n.)* kejantanan
mania *(n.)* kegilaan
maniac *(n.)* orang gila
manicure *(n.)* rias
manifest *(v.)* memanifestasikan
manifestation *(n.)* manifestasi
manifesto *(n.)* manifesto
manifold *(adj.)* pelbagai

manipulate *(v.)* memanipulasikan
manipulation *(n.)* manipulasi
mankind *(n.)* manusia
manlike *(adj.)* seperti lelaki
manliness *(n.)* kejantanan
manly *(adj.)* lelaki
manna *(n.)* anugerah tuhan
mannequin *(n.)* boneka pakaian
manner *(n.)* sikap
mannerism *(n.)* kelakuan
mannerly *(adj.)* sopan
manoeuvre *(v.)* mengendalikan
manor *(n.)* manor
manorial *(adj.)* berkaitan manor
mansion *(n.)* rumah agam
mantel *(n.)* mantel
mantle *(v.)* menyelubungi
manual *(n.)* buku panduan
manufacture *(n.)* pembuatan
manufacturer *(n.)* pengilang
manumission *(n.)* pembebasan
manumit *(v.)* membebaskan
manure *(v.)* membaja
manuscript *(n.)* manuskrip
many *(adj.)* banyak
map *(v.)* melukis peta
map *(n.)* peta
mar *(v.)* merosakkan
marathon *(n.)* maraton
maraud *(v.)* menyerang
marauder *(n.)* penyerang
marble *(n.)* guli
march *(v.)* berkawad
mare *(n.)* kuda betina
margarine *(n.)* marjerin
margin *(n.)* margin
marginal *(adj.)* marginal
marigold *(n.)* marigold
marine *(adj.)* berkenaan laut
mariner *(n.)* kelasi
marionette *(n.)* boneka bertali

marital *(adj.)* berkenaan perkahwinan
maritime *(adj.)* maritim
mark *(v.)* menanda
marker *(n.)* penanda
market *(v.)* memasarkan
marketable *(adj.)* boleh dipasarkan
marksman *(n.)* penembak handalan
marl *(n.)* napal
marmalade *(n.)* marmalad
maroon *(v.)* terdampar
marriage *(n.)* perkahwinan
marriageable *(adj.)* boleh berkahwin
marrow *(n.)* sumsum
marry *(v.)* berkahwin
Mars *(n.)* Marikh
marsh *(n.)* paya
marshal *(n.)* marsyal
marshal *(v.t)* membawa
marshy *(adj.)* berpaya
marsupial *(n.)* marsupial
mart *(n.)* pasar
marten *(n.)* serigala
martial *(adj.)* pertahanan diri
martinet *(n.)* pendisiplin
martyr *(n.)* syahid
martyrdom *(n.)* mati syahid
marvel *(v.)* takjub
marvellous *(adj.)* menakjubkan
mascot *(n.)* maskot
masculine *(adj.)* maskulin
mash *(v.)* melenyek
mash *(n.)* kentang lenyek
mask *(v.)* memakai topeng
mason *(n.)* tukang batu
masonry *(n.)* batu
masquerade *(n.)* penyamaran
mass *(v.)* berhimpun
massacre *(v.)* membunuh beramai-ramai
massage *(v.)* mengurut

masseur *(n.)* tukang urut
massive *(adj.)* besar
massy *(adj.)* sangat besar
mast *(n.)* tiang layar
master *(v.)* menguasai
masterly *(adj.)* handal
masterpiece *(n.)* karya agung
mastery *(n.)* kemahiran
masticate *(v.)* mengunyah
masturbate *(v.)* melancap
mat *(n.)* tikar
matador *(n.)* matador
match *(n.)* pertandingan
match *(n.)* padanan
matchless *(adj.)* tiada tandingan
matchmaker *(n.)* tukang risik
mate *(v.)* mat
material *(n.)* bahan
materialism *(n.)* kebendaan
materialize *(v.)* terlaksana
maternal *(adj.)* berkenaan ibu
maternity *(n.)* keibuan
mathematical *(adj.)* berkenaan matematik
mathematician *(n.)* ahli matematik
mathematics *(n.)* matematik
matinee *(n.)* tayangan siang
matriarch *(n.)* pimpinan wanita
matricidal *(adj.)* pembunuhan ibu
matricide *(n.)* pembunuh ibu
matriculate *(v.)* matrikulasi
matriculation *(n.)* matrikulasi
matrimonial *(adj.)* berkenaan perkahwinan
matrimony *(n.)* perkahwinan
matrix *(n.)* matriks
matron *(n.)* matron
matter *(v.)* penting
mattock *(n.)* cangkul
mattress *(n.)* tilam
mature *(v.)* menjadi matang

maturity *(n.)* kematangan
maudlin *(adj.)* rawan
maul *(v.)* membaham
maulstick *(n.)* kayu pengecat
maunder *(v.)* berkeliaran
mausoleum *(n.)* makam
mawkish *(adj.)* memualkan
maxilla *(n.)* maksila
maxim *(n.)* bidalan
maximize *(v.)* memaksimumkan
maximum *(n.)* maksimum
maximum *(adj.)* maksimum
may *(v.)* boleh
mayor *(n.)* datuk bandar
maze *(n.)* pagar sesat
me *(pron.)* saya
mead *(n.)* padang rumput
meadow *(n.)* padang rumput
meagre *(adj.)* tidak seberapa
meal *(n.)* santapan
mealy *(adj.)* permukaan kasar
mean *(v.)* bertujuan
mean *(adj.)* jahat
meander *(v.)* berliku-liku
meaning *(n.)* makna
meaningful *(adj.)* bermakna
meaningless *(adj.)* tidak bermakna
meanness *(n.)* kejahatan
means *(n.)* cara
meanwhile *(adv.)* manakala
measles *(n.)* demam campak
measurable *(adj.)* dapat diukur
measure *(v.)* menyukat
measure *(n.)* sukatan
measureless *(adj.)* tidak terkira
measurement *(n.)* sukatan
meat *(n.)* daging
mechanic *(adj.)* mekanik
mechanical *(adj.)* mekanikal
mechanics *(n.)* ilmu mekanik
mechanism *(n.)* mekanisme
medal *(n.)* pingat
medallist *(n.)* pemenang pingat

meddle *(v.)* campur tangan
median *(adj.)* median
mediate *(v.)* mendamaikan
mediation *(n.)* pengantaraan
mediator *(n.)* pengantara
medic *(n.)* penuntut perubatan
medical *(adj.)* perubatan
medicament *(n.)* ubat
medicinal *(adj.)* mengubat
medicine *(n.)* ubat
medieval *(adj.)* zaman pertengahan
mediocre *(adj.)* sederhana
mediocrity *(n.)* kesederhanaan
meditate *(v.)* bermeditasi
meditation *(n.)* meditasi
meditative *(adj.)* berkaitan meditasi
medium *(adj.)* medium
meek *(adj.)* penurut
meet *(v.)* bertemu
meeting *(n.)* mesyuarat
megalith *(n.)* megalit
megalithic *(adj.)* berkaitan megalit
megaphone *(n.)* megafon
melancholia *(n.)* melankolia
melancholic *(adj.)* melankolik
melancholy *(adj.)* melankoli
melee *(n.)* pergaduhan
meliorate *(v.)* naik taraf
mellow *(adj.)* lunak
melodious *(adj.)* merdu
melodrama *(n.)* melodrama
melodramatic *(adj.)* melodramatik
melody *(n.)* melodi
melon *(n.)* tembikai
melt *(v.)* mencair
member *(n.)* ahli
membership *(n.)* keahlian
membrane *(n.)* selaput
memento *(n.)* cenderamata
memoir *(n.)* memoir

memorable *(adj.)* diingati
memorandum *(n.)* memorandum
memorial *(adj.)* memorial
memory *(n.)* ingatan
menace *(v.)* mengancam
mend *(v.)* membaiki
mendacious *(adj.)* palsu
menial *(n.)* orang gaji
meningitis *(n.)* meningitis
menopause *(n.)* menopaus
menses *(n.)* haid
menstrual *(adj.)* berkenaan haid
menstruation *(n.)* proses haid
mental *(adj.)* mental
mentality *(n.)* cara pemikiran
mention *(v.)* menyebut
mentor *(n.)* mentor
menu *(n.)* menu
mercantile *(adj.)* berkenaan perdagangan
mercenary *(adj.)* askar upahan
mercerise *(v.)* mengilap
merchandise *(n.)* barang dagangan
merchant *(n.)* pedagang
merciful *(adj.)* mempunyai belas kasihan
merciless *(adj.)* tanpa belas kasihan
mercurial *(adj.)* sering berubah
mercury *(n.)* merkuri
mercy *(n.)* belas kasihan
mere *(adj.)* hanyalah
merge *(v.)* bergabung
merger *(n.)* penggabungan
meridian *(n.)* meridian
merit *(v.)* wajar
meritorious *(adj.)* patut dipuji
mermaid *(n.)* ikan duyung
merman *(n.)* ikan duyung
merriment *(n.)* kemeriahan
merry *(a)* meriah

mesh *(v.)* bergaul
mesmerism *(n.)* taktik pukau
mesmerize *(v.)* memukau
mess *(v.)* mengacau
message *(n.)* mesej
messenger *(n.)* utusan
messiah *(n.)* al-Masih
Messrs *(n.)* Tetuan
metabolism *(n.)* metabolisme
metal *(n.)* logam
metallic *(adj.)* berkaitan logam
metallurgy *(n.)* metalurgi
metamorphosis *(n.)* metamorfosis
metaphor *(n.)* kiasan
metaphysical *(adj.)* metafizik
metaphysics *(n.)* metafizik
mete *(v.)* memperuntukkan
meteor *(n.)* meteor
meteoric *(adj.)* berkaitan meteor
meteorologist *(n.)* pakar meteorologi
meteorology *(n.)* meteorologi
meter *(n.)* meter
method *(n.)* kaedah
methodical *(adj.)* tersusun
metre *(n.)* meter
metric *(adj.)* metrik
metrical *(adj.)* pola irama
metropolis *(n.)* metropolis
metropolitan *(n.)* metropolitan
mettle *(n.)* kecekalan
mettlesome *(adj.)* cekal
mew *(n.)* ngiau
mew *(v.)* mengiau
mezzanine *(n.)* mezanin
mica *(n.)* mika
microfilm *(n.)* mikrofilem
micrology *(n.)* mikrologi
micrometer *(n.)* mikrometer
microphone *(n.)* mikrofon
microscope *(n.)* mikroskop
microscopic *(adj.)* mikroskopik

microwave *(n.)* gelombang mikro
mid *(adj.)* tengah
midday *(n.)* tengah hari
middle *(n.)* tengah
middle *(adj.)* di tengah
middleman *(n.)* orang tengah
middling *(adj.)* sederhana
midget *(n.)* kenit
midland *(n.)* dalaman negeri
midnight *(n.)* tengah malam
mid-off *(n.)* posisi bola
mid-on *(n.)* posisi bola
midriff *(n.)* perut
midst *(n.)* di tengah-tengah
midsummer *(n.)* pertengahan musim panas
midwife *(n.)* bidan
might *(n.)* mungkin
mighty *(adj.)* berkuasa
migraine *(n.)* migrain
migrant *(n.)* migran
migrate *(v.)* berhijrah
migration *(n.)* migrasi
milch *(adj.)* perahan
mild *(adj.)* ringan
mildew *(n.)* kulapuk
mile *(n.)* batu
mileage *(n.)* perbatuan
milestone *(n.)* batu penanda
milieu *(n.)* milieu
militant *(n.)* aktivis
military *(n.)* tentera
militate *(v.)* menentang
militia *(n.)* rizab
milk *(v.)* memerah susu
milk *(n.)* susu
milky *(adj.)* bersusu
mill *(v.)* mengisar
mill *(n.)* pengisar
millennium *(n.)* milenium
miller *(n.)* pekerja kisar
millet *(n.)* bijiran milet
milliner *(n.)* pembuat topi
millinery *(n.)* kedai topi
million *(n.)* juta
millionaire *(n.)* jutawan
millipede *(n.)* gonggok
mime *(v.)* pantomim
mimesis *(n.)* peniruan
mimic *(v.)* mengajuk
mimicry *(n.)* mengajuk
minaret *(n.)* menara
mince *(v.)* mencincang
mind *(v.t.)* terganggu
mindful *(adj.)* fokus
mindless *(adj.)* secara automatik
mine *(n.)* lombong
miner *(n.)* pelombong
mineral *(adj.)* mineral
mineral *(n.)* galian
mineralogist *(n.)* pakar mineralogi
mineralogy *(n.)* mineralogi
mingle *(v.)* bercampur
miniature *(adj.)* mini
miniature *(n.)* miniatur
minim *(n.)* minima
minimal *(adj.)* minima
minimize *(v.)* meminimumkan
minimum *(adj.)* minimum
minimum *(n.)* minimum
minion *(n.)* pengikut
minister *(v.)* melayani
minister *(n.)* menteri
ministrant *(adj.)* suka membantu
ministry *(n.)* kementerian
mink *(n.)* bulu binatang
minor *(n.)* bawah umur
minor *(adj.)* kecil
minority *(n.)* minoriti
minster *(n.)* perihal gereja
mint *(v.t.)* membuat seperti
minus *(n.)* kekurangan
minus *(prep.)* tolak
minuscule *(adj.)* sangat kecil

minute *(n.)* minit
minutely *(adv.)* tepat
minx *(n.)* gadis nakal
miracle *(n.)* keajaiban
miraculous *(adj.)* ajaib
mirage *(n.)* miraj
mire *(v.)* mengotorkan
mire *(n.)* kesusahan
mirror *(v.)* mencerminkan
mirror *(n.)* cermin
mirth *(n.)* keseronokkan
mirthful *(adj.)* ceria
misadventure *(n.)* nasib malang
misalliance *(n.)* tidak secocok
misanthrope *(n.)* tidak mempercayai
misapplication *(n.)* penyalahgunaan
misapprehend *(v.)* salah faham
misapprehension *(n.)* salah faham
misappropriate *(v.)* menyalahgunakan
misappropriation *(n.)* salah guna
misbehave *(v.)* berkelakuan buruk
misbehaviour *(n.)* kelakuan buruk
misbelief *(n.)* salah tanggapan
miscalculate *(v.)* salah hitung
miscalculation *(n.)* salah kira
miscall *(v.)* salah panggilan
miscarriage *(n.)* keguguran
miscarry *(v.)* keguguran
miscellaneous *(adj.)* pelbagai
miscellany *(n.)* pelbagai
mischance *(n.)* nasib malang
mischief *(n.)* kenakalan
mischievous *(adj.)* nakal
misconceive *(v.)* salah tanggap
misconception *(n.)* salah tanggapan

misconduct *(n.)* salah laku
misconstrue *(v.)* salah tafsir
miscreant *(n.)* pesalah
misdeed *(n.)* kesalahan
misdemeanour *(n.)* kesalahan ringan
misdirect *(v.)* salah tuju
misdirection *(n.)* salah arah
miser *(n.)* bakhil
miserable *(adj.)* sengsara
miserly *(adj.)* seperti bakhil
misery *(n.)* kesengsaraan
misfire *(v.)* gagal
misfit *(n.)* tidak padan
misfortune *(n.)* malang
misgive *(v.)* ragu-ragu
misgiving *(n.)* kebimbangan
misguide *(v.)* salah panduan
mishap *(n.)* kemalangan kecil
misjudge *(v.)* salah anggap
mislead *(v.)* memperdayakan
mismanagement *(n.)* salah urus
mismatch *(v.)* tidak padan
misnomer *(n.)* salah penamaan
misplace *(v.)* hilang
misprint *(v.)* salah cetak
misrepresent *(v.)* salah penerangan
misrule *(n.)* salah tadbir
miss *(v.)* rindu
miss *(n.)* cik
missile *(n.)* peluru berpandu
mission *(n.)* misi
missionary *(n.)* mubaligh
missis, missus *(n..)* puan
missive *(n.)* surat
mist *(n.)* kabus
mistake *(v.)* silap
mistake *(n.)* kesilapan
mister *(n.)* encik
mistletoe *(n.)* pokok misletoe
mistreat *(v.)* menganiayai

mistress *(n.)* perempuan simpanan
mistrust *(v.)* mencurigai
mistrust *(n.)* kecurigaan
misty *(adj.)* berkabus
misunderstand *(v.)* salah faham
misunderstanding *(n.)* salah faham
misuse *(v.)* menyalahgunakan
mite *(n.)* sedikit
mithridate *(n.)* penawar racun
mitigate *(v.)* mengurangkan
mitigation *(n.)* pengurangan
mitre *(n.)* topi paderi
mitten *(n.)* sarung tangan
mix *(v.)* mencampurkan
mixture *(n.)* campuran
mnemonic *(n.)* peringatan
mnemonization *(n.)* proses memperingatkan
moan *(n.)* erangan
moat *(v.)* pemparitan
mob *(v.)* menyesakkan
mobile *(adj.)* bergerak
mobility *(n.)* mobiliti
mobilize *(v.)* menggerakkan
mock *(adj.)* senda
mockery *(n.)* ejekan
modality *(n.)* pengkelasan
mode *(n.)* mod
model *(v.)* memperagakan
model *(n.)* model
moderate *(v.)* menyederhanakan
moderation *(n.)* kesederhanaan
modern *(adj.)* moden
modernity *(n.)* kemodenan
modernization *(n.)* pemodenan
modernize *(v.)* memodenkan
modest *(adj.)* rendah diri
modesty *(n.)* merendah diri
modicum *(n.)* sedikit

modification *(n.)* pengubahsuaian
modify *(v.)* mengubah suai
modulate *(v.)* melaraskan
module *(n.)* modul
moil *(v.)* bekerja keras
moist *(adj.)* lembap
moisten *(v.)* melembapkan
moisture *(n.)* lembapan
molar *(adj.)* berkenaan geraham
molar *(n.)* geraham
molasses *(n.)* sirap tumbuhan
mole *(n.)* tahi lalat
molecular *(adj.)* berkenaan molekul
molecule *(n.)* molekul
molest *(v.)* mencabul
molestation *(n.)* pencabulan
mollusc *(n.)* kerang
molluscous *(adj.)* besifat tertimbul
molten *(adj.)* lebur
moment *(n.)* detik
momentary *(adj.)* seketika
momentous *(adj.)* sangat penting
momentum *(n.)* momentum
monarch *(n.)* raja
monarchy *(n.)* pemerintahan beraja
monastery *(n.)* biara
monasticism *(n.)* monastik
Monday *(n.)* Isnin
monetary *(adj.)* berkaitan duit
money *(n.)* wang
monger *(n.)* penjaja
mongoose *(n.)* cerpelai
mongrel *(adj.)* baka kacukan
moniformity *(n.)* moniformity
monitor *(v.)* mengawasi
monitory *(adj.)* pengawasan
monk *(n.)* rahib
monkey *(n.)* monyet

monochromatic *(adj.)* hitam putih
monocle *(n.)* monocle
monocular *(adj.)* bermata satu
monody *(n.)* satu melodi
monoestrous *(n.)* satu estrus
monogamy *(n.)* monogami
monogram *(n.)* monogram
monograph *(n.)* monograf
monogynous *(adj.)* bermonogami
monolatry *(n.)* monalatri
monolith *(n.)* monolit
monologue *(n.)* monolog
monopolist *(n.)* pemonopoli
monopolize *(v.)* memonopoli
monopoly *(n.)* monopoli
monosyllabic *(adj.)* menyebut sepatah
monosyllable *(n.)* sepatah perkataan
monotheism *(n.)* monoteisme
monotheist *(n.)* monoteis
monotonous *(adj.)* senada
monotony *(n.)* monotoni
monsoon *(n.)* monsun
monster *(n.)* raksasa
monstrous *(adj.)* seperti raksasa
month *(n.)* bulan
monthly *(n.)* bulanan
monthly *(adj.)* bulanan
monument *(n.)* monumen
monumental *(adj.)* kenangan
moo *(v.)* melenguh
mood *(n.)* angin
moody *(adj.)* muram
moon *(n.)* bulan
moor *(v.)* mencangkuk
moorings *(n.)* disauhkan
moot *(n.)* dapat dibahaskan
mop *(v.)* mengelap lantai
mop *(n.)* pengelap lantai
mope *(v.)* bermuram

moral *(n.)* iktibar
moral *(adj.)* bermoral
morale *(n.)* semangat
moralist *(n.)* ahli moral
morality *(n.)* moraliti
moralize *(v.)* mengajarkan
morbid *(adj.)* mengerikan
morbidity *(n.)* morbiditi
more *(adv.)* lagi
more *(adj.)* lebih
moreover *(adv.)* lagipun
morganatic *(adj.)* perkahwinan
morgue *(n.)* bilik mayat
moribund *(adj.)* merosot
morning *(n.)* pagi
moron *(n.)* orang bodoh
morose *(adj.)* murung
morph *(v.)* bertukar menjadi
morphia *(n.)* morfin
morphine *(n.)* morfin
morphology *(n.)* morfologi
morrow *(n.)* esok
morse *(n.)* kod morse
morsel *(n.)* sedikit
mortal *(n.)* manusia
mortal *(adj.)* fana
mortality *(n.)* mortaliti
mortar *(v.)* melepa
mortgage *(v.)* mencagarkan
mortgage *(n.)* cagaran
mortgagee *(n.)* pemegang cagaran
mortgagor *(n.)* penggadai
mortify *(v.)* memalukan
mortuary *(n.)* bilik mayat
mosaic *(n.)* mozek
mosque *(n.)* masjid
mosquito *(n.)* nyamuk
moss *(n.)* lumut
most *(n.)* kebanyakan
mote *(n.)* habuk
motel *(n.)* motel
moth *(n.)* kupu-kupu
mother *(v.)* menjaga

mother *(n.)* ibu
motherhood *(n.)* perihal keibuan
motherlike *(adj.)* keibuan
motherly *(adj.)* bersifat keibuan
motif *(n.)* motif
motion *(v.)* mengisyaratkan
motion *(n.)* pergerakan
motionless *(adj.)* tidak bergerak
motivate *(v.)* memotivasikan
motivation *(n.)* motivasi
motive *(n.)* motif
motley *(adj.)* serbaneka
motor *(v.)* memandu
motor *(n.)* motor
motorist *(n.)* pemandu
mottle *(n.)* bertompok
motto *(n.)* moto
mould *(n.)* kulat
mould *(n.)* acuan
mouldy *(adj.)* berkulat
moult *(v.)* bersalin kulit
mound *(n.)* longgokan
mount *(n.)* gunung
mount *(n.)* gunung
mountain *(n.)* gunung
mountaineer *(n.)* pendaki gunung
mountainous *(adj.)* bergunung-ganang
mourn *(v.)* berkabung
mourner *(n.)* orang berkabung
mournful *(n.)* ratapan
mourning *(n.)* pakaian berkabung
mouse *(n.)* tikus
moustache *(n.)* kumis
mouth *(v.)* menggerakkan mulut
mouth *(n.)* mulut
mouthful *(n.)* semulut penuh
movable *(adj.)* boleh alih
movables *(n.)* mudah alih
move *(v.)* bergerak

movement *(n.)* pergerakan
mover *(n.)* pemindah
movies *(n.)* filem
mow *(v.)* menebas rumput
much *(adv.)* sangat
much *(a)* lebih daripada
mucilage *(n.)* gam
muck *(n.)* baja
mucous *(adj.)* berlendir
mucus *(n.)* mukus
mud *(n.)* lumpur
muddle *(v.)* merosakkan
muddle *(n.)* kekeliruan
muffle *(v.)* mengurangkan bunyi
muffler *(n.)* selendang leher
mug *(n.)* kole
muggy *(adj.)* lambab
mulatto *(n.)* anak kacukan
mulberry *(n.)* mulberri
mule *(n.)* baghal
mulish *(adj.)* degil
mull *(v.)* mempertimbangkan
mullah *(n.)* mullah
mullion *(n.)* bingkai tingkap
multifarious *(adj.)* pelbagai
multiform *(n.)* pelbagai bentuk
multilateral *(adj.)* multilateral
multiparous *(adj.)* ramai anak
multiped *(n.)* berkaki banyak
multiple *(n.)* pelbagai
multiple *(adj.)* banyak
multiplex *(adj.)* pelbagai elemen
multiplicand *(n.)* pekali
multiplication *(n.)* pendaraban
multiplicity *(n.)* keadaan dipelbagaikan
multiply *(v.)* mendarab
multitude *(n.)* sangat banyak
mum *(n.)* ibu
mumble *(v.)* berguman
mummer *(n.)* pelakon mimik
mummy *(n.)* mumia
mummy *(n.)* emak

mumps *(n.)* beguk
munch *(v.)* mengunyah
mundane *(adj.)* biasa
municipal *(adj.)* perbandaran
municipality *(n.)* bandar
munificent *(adj.)* pemurah
munitions *(n.)* senjata
mural *(n.)* mural
mural *(adj.)* mural
murder *(v.)* membunuh
murderer *(n.)* pembunuh
murderous *(adj.)* membunuh
murmur *(v.)* menggumam
murmur *(n.)* terkumat-kamit
muscle *(n.)* otot
muscovite *(n.)* mika berpotasium
muscular *(adj.)* berotot
muse *(n.)* sumber ilham
museum *(n.)* muzium
mush *(n.)* hancur
mushroom *(n.)* cendawan
music *(n.)* muzik
musical *(adj.)* muzikal
musician *(n.)* ahli muzik
musk *(n.)* kasturi
musket *(n.)* senapang lantak
musketeer *(n.)* askar bersenjata
muslim *(adj.)* muslim
muslin *(n.)* kain kasa
must *(n.)* keperluan
mustache *(n.)* misai
mustang *(n.)* kuda liar
mustard *(n.)* biji sawi
muster *(n.)* perjumpaan
muster *(v.)* mengumpulkan
musty *(adj.)* hapak
mutation *(n.)* mutasi
mutative *(adj.)* diubah bentuk
mute *(n.)* orang bisu
mutilate *(v.)* toreh
mutilation *(n.)* dicacatkan
mutinous *(adj.)* memberontak

mutiny *(v.)* memberontak
mutiny *(n.)* pemberontakan
mutter *(v.)* mengguman
mutton *(n.)* daging biri-biri
mutual *(adj.)* sama
muzzle *(v.)* mencekup
muzzle *(n.)* muncung binatang
my *(adj.)* kepunyaan saya
myalgia *(n.)* kesakitan otot
myopia *(n.)* rabun jauh
myopic *(adj.)* rabun jauh
myosis *(n.)* miosis
myriad *(adj.)* tidak terkira
myriad *(n.)* pelbagai
myrrh *(n.)* kemenyan
myrtle *(n.)* bunga myrtle
myself *(pron.)* saya sendiri
mysterious *(adj.)* penuh misteri
mystery *(n.)* misteri
mystic *(n.)* mistik
mystic *(adj.)* mistik
mysticism *(n.)* mistik
mystify *(v.)* mengelirukan
myth *(n.)* mitos
mythical *(adj.)* berunsur mistik
mythological *(adj.)* berkenaan mitologi
mythology *(n.)* mitologi

nab *(v.)* menangkap
nabob *(n.)* nawab
nacho *(n.)* kerepek nacho
nack *(v.)* menipu lokaliti
nacre *(n.)* gewang
nadger *(n.)* penyakit
nadir *(n.)* nadir
nag *(v.)* berleter
nag *(n.)* leteran
nagging *(n.)* berterusan

nagotiation *(n.)* rundingan
nail *(v.)* memaku
nail *(n.)* kuku
naive *(adj.)* naif
naivete *(n.)* kenaifan
naivety *(n.)* kenaifan
naked *(adj.)* bogel
name *(v.)* menamakan
namely *(adv.)* iaitu
namesake *(n.)* sama nama
nanism *(n.)* kerdil
nanite *(n.)* robot nano
nanny *(n.)* pengasuh
nano *(n.)* jirim kecil
nanobiology *(n.)* Biologi Nano
nanobot *(n.)* robot terkecil
nanochip *(n.)* cip Nano
nanocircuitry *(n.)* litar Nano
nanocomponent *(n.)* komponen Nano
nanocomputer *(n.)* komputer Nano
nanoengineer *(n.)* Jurutera Nano
nanohertz *(n.)* frekuensi Nano
nanomechanics *(n.)* mekanik Nano
nanoparticle *(n.)* zarah Nano
nanoplasma *(n.)* plasma Nano
nanotransistor *(n.)* transistor Nano
nap *(n.)* bulu kain
nape *(n.)* tengkuk
napkin *(n.)* napkin
narcissism *(n.)* narsisisme
narcissus *(n.)* tanaman Narcissus
narcosis *(n.)* dibius dadah
narcotic *(n.)* narkotik
narrate *(v.)* menceritakan
narration *(n.)* penceritaan
narrative *(adj.)* penceritaan
narrative *(n.)* kisah
narrator *(n.)* pencerita

narrow *(v.)* semakin sempit
narrow *(adj.)* sempit
nasal *(n.)* sengau
nascent *(adj.)* berkembang
nasty *(adj.)* teruk
natal *(adj.)* kelahiran
natant *(adj.)* berenang
nation *(n.)* negara
national *(adj.)* kebangsaan
nationalism *(n.)* nasionalisme
nationalist *(n.)* pencinta negara
nationality *(n.)* kerakyatan
nationalization *(n.)* dikerajaankan
nationalize *(v.)* dikerajaankan
native *(n.)* asli
native *(adj.)* asal
nativity *(n.)* kelahiran
natural *(adj.)* semula jadi
naturalist *(n.)* pakar semulajadi
naturalize *(v.)* membiasakan
naturally *(adv.)* secara semulajadinya
nature *(n.)* alam sekitar
naughty *(adj.)* nakal
nausea *(n.)* loya
nautic(al) *(adj.)* nautika
naval *(adj.)* berkenaan angkatan laut
nave *(n.)* tengah gereja
navigable *(adj.)* dapat dikendalikan
navigate *(v.)* mengemudi
navigation *(n.)* pengemudian
navigator *(n.)* pengemudi
navy *(n.)* tentera laut
nay *(adv.)* malahan
neap *(adj.)* air pasang
near *(v.)* mendekati
near *(adj.)* dekat
nearly *(adv.)* hampir-hampir
neat *(adj.)* rapi
nebula *(n.)* gas nebula
necessary *(adj.)* perlu

necessary *(n.)* keperluan
necessitate *(v.)* memerlukan
necessity *(n.)* keperluan asas
neck *(n.)* leher
necklace *(n.)* rantai leher
necklet *(n.)* penghias rantai
necromancer *(n.)* ahli sihir
necropolis *(n.)* tanah perkuburan
nectar *(n.)* madu bunga
need *(v.)* memerlukan
need *(n.)* keperluan
needful *(adj.)* perlu
needle *(n.)* jarum
needless *(adj.)* tidak perlu
needs *(adv.)* keperluan
needy *(adj.)* sangat miskin
nefarious *(adj.)* jahat
negate *(v.)* menafikan
negation *(n.)* penafian
negative *(v.)* menolak
negative *(adj.)* negatif
neglect *(n.)* pengabaian
negligence *(n.)* kecuaian
negligent *(adj.)* cuai
negligible *(adj.)* remeh
negotiable *(adj.)* boleh dirunding
negotiate *(v.)* berunding
negotiator *(n.)* perunding
negress *(n.)* wanita berkulit hitam
negro *(n.)* berkulit hitam
neigh *(n.)* bunyi kuda
neigh *(v.)* meringkik
neighbour *(n.)* jiran
neighbourhood *(n.)* kawasan kejiranan
neighbourly *(adj.)* bersifat kejiranan
neither *(conj.)* tidak keduanya
nemesis *(n.)* lawan
neolithic *(adj.)* neolitik
neon *(n.)* neon

nephew *(n.)* anak saudara lelaki
nepotism *(n.)* melebihkan kenalan
Neptune *(n.)* Neptun
nerve *(n.)* saraf
nerveless *(adj.)* tenang
nervous *(adj.)* gemuruh
nescience *(n.)* jahil
nest *(v.)* bersarang
nestle *(v.)* berpelukan
nestling *(n.)* bertelur
net *(v.)* menangkap
net *(n.)* jaring
nether *(adj.)* bawah
nettle *(v.)* menjelekkan
network *(n.)* rangkaian
neurologist *(n.)* pakar neurologi
neurology *(n.)* neurologi
neurosis *(n.)* neurosis
neuter *(n.)* neutral
neutral *(adj.)* neutral
neutralize *(v.)* menjadikan neutral
neutron *(n.)* neutron
never *(adv.)* tidak pernah
nevertheless *(conj.)* bagaimanapun
new *(adj.)* baru
news *(n.)* berita
next *(adv.)* setelah itu
next *(adj.)* selepas
nib *(n.)* mata pena
nibble *(n.)* gigitan kecil
nibble *(v.)* menggigit kecil
nice *(adj.)* baik
nicely *(adv.)* dengan baik
nicety *(n.)* ketepatan
niche *(n.)* ruang
nick *(n.)* gurisan
nickel *(n.)* logam perak
nickname *(v.)* panggilan
nickname *(n.)* nama timangan

nicotine *(n.)* nikotin
niece *(n.)* anak saudara perempuan
niggard *(n.)* orang kedekut
niggardly *(adj.)* kedekut
nigger *(n.)* pencelaan etnik
nigh *(prep.)* dekat
night *(n.)* malam
nightie *(n.)* gaun tidur
nightingale *(n.)* bulbul
nightly *(adv.)* setiap malam
nightmare *(n.)* mimpi ngeri
nihilism *(n.)* bersifat negatif
nil *(n.)* kosong
nimble *(adj.)* lincah
nimbus *(n.)* aura
nine *(n.)* sembilan
nineteen *(n.)* sembilan belas
nineteenth *(adj.)* kesembilan belas
ninetieth *(adj.)* kesembilan puluh
ninety *(n.)* sembilan puluh
ninth *(adj.)* kesembilan
nip *(v.)* memotong
nipple *(n.)* puting
nitrogen *(n.)* nitrogen
no *(n.)* bantahan
nobility *(n.)* kemuliaan
noble *(n.)* golongan bangsawan
nobleman *(n.)* lelaki bangsawan
nobly *(adv.)* dengan mulia
nobody *(pron.)* tiada sesiapa
nocturnal *(adj.)* waktu malam
nod *(n.)* angguk
node *(n.)* ketumbuhan
noise *(n.)* bunyi bising
noisy *(adj.)* bising
nomad *(n.)* kehidupan berpindah-randah
nomadic *(adj.)* berpindah-randah
nomenclature *(n.)* tatanama
nominal *(adj.)* nominal

nominate *(v.)* mencalonkan
nomination *(n.)* pencalonan
nominee *(n.)* calon
non-alignment *(n.)* neutral
nonchalance *(n.)* sikap bersahaja
nonchalant *(adj.)* bersahaja
none *(adv.)* tiada langsung
none *(pron.)* tiada
nonentity *(n.)* bukan sesiapa
nonetheless *(adv.)* walaupun
nonpareil *(n.)* yang terbaik
nonpareil *(adj.)* tiada tandingan
nonplus *(v.)* tergamam
nonsense *(n.)* karut
nonsensical *(adj.)* mengarut
nook *(n.)* ceruk
noon *(n.)* tengah hari
noose *(v.)* membuat gelung
nor *(conj.)* tidak
norm *(n.)* norma
normal *(adj.)* biasa
normalcy *(n.)* kebiasaan
normalization *(n.)* proses membiasakan
normalize *(v.)* menjadikan normal
north *(adv.)* ke utara
north *(n.)* utara
northerly *(adv.)* dari utara
northerly *(adj.)* keutaraan
northern *(adj.)* berkenaan utara
nose *(v.)* menghidu
nose *(n.)* hidung
nosegay *(n.)* sejambak bunga
nosey *(adj.)* penyibuk
nostalgia *(n.)* nostalgia
nostril *(n.)* lubang hidung
nostrum *(n.)* ubat palsu
nosy *(adj.)* mengendap
not *(adv.)* bukan
notability *(n.)* orang terkemuka
notable *(adj.)* terkemuka

notary *(n.)* notari
notation *(n.)* notasi
notch *(n.)* setingkat lagi
note *(v.)* mencatat
note *(n.)* nota
noteworthy *(adj.)* penting
nothing *(adv.)* todak bernilai
nothing *(n.)* tiada apa
notice *(v.)* sedar
notice *(n.)* notis
notification *(n.)* pemberitahuan
notify *(v.)* memberitahu
notion *(n.)* idea
notional *(adj.)* secara idealnya
notoriety *(n.)* kemasyhuran
notorious *(adj.)* terkenal
notwithstanding *(conj.)* walaupun demikian
nought *(n.)* kosong
noun *(n.)* kata nama
nourish *(v.)* memberi khasiat
nourishment *(n.)* makanan
novel *(n.)* novel
novelette *(n.)* novel ringkas
novelist *(n.)* penulis novel
novelty *(n.)* keadaan baru
November *(n.)* November
novice *(n.)* amatur
now *(conj.)* sekarang
now *(adv.)* sekarang
nowhere *(adv.)* tiada bertempat
noxious *(adj.)* membahayakan
nozzle *(n.)* muncung paip
nuance *(n.)* kehalusan
nubile *(adj.)* menarik
nuclear *(adj.)* nuklear
nucleus *(n.)* nukleus
nude *(n.)* bogel
nudge *(v.)* menyiku
nudity *(n.)* keadaan telanjang
nugget *(n.)* ketulan
nuisance *(n.)* gangguan
null *(adj.)* tidak berguna
nullification *(n.)* pemansuhan

nullify *(v.)* memansuhkan
numb *(adj.)* kebas
number *(v.)* memberi nombor
number *(n.)* nombor
numberless *(adj.)* tidak terkira
numeral *(adj.)* bernombor
numerator *(n.)* pengangka
numerical *(adj.)* berkenaan nombor
numerous *(adj.)* banyak
nun *(n.)* rahib wanita
nunnery *(n.)* bihara
nuptial *(adj.)* berkenaan perkahwinan
nuptials *(n.)* perkahwinan
nurse *(v.)* merawat
nurse *(n.)* jururawat
nursery *(n.)* taska
nurture *(v.)* memupuk
nurture *(n.)* pemupukan
nut *(v.)* kumpul
nutcase *(n.)* gila
nuthouse *(n.)* institusi mental
nutmeg *(n.)* buah pala
nutrient *(n.)* nutrisi
nutrition *(n.)* pemakanan
nutritious *(adj.)* berkhasiat
nutritive *(adj.)* membekalkan nutrien
nutty *(adj.)* gila
nuzzle *(v.)* menggeselkan hidung
nylon *(n.)* nilon
nymph *(n.)* pari-pari
nymphet *(n.)* perawan cilik
nymphomaniac *(n.)* penggila shahwat

oaf *(n.)* orang bodoh
oafish *(adj.)* berperangai bodoh
oak *(n.)* oak
oaktree *(n.)* oak
oar *(n.)* dayung
oarsman *(n.)* pendayung
oasis *(n.)* tanah subur
oat *(n.)* bijirin
oath *(n.)* sumpah
oathbreaker *(n.)* pelanggar sumpah
oathbreaking *(n.)* melanggar sumpah
oatmeal *(adj.)* bijirin
obduct *(v.)* menggerakkan plat
obduction *(n.)* pergerakan plat
obduracy *(n.)* degil
obdurate *(adj.)* kedegilan
obedience *(n.)* kepatuhan
obedient *(adj.)* patuh
obeisance *(n.)* kesetiaan
obesity *(n.)* obes
obey *(v.)* mematuhi
obituary *(adj.)* obituari
object *(v.)* membantah
objection *(n.)* bantahan
objectionable *(adj.)* tidak menyenangkan
objective *(adj.)* objektif
oblation *(n.)* korban
obligation *(n.)* tanggungjawab
obligatory *(adj.)* wajib
oblige *(v.)* mewajibkan
oblique *(adj.)* tersirat
obliterate *(v.)* menghapuskan
obliteration *(n.)* penghapusan
oblivion *(n.)* kelalaian
oblivious *(adj.)* tidak menyedari

oblong *(n.)* berbentuk memanjang
obnoxious *(adj.)* menjengkelkan
obscene *(adj.)* lucah
obscenity *(n.)* kelucahan
obscure *(v.)* tidak dikenali
obscure *(adj.)* tersembunyi
obscurity *(n.)* tidak jelas
observance *(n.)* menjalankan kewajipan
observant *(adj.)* tajam pemerhatian
observation *(n.)* pemerhatian
observatory *(n.)* balai cerap
observe *(v.)* memerhatikan
obsess *(v.)* terlalu memikirkan
obsession *(n.)* obsesi
obsolete *(adj.)* usang
obstacle *(n.)* halangan
obstetric *(adj.)* obstetrik
obstetrician *(n.)* pakar obstetrik
obstinacy *(n.)* kegigihan
obstinate *(adj.)* keras kepala
obstruct *(v.)* menghalang
obstruction *(n.)* halangan
obstructive *(adj.)* menghalang
obtain *(v.)* memperoleh
obtainable *(adj.)* boleh diperoleh
obtuse *(adj.)* bodoh
obvious *(adj.)* jelas
obviously *(adv.)* secara ketara
occasion *(v.)* menyebabkan
occasion *(n.)* perayaan
occasional *(adj.)* kadang-kala
occasionally *(adv.)* sekali-sekala
occident *(n.)* negara barat
occidental *(adj.)* penduduk barat
occipital *(n.)* belakang kepala
occlude *(v.)* menghalang

occlusive *(adj.)* kadang-kadang sedutan
occult *(adj.)* paranormal
occupancy *(n.)* penepatan
occupant *(n.)* penghuni
occupation *(n.)* pekerjaan
occupier *(n.)* penyewa
occupy *(v.)* menghuni
occur *(v.)* berlaku
occurrence *(n.)* peristiwa
ocean *(n.)* laut
oceanfront *(adj.)* berhadapan laut
oceanic *(adj.)* berkaitan laut
oceanographer *(n)* pengkaji lautan
oceanographic *(adj.)* kajian lautan
oceanologist *(n.)* pakar lautan
oceanology *(n.)* kajian lautan
octagon *(n.)* oktagon
octangular *(adj.)* lapan segi
octave *(n.)* lapan nada
October *(n.)* Oktober
octogenarian *(adj.)* berumur 80an
octogenarian *(n.)* warga emas
octonionics *(n.)* kaedah oktonionik
octopede *(n.)* berkaki lapan
octopus *(n.)* sotong gurita
octopussy *(n.)* nama filem
octuple *(v.)* berganda lapan
octuplicate *(n.)* menjadikan lapan
octyne *(n.)* kimia 'octyne'
ocular *(adj.)* berkenaan mata
oculist *(n.)* pakar mata
odd *(adj.)* ganjil
oddity *(n.)* keganjilan
odds *(n.)* kemungkinan
ode *(n.)* puisi
odious *(adj.)* tidak menyenangkan

odium *(n.)* kebencian
odometer *(n.)* meter laluan
odontologist *(n.)* doktor gigi
odontology *(n.)* bidang pergigian
odorous *(adj.)* berbau
odour *(n.)* bau
of *(prep.)* mengenai
off *(prep.)* pergi
offence *(n.)* kesalahan
offend *(v.)* menyinggung perasaan
offender *(n.)* pesalah
offensive *(n.)* serangan
offensive *(adj.)* menyakitkan hati
offer *(n.)* tawaran
offer *(v.)* menawarkan
offering *(n.)* tawaran
office *(n.)* pejabat
officer *(n.)* pegawai
official *(n.)* pegawai
official *(adj.)* rasmi
officially *(adv.)* secara rasmi
officiate *(v.)* merasmikan
officious *(adj.)* campur tangan
offing *(n.)* mendekati
offset *(n.)* menyeimbangkan
offset *(v.)* mengimbangi
offshoot *(n.)* ranting
offspring *(n.)* anak
oft *(adv.)* sering kali
often *(adv.)* kerap
ogle *(n.)* merenung
oil *(v.)* meminyaki
oilrig *(n.)* pelantar minyak
oily *(adj.)* berminyak
oink *(n.)* bunyi khinzir
oinker *(n.)* orang gemuk
ointment *(n.)* minyak
okay *(int.)* setuju
okayish *(adj.)* agak baik
okra *(n.)* bendi
old *(adj.)* tua

oleaceous *(adj.)* berkenaan zaitun
oleaginous *(adj.)* berminyak
oleochemical *(n.)* kimia tumbuhan
olfactic *(adj.)* kajian bau
olfactics *(n.)* kajian bauan
olfactory *(adj.)* berkaitan bau
olfaltive *(adj.)* berkaitan bau
oligarch *(n.)* oligarki
oligarchal *(adj.)* berdasarkan oligarki
oligarchy *(n.)* oligarki
olive *(n.)* zaitun
olympiad *(n.)* olimpiad
omega *(n.)* omega
omelette *(n.)* telur dadar
omen *(n.)* petanda
ominous *(adj.)* petanda buruk
omission *(n.)* peninggalan
omit *(v.)* tidak melakukan
omittance *(n.)* ketinggalan
omitter *(n.)* yang meninggalkan
omnibenevolence *(n.)* teramat pemurah
omnibenevolent *(adj.)* pemurah
omnibus *(n.)* bas
omnicompetence *(n.)* kecekapan tinggi
omnicompetent *(adj.)* cekap mengendali
omnidirectional *(adj.)* kepelbagaian arah
omnidirectionality *(n.)* omnidirectionality
omniform *(adj.)* semua bentuk
omnilingual *(adj.)* memahami bahasa-bahasa
omnipotence *(n.)* berkuasa penuh
omnipotent *(adj.)* berkuasa penuh
omnipresence *(n.)* keberadaan
omnipresent *(adj.)* serata tempat
omniscience *(n.)* serba tahu
omniscient *(adj.)* serba tahu
omnivore *(n.)* omnivor
omnivorous *(adj.)* tamak
omophagia *(n.)* pemakanan mentah
on *(adv)* berterusan
once *(adv.)* sekali
oncogene *(n)* pertukaran gen
oncogenic *(adj.)* menyebabkan tumor
oncologist *(n)* pakar onkologi
oncology *(n.)* onkologi
one *(pron.)* seseorang
one *(adj.)* satu
oneness *(n.)* kesatuan
onerous *(adj.)* menyusahkan
onion *(n.)* bawang
on-looker *(n.)* penonton
only *(conj.)* seandainya
only *(adj.)* hanya
onology *(n.)* percakapan bodoh
onomancy *(n.)* penilik nama
onomast *(n)* pengkaji nama
onomastic *(adj.)* mengkaji nama
onomatolgist *(n.)* pakar nama
onomatology *(n.)* kajian penamaan
onomatope *(n.)* tiruan suara
onomatopoeia *(n.)* tiruan suara
onrush *(n.)* permulaan
onset *(n.)* permulaan
onslaught *(n.)* serangan
ontogenic *(adj.)* perkembangan individu
ontogeny *(n)* perkembangan individu
ontologic *(adj.)* perkembangan individu
ontological *(adj.)* berkonsepkan ontologi

ontologism *(n.)* falsafah ontologi
ontologist *(n.)* pakar ontologi
ontology *(n.)* ontologi
onus *(n.)* beban membuktikan
onward *(adj.)* ke hadapan
onwards *(adv.)* terus kehadapan
ooze *(v.)* mengalir
ooze *(n.)* selut
opacity *(n.)* kelegapan
opal *(n.)* batu opal
opaque *(adj.)* legap
open *(v.)* membuka
open *(adj.)* terbuka
opening *(n.)* pembukaan
openly *(adv.)* secara terbuka
opera *(n.)* wayang
operability *(n.)* boleh dibedah
operable *(adj.)* boleh dibedah
operate *(v.)* mengendalikan
operation *(n.)* operasi
operative *(adj.)* beroperasi
operator *(n.)* operator
operetta *(n.)* opereta
ophtalmic *(adj.)* berkenaan mata
ophtalmologic *(adj.)* perubatan mata
ophtalmologist *(n.)* doktor mata
ophtalmology *(n.)* perubatan mata
ophtalmoscope *(n.)* ophtalmoscope
opiate *(v.)* opiat
opinator *(n.)* pemberi pendapat
opine *(v.)* memberikan pendapat
opinioless *(adj.)* tiada pendapat
opinion *(n.)* pendapat
opinionate *(v.)* berkeras berpendapat
opinionated *(adj.)* berkeras berpendapat

opinionnaire *(n.)* kaji selidik pendapat
opium *(n.)* candu
opponent *(n.)* lawan
opportune *(adj.)* sesuai
opportunism *(n.)* mengambil kesempatan
opportunity *(n.)* peluang
oppose *(v.)* melawan
opposite *(adj.)* bertentangan
opposition *(n.)* tentangan
oppress *(v.)* menindas
oppression *(n.)* penindasan
oppressive *(adj.)* zalim
oppressor *(n.)* penindasan
opt *(v.)* memilih
optic *(adj.)* optik
optician *(n.)* pakar optik
optimism *(n.)* sikap optimis
optimist *(n.)* optimis
optimistic *(adj.)* optimistik
optimum *(adj.)* optimum
optimum *(n.)* optimum
option *(n.)* pilihan
optional *(adj.)* pilihan
opulence *(n.)* kemewahan
opulent *(adj.)* mewah
oracle *(n.)* utusan
oracular *(adj.)* memberikan ramalan
oral *(adj.)* lisan
orally *(adv.)* secara lisan
orange *(adj.)* jingga
orange *(n.)* oren
oration *(n.)* pidato
orator *(n.)* ahli pidato
oratorical *(adj.)* berkenaan pidato
oratory *(n.)* berpidato
orb *(n.)* bulatan
orbit *(n.)* orbit
orbital *(n.)* berkenaan orbit
orbituary *(n.)* obituari
orca *(n.)* paus pembunuh

orchard *(n.)* dusun
orchestra *(n.)* pancaragam
orchestral *(adj.)* seperti orkestra
ordain *(v.)* telah ditakdirkan
ordained *(adj.)* melantik
ordeal *(n.)* pengalaman pahit
order *(v.)* mengarah
order *(n.)* susunan
orderly *(n.)* askar bawahan
orderly *(adj.)* tersusun
ordinance *(n.)* upacara agama
ordinarily *(adv.)* secara biasa
ordinary *(adj.)* biasa
ore *(n.)* bijih
organ *(n.)* organ
organic *(adj.)* organik
organism *(n.)* organisma
organization *(n.)* organisasi
organize *(v.)* mengatur
organograph *(n.)* organograph
organza *(n.)* fabrik organza
orgasm *(n.)* puncak syahwat
orgasmic *(adj.)* puncak syahwat
orgy *(n.)* pesta liar
orient *(v.)* memperbetulkan posisi
orient *(n.)* timur
oriental *(n.)* orang asia
oriental *(adj.)* ketimuran
orientate *(v.)* mengenalpasti kedudukan
orientational *(adj.)* bedasarkan kecenderungan
oriented *(adj.)* berkedudukan selaras
orifice *(n.)* pembukaan mulut
orificial *(adj.)* pembukaan mulut
origami *(n.)* origami
origin *(n.)* asal
original *(n.)* asli
original *(adj.)* asli
originality *(n.)* keaslian
originate *(v.)* berasal

originator *(n.)* pencipta
orl *(n.)* pokok alder
orn *(v.)* menghiaskan
ornament *(v.)* menghias
ornamental *(adj.)* hiasan
ornamentation *(n.)* hiasan
ornithologist *(n.)* mempelajari burung
ornithology *(n.)* kajian burung
ornithoscopy *(n.)* pemerhatian burung
orogen *(n.)* pembentukan gunung
orogenic *(adj.)* pembentukan gunung
orologist *(n.)* pengkaji gunung
orphan *(v.)* anak yatim
orphan *(n.)* anak yatim
orphanage *(n.)* rumah anak yatim
orthodox *(adj.)* mengikut tradisi
orthodoxy *(n.)* kepercayaan ortodoks
orthograph *(n.)* gambaran bangunan
orthographer *(n.)* ahli penulisan
orthographic *(adj.)* bidang penulisan
orthopaedia *(n.)* perubatan ortopedik
orthopaedical *(adj.)* berkenaan ortopedik
orthopaedics *(n.)* perubatan ortopedik
oscillate *(v.)* berayun
oscillation *(n.)* ayunan
oscillograph *(n.)* perakam voltan
oscillometric *(adj.)* rekod voltan
oscilloscope *(n.)* paparan elektrik
osculant *(adj.)* pautan
oscular *(adj.)* perciuman
osculate *(v.)* mencium

osmobiosis *(n.)* sejenis 'cryptobiosis'
osmobiotic *(adj.)* berkenaan osmobiosis
osmose *(v.)* melalui osmosis
osmosis *(n.)* osmosis
ossify *(v.)* menjadi tulang
ostensibility *(n.)* penyamaran
ostensible *(adj.)* seolah-olah
ostensibly *(adv.)* penyamaran
ostension *(n.)* pameran
ostentation *(n.)* menunjuk-nunjuk
ostentatious *(adj.)* menunjuk-nunjuk
ostracize *(v.)* diketepikan
ostrich *(n.)* burung unta
other *(pron.)* selain dari
otherwise *(conj.)* jika tidak
otherwise *(adv.)* yang lain
otherworld *(n.)* dunia lain
otherworldliness *(n.)* berunsur kerohanian
otoscope *(n.)* teleskop telinga
otoscopis *(adj.)* otoscopis
otoscopy *(n.)* pemeriksaan telinga
otter *(n.)* memerang
ottoman *(n.)* otoman
ouch *(n.)* keronsang
ought *(v.)* patut melakukan
ounce *(n.)* ukuran cecair
our *(pron.)* kepunyaan kita
oust *(v.)* menyingkirkan
out *(prep.)* melebihi
outage *(n.)* kehabisan stok
outback *(n.)* pedalaman
out-balance *(v.)* melebihi
outbid *(v.)* menawar lebih
outbreak *(n.)* meletus
outburst *(n.)* keterlaluan
outcast *(adj.)* yang dipinggirkan
outcast *(n.)* yang dipinggirkan
outcome *(n.)* hasil

outcry *(adj.)* bantahan kuat
outdated *(adj.)* ketinggalan zaman
outdo *(v.)* mengatasi
outdoor *(adj.)* luar rumah
outer *(adj.)* berkenaan luar
outfit *(v.)* pakaian
outgrow *(v.)* membesar melebihi
outhouse *(n.)* tandas luar
outing *(n.)* bersiar-siar
outlandish *(adj.)* ajaib
outlaw *(v.)* mengharamkan
outlaw *(n.)* penjenayah
outline *(v.)* melakarkan
outline *(n.)* lakar
outlive *(v.)* hidup lama
outlook *(n.)* pandangan
outmoded *(adj.)* kolot
outnumber *(v.)* melebihi
outpatient *(n.)* pesakit luar
outpost *(n.)* kota kara
output *(n.)* keluaran
outrage *(v.)* mengejutkan
outright *(adj.)* serta-merta
outright *(adv.)* terus terang
outrun *(v.)* larian mengatasi
outset *(n.)* permulaan
outshine *(v.)* lebih bersinar
outside *(prep.)* luar daripada
outside *(adj.)* di luar
outsider *(n.)* orang luar
outsize *(adj.)* saiz terbesar
outskirts *(n.pl.)* di pinggir
outspoken *(adj.)* terus terang
outstanding *(adj.)* cemerlang
outward *(adv.)* lahiriah
outward *(adj.)* ke luar
outwardly *(adv.)* pada zahirnya
outwards *(adv.)* ke luar
outweigh *(v.)* lebih berat
outwit *(v.)* mengalahkan
outworld *(n.)* planet luar
ouzo *(n.)* sejenis minuman

oval *(n.)* bujur
oval *(adj.)* bujur
ovary *(n.)* ovari
ovation *(n.)* tepukan sanjungan
oven *(n.)* ketuhar
over *(n.)* di atas
over *(prep.)* tentang
overact *(v.)* membesar-besarkan
overall *(adj.)* keseluruhan
overall *(n.)* keseluruhan
overawe *(v.)* menakut-nakutkan
overboard *(adv.)* berlebihan
overburden *(v.)* lebih membebankan
overcast *(adj.)* mendung
overcharge *(n.)* terlalu mahal
overcoat *(n.)* baju kot
overcome *(v.)* mengatasi
overdo *(v.)* melakukan berlebihan
overdose *(v.)* mengambil berlebihan
overdose *(n.)* terlebih dos
overdraft *(n.)* pengeluaran lebih
overdraw *(v.)* membesar-besarkan
overdue *(adj.)* lewat
overhaul *(n.)* pengubahsuaian
overhaul *(v.)* membaik pulih
overhear *(v.)* terdengar
overjoyed *(adj.)* sangat gembira
overlap *(n.)* pertindihan
overlap *(v.)* bertindih
overleaf *(adv.)* halaman sebelah
overload *(n.)* terlebih muatan
overload *(v.)* terlebih beban
overlook *(v.)* membiarkan
overnight *(adj.)* sepanjang malam
overnight *(adv.)* sepanjang malam

overpower *(v.)* menguasai
overrate *(v.)* terlebih pujian
overrule *(v.)* menolak
overrun *(v.t)* menyerang
oversee *(v.)* menyelia
overseer *(n.)* penyelia
overshadow *(v.)* meneduhi
oversight *(n.)* terlepas pandang
overt *(adj.)* terbuka
overtake *(v.)* memotong
overthrow *(n.)* penggulingan
overthrow *(v.)* menggulingkan
overtime *(n.)* lebih masa
overtime *(adv.)* lebih masa
overture *(n.)* permulaan
overwhelm *(v.)* menguasai
overwork *(n.)* kerja lebih
oviferous *(adj.)* bertelur
ovular *(adj.)* berovari
ovulate *(v.)* mengekluarkan telur
ovum *(n.)* ovulasi
owe *(v.t)* berhutang
owl *(n.)* burung hantu
owlery *(n.)* penetapan pungguk
owly *(adj.)* seperti pungguk
own *(v.)* memiliki
own *(adj.)* kepunyaan sendiri
owner *(n.)* pemilik
ownership *(n.)* pemilikan
ox *(n.)* lembu jantan
oxbird *(n.)* burung kedidi
oxcart *(n.)* kereta lembu
oxidant *(n.)* agen oksida
oxidate *(n.)* teroksida
oxidation *(n.)* pengoksidaan
oxide *(n.)* oksida
oxidization *(n.)* proses pengoksidaan
oxyacid *(n.)* asid beroksigen
oxygen *(n.)* oksigen
oxygenate *(v.)* memasukkan oksigen
oxygenated *(adj.)* dioksigenkan

oxygenation *(n.)* proses pengoksigenan
oyster *(v.)* mengumpulkan tiram
oysterling *(n.)* tiram muda
oysterman *(n.)* pengusaha tiram
ozonate *(v.)* mengozonkan
ozonation *(n.)* menjadikan ozon
ozone *(n.)* ozon
ozone layer *(n.)* lapisan ozon

pace *(v.)* mundar-mandir
pace *(n.)* langkah
pacemaker *(n.)* perentak jantung
pachidermatous *(adj.)* bersifat pakiderma
pachyderm *(n.)* pakiderma
pacific *(adj.)* aman
pacifier *(n.)* puting susu
pacifism *(n.)* pasifisme
pacifist *(n.)* pencinta keamanan
pacify *(v.)* menenangkan
pack *(v.)* membungkus
package *(n.)* bungkusan
packet *(n.)* paket
packing *(n.)* bungkus
pact *(n.)* perjanjian
pad *(v.)* berlapik
pad *(n.)* pelapik
padding *(n.)* lapik
paddle *(n.)* pengayuh
paddle *(v.)* mengayuh
paddy *(n.)* padi
paedologist *(n.)* ahli paedologi
paedology *(n.)* paedologi
paedophiles *(n.)* pedofil

paedophilia *(n.)* pedofilia
paedophiliac *(adj.)* pedofiliak
pagan *(adj.)* jahil
paganism *(n.)* paganisme
paganistic *(adj.)* paganistik
page *(v.)* memanggil
page *(n.)* halaman
pageant *(n.)* pertandingan
pageantry *(n.)* kegemilangan
pagoda *(n.)* pagoda
pail *(n.)* baldi
pain *(v.)* sakit
pain *(n.)* sakit
painful *(adj.)* menyakitkan
painstaking *(adj.)* cermat
paint *(v.)* mengecat
paint *(n.)* cat
painter *(n.)* pelukis
painting *(n.)* lukisan
pair *(v.)* memasangkan
pal *(n.)* kawan
palace *(n.)* istana
palanquin *(n.)* tandu
palatable *(adj.)* lazat
palatal *(adj.)* palatal
palate *(n.)* deria rasa
palatial *(adj.)* palatial
pale *(v.)* menjadi pucat
pale *(n.)* pucat
paleness *(n.)* kepucatan
paleobiolist *(n.)* ahli paleobiologi
paleobiological *(adj.)* paleobiologikal
paleobiology *(n.)* paleobiologi
paleoecologist *(n.)* ahli paleoecologi
paleoecology *(n.)* paleokologi
paleolithic *(n.)* paleolitik
paleontologist *(n.)* ahli paleontologi
paleontology *(n.)* paleontologi
palette *(n.)* palet
palm *(v.)* memegang

palmist *(n.)* tukang tilik
palmistry *(n.)* ilmu menilik
palpable *(adj.)* ketara
palpitate *(v.)* berdebar
palpitation *(n.)* palpitasi
palsy *(n.)* lumpuh
paltry *(adj.)* sukar
pamper *(v.)* memanjakan
pamphlet *(n.)* risalah
pamphleteer *(n.)* penulis risalah
panacea *(n.)* penawar
pandemonium *(n.)* huru-hara
pane *(n.)* kaca tingkap
panegyric *(n.)* pujian
panel *(v.)* panel
panel *(n.)* panel
pang *(n.)* kesedihan
panic *(v.)* panik
panorama *(n.)* panorama
pant *(n.)* cungapan
pant *(v.)* termengah-mengah
pantaloon *(n.)* seluar panjang
pantheism *(n.)* panteisme
pantheist *(n.)* penganut panteisme
panther *(n.)* harimau kumbang
pantomime *(n.)* lakonan bisu
pantry *(n.)* pantri
papacy *(n.)* kuasa paus
papal *(adj.)* berkenaan paus
paper *(n.)* kertas
par *(n.)* sama
parable *(n.)* perumpamaan
parachute *(n.)* payung terjun
parachutist *(n.)* payung terjun
parade *(v.)* berarak
parade *(n.)* perarakan
paradise *(n.)* syurga
paradox *(n.)* paradoks
paradoxical *(adj.)* paradoks
paraffin *(n.)* minyak tanah
paragon *(n.)* sempurna
paragraph *(n.)* perenggan

parallel *(v.)* sama dengan
parallel *(adj.)* selari
parallelism *(n.)* paralelisme
parallelogram *(n.)* segi empat selari
paralyse *(v.)* melumpuhkan
paralysis *(n.)* lumpuh
paralytic *(adj.)* lumpuh
paramount *(n.)* utama
paramour *(n.)* kendak
paraphernalia *(n. pl)* perkakasan
paraphrase *(v.)* menjelaskan
paraphrase *(n.)* penjelasan
parasite *(n.)* parasit
parcel *(v.)* membungkus
parcel *(n.)* bungkusan
parch *(v.)* memanggang
pardon *(n.)* maaf
pardon *(v.)* memaafkan
pardonable *(adj.)* boleh dimaafkan
parent *(n.)* ibu bapa
parentage *(n.)* keturunan
parental *(adj.)* berkenaan ibu bapa
parenthesis *(n.)* sisipan
parish *(n.)* kariah
parity *(n.)* persamaan
park *(v.)* memarkir
parlance *(n.)* gaya bahasa
parley *(v.)* membincangkan
parley *(n.)* perbincangan
parliament *(n.)* parlimen
parliamentarian *(n.)* ahli parlimen
parliamentary *(adj.)* parlimentari
parlour *(n.)* ruang tamu
parody *(v.)* mengajuk
parody *(n.)* parodi
parole *(v.)* parol
parole *(n.)* parol

parricide *(n.)* penglibatan pembunuhan
parrot *(n.)* burung kakak tua
parry *(n.)* elakan
parry *(v.)* menangkis
parsley *(n.)* pasli
parson *(n.)* paderi
part *(v.)* berpisah
part *(n.)* bahagian
partake *(v.)* mengambil bahagian
partial *(adj.)* sebahagian
partiality *(n.)* berat sebelah
participant *(n.)* peserta
participate *(v.)* menyertai
participation *(n.)* penyertaan
particle *(adj.)* partikel
particular *(n.)* maklumat
particular *(adj.)* khusus
particularly *(adv.)* terutamanya
partiotism *(n.)* pertiotisme
partisan *(adj.)* partisan
partisan *(n.)* partisan
partition *(v.)* membahagikan
partition *(n.)* pembahagian
partner *(n.)* rakan kongsi
partnership *(n.)* perkongsian
party *(n.)* parti
pass *(n.)* lulus
pass *(v.)* lalu
passage *(n.)* laluan
passenger *(n.)* penumpang
passion *(n.)* minat
passionate *(adj.)* berminat
passive *(adj.)* pasif
passport *(n.)* pasport
past *(prep.)* perkara lalu
past *(adj.)* lampau
paste *(v.)* menampal
paste *(n.)* pes
pastel *(n.)* pastel
pastime *(n.)* masa lampau
pastoral *(adj.)* pembimbing
pasture *(v.)* meragut rumput
pasture *(n.)* padang ragut
pat *(adv.)* bersesuaian
pat *(v.t.)* tepuk
patch *(n.)* tampung
patch *(v.)* menampung
patent *(v.)* mempatenkan
patent *(adj.)* nyata
paternal *(adj.)* berkenaan bapa
path *(n.)* laluan
pathetic *(adj.)* menyedihkan
pathos *(n.)* belas kasihan
patience *(n.)* kesabaran
patient *(n.)* pesakit
patient *(adj.)* bersabar
patricide *(n.)* pembunuh bapa
patrimony *(n.)* petrimoni
patriot *(n.)* patriot
patriotic *(adj.)* patriotik
patrol *(n.)* rondaan
patrol *(v.)* meronda
patron *(n.)* penaung
patronage *(n.)* naungan
patronize *(v.)* berselindung
pattern *(n.)* corak
paucity *(n.)* kekurangan
pauper *(n.)* papa
pause *(v.)* berhenti sekejap
pause *(n.)* berhenti sekejap
pave *(v.)* menurap
pavement *(n.)* kaki lima
pavilion *(n.)* pavilion
paw *(v.)* mencakar
paw *(n.)* tapak haiwan
pay *(n.)* gaji
pay *(v.)* membayar
payable *(adj.)* mampu bayar
payee *(n.)* pembayar
payment *(n.)* pembayaran
pddge *(n.)* kegemukan
pea *(n.)* kacang pea
peace *(n.)* damai
peaceable *(adj.)* damai
peaceful *(adj.)* aman
peach *(n.)* pic

peacock *(n.)* merak jantan
peahen *(n.)* merak betina
peak *(n.)* puncak
pear *(n.)* pir
pearl *(n.)* mutiara
peasant *(n.)* petani
peasantry *(n.)* golongan petani
pebble *(n.)* batu kerikil
peck *(v.)* mematuk
peck *(n.)* patuk
peculiar *(adj.)* aneh
peculiarity *(n.)* keanehan
pecuniary *(adj.)* kewangan
pedagogue *(n.)* guru tegas
pedagogy *(n.)* pedagogi
pedal *(v.)* mengayuh
pedant *(n.)* pedant
pedantic *(n.)* mementingkan perincian
pedantry *(n.)* pedantri
pedestal *(n.)* kekaki
pedestrian *(n.)* pejalan kaki
pedigree *(n.)* salasilah
peel *(n.)* kulit
peel *(v.)* mengupas
peep *(n.)* mengintip
peep *(v.)* mengintai
peer *(n.)* rakan sebaya
peerless *(adj.)* tidak berkesudahan
peg *(v.)* menyepit
peg *(n.)* penyepit
pelf *(n.)* wang harum
pell-mell *(adv.)* keliru
pen *(v.)* mengurung
pen *(n.)* pen
penal *(adj.)* penal
penalize *(v.)* menghukum
penalty *(n.)* hukuman
pencil *(v.)* menulis
pencil *(n.)* pensel
pending *(adj.)* menanti
pendulum *(n.)* bandul
penetrate *(v.)* menembusi

penetration *(n.)* tusukan
penis *(n.)* zakar
penniless *(adj.)* papa kedana
penny *(n.)* peni
pension *(v.)* pencen
pension *(n.)* pencen
pensioner *(n.)* pesara
pensive *(adj.)* termenung
pentagon *(n.)* pentagon
peon *(n.)* peon
people *(v.)* mendiami
people *(n.)* orang
pepper *(v.)* menubi
per *(prep.)* setiap
per cent *(adv.)* peratus
perambulator *(n.)* kereta sorong bayi
perceive *(v.)* melihat
percentage *(n.)* peratusan
perceptible *(adj.)* dimengertikan
perception *(n.)* tanggapan
perceptive *(adj.)* persepsi
perch *(v.)* bertenggek
perch *(n.)* tempat bertenggek
perennial *(n.)* bertahan lama
perennial *(adj.)* bertahan
perfect *(v.)* menyempurnakan
perfection *(n.)* kesempurnaan
perfidy *(n.)* pengkhianatan
perforate *(v.)* menebuk
perforce *(adv.)* terpaksa
perform *(v.)* mempersembahkan
performance *(n.)* persembahan
performer *(n.)* pelakon
perfume *(v.)* mewangikan
perhaps *(adv.)* mungkin
peril *(v.)* bahaya
peril *(n.)* bahaya
perilous *(adj.)* berbahaya
period *(n.)* tempoh masa
periodical *(adj.)* kala
periodical *(n.)* berkala
periphery *(n.)* pinggir

perish *(v.)* musnah
perishable *(adj.)* mudah rosak
perjure *(v.)* bersumpah bohong
perjury *(n.)* sumpah bohong
permanence *(n.)* kekal
permanent *(adj.)* kekal
permissible *(adj.)* yang dibenarkan
permission *(n.)* kebenaran
permit *(n.)* permit
permutation *(n.)* permutasi
pernicious *(adj.)* rosak
perpendicular *(n.)* garis tegak
perpetual *(adj.)* kekal
perpetuate *(v.)* mengekalkan
perplex *(v.)* membingungkan
perplexity *(n.)* kebingungan
persecute *(v.)* menganiaya
persecution *(n.)* penganiayaan
perseverance *(n.)* ketabahan
persevere *(v.)* tabah
persist *(n.)* berterusan
persistence *(n.)* kegigihan
persistent *(adj.)* gigih
person *(n.)* orang
personage *(n.)* berpangkat
personal *(adj.)* peribadi
personality *(n.)* keperibadian
personification *(n.)* personifikasi
personify *(v.)* peribadi
personnel *(n.)* kakitangan
perspective *(n.)* pandangan
perspiration *(n.)* peluh
perspire *(v.)* berpeluh
persuade *(v.)* memujuk
persuasion *(n.)* pujukan
pertain *(v.)* berkaitan dengan
pertinent *(adj.)* penting
perturb *(v.)* mengganggu fikiran
perusal *(n.)* pembacaan teliti
peruse *(v.)* meneliti
pervade *(v.)* meresap
perverse *(adj.)* degil

perversion *(n.)* menyimpang
perversity *(n.)* kejahatan
pervert *(v.)* penyumbahleweng
pessimism *(n.)* sikap pesimis
pessimist *(n.)* pesimis
pessimistic *(adj.)* pesimis
pest *(n.)* serangga perosak
pesticide *(n.)* racun serangga
pestilence *(n.)* wabak
pet *(v.)* membelai
pet *(n.)* haiwan peliharaan
petal *(n.)* kelopak
petition *(v.)* petisyen
petition *(n.)* petisyen
petitioner *(n.)* penyampai petisyen
petrol *(n.)* minyak benzin
petroleum *(n.)* petroleum
petticoat *(n.)* kain dalam
petty *(adj.)* kecil
petulance *(n.)* kebengisan
petulant *(adj.)* bengis
phagic *(adj.)* fagik
phalange *(n.)* falanks
phalanx *(n.)* falanks
phallic *(adj.)* falik
phallus *(n.)* falus
phantasmagoria *(n.)* fantasmagoria
phantasmal *(adj.)* fantasmal
phantom *(n.)* hantu
pharmaceutic *(adj.)* farmasi
pharmaceutical *(adj.)* farmaseutikal
pharmaceutist *(n.)* ahli farmasi
pharmacist *(n.)* ahli farmasi
pharmacy *(n.)* farmasi
phase *(n.)* fasa
phenomenal *(adj.)* luar biasa
phenomenon *(n.)* fenomena
phial *(n.)* botol kecil
philalethist *(n.)* pengumpul setem
philander *(v.)* berfoya-foya

philanderer *(n.)* kaki perempuan
philandry *(n.)* filandri
philanthropy *(n.)* filantropi
philological *(adj.)* dermawan
philologist *(n.)* ahli filologi
philology *(n.)* filologi
philosopher *(n.)* ahli falsafah
philosophical *(adj.)* berfalsafah
philosophy *(n.)* falsafah
phone *(n.)* telefon
phonetic *(adj.)* fonetik
phonetics *(n.)* fonetik
phosphate *(n.)* fostat
phosphorus *(n.)* fosforus
photo *(n.)* gambar
photograph *(n.)* gambar
photograph *(v.)* mengambil gambar
photographer *(n.)* jurugambar
photographic *(adj.)* berkaitan fotografi
photography *(n.)* fotografi
phrase *(v.)* mengungkapkan
phrase *(n.)* frasa
phraseology *(n.)* frasa
physic *(v.)* fizik
physic *(n.)* fizik
physical *(adj.)* jasmani
physician *(n.)* doktor
physicist *(n.)* ahli fizik
physics *(n.)* fizik
physiognomy *(n.)* fisiogomi
physique *(n.)* susuk badan
pianist *(n.)* pemain piano
piano *(n.)* piano
pick *(n.)* pilihan
pick *(v.)* memilih
picket *(v.)* piket
picket *(n.)* piket
pickle *(v.)* menjerukkan
pickle *(n.)* jeruk
picnic *(v.)* berkelah
picnic *(n.)* perkelahan

pictorial *(adj.)* bergambar
picture *(v.)* membayangkan
picture *(n.)* gambar
picturesque *(adj.)* indah
piece *(v.)* kepingan
pierce *(v.)* menembusi
piercing *(adj.)* bunyi nyaring
piety *(n.)* bertakwa
pig *(n.)* babi
pigeon *(n.)* merpati
pigmy *(n.)* suku pigmi
pile *(v.)* menimbunkan
pile *(n.)* timbunan
piles *(n.)* buasir
pilfer *(v.)* mencuri
pilgrim *(n.)* jemaah
pilgrimage *(n.)* haji
pill *(n.)* pil
pillar *(n.)* tiang
pillow *(v.)* berbantalkan
pillow *(n.)* bantal
pilot *(v.)* mengemudi
pilot *(n.)* juruterbang
pimple *(n.)* jerawat
pin *(v.)* pin
pin *(n.)* peniti
pinch *(v.)* berjimat cermat
pinch *(v.)* mencubit
pine *(v.)* pain
pine *(n.)* pain
pineapple *(n.)* nanas
pink *(adj.)* merah muda
pink *(n.)* merah jambu
pinkish *(adj.)* merah jambu
pinnacle *(n.)* puncak
pioneer *(v.)* perintis
pioneer *(n.)* peneroka
pious *(adj.)* warak
pipe *(v.)* memaip
piquant *(adj.)* galak
piracy *(n.)* cetak rompak
pirate *(v.)* mencetak rompak
pirate *(n.)* lanun
pistol *(n.)* pistol

piston *(n.)* omboh
pit *(v.)* membuat lubang
pit *(n.)* lubang besar
pitch *(v.)* menetap nada
pitcher *(n.)* pembaling
piteous *(adj.)* sayu
pitfall *(n.)* perangkap
pitiable *(adj.)* menyedihkan
pitiful *(adj.)* kasihan
pitiless *(adj.)* tidak bersalah
pitman *(n.)* pelombong
pittance *(n.)* pendapatan rendah
pity *(v.)* berasa kasihan
pity *(n.)* kasihan
pivot *(v.)* berputar
pixel *(n.)* piksel
pixelate *(v.)* pikselasi
pizza *(n.)* piza
pizzeria *(n.)* restoran piza
placable *(adj.)* boleh diletakkan
placate *(v.)* meneteramkan
placative *(adj.)* tenang
placatory *(adj.)* sabar
place *(v.)* meletakkan
place *(n.)* tempat
placebic *(adj.)* plasebik
placebo *(n.)* plasebo
placement *(n.)* penempatan
placenta *(n.)* uri
placid *(adj.)* tenang
plague *(v.)* wabak
plague *(adj.)* rebakan
plain *(n.)* dataran
plaintiff *(n.)* plaintif
plan *(v.)* merancang
plan *(n.)* rancangan
plane *(n.)* satah
plane *(n.)* satah
planet *(n.)* planet
planetary *(adj.)* berkenaan planet
plank *(v.)* menghempas
plank *(n.)* papan

plant *(v.)* menanam
plantain *(n.)* sejenis pisang
plantation *(n.)* ladang
plaster *(v.)* menampal
plaster *(n.)* plaster
plastic *(adj.)* plastik
plate *(v.)* menyadur
plateau *(n.)* dataran tinggi
platform *(n.)* pentas
platinum *(adj.)* platinum
platonic *(adj.)* platonik
platoon *(n.)* platun
play *(v.)* bermain
play *(n.)* permainan
playback *(n.)* rakaman
playcard *(n.)* kad permainan
playdate *(n.)* rakan permainan
player *(n.)* pemain
playfield *(n.)* padang permainan
playful *(adj.)* suka bermain
playground *(n.)* padang permainan
playhouse *(n.)* rumah permainan
plea *(n.)* rayuan
plead *(v.)* merayu
pleader *(n.)* peguam rayuan
pleasant *(adj.)* menyenangkan
pleasantry *(n.)* kesenangan
please *(adv.)* sila
pleasure *(n.)* kenikmatan
plebiscite *(n.)* plebisit
pledge *(v.)* bersumpah
pledge *(n.)* ikrar
plenty *(n.)* banyak
plight *(n.)* nasib
plod *(v.)* plod
plot *(v.)* merancang
plot *(n.)* plot
plough *(v.)* membajak
plough *(n.)* bajak
ploughman *(n.)* pembajak
pluck *(n.)* keberanian
pluck *(v.)* memetik

plug *(v.)* menyumbat
plug *(n.)* palam
plum *(n.)* plum
plumber *(n.)* tukang paip
plunder *(n.)* rompakan
plunder *(v.)* merompak
plunge *(n.)* pelocok
plunge *(v.)* terjun
plural *(adj.)* majmuk
plurality *(n.)* kemajmukan
plus *(adj.)* lebih
plus *(n.)* kelebihan
plush *(n.)* sejenis kain
plutocrat *(adj.)* plutokrat
plutonic *(adj.)* plutonik
plutonium *(n.)* plutonium
pluvial *(n.)* kehujanan
pluviometer *(n.)* pluviometer
ply *(n.)* bersungguh-sungguh
ply *(v.)* ulang alik
plyer *(n.)* playar
plywood *(n.)* papan lapis
pneudraulics *(n.)* pneudraulik
pneuma *(n.)* pneuma
pneumatic *(adj.)* pneumatik
pneumatological *(adj.)* pneumatologikal
pneumatology *(n.)* pneumatologi
pneumogastric *(adj.)* pneumogastrik
pneumology *(n.)* pneumologi
pneumonia *(n.)* radang paru-paru
pneumoniac *(n.)* pneumonia
pneumonic *(adj.)* pneumonik
pneumotherapy *(n.)* pneumoterapi
poach *(v.)* memburu haram
poached *(adj.)* rebus
poacher *(n.)* pemburu haram
pocket *(v.)* menyimpan
pocket *(n.)* poket
pod *(v.)* pod

podcast *(v.)* siar
podcaster *(n.)* penyiar
podgy *(adj.)* gemuk
podiatric *(adj.)* podiatrik
podiatrist *(n.)* ahli podiatrik
podium *(v.)* menaiki
poem *(n.)* sajak
poesy *(n.)* puisi
poet *(n.)* penyajak
poetaster *(n.)* penyair
poetess *(n.)* penyajak wanita
poetic *(adj.)* puitis
poetics *(n.)* puisi
poetry *(n.)* puisi
poignacy *(n.)* kepenatan
poignant *(adj.)* penat
point *(v.t.)* tuju
pointblank *(adv.)* jarak dekat
pointed *(adj.)* tajam
pointedly *(adv.)* tegas
pointedness *(n)* ketegasan
pointerless *(adj.)* tak berguna
pointful *(adj.)* tepat
pointillism *(n.)* pointilisme
pointillist *(n.)* pointilis
pointless *(adj.)* sia-sia
pointwork *(n.)* kerja trek
poise *(n.)* tenang
poise *(v.)* menenangkan
poison *(v.)* meracun
poison *(n.)* racun
poisonous *(adj.)* beracun
poke *(n.)* ganggu
poke *(v.)* cucuk
poker *(n.)* penyucuk
polar *(adj.)* kutub
polarazing *(adj.)* kutub
polarity *(n.)* kekutuban
polarize *(v.)* dikutubkan
polaroid *(n.)* polaroid
polary *(adj.)* polaroid
pole *(n.)* kutub
pole dancer *(n.)* penari tiang
polearm *(n.)* lengan tiang

polecat *(n.)* polkat
polemic *(n.)* wabak
polenta *(n.)* polenta
police *(v.)* mengawasi
police beat *(n.)* kawasan polis
policeboat *(n.)* bot polis
policeless *(adj.)* tiada polis
policeman *(n.)* polis lelaki
policy *(n.)* polisi
polish *(n.)* berkilat
polish *(v.)* menggilap
polite *(adj.)* sopan
politeness *(n.)* kesopanan
politic *(adj.)* politik
political *(adj.)* berkaitan politik
politician *(n.)* ahli politik
politics *(n.)* politik
polity *(n.)* politik
poll *(v.)* undi
poll *(n.)* pilihan raya
pollen *(n.)* debunga
pollute *(v.)* mencemarkan
pollution *(n.)* pencemaran
polo *(n.)* polo
polyacetylene *(n.)* poliacetilene
polyander *(n.)* poliander
polyandrianism *(n.)* poliandrianisme
polyandry *(n.)* poliandri
polybutene *(n.)* polibutene
polybutylene *(n.)* polibutilene
polycarbonate *(n.)* polikarbonat
polycentric *(adj.)* polisentrik
polycentrism *(n.)* polisentrisme
polychrome *(adj.)* polikrom
polycracy *(n.)* polikrasi
polyene *(n.)* poline
polyform *(n.)* polifom
polygamous *(adj.)* berkenaan poligami
polygamy *(n.)* poligami
polyglot *(adj.)* poliglot
polyloquent *(adj.)* polilokuan
polymath *(n.)* serba tahu

polymer *(n.)* polimer
polymerize *(v.)* pempolimeran
polymetallic *(adj.)* polimetalik
polymethine *(n.)* polimetin
polymethylene *(n.)* polimetilin
polymicrobial *(adj.)* polimikrobial
polymiotic *(adj.)* polimiotik
polymolecular *(adj.)* polimolekular
polymorph *(n.)* polimof
polymorphic *(adj.)* polimorfik
polymorphism *(n.)* polimorfisme
polymorphosis *(n.)* polimorfosis
polynucleate *(adj.)* polinukleat
polypharmacal *(adj.)* polifarmakal
polypropylene *(n.)* polipropilin
polyprotein *(n.)* poliprotin
polysemia *(n.)* polisimia
polytechnic *(n.)* politeknik
polytheism *(n.)* politisme
polytheist *(n.)* politist
polytheistic *(adj.)* politistik
pomp *(n.)* kegemilangan
pomposity *(n.)* keangkuhan
pompous *(adj.)* angkuh
pond *(n.)* kolam
ponder *(v.)* mempertimbangkan
pony *(n.)* anak kuda
poor *(adj.)* miskin
pop *(n.)* pop
pope *(n.)* Paus
poplar *(n.)* sejenis pokok
poplin *(n.)* kain poplin
populace *(n.)* orang awam
popular *(adj.)* popular
popularity *(n.)* populariti
popularize *(v.)* mempopularkan
populate *(v.)* mendiami
population *(n.)* penduduk
populous *(adj.)* ramai penduduk

porcelain *(n.)* porcelin
porch *(n.)* anjung
pore *(n.)* liang roma
pork *(n.)* daging babi
porridge *(n.)* bubur
port *(n.)* pelabuhan
portable *(adj.)* mudah alih
portage *(n.)* bot pembawa
portal *(n.)* portal
portend *(v.)* meramal
porter *(n.)* pengangkat barang
portfolio *(n.)* portfolio
portico *(n.)* anjung
portion *(v.)* membahagikan
portrait *(n.)* potret
portraiture *(n.)* potret
portray *(v.)* melukis
portrayal *(n.)* gambaran
pose *(n.)* gaya
position *(v.)* menempatkan
positive *(adj.)* positif
possess *(v.)* memiliki
possession *(n.)* kepunyaan
possibility *(n.)* kemungkinan
possible *(adj.)* mungkin
post *(adv.)* masa
postage *(n.)* bayaran pos
postal *(adj.)* berkaitan pos
post-date *(v.)* sehingga kini
poster *(n.)* poster
posterity *(n.)* generasi seterusnya
posthumous *(adj.)* selepas kematian
postman *(n.)* posmen
postmaster *(n.)* ketua pejabat pos
post-mortem *(n.)* bedah siasat
post-office *(n.)* pejabat pos
postpone *(v.)* menangguhkan
postponement *(n.)* penangguhan
postscript *(n.)* catatan tambahan

posture *(n.)* postur
pot *(v.)* melilit
potash *(n.)* kalium karbonat
potassium *(n.)* kalium
potato *(n.)* kentang
potency *(n.)* keberkesanan
potent *(adj.)* berupaya
potential *(n.)* potensi
potential *(adj.)* berpotensi
potentiality *(n.)* berpotensi
potter *(n.)* tukang tembikar
pottery *(n.)* tembikar
pouch *(n.)* uncang
poultry *(n.)* tenusu
pounce *(n.)* menerkam
pounce *(v.)* menerkam
pound *(n.)* matawang
pound *(v.)* tumbuk
pour *(v.)* menuang
poverty *(n.)* kemiskinan
powder *(v.)* menyapu bedak
powder *(n.)* bedak
power *(n.)* kuasa
powerful *(adj.)* sangat berkuasa
practicability *(n.)* kebolehgunaan
practicable *(adj.)* boleh diamalkan
practical *(adj.)* praktikal
practically *(adv.)* secara praktikal
practice *(n.)* amalan
practise *(v.)* mengamalkan
practitioner *(n.)* pengamal
pragmatic *(adj.)* pragmatiik
pragmatism *(n.)* pragmatisme
praise *(v.)* memuji
praiseworthy *(adj.)* patut dipuji
pram *(n.)* pram
prank *(n.)* gurauan
prattle *(n.)* celoteh
pray *(v.)* berdoa
prayer *(n.)* sembahyang
preach *(v.)* berkhutbah

preacher *(n.)* pengkhutbah
preamble *(n.)* mukadimah
precaution *(n.)* langkah berjaga
precautionary *(adj.)* keutamaan
precede *(v.)* mendahului
precedence *(n.)* mendahului
precedent *(n.)* tertib
precept *(n.)* arahan
preceptor *(n.)* preseptor
precious *(adj.)* bernilai
precis *(n.)* ringkasan
precise *(n.)* tepat
precision *(n.)* ketepatan
preclude *(v.)* menghalang
precursor *(n.)* anak panah
predecessor *(n.)* pendahulu
predestination *(n.)* takdir
predetermine *(v.)* diramalkan
predicament *(n.)* kesusahan
predicate *(n.)* predikat
predict *(v.)* meramalkan
prediction *(n.)* ramalan
predominance *(n.)* kekuasaan
predominant *(adj.)* lebih berpengaruh
predominate *(v.)* mendominasi
pre-eminence *(n.)* pra-keunggulan
pre-eminent *(adj.)* pra-terkemuka
preemptive *(adj.)* pembelian
preen *(v.)* membersihkan
preexistence *(n.)* telah wujud
preface *(v.)* kata pengantar
prefect *(n.)* pengawas
prefer *(v.)* memilih
preference *(n.)* pilihan utama
preferential *(adj.)* keutamaan
prefix *(v.)* diawalkan
pregnancy *(n.)* kehamilan
pregnant *(adj.)* hamil
prehistoric *(adj.)* prasejarah
prejudice *(n.)* prasangka
prelate *(n.)* paderi*

preliminary *(n.)* langkah awal
prelude *(v.)* mula
premarital *(adj.)* sebelum berkahwin
premature *(adj.)* pramatang
premeditate *(v.)* pra-meditasi
premeditation *(n.)* pra-meditasi
premier *(n.)* perdana menteri
premiere *(n.)* tayangan perdana
premium *(n.)* premium
premonition *(n.)* petanda
preoccupation *(n.)* disibukkan
preoccupy *(v.)* sibuk
preparation *(n.)* persiapan
preparatory *(adj.)* persediaan
prepare *(v.)* menyediakan
preponderance *(n.)* lebihan
preponderate *(v.)* berpengaruh
preposition *(n.)* preposisi
prerequisite *(n.)* prasyarat
prerogative *(n.)* prerogatif
prescience *(n.)* ramalan
prescribe *(v.)* menjelaskan
prescription *(n.)* preskripsi
presence *(n.)* kehadiran
present *(v.)* menyampaikan
presentation *(n.)* persembahan
presently *(adv.)* masa kini
preservation *(n.)* pemeliharaan
preservative *(adj.)* pengawet
preserve *(n.)* memelihara
preside *(v.)* pengerusi
president *(n.)* presiden
presidential *(adj.)* berkenaan presiden
press *(n.)* wartawan
pressure *(n.)* tekanan
pressurize *(v.)* mendesak
prestige *(n.)* prestij
prestigious *(adj.)* berprestij
presume *(v.)* menganggap
presumption *(n.)* andaian
presuppose *(v.)* mengandaikan

presupposition *(n.)* prasangka
pretence *(n.)* kepura-puraan
pretend *(v.)* berpura-pura
pretension *(n.)* berpura-pura
pretentious *(adj.)* kepuraan
pretext *(n.)* dalih
prettiness *(n.)* kecantikan
pretty *(adv.)* agak
prevail *(v.)* diguna pakai
prevalence *(n.)* tersebar luas
prevalent *(adj.)* tersebar luas
prevent *(v.)* mencegah
prevention *(n.)* pencegahan
preventive *(adj.)* pencegahan
previous *(adj.)* terdahulu
prey *(v.)* mangsa
price *(v.)* mengenakan harga
prick *(v.)* cucuk
prick *(n.)* duri
pride *(v.)* bangga
priest *(n.)* paderi
priestess *(n.)* paderi wanita
priesthood *(n.)* imamat
prima facie *(adv.)* prima fasi
primarily *(adv.)* terutama
primary *(adj.)* utama
prime *(n.)* perdana
primer *(n.)* cat asas
primeval *(adj.)* purbakala
primitive *(adj.)* primitif
prince *(n.)* putera
princely *(adj.)* berkenaan putera
princess *(n.)* puteri
principal *(adj.)* utama
principle *(n.)* prinsip
print *(n.)* cetakan
printer *(n.)* pencetak
prior *(n.)* sebelum
prioress *(n.)* terlebih dahulu
priority *(n.)* keutamaan
prison *(n.)* penjara
prisoner *(n.)* banduan
privacy *(n.)* privasi

private *(adj.)* persendirian
privation *(n.)* kekurangan
privilege *(n.)* keistimewaan
prize *(v.)* menghargai
probability *(n.)* kemungkinan
probable *(adj.)* kemungkinan
probably *(adv.)* mungkin
probation *(n.)* tempoh percubaan
probationer *(n.)* percubaan
probe *(n.)* siasatan
problem *(n.)* masalah
problematic *(adj.)* bermasalah
procedure *(n.)* prosedur
proceed *(v.)* meneruskan
proceeding *(n.)* tindakan mahkamah
proceeds *(n.)* keuntungan
process *(n.)* proses
procession *(n.)* perarakan
proclaim *(v.)* mengumumkan
proclamation *(n.)* pengumuman
proclivity *(n.)* kecenderungan
procrastinate *(v.)* bertangguh
procrastination *(n.)* berlengah
proctor *(v.)* mendisiplinkan
procure *(v.)* mendapatkan
procurement *(n.)* perolehan
prodigal *(adj.)* boros
prodigality *(n.)* pembaziran
produce *(n.)* hasil
product *(n.)* keluaran
production *(n.)* pengeluaran
productive *(adj.)* produktif
productivity *(n.)* produktiviti
profane *(v.)* mengotorkan
profane *(adj.)* kotor
profess *(v.)* mendakwa
profession *(n.)* kerjaya
professional *(adj.)* profesional
professor *(n.)* profesor
proficiency *(n.)* kemahiran
proficient *(adj.)* mahir

profile *(v.)* pemprofilan
profit *(v.)* untung
profitable *(adj.)* menguntungkan
profiteer *(v.)* amalan
profligacy *(n.)* profligasi
profligate *(adj.)* berlebihan
profound *(adj.)* mendalam
profundity *(n.)* kedalaman
profuse *(adj.)* berlimpah
profusion *(n.)* kelimpahan
progeny *(n.)* keturunan
programme *(v.)* merencanakan
progress *(v.)* maju
progressive *(adj.)* maju
prohibit *(v.)* melarang
prohibition *(n.)* larangan
prohibitive *(adj.)* larangan
prohibitory *(adj.)* larang
project *(v.)* projek
projectile *(adj.)* melaraskan
projection *(n.)* unjuran
projector *(n.)* projektor
proliferate *(v.)* membiak
proliferation *(n.)* pembiakan
prolific *(adj.)* prolifik
prologue *(n.)* prolog
prolong *(v.)* memanjangkan
prolongation *(n.)* dipanjangkan
prominence *(n.)* perihal menonjol
prominent *(adj.)* menonjol
promise *(v.)* berjanji
promise *(n.)* janji
promising *(adj.)* mempunyai harapan
promissory *(adj.)* promisori
promote *(v.)* menaikkan pangkat
promotion *(n.)* kenaikan pangkat
prompt *(v.)* segera
prompter *(n.)* disegerakan
prone *(adj.)* cenderung

pronoun *(n.)* kata ganti nama
pronounce *(v.)* menyebut
pronunciation *(n.)* sebutan
proof *(adj.)* kalis
prop *(v.)* menopang
propaganda *(n.)* propaganda
propagandist *(n.)* propagandis
propagate *(v.)* menyebarkan
propagation *(n.)* penyebaran
propel *(v.)* mendorong
proper *(adj.)* sesuai
property *(n.)* kepunyaan
prophecy *(n.)* ramalan
prophesy *(v.)* meramal
prophet *(n.)* nabi
prophetic *(adj.)* berkenaan nabi
proportion *(v.)* kadaran
proportional *(adj.)* kadar
proportionate *(adj.)* seimbang
proposal *(n.)* cadangan
propose *(v.)* mencadangkan
proposition *(n.)* cadangan
propound *(v.)* mengajukan
proprietary *(adj.)* proprietari
proprietor *(n.)* pemilik
propriety *(n.)* sopan
prorogue *(v.)* prorog
prosaic *(adj.)* hambar
prose *(n.)* prosa
prosecute *(v.)* mendakwa
prosecution *(n.)* pendakwaan
prosecutor *(n.)* pendakwa
prosody *(n.)* prosodi
prospect *(n.)* prospek
prospective *(adj.)* prospektif
prospectus *(n.)* prospektus
prosper *(v.)* makmur
prosperity *(n.)* kemakmuran
prosperous *(adj.)* makmur
prostitute *(v.)* pelacur
prostitution *(n.)* pelacuran
prostrate *(v.)* meniarap
prostration *(n.)* sujud
protagonist *(n.)* watak utama

protect *(v.)* melindungi
protection *(n.)* perlindungan
protective *(adj.)* perlindungan
protector *(n.)* pelindung
protein *(n.)* protein
protest *(v.)* membantah
protestation *(n.)* bantahan
prototype *(n.)* prototaip
proud *(adj.)* bangga
prove *(v.)* membuktikan
proverb *(n.)* pepatah
proverbial *(adj.)* seperti pepatah
provide *(v.)* menyediakan
providence *(n.)* takdir
provident *(adj.)* berjimat cermat
providential *(adj.)* bersekongkol
province *(n.)* wilayah
provincial *(adj.)* wilayah
provincialism *(n.)* provinsialisme
provision *(n.)* peruntukan
provisional *(adj.)* sementara
proviso *(n.)* proviso
provocation *(n.)* provokasi
provocative *(adj.)* provoaktif
provoke *(v.)* provokasi
prowess *(n.)* kepakaran
proximate *(adj.)* dekat
proximity *(n.)* berdekatan
proxy *(n.)* proksi
prude *(n.)* kesopanan
prudence *(n.)* hemah
prudent *(adj.)* berhemah
prudential *(adj.)* prudensi
prune *(v.)* memangkas
pry *(v.)* menyibuk
psalm *(n.)* makmur
pseudonym *(n.)* nama samaran
psyche *(n.)* jiwa
psychiatrist *(n.)* pakar psikiatri
psychiatry *(n.)* psikiatri

psychic *(adj.)* psikik
psychological *(adj.)* berkenaan psikologi
psychologist *(n.)* pakar psikologi
psychology *(n.)* psikologi
psychopath *(n.)* psikopat
psychosis *(n.)* psikosis
psychotherapy *(n.)* psikoterapi
puberty *(n.)* baligh
public *(n.)* orang awan
publication *(n.)* orang awan
publicity *(n.)* publisiti
publicize *(v.)* mengiklankan
publish *(v.)* menerbitkan
publisher *(n.)* penerbit
pudding *(n.)* puding
puddle *(v.)* lopak air
puerile *(adj.)* keanak-anakan
puff *(v.)* menghembuskan
pull *(n.)* tarikan
pulley *(n.)* takal
pullover *(n.)* berhenti
pulp *(v.)* melenyek
pulpit *(adj.)* mimbar
pulpy *(adj.)* lembik
pulsate *(v.)* berdenyut
pulsation *(n.)* denyutan
pulse *(v.)* berdenyut
pump *(v.)* mengepam
pumpkin *(n.)* labu
pun *(v.)* melawak
punch *(v.)* menumbuk
punctual *(adj.)* tepat
punctuality *(n.)* ketepatan
punctuate *(v.)* tanda baca
punctuation *(n.)* tanda baca
puncture *(v.)* menebuk lubang
pungency *(n.)* kesakitan
pungent *(adj.)* pedar
punish *(v.)* menghukum
punishment *(n.)* hukuman
punitive *(adj.)* menghukum
puny *(adj.)* lemah

pupil *(n.)* murid
puppet *(n.)* boneka
puppy *(n.)* anak anjing
purblind *(n.)* buta hati
purchase *(v.)* membeli
purchase *(n.)* pembelian
pure *(a)* tulen
purgation *(n.)* purgasi
purgative *(adj.)* purgatif
purgatory *(n.)* purgatori
purge *(v.)* pembersihan
purification *(n.)* pembersihan
purify *(v.)* membersihkan
purist *(n.)* tulus
puritan *(n.)* ahli protestan
puritanical *(adj.)* keupacaraan
purity *(n.)* kesucian
purple *(adj./n.)* ungu
purport *(v.)* bermaksud
purpose *(v.)* bertujuan
purposely *(adv.)* sengaja
purr *(v.)* berdengkur
purse *(v.)* dompet
purse *(n.)* dompet
pursuance *(n.)* tamat
pursue *(v.)* mengejar
pursuit *(n.)* perbuatan mengejar
purview *(n.)* keluasan
pus *(n.)* nanah
push *(n.)* tolak
put *(n.)* letak
puzzle *(v.)* membingungkan
pygmy *(n.)* pigmi
pyorrhoea *(n.)* pyorrhea
pyramid *(n.)* piramid
pyre *(n.)* timbunan kayu
pyromantic *(n.)* piromantik
python *(n.)* ular sawa

quack *(n.)* kuek
quack *(v.)* menguek
quackery *(n.)* penyamaran
quadrangle *(n.)* segi empat
quadrangular *(adj.)* bersegi empat
quadrilateral *(adj.)* sisi empat
quadruped *(n.)* binatang berkaki empat
quadruple *(v.)* berganda empat
quail *(n.)* puyuh
quaint *(adj.)* aneh menarik
quake *(n.)* gempa
quake *(v.)* bergegar
qualification *(n.)* kelayakan
qualify *(v.)* layak
qualitative *(adj.)* kualitatif
quality *(n.)* kualiti
quandary *(n.)* kebingungan
quantitative *(adj.)* kuantitatif
quantity *(n.)* kuantiti
quantum *(n.)* sekumit
quarrel *(v.)* berkelahi
quarrel *(n.)* perkelahian
quarrelsome *(adj.)* suka berkelahi
quarry *(v.)* menguari
quarry *(n.)* buruan
quarter *(v.)* ditempatkan
quarter *(n.)* suku
quarterly *(adj.)* secara bersuku
queen *(n.)* permaisuri
queer *(n.)* lelaki homoseksual
quell *(v.)* mematahkan
quench *(v.)* memadamkan
query *(v.)* bertanya
query *(n.)* pertanyaan
quest *(v.t.)* mencari
question *(v.)* menyoal
question *(n.)* soalan

questionable *(adj.)* dipersoalkan
questionnaire *(n.)* soal selidik
queue *(v.)* berbaris
quibble *(v.)* merungut
quibble *(n.)* rungutan
quick *(n.)* isi kuku
quick *(adj.)* cepat
quicksand *(n.)* pasir jerlus
quicksilver *(n.)* merkuri
quiet *(v.t.)* menjadi senyap
quilt *(n.)* kuilt
quinine *(n.)* kuinina
quintessence *(n.)* contoh unggul
quit *(v.)* berhenti
quite *(adv.)* agak
quiver *(v.)* bergetar
quiver *(n.)* getaran
quixotic *(adj.)* romantik melulu
quiz *(v.)* bertanya
quiz *(n.)* kuiz
quorum *(n.)* korum
quota *(n.)* kuota
quotation *(n.)* petikan
quote *(v.)* memetik
quotient *(n.)* hasil bahagi

R

rabbi *(n.)* rabai
rabbit *(n.)* arnab
rabble *(n.)* gerombolan
rabies *(n.)* penyakit anjing gila
race *(v.)* berlumba
race *(n.)* perlumbaan
racial *(adj.)* berkaitan bangsa
racialism *(n.)* kaum
racism *(n.)* perkauman
racist *(adj.)* bersifat perkauman
rack *(n.)* rak
rack *(v.)* rak

racket *(n.)* raket
radiance *(n.)* berseri-seri
radiant *(adj.)* bersinar
radiate *(v.)* memancarkan
radiation *(n.)* radiasi
radical *(adj.)* radikal
radio *(v.)* radio
radiogram *(n.)* radiogram
radiography *(n.)* radiografi
radiolocation *(n.)* radiolokasi
radiology *(n.)* radiologi
radiomercury *(n.)* radiomerkuri
radiommunology *(n.)* radiomunologi
radion *(n.)* radion
radiophone *(n.)* radiofon
radioscan *(n.)* penskan radio
radiotelegraphy *(n.)* radiotelegrafi
radious *(adj.)* radius
radish *(n.)* lobak putih
radium *(n.)* radium
radius *(n.)* jejari
rag *(v.)* kain
rag *(n.)* kain buruk
rage *(v.)* kemarahan
rage *(n.)* kemarahan
raid *(v.)* menyerang
raid *(n.)* serangan
rail *(v.)* rel
rail *(n.)* landasan
railing *(n.)* pagar
raillery *(n.)* ejekan
railway *(n.)* landasan kereta api
rain *(n.)* hujan
rain *(v.)* menghujani
rainy *(adj.)* berkenaan hujan
raise *(v.)* mengangkat
raisin *(n.)* kismis
rally *(n.)* perhimpunan
rally *(v.)* berhimpun
ram *(v.)* menghentak
ram *(n.)* bebiri jantan
ramble *(n.)* bebelan

ramble *(v.)* membebel
rampage *(n.)* mengamuk
rampage *(v.)* mengamuk
rampant *(adj.)* merebak
rampart *(n.)* benteng
ranch *(v.)* menternak
rancid *(adj.)* tengik
rancidify *(v.)* tengik
rancour *(n.)* dendam
random *(adj.)* rawak
randomise *(v.)* rawak
range *(n.)* pelbagai
range *(v.)* skala
ranger *(n.)* renjer
rank *(adj.)* rimbun
rank *(n.)* pangkat
ransack *(v.)* menggeledah
ransom *(v.)* wang tebusan
ransom *(n.)* wang tebusan
rape *(v.)* merogol
rape *(n.)* rogol
rapid *(adj.)* cepat
rapidity *(n.)* kelajuan
rapier *(n.)* pedang
rapport *(n.)* hubungan
rapt *(adj.)* terpukau
rapture *(n.)* keghairahan
rare *(adj.)* jarang
rarefy *(v.)* kurang padat
rarely *(adv.)* jarang
rareness *(n.)* jarang
rarity *(n.)* luar biasa
rascal *(n.)* budak nakal
rash *(n.)* ruam
rasp *(v.)* kikir
raspberry *(adj.)* rasberi
raspy *(adj.)* garau
rasta *(n.)* rasta
rasure *(n.)* cukur
rat *(n.)* tikus
rate *(n.)* kadar
rate *(v.)* menilai
rather *(adv.)* agak
ratify *(v.)* menandatangani

ratio *(n.)* nisbah
ration *(n.)* catuan
rational *(adj.)* munasabah
rationale *(n.)* rasional
rationality *(n.)* rasional
rationalize *(v.)* mewajarkan
rattle *(n.)* berdetar
rattle *(v.)* bercakap cepat
ravage *(v.)* merosakkan
ravage *(n.)* kerosakan
rave *(v.)* meracau
raven *(n.)* burung gagak
ravine *(n.)* gaung
raw *(adj.)* mentah
ray *(n.)* sinar
raze *(v.)* memusnahkan
razor *(n.)* pisau cukur
reabsorb *(v.)* diserap semula
reabsorption *(n.)* serapan semula
reaccept *(v.)* terima semula
reach *(v.)* mencapai
react *(v.)* bertindak balas
reaction *(n.)* reaksi
reactionary *(adj.)* menentang kemajuan
reactionist *(n.)* penentang kemajuan
reactivate *(v.)* aktif semula
reactivation *(n.)* proses pengaktifan
reactive *(adj.)* reaktif
reactor *(n.)* reaktor
read *(v.t.)* membaca
reader *(n.)* pembaca
readily *(adv.)* bersedia
readiness *(n.)* keadaan bersedia
ready *(adj.)* sedia
reak *(n.)* berbau
real *(adj.)* nyata
realism *(n.)* realisme
realist *(n.)* realis
realistic *(adj.)* realistik

reality *(n.)* realiti
realization *(n.)* kesedaran
realize *(v.)* menyedari
reallocate *(v.)* berpindah
reallocation *(n.)* dipindahkan
really *(int.)* benar-benar
realm *(adj.)* alam
realtor *(n.)* broker
realty *(n.)* kebenaran
ream *(v.)* rim
reamer *(n.)* rimer
reamplify *(v.)* memberi keterangan
reamputation *(n.)* pengamputasian semula
reanimate *(v.)* penganimasi
reanimation *(n.)* penganimasian
reannex *(v.)* reanneks
reannexation *(n.)* reaneksi
reap *(v.)* menuai
reaper *(n.)* penuai
reappear *(v.)* muncul semula
reappearance *(n.)* kemunculan semula
reapplication *(n.)* pengaplikasian semula
reapply *(v.)* aplikasi
reappoint *(v.)* melantik semula
reappraisal *(n.)* penaikan semula
reappraise *(v.)* penaikan gaji
reapproach *(v.)* mendekati
reappropriate *(v.)* menyesuaikan
reapproval *(n.)* persetujuan semula
rear *(adv.)* dibelakangkan
rear *(adj.)* belakang
rearrange *(v.)* menyusun semula
rearticulate *(v.)* artikulasi semula
rearview *(adj.)* pandangan belakang

reason *(v.)* sebab
reason *(n.)* sebab
reasonable *(adj.)* munasabah
reassure *(v.)* meyakinkan
rebate *(n.)* rebat
rebel *(v.)* memberontak
rebel *(n.)* pemberontak
rebellion *(n.)* pemberontakan
rebellious *(adj.)* keinginan memberontak
rebirth *(n.)* kelahiran semula
rebound *(n.)* lambung
rebuff *(v.)* menolak
rebuff *(n.)* penolakan
rebuke *(n.)* teguran
rebuke *(v.)* menegur
recall *(n.)* ingat semula
recall *(v.)* ingat
recede *(v.)* susut
receipt *(n.)* resit
receive *(v.)* menerima
receiver *(n.)* penerima
recent *(adj.)* kebelakangan ini
recently *(adv.)* baru-baru ini
reception *(n.)* penerimaan
receptive *(adj.)* menerima
recess *(n.)* waktu rehat
recession *(n.)* kemelesetan
recipe *(n.)* resepi
recipient *(n.)* penerima
reciprocal *(adj.)* saling
reciprocate *(v.)* membalas
recital *(n.)* majlis recital
recitation *(n.)* pembacaan
recite *(v.)* mendeklamasi
reckless *(adj.)* cuai
reckon *(v.)* menganggap
reclaim *(v.)* menuntut
reclamation *(n.)* penambakan
recluse *(n.)* penyendiri
recognition *(n.)* pengiktirafan
recognize *(v.)* mengenali
recoil *(adv.)* mundur
recollect *(v.)* mengingat kembali

recollection *(n.)* ingatan
recommend *(v.)* mencadangkan
recommendation *(n.)* cadangan
recompense *(n.)* pampasan
recompense *(v.)* membayar pampasan
reconcile *(v.)* berdamai
reconciliation *(n.)* perdamaian
recondensation *(n.)* undur semula
recondense *(v.)* memekatkan
recondition *(v.)* membaik pulih
reconductor *(n.)* mengalirkan semula
reconfigurate *(v.)* konfigurasi
reconfiguration *(n.)* konfigurasi semula
reconquer *(v.)* menawan semula
reconsider *(v.)* mempertimbangkan semula
reconsolidate *(v.)* kondolidasi semula
record *(n.)* rekod
recorder *(n.)* perakam
recount *(v.)* menghitung semula
recoup *(v.)* mendapatkan kembali
recourse *(n.)* jalan keluar
recover *(v.)* pulih
recovery *(n.)* pemulihan
recreation *(n.)* rekreasi
recreational *(adj.)* berkenaan rekreasi
recreative *(adj.)* kreatif
recriminate *(v.)* dakwa
recrimination *(n.)* peninjauan semula
recrudency *(n.)* tulus
recruit *(v.)* rekrut
recruit *(n.)* rekrut
rectangle *(n.)* segi empat tepat
rectangular *(adj.)* bersegi empat tepat
rectification *(n.)* pembetulan
rectify *(v.)* membetulkan
rectum *(n.)* rektum
recur *(v.)* berulang
recurrence *(n.)* berualang
recurrent *(adj.)* mengulangi
red *(n.)* merah
red *(adj.)* merah
redden *(v.)* menjadi merah
reddish *(adj.)* kemerahan
redeem *(v.)* menebus
redemption *(n.)* penebusan
redouble *(v.)* menggandakan
redress *(n.)* pembetulan
redress *(v.)* membetulkan
reduce *(v.)* mengurangkan
reduction *(n.)* pengurangan
redundance *(n.)* lebihan
redundant *(adj.)* berlebihan
reel *(v.)* menggulung
refer *(v.)* merujuk
referee *(n.)* pengadil
reference *(n.)* rujukan
referendum *(n.)* referendum
refine *(v.)* menyempurnakan
refinement *(n.)* halus
refinery *(n.)* tapisan
reflect *(v.)* memantulkan
reflection *(n.)* pemantulan
reflective *(adj.)* mencerminkan
reflector *(n.)* pemantul
reflex *(adj.)* refleks
reflex *(n.)* refleks
reflexive *(adj.)* refleksif
reform *(n.)* pembaharuan
reform *(v.)* memperbaharu
reformation *(n.)* reformasi
reformatory *(n.)* reformasi
reformatory *(adj.)* pembaharuan
reformer *(n.)* pembaharu
refrain *(n.)* baris pengulang

refrain *(v.)* menahan diri
refresh *(v.)* menyegarkan
refreshment *(n.)* kudapan
refrigerate *(v.)* menyejukkan
refrigeration *(n.)* penyejukan
refrigerator *(n.)* peti sejuk
refuge *(n.)* perlindungan
refugee *(n.)* pelarian
refulgence *(n.)* semangat
refulgent *(adj.)* menarik
refund *(n.)* bayaran balik
refusal *(n.)* penolakan
refuse *(n.)* sampah
refutation *(n.)* penolakan
refute *(v.)* menyangkal
regal *(adj.)* diraja
regard *(n.)* anggapan
regard *(v.)* beranggap
regenerate *(v.)* menghidupkan semula
regeneration *(n.)* penjanaan semula
regicide *(n.)* pembunuhan raja
regime *(n.)* pemerintahan
regiment *(n.)* rejimen
regiment *(v.)* rejimen
region *(n.)* kawasan
regional *(adj.)* serantau
register *(v.)* mendaftarkan
registrar *(n.)* pendaftar
registration *(n.)* pendaftaran
registry *(n.)* pendaftaran
regret *(n.)* penyesalan
regret *(v.)* menyesal
regular *(adj.)* biasa
regularity *(n.)* keteraturan
regulate *(v.)* mengatur
regulation *(n.)* peraturan
regulator *(n.)* pengatur
rehabilitate *(v.)* memulihkan
rehabilitation *(n.)* pemulihan
rehearsal *(n.)* latihan
rehearse *(v.)* berlatih
reign *(n.)* pemerintahan

reimburse *(v.)* membayar balik
reimbursement *(n.)* bayaran balik
rein *(v.)* mengekang
rein *(n.)* kekangan
reinforce *(v.)* mengukuhkan
reinforcement *(n.)* pengukuhan
reinstate *(v.)* mengembalikan semula
reinstatement *(n.)* kembali semula
reiterate *(v.)* mengulangi
reiteration *(n.)* pengulangan
reject *(v.)* menolak
rejection *(n.)* penolakan
rejoice *(v.)* bergembira
rejoin *(v.)* menyertai semula
rejoinder *(n.)* balasan
rejuvenate *(v.)* meremajakan
rejuvenation *(n.)* peremajaan
relapse *(n.)* berulang
relapse *(v.)* mengulangi
relate *(v.)* mengaitkan
relation *(n.)* kaitan
relative *(n.)* saudara
relative *(adj.)* relatif
relax *(v.)* mengendurkan
relaxation *(n.)* pengenduran
relay *(v.)* menggantikan
release *(n.)* pembebasan
release *(v.)* melepaskan
relent *(v.)* menyusahkan
relentless *(adj.)* tanpa henti
relevance *(n.)* berkaitan
relevant *(adj.)* perkaitan
reliable *(adj.)* boleh dipercayai
reliance *(n.)* kebergantungan
relic *(n.)* relik
relief *(n.)* lega
relieve *(v.)* melegakan
religion *(n.)* agama
religious *(adj.)* keagamaan
relinquish *(v.)* meninggalkan
relish *(n.)* nikmat

relish *(v.)* menikmati
reluctance *(n.)* keengganan
reluctant *(adj.)* enggan
rely *(v.)* bergantung
remain *(v.)* tinggal
remainder *(n.)* baki
remains *(n.)* sisa
remand *(n.)* reman
remand *(v.)* mereman
remark *(v.)* memberi komen
remark *(n.)* komen
remarkable *(adj.)* luar biasa
remedial *(adj.)* pemulihan
remedy *(v.)* memulihkan
remember *(v.)* mengingati
remembrance *(n.)* ingatan
remind *(v.)* mengingatkan
reminder *(n.)* peringatan
reminiscence *(n.)* kenangan
reminiscent *(adj.)* mengingatkan
remission *(n.)* remisi
remit *(v.)* bidang kuasa
remittance *(n.)* pengiriman wang
remorse *(n.)* penyesalan
remote *(adj.)* terpencil
removable *(adj.)* boleh ditanggalkan
removal *(n.)* pembuangan
remove *(v.)* membuang
remunerate *(v.)* memberi ganjaran
remuneration *(n.)* ganjaran
remunerative *(adj.)* menguntungkan
renaissance *(n.)* kebangkitan semula
render *(v.)* beri
rendezvous *(n.)* perjumpaan
renew *(v.)* membaharui
renewal *(n.)* pembaharuan
renounce *(v.)* melepaskan
renovate *(v.)* ubah suai

renovation *(n.)* pengubah suaian
renown *(n.)* kemasyhuran
renowned *(adj.)* masyhur
rent *(v.)* menyewa
rent *(n.)* sewa
renunciation *(n.)* penolakan
repair *(n.)* pembaikan
repair *(v.)* membaiki
repairable *(adj.)* boleh dibaiki
repartee *(n.)* munasabah
repatriate *(n.)* penghantaran pulang
repatriation *(n.)* pemhantaran
repay *(v.)* membayar balik
repayment *(n.)* pembayaran balik
repeal *(n.)* pemansuhan
repeal *(v.)* memansuhkan
repeat *(v.)* mengulangi
repel *(v.)* menangkis
repellent *(n.)* tolak
repellent *(adj.)* tolakan
repent *(v.)* bertaubat
repentance *(n.)* penyesalan
repentant *(adj.)* taubat
repercussion *(n.)* akibat
repetition *(n.)* pengulangan
replace *(v.)* menggantikan
replacement *(n.)* pengganti
replenish *(v.)* menambah
replete *(adj.)* penuh
replica *(n.)* replika
reply *(n.)* balas
report *(n.)* laporan
report *(v.)* melaporkan
reporter *(n.)* pemberita
repose *(v.)* berehat
repose *(n.)* rehat
repository *(n.)* repositori
represent *(v.)* mewakili
representation *(n.)* perwakilan
representative *(adj.)* mewakili
representative *(n.)* wakil

repress *(v.)* menindas
repression *(n.)* penindasan
reprimand *(v.)* menegur
reprimand *(n.)* teguran
reprint *(n.)* cetakan semula
reproach *(n.)* penolakan
reproach *(v.)* menolak
reproduce *(v.)* menghasilkan semula
reproduction *(n.)* penghasilan semula
reproductive *(adj.)* pembiakan
reproof *(n.)* teguran
reptile *(n.)* reptilia
republic *(n.)* republik
republican *(n.)* republikan
republican *(adj.)* republikan
repudiate *(v.)* menolak
repudiation *(n.)* penolakan
repugnance *(n.)* kecemburuan
repugnant *(adj.)* jijik
repulse *(n.)* benci
repulse *(v.)* menolak
repulsion *(n.)* penolakan
repulsive *(adj.)* menjijikkan
reputation *(n.)* reputasi
repute *(n.)* nama baik
repute *(v.)* kebaikan
request *(n.)* permohonan
request *(v.)* memohon
requiem *(n.)* upacara sembahyang
require *(v.)* memerlukan
requirement *(n.)* keperluan
requisite *(n.)* keperluan
requisite *(adj.)* perlu
requisition *(v.)* memerlukan
requite *(v.)* membalas
rescue *(n.)* menyelamat
research *(n.)* penyelidikan
resemblance *(n.)* persamaan
resemble *(v.)* serupa
resent *(v.)* marah
resentment *(n.)* kemarahan

reservation *(n.)* tempahan
reserve *(v.)* menempah
reservoir *(n.)* takungan
reside *(v.)* tinggal
residence *(n.)* kediaman
resident *(n.)* penduduk
residual *(adj.)* sisa
residue *(n.)* sisa
resign *(v.)* meletakkan jawatan
resignation *(n.)* perletakan jawatan
resist *(v.)* menolak
resistance *(n.)* penolakan
resistant *(adj.)* rintangan
resolute *(adj.)* tegas
resolution *(n.)* ketegasan
resolve *(v.)* berazam
resonance *(n.)* gema
resonant *(adj.)* bergema
resort *(n.)* rumah peranginan
resound *(v.)* bergema
resource *(n.)* sumber
resourceful *(adj.)* berakal
respect *(n.)* penghormatan
respectful *(adj.)* penuh hormat
respective *(adj.)* masing-masing
respiration *(n.)* pernafasan
respire *(v.)* bernafas
resplendent *(adj.)* gilang gemilang
respond *(v.)* membalas
respondent *(n.)* responden
response *(n.)* tindak balas
responsibility *(n.)* tanggungjawab
responsible *(adj.)* bertanggungjawab
rest *(n.)* rehat
restaurant *(n.)* restoran
restive *(adj.)* gelisah
restoration *(n.)* pemulihan
restore *(v.)* memulihkan
restrain *(v.)* menahan

restrict *(v.)* menghadkan
restriction *(n.)* sekatan
restrictive *(adj.)* ketat
result *(n.)* hasil
resume *(n.)* resume
resumption *(n.)* meneruskan semula
resurgence *(n.)* kebangkitan semula
resurgent *(adj.)* bangkit semula
retail *(adj.)* runcit
retailer *(n.)* peruncit
retain *(v.)* halang
retaliate *(v.)* membalas
retaliation *(n.)* pembalasan
retard *(v.)* melambatkan
retardation *(n.)* kerencatan
retention *(n.)* pengekalan
retentive *(adj.)* simpanan
reticence *(n.)* berdiam
reticent *(adj.)* diam
retina *(n.)* retina
retinue *(n.)* pengiring
retire *(v.)* bersara
retirement *(n.)* persaraan
retort *(n.)* jawapan
retouch *(v.)* memperbaik
retrace *(v.)* menjejaki semula
retread *(n.)* pusing
retreat *(v.)* berundur
retrench *(v.)* berhemat
retrenchment *(n.)* perihal berhemat
retrieve *(v.)* mendapatkan semula
retrospect *(n.)* tinjauan kembali
retrospection *(n.)* kenangan
retrospective *(adj.)* meninjau kembali
return *(n.)* kepulangan
revel *(n.)* senang
revelation *(n.)* pendedahan
reveller *(n.)* berpesta
revelry *(n.)* pesta

revenge *(n.)* balas dendam
revengeful *(adj.)* penuh dendam
revenue *(n.)* hasil
revere *(v.)* menghormati
reverence *(n.)* penghormatan
reverend *(adj.)* reveren
reverent *(adj.)* bersemangat
reverential *(adj.)* kepercayaan
reverie *(n.)* angan-angan
reversal *(n.)* pembalikan
reverse *(v.)* undur
reversible *(adj.)* boleh diundur
revert *(v.)* kembali semula
review *(n.)* ulasan
review *(v.)* mengulas
revise *(v.)* mengulang kaji
revision *(n.)* ulang kaji
revival *(n.)* kebangkitan semula
revive *(v.)* bangkit semula
revocable *(adj.)* dapat dimansuhkan
revocation *(n.)* pemansuhan
revoke *(v.)* membatalkan
revolt *(n.)* pemberontakan
revolution *(n.)* revolusi
revolutionary *(n.)* revolusioner
revolve *(v.)* berputar
revolver *(n.)* revolver
reward *(v.)* memberi ganjaran
rhetoric *(n.)* retorik
rhetorical *(adj.)* retorik
rheumatic *(adj.)* reumatik
rheumatism *(n.)* reumatisme
rhinoceros *(n.)* badak sumbu
rhyme *(v.)* berima
rhymester *(n.)* rimester
rhythm *(b.)* irama
rhythmic *(adj.)* berirama
rib *(n.)* tulang rusuk
ribbon *(n.)* reben
rice *(n.)* nasi
rich *(adj.)* kaya
riches *(n.)* kekayaan

richness *(adj.)* kekayaan
rick *(n.)* longgokan
rickets *(n.)* riket
rickety *(adj.)* reyot
rickshaw *(n.)* beca
rid *(v.)* buang
riddle *(v.)* mengayak
ride *(n.)* perjalanan
ride *(v.)* menunggang
rider *(n.)* penunggang
ridge *(n.)* rabung
ridicule *(n.)* cemuhan
ridiculous *(adj.)* tidak masuk akal
rifle *(n.)* senapang
rift *(n.)* retak
right *(v.)* membenarkan
righteous *(adj.)* tegar
rigid *(adj.)* tegap
rigorous *(adj.)* ketat
rigour *(n.)* rigor
rim *(n.)* bingkai
ring *(v.)* melingkari
ringlet *(n.)* gelungan rambut
ringworm *(n.)* cacing pita
rinse *(v.)* membilas
riot *(v.)* rusuhan
rip *(v.)* mengoyak
ripe *(adj.)* masak
ripen *(v.)* menjadi masak
ripple *(v.)* beralun-alun
rise *(n.)* kenaikan
risk *(n.)* risiko
risky *(adj.)* berisiko
rite *(n.)* bacaan upacara
ritual *(adj.)* upacara
rival *(v.)* saingan
rivalry *(n.)* persaingan
river *(n.)* sungai
rivet *(v.)* perivetan
rivulet *(n.)* anak sungai
roach *(n.)* lipas
road *(n.)* jalan
road race *(n.)* perlumbaan

road rage *(n.)* amukan
roadblock *(v.)* menyekat
roadhouse *(n.)* rumah jalanan
roadkill *(n.)* jalan raya
roadrunner *(n.)* sejenis burung
roadshow *(n.)* pertunjukan jalanan
roadster *(n.)* kereta berbumbung
roam *(v.)* merayau
roar *(v.)* mengaum
roast *(n.)* memanggang
rob *(v.)* merompak
robber *(n.)* perompak
robbery *(n.)* rompakan
robe *(v.)* jubah
robot *(n.)* robot
robust *(adj.)* kuat
rock *(n.)* batu
rock climber *(n.)* pendaki
rock-bottom *(v.)* jatuh
rocker *(n.)* penyanyi rock
rocket *(n.)* roket
rocket scientist *(n.)* saintis roket
rocketeer *(n.)* pakar roket
rocketman *(n.)* pakar roket
rockfall *(n.)* runtuhan batu
rockfish *(n.)* ikan siakap
rocking *(adj.)* buai
rod *(n.)* batang
rodent *(n.)* tikus
roe *(n.)* kijang
rogue *(n.)* penyangak
roguery *(n.)* tidak jujur
roguish *(adj.)* ketidakjujuran
role *(n.)* peranan
roll *(v.)* menggulung
roll-call *(n.)* panggilan
roller *(n.)* penggelek
romance *(n.)* cinta
romantic *(adj.)* romantik
romp *(n.)* rompakan
rood *(n.)* palang

roof *(v.)* bumbung
rook *(n.)* burung gagak
rook *(v.)* tir
room *(n.)* bilik
roomy *(adj.)* luas
roost *(v.)* bertenggek
root *(v.)* berakar
rope *(v.)* mengikat
rosary *(n.)* tasbih
rose *(n.)* mawar
roseate *(adj.)* merah jambu tua
rostrum *(n.)* mimbar
rosy *(adj.)* merah jambu
rot *(v.)* mereput
rotary *(adj.)* putaran
rotate *(v.)* berputar
rotation *(n.)* putaran
rote *(n.)* kelaziman
rouble *(n.)* metawang rusia
rough *(adj.)* kasar
round *(v.)* berpusing
rouse *(v.)* membangkitkan
rout *(n.)* kalah
route *(n.)* jalan
routine *(adj.)* normal
rove *(v.)* merayau
rover *(n.)* kenderaan rover
row *(n.)* pertengkaran
row *(v.)* bertengkar
rowdy *(adj.)* gaduh
royal *(adj.)* diraja
royalist *(n.)* raja
royalty *(n.)* kerabat diraja
rub *(v.)* menggosok
rubber *(n.)* getah
rubber bullet *(n.)* peluru getah
rubber duck *(n.)* itik getah
rubber tree *(n.)* pokok getah
rubberneck *(v.)* mengabaikan
rubbing *(n.)* gosokan
rubbish *(n.)* sampah
rubble *(n.)* runtuhan batu bata
rubblework *(n.)* rompakan
rubeola *(n.)* rubiola

rubian *(n.)* rubian
rubican *(adj.)* rubikan
rubicon *(n.)* rubiko
rubify *(v.)* perubian
rubric *(n.)* rubrik
rubricate *(v.)* perubrikan
ruby *(n.)* merah delima
ruck *(v.)* berkedut
rucksack *(n.)* beg sandang
ruckus *(n.)* buat hal
rudder *(n.)* kemudi
rudderpost *(n.)* gandar
ruddy *(adj.)* kemerahan
rude *(adj.)* biadap
rudiment *(n.)* kurang sempurna
rudimentary *(adj.)* asas
rue *(n.)* sesalan
rueful *(adj.)* riang
ruffian *(n.)* penjahat
ruffle *(v.)* mengusutkan
rug *(n.)* permaidani
rugged *(adj.)* lasak
ruin *(v.)* merosakkan
rule *(v.)* memerintah
rulebook *(n.)* buku panduan
rulebound *(adj.)* panduan
rulebraker *(n.)* pemecah panduan
rulebreaking *(n.)* melanggar peraturan
ruler *(n.)* pembaris
ruling *(n.)* keputusan
rum *(adj.)* rum
rumble *(n.)* bebelan
ruminant *(n.)* rusa
ruminate *(v.)* merenung
rumination *(n.)* penggambaran
rummage *(n.)* bersepah
rummy *(n.)* permainan daun terup
rumour *(v.)* khabar angin
run *(n.)* larian
runabout *(n.)* bulatan
runaway *(n.)* pelarian

runback *(n.)* lari semula
runcation *(n.)* peluncuran
runcible *(adj.)* bentuk sudu
rundown *(n.)* pengurangan
rune *(n.)* jampi
rung *(n.)* anak tangga
runner *(n.)* pelari
runs *(n.)* berlari
rupee *(n.)* rupee
rupture *(v.)* memecahkan
rupture *(n.)* pecah
rural *(adj.)* pedalaman
ruse *(n.)* muslihat
rush *(n.)* penggesaan
rust *(v.)* berkarat
rustic *(n.)* luar bandar
rusticate *(v.)* tinggal di desa
rustication *(n.)* pendesaan
rusticity *(n.)* kedesaan
rusty *(adj.)* berkarat
rut *(n.)* ingin mengawan
ruthless *(adj.)* kejam
rye *(n.)* sejenis wiski

S

sabbath *(n.)* rehat
sabbatical *(adj.)* hari beristirehat
sabotage *(v.)* mensabotaj
sabre *(v.)* pedang saber
saccharin *(n.)* pemanis
saccharine *(adj.)* manis sekalii
sack *(v.)* memecat
sacrament *(n.)* sakramen
sacred *(adj.)* suci
sacrifice *(v.)* mengorbankan
sacrificial *(adj.)* bersifat pengorbanan
sacrilege *(n.)* pencabulan
sacrilegious *(adj.)* karut
sacrosanct *(adj.)* suci

sad *(adj.)* sedih
sadden *(v.)* menyedihkan
saddle *(v.)* memasang pelana
sadism *(n.)* sadisme
sadist *(n.)* sadis
sadness *(n.)* kesedihan
safe *(n.)* peti besi
safe harbour *(n.)* tempat selamat
safebox *(n.)* peti keselamatan
safebraker *(n.)* pencuri
safe-conduct *(n.)* dokumen keselamatan
safecracker *(n.)* pemecah peti
safe-deposit *(n.)* peti deposit
safeguard *(v.)* melindungi
safehouse *(n.)* rumah persembunyian
safekeeping *(n.)* penyimpanan
safely *(adv.)* dengan selamat
safety *(n.)* keselamatan
saffron *(adj.)* safron
sag *(v.)* melendut
saga *(n.)* hikayat
sagacious *(adj.)* bijaksana
sagacity *(n.)* kearifan
sage *(adj.)* bijaksana
sagebush *(n.)* sagebush
sage-green *(n.)* hijau sage
sageness *(n.)* kebijaksanaan
saggy *(adj.)* kendor
sagittary *(n.)* pemanah
sahib *(n.)* panggilan hormat
sail *(v.)* berlayar
sail *(n.)* layar
sailboard *(v.)* meluncur angin
sailboarder *(n.)* peluncur angin
sailboat *(n.)* kapal layar
sailboater *(n.)* pelayar bot
sailboating *(n.)* berlayar
sailcraft *(n.)* kemahiran berlayar
sailing *(n.)* berlayar
sailor *(n.)* kelasi
saint *(n.)* baik hati

saintly *(adj.)* perwatakan baik
sake *(n.)* kepentingan
salable *(adj.)* boleh dijual
salad *(n.)* salad
salamander *(v.)* amfibia
salary *(n.)* gaji
sale *(n.)* jualan
salebrosity *(n.)* kekasaran
salesforce *(v.)* pasukan jualan
salesman *(n.)* jurujual
salient *(adj.)* penting
saline *(adj.)* masin
salinity *(n.)* kemasinan
saliva *(n.)* air liur
sally *(v.)* serangan cepat
saloon *(n.)* dewan
salt *(v.)* membubuh garam
salty *(adj.)* masin
salutary *(adj.)* berkesan
salutation *(n.)* sapaan
salute *(n.)* tanda hormat
salvage *(v.)* menyelamatkan
salvation *(n.)* penyelamatan
samaritan *(n.)* samaria
samba *(v.)* menari samba
sambuca *(n.)* arak itali
same *(adj.)* sama
samely *(adv.)* kesamaan
samite *(n.)* sutera tebal
samovar *(n.)* kendi Rusia
sample *(v.)* mencuba
sampler *(n.)* pengambil sampel
sampling *(n.)* pensampelan
samsonite *(n.)* jenama samsonite
samurai *(n.)* samurai
sanability *(n.)* boleh diwaraskan
sanatorium *(n.)* hospital gila
sanctification *(n.)* penyucian
sanctify *(v.)* menyucikan
sanction *(v.)* mengizinkan
sanctity *(n.)* kesucian
sanctuary *(n.)* tempat suci
sand *(v.)* mengempelas

sandal *(n.)* sandal
sandalwood *(n.)* kayu cendana
sandbank *(n.)* beting
sandbell *(n.)* jenama Sandbell
sandboard *(v.)* meluncur pasir
sandbox *(n.)* kotak pasir
sandcastle *(n.)* istana pasir
sandfish *(n.)* ikan pasir
sandglass *(n.)* jam pasir
sandhill *(n.)* bukit pasir
sandpaper *(v.)* mengosok
sandscape *(n.)* lanskap pasir
sandstorm *(n.)* ribut pasir
sandwich *(v.)* mengapit
sandy *(adj.)* berpasir
sane *(adj.)* waras
sanely *(adv.)* secara waras
sanguine *(adj.)* optimistik
sanitary *(adj.)* bersih
sanity *(n.)* kewarasan
sap *(n.)* tolol
sap *(v.)* memenatkan
sapidity *(n.)* rasa
sapience *(n.)* kebijaksanaan
sapiens *(n.)* manusia
sapient *(adj.)* bijaksana
sapling *(n.)* anak pokok
sapphire *(n.)* nilam
sarcasm *(n.)* sindiran
sarcastic *(adj.)* sinis
sardonic *(adj.)* sinis
satan *(n.)* syaitan
satanic *(adj.)* berkaitan syaitan
satanically *(adv.)* seperti syaitan
satchel *(n.)* beg galas
satellite *(n.)* satelit
satiable *(adj.)* dapat dipuaskan
satiate *(v.)* memuaskan
satiety *(n.)* pemuasan
satin *(adj.)* seperti satin
satire *(n.)* penghinaan
satirical *(adj.)* menyindir
satirist *(n.)* satirrawan

satirize *(v.)* mempersendakan
satisfaction *(n.)* kepuasan
satisfactory *(adj.)* memuaskan
satisfy *(v.)* memuaskan
saturate *(v.)* tepu
saturation *(n.)* ketepuan
Saturday *(n.)* Sabtu
sauce *(v.)* sos
saucer *(n.)* piring
saucy *(adj.)* lancang
sauna *(v.)* mandi sauna
saunter *(n.)* perjalanan perlahan-lahan
saunterer *(n.)* pejalan lambat
sausage *(n.)* sosej
saute *(v.)* tumis
savable *(adj.)* boleh diselamatkan
savage *(v.)* menyalib
savagely *(adv.)* dengan ganas
savagery *(n.)* keganasan
savant *(n.)* terpelajar
save *(prep.)* kecuali
saviour *(n.)* penyelamat
savour *(v.)* seronok
saw *(n.)* pepatah
sawbench *(n.)* gergaji bangku
sawbill *(n.)* itik 'Sawbill'
sawbones *(n.)* ahli bedah
sawbuck *(n.)* kuda-kuda
sawdust *(n.)* habuk kayu
sawfish *(n.)* Yu todak
sawgrass *(n.)* sejenis rumput
sawhorse *(n.)* kuda-kuda
sawmill *(n.)* kilang papan
sawn *(n.)* telah digergaji
sawpit *(n.)* lubang gergaji
sawtooth *(n.)* gigi gergaji
sawyer *(n.)* penggergaji
saxophone *(n.)* saksofon
saxophonist *(n.)* pemain saksofon
say *(adv.)* sebagai contoh
scab *(v.)* mengubati

scabbard *(n.)* sarung pedang
scabies *(n.)* kudis buta
scaffold *(n.)* perancah
scale *(v.)* menimbang
scalp *(n.)* kulit kepala
scambling *(n.)* perebutan
scamper *(n.)* pergi tergesa-gesa
scan *(n.)* imbasan
scandal *(n.)* skandal
scandalize *(v.)* mencemari
scandalous *(adj.)* skandal
scandalously *(adv.)* dengan memeranjatkan
scant *(adj.)* sedikit
scanty *(adj.)* tidak mencukupi
scape *(v.)* pertumbuhan tangkai
scapegoat *(n.)* kambing hitam
scapeless *(adj.)* tiada tangkai
scapula *(n.)* skapula
scapular *(adj.)* tulang bahu
scar *(v.)* meninggalkan parut
scarab *(n.)* kumbang
scarce *(adj.)* terhad
scarcely *(adv.)* hanya
scarcity *(n.)* kekurangan
scare *(v.)* menakutkan
scarf *(n.)* selendang
scatter *(v.)* bertempiaran
scatterbrain *(n.)* pelupa
scatterbrained *(adj.)* lalai
scattered *(adj.)* bertaburan
scattergun *(n.)* senapang patah
scatteringly *(adv.)* dengan bertaburan
scattery *(adj.)* terburai
scatty *(adj.)* mengelamun
scavenge *(v.)* melenyapkan
scavenger *(n.)* penyapu jalan
scenario *(n.)* senario
scenarist *(n.)* penulis skrip
scene *(n.)* tempat kejadian
scenery *(n.)* pemandangan
scenic *(adj.)* pemandangan indah

scent *(v.)* terhidu
sceptic *(n.)* curiga
sceptical *(adj.)* ragu-ragu
scepticism *(n.)* ketidakpercayaan
sceptre *(n.)* cogan alam
schedule *(v.)* menjadualkan
schematic *(adj.)* skema
schematically *(adv.)* secara skema
schematist *(n.)* penulis rajah
scheme *(v.)* merancang
schemer *(n.)* dalang
schism *(n.)* perpecahan
scholar *(n.)* cendikiawan
scholarly *(adj.)* ilmiah
scholarship *(n.)* biasiswa
scholastic *(adj.)* pelajaran
schollyard *(n.)* schoolyard
school *(v.)* mendidik
schoolfekkow *(n.)* schoolfekkow
schoolhouse *(n.)* rumah sekolah
schoolmaster *(n.)* guru
schoolmate *(n.)* kawan sekolah
schoolteacher *(n.)* guru
schooner *(n.)* skuner
schyzophrenia *(n.)* skizofrenia
schyzophreniac *(n.)* pesakit skizofrenia
sciatic *(adj.)* berkaitan pinggul
sciatica *(n.)* siatika
science *(n.)* sains
scientific *(adj.)* saintifik
scientist *(n.)* ahli sains
scintillate *(v.)* bersinar
scintillation *(n.)* gemerlapan
scissors *(n.)* gunting
scoff *(v.)* mencemuh
scold *(v.)* memarahi
scooter *(n.)* skuter
scope *(n.)* ruang lingkup
scorch *(n.)* hangus

score *(v.)* mendapat mata
scoreboard *(n.)* papan mata
scorebook *(n.)* buku mata
scorebox *(n.)* kotak markah
scorecard *(n.)* kad skor
scorekeeper *(n.)* pencatat skor
scorekeeping *(n.)* merekod skor
scorepad *(n.)* kertas markah
scorer *(n.)* penjaring
scorn *(v.)* menghina
scorpion *(n.)* kala jengking
Scot *(n.)* orang Scotland
scotch *(n.)* gurisan
scot-free *(adj.)* tanpa cukai
scoundrel *(n.)* bajingan
scourge *(v.)* menderita
scout *(v.)* meninjau
scowl *(n.)* pandangan marah
scragg *(v.)* mencekik
scragged *(adj.)* permukaan kasar
scraggy *(adj.)* kurus kering
scramble *(n.)* perebutan
scrambled *(adj.)* dicampuradukkan
scrap *(n.)* serpihan
scrapbook *(n.)* buku skrap
scrape *(v.)* mengorek
scraper *(n.)* pengikis
scratch *(adj.)* seadanya
scratchboard *(n.)* papan ukiran
scratchbush *(n.)* scratchbush
scratched *(adj.)* digaru
scratchpad *(n.)* buku nota
scratchy *(adj.)* garau
scrawl *(n.)* cakar ayam
scrawl *(v.)* menconteng
scream *(n.)* jeritan
scream *(v.)* menjerit
screen *(v.)* menapis
screen *(n.)* skrin
screen name *(n.)* nama skrin
screenable *(adj.)* boleh diskrinkan

screencast *(n.)* rakaman skrin
screendoor *(n.)* pintu skrin
screenprint *(n.)* percetakan skrin
screensaver *(n.)* gambar skrin
screenshot *(n.)* gambar skrin
screenwork *(n.)* kerja perfileman
screw *(v.)* memasang skru
screw *(n.)* skru
scribble *(n.)* contengan
scribble *(v.)* mencontang
script *(n.)* skrip
scripture *(n.)* kitab
scroll *(n.)* gulungan kertas
scrooge *(n.)* pembolot
scrotum *(n.)* skrotum
scrub *(adj.)* memberus
scrubby *(adj.)* tidak berkualiti
scruff *(v.)* mengangkat tengkuk
scruffiness *(n.)* tidak kemas
scrumble *(n.)* cebisan mengait
scrump *(v.)* mencuri buah
scrumptious *(adj.)* sedap
scruple *(v.)* mempertimbangkan etika
scrupleless *(adj.)* tidak beretika
scrupulous *(adj.)* sangat teliti
scrupulously *(adv.)* dengan teliti
scrutinize *(v.)* meneliti
scrutiny *(n.)* penelitian
scuffle *(v.)* bergelut
scuffle *(n.)* pergelutan
sculpt *(v.)* mengukir
sculptor *(n.)* pengukir
sculptural *(adj.)* berkaitan ukiran
sculpture *(n.)* seni arca
sculpturist *(n.)* pembuat ukiran
scum *(v.)* mengeluarkan sampah
scumbag *(n.)* bajingan
scurry *(v.)* bergegas lari

scutllebutt *(n.)* kabar angin
scuttle *(v.)* berjalan laju
scythe *(v.)* menyabit
scythe *(n.)* sabit
sea *(n.)* laut
seabase *(n.)* pangkalan kapal
seabeach *(n.)* pantai lautan
seabird *(n.)* burung laut
seaboat *(n.)* bot laut
seaborn *(adj.)* berasal laut
seacliff *(n.)* tebing laut
seadog *(n.)* kelasi tua
seafarer *(n.)* kelasi
seafloor *(n.)* dasar laut
seafoam *(n.)* buih lautan
seafood *(n.)* makanan laut
seagull *(n.)* burung camar
seajack *(v.)* merampas bot
seajacker *(n.)* pelanun
seak *(n.)* sabun kain
seakeeping *(n.)* pengendalian kapal
seal *(v.)* memeterai
seal *(n.)* anjing laut
sealab *(n.)* makmal laut
sealability *(n.)* boleh ditutupi
sealant *(n.)* lilin
sealed *(adj.)* ditutup
sealion *(n.)* singa laut
sealjacking *(n.)* saeljacking
sealskin *(n.)* kulit anjing laut
seam *(v.)* menjahitkan
seam *(n.)* kelim
seamy *(adj.)* menjijikkan
sear *(v.)* membakar
search *(v.)* mencari
search *(n.)* pencarian
search warrant *(n.)* waran geledah
searchability *(n.)* dapat dikesan
searching *(adj.)* tajam
searchlight *(n.)* lampu cari
seared *(adj.)* terpanggang
seashore *(n.)* pantai

season *(v.)* membubuh perasa
season *(n.)* musim
seasonable *(adj.)* waktunya
seasonal *(adj.)* mengikut musim
seat *(v.)* duduk
seat *(n.)* kerusi
secede *(v.)* menarik diri
secession *(n.)* pemisahan
secessionist *(n.)* pemisah
seclude *(v.)* mengasingkan
secluded *(adj.)* terpencil
seclusion *(n.)* pemencilan
second *(v.)* menyokong
secondary *(adj.)* sekunder
seconder *(n.)* penyokong
secrecy *(n.)* kerahsiaan
secret *(n.)* rahsia
secret *(adj.)* rahsia
secretariat (e) *(n.)* urus setia
secretary *(n.)* setiausaha
secrete *(v.)* merembeskan
secretion *(n.)* perembesan
secretive *(adj.)* suka berahsia
sect *(n.)* mazhab sesat
sectarian *(adj.)* pengikut 'sect'
section *(n.)* bahagian
sector *(n.)* sektor
secure *(v.)* melindungi
security *(n.)* keselamatan
sedan *(n.)* tandu
sedate *(v.)* memberi penenang
sedate *(adj.)* tenang
sedative *(n.)* ubat penenang
sedative *(adj.)* ubat penenang
sedentary *(adj.)* dilakukan duduk
sediment *(n.)* mendapan
sedition *(n.)* hasutan
seditious *(adj.)* menghasut
seduce *(v.)* menggoda
seduction *(n.)* godaan
seductive *(adj.)* menggoda
see *(v.)* melihat
seed *(v.)* menyemai

seek *(v.)* mencari
seem *(v.)* kelihatan
seemly *(adj.)* berguna
seep *(v.)* meresap
seer *(n.)* tukang tilik
seethe *(v.)* membuak-buak
segment *(v.)* membahagikan
segment *(n.)* bahagian
segregate *(v.)* memisahkan
segregation *(n.)* pemisahan
seimicity *(n.)* seimicity
seismic *(adj.)* pergerakan tanah
seismogram *(n.)* seismogram
seismograph *(n.)* seimograf
seismography *(n.)* kajian gempabumi
seismologist *(n.)* ahli seismologi
seismology *(n.)* seismologi
seismoscope *(n.)* alat gempabumi
seize *(v.)* menyambar
seizure *(n.)* penyitaan
seldom *(adv.)* jarang
select *(adj.)* terpilih
select *(v.)* memilih
selection *(n.)* pemilihan
selective *(adj.)* terpilih
self *(n.)* diri
self-abuse *(n.)* penderaan diri
self-appointed *(adj.)* pelantikan sendiri
self-centered *(adj.)* pentingkan diri
self-confident *(adj.)* yakin diri
self-conscious *(adj.)* malu-malu
self-control *(n.)* kawalan diri
self-destruct *(v.)* menghapuskan diri
self-doubt *(n.)* keraguan diri
selfie *(n.)* swafoto
selfish *(adj.)* pentingkan diri
selfless *(adj.)* pemurah
sell *(v.)* menjual

seller *(n.)* penjual
semblance *(n.)* kemiripan
semen *(n.)* air mani
semester *(n.)* semester
semiamusing *(adj.)* separa menghiburkan
semiautomatic *(adj.)* separa automatik
semicircle *(n.)* separuh bulatan
semiconductor *(n.)* semikonduktor
semi-finalist *(n.)* peserta separuh-akhir
semi-formal *(adj.)* semi-formal
seminal *(adj.)* air mani
seminar *(n.)* seminar
senate *(n.)* senat
senator *(n.)* senator
senatorial *(adj.)* berkaitan senator
send *(v.)* menghantar
senile *(adj.)* nyanyuk
senility *(n.)* keadaan nyanyuk
senior *(n.)* senior
senior *(adj.)* lebih tua
seniority *(n.)* tempoh perkhidmatan
sensation *(n.)* sensasi
sensational *(adj.)* penuh sensasi
sense *(v.)* merasakan
sense *(n.)* deria
senseless *(adj.)* bodoh
sensibility *(n.)* kepekaan
sensible *(adj.)* wajar
sensitive *(adj.)* sensitif
sensitivity *(n.)* sifat sensitif
sensual *(adj.)* berahi
sensualist *(n.)* mementingkan sensual
sensuality *(n.)* keghairahan
sensuous *(adj.)* membelai rasa
sentence *(v.)* menjatuhkan hukuman

sentence *(n.)* ayat
sentience *(n.)* pancaindera
sentient *(adj.)* dapat merasa
sentiment *(n.)* sentimen
sentimental *(adj.)* sentimental
sentinel *(n.)* pengawal
sentry *(n.)* pengawal
separable *(adj.)* dapat dipisahkan
separate *(adj.)* terpisah
separation *(n.)* pemisahan
sepsis *(n.)* penyakit
September *(n.)* September
septic *(adj.)* septik
sepulchre *(n.)* pusara
sepulture *(n.)* penguburan
sequel *(n.)* lanjutan
sequence *(n.)* urutan
sequester *(v.)* mengasingkan
serendipitous *(adj.)* bernasib baik
serendipity *(n.)* kebetulan baik
serene *(adj.)* tenang
serenity *(n.)* ketenangan
serf *(n.)* hamba
serge *(n.)* kain bulu
sergeant *(n.)* sarjan
serial *(n.)* bersiri
serial *(adj.)* bersiri
series *(n.)* siri
serious *(adj.)* serius
sermon *(n.)* khutbah
sermonize *(v.)* berkhutbah
serpent *(n.)* ular
serpentine *(n.)* berliku-liku
servant *(n.)* orang gaji
serve *(n.)* servis
serve *(v.)* berkhidmat
service *(v.)* berkhidmat
service *(n.)* perkhidmatan
serviceable *(adj.)* boleh diservis
servile *(adj.)* penghambaan
servility *(n.)* kehambaan
servitude *(n.)* perhambaan

sesame *(n.)* bijan	**shadowy** *(adj.)* teduh
sesamin *(n.)* ekstrak bijan	**shaft** *(n.)* batang
session *(n.)* sesi	**shake** *(n.)* goncangan
sessional *(adj.)* penggal	**shake** *(v.)* menggoncang
sessionless *(adj.)* tiada sesi	**shaky** *(adj.)* terketar-ketar
set *(n.)* bagian	**shallow** *(adj.)* cetek
set *(v.)* menetapkan	**sham** *(adj.)* kepura-puraan
setback *(n.)* rintangan	**sham** *(v.)* berpura-pura
setlist *(n.)* senarai set	**shaman** *(n.)* bomoh
settee *(n.)* sofa	**shamble** *(v.)* menyeret
settle *(v.)* menduduki	**shambles** *(n.)* berkemacuk
settlement *(n.)* penempatan	**shambolic** *(adj.)* kacau-bilau
settler *(n.)* peneroka	**shame** *(v.)* memalukan
seven *(adj.)* tujuh	**shame** *(n.)* malu
seven *(n.)* tujuh	**shameful** *(adj.)* memalukan
seventeen *(n., a)* tujuh belas	**shameless** *(adj.)* muka tembok
seventeenth *(adj.)* ketujuh belas	**shampoo** *(v.)* bersyampu
seventh *(adj.)* ketujuh	**shampoo** *(n.)* syampu
seventieth *(adj.)* ketujuh puluh	**shanty** *(adj.)* pondok
seventy *(n., a)* tujuh puluh	**shape** *(v.)* membentuk
sever *(v.)* memotong	**shape** *(n.)* bentuk
several *(adj.)* beberapa	**shapely** *(adj.)* berbentuk
severance *(n.)* pemutusan	**shapeshift** *(v.)* bertukar bentuk
severe *(adj.)* teruk	**shapeshifter** *(n.)* penyamar
severity *(n.)* kesusahan	**shapeup** *(n.)* maju
sew *(v.)* menjahit	**shapnel** *(n.)* serpihan
sewage *(n.)* kumbahan	**shard** *(v.)* shard
sewer *(n.)* tukang jahit	**share** *(n.)* saham
sewerage *(n.)* sistem pembetungan	**share** *(v.)* berkongsi
sex *(n.)* jantina	**sharebeam** *(n.)* bahagian pembajak
sexily *(adv.)* dengan seksi	**sharebroker** *(n.)* broker saham
sexual *(adj.)* seksual	**sharecrop** *(n.)* perkongsian pertanian
sexuality *(n.)* jantina	**shareholder** *(n.)* pemegang saham
sexy *(adj.)* seksi	**shareholding** *(n.)* pemegang saham
shabby *(adj.)* selekeh	**sharemarket** *(n.)* pasaran saham
shack *(v.)* mendiami	**shark** *(n.)* jerung
shackle *(v.)* menggari	**sharp** *(adv.)* mendadak
shackle *(n.)* belenggu	**sharp** *(adj.)* tajam
shade *(v.)* menghitamkan	**sharpen** *(v.)* menajamkan
shade *(n.)* tempat teduh	
shadow *(v.)* membayangi	
shadow *(n.)* bayang-bayang	

sharpener *(n.)* penajam	**shine** *(n.)* sinar
sharper *(n.)* lebih pintar	**shine** *(v.)* bersinar
shatter *(v.)* berkecai	**shiny** *(adj.)* berkilat
shave *(n.)* cukuran	**ship** *(v.)* menghantar
shave *(v.)* mencukur	**ship** *(n.)* kapal
shaven *(adj.)* dicukur	**shipboard** *(adj.)* tepi kapal
shaving *(n.)* pencukuran	**shipborne** *(adj.)* diangkut kapal
shavings *(n.)* hirisan-hirisan	**shipbuilder** *(n.)* pembina kapal
shawarma *(n.)* shawarma	**shiplap** *(n.)* susunan kayu
shawl *(n.)* selendang	**shipload** *(n.)* muatan kapal
she *(pron.)* dia	**shipmaster** *(n.)* ketua kapal
sheading *(n.)* perimeter pentadbiran	**shipmate** *(n.)* anak kapal
sheaf *(n.)* berkas	**shipment** *(n.)* muatan
shear *(v.)* berkas	**shipowner** *(n.)* pemilik kapal
shears *(n. pl.)* gunting	**shipped** *(adj.)* dihantar
shearwall *(n.)* dinding ricih	**shipping** *(n.)* penghantaran
sheat *(n.)* sheat	**shipshape** *(adj.)* rapi
sheath *(v.)* sarung	**shipwreck** *(v.)* tenggelam
sheathe *(v.)* menyarungkan	**shipyard** *(n.)* limbungan kapal
shed *(n.)* bangsal	**shire** *(n.)* wilayah
shed *(v.)* bersalin kulit	**shirk** *(v.)* menghindari
sheep *(n.)* biri-biri	**shirker** *(n.)* pemalas
sheepish *(adj.)* segan	**shirt** *(n.)* baju
sheer *(adj.)* curam	**shive** *(n.)* sepotong roti
sheet *(v.)* lembaran	**shiver** *(v.)* menggigil
sheet *(n.)* cadar	**shoal** *(n.)* beting
shelf *(n.)* rak	**shoal** *(n.)* sekawan
shell *(v.)* mengupas	**shock** *(v.)* mengejutkan
shell *(n.)* cengkerang	**shock** *(n.)* kejutan
shelter *(v.)* melindungi	**shoe** *(v.)* memasang ladam
shelter *(n.)* tempat berlindung	**shoe** *(n.)* kasut
shelve *(v.)* menangguhkan	**shoot** *(n.)* tunas
shepherd *(n.)* gembala biri-biri	**shoot** *(v.)* menembak
shide *(n.)* serpihan kayu	**shop** *(v.)* membeli-belah
shield *(v.)* melindungi	**shop** *(n.)* kedai
shield *(n.)* pelindung	**shopaholic** *(n.)* suka berbelanja
shift *(n.)* beralih	**shopbook** *(n.)* buku kedai
shift *(v.)* beranjak	**shopfloor** *(n.)* lantai kedai
shifty *(adj.)* licik	**shopfront** *(n.)* hadapan kedai
shilling *(n.)* syiling	**shopkeep** *(n.)* pemilik kedai
shilly-shally *(v.)* melengahkan	**shopkeeper** *(n.)* pengurus kedai
shilly-shally *(n.)* keraguan	**shoplift** *(v.)* mencuri
shin *(n.)* tulang kering	**shoplifter** *(n.)* pencuri
	shopowner *(n.)* pemilik kedai

shore *(v.)* menopang
shorefront *(n.)* depan pantai
shoreline *(n.)* pantai
shoreward *(adv.)* menuju pantai
shoreweed *(n.)* lalang Eropah
short *(adv.)* dengan tiba-tiba
short *(adj.)* pendek
shortbread *(n.)* biskut 'shortbread'
shortcake *(n.)* kek 'shortcake'
shortcoming *(n.)* kelemahan
shorten *(v.)* memendekkan
shortening *(n.)* mentega
shortfall *(n.)* kekurangan
shorthand *(n.)* kekurangan pekerja
shortish *(adj.)* pendek
shortlist *(v.)* senarai pendek
shortlisted *(adj.)* disenarai pendek
shortly *(adv.)* sebentar
shorts *(n. pl.)* seluar pendek
shot *(int.)* ditembak
shotgun *(n.)* senapang patah
shotproof *(adj.)* kalis tembak
shottie *(n.)* bunyi bong
should *(v.)* patut
shoulder *(v.)* memikul
shoulder *(n.)* bahu
shout *(v.)* menjerit
shout *(n.)* jeritan
shove *(n.)* tolakan
shove *(v.)* menolak
shovel *(v.)* menyodok
shovel *(n.)* penyodok
show *(n.)* pertunjukan
show *(v.)* menunjukkan
shower *(v.)* mandi
shower *(n.)* pancuran air
showerhead *(n.)* kepala pancuran
showerless *(adj.)* tiada mandian
showerproof *(adj.)* kalis hujan

showery *(adj.)* hari hujan
showoff *(n.)* berlagak
showpiece *(n.)* pameran indah
showstopper *(n.)* menggemparkan penonton
showup *(n.)* barisan suspek
shpaholism *(n.)* suka berbelanja
shred *(v.)* mencarik
shreder *(n.)* mesin 'shredder'
shrew *(n.)* tikus kasturi
shrewd *(adj.)* pintar
shriek *(v.)* menjerit nyaring
shriek *(n.)* jeritan nyaring
shrill *(adj.)* nyaring
shrine *(n.)* keramat
shrink *(v.)* mengecut
shrinkage *(n.)* pengecutan
shroud *(v.)* mengapankan
shroud *(n.)* kain kapan
shrub *(n.)* pokok renek
shrug *(n.)* mengangkat bahu
shrug *(v.)* mengangkat bahu
shudder *(n.)* geletar
shudder *(v.)* menggeletar
shuffle *(n.)* kocokan
shuffle *(v.)* mencampurkan
shun *(v.)* menolak
shunt *(v.)* menggerakkan keretapi
shut *(v.)* menutup
shutter *(n.)* bidai
shuttle *(v.)* berulang-alik
shuttle *(n.)* bulu tangkis
shuttlecock *(n.)* bulu tangkis
shy *(v.)* takut
shy *(n.)* balingan
siamese *(adj.)* orang siam
sibilant *(adj.)* bunyi 's' atau 'sh'
sibilate *(v.)* mendesis
sibilating *(n.)* bunyi desis
sich *(n.)* seperti
sick *(adj.)* sakit
sickbag *(n.)* bag muntah

sickbay *(n.)* ruang sakit	**signal** *(n.)* isyarat
sickbed *(n.)* katil pesakit	**signatory** *(n.)* penandatangan
sicken *(v.)* jatuh sakit	**signature** *(n.)* tandatangan
sickened *(adj.)* jelak	**significance** *(n.)* kepentingan
sickle *(n.)* sabit	**significant** *(adj.)* penting
sickly *(adj.)* lemah	**signification** *(n.)* makna
sickness *(n.)* penyakit	**signify** *(v.)* menunjukkan
side *(v.)* menyebelahi	**silence** *(v.)* mendiamkan
side *(n.)* tepi	**silence** *(n.)* senyap
sidearm *(adj.)* balingan tepi	**silencer** *(n.)* peredam bunyi
sideband *(n.)* jalur sisi	**silent** *(adj.)* senyap
sidebar *(n.)* bar sisi	**silhouette** *(n.)* bayang-bayang
sideboard *(n.)* meja buffet	**silica** *(n.)* silika
sidebox *(n.)* nota tepi	**silicene** *(n.)* sejenis silikon
sideburn *(n.)* jambang	**silicon** *(n.)* silikon
sideburns *(n.)* jambang	**silk** *(n.)* kain sutera
sidecar *(n.)* kereta sisi	**silken** *(adj.)* seperti sutera
sideline *(v.)* meletakkan tepi	**silky** *(adj.)* seperti sutera
sidereal *(adj.)* kosmik	**silly** *(adj.)* bodoh
sidesaddle *(adv.)* tunggangan kuda	**silt** *(v.)* berlecak
sideshow *(n.)* pertunjukan sampingan	**silt** *(n.)* lumpur
	silver *(v.)* menjadikan perak
sidestream *(n.)* penyalahgunaan dana	**similar** *(adj.)* serupa
	similarity *(n.)* persamaan
sidestroke *(n.)* cara berenang	**simile** *(n.)* ibarat
sidetrack *(v.)* memesongkan	**similitude** *(n.)* persamaan
sidewalk *(n.)* kaki lima	**simmer** *(v.)* mereneh
sidewall *(n.)* tepi dinding	**simple** *(adj.)* mudah
sideway *(adv.)* mengiring	**simpleton** *(n.)* orang lurus
sidewind *(n.)* jalan sekeliling	**simplicity** *(n.)* kesederhanaan
siege *(v.)* mengepong	**simplification** *(n.)* usaha memudahkan
siesta *(n.)* rehat petang	**simplify** *(v.)* memudahkan
sieve *(v.)* menapis	**simultaneous** *(adj.)* serentak
sieve *(n.)* penapis	**sin** *(v.)* berdosa
sift *(v.)* mengayak	**sin** *(n.)* dosa
sigh *(v.)* mengeluh	**since** *(adv.)* semenjak
sigh *(n.)* keluhan	**since** *(prep.)* semenjak
sight *(v.)* melihat	**sincere** *(adj.)* ikhlas
sight *(n.)* pandangan	**sincerity** *(n.)* keikhlasan
sightly *(adj.)* sedap dipandang	**sinful** *(adj.)* berdosa
sign *(v.)* menandatangani	**sing** *(v.)* menyanyi
sign *(n.)* tanda	**singe** *(n.)* kebakaran sedikit
signal *(v.)* mengisyaratkan	**singe** *(v.)* terbakar sedikiy

singer *(n.)* penyanyi
single *(v.)* pukulan 'baseball'
single *(adj.)* bujang
singular *(adj.)* satu
singularity *(n.)* tunggal
singularly *(adv.)* bersendirian
sinister *(adj.)* jahat
sink *(n.)* sinki
sink *(v.)* tenggelam
sinner *(n.)* pendosa
sinuous *(adj.)* berliku-liku
sip *(n.)* seteguk
sip *(v.)* meneguk
sir *(n.)* tuan
siren *(n.)* siren
sister *(n.)* kakak
sisterhood *(n.)* persaudaraan wanita
sisterly *(adj.)* seperti kakak
sit *(v.)* duduk
site *(n.)* tapak
situation *(n.)* situasi
six *(n., a)* enam
sixteen *(n., adj.)* enam belas
sixteenth *(adj.)* keenam belas
sixth *(adj.)* keenam
sixtieth *(adj.)* keenam puluh
sixty *(n., adj.)* enam puluh
sizable *(adj.)* luas
size *(v.)* menilai
sizzle *(n.)* berseri
sizzle *(v.)* berdesir
skate *(v.)* meluncur
skein *(n.)* segulung benang
skeleton *(n.)* rangka
sketch *(v.)* melakarkan
sketch *(n.)* lakaran
sketchy *(adj.)* samar
skid *(n.)* jatuh
skid *(v.)* tergelincir
skilful *(adj.)* mahir
skill *(n.)* kemahiran
skin *(v.)* membuang kulit
skin *(n.)* kulit

skip *(n.)* loncatan
skip *(v.)* meloncat
skipper *(n.)* kapten
skirmish *(v.)* bertempur
skirmish *(n.)* pertelingkahan
skirt *(v.)* mengelilingi
skirt *(n.)* skirt
skit *(n.)* sketsa
skull *(n.)* tengkorak
sky *(v.)* melambung
sky *(n.)* langit
slab *(n.)* lempeng
slack *(adj.)* kendur
slacken *(v.)* melambatkan
slacks *(n.)* seluar panjang
slake *(v.)* memuaskan
slam *(n.)* hempasan
slam *(v.)* menghempas
slander *(v.)* memfitnah
slanderous *(adj.)* bersifat memfitnah
slang *(n.)* lingo
slant *(n.)* miring
slant *(v.)* memiringkan
slap *(v.)* menampar
slap *(n.)* tamparan
slash *(n.)* garis miring
slash *(v.)* mengelar
slate *(n.)* senarai calon
slattern *(n.)* pelacur
slatternly *(adj.)* comot
slaughter *(v.)* menyembelih
slaughter *(n.)* penyembelihan
slave *(v.)* menjadikan hamba
slave *(n.)* hamba
slavery *(n.)* perhambaan
slavish *(adj.)* seperti hamba
slay *(v.)* membunuh
sleek *(adj.)* anggun
sleep *(n.)* tidur
sleep *(v.)* tidur
sleeper *(n.)* penidur
sleepy *(adj.)* mengantuk
sleeve *(n.)* lengan baju

sleight *(n.)* kecekapan
slender *(n.)* lurus
slice *(v.)* menghiris
slice *(n.)* sehiris
slick *(adj.)* licin
slide *(n.)* slaid
slide *(v.)* menggeluncur
slight *(v.)* menghina
slight *(adj.)* sedikit
slim *(v.)* menguruskan badan
slim *(adj.)* langsing
slime *(n.)* lendir
slimy *(adj.)* berlendir
sling *(n.)* anduh
slip *(n.)* kesilapan
slip *(v.)* tergelincir
slipper *(n.)* selipar
slippery *(adj.)* licin
slipshod *(adj.)* sembarangan
slit *(v.)* membelah
slit *(n.)* belahan
slogan *(n.)* cogan kata
slope *(v.)* condong
slope *(n.)* cerun
sloth *(n.)* kemalasan
slothful *(n.)* malas
slough *(v.)* bertukar kulit
slough *(n.)* paya
slovenly *(adj.)* selekeh
slow *(v.)* melambatkan
slow *(adj.)* lambat
slowly *(adv.)* secara perlahan
slowness *(n.)* kelembapan
sluggard *(n.)* orang lembap
sluggish *(adj.)* lembap
sluice *(n.)* saluran
slum *(n.)* setinggan
slumber *(n.)* tidur
slumber *(v.)* tidur
slump *(v.)* rebah
slump *(n.)* kemerosotan
slur *(n.)* tidak jelas
slush *(n.)* minuman kocak
slushy *(adj.)* cair

slut *(n.)* perempuan murahan
sly *(adj.)* licik
smack *(v.)* membayangkan
smack *(n.)* tamparan
small *(n.)* kecil
small *(adj.)* kecil
smallness *(adv.)* kekecilan
smallpox *(n.)* cacar
smart *(n.)* kepedihan
smart *(adj.)* bijak
smash *(n.)* hentaman
smash *(v.)* memecahkan
smear *(n.)* calitan
smear *(v.)* melumur
smell *(v.)* menghidu
smell *(n.)* bau
smelt *(v.)* meleburkan
smile *(v.)* tersenyum
smile *(n.)* senyuman
smith *(n.)* tukang logam
smock *(n.)* baju lindung
smog *(n.)* jerebu
smoke *(v.)* merokok
smoke *(n.)* asap
smoky *(adj.)* berasap
smooth *(v.)* menghaluskan
smooth *(adj.)* halus
smother *(v.)* melemaskan
smoulder *(v.)* membara
smug *(adj.)* bangga diri
smuggle *(v.)* menyeludup
smuggler *(n.)* penyeludup
snack *(n.)* makanan ringan
snag *(n.)* koyak
snail *(n.)* siput
snake *(v.)* melengkung
snake *(n.)* ular
snap *(adj.)* serta-merta
snap *(v.)* memutuskan
snare *(v.)* menjerat
snare *(n.)* jerat
snarl *(v.)* menderam
snarl *(n.)* deraman
snatch *(n.)* percubaan meragut

snatch *(v.)* meragut	socket *(n.)* soket
sneak *(n.)* penipu	sod *(n.)* tanah
sneak *(v.)* menyeludup	sodomite *(n.)* pengamal sodomi
sneer *(n.)* cemuhan	sodomy *(n.)* sodomi
sneer *(v.)* mencemuh	sofa *(n.)* sofa
sneeze *(n.)* bersin	soft *(n.)* lembut
sneeze *(v.)* terbersin	soften *(v.)* melembutkan
sniff *(n.)* hembusan angin	soil *(v.)* mengotorkan
sniff *(v.)* menghidu	soil *(n.)* tanah
snob *(n.)* orang sombong	sojourn *(n.)* persinggahan
snobbery *(n.)* kesombongan	sojourn *(v.)* tinggal sementara
snobbish *(v.)* sombong	solace *(n.)* ketenangan
snore *(n.)* dengkuran	solar *(adj.)* suria
snore *(v.)* berdengkur	solder *(v.)* memateri
snort *(n.)* dengusan	solder *(n.)* paderi
snort *(v.)* mendengus	soldier *(v.)* menjadi askar
snout *(n.)* muncung	soldier *(n.)* askar
snow *(v.)* bersalji	sole *(adj.)* tunggal
snow *(n.)* salji	sole *(n.)* tapak
snowy *(adj.)* bersalji	solemn *(adj.)* serius
snub *(adj.)* pendek	solemnity *(n.)* keadaan serius
snub *(v.)* menolak	solemnize *(v.)* menjalankan upacara
snuff *(n.)* tembakau sedut	solicit *(v.)* meminta
snug *(n.)* selesa	solicitation *(n.)* permintaan
so *(conj.)* maka	solicitor *(n.)* peguam cara
soak *(n.)* kaki botol	solicitous *(adj.)* prihatin
soak *(v.)* merendam	solicitude *(n.)* keprihatinan
soap *(v.)* menyabun	solid *(n.)* pepejal
soap *(n.)* sabun	solid *(adj.)* pejal
soapy *(adj.)* bersabun	solidarity *(n.)* perpaduan
soar *(v.)* terbang	soliloquy *(n.)* menolong
sob *(n.)* sedu-sedan	solitary *(adj.)* seorang diri
sob *(v.)* menangis	solitude *(n.)* berdendirian
sober *(adj.)* tidak mabuk	solo *(adv.)* dengan sendiri
sobriety *(n.)* keseriusan	solo *(n.)* solo
sociability *(n.)* sifat sosial	soloist *(n.)* penyanyi solo
sociable *(adj.)* suka bergaul	solubility *(n.)* keterlarutan
social *(n.)* sosial	soluble *(adj.)* boleh larut
socialism *(n.)* sosialisme	solution *(n.)* larutan
socialist *(n,a)* sosialis	solve *(v.)* menyelesaikan
society *(n.)* masyarakat	solvency *(n.)* kesolvenan
sociology *(n.)* kajian kemasyarakatan	solvent *(n.)* pelarut
sock *(n.)* stoking	

solvent *(adj.)* tidak berhutang
sombre *(adj.)* suram
some *(pron.)* beberapa
some *(adj.)* beberapa
somebody *(n.)* seorang
somebody *(pron.)* seseorang
somehow *(adv.)* walau bagaimanapun
someone *(pron.)* seseorang
somersault *(v.)* balik kuang
somersault *(n.)* balik kuang
something *(adv.)* tersangat
something *(pron.)* sesuatu
sometime *(adv.)* suatu masa
sometimes *(adv.)* kadang kala
somewhat *(adv.)* agak
somewhere *(adv.)* di sesuatu tempat
somnambulism *(n.)* somnambulisme
somnambulist *(n.)* somnambulis
somnolence *(n.)* keadaan mengantuk
somnolent *(n.)* mengantuk
son *(n.)* anak lelaki
song *(n.)* lagu
songster *(n.)* penyanyi
sonic *(adj.)* berkaitan bunyi
sonnet *(n.)* syair
sonority *(n.)* kemerduan
soon *(adv.)* sebentar lagi
soot *(v.)* berjelaga
soot *(n.)* jelaga
soothe *(v.)* menenangkan
sophism *(n.)* sofisme
sophist *(n.)* kesesatan
sophisticate *(v.)* memesongkan
sophisticated *(adj.)* canggih
sophistication *(n.)* kecanggihan
sorcerer *(n.)* ahli sihir
sorcery *(n.)* sihir
sordid *(adj.)* kotor

sore *(n.)* kudis
sore *(adj.)* sakit
sorrow *(v.)* berduka
sorrow *(n.)* kedukaan
sorry *(adj.)* kesal
sort *(v.)* menyusun
soul *(n.)* jiwa
sound *(n.)* bunyi
sound *(adj.)* nyenyak
soup *(n.)* sup
sour *(v.)* menjadi masam
sour *(adj.)* masam
source *(n.)* sumber
south *(adv.)* ke selatan
southerly *(adj.)* ke selatan
southern *(adj.)* sebelah selatan
souvenir *(n.)* cenderamata
sovereign *(adj.)* berdaulat
sovereign *(n.)* raja
sovereignty *(n.)* kedaulatan
sow *(n.)* babi betina
space *(v.)* menjarakkan
space *(n.)* ruang
spacious *(adj.)* lapang
spade *(v.)* menyodok
spade *(n.)* penyodok
span *(v.)* keluasan
span *(n.)* tempoh
Spaniard *(n.)* orang Sepanyol
spaniel *(n.)* sejenis anjing
Spanish *(n.)* bahasa sepanyol
Spanish *(adj.)* berkenaan sepanyol
spanner *(n.)* sepana
spare *(n.)* alat ganti
spare *(v.)* meluangkan masa
spark *(v.)* merangsang
spark *(n.)* percikan
sparkle *(n.)* gemerlapan
sparkle *(v.)* bergemerlapan
sparrow *(n.)* burung pipit
sparse *(adj.)* jarang
spasm *(n.)* kejang otot
spasmodic *(adj.)* sekali sekala

spate *(n.)* kumpulan	**spider** *(n.)* labah-labah
spatial *(adj.)* ruang	**spike** *(v.)* memacakkan
spawn *(v.)* mengakibatkan	**spike** *(n.)* pacak
spawn *(n.)* benih	**spill** *(n.)* tumpahan
speak *(v.)* bercakap	**spill** *(v.)* menumpahkan
speaker *(n.)* pembesar suara	**spin** *(n.)* putaran
spear *(v.)* melembing	**spin** *(v.)* berputar
spear *(n.)* lembing	**spinach** *(n.)* sayur bayam
spearhead *(v.)* menjadi pelopor	**spinal** *(adj.)* tulang belakang
spearhead *(n.)* kepala lembing	**spindle** *(n.)* gelendong
special *(adj.)* istimewa	**spine** *(n.)* tulang belakang
specialist *(n.)* pakar	**spinner** *(n.)* pemintal
speciality *(n.)* keistimewaan	**spinster** *(n.)* anak dara tua
specialization *(n.)* pengkhususan	**spiral** *(adj.)* melingkar
specialize *(v.)* pakar	**spiral** *(n.)* lingkaran
species *(n.)* spesies	**spirit** *(n.)* semangat
specific *(adj.)* khusus	**spirited** *(adj.)* bersemangat
specification *(n.)* spesifikasi	**spiritual** *(adj.)* rohaniah
specify *(v.)* mengkhususkan	**spiritualism** *(n.)* kerohanian
specimen *(n.)* spesimen	**spiritualist** *(n.)* spiritualis
speck *(n.)* titik	**spirituality** *(n.)* kerohanian
spectacle *(n.)* pertunjukan	**spit** *(n.)* ludah
spectacular *(adj.)* mengkagumkan	**spit** *(v.)* meludah
spectator *(n.)* penonton	**spite** *(n.)* busuk hati
spectre *(n.)* hantu	**spittle** *(n.)* air liur
speculate *(v.)* mengagak	**spittoon** *(n.)* ketur ludah
speculation *(n.)* telahan	**splash** *(n.)* percikan
speech *(n.)* pertuturan	**splash** *(v.)* memercikkan
speed *(v.)* memecut	**spleen** *(n.)* limpa
speed *(n.)* kelajuan	**splendid** *(adj.)* gemilang
speedily *(adv.)* dengan laju	**splendour** *(n.)* kemuliaan
speedy *(adj.)* laju	**splinter** *(v.)* menyerpih
spell *(n.)* ejaan	**splinter** *(n.)* selumbar
spell *(n.)* jampi	**split** *(n.)* perpecahan
spend *(v.)* membelanjakan	**split** *(v.)* berpecah
spendthrift *(n.)* pemboros	**spoil** *(n.)* rampasan
sperm *(n.)* sperma	**spoke** *(n.)* jejari
sphere *(n.)* sfera	**spokesman** *(n.)* jurucakap
spherical *(adj.)* berbentuk sfera	**sponge** *(v.)* mengelap
spice *(v.)* merempahi	**sponge** *(n.)* span
spice *(n.)* rempah	**sponsor** *(v.)* menaja
spicy *(adj.)* pedas	**sponsor** *(n.)* penaja
	spontaneity *(n.)* kespontanan
	spontaneous *(adj.)* spontan

spoon *(v.)* menyudu	**squander** *(v.)* menghabiskan
spoonful *(n.)* sesudu penuh	**square** *(v.)* membuat persegi
sporadic *(adj.)* sekali-sekala	**square** *(n.)* segi empat sama
sport *(v.)* bersukan	**squash** *(n.)* skuasy
sport *(n.)* sukan	**squash** *(v.)* melenyekkan
sportive *(adj.)* minat sukan	**squat** *(v.)* mencangkung
sportsman *(n.)* ahli sukan	**squeak** *(n.)* bunyi decit
spot *(v.)* berbintik	**squeeze** *(v.)* memicit
spot *(n.)* bintik	**squint** *(n.)* juling
spotless *(adj.)* bersih	**squint** *(v.)* mengerling
spousal *(n.)* pasangan	**squire** *(n.)* orang terhormat
spouse *(n.)* teman hidup	**squirrel** *(n.)* tupai
spout *(v.)* memancutkan	**stab** *(n.)* tikaman
spout *(n.)* muncung	**stab** *(v.)* menikam
sprain *(v.)* membuatkan terkehel	**stability** *(n.)* kestabilan
spray *(v.)* menyemburkan	**stabilization** *(n.)* penstabilan
spray *(n.)* semburan	**stabilize** *(v.)* menstabilkan
spread *(n.)* cadar	**stable** *(v.)* menyimpan kuda
spread *(v.)* menyebar luas	**stable** *(adj.)* stabil
spree *(n.)* aktiviti berterusan	**stadium** *(n.)* stadium
sprig *(n.)* tangkai	**staff** *(v.)* membekalkan kakitangan
sprightly *(adj.)* bertenaga	**staff** *(n.)* staf
spring *(n.)* spring	**stag** *(n.)* rusa jantan
spring *(v.)* bingkas	**stage** *(v.)* mempersembahkan
sprinkle *(v.)* menabur	**stage** *(n.)* pentas
sprint *(n.)* pecutan	**stagger** *(n.)* terhuyung-hayang
sprint *(v.)* memecut	**stagger** *(v.)* terhuyung-hayang
sprout *(n.)* pucuk	**stagnant** *(adj.)* berbau busuk
sprout *(v.)* berpucuk	**stagnate** *(v.)* bertakung
spur *(v.)* mendorong	**stagnation** *(n.)* terhenti
spur *(n.)* pendorong	**staid** *(adj.)* perwatakan serius
spurious *(adj.)* palsu	**stain** *(v.)* meninggalkan kesan
spurn *(v.)* menolak	**stain** *(n.)* kesan kotor
spurt *(n.)* pancutan	**stainless** *(adj.)* bersih
spurt *(v.)* memancut	**stair** *(n.)* tangga
sputnik *(n.)* Sputnik	**stake** *(v.)* memancang
sputum *(n.)* kahak	**stake** *(n.)* pancang
spy *(v.)* mengintip	**stale** *(v.)* menjadi lapuk
spy *(n.)* pengintip	**stale** *(adj.)* lapuk
squad *(n.)* skuad	**stalemate** *(n.)* kedudukan buntu
squadron *(n.)* skuadron	
squalid *(adj.)* sangat kotor	**stalk** *(v.)* menghendap
squalor *(n.)* keadaan kotor	**stalk** *(n.)* tangkai

stall *(v.)* melengahkan
stall *(n.)* kandang
stallion *(n.)* kuda jantan
stalwart *(n.)* penyokong setia
stamina *(n.)* stamina
stammer *(n.)* gagap
stamp *(v.)* menandai
stamp *(n.)* setem
stampede *(v.)* merempuh
stampede *(n.)* rempuhan binatang
stand *(n.)* penyandar
stand *(v.)* berdiri
standard *(adj.)* piawai
standard *(n.)* piawai
standardization *(n.)* proses mempiawaikan
standardize *(v.)* mempiawaikan
standing *(n.)* berdiri
standpoint *(n.)* sudut pandangan
standstill *(n.)* jalan buntu
stanza *(n.)* stanza
staple *(v.)* mengokot
staple *(n.)* kokot
star *(v.)* membintangi
star *(n.)* bintang
starch *(v.)* menggunakan kanji
starch *(n.)* kanji
stare *(n.)* renungan
stare *(v.)* merenung
stark *(adj.)* suram
stark *(adv.)* betul-betul
starry *(adj.)* berbintang
start *(n.)* permulaan
start *(v.)* memulakan
startle *(v.)* terkejut
starvation *(n.)* kebuluran
starve *(v.)* menahan lapar
state *(v.)* menyatakan
state *(n.)* keadaan
stateliness *(n.)* kemuliaan
stately *(adj.)* segak
statement *(n.)* pernyataan

statesman *(n.)* negarawan
static *(adj.)* statik
statics *(n.)* cabang fizik
station *(v.)* menempatkan
stationary *(adj.)* tidak bergerak
stationer *(n.)* pekedai alat tulis
stationery *(n.)* alat tulis
statistical *(adj.)* berkenaan statistik
statistician *(n.)* pakar statistik
statistics *(n.)* statistik
statue *(n.)* patung
stature *(n.)* kaliber
status *(n.)* taraf
statute *(n.)* hukum kanun
statutory *(adj.)* ditetapkan
staunch *(adj.)* taat setia
stay *(n.)* tali penyokong
stay *(v.)* tinggal
steadfast *(adj.)* teguh
steadiness *(n.)* kestabilan
steady *(v.)* menstabilkan
steady *(adj.)* tetap
steal *(v.)* mencuri
stealthily *(adv.)* dengan perlahan
steam *(v.)* mengukus
steamer *(n.)* pengukus
steed *(n.)* kuda
steel *(n.)* keluli
steep *(v.)* merendam
steep *(adj.)* curam
steeple *(n.)* menara gereja
steer *(v.)* mengendali
stellar *(adj.)* berkenaan bintang
stem *(v.)* menghentikan
stem *(n.)* batang
stench *(n.)* bau busuk
stencil *(v.)* stensil
stencil *(n.)* stensil
stenographer *(n.)* jurutrengkas
stenography *(n.)* stenografi
step *(v.)* memijak
step *(n.)* langkah

steppe *(n.)* padang rumput
stereotype *(v.)* mengecap
stereotype *(n.)* stereotaip
stereotyped *(adj.)* dikategorikan
sterile *(adj.)* mandul
sterility *(n.)* kemandulan
sterilization *(n.)* pemandulan
sterilize *(v.)* memandulkan
sterling *(n.)* wang British
sterling *(adj.)* tulen
stern *(n.)* buritan kapal
stern *(adj.)* tegas
stethoscope *(n.)* stetoskop
stew *(v.)* rebus
stew *(n.)* merebus
steward *(n.)* pramugara
stick *(v.)* melekat
stick *(n.)* kayu
sticker *(n.)* pelekat
stickler *(n.)* cerewet
sticky *(n.)* lekat
stiff *(n.)* keras
stiffen *(v.)* mengeras
stifle *(v.)* menahan
stigma *(n.)* tanggapan negatif
still *(n.)* kesenyapan
still *(adj.)* tenang
stillness *(n.)* keadaan sunyi
stilt *(n.)* jangkungan
stimulant *(n.)* perangsang
stimulate *(v.)* merangsang
stimulus *(n.)* rangsangan
sting *(n.)* sengat
sting *(v.)* menyengat
stingy *(adj.)* kedekut
stink *(n.)* bau busuk
stink *(v.)* berbau busuk
stipend *(n.)* gaji
stipulate *(v.)* menetapkan
stipulation *(n.)* ketetapan
stir *(v.)* mengacau
stirrup *(n.)* rakap
stitch *(v.)* menjahit

stitch *(n.)* jahitan
stock *(adj.)* stok
stock *(n.)* stok
stocking *(n.)* stoking
stoic *(n.)* tabah
stoke *(v.)* memarakkan api
stoker *(n.)* penjaga dandang
stomach *(v.)* tahan
stomach *(n.)* perut
stone *(v.)* merejam
stone *(n.)* batu
stony *(adj.)* berbatu
stool *(n.)* bangku
stoop *(n.)* kedudukan membongkok
stoop *(v.)* membongkok
stop *(n.)* perhentian
stop *(v.)* menghentikan
stoppage *(n.)* pemogokan
storage *(n.)* ruang simpanan
store *(v.)* menyimpan bekalan
store *(n.)* stor
storey *(n.)* tingkat
stork *(n.)* burung botak
storm *(v.)* menghentak kaki
storm *(n.)* badai
stormy *(adj.)* ribut
story *(n.)* cerita
stout *(adj.)* gempal
stove *(n.)* dapur
stow *(v.)* mengemaskan
straggle *(v.)* berselerak
straggler *(n.)* orang ketinggalan
straight *(adv.)* secara terus
straight *(adj.)* lurus
straighten *(v.)* meluruskan
straightforward *(adj.)* terus terang
straightway *(adv.)* serta-merta
strain *(n.)* ketegangan
strain *(v.)* menegangkan
strait *(n.)* selat
straiten *(v.)* menjadikan sempit
strand *(n.)* utas

strand *(v.)* terkandas
strange *(adj.)* pelik
stranger *(n.)* orang asing
strangle *(v.)* mencekik
strangulation *(n.)* perbuatan mencekik
strap *(v.)* mengikat
strap *(n.)* tali
stratagem *(n.)* muslihat
strategic *(adj.)* strategik
strategist *(n.)* pakar strategi
strategy *(n.)* strategi
stratum *(n.)* lapisan
straw *(n.)* jerami
strawberry *(n.)* strawberri
stray *(n.)* haiwan terbiar
stray *(v.)* sesat
stream *(v.)* berduyun-duyun
stream *(n.)* anak sungai
streamer *(n.)* sepanduk
streamlet *(n.)* sungai kecil
street *(n.)* jalan
strength *(n.)* kekuatan
strengthen *(v.)* menguatkan
strenuous *(adj.)* berat
stress *(v.)* menekankan
stress *(n.)* tekanan
stretch *(n.)* regangan
stretch *(v.)* meregangkan
stretcher *(n.)* usungan
strew *(v.)* menabur
strict *(adj.)* tegas
stricture *(n.)* kecaman
stride *(n.)* langkah
stride *(v.)* berjalan melangkah
strident *(adj.)* nyaring
strife *(n.)* pertikaian
strike *(n.)* mogok
striker *(n.)* penyerang
string *(v.)* memasang tali
string *(n.)* tali
stringency *(n.)* pengetatan
stringent *(adj.)* ketat
strip *(v.)* menanggalkan

strip *(n.)* penanggalan pakaian
stripe *(v.)* membuat jalur
stripe *(n.)* jalur
strive *(v.)* berusaha
stroke *(n.)* pukulan
stroke *(n.)* calitan
stroll *(n.)* berjalan-jalan
stroll *(v.)* bersiar-siar
strong *(adj.)* kuat
stronghold *(n.)* kubu
structural *(adj.)* struktural
structure *(n.)* struktur
struggle *(n.)* kesusahan
struggle *(v.)* bersusah-payah
strumpet *(n.)* pelacur
strut *(n.)* topang
strut *(v.)* mendada
stub *(n.)* puntung
stubble *(n.)* janggut baru
stubborn *(adj.)* degil
stud *(v.)* menatah
stud *(n.)* kuda baka
student *(n.)* pelajar
studio *(n.)* studio
studious *(adj.)* suka belajar
study *(n.)* pelajaran
study *(v.)* belajar
stuff *(v.)* menyumbat
stuff *(n.)* barang
stuffy *(adj.)* sesak
stumble *(n.)* perihal tersadung
stumble *(v.)* tersadung
stump *(v.)* menghairankan
stump *(n.)* tunggul
stun *(v.)* memegunkan
stunt *(n.)* lagak ngeri
stunt *(v.)* membantutkan
stupefy *(v.)* membingungkan
stupendous *(adj.)* amat besar
stupid *(adj.)* bodoh
stupidity *(n.)* kebodohan
sturdy *(adj.)* teguh
sty *(n.)* ketumbit
stye *(n.)* ketumbit

style *(n.)* stail
subdue *(v.)* menahan
subject *(adj.)* subjek
subject *(v.)* menaklukan
subjection *(n.)* penaklukan
subjective *(adj.)* subjektif
subjudice *(adj.)* dipertimbangkan mahkamah
subjugate *(v.)* menguasai
subjugation *(n.)* penjajahan
sublet *(v.)* menyewakan
sublimate *(v.)* menghaluskan
sublime *(n.)* menakjubkan
sublime *(adj.)* mengagumkan
sublimity *(n.)* kebesaran
submarine *(adj.)* kapal selam
submarine *(n.)* kapal selam
submerge *(v.)* tenggelam
submission *(n.)* kepatuhan
submissive *(adj.)* patuh
submit *(v.)* menyerah
subordinate *(n.)* subordinat
subordinate *(v.)* menaklukan
subordination *(n.)* subordinasi
subscribe *(v.)* melanggan
subscription *(n.)* langganan
subsequent *(adj.)* berikut
subservience *(n.)* kepatuhan
subservient *(adj.)* kurang berguna
subside *(v.)* berkurang
subsidiary *(adj.)* subsidiari
subsidize *(v.)* memberi subsidi
subsidy *(n.)* subsidi
subsist *(v.)* bertahan
subsistence *(n.)* sara hidup
substance *(n.)* bahan
substantial *(adj.)* kaya
substantially *(adv.)* sebahagian besarnya
substantiate *(v.)* mengesahkan
substantiation *(n.)* pengesahan
substitute *(v.)* menggantikan

substitute *(n.)* pengganti
substitution *(n.)* penggantian
subterranean *(adj.)* bawah tanah
subtle *(n.)* halus
subtlety *(n.)* kehalusan
subtract *(v.)* menolak
subtraction *(n.)* penolakan
suburb *(n.)* pinggir bandar
suburban *(adj.)* sub bandar
subversion *(n.)* subversi
subversive *(adj.)* subversif
subvert *(v.)* menggulingkan
succeed *(v.)* berjaya
success *(n.)* kejayaan
successful *(a)* berjaya
succession *(n.)* pewarisan
successive *(adj.)* berturut-turut
successor *(n.)* pewaris
succour *(v.)* membantu
succour *(n.)* bantuan
succumb *(v.)* mengalah
such *(pron.)* seperti itu
such *(adj.)* seperti
suck *(n.)* sedutan
suck *(v.)* menghisap
suckle *(v.)* menghisap
suckling *(n.)* penyusuan
sudden *(n.)* tiba-tiba
suddenly *(adv.)* tiba-tiba
sue *(v.)* menyaman
suffer *(v.)* menderita
suffice *(v.)* mencukupi
sufficiency *(n.)* kecukupan
sufficient *(adj.)* cukup
suffix *(v.)* menampalkan
suffix *(n.)* imbuhan
suffocate *(v.)* melemaskan
suffocation *(n.)* lemas
suffrage *(n.)* hak mengundi
sugar *(v.)* meletakkan gula
sugar *(n.)* gula
suggest *(v.)* mencadangkan
suggestion *(n.)* cadangan

suggestive *(adj.)* menandakan
suicidal *(adj.)* bunuh diri
suicide *(n.)* bunuh diri
suit *(v.)* sesuai
suit *(n.)* sut
suitability *(n.)* kesesuaian
suitable *(adj.)* sesuai
suite *(n.)* bilik hotel
suitor *(n.)* pelamar
sullen *(adj.)* muram
sulphur *(n.)* sulfur
sulphuric *(adj.)* berkaitan sulfur
sultry *(adj.)* sensual
sum *(v.)* menjumlahkan
sum *(n.)* jumlah
summarily *(adv.)* secara terus
summarize *(v.)* merumuskan
summary *(adj.)* ringkas
summary *(n.)* rumusan
summer *(n.)* musim panas
summit *(n.)* puncak
summon *(v.)* memanggil
summons *(n.)* saman
sumptuous *(adj.)* mewah
sun *(v.)* berjemur
sun *(n.)* matahari
sundary *(adj.)* beraneka
Sunday *(n.)* Ahad
sunder *(v.)* memutuskan hubungan
sunny *(adj.)* cerah
sup *(n.)* tegukan air
superabundance *(n.)* melimpah-ruah
superabundant *(adj.)* melimpah-ruah
superb *(adj.)* hebat
superficial *(adj.)* superfisial
superficiality *(n.)* kedangkalan
superfine *(adj.)* bermutu tinggi
superfluity *(n.)* melimpah-ruah
superfluous *(adj.)* berlebihan
superhuman *(adj.)* manusia luar biasa

superintend *(v.)* menyelia
superintendence *(n.)* penyeliaan
superintendent *(n.)* penyelia
superior *(adj.)* superior
superiority *(n.)* superioriti
superlative *(n.)* puncak
superlative *(adj.)* paling
superman *(n.)* manusia luar biasa
supernatural *(adj.)* kuasa ghaib
supersede *(v.)* menggantikan
supersonic *(adj.)* ultra bunyi
superstition *(n.)* tahyul
superstitious *(adj.)* percaya perkara tahyul
supertax *(n.)* cukai tambahan
supervise *(v.)* mengawasi
supervision *(n.)* pengawasan
supervisor *(n.)* penyelia
supper *(n.)* makan lewat malam
supple *(adj.)* lembut
supplement *(v.)* menambah
supplementary *(adj.)* tambahan
supplier *(n.)* pembekal
supply *(n.)* bekalan
supply *(v.)* membekalkan
support *(n.)* sokongan
support *(v.)* menyokong
suppose *(v.)* menganggap
supposition *(n.)* andaian
suppress *(v.)* menumpaskan
suppression *(n.)* penumpasan
supremacy *(n.)* kedudukan tertinggi
supreme *(adj.)* agung
surcharge *(v.)* menambah caj
surcharge *(n.)* caj tambahan
sure *(adj.)* pasti
surely *(adv.)* pasti
surety *(n.)* penjamin
surf *(v.)* meluncur air
surface *(v.)* muncul
surfeit *(n.)* banyak

surge *(v.)* meluru
surge *(n.)* pertambahan
surgeon *(n.)* pakar bedah
surgery *(n.)* pembedahan
surmise *(v.)* meneka
surmise *(n.)* tekaan
surmount *(v.)* menghadapi
surname *(n.)* nama keluarga
surpass *(v.)* mengatasi
surplus *(n.)* lebihan
surprise *(v.)* mengejutkan
surprise *(n.)* kejutan
surrender *(n.)* penyerahan
surrender *(v.)* menyerah
surround *(v.)* mengepung
surroundings *(n.)* persekitaran
surtax *(n.)* cukai tambahan
surveillance *(n.)* pemerhatian
survey *(v.)* mengkaji selidik
survival *(n.)* terus hidup
survive *(v.)* terus hidup
suspect *(n.)* suspek
suspect *(adj.)* tidak sahih
suspend *(v.)* menggantung
suspense *(n.)* ketegangan
suspension *(n.)* penggantungan
suspicion *(n.)* curiga
suspicious *(adj.)* mencurigakan
sustain *(v.)* bertahan
sustenance *(n.)* makanan
swagger *(n.)* perbuatan berlagak
swagger *(v.)* berlagak
swallow *(n.)* telan
swallow *(v.)* menelan
swamp *(v.)* membanjiri
swamp *(n.)* paya
swan *(n.)* angsa
swarm *(v.)* berkerumun
swarm *(n.)* kelompok
swarthy *(adj.)* gelap
sway *(n.)* pengaruh
sway *(v.)* mempengaruhi

swear *(v.)* bersumpah
sweat *(v.)* berpeluh
sweat *(n.)* peluh
sweater *(n.)* baju panas
sweep *(n.)* liputan
sweep *(v.)* menyapu
sweeper *(n.)* tukang sapu
sweet *(n.)* gula-gula
sweet *(adj.)* manis
sweeten *(v.)* memaniskan
sweetmeat *(n.)* makanan manisan
sweetness *(n.)* kemanisan
swell *(n.)* bengkak
swell *(v.)* membesar
swift *(adj.)* tangkas
swim *(n.)* renang
swim *(v.)* berenang
swimmer *(n.)* perenang
swindle *(n.)* penipuan
swindle *(v.)* menipu
swindler *(n.)* penipu
swine *(n.)* babi
swing *(n.)* ayunan
swing *(v.)* mengayun
Swiss *(adj.)* berkaitan switzerland
Swiss *(n.)* orang Switzerland
switch *(v.)* bertukar
switch *(n.)* suis
swoon *(v.)* pengsan
swoon *(n.)* pitam
swoop *(n.)* sambaran
sword *(n.)* pedang
sycamore *(n.)* pokok sycamore
sycophancy *(n.)* bodek
sycophant *(n.)* pengampu
syllabic *(n.)* silabik
syllable *(n.)* suku kata
syllabus *(n.)* sukatan pelajaran
sylph *(n.)* bidadari
sylviculturist *(n.)* penanam hutan
symbiosis *(n.)* simbiosis

symbiote *(n.)* simbiotik
symbol *(n.)* simbol
symbolic *(adj.)* simbolik
symbolism *(n.)* simbolisme
symbolize *(v.)* melambangkan
symmetrical *(adj.)* simetri
symmetry *(n.)* simetri
sympathetic *(adj.)* bersimpati
sympathize *(v.)* bersimpati
sympathy *(n.)* simpati
symphony *(n.)* simfoni
symposium *(n.)* simposium
symptom *(n.)* simptom
symptomatic *(adj.)* menunjukkan simptom
synergy *(n.)* tindakan bersama
synonym *(n.)* sinonim
synonymous *(adj.)* sinonim
synopsis *(n.)* sinopsis
syntax *(n.)* sintaks
synthesis *(n.)* sintesis
synthetic *(n.)* sintetik
synthetic *(adj.)* sintetik
syringe *(v.)* memicagari
syringe *(n.)* picagari
syrup *(n.)* sirap
system *(n.)* sistem
systematic *(adj.)* sistematik
systematize *(v.)* membuat system

table *(v.)* mengemukakan
table *(n.)* jadual
tablet *(v.)* memberi
tabloid *(n.)* tabloid
taboo *(v.)* terlarang
taboo *(n.)* pantang larang
tabular *(adj.)* jadual

tabulate *(v.)* menjadualkan
tabulation *(n.)* tabulasi
tabulator *(n.)* tabulator
tacit *(adj.)* diam-diam
taciturn *(adj.)* pendiam
tack *(v.)* taktik
tackle *(v.)* menguasai
tackle *(n.)* takal
tact *(n.)* bijaksana
tactful *(adj.)* bersifat bijaksana
tactician *(n.)* pakar taktik
tactics *(n.)* taktik
tactile *(adj.)* sentuhan
tag *(v.)* melabel
tail *(v.)* mengekori
tailor *(v.)* membuat pakaian
tailor *(n.)* tukang jahit
taint *(v.)* mencemari
taint *(n.)* kesan buruk
take *(v.)* mengambil
takeaway *(n.)* bungkus
taken *(adj.)* diambil
takeoff *(n.)* berlepas
takeout *(n)* dibungkus
takeover *(n.)* mengambil alih
taker *(n.)* pengambil
tala *(n.)* harmoni
talbot *(n.)* talbot
talc *(n.)* talkum
tale *(n.)* cerita
taleable *(adj.)* boleh diceritakan
talebear *(v.)* menceritakan
talebearer *(n.)* penyokong
talebearing *(n.)* penyebar fitnah
talebook *(n.)* sejenis buku
talent *(n.)* bakat
talisman *(n.)* tangkal
talk *(n.)* perbualan
talk *(v.)* berbual
talkative *(adj.)* mulut murai
talkativeness *(n.)* mulut murai
talkavively *(adv.)* berbual
talkback *(n.)* menjawab
talkboard *(n.)* papan bicara

talkfast *(n.)* bercakap laju
tall *(adj.)* tinggi
tallow *(n.)* lemak binatang
tally *(adj.)* sama
tally *(n.)* catatan
talon *(n.)* kuku
taloned *(adj.)* berbunyi
tamarind *(n.)* asam jawa
tame *(v.)* menjinakkan
tame *(adj.)* jinak
tamper *(n.)* gangguan
tamperproof *(adj.)* bebas-hentakan
tampon *(v.)* menggunakan tampon
tan *(adj.)* sawo matang
tan *(n.)* sawo matang
tanbark *(n.)* keperangan
tandem *(adj.)* tandem
tandoor *(n.)* tandori
tang *(v.)* unjuran
tanged *(adj.)* bunyi kuat
tangent *(n.)* garisan sentuh
tangible *(adj.)* nyata
tangle *(v.)* mengusutkan
tangle *(n.)* kusut
tango *(v.)* menari tango
tank *(n.)* tangki
tankard *(n.)* kole logam
tanker *(n.)* kapal minyak
tanner *(n.)* tukang tenun
tannery *(n.)* samak
tantalize *(v.)* menggoda
tantamount *(v.)* disamakan
tantra *(n.)* tantra
tantric *(adj.)* tantrik
tap *(v.)* menuang
tape *(v.)* melekatkan
tape *(n.)* pita
tape player *(n.)* pemain pita
tapeless *(adj.)* tanpa pita
tapeline *(n.)* garis pita
taper *(n.)* lilin tirus
taper *(v.)* menirus

tapestry *(n.)* tapestri
tar *(v.)* menurap jalan
tar *(n.)* tar
taramite *(n.)* taramit
tarantism *(n.)* tarantisme
tardiness *(n.)* kelambatan
tardy *(adj.)* lambat
target *(n.)* sasaran
tariff *(n.)* cukai
tarnish *(v.)* memudarkan
task *(v.)* menugaskan
task *(n.)* tugas
taste *(v.)* merasa
taste *(n.)* rasa
tasteful *(adj.)* penuh rasa
tasty *(adj.)* lazat
tatter *(v.)* mengoyakkan
tatter *(n.)* koyak rabak
tattoo *(v.)* mencacah
tattoo *(n.)* tatu
taunt *(n.)* ejekan
taunt *(v.)* mengejek
taunter *(n.)* pengganggu
taunting *(adj.)* mengganggu
tauntingly *(adv.)* gangguan
tauromachy *(n.)* perlawanan lembu
taut *(adj.)* tegang
tautly *(adv.)* dengan tegang
tavern *(n.)* kedai
taverner *(n.)* peniaga
tavernkeeper *(n.)* penjaga kedai
taw *(n)* tawas
tawer *(n.)* penipu
tax *(v.)* mengenakan cukai
tax *(n.)* cukai
taxable *(adj.)* boleh dicukaikan
taxation *(n.)* percukaian
taxi *(v.)* bergerak
taxi *(n.)* teksi
taxibus *(n.)* bus berteksi
taxicab *(n.)* teksi
taxidermal *(adj.)* berkenaan taksidermi

taxidermic *(adj.)* bersifat taksidermi
taxidermist *(n.)* pakar taksidermi
taxidermy *(n.)* taksidermi
T-bone *(v.)* tulang-T
tchick *(v.)* mendetak
tea *(n.)* teh
teabag *(n.)* uncang teh
teabagging *(n.)* memasukkan sesuatu
teabox *(n.)* kotak teh
teacake *(n.)* kek minum petang
teach *(v.)* mengajar
teacheable *(adj.)* boleh diajar
teacher *(n.)* guru
teachercentric *(adj.)* fokus pengajaran
teachings *(n.)* ajaran
teacup *(n.)* cawan teh
teagle *(n.)* sejenis hela
teahouse *(n.)* rumah teh
teak *(v.)* jati
team *(n.)* pasukan
teamaker *(n.)* pembuat teh
teambuilder *(n.)* berkumpulan
teamed *(adj.)* bekerjasama
teammate *(n.)* ahli pasukan
teamwise *(adv.)* secara berkumpulan
teamwork *(n.)* kerjasama
teapot *(n.)* teko
tear *(n.)* koyak
tear *(n.)* air mata
tearful *(adj.)* menangis
tease *(n.)* penyakat
teaser *(n.)* masalah rumit
teasing *(n.)* menyakat
teasingly *(adv.)* mengejek
teat *(n.)* puting susu
technical *(n.)* teknikal
technicality *(n.)* butir teknikal
technician *(n.)* juruteknik
technique *(n.)* teknik

technological *(adj.)* berkenaan teknologi
technologist *(n.)* pakar teknologi
technology *(n.)* teknologi
technomad *(n.)* teknomad
technomania *(n.)* teknomania
technomusic *(n.)* musik tekno
technophile *(n.)* teknofil
technophobe *(n.)* teknofob
techy *(n.)* pakar teknologi
tect *(n.)* meliputi
tectonic *(adj.)* tektonik
tedious *(adj.)* menjemukan
tedium *(n.)* keadaan menjemukan
teem *(v.)* hebat
teenager *(n.)* remaja
teens *(n. pl.)* remaja
teethe *(v.)* tumbuh gigi
teetotal *(adj.)* tidak minum arak
teetotaller *(n.)* bukan peminum arak
telebanking *(n.)* tele-perbankan
telecast *(v.)* disiarkan
telecommunications *(n.)* telekomunikasi
telecomputing *(n.)* tele-perkomputeran
teleconference *(n.)* telekonferens
telecopier *(n.)* faksimili
telecourse *(n.)* telekos
telefax *(n.)* telefaks
telegram *(n.)* telegram
telegraph *(v.)* menggunakan telegraf
telegraph *(n.)* telegraf
telegraphic *(adj.)* melalui telegraf
telegraphist *(n.)* penghantar telegram
telegraphy *(n.)* telegrafi
teleguide *(n.)* telebimbingan

telejournalism *(n.)* telekewartawanan
telekinesis *(n.)* telekinesis
telekinetic *(adj.)* telekinetik
telemarket *(v.)* tele-pasaran
telemarketing *(n.)* telepemasaran
telematic *(adj.)* telematik
telemetry *(n.)* telemetri
teleologic *(adj.)* berkenaan teleologi
teleologist *(n.)* ahli teleologi
teleology *(n.)* teleologi
teleoperator *(n.)* operator talian
telepathic *(adj.)* berkenaan telepati
telepathist *(n.)* telepatis
telepathy *(n.)* telepati
telephone *(v.)* menelefon
teleport *(n.)* rentas jarak
teleportation *(n.)* teleportasi
teleprint *(v.)* telecetak
teleprompt *(v.)* teleprom
telescope *(n.)* teleskop
telescopic *(adj.)* berkenaan teleskop
telescopy *(n.)* teleskop
teleshopper *(n.)* telebelian
teleshopping *(n.)* telebelian
teletext *(n.)* teleteks
televise *(v.)* siarkan
television *(n.)* televisyen
tell *(v.)* memberitahu
teller *(n.)* juruwang
telling *(n.)* pemberitahuan
telling-off *(n.)* halau
telltale *(adj.)* tanda
tellural *(adj.)* bahagian telinga
telluric *(adj.)* tentang tanah
temeritous *(adj.)* tidak wajar
temerity *(n.)* keberanian
temper *(v.)* melembutkan
temper *(n.)* mudah marah
temperament *(n.)* perangai

temperamental *(adj.)* mudah terpengaruh
temperance *(n.)* kesederhanaan
temperate *(adj.)* sederhana
temperature *(n.)* suhu
tempest *(n.)* ribut kuat
tempestuous *(adj.)* bergelora
templar *(n.)* ahli Templar
template *(n.)* templat
temple *(n.)* pelipis
temple *(n.)* kuil
temporal *(adj.)* temporal
temporary *(adj.)* sementara
tempt *(v.)* menggoda
temptation *(n.)* godaan
tempter *(n.)* penggoda
ten *(n., a)* sepuluh
tenable *(adj.)* dapat dipertahankan
tenacious *(adj.)* gigih
tenacity *(n.)* kegigihan
tenancy *(n.)* penyewaan
tenant *(n.)* penyewa
tend *(v.)* cenderung
tendefoot *(n.)* orang baru
tendency *(n.)* kecenderungan
tender *(adj.)* lembut
tender *(n.)* tawaran
tenderhearted *(adj.)* baik hati
tenderize *(v.)* melembutkan
tenderizer *(n.)* pemohon
tenderly *(adv.)* dengan lembut
tenderness *(n.)* kelembutan
tending *(n.)* cenderung
tendinitis *(n.)* bengkak
tendril *(n.)* sulur paut
tenebrose *(adj.)* tidak jelas
tenebrosity *(n.)* ketidak jelasan
tenebrous *(adj.)* lemah lembut
tenent *(n.)* dasar
tenet *(n.)* kepercayaan
tenfold *(adv.)* sepuluh kali ganda

tennis *(n.)* tenis
tenor *(adj.)* tenor
tense *(v.)* menjadi tegang
tense *(n.)* kala
tensely *(adv.)* tegang
tensible *(adj.)* ketegangan
tensile *(adj.)* ketegangan
tensility *(n.)* teguh
tension *(v.)* menegangkan
tensioned *(adj.)* ketegangan
tensor *(v.)* tegang
tent *(n.)* khemah
tentative *(n.)* tentatif
tentativeness *(n.)* kesabaran
tenth *(adj.)* kesepuluh
tentmaker *(n.)* pembuat khemah
tentpole *(n.)* batang khemah
tenue *(n.)* bearing
tenuous *(adj.)* lemah lembut
tenuously *(adv.)* berlemah lembut
tenure *(n.)* tempoh
tepid *(adj.)* suam
tepidity *(n.)* kelembutan
tepidly *(adv.)* suam
tequila *(n.)* sejenis arak
terabase *(n.)* terabes
terabit *(n.)* terabit
terabyte *(n.)* terabait
terajoule *(n.)* terajoule
term *(v.)* menamakan
terminable *(adj.)* ditangguhkan
terminal *(n.)* terminal
terminal *(adj.)* peringkat akhir
terminate *(v.)* menamatkan
termination *(n.)* penamatan
terminological *(adj.)* berkaitan terminologi
terminology *(n.)* terminologi
terminus *(n.)* stesen terakhir
termite *(n.)* anai-anai
termiticide *(n.)* racun anai-anai
terp *(v.)* melumpurkan
terrace *(v.)* membuat teres

terracotta *(adj.)* terakota
terraforming *(n.)* transformasi planet
terrain *(n.)* muka bumi
terrestrial *(adj.)* kawasan
terrible *(adj.)* dahsyat
terrier *(n.)* sejenis anjing
terrific *(adj.)* handal
terrify *(v.)* menakutkan
territorial *(adj.)* wilayah
territory *(n.)* kawasan
terror *(n.)* gerun
terrorism *(n.)* keganasan
terrorist *(n.)* pengganas
terrorize *(v.)* mengancam
terse *(adj.)* ringkas
tersely *(adv.)* dengan ringkas
tertian *(n.)* tertian
tertiary *(adj.)* tertiari
tesseract *(n.)* sejenis kiub
test *(n.)* ujian
test *(v.)* menguji
testament *(n.)* bukti
testicle *(n.)* buah zakar
testify *(v.)* membuktikan
testimonial *(n.)* surat perakuan
testimony *(n.)* kenyataan saksi
testosterone *(n.)* testosteron
tete-a-tete *(n.)* perbualan berdua
tether *(v.)* menambat
tether *(n.)* tali penambat
tetra *(n.)* tetra
text *(n.)* teks
textbook *(adj.)* buku teks
textbookish *(adj.)* buku teks
textile *(n.)* tekstil
textile *(adj.)* tekstil
textual *(n.)* tekstual
texture *(n.)* tekstur
thank *(v.)* berterima kasih
thankful *(adj.)* berterima kasih
thankless *(adj.)* tidak bersyukur
thanks *(n.)* terima kasih

that *(conj.)* itu	**thin** *(v.)* menipiskan
that *(adj.)* itu	**thin** *(adj.)* nipis
thatch *(v.)* mengatapi	**thing** *(n.)* benda
thatch *(n.)* jerami atap	**think** *(v.)* berfikir
thaw *(n.)* pencairan	**thinker** *(n.)* pemikir
theatre *(n.)* teater	**third** *(n.)* ketiga
theatrical *(adj.)* berkaitan teater	**third** *(adj.)* ketiga
theft *(n.)* pencurian	**thirdly** *(adv.)* ketiga
their *(adj.)* kepunyaan mereka	**thirst** *(v.)* dahaga
theirs *(pron.)* milik mereka	**thirst** *(n.)* rasa dahaga
theism *(n.)* teisme	**thirsty** *(adj.)* dahaga
theist *(n.)* penganut teisme	**thirteen** *(adj.)* tiga belas
them *(pron.)* mereka	**thirteenth** *(adj.)* ketiga belas
thematic *(adj.)* tematik	**thirtieth** *(n.)* ketiga puluh
theme *(n.)* tema	**thirtieth** *(adj.)* ketiga puluh
then *(adj.)* nanti	**thirty** *(adj.)* tiga puluh
then *(adv.)* ketika itu	**thirty** *(n.)* tiga puluh
thence *(adv.)* dari sana	**thistle** *(n.)* bulu
theocracy *(n.)* teokrasi	**thither** *(adv.)* ke sana
theologian *(n.)* ahli ulama	**thorax** *(n.)* toraks
theological *(adj.)* berkenaan teologi	**thorn** *(n.)* duri
theology *(n.)* teologi	**thorny** *(adj.)* berduri
theorem *(n.)* teorem	**thorough** *(adj.)* teliti
theoretical *(adj.)* secara teori	**thoroughfare** *(n.)* jalan raya
theorist *(n.)* pakar teori	**though** *(adv.)* bagaimanapun
theorize *(v.)* membentuk teori	**though** *(conj.)* meskipun
theory *(n.)* teori	**thought** *(n.)* fikiran
therapy *(n.)* terapi	**thoughtful** *(adj.)* bertimbang rasa
there *(adv.)* di sana	**thousand** *(adj.)* ribuan
thereabouts *(adv.)* lebih kurang	**thousand** *(n.)* ribu
thereafter *(adv.)* kemudian	**thrall** *(n.)* hamba
thereby *(adv.)* dengan itu	**thralldom** *(n.)* perhambaan
therefore *(adv.)* oleh itu	**thrash** *(v.)* membelasah
thermal *(adj.)* terma	**thread** *(v.)* memasukkan
thermometer *(n.)* termometer	**thread** *(n.)* benang
thermos (flask) *(n.)* termos	**threadbare** *(adj.)* tipis
thesis *(n.)* tesis	**threat** *(n.)* ancaman
thick *(adv.)* bebal	**threaten** *(v.)* mengancam
thicken *(v.)* memekatkan	**three** *(adj.)* tiga
thicket *(n.)* belukar	**three** *(n.)* tiga
thief *(n.)* pencuri	**thresh** *(v.)* membanting
thigh *(n.)* paha	**thresher** *(n.)* pembanting
thimble *(n.)* jidal	**threshold** *(n.)* bendul

thrice *(adv.)* tiga kali
thrift *(n.)* jimat
thrifty *(adj.)* berhemah
thrill *(v.)* mendebarkan
thrill *(n.)* keseronokan
thrive *(v.)* berkembang maju
throat *(n.)* kerongkong
throaty *(adj.)* tekak
throb *(n.)* denyutan
throb *(v.)* berdenyut
throe *(n.)* rasa sakit
throne *(v.)* takhta
throne *(n.)* takhta
throng *(v.)* berasak-asak
throttle *(v.)* mencekik
throttle *(n.)* pendikit
through *(adj.)* lalu
through *(prep.)* melalui
throughout *(prep.)* sepanjang
throughout *(adv.)* seluruh
throw *(n.)* balingan
throw *(v.)* membaling
thrust *(n.)* tolakan
thrust *(v.)* menolak
thud *(v.)* berdebar-debar
thud *(n.)* debaran
thug *(n.)* samseng
thumb *(v.)* menyelak
thumb *(n.)* ibu jari tangan
thump *(v.)* menumbuk
thump *(n.)* pukulan kuat
thunder *(v.)* berbunyi kuat
thunder *(n.)* guruh
thunderous *(adj.)* seperti guruh
Thursday *(n.)* Khamis
thus *(adv.)* sedemikian
thwart *(v.)* menghalang
tiara *(n.)* tiara
tick *(v.)* berdetik
tick *(n.)* detikan
ticket *(n.)* tiket
tickle *(v.)* menggeletek
ticklish *(adj.)* mudah geli

tidal *(adj.)* berkenaan pasang surut
tide *(n.)* pasang surut
tidiness *(n.)* kekemasan
tidings *(n. pl.)* berita
tidy *(v.)* mengemaskan
tidy *(adj.)* kemas
tie *(n.)* tali leher
tier *(n.)* lapisan
tiger *(n.)* harimau
tight *(adj.)* ketat
tighten *(v.)* mengetatkan
tigress *(n.)* harimau betina
tile *(v.)* memasang jubin
tile *(n.)* jubin
till *(n.)* cecah
till *(prep.)* sehingga
tilt *(n.)* condong
timber *(n.)* kayu balak
time *(v.)* menentukan masa
time *(n.)* masa
timely *(adj.)* tepat masa
timid *(adj.)* penakut
timidity *(n.)* keberanian
timorous *(adj.)* malu
tin *(v.)* mengetinkan
tin *(n.)* timah
tincture *(v.)* mempengaruhi
tincture *(n.)* tinktur
tinge *(v.)* mewarnakan
tinge *(n.)* warna
tinker *(n.)* tukang pateri
tinsel *(n.)* perada
tint *(v.)* mewarnakan sedikit
tint *(n.)* seri warna
tiny *(adj.)* sangat kecil
tip *(v.)* melayan
tip *(n.)* hujung
tip (off) *(v.)* marah
tipsy *(adj.)* mabuk sedikit
tirade *(n.)* kecaman
tire *(n.)* tayar
tiresome *(adj.)* meletihkan
tissue *(n.)* tisu

titanic *(adj.)* sangat besar
tithe *(n.)* zakat
title *(v.)* tajuk
titular *(adj.)* titular
toad *(n.)* kodok
toast *(v.)* membakar
toast *(n.)* roti bakar
tobacco *(n.)* tembakau
today *(n.)* kini
today *(adv.)* hari ini
toe *(v.)* mematuhi
toe *(n.)* jari kaki
toffee *(n.)* tofi
toga *(n.)* toga
together *(adv.)* bersama
toil *(v.)* bekerja keras
toil *(n.)* kerja berat
toilet *(n.)* tandas
toils *(n. pl.)* toil
token *(n.)* tanda
tolerable *(adj.)* boleh diterima
tolerance *(n.)* toleransi
tolerant *(adj.)* bertoleransi
tolerate *(v.)* menerima
toleration *(n.)* toleransi
toll *(v.)* membunyikan genta
toll *(n.)* tol
tomato *(n.)* tomato
tomb *(n.)* makam
tomboy *(n.)* tomboi
tomcat *(n.)* kucing jantan
tome *(n.)* buku besar
tomorrow *(adv.)* esok
tomorrow *(n.)* esok
ton *(n.)* tan
tone *(v.)* nada
tongs *(n. pl.)* penyepit
tongue *(n.)* lidah
tonic *(n.)* tonik
tonic *(adj.)* tonik
tonight *(adv.)* malam ini
tonight *(n.)* malam ini
tonne *(n.)* tan
tonsil *(n.)* anak tekak

tonsure *(n.)* mencukur
too *(adv.)* terlalu
tool *(n.)* alat
tooth *(n.)* gigi
toothache *(n.)* sakit gigi
toothsome *(adj.)* sedap
top *(n.)* bahagian atas
top *(n.)* puncak
topaz *(n.)* topaz
topic *(n.)* topik
topical *(adj.)* topik semasa
topographer *(n.)* pakar topografi
topographical *(adj.)* berkenaan topografi
topography *(n.)* topografi
topple *(v.)* jatuh
topsy turvy *(adv.)* tunggang-langgang
torch *(n.)* lampu suluh
torment *(n.)* sengsara
torment *(v.)* menyeksa
tornado *(n.)* puting beliung
torpedo *(v.)* torpedo
torpedo *(n.)* torpedo
torrent *(n.)* arus deras
torrential *(adj.)* hebat
torrid *(adj.)* panas terik
tortoise *(n.)* kura-kura
tortuous *(adj.)* bengkang-bengkok
torture *(v.)* menyeksa
torture *(n.)* penyeksaan
toss *(n.)* lambungan
toss *(v.)* melambungkan
total *(v.)* menjumlahkan
total *(adj.)* jumlah
totalitarian *(adj.)* sistem totalitari
totality *(n.)* keseluruhan
touch *(n.)* sentuhan
touch *(v.)* menyentuh
touchy *(adj.)* sensitif
tough *(adj.)* kuat
toughen *(v.)* menjadi kuat

tour *(v.)* melawat	**tract** *(n.)* kawasan tanah
tour *(n.)* lawatan	**traction** *(n.)* kuasa tarikan
tourism *(n.)* pelancongan	**tractor** *(n.)* traktor
tourist *(n.)* pelancong	**trade** *(v.)* berdagang
tournament *(n.)* pertandingan	**trade** *(n.)* perdagangan
tow *(v.)* menunda	**trader** *(n.)* pedagang
towards *(prep.)* menghala	**tradesman** *(n.)* pekedai
towboat *(n.)* bot tunda	**tradition** *(n.)* tradisi
towel *(v.)* mengelap	**traditional** *(adj.)* tradisional
towel *(n.)* tuala	**traffic** *(v.)* perdagangan haram
tower *(v.)* tersergam	**traffic** *(n.)* lalu lintas
tower *(n.)* menara	**tragedian** *(n.)* tragedi
town *(n.)* pekan	**tragedy** *(n.)* tragedi
township *(adj.)* bandar	**tragic** *(adj.)* tragik
toxemia *(n.)* keracunan darah	**trail** *(v.)* mengheret
toxic *(adj.)* toksik	**trail** *(n.)* jejak
toxicity *(n.)* bertoksik	**trailer** *(n.)* treler
toxicologist *(n.)* pakar toksikologi	**train** *(v.)* melatih
toxicology *(n.)* toksikologi	**train** *(n.)* kereta api
toxification *(n.)* toksifikasi	**trainee** *(n.)* pelatih
toxin *(n.)* toksin	**training** *(n.)* latihan
toy *(v.)* bermain-main	**trait** *(n.)* ciri
toy *(n.)* permainan	**traitor** *(n.)* pengkhianat
toyhouse *(n.)* rumah mainan	**tram** *(n.)* trem
toymaker *(n.)* pembuat mainan	**trample** *(v.)* memijak
toyseller *(n.)* penjual mainan	**trance** *(n.)* khayal
toystore *(n.)* kedai permainan	**tranquil** *(adj.)* tenang
trace *(v.)* menjejaki	**tranquility** *(n.)* ketenangan
trace *(n.)* jejak	**tranquillize** *(v.)* menenangkan
traceable *(adj.)* dapat dikesan	**tranquillizer** *(n.)* ubat penenang
trachea *(n.)* trakea	**transact** *(v.)* berurusan
tracheal *(adj.)* berkaitan trakea	**transaction** *(n.)* transaksi
tracheole *(n.)* tiub pernafasan	**transboarder** *(n.)* batasan
tracheoscopy *(n.)* trakeoskopi	**transboundery** *(n.)* melanggar batasan
track *(v.)* menjejaki	**transceive** *(v.)* memancar
track *(n.)* jejak	**transceiver** *(n.)* pemancar
trackable *(adj.)* dapat dijejaki	**transcend** *(v.)* mengatasi
trackback *(n.)* jejak semula	**transcendent** *(adj.)* unggul
trackball *(n.)* bola trek	**transcendental** *(adj.)* keunggulan
tracker *(n.)* pengesan	**transcendentalize** *(v.)* berkhayal
tracklist *(n.)* senarai trek	
tracksuit *(n.)* sut balapan	
tract *(n.)* risalah	

transcendentally *(adv.)* khayalan
transcendingly *(adv.)* berangan
transcribe *(v.)* transkrip
transcriber *(n.)* pentranskrip
transcription *(n.)* transkripsi
transfer *(v.)* memindahkan
transfer *(n.)* pemindahan
transferable *(adj.)* boleh dipindahkan
transfiguration *(n.)* transfigurasi
transfigure *(v.)* berubah
transform *(v.)* ubah
transformation *(n.)* transformasi
transgress *(v.)* bersalah
transgression *(n.)* pelanggaran
transit *(v.)* transit
transition *(n.)* peralihan
transitive *(n.)* transitif
transitory *(adj.)* sementara
translate *(v.)* menterjemahkan
translation *(n.)* terjemahan
transmigration *(n.)* transmigrasi
transmission *(n.)* penghantaran
transmit *(v.)* menghantar
transmitter *(n.)* pemancar
transparent *(adj.)* lutsinar
transplant *(n.)* pemindahan
transplantation *(n.)* proses pemindahan
transplantee *(n.)* yang memindahkan
transport *(n.)* pengangkutan
transport *(v.)* mengangkut
transportation *(n.)* pengangkutan
trap *(v.)* memerangkap
trap *(n.)* perangkap
trapball *(n.)* permainan trak
trapdoor *(n.)* perangkap

trapeze *(v.)* ayunan
trapezist *(n.)* ahli trapiz
trapezoid *(n.)* trapizoid
trapline *(n.)* jambatan
trash *(n.)* sampah
trashed *(adj.)* dibuang
trauma *(n.)* trauma
traumatic *(adj.)* traumatik
traumatism *(n.)* traumatisme
traumatology *(n.)* traumatologi
traunch *(adj.)* jejak langkah
travel *(n.)* pengembaraan
traveller *(n.)* pengembara
travelogue *(n.)* travelog
traversable *(adj.)* boleh dilalui
traverse *(n.)* melintasi
travetime *(n.)* pergerakan masa
trawl *(v.)* memukat
trawlboat *(n.)* bot trawl
tray *(n.)* dulang
treacherous *(adj.)* khianat
treachery *(n.)* pengkhianatan
tread *(n.)* hentakan kaki
tread *(v.)* mengapung
treader *(n.)* pengapung
treadmill *(n.)* pengisar injakan
treadplate *(n.)* sejenis plat
treadwheel *(n.)* roda kisar
treason *(n.)* penderhakaan
treasure *(v.)* menghargai
treasure *(n.)* harta karun
treasurer *(n.)* bendahari
treasury *(n.)* tabung
treat *(n.)* rawatan
treat *(v.)* merawat
treatise *(n.)* risalah
treatment *(n.)* rawatan
treaty *(n.)* persetujuan
tree *(n.)* pokok
trek *(n.)* laluan trek
trek *(v.)* pendakian
tremble *(v.)* bergetar
tremendous *(adj.)* sangat besar
tremor *(n.)* getaran

trench *(v.)* memaritkan
trench *(n.)* parit
trend *(n.)* trend
trespass *(n.)* pencerobohan
trespass *(v.)* menceroboh
trial *(n.)* percubaan
triangle *(n.)* segi tiga
triangular *(adj.)* segi tiga
tribal *(adj.)* berkenaan puak
tribe *(n.)* puak
tribulation *(n.)* kesusahan
tribunal *(n.)* tribunal
tributary *(adj.)* taklukan
tribute *(n.)* penghormatan
trick *(v.)* menipu
trick *(n.)* tipu helah
trickery *(n.)* penipuan
trickle *(n.)* titisan
trickster *(n.)* penipu
tricky *(adj.)* sulit
tricolour *(n.)* triwarna
tricolour *(adj.)* triwarna
tricycle *(n.)* trisikal
trifle *(v.)* mempermainkan
trifle *(n.)* remeh
trigger *(v.)* mencetuskan
trim *(v.)* merapikan
trim *(adj.)* rapi
trinity *(n.)* triniti
trio *(n.)* trio
trip *(n.)* lawatan
trip *(v.)* tersadung
tripartite *(adj.)* tripartit
triple *(v.t.,)* tiga kali
triplicate *(v.)* tiga kali ganda
triplicate *(adj.)* ganda tiga
triplication *(n.)* proses penggandaan
tripod *(n.)* tripod
triumph *(v.)* menang
triumph *(n.)* kemenangan
triumphal *(adj.)* berjaya
triumphant *(adj.)* kejayaan
trivial *(adj.)* remeh

troop *(v.)* berkumpulan
troop *(n.)* kumpulan
trooper *(n.)* pengawal
trophy *(n.)* piala
tropic *(n.)* tropika
tropical *(adj.)* kawasan tropikal
trot *(n.)* derap
trot *(v.)* menderap
trouble *(v.)* merisaukan
trouble *(n.)* masalah
troublesome *(adj.)* menyusahkan
troupe *(n.)* rombongan
trousers *(n. pl)* seluar panjang
trowel *(n.)* kulir
truce *(n.)* genjatan senjata
truck *(n.)* lori berat
true *(adj.)* benar
trump *(v.)* berjaya
trump *(n.)* kejayaan
trumpet *(v.)* meniup trompet
trumpet *(n.)* trompet
trunk *(n.)* batang pokok
trust *(v.)* percaya
trust *(n.)* kepercayaan
trustee *(n.)* pemegang amanah
trustful *(adj.)* amanah
trustworthy *(adj.)* boleh dipercayai
trusty *(n.)* amanah
truth *(n.)* kebenaran
truthful *(adj.)* jujur
try *(n.)* percubaan
try *(v.)* mencuba
trying *(adj.)* mencuba
tryst *(n.)* cubaan
tub *(n.)* tab
tube *(n.)* tiub
tuberculosis *(n.)* tuberkulosis
tubular *(adj.)* tiub
tug *(v.)* menyentap
tuition *(n.)* tuisyen
tumble *(n.)* perihal tergolek
tumble *(v.)* tergolek

tumbler *(n.)* pasak
tumour *(n.)* tumor
tumult *(n.)* huru-hara
tumultuous *(adj.)* hingar-bingar
tune *(v.)* menala
tune *(n.)* penalaan
tunnel *(v.)* membuat terowong
tunnel *(n.)* terowong
turban *(n.)* serban
turbine *(n.)* turbin
turbulence *(n.)* bergolak
turbulent *(adj.)* pergolakan
turf *(n.)* rumput
turkey *(n.)* ayam belanda
turmeric *(n.)* kunyit
turmoil *(n.)* kekacauan
turn *(n.)* giliran
turn *(v.)* belok
turner *(n.)* pemusing
turnip *(n.)* lobak putih
turpentine *(n.)* turpentin
turtle *(n.)* penyu
tusk *(n.)* gading
tussle *(v.)* bergelut
tussle *(n.)* pergelutan
tutor *(n.)* pengajar
tutorial *(n.)* tutorial
tutorial *(adj.)* tutorial
twelfth *(n.)* kedua belas
twelfth *(adj.)* kedua belas
twelve *(n.)* dua belas
twentieth *(n.)* kedua puluh
twentieth *(adj.)* kedua puluh
twenty *(n.)* dua puluh
twenty *(adj.)* dua puluh
twice *(adv.)* dua kali
twig *(n.)* ranting
twilight *(n.)* senjakala
twin *(adj.)* kembar
twin *(n.)* kembar
twinkle *(n.)* kelipan
twinkle *(v.)* berkerlipan
twist *(n.)* tarian twist
twist *(v.)* memutar

twitter *(v.)* mencicip
twitter *(n.)* cicipan
two *(adj.)* dua
two *(n.)* dua
twofold *(adj.)* dua kali ganda
type *(v.)* menaip
type *(n.)* jenis
typhoid *(n.)* tifoid
typhoon *(n.)* taufan
typhus *(n.)* tifus
typical *(adj.)* tipikal
typify *(v.)* mencirikan
typist *(n.)* tukang taip
tyranny *(n.)* kuku besi
tyrant *(n.)* zalim
tyre *(n.)* tayar

uber *(adv)* berpangkat tinggi
ubergeek *(n.)* orang aneh
uberous *(adj.)* banyak
ubersexual *(adj.)* lelaki tulen
ubicity *(n.)* lokasi
ubiquity *(n.)* sentiasa ada
ubiquous *(adj.)* berdosa
udder *(n.)* puting susu
ufo *(n.)* piring terbang
ufologist *(n.)* ahli UFO
ufology *(n.)* kajian UFO
uglify *(v.)* menjadikan hodoh
ugliness *(n.)* hodoh
ugly *(adj.)* hodoh
ukelele *(n.)* ukulele
ukeleleist *(n.)* pemain ukulele
ulcer *(n.)* ulser
ulcerous *(adj.)* mempunyai ulser
ulterior *(adj.)* tersirat

ultimate *(adj.)* paling terbaik
ultimately *(adv.)* pengakhiran
ultimatum *(n.)* kata dua
ultracasual *(adj.)* tersangat kasual
ultracompact *(adj.)* tersangat kompak
ultraconservative *(n.)* amat konservatif
ultrasecure *(adj.)* tersangat selamat
ultrasonic *(adj.)* ultrasonik
ultrasonics *(n.)* kajian ultrabunyi
ultraviolet *(n.)* ultra ungu
ululate *(v.)* meraung
ululation *(n.)* raungan
umbrella *(n.)* payung
umpire *(v.t.,)* mengadili
unabashed *(adj.)* tidak malu
unabashedly *(adv.)* tanpa malu
unable *(adj.)* tidak boleh
unabridged *(adj.)* lengkap
unacceptable *(adj.)* tidak dapat diterima
unaccessible *(adj.)* tiada akses
unaccommodating *(adj.)* tidak membantu
unaccurate *(adj.)* tidak tepat
unachievable *(adj.)* tidak tercapai
unacquainted *(adj.)* tidak dikenali
unadapted *(adj.)* tidak selesa
unadjusted *(adj.)* tidak diselaraskan
unaffected *(adj.)* tidak terjejas
unaffectionate *(adj.)* tidak mesra
unambiguous *(adj.)* jelas
unambivalence *(n.)* tidak keliru
unamused *(adj.)* tidak gemar
unanimity *(n.)* kesepakatan
unanimous *(adj.)* sebulat suara

unannounced *(adj.)* tanpa pengumuman
unappealing *(adj.)* tidak menarik
unapproved *(adj.)* tidak diluluskan
unavoidable *(adj.)* tidak dapat dielak
unaware *(adj.)* tidak sedar
unawares *(adv.)* tidak sedar
unburden *(v.)* meringankan beban
uncanny *(adj.)* luar biasa
uncertain *(adj.)* tidak pasti
uncle *(n.)* bapa saudara
uncouth *(adj.)* kasar
under *(adj.)* bawah
undercurrent *(n.)* arus bawah
underdog *(n.)* orang bawahan
undergo *(v.)* menjalani
undergraduate *(n.)* mahasiswa
underhand *(adj.)* tipu helah
underline *(v.)* menggariskan
undermine *(v.)* menjejaskan
underneath *(adj.)* bahagian bawah
understand *(v.)* memahami
undertake *(v.)* menjalankan
undertone *(n.)* suara perlahan
underwear *(n.)* pakaian dalam
underworld *(n.)* alam ghaib
undo *(v.)* mengungkai
undue *(adj.)* terlampau
undulate *(v.)* beralun-alun
undulation *(n.)* ombak
unearth *(v.)* membongkar
uneasy *(adj.)* runsing
unfair *(adj.)* tidak adil
unfold *(v.)* membuka
unfortunate *(adj.)* malang
ungainly *(adj.)* kekok
unhappy *(adj.)* sedih
unification *(n.)* penyatuan
union *(n.)* penyatuan

unionist *(n.)* ahli kesatuan
unique *(adj.)* unik
unison *(n.)* serentak
unit *(n.)* unit
unite *(v.)* bersatu
unity *(n.)* perpaduan
universal *(adj.)* sejagat
universality *(n.)* kesejagatan
universe *(n.)* alam semesta
university *(n.)* universiti
unjust *(adj.)* tidak adil
unless *(conj.)* kecuali
unlike *(prep.)* berbeza dengan
unlikely *(adj.)* tidak mungkin
unmanned *(adj.)* tiada pekerja
unmannerly *(adj.)* cabul
unprincipled *(adj.)* tidak berprinsip
unreliable *(adj.)* tidak dipercayai
unrest *(n.)* kegelisahan
unruly *(adj.)* sukar dikawal
unsettle *(v.)* membimbangkan
unsheathe *(v.)* membuka sarung
until *(conj.)* sehingga
untoward *(adj.)* tidak diingini
unwell *(adj.)* tidak sihat
unwittingly *(adv.)* tidak sengaja
up *(prep.)* atas
upbraid *(v.)* memarahi
upheaval *(n.)* kekacauan
uphold *(v.)* mendukung
upkeep *(n.)* nafkah
uplift *(n.)* menggembirakan
upon *(prep.)* diatas
upper *(adj.)* di bahagian atas
upright *(adj.)* tegak
uprising *(n.)* pemberontakan
uproar *(n.)* kekecohan
uproarious *(adj.)* heboh
uproot *(v.)* mencabut
upset *(v.)* mengganggu
upshot *(n.)* kesudahan

upstart *(n.)* baru muncul
up-to-date *(adj.)* terkini
upward *(adj.)* mendaki
upwards *(adv.)* ke atas
urban *(adj.)* bandar
urbane *(adj.)* santun-santun
urbanity *(n.)* kecanggihan
urchin *(n.)* landak laut
urge *(n.)* desakan
urgency *(n.)* penting
urgent *(adj.)* mustahak
urinal *(n.)* bekas kencing
urinary *(adj.)* kencing
urinate *(v.)* kencing
urination *(n.)* kencing
urine *(n.)* air kencing
urn *(n.)* pasu hiasan
usage *(n.)* penggunaan
use *(v.)* menggunakan
useful *(adj.)* berguna
usher *(v.)* membawa
usual *(adj.)* biasa
usually *(adv.)* biasanya
usurer *(n.)* lintah darat
usurp *(v.)* mencengkam
usurpation *(n.)* pelanggaran
usury *(n.)* riba
utensil *(n.)* peralatan
uterus *(n.)* rahim
utilitarian *(adj.)* berfaedah
utility *(n.)* kegunaan
utilization *(n.)* penggunaan
utilize *(v.)* menggunakan
utmost *(n.)* terlalu
utopia *(n.)* utopia
utopian *(adj.)* berdasarkan utopia
utter *(adj.)* kata-kata
utterance *(n.)* pernyataan
utterly *(adv.)* benar-benar

vacancy *(n.)* kekosongan
vacant *(adj.)* kosong
vacate *(v.)* mengosongkan
vacation *(n.)* percutian
vaccinate *(v.)* menyuntik vaksin
vaccination *(n.)* penyuntikan vaksin
vaccinator *(n.)* pencacar
vaccine *(n.)* vaksin
vacillate *(v.)* berbolak-balik
vacuum *(v.)* memvakum
vagabond *(adj.)* bergelandangan
vagabond *(n.)* pengembara
vagary *(n.)* perangai pelik
vagina *(n.)* faraj
vague *(adj.)* kabur
vagueness *(n.)* kekaburan
vain *(adj.)* sia-sia
vainglorious *(adj.)* angkuh
vainglory *(n.)* keangkuhan
vainly *(adv.)* dengan angkuh
vale *(n.)* lembah
valiant *(adj.)* berani
valid *(adj.)* sah
validate *(v.)* mengesahkan
validity *(n.)* kesahihan
valley *(n.)* lembah
valour *(n.)* keberanian
valuable *(adj.)* bernilai
valuation *(n.)* penilaian
value *(v.)* menilai
value *(n.)* nilai
valve *(n.)* injap
van *(n.)* van
vanish *(v.)* lenyap
vanity *(n.)* keangkuhan
vanquish *(v.)* menewaskan
vaporize *(v.)* menjadi wap
vaporous *(adj.)* berkabus
vapour *(n.)* wap
variable *(adj.)* berubah-ubah
variance *(n.)* perbezaan
variation *(n.)* kelainan
varied *(adj.)* pelbagai
variety *(n.)* kepelbagaian
various *(adj.)* aneka
varnish *(v.)* mengilatkan
varnish *(n.)* pengilat
vary *(v.)* berbeza
vase *(n.)* pasu
vasectomy *(n.)* vasektomi
vaseline *(n.)* vaselin
vast *(adj.)* luas
vault *(v.)* melangkahi
vault *(n.)* bilik kebal
vector *(v.)* merebakkan penyakit
vectorial *(adj.)* vektor
vegan *(adj.)* diet sayuran
vegetable *(adj.)* sayur-sayuran
vegetable *(n.)* sayur
vegetarian *(adj.)* pemakan sayur
vegetation *(n.)* tumbuh-tumbuhan
vehemence *(n.)* kekerasan
vehement *(adj.)* keras
vehicle *(n.)* kenderaan
vehicular *(adj.)* kenderaan
veil *(v.)* menutup
veil *(n.)* purdah
vein *(v.)* menggunakan vena
velocity *(n.)* kelajuan
velvet *(n.)* baldu
velvety *(adj.)* seperti baldu
venal *(adj.)* mudah disogok
venality *(n.)* hal rasuah
vendor *(n.)* penjual
venerable *(adj.)* patut dihormati
venerate *(v.)* menghormati
veneration *(n.)* penghormatan
vengeance *(n.)* balas dendam
venial *(adj.)* boleh dimaafkan
venom *(n.)* bisa

venomous *(adj.)* berbisa
vent *(n.)* lubang
ventilate *(v.)* mengalirkan udara
ventilation *(n.)* pengudaraan
ventilator *(n.)* kipas angin
ventriloquism *(n.)* ventrilokisme
ventriloquist *(n.)* ventrilokis
ventriloquistic *(adj.)* menghasilkan suara
ventriloquize *(v.)* bicara perut
venture *(v.)* berani
venture *(n.)* usaha
venturesome *(adj.)* berani
venturous *(adj.)* berani
venue *(n.)* tempat
veracity *(n.)* kebenaran
verb *(n.)* kata kerja
verbal *(adj.)* lisan
verbally *(adv.)* secara lisan
verbatim *(adv.)* mengikut perkataan
verbatim *(adj.)* mengikut ucapan
verbose *(adj.)* meleret-leret
verbosity *(n.)* berjela-jela
verdant *(adj.)* menghijau
verdict *(n.)* hukuman
verendah *(n.)* beranda
verge *(n.)* pinggir
verification *(n.)* pengesahan
verify *(v.)* mengesahkan
verisimilitude *(n.)* seakan benar
veritable *(adj.)* sebenar
vermillion *(adj.)* kemerahan-oren
vermillion *(n.)* kemerahan
vernacular *(adj.)* loghat
vernacular *(n.)* bahasa tempatan
vernal *(adj.)* kebudak-budakan
versatile *(adj.)* serba boleh
versatility *(n.)* serba boleh
verse *(n.)* puisi

versed *(adj.)* mahir
versification *(n.)* merangkap pantun
versify *(v.)* menulis sajak
version *(n.)* versi
versus *(prep.)* lawan
vertical *(adj.)* tegak
verve *(n.)* tenaga
very *(adj.)* sangat
vessel *(n.)* kapal
vest *(v.)* memberikan
vest *(n.)* singlet
vested *(adj.)* terletak had
vestige *(n.)* sisa
vestment *(n.)* jubah paderi
veteran *(adj.)* berpengalaman
veteran *(n.)* veteran
veterinary *(adj.)* perubatan haiwan
veto *(v.)* bantah
veto *(n.)* veto
vex *(v.)* berdebar-debar
vexation *(n.)* kebimbangan
via *(prep.)* melalui
viable *(adj.)* boleh menjadi
vial *(n.)* ampul
vibrate *(v.)* bergetar
vibration *(n.)* getaran
vicar *(n.)* bebuli
vicarious *(adj.)* perwakilan
vice *(n.)* kelemahan
viceroy *(n.)* perwakil monarki
vice-versa *(adv.)* dan sebaliknya
vicinity *(n.)* di sekitar
vicious *(adj.)* kejam
vicissitude *(n.)* perubahan nasib
victim *(n.)* mangsa
victimize *(v.)* menipu
victor *(n.)* pemenang
victorious *(adj.)* menang
victory *(n.)* kemenangan

victuals *(n. pl)* bekalan makanan
video *(v.)* merakam video
videoblogger *(n.)* pemblog video
videobook *(n.)* buku video
videocassette *(n.)* video kaset
videogaming *(n.)* permainan video
videotape *(v.)* merakam video
videotelephone *(n.)* telefon video
vie *(v.)* bersaing
view *(v.)* memandang
vigil *(n.)* berjaga
vigilance *(n.)* pengawasan
vigilant *(adj.)* berwaspada
vigorous *(adj.)* kuat
vile *(adj.)* keji
vilify *(v.)* memburuk-burukkan
villa *(n.)* vila
village *(n.)* kampung
villager *(n.)* penduduk kampung
villain *(n.)* penyangak
vindicate *(v.)* mewajarkan
vindication *(n.)* pertahanan
vine *(n.)* pokok anggur
vinegar *(n.)* cuka
vintage *(n.)* antik
violate *(v.)* mencabul
violation *(n.)* pencabulan
violence *(n.)* keganasan
violent *(adj.)* ganas
violet *(n.)* ungu
violin *(n.)* violin
violinist *(n.)* pemain violin
virgin *(adj.)* suci
virgin *(n.)* dara
virginity *(n.)* kesucian
virile *(adj.)* jantan
virility *(n.)* kejantanan
virtual *(adj.)* maya
virtue *(n.)* kebaikan

virtuous *(adj.)* suci
virulence *(n.)* kedahsyatan
virulent *(adj.)* mudarat
virus *(n.)* virus
visage *(n.)* wajah
visibility *(n.)* penglihatan
visible *(adj.)* dapat dilihat
vision *(n.)* visi
visionary *(n.)* peramal
visionary *(adj.)* berwawasan
visit *(v.)* melawat
visitor *(n.)* pelawat
vista *(n.)* pemandangan
visual *(adj.)* visual
visualize *(v.)* membayangkan
vital *(adj.)* penting
vitality *(n.)* daya hidup
vitalize *(v.)* menghidupkan
vitamin *(n.)* vitamin
vitiate *(v.)* membatalkan
viva voce *(n.)* pemeriksaan lisan
viva voce *(adv.)* dengan lisan
vivacious *(adj.)* riang
vivacity *(n.)* semangat
vivid *(adj.)* jelas
vixen *(n.)* rubah betina
vocabulary *(n.)* perbendaharaan kata
vocal *(adj.)* vokal
vocalist *(n.)* penyanyi
vocation *(n.)* kerjaya
vogue *(n.)* fesyen
voice *(v.)* menyuarakan
voice *(n.)* suara
void *(n.)* kosong
void *(adj.)* kosong
volcanic *(adj.)* gunung berapi
volcano *(n.)* gunung berapi
volition *(n.)* kerelaan
volley *(v.)* menembak serentak
volley *(n.)* tembakan serentak
volt *(n.)* volt
voltage *(n.)* voltan

volume *(n.)* isi padu
voluminous *(adj.)* besar sekali
voluntarily *(adv.)* secara sukarela
voluntary *(adj.)* sukarela
volunteer *(v.)* menawarkan diri
volunteer *(n.)* sukarelawan
voluptuary *(n.)* kepuasan badaniah
voluptuous *(adj.)* montok
vomit *(n.)* muntah
vomit *(v.)* memuntahkan
voracious *(adj.)* rakus
vortex *(n.)* pusaran
votary *(n.)* penganut
vote *(v.)* mengundi
vote *(n.)* undi
voter *(n.)* pengundi
vouch *(v.)* menjamin
voucher *(n.)* baucar
vouchsafe *(v.)* menjamin
vow *(v.)* bersumpah
vow *(n.)* sumpah
vowel *(n.)* vokal
voyage *(v.)* belayar
voyage *(n.)* pelayaran
voyager *(n.)* pelayar
voyeur *(n.)* pengintai
voyeurism *(n.)* pengintaian
vulgar *(adj.)* lucah
vulgarity *(n.)* kekasaran
vulnerable *(adj.)* terdedah
vulture *(n.)* perompak

wabble *(v.)* bergoyang
wabbly *(adj.)* tidak stabil
wack *(n.)* kepelikan
wacko *(n.)* keanehan
waddle *(v.)* terkedek-kedek
wade *(v.)* meranduk
waft *(n.)* hembusan
waft *(v.)* dibawa angin
wag *(n.)* goyangan
wag *(v.)* goyang
wage *(n.)* gaji
wage *(v.)* mencetuskan
wager *(v.)* bertaruh
wager *(n.)* taruhan
wagon *(n.)* gerabak barang
wail *(n.)* raungan
wail *(v.)* meraung
wain *(n.)* gerabak barang
waist *(n.)* pinggang
waistband *(n.)* bengkung
waistcoat *(n.)* vest
wait *(n.)* tunggu
wait *(v.)* menunggu
waiter *(n.)* pelayan lelaki
waitress *(n.)* pelayan perempuan
waive *(v.)* mengetepikan
waiver *(n.)* pengecualian
wake *(n.)* funeral
wake *(v.)* bangun
wakeful *(adj.)* berwaspada
walk *(n.)* berjalan
walk *(v.)* berjalan
wall *(v.)* memagari
wall *(n.)* dinding
wallet *(n.)* dompet
wallop *(v.)* belasah
wallow *(v.)* berkubang
walnut *(n.)* walnut
walrus *(n.)* walrus

wan *(adj.)* pucat lesi
wand *(n.)* tongkat sakti
wander *(v.)* merayau
wane *(n.)* keruntuhan
wane *(v.)* mula menurun
want *(n.)* kemahuan
want *(v.)* mahu
wanton *(adj.)* ceroboh
war *(v.)* berperang
war *(n.)* perang
warble *(n.)* kicauan
warble *(v.)* berkicau
warbler *(n.)* yang berkicau
ward *(v.)* mengelak
ward *(n.)* wad
warden *(n.)* warden
warder *(n.)* pengawal penjara
wardrobe *(n.)* almari pakaian
wardship *(n.)* penjagaan
ware *(n.)* alat
warehouse *(v.)* gudang
warfare *(n.)* peperangan
warlike *(adj.)* ketenteraan
warm *(v.)* menghangatkan
warmth *(n.)* kehangatan
warn *(v.)* memberi amaran
warning *(n.)* amaran
warrant *(v.)* jaminan
warrant *(n.)* waran
warrantee *(n.)* waranti
warrantor *(n.)* penjamin
warranty *(n.)* jaminan
warren *(n.)* sarang arnab
warrior *(n.)* pahlawan
wart *(n.)* ketuat
wary *(adj.)* waspada
wash *(n.)* cucian
wash *(v.)* mencuci
washable *(adj.)* boleh dibasuh
washer *(n.)* pembasuh
wasp *(n.)* penyengat
waspish *(adj.)* tajam
wassail *(n.)* sejenis arak
wastage *(n.)* pembaziran
waste *(v.)* membazir
waste *(adj.)* tidak digunakan
wasteful *(adj.)* membazir
watch *(n.)* jam tangan
watch *(v.)* melihat
watchful *(adj.)* berwaspada
watchword *(n.)* cogan kata
water *(v.)* menyiram
water *(n.)* air
waterfall *(n.)* air terjun
water-melon *(n.)* tembikai
waterproof *(v.)* kalis air
waterproof *(adj.)* kalis air
watertight *(adj.)* kedap air
watery *(adj.)* berair
watt *(n.)* watt
wave *(v.)* melambai-lambai
wave *(n.)* ombak
waver *(v.)* goyah
wavy *(adj.)* berombak
wax *(v.)* meragas
wax *(n.)* lilin
way *(n.)* cara
wayfarer *(n.)* pengembara
waylay *(v.)* serang hendap
wayward *(adj.)* melencong
weak *(adj.)* lemah
weaken *(v.t. & i)* menjadi lemah
weakling *(n.)* orang lemah
weakness *(n.)* kelemahan
weal *(n.)* kesejahteraan
wealth *(n.)* kekayaan
wealthy *(adj.)* kaya
wean *(v.)* bercerai susu
weapon *(n.)* senjata
wear *(v.)* memakai
weary *(v.)* penat
weather *(v.)* menempuh
weave *(v.)* menenun
weaver *(n.)* tukang tenun
web *(n.)* sarang labah-labah
webby *(adj.)* berjaring
webcam *(n.)* sejenis kamera
webcasting *(n.)* siaran web

webinar *(n.)* seminar internet
webisode *(n.)* episod internet
webmaster *(n.)* juru web
wed *(v.)* berkahwin
wedding *(n.)* perkahwinan
wedge *(v.)* menyendal
wedge *(n.)* sendal
wedlock *(n.)* pernikahan
Wednesday *(n.)* Rabu
weed *(v.)* mencabut
weed *(n.)* rumpai
week *(n.)* minggu
weekly *(n.)* secara mingguan
weekly *(adj.)* mingguan
weep *(v.)* menangis
weevil *(n.)* sejenis kumbang
weigh *(v.)* menimbang
weight *(n.)* berat
weightage *(n.)* jumlah berat
weighty *(adj.)* berat
weir *(n.)* empangan
weird *(adj.)* pelik
welcome *(v.)* menyambut
welcome *(adj.)* dialu-alukan
weld *(n.)* kimpalan
weld *(v.)* menyatukan
welfare *(n.)* kebajikan
well *(v.)* menggunung
well *(adj.)* sihat
wellington *(n.)* sebuah negeri
well-known *(adj.)* terkenal
well-read *(adj.)* berilmu
well-timed *(adj.)* tepat waktunya
well-to-do *(adj.)* berada
welt *(n.)* bilur
welter *(n.)* berkecamuk
wen *(n.)* bisul
wench *(n.)* gadis
west *(adv.)* ke barat
west *(n.)* barat
westerly *(adv.)* ke barat
westerly *(adj.)* ke barat
western *(adj.)* kebaratan

wet *(v.)* membasahkan
wet *(adj.)* basah
wetness *(n.)* kebasahan
whack *(v.)* memukul
whale *(n.)* ikan paus
wharfage *(n.)* dermaga
what *(interj.)* bukankah
whatever *(pron.)* apa-apa
wheat *(n.)* gandum
wheedle *(v.)* memujuk
wheel *(v.)* menyorong
wheel *(n.)* roda
whelm *(v.)* melanda
whelp *(n.)* anak anjing
when *(conj.)* semasa
when *(adv.)* bila
whence *(adv.)* dari mana
whenever *(adv.)* bila masa
where *(conj.)* di mana
where *(adv.)* mana
whereabout *(n.)* kedudukan
whereas *(conj.)* padahal
whereat *(conj.)* yang mana
wherein *(adv.)* di mana
whereupon *(conj.)* yang menyebabkan
wherever *(adv.)* dari mana
whet *(v.)* mengasah
whether *(conj.)* sama ada
which *(adj.)* yang mana
whichever *(pron)* mana saja
whiff *(n.)* bau
while *(v.)* menghabiskan masa
while *(n.)* selama
whim *(n.)* kehendak
whimper *(v.)* merengek
whimsical *(adj.)* berunsur khayalan
whine *(n.)* rengekan
whine *(v.)* merungut
whip *(n.)* cambuk
whip *(v.)* mencambuk
whipcord *(n.)* tali cambuk
whir *(n.)* putaran

whirl *(n.)* pusing
whirl *(v.)* berpusing
whirligig *(n.)* kuda pusing
whirlpool *(n.)* pusaran air
whirlwind *(n.)* puting beliung
whisk *(n.)* pukul
whisk *(v.)* memukul
whisker *(n.)* misai
whisky *(n.)* wiski
whisper *(n.)* bisikan
whisper *(v.)* berbisik
whistle *(n.)* siulan
whistle *(v.)* bersiul
white *(n.)* warna putih
white *(adj.)* putih
whiten *(v.)* memutihkan
whitewash *(v.)* mengkapurkan
whitewash *(n.)* cat kapur
whither *(adv.)* ke mana
whitish *(adj.)* keputihan
whittle *(v.)* meraut
whiz *(v.)* malu
who *(pron.)* siapa
whoever *(pron.)* sesiapa
whole *(n.)* semuanya
whole *(adj.)* semua
whole-hearted *(adj.)* sepenuh hati
wholesale *(adv.)* borong
wholesale *(n.)* borong
wholesaler *(n.)* pemborong
wholesome *(adj.)* hebat
wholly *(adv.)* seluruhnya
whom *(pron.)* siapa
whore *(n.)* pelacur
whose *(pron.)* siapa punya
why *(adv.)* kenapa
wick *(n.)* sumbu
wicked *(adj.)* jahat
wicker *(n.)* anyaman rotan
wicket *(n.)* wiket
wide *(adv.)* luas
wide *(adj.)* lebar
widen *(v.)* meluaskan

widespread *(adj.)* tersebar
widow *(v.)* menjadi balu
widow *(n.)* balu
widower *(n.)* duda
width *(n.)* lebar
wield *(v.)* hasil
wife *(n.)* isteri
wig *(n.)* rambut palsu
wigwam *(n.)* sejenis khemah
wild *(adj.)* liar
wilderness *(n.)* hutan rimba
wile *(n.)* memujuk
will *(v.)* akan
will *(n.)* akan
willing *(adj.)* rela
willingness *(n.)* kerelaan
willow *(n.)* pokok willow
wily *(adj.)* bersungguh-sungguh
wimble *(n.)* lincah
wimple *(n.)* jilbab
win *(n.)* kemenangan
win *(v.)* menang
wince *(v.)* mengenyit
winch *(n.)* win
wind *(v.)* angin
wind *(v.)* menganginkan
windbag *(n.)* beg angin
winder *(n.)* penggulung
windlass *(v.)* mengangkat
windmill *(n.)* kincir angin
window *(n.)* tingkap
windy *(adj.)* berangin
wine *(n.)* wain
wing *(n.)* sayap
wink *(n.)* kenyitan mata
winner *(n.)* pemenang
winnow *(v.)* menampi
winsome *(adj.)* menyenangkan
winter *(v.)* musim sejuk
winter *(n.)* musim sejuk
wintry *(adj.)* sejuk
wipe *(n.)* lap
wipe *(v.)* mengelap

wire *(v.)* menyambung	**womaniser** *(n.)* kaki perempuan
wire *(n.)* wayar	**womanish** *(n.)* seperti wanita
wireless *(n.)* tanpa wayar	**womb** *(n.)* rahim
wireless *(adj.)* tidak berhubung	**wonder** *(v.)* tertanya-tanya
wiring *(n.)* penwayaran	**wonder** *(n.)* kagum
wisdom *(n.)* kebijaksanaan	**wonderful** *(adj.)* menakjubkan
wisdom-tooth *(n.)* gigi bongsu	**wondrous** *(adj.)* luar biasa
wise *(adj.)* bijaksana	**wont** *(n.)* kebiasaan
wish *(v.)* berhajat	**wont** *(adj.)* biasa
wish *(n.)* hajat	**wonted** *(adj.)* seperti biasa
wishful *(adj.)* penuh harapan	**woo** *(v.)* memikat
wisp *(n.)* jaluran	**wood** *(n.)* kayu
wistful *(adj.)* sayu	**wooden** *(adj.)* kayu
wit *(n.)* akal	**woodland** *(n.)* hutan
witch *(n.)* ahli sihir	**woods** *(n.)* hutan
witchcraft *(n.)* ilmu sihir	**woof** *(n.)* salakan anjing
witchery *(n.)* ilmu sihir	**wool** *(n.)* bulu biri-biri
with *(prep.)* dengan	**woollen** *(n.)* bulu
withal *(adv.)* dengan	**woollen** *(adj.)* berbulu
withdraw *(v.)* menarik diri	**word** *(v.)* berkata
withdrawal *(n.)* mengeluarkan	**word** *(n.)* perkataan
withe *(n.)* layu	**wordy** *(adj.)* kata-kata
wither *(v.)* menjadi layu	**work** *(v.)* bekerja
withhold *(v.)* menahan	**work** *(n.)* kerja
within *(n.)* kedalaman	**workable** *(adj.)* boleh dijalankan
within *(prep.)* dalam	**workaday** *(adj.)* kerja harian
without *(n.)* tiada	**worker** *(n.)* pekerja
without *(prep.)* tanpa	**workman** *(n.)* pekerja
withstand *(v.)* bertahan	**workmanship** *(n.)* kemahiran
witless *(adj.)* tanpa pengetahuan	**workshop** *(n.)* bengkel
witness *(v.)* menyaksikan	**world** *(n.)* dunia
witness *(n.)* saksi	**worldling** *(n.)* dunia
witticism *(n.)* jenaka	**worldly** *(adj.)* duniawi
witty *(adj.)* lucu	**worm** *(n.)* cacing
wizard *(n.)* tukang sihir	**wormwood** *(n.)* maung
wobble *(v.)* bergoyang	**worn** *(adj.)* lusuh
woe *(n.)* duka	**worry** *(v.)* risau
woebegone *(adj.)* sugul	**worry** *(n.)* kerisauan
woeful *(adj.)* dukacita	**worsen** *(v.)* bertambah teruk
wolf *(n.)* serigala	**worship** *(v.)* memuja
woman *(n.)* wanita	**worship** *(n.)* pemujaan
womanhood *(n.)* kewanitaan	**worshipper** *(n.)* pemuja
womanise *(v.)* berfoya-foya	**worst** *(v.)* mengalahkan
	worsted *(n.)* terburuk

worth *(adj.)* bernilai
worth *(n.)* nilai
worthless *(adj.)* tidak bernilai
worthy *(adj.)* wajar
would-be *(adj.)* bakal
wound *(v.)* melukai
wound *(n.)* luka
wrack *(n.)* sisa di laut
wraith *(n.)* lembaga
wrangle *(n.)* pertengkaran
wrangle *(v.)* bertengkar
wrap *(n.)* bungkus
wrap *(v.)* membalut
wrapper *(n.)* pembalut
wrath *(n.)* kemarahan
wreath *(n.)* kalungan bunga
wreathe *(v.)* melingkari
wreck *(v.)* karam
wreck *(n.)* bangkai
wreckage *(n.)* bangkai kapal
wrecker *(n.)* pemusnah
wren *(n.)* burung ren
wrench *(v.)* merentap
wrench *(n.)* rentapan
wrest *(v.)* merentap
wrestle *(v.)* bergelut
wrestler *(n.)* ahli gusti
wretch *(n.)* celaka
wretched *(adj.)* malang
wrick *(n.)* kejang
wriggle *(n.)* tak tetap
wriggle *(v.)* menggeliang-geliut
wring *(v.)* memerah
wrinkle *(v.)* berkedut
wrinkle *(n.)* kedut
wrist *(n.)* pergelangan tangan
writ *(n.)* perintah mahkamah
write *(v.)* menulis
writer *(n.)* penulis
writhe *(v.)* menderita
wrong *(v.)* salah
wrong *(adj.)* salah
wrongful *(adj.)* bersalah
wry *(adj.)* berani

xenobiology *(n.)* biologi sintetik
xenogenesis *(n.)* gen makmal
xenomania *(n.)* gila keanehan
xenomorph *(n.)* makhluk asing
xenophile *(n.)* meminati keanehan
xenophobe *(n.)* xenofobia
xenophobia *(n.)* xenofobia
xerox *(v.)* fotokopi
Xmas *(n.)* Krismas
x-ray *(v.)* menggunakan sinar-x
xylophagous *(adj.)* pemakan kayu
xylophilous *(adj.)* tarikan kayu
xylophone *(n.)* zilofon

yacht *(v.)* berlayar
yak *(v.)* berceloteh
yap *(n.)* berborak
yap *(v.)* menyalak
yard *(n.)* halaman
yarn *(n.)* benang
yawn *(v.)* menguap
year *(n.)* tahun
yearly *(adv.)* setiap tahun
yearn *(v.)* mendambakan
yearning *(n.)* kerinduan
yeast *(n.)* ragi
yell *(n.)* jeritan
yellow *(v.)* menguning
yellowish *(adj.)* kekuning-kuningan
yen *(v.)* menginginkan
yes *(adv.)* ya

yesterday *(adv.)* kelmarin
yet *(conj.)* tetapi
yield *(n.)* hasil
yodle *(v.)* bernyanyi yodel
yoga *(n.)* yoga
yogi *(n.)* pakar yoga
yogurt *(n.)* dadih
yoke *(v.)* kandar
yolk *(n.)* kuning telur
yonder *(n.)* nun
young *(n.)* muda
youngster *(n.)* anak muda
youth *(n.)* masa belia
youthful *(adj.)* muda

zany *(adj.)* pelik
zeal *(n.)* semangat
zealot *(n.)* fanatik
zealous *(adj.)* bersemangat
zebra *(n.)* kuda belang
zenith *(n.)* puncak langit
zephyr *(n.)* bayu
zero *(n.)* sifar
zest *(v.)* merempahi
zesty *(adj)* berempah
zig *(v.)* berliku-liku
zigzag *(v.)* menyusuri jalan
zinc *(n.)* zink
zip *(v.)* mengezip
zipper *(n.)* zip
zodiac *(n.)* zodiak
zonal *(adj.)* mempunyai zon
zone *(n.)* zon
zoo *(n.)* zoo
zoological *(adj.)* berkenaan zoology
zoologist *(n.)* pakar zoology
zoology *(n.)* Zoology
zoom *(v.)* menumpukan pada

Malay-English

abad *(n.)* century
abadi *(adj.)* abiding
abadi *(adj.)* lasting
abah-abah *(v.)* harness
abai *(n.)* rubberneck
abang *(n.)* brother
abdomen *(n.)* abdomen
abjad *(n.)* alphabet
abjungsi *(n.)* abjunction
ablasi *(n.)* ablation
ablatif *(adj.)* ablative
absolutisme *(n.)* absolutism
abstrak *(adj.)* abstract
abu *(n.)* ash
acuan *(n.)* mould
ad hoc *(adj.)* ad hoc
ada dalam *(adj.)* inherent
adas manis *(n.)* aniseed
adil *(adj.)* just
adjektif *(n.)* adjective
admiralti *(n.)* admiralty
adrenalin *(n.)* adrenaline
aduhai *(interj.)* alas
aerial *(n.)* aerial
aerobik *(n.)* aerobics
aerobiologi *(n.)* aerobiology
aerodenyut *(n.)* aeropulse
aerodinamik *(adj.)* aerodynamic
aeronautik *(n.pl.)* aeronautics
aerosol *(adj.)* aerosol
aerostatik *(n.)* aerostatics
aestival *(adj.)* aestival
afasia *(n.)* aphasia
agak *(adv.)* somewhat
agak baik *(adj.)* okayish
agak ketara *(adj.)* appreciable
agama *(n.)* religion
agama Kristian *(adj.)* Christian

agar-agar *(n.)* jelly
agen oksida *(n.)* oxidant
agenda *(n.)* agenda
agensi *(n.)* agency
aglomerat *(adj.)* agglomerate
agnostisisme *(n.)* agnosticism
agonis *(n.)* agonist
agorafobia *(n.)* agoraphobia
agresif *(adj.)* belligerent
agrologi *(n.)* agrology
agronomi *(n.)* agronomy
agung *(adj.)* supreme
Ahad *(n.)* Sunday
ahli *(n.)* member
ahli akupunktur *(n.)* acupuncturist
ahli alkimia *(n.)* alchemist
ahli astronomi *(n.)* astronomer
ahli bahasa *(n.)* linguist
ahli bedah *(n.)* sawbones
ahli bibliografi *(n.)* bibliographer
ahli biologi *(n.)* biologist
ahli bomba *(n.)* firefighter
ahli falsafah *(n.)* philosopher
ahli farmasi *(n.)* pharmacist
ahli filologi *(n.)* philologist
ahli fizik *(n.)* physicist
ahli geografi *(n.)* geographer
ahli geologi *(n.)* geologist
ahli gimnastik *(n.)* gymnast
ahli gusti *(n.)* wrestler
ahli juri *(n.)* juryman
ahli kartografi *(n.)* cartographer
ahli kesatuan *(n.)* unionist
ahli kewangan *(n.)* financier
ahli kimia *(n.)* chemist
ahli logik *(n.)* logician
ahli majlis *(n.)* councillor
ahli matematik *(n.)* mathematician
ahli moral *(n.)* moralist
ahli muzik *(n.)* musician
ahli nujum *(n.)* astrologer

ahli paedologi *(n.)* paedologist
ahli paleobiologi *(n.)* paleobiolist
ahli paleoecologi *(n.)* paleoecologist
ahli paleontologi *(n.)* paleontologist
ahli parlimen *(n.)* parliamentarian
ahli pasukan *(n.)* teammate
ahli penulisan *(n.)* orthographer
ahli perniagaan *(n.)* businessman
ahli perundangan *(n.)* legislator
ahli pidato *(n.)* orator
ahli podiatrik *(n.)* podiatrist
ahli politik *(n.)* politician
ahli protestan *(n.)* puritan
ahli sains *(n.)* scientist
ahli sastera *(n.)* litterateur
ahli seismologi *(n.)* seismologist
ahli senior *(n.)* bencher
ahli sihir *(n.)* mage
ahli sihir *(n.)* witch
ahli sukan *(n.)* sportsman
ahli tatabahasa *(n.)* grammarian
ahli teleologi *(n.)* teleologist
ahli Templar *(n.)* templar
ahli trapiz *(n.)* trapezist
ahli UFO *(n.)* ufologist
ahli ulama *(n.)* theologian
ahoi *(interj.)* ahoy
aib *(n.)* dishonour
air *(n.)* water
air garam *(n.)* brine
air kencing *(n.)* urine
air liur *(n.)* spittle
air ludah *(n.)* saliva
air mani *(adj.)* seminal
air mata *(n.)* tear
air muka *(n.)* countenance
air pasang *(adj.)* neap
air perah *(n.)* sap
air rebusan *(n.)* broth
air terjun *(n.)* cascade
air terjun *(n.)* waterfall
ais *(n.)* ice
aisberg *(n.)* iceberg
ajaib *(adj.)* outlandish
ajaran *(n.)* teachings
ajukan *(n.)* impersonation
ajukan berlebihan *(adj.)* burlesque
akademi *(n.)* academy
akademik *(adj.)* academic
akal *(n.)* device
akal *(n.)* wit
akan *(v.)* will
akan datang *(adj.)* forthcoming
akar *(n.)* root
akasia *(n.)* acacia
akaun *(n.)* account
akauntan *(n.)* accountant
akhir *(adj.)* final
akhir sekali *(adv.)* lastly
akhirat *(n.)* hereafter
akhirnya *(adv.)* eventually
akibat *(n.)* repercussion
akibat daripada *(adj.)* consequent
akinesia *(n.)* akinesia
aklamasi *(n.)* acclamation
akreditasi *(n.)* accreditation
akrilik *(adj.)* acrylic
akrobat *(n.)* acrobat
akrobatik *(adj.)* acrobatic
akropolis *(n.)* acropolis
akses *(n.)* access
aksesori *(n.)* accessory
aktif *(adj.)* active
aktif semula *(v.)* reactivate
aktivis *(n.)* militant
aktiviti *(n.)* activity
aktiviti berterusan *(n.)* spree
akuarium *(n.)* aquarium

akuarius *(n.)* aquarius
akupunktur *(n.)* acupuncture
akustik *(adj.)* acoustic
alabaster *(adj.)* alabaster
alahan *(n.)* allergy
alam *(adj.)* realm
alam ghaib *(n.)* underworld
alam sekitar *(n.)* nature
alam semesta *(n.)* universe
alamat *(n.)* address
alang melintang *(n.)* crossbeam
alas *(n.)* lining
alas dada *(n.)* bib
alas kaki *(n.)* doormat
alasan *(n.)* excuse
alat *(n.)* implement
alat *(n.)* ware
alat bunyian *(n.)* clave
alat ganti *(n.)* spare
alat gempabumi *(n.)* seismoscope
alat kecil *(n.)* gizmo
alat muzik *(n.)* instrument
alat permainan *(n.)* gamepad
alat solek *(n.)* cosmetic
alat tulis *(n.)* stationery
album *(n.)* album
albumin *(n.)* albumen
alfa *(n.)* alpha
alga *(n.)* alga
algebra *(n.)* algebra
alibi *(n.)* alibi
alikuot *(n.)* aliquot
alimoni *(n.)* alimony
alir *(v.)* course
aliran *(n.)* flow
aliran empiris *(n.)* empiricist
aliterasi *(n.)* alliteration
alkali *(n.)* alkali
alkimia *(n.)* alchemy
alkohol *(n.)* alcohol
alkohol radikal *(adj.)* cetylic
almanak *(n.)* almanac
almari *(n.)* case
almari *(n.)* cupboard
almari pakaian *(n.)* wardrobe
al-Masih *(n.)* messiah
aloi *(n.)* alloy
alp *(n.)* alp
alpa *(adj.)* inattentive
altar *(n.)* altar
alternatif *(adj.)* alternative
altimeter *(n.)* altimeter
altitud *(n.)* altitude
alto *(n.)* alto
altruis *(n.)* altruist
altruisme *(n.)* altruism
altruistik *(adj.)* altruistic
aluminat *(v.)* aluminate
aluminium *(n.)* aluminium
alumni *(n.)* alumna
alunan *(n.)* ripple
alur *(n.)* groove
alur *(n.)* furrow
am *(adj.)* general
amal *(n.)* charity
amalan *(v.)* profiteer
amalan kotor *(n.)* crookery
amalgam *(n.)* amalgam
aman *(adj.)* pacific
aman *(adj.)* peaceful
amanah *(n.)* trusty
amaran *(n.)* warning
amat *(adv.)* highly
amat bergembira *(v.)* exult
amat besar *(adj.)* stupendous
amat dihormati *(v.)* esteem
amat diperlukan *(adj.)* indispensable
amat ditakuti *(adj.)* dread
amat konservatif *(n.)* ultraconservative
amat menakutkan *(adj.)* dreadful
amat sangat *(adj.)* extreme
amatur *(n.)* armature

amatur *(n.)* novice
amaurosis *(n.)* amaurosis
ambang *(n.)* lintel
ambidekster *(n.)* ambidexter
ambien *(adj.)* ambient
ambivalen *(n.)* ambivalence
ambulans *(n.)* ambulance
amenorea *(n.)* amenorrhoea
amfibia *(v.)* salamander
amfiteater *(n.)* amphitheatre
amigdala *(n.)* amygdala
amin *(interj.)* amen
ammonia *(n.)* ammonia
amnesia *(n.)* amnesia
amorf *(n.)* amorph
ampere *(n.)* ampere
amplitud *(n.)* amplitude
ampuh *(adj.)* effective
ampul *(n.)* vial
amputasi *(n.)* amputation
amukan *(n.)* road rage
anabolik *(n.)* anabolic
anai-anai *(n.)* termite
anak *(n.)* offspring
anak anjing *(n.)* whelp
anak ayam *(n.)* chick
anak binatang *(n.)* cub
anak bukit *(n.)* hillock
anak dara tua *(n.)* spinster
anak haram *(n.)* bastard
anak ikan *(n.)* fry
anak kacukan *(n.)* mulatto
anak kambing *(n.)* lambkin
anak kapal *(n.)* shipmate
anak kecil *(n.)* baby
anak kecil *(n.)* bantling
anak kucing *(n.)* kitten
anak kuda *(n.)* pony
anak lelaki *(n.)* son
anak muda *(n.)* youngster
anak negeri *(adj.)* native
anak panah *(n.)* precursor
anak patung *(n.)* doll
anak perempuan *(n.)* daughter
anak pokok *(n.)* sapling
anak saudara lelaki *(n.)* nephew
anak saudara perempuan *(n.)* niece
anak sungai *(n.)* creek
anak sungai *(n.)* stream
anak tangga *(n.)* rung
anak tekak *(n.)* tonsil
anak yatim *(v.)* orphan
anak yatim piatu *(n.)* orphan
anaklasis *(n.)* anaclasis
anakronisme *(n.)* anachronism
analisis *(n.)* analysis
analitis *(adj.)* analytical
analogi *(n.)* analogy
anamnesis *(n.)* anamnesis
anamorfosis *(adj.)* anamorphosis
anarki *(n.)* anarchy
anarkis *(n.)* anarchist
anarkisme *(n.)* anarchism
anatomi *(n.)* anatomy
ancaman *(n.)* threat
andaian *(n.)* supposition
andas *(n.)* anvil
anduh *(n.)* sling
aneh *(adj.)* peculiar
aneh menarik *(adj.)* quaint
aneka *(adj.)* various
anekdot *(n.)* anecdote
anekten *(adj.)* annectent
anemia *(n.)* anaemia
anemometer *(n.)* anemometer
angan-angan *(n.)* reverie
anggapan *(n.)* presumption
anggapan *(n.)* regard
anggaran *(n.)* estimation
anggota badan *(n.)* limb
anggota juri *(n.)* juror
angguk *(n.)* nod
anggun *(adj.)* sleek

anggur *(n.)* grape
angin *(v.)* wind
angin *(n.)* breeze
angin ahmar *(n.)* stroke
angin ribut *(n.)* gale
angiogram *(n.)* angiogram
angka *(n.)* digit
angkasawan *(n.)* astronaut
angkat *(adj.)* adoptive
angkatan laut *(n.)* armada
angker *(n.)* armature
angkuh *(adj.)* pompous
angkuh *(adj.)* vainglorious
angsa *(n.)* swan
angsa jantan *(n.)* gander
animasi *(n.)* animation
anjakan *(n.)* budge
anjing *(n.)* dog
anjing *(n.)* puppy
anjing betina *(n.)* bitch
anjing bulldog *(n.)* bulldog
anjing greyhound *(n.)* greyhound
anjing laut *(n.)* seal
anjing pemburu *(n.)* hound
anjung *(n.)* portico
anomali *(n.)* anomaly
anorak *(n.)* anorak
ansuran *(n.)* instalment
antagonis *(n.)* antagonist
antarabangsa *(adj.)* international
antartik *(adj.)* antarctic
antasid *(adj.)* antacid
antelop *(n.)* antelope
anteseden *(n.)* antecedent
antibiotik *(n.)* antibiotic
antik *(n.)* vintage
antikepercayaan umum *(adj.)* iconoclastic
antinomi *(n.)* antinomy
antisepsis *(n.)* antiseptic
antiseptik *(adj.)* antiseptic

antiteis *(n.)* antitheist
antiteisme *(n.)* antitheism
antologi *(n.)* anthology
antraks *(n.)* anthrax
antropoid *(adj.)* anthropoid
anugerah *(n.)* boon
anugerah tuhan *(n.)* manna
anuiti *(n.)* annuity
anyaman rotan *(n.)* wicker
anywhere *(pron)* anyplace
aorta *(n.)* aorta
apa *(pron.)* what
apa-apa *(pron)* anything
apa-apa *(pron.)* whatever
apati *(n.)* apathy
apendiks *(n.)* appendix
apendisitis *(n.)* appendicitis
api *(n.)* flame
aplikasi *(n.)* application
aplikasi *(v.)* reapply
apnea *(n.)* apnoea
apolog *(n.)* apologue
aprikot *(n.)* apricot
April *(n.)* April
apron *(n.)* apron
Arab *(adj.)* Arabic
arah *(n.)* direction
arah barat *(adj.)* west
arahan *(n.)* precept
arak *(n.)* liquor
arak itali *(n.)* sambuca
arang *(n.)* coal
ararut *(n.)* arrowroot
arca *(n.)* sculpture
aries *(n.)* aries
aristokrasi *(n.)* aristocracy
aristokrat *(n.)* aristocrat
aritmetik *(adj.)* arithmetical
arked *(n.)* arcade
arkeologi *(n.)* archaeology
arkib *(n.pl.)* archives
armada *(n.)* fleet
armatur *(n.)* armature

arnab *(n.)* rabbit
aroma *(n.)* odour
aromaterapi *(n.)* aromatherapy
arsenik *(n.)* arsenic
arteri *(n.)* artery
articok *(n.)* artichoke
artikel *(n.)* article
artikulasi semula *(v.)* rearticulate
artileri *(n.)* artillery
artisan *(n.)* artisan
artistik *(adj.)* artistic
artritis *(n.)* arthritis
arus *(n.)* current
arus bawah *(n.)* undercurrent
arus deras *(n.)* torrent
asakan *(n.)* jostle
asal *(n.)* origin
asam jawa *(n.)* tamarind
asap *(n.)* smoke
asas *(adj.)* rudimentary
asasi *(adj.)* staple
asbestos *(n.)* asbestos
asel *(adj.)* acellular
asena *(n.)* acene
asetat *(n.)* acetate
aseton *(n.)* acetone
asfiksia *(n.)* asphyxia
asid *(n.)* acid
asid beroksigen *(n.)* oxyacid
asid folik *(adj.)* folic
asing *(adj.)* foreign
askar *(n.)* soldier
askar bawahan *(n.)* orderly
askar bersenjata *(n.)* musketeer
askar bertombak *(n.)* lancer
askar legion *(n.)* legionary
askar upahan *(adj.)* mercenary
asli *(n.)* original
asma *(n.)* asthma
asparagus *(n.)* asparagus
aspek *(n.)* facet

asrama *(n.)* hostel
aster *(adj.)* astral
asterisk *(n.)* asterisk
asterisme *(n.)* asterism
asteroid *(adj.)* asteroid
astrolab *(n.)* astrolabe
astronomi *(n.)* astronomy
atas *(prep.)* above
atas *(prep.)* up
atase *(n.)* attache
atau *(adv.)* alias
ateis *(n.)* atheist
ateisme *(n.)* atheism
atlas *(n.)* atlas
atletik *(adj.)* athletic
atmosfera *(n.)* atmosphere
atol *(n.)* atoll
atom *(n.)* atom
atopi *(adj.)* atopic
atrofi *(n.)* atrophy
atropina *(n.)* atropine
audit *(n.)* audit
auditori *(adj.)* auditive
auditorium *(n.)* auditorium
aura *(n.)* nimbus
auriform *(adj.)* auriform
aurora *(n.)* aurora
autobiografi *(n.)* autobiography
autograf *(n.)* autograph
autokrasi *(n.)* autocracy
autokrat *(n.)* autocrat
automatik *(adj.)* automatic
avulsi *(n.)* avulsion
awak-awak *(n.)* boatman
awal *(adj.)* early
awal *(adj.)* preliminary
awalan *(n.)* prefix
awan *(n.)* cloud
awas *(n.)* caution
awas *(v.)* beware
ayah *(n.)* father
ayam *(n.)* fowl
ayam belanda *(n.)* turkey

ayam betina *(n.)* hen
ayam jantan *(n.)* cock
ayam katik *(n.)* bantam
ayam Mediterranean *(n.)* leghorn
ayat *(n.)* sentence
ayu *(adj.)* dainty
ayunan *(v.)* trapeze
azimat *(n.)* amulet

B

bab *(n.)* chapter
babi *(n.)* swine
babi betina *(n.)* sow
babi hutan *(n.)* boar
babun *(n.)* baboon
bacaan upacara *(n.)* rite
badai *(n.)* storm
badak sumbu *(n.)* rhinoceros
badam *(n.)* almond
badan *(n.)* body
badan kehakiman *(n.)* judiciary
badan perundangan *(n.)* legislature
badminton *(n.)* badminton
badut *(n.)* clown
bag muntah *(n.)* sickbag
bagaimana *(adj.)* what
bagaimanapun *(adv.)* though
bagasi *(n.)* luggage
baghal *(n.)* mule
bagian *(n.)* set
bagus *(adj.)* okay
bahagian *(n.)* province
bahagian *(n.)* segment
bahagian atas *(n.)* top
bahagian bawah *(adj.)* underneath
bahagian belakang *(n.)* rear
bahagian dalam *(n.)* interior
bahagian depan *(n.)* front
bahagian luar *(adv.)* outside
bahagian pembajak *(n.)* sharebeam
bahagian telinga *(adj.)* tellural
bahagian terhebat *(n.)* brunt
bahagian utama *(n.)* body
bahan *(n.)* substance
bahan api *(n.)* fuel
bahan bakar *(n.)* briquet
bahan kimia *(n.)* chemical
bahan letupan *(n.)* dynamite
bahan memabukkan *(n.)* intoxicant
bahan putih *(n.)* cetin
bahan turap *(n.)* daub
bahasa *(n.)* lingo
bahasa Arab *(n.)* Arabic
bahasa basahan *(n.)* colloquialism
bahasa kesat *(n.)* invective
bahasa sepanyol *(n.)* Spanish
bahasa tempatan *(n.)* vernacular
bahaya *(n.)* hazard
bahaya *(v.)* peril
bahaya biologi *(adj.)* biohazardous
bahtera *(n.)* ark
bahu *(n.)* shoulder
bahu jalan *(n.)* berm
baik *(adv.)* okay
baik hati *(adj.)* tenderhearted
baik-baik *(adv.)* well
baiki *(v.)* restore
baiki *(n.)* fix
bailif *(n.)* bailiff
bait *(n.)* byte
baj *(n.)* barge
baja *(n.)* muck
bajak *(n.)* plough
bajet *(n.)* budget

bajingan *(n.)* scumbag
baju *(n.)* shirt
baju besi *(n.)* armour
baju gaun *(n.)* frock
baju hujan *(n.)* waterproof
baju kot *(n.)* overcoat
baju lindung *(n.)* smock
baju panas *(n.)* sweater
baka *(n.)* breed
baka kacukan *(adj.)* mongrel
bakal *(adj.)* would-be
bakar *(n.)* burn
bakat *(n.)* talent
bakhil *(n.)* miser
baki *(n.)* remainder
bakon *(n.)* bacon
bakteria *(n.)* bacteria
bakul *(n.)* basket
balada *(n.)* ballad
balai bomba *(n.)* firehouse
balai cerap *(n.)* observatory
balang *(n.)* jar
balar *(n.)* albino
balas *(n.)* reply
balas dendam *(n.)* vengeance
balasan *(n.)* rejoinder
baldi *(n.)* pail
baldi besi *(n.)* scuttle
baldu *(n.)* velvet
balet *(sn.)* ballet
baligh *(n.)* puberty
balik kuang *(v.)* somersault
balin *(n.)* baleen
baling *(v.)* pitch
balingan *(n.)* throw
balingan tepi *(adj.)* sidearm
balistik *(n.)* ballistics
balsam *(n.)* balm
balu *(n.)* widow
baluarti *(n.)* battlement
balutan luka *(n.)* dressing
bampar *(n.)* bumper
banci *(n.)* census

bancuhan *(n.)* concoction
bandar *(adj.)* urban
bandar *(n.)* municipality
bandar raya *(n.)* city
bandela *(n.)* bale
banduan *(n.)* prisoner
bandul *(n.)* pendulum
bangga *(adj.)* proud
bangga diri *(adj.)* smug
bangkai *(n.)* wreck
bangkai kapal *(n.)* wreckage
bangkit semula *(v.)* revive
bangku *(n.)* stool
bangku bebas *(adj.)* crossbench
banglo *(n.)* bungalow
bangsal *(n.)* shed
bangsal haiwan *(n.)* cote
bangsat *(n.)* scoundrel
bangsawan *(adj.)* genteel
bangun *(v.)* wake
bangunan *(n.)* complex
bangunan besar *(n.)* edifice
bangunan sementara *(n.)*
   casern
banjir *(n.)* flood
banjo *(n.)* banjo
bank *(n.)* bank
bank data *(n.)* databank
bantah *(v.)* veto
bantahan *(n.)* protestation
bantahan kuat *(adj.)* outcry
bantal *(n.)* pillow
bantuan *(n.)* succour
banyak *(adj.)* uberous
banyak *(adj.)* multiple
banyak hiasan *(adj.)* fancy
banyak jus *(adj.)* juicy
banyul *(n.)* buffoon
bapa *(n.)* dad
bapa saudara *(n.)* uncle
bapak *(n.)* daddy
bapok *(n.)* faggot
baptis *(n.)* baptism

bar *(n.)* bar
bar sisi *(n.)* sidebar
barang *(n.)* object
barang *(n.)* stuff
barang dagangan *(n.)* merchandise
barang dan zaman purba *(adj.)* antique
barang kemas *(n.)* jewellery
barang pameran *(n.)* exhibit
barang rampasan *(n.)* loot
barangan *(n.)* commodity
barang-barang lama *(n.)* junk
barat *(n.)* west
barbarisme *(n.)* barbarism
baris *(n.)* row
baris pengulang *(n.)* refrain
barisan *(n.)* queue
barisan pelakon *(n.)* cast
barisan suspek *(n.)* showup
bariton *(n.)* baritone
barium *(n.)* barium
barli *(n.)* barley
barok *(adj.)* baroque
barometer *(n.)* barometer
baron *(n.)* baron
baru *(adj.)* novel
baru *(adv.)* just
baru muncul *(n.)* upstart
barua *(n.)* jackal
baru-baru ini *(adv.)* recently
bas *(n.)* omnibus
basah *(adj.)* wet
basah kuyup *(v.)* drench
basi *(adj.)* banal
basikal *(n.)* bicycle
basis *(adj.)* basic
bata jemur *(n.)* adobe
batalion *(n.)* battalion
batang *(n.)* stem
batang khemah *(n.)* tentpole
batang pokok *(n.)* trunk
batas *(n.)* delimitation

batasan *(n.)* transboarder
bateri *(n.)* battery
bateri kering *(n.)* cell
baton *(n.)* baton
batu *(n.)* cobble
batu *(n.)* stone
batu besar *(n.)* boulder
batu buntar *(n.)* cobblestone
batu karang *(n.)* coral
batu kerikil *(n.)* pebble
batu magnet *(n.)* loadstone
batu merah *(n.)* cabuncle
batu opal *(n.)* opal
batu penanda *(n.)* milestone
batu permata *(n.)* jewel
batu prasejarah *(n.)* dolmen
batu pualam *(n.)* alabaster
batu-bata *(n.)* brick
batuk *(v.)* cough
bau *(n.)* smell
bau *(n.)* whiff
bau busuk *(n.)* stink
bau sedap *(n.)* aroma
baucar *(n.)* voucher
bawaan udara *(n.)* airborne
bawah *(adj.)* nether
bawah *(adj.)* under
bawah tanah *(adj.)* subterranean
bawah umur *(n.)* minor
bawang *(n.)* onion
bawang putih *(n.)* garlic
bayangan *(n.)* smack
bayangan buruk *(adj.)* baleful
bayang-bayang *(n.)* silhouette
bayaran balik *(n.)* reimbursement
bayaran lewat *(n.)* demurrage
bayaran pos *(n.)* postage
bayi *(n.)* infant
bayonet *(n.)* bayonet
bayou *(n.)* bayou
bayu *(n.)* zephyr

bazar *(n.)* bazaar
bazuka *(n.)* bazooka
bearing *(n.)* tenue
bebal *(adv.)* thick
beban *(n.)* load
beban membuktikan *(n.)* onus
bebarang *(n.)* baggage
bebas *(adj.)* free
bebas hukuman *(n.)* impunity
bebas tentera *(adj.)* demilitarized
bebas-hentakan *(adj.)* tamperproof
bebawang *(n.)* bulb
bebelan *(n.)* rumble
beberapa *(pron.)* some
bebiri betina *(n.)* ewe
bebiri jantan *(n.)* ram
bebuli *(n.)* vicar
beca *(n.)* rickshaw
bedah bersalin *(adj.)* cesarean
bedah siasat *(n.)* post-mortem
bedak *(n.)* powder
bedasarkan kecenderungan *(adj.)* orientational
bedilan berterusan *(n.)* barrage
bedsor *(n.)* bedsore
beg *(n.)* bag
beg angin *(n.)* windbag
beg galas *(n.)* satchel
beg sandang *(n.)* rucksack
beg udara *(n.)* airbag
begitu *(adv.)* so
begitu juga *(adv.)* likewise
begitu kecil *(adj.)* diminutive
begol *(n.)* bugle
begpaip *(n.)* bagpipe
beguk *(n.)* mumps
bekalan *(n.)* supply
bekalan makanan *(n. pl)* victuals
bekalan peluru *(n.)* ammunition
bekas *(adj.)* former
bekas air *(n.)* pitcher
bekas kencing *(n.)* urinal
bekas silinder *(n.)* canister
bekerja *(v.)* work
bekerja keras *(v.)* toil
bekerjasama *(adj.)* teamed
beku *(n.)* clot
belahan *(n.)* slit
belaian *(v.)* caress
belajar *(v.)* study
belakang *(adj.)* rear
belakang kepala *(n.)* occipital
belalang juta *(n.)* locust
belantan *(n.)* cudgel
belas kasihan *(n.)* pathos
belasah *(v.)* wallop
belayar *(v.)* voyage
belenggu *(n.)* shackle
beli *(n.)* buy
belia *(n.)* young
belok *(v.)* turn
belon *(n.)* balloon
belukar *(n.)* thicket
belut *(n.)* eel
benang *(n.)* yarn
benar *(adj.)* true
benar-benar *(adv.)* utterly
bencah *(n.)* bog
bencana *(n.)* disaster
bencana alam *(n.)* cataclysm
benci *(n.)* repulse
benda *(n.)* thing
benda lekit *(n.)* goo
bendaharawan *(n.)* chamberlain
bendahari *(n.)* treasurer
bendalir *(adj.)* fluid
bendera *(n.)* flag
bendi *(n.)* okra
bendul *(n.)* threshold
bengis *(adj.)* petulant
bengkak *(n.)* tendinitis
bengkang-bengkok *(adj.)* tortuous

bengkang-bengkok *(adv.)* zigzag
bengkel *(n.)* workshop
bengkel tempa *(n.)* forge
bengkok *(n.)* bent
bengkung *(n.)* waistband
benih *(n.)* spawn
bentara *(n.)* herald
benteng *(n.)* rampart
bentuk *(n.)* shape
bentuk sudu *(adj.)* runcible
benua *(n.)* continent
benzidina *(n.)* benzidine
benzin *(n.)* benzene
beracun *(adj.)* poisonous
berada *(adj.)* well-to-do
beradat *(adj.)* ceremonious
berahi *(adj.)* sensual
berair *(adj.)* watery
berais *(adj.)* iced
berak *(n.)* dump
berakal *(adj.)* resourceful
berakar *(v.)* root
berakhir *(n.)* close
beralih *(n.)* shift
beralun-alun *(v.)* undulate
beralur *(v.)* groove
beranda *(n.)* verendah
beraneka *(adj.)* sundary
berang *(v.)* madden
berang *(adj.)* furious
berangan *(adv.)* transcendingly
beranggap *(v.)* regard
berangin *(adj.)* windy
berani *(adj.)* wry
berani *(v.)* venture
berani mati *(v.)* daredevil
beranjak *(v.)* shift
beransur-ansur *(adj.)* gradual
berantakan *(adv.)* chaotic
berarak *(v.)* parade
berasa kasihan *(v.)* pity
berasa pedih *(v.)* smart

berasak-asak *(v.)* throng
berasal *(v.)* originate
berasal laut *(adj.)* seaborn
berasap *(adj.)* misty
berasap *(adj.)* smoky
berasid *(adj.)* acidic
berat *(adj.)* weighty
berat sebelah *(n.)* partiality
berayun *(v.)* oscillate
berazam *(v.)* resolve
berbahas *(v.)* debate
berbahaya *(adj.)* perilous
berbakat *(adj.)* gifted
berbalah *(v.)* brangle
berbantalkan *(v.)* pillow
berbaring *(v.)* lie
berbaris *(v.)* queue
berbatu *(adj.)* stony
berbau *(n.)* reak
berbau bawang putih *(adj.)* garlicky
berbau busuk *(v.)* stink
berbaur *(v.)* confuse
berbeda *(v.)* differ
berbelah-bagi *(adj.)* ambivalent
berbenang halus *(adj.)* filamented
berbentuk *(adj.)* shapely
berbentuk bulat *(adj.)* circular
berbentuk hati *(adj.)* cordate
berbentuk kepala *(adj.)* cephaloid
berbentuk kiub *(adj.)* cubical
berbentuk kon *(adj.)* conical
berbentuk kubus *(adj.)* cubiform
berbentuk memanjang *(n.)* oblong
berbentuk sfera *(adj.)* spherical
berbentuk silinder *(adj.)* cylindrical
berbeza *(v.)* vary
berbeza dengan *(prep.)* unlike
berbicara *(v.)* talk

berbiku-biku *(n.)* zigzag
berbintang *(adj.)* starry
berbintik *(v.)* spot
berbisa *(adj.)* venomous
berbisik *(v.)* whisper
berbohong *(v.)* lie
berbolak-balik *(v.)* vacillate
berbonggol-bonggol *(adj.)* bumpy
berborak *(n.)* yap
berbual *(adv.)* talkavively
berbucu-bucu *(adj.)* angular
berbuih *(adj.)* foamy
berbulu *(adj.)* woollen
berbunga-bunga *(adj.)* flowery
berbunyi *(v.)* sound
berbunyi *(adj.)* taloned
berbunyi kuat *(v.)* thunder
bercabang *(v.)* bifurcate
bercahaya belakang *(adj.)* backlit
bercakap *(v.)* speak
bercakap besar *(n.)* brag
bercakap cepat *(v.)* rattle
bercakap laju *(n.)* talkfast
bercakap-cakap *(v.)* converse
bercambah *(v.)* germinate
bercampur *(v.)* mingle
bercampur aduk *(v.)* jumble
bercangkung *(v.)* crouch
bercantum *(v.)* fuse
berceloteh *(v.)* yak
bercerai *(n.)* part
bercerai *(v.)* divorce
bercerai susu *(v.)* wean
bercita-cita *(v.)* aspire
bercita-cita tinggi *(adj.)* ambitious
berdagang *(v.)* trade
berdamai *(v.)* reconcile
berdarah *(v.)* bleed
berdasarkan oligarki *(adj.)* oligarchal

berdasarkan prnsip Kristian *(adj.)* evangelic
berdasarkan utopia *(adj.)* utopian
berdaulat *(adj.)* sovereign
berdaun *(adj.)* leafy
berdebar *(v.)* palpitate
berdebar-debar *(v.)* pulsate
berdebar-debar *(v.)* vex
berdecit *(v.)* squeak
berdedikasi *(adj.)* dedicatory
berdekatan *(n.)* proximity
berdekatan pantai *(adj.)* coastal
berdekut *(v.)* coo
berdendirian *(n.)* solitude
berdengkur *(v.)* purr
berdengkur *(v.)* snore
berdengung *(v.)* hum
berdentum *(v.)* boom
berdenyut *(v.)* throb
berderam *(v.)* growl
berdesing *(v.)* chirp
berdesir *(v.)* sizzle
berdesis *(v.)* hiss
berdetar *(n.)* rattle
berdetik *(v.)* tick
berdiam *(n.)* reticence
berdikari *(adj.)* independent
berdiri *(v.)* stand
berdiri *(n.)* standing
berdoa *(v.)* pray
berdosa *(adj.)* ubiquous
berduet *(v.)* duet
berduka *(v.)* sorrow
berduri *(adj.)* thorny
berduyun-duyun *(v.)* stream
bereaksi hebat *(v.)* backlash
berehat *(v.)* rest
berek *(n.)* barrack
beremosi lebih *(v.)* goo
berempah *(adj)* zesty
berempat-segi panjang *(adj.)* oblong

berenang *(v.)* swim
berentak *(v.)* pace
beret *(n.)* beret
beretika *(adj.)* ethical
berevolusi *(v.)* evolve
berfaedah *(adj.)* beneficial
berfaedah *(adj.)* utilitarian
berfalsafah *(adj.)* philosophical
berfikir *(v.)* think
berfoya *(n.)* philander
berfoya-foya *(v.)* womanise
bergabung *(v.)* merge
bergaduh *(v.)* brawl
bergaduh kasar *(v.)* dogfight
bergambar *(adj.)* pictorial
berganda *(adj.)* duplicate
berganda empat *(v.)* quadruple
berganda lapan *(v.)* octuple
berganjak *(v.)* budge
bergantung *(v.)* rely
bergantung *(v.)* depend
bergantung pada *(adj.)* dependent
bergas *(adj.)* gaseous
bergaul *(v.)* intermingle
bergaul *(v.)* mesh
bergaya *(adj.)* fashionable
bergebar *(adj.)* flapping
bergegar *(v.)* quake
bergegas *(v.)* rumble
bergegas lari *(v.)* scurry
bergelandangan *(adj.)* vagabond
bergelora *(adj.)* tempestuous
bergelut *(v.)* wrestle
bergema *(v.)* resound
bergembira *(v.)* rejoice
bergemerlapan *(v.)* sparkle
bergendang *(v.)* drum
bergentian *(adj.)* fibrous
bergerak *(v.)* taxi
bergerak ganas *(v.)* commove
bergerincing *(v.)* jingle
bergetar *(v.)* vibrate
bergolak *(n.)* turbulence
bergoncang-goncang *(v.)* jolt
bergosip *(v.)* gossip
bergoyang *(v.)* wobble
bergraf *(v.)* graft
berguman *(v.)* mumble
berguna *(adj.)* useful
bergunung-ganang *(adj.)* mountainous
bergurau *(v.)* joke
bergurau senda *(v.)* banter
berhadapan laut *(adj.)* oceanfront
berhajat *(v.)* wish
berhak *(v.)* entitle
berhaluan kiri *(n.)* leftist
berhampiran subtropika *(n.)* tang
berharap *(v.)* hope
berharga *(v.)* cost
berhasrat *(adj.)* appetent
berhemah *(adj.)* thrifty
berhemat *(v.)* retrench
berhenti *(v.)* quit
berhenti *(n.)* pullover
berhenti sekejap *(v.)* pause
berhijrah *(v.)* migrate
berhimpun *(v.)* rally
berhubung rapat *(v.)* commune
berhutang *(v.t)* owe
berhutang budi *(adj.)* indebted
beri *(v.)* render
beri berduri *(n.)* gooseberry
beri maklumat *(adj.)* informative
beria-ia *(adj.)* keen
beria-ria *(n.)* alacrity
berikut *(adj.)* subsequent
berikutan *(v.)* ensue
berilium *(n.)* beryllium
berilmu *(adj.)* well-read
berima *(v.)* rhyme

berimigrasi *(v.)* immigrate
berirama *(adj.)* rhythmic
berisiko *(adj.)* risky
beristeri dua *(adj.)* bigamous
berita *(adj.)* new
berita *(n. pl.)* tidings
beritahu *(adj.)* telling
berjaga *(n.)* vigil
berjaga-jaga *(n.)* guard
berjalan *(n.)* walk
berjalan kaki *(adv.)* afoot
berjalan laju *(v.)* scuttle
berjalan melangkah *(v.)* stride
berjalan tempang *(v.)* gimp
berjalan-jalan *(n.)* stroll
berjambang *(adj.)* bearded
berjamu *(v.)* banquet
berjangkit *(adj.)* infectious
berjanji *(v.)* promise
berjaring *(adj.)* webby
berjaya *(v.)* trump
berjeda *(n.)* pause
berjelaga *(v.)* soot
berjela-jela *(n.)* verbosity
berjemur *(v.)* sun
berjimat *(v.)* scant
berjimat cermat *(adj.)* provident
berjudi *(v.)* gamble
berjumlah *(v.)* amount
berjumpa *(v.)* meet
berjuta *(n.)* gazillion
berkabung *(v.)* mourn
berkabus *(adj.)* vaporous
berkabut *(adj.)* foggy
berkaca mata *(adj.)* bespectacled
berkahwin *(v.)* wed
berkaitan *(n.)* relevance
berkaitan adverba *(adj.)* adverbial
berkaitan aerobiologi *(adj.)* aerobiologic
berkaitan alga *(adj.)* algal

berkaitan amal *(adj.)* charitable
berkaitan atmosfera *(adj.)* atmospheric
berkaitan atom *(adj.)* atomic
berkaitan badan *(adv.)* bodily
berkaitan bangsa *(adj.)* racial
berkaitan bau *(adj.)* olfactory
berkaitan bronkus *(adj.)* bronchial
berkaitan bulan *(adj.)* lunar
berkaitan bunyi *(adj.)* sonic
berkaitan dengan *(v.)* pertain
berkaitan duit *(adj.)* monetary
berkaitan embrio *(adj.)* embryonic
berkaitan endemik *(n.)* endemiology
berkaitan endoskopi *(adj.)* endoscopic
berkaitan enzim *(adj.)* enzymic
berkaitan esofagus *(adj.)* esophageal
berkaitan eufemisme *(adj.)* euphemistic
berkaitan fotografi *(adj.)* photographic
berkaitan India *(adj.)* Indian
berkaitan kalori *(adj.)* calorific
berkaitan kapsul *(adj.)* capsular
berkaitan kehakiman *(adj.)* judicial
berkaitan kiasan *(adj.)* allegorical
berkaitan klasik *(adj.)* classical
berkaitan kok *(adj.)* coky
berkaitan kulit *(adj.)* dermic
berkaitan laut *(adj.)* oceanic
berkaitan logam *(adj.)* metallic
berkaitan manor *(adj.)* manorial
berkaitan meditasi *(adj.)* meditative
berkaitan megalit *(adj.)* megalithic

berkaitan meteor *(adj.)* meteoric
berkaitan naga *(adj.)* draconic
berkaitan paderi *(adj.)* ecclesiastical
berkaitan penghitungan *(adj.)* enumerative
berkaitan perut *(adj.)* abdominal
berkaitan pinggul *(adj.)* sciatic
berkaitan politik *(adj.)* political
berkaitan pos *(adj.)* postal
berkaitan renda *(adj.)* lacy
berkaitan sebutan *(adj.)* enunciatory
berkaitan senator *(adj.)* senatorial
berkaitan sulfur *(adj.)* sulphuric
berkaitan switzerland *(adj.)* Swiss
berkaitan syaitan *(adj.)* satanic
berkaitan teater *(adj.)* theatrical
berkaitan tentera *(adj.)* military
berkaitan terminologi *(adj.)* terminological
berkaitan timur *(adj.)* eastern
berkaitan trakea *(adj.)* tracheal
berkaitan ukiran *(adj.)* sculptural
berkaitan yunani *(adj.)* Greek
berkaki banyak *(n.)* multiped
berkaki dua *(n.)* biped
berkaki lapan *(n.)* octopede
berkala *(n.)* periodical
berkarat *(adj.)* rusty
berkarbonat *(adj.)* gassy
berkarisma *(adj.)* charismatic
berkas *(v.)* shear
berkata *(v.)* word
berkawad *(v.)* march
berkawan *(v.)* chum
berkeadaan baik *(adj.)* intact
berkebolehan *(adj.)* competent
berkecai *(v.)* shatter

berkecamuk *(n.)* welter
berkedudukan selaras *(adj.)* oriented
berkedut *(v.)* wrinkle
berkeinginan *(v.)* itch
berkeju *(adj.)* cheesy
berkelah *(v.)* picnic
berkelahi *(v.)* quarrel
berkelakuan *(v.)* conduct
berkelakuan aneh *(adj.)* geeky
berkelakuan buruk *(v.)* misbehave
berkeletak-keletuk *(v.)* clack
berkeliaran *(v.)* maunder
berkelip *(v.)* blink
berkelipan *(v.)* glimmer
berkelompok *(v.)* cluster
berkemacuk *(n.)* shambles
berkembang *(adj.)* nascent
berkembang maju *(v.)* thrive
berkembar *(v.)* geminate
berkempen *(v.)* campaign
berkenaan *(adj.)* applicable
berkenaan aerostatik *(adj.)* aerostatic
berkenaan air *(adj.)* acuatic
berkenaan anabolik *(adj.)* anabolic
berkenaan angkatan laut *(adj.)* naval
berkenaan Artik *(n.)* Arctic
berkenaan bapa *(adj.)* paternal
berkenaan benua *(adj.)* continental
berkenaan bibir *(adj.)* labial
berkenaan bintang *(adj.)* stellar
berkenaan cereka *(adj.)* fictional
berkenaan ciptaan *(adj.)* inventive
berkenaan dengan mata *(adj.)* ocular
berkenaan domisil *(adj.)* domiciliary

berkenaan ekologi *(adj.)* ecological
berkenaan ekonomi *(adj.)* economic
berkenaan emosi *(adj.)* emotional
berkenaan empayar *(adj.)* imperial
berkenaan epilepsi *(adj.)* epileptic
berkenaan gadis *(adj.)* girlish
berkenaan galaksi *(adj.)* galactic
berkenaan geografi *(adj.)* geographical
berkenaan geologi *(adj.)* geological
berkenaan geometri *(adj.)* geometrical
berkenaan geopolitik *(adj.)* geopolitical
berkenaan geraham *(adj.)* molar
berkenaan haid *(adj.)* menstrual
berkenaan hidung *(adj.)* nasal
berkenaan hujan *(adj.)* rainy
berkenaan ibu *(adj.)* maternal
berkenaan ibu bapa *(adj.)* parental
berkenaan Ireland *(adj.)* Irish
berkenaan Itali *(adj.)* Italian
berkenaan jantung *(adj.)* cardio
berkenaan kerani *(adj.)* clerical
berkenaan kewangan *(adj.)* financial
berkenaan kucing *(adj.)* feline
berkenaan kusta *(adj.)* leprous
berkenaan laut *(adj.)* marine
berkenaan liturgi *(adj.)* liturgical
berkenaan luar *(adj.)* outer
berkenaan majistret *(adj.)* magisterial
berkenaan mata *(adj.)* ophtalmic
berkenaan matematik *(adj.)* mathematical
berkenaan mitologi *(adj.)* mythological
berkenaan molekul *(adj.)* molecular
berkenaan muka *(adj.)* facial
berkenaan nabi *(adj.)* prophetic
berkenaan nombor *(adj.)* numerical
berkenaan orbit *(n.)* orbital
berkenaan ortopedik *(adj.)* orthopaedical
berkenaan osmobiosis *(adj.)* osmobiotic
berkenaan pasang surut *(adj.)* tidal
berkenaan paus *(adj.)* papal
berkenaan pengurusan *(adj.)* managerial
berkenaan Perancis *(adj.)* French
berkenaan perdagangan *(adj.)* mercantile
berkenaan pergunungan *(adj.)* alpine
berkenaan perkahwinan *(adj.)* nuptial
berkenaan persekitaran *(adj.)* environmental
berkenaan pertanian *(adj.)* agro
berkenaan pidato *(adj.)* oratorical
berkenaan planet *(adj.)* planetary
berkenaan poligami *(adj.)* polygamous
berkenaan presiden *(adj.)* presidential
berkenaan psikologi *(adj.)* psychological
berkenaan puak *(adj.)* tribal
berkenaan pulau *(adj.)* insular

berkenaan putera *(adj.)* princely
berkenaan rekreasi *(adj.)* recreational
berkenaan salasilah *(adj.)* genealogical
berkenaan sepanyol *(adj.)* Spanish
berkenaan serviks *(adj.)* cervical
berkenaan statistik *(adj.)* statistical
berkenaan suami isteri *(adj.)* marital
berkenaan syurga *(adj.)* heavenly
berkenaan taksidermi *(adj.)* taxidermal
berkenaan teknologi *(adj.)* technological
berkenaan teleologi *(adj.)* teleologic
berkenaan telepati *(adj.)* telepathic
berkenaan teleskop *(adj.)* telescopic
berkenaan teologi *(adj.)* theological
berkenaan topografi *(adj.)* topographical
berkenaan usus *(adj.)* intestinal
berkenaan utara *(adj.)* northern
berkenaan zaitun *(adj.)* oleaceous
berkenaan zoologi *(adj.)* zoological
berkenalan *(v.)* acquaint
berkenan *(v.)* approve
berkeras *(n.)* persist
berkeras berpendapat *(adj.)* opinionated
berkeriut *(v.)* creak
berkerlipan *(v.)* twinkle
berkerumun *(v.)* swarm

berkerut dahi *(n.)* frown
berkesan *(adj.)* salutary
berketak *(v.)* cackle
berkeupayaan *(adj.)* capable
berkeupayaan luar biasa *(n.)* empath
berkhasiat *(adj.)* nutritious
berkhayal *(v.)* transcendentalize
berkhemah *(v.)* camp
berkhidmat *(v.)* service
berkhutbah *(v.)* sermonize
berkibaran *(v.)* flap
berkicau *(v.)* warble
berkilat *(adj.)* shiny
berkilau *(adj.)* luminous
berkokok *(v.)* crow
berkomplot *(v.)* machinate
berkompromi *(v.)* compromise
berkomunikasi *(v.)* communicate
berkongsi *(v.)* amalgamate
berkongsi *(v.)* share
berkonjugat *(v.)* conjugate
berkonsepkan ontologi *(adj.)* ontological
berkuasa *(adj.)* mighty
berkuasa penuh *(adj.)* omnipotent
berkuasa sepenuhnya *(adj.)* autocratic
berkubang *(v.)* wallow
berkubu *(v.)* entrench
berkulat *(adj.)* mouldy
berkulit hitam *(n.)* negro
berkumpul *(v.)* congregate
berkumpul *(v.)* agglomerate
berkumpulan *(v.)* troop
berkumur *(v.)* gargle
berkurang *(v.)* subside
berkurang *(adj.)* depleted
berkurangan *(adv.)* decreasingly
berlabuh *(v.)* dock
berlagak *(v.)* swagger

berlainan *(adj.)* several
berlainan *(adj.)* different
berlainan *(n.)* antipodes
berlaku *(v.)* occur
berlalu *(v.)* elapse
berlambak *(adv.)* galore
berlambak-lambak *(adj.)* lash
berlanggar *(v.)* crash
berlanjutan *(v.)* last
berlapik *(v.)* pad
berlari *(n.)* runs
berlari perlahan-lahan *(v.)* jog
berlatih *(v.)* rehearse
berlawan *(v.)* duel
berlawan *(v.)* fight
berlayar *(v.)* yacht
berlebihan *(adj.)* superfluous
berlebih-lebihan *(adj.)* abundant
berlecak *(v.)* silt
berlemah lembut *(adv.)* tenuously
berlendir *(adj.)* mucous
berlendir *(adj.)* slimy
berlengah *(n.)* procrastination
berlengah-lengah *(v.)* dawdle
berlengah-lengah *(v.)* linger
berlepas *(v.)* depart
berlepas *(n.)* takeoff
berleter *(v.)* nag
berlian *(n.)* adamant
berlian *(n.)* diamond
berliku *(adj.)* anfractuous
berliku-liku *(v.)* zig
berlilin *(adj.)* cerated
berlimpah *(adj.)* profuse
berlimpah-limpah *(n.)* abundance
berlipat lapan *(n.)* octuple
berlonggok *(adv.)* aheap
berlubang *(v.)* leak
berlumba *(v.)* race
berlumuran darah *(adj.)* bloody
bermahkota *(adj.)* crowned

bermain *(v.)* play
bermain-main *(v.)* toy
bermain-main *(n.)* frolic
bermakna *(adj.)* meaningful
bermaksud *(v.)* purport
bermalas-malas *(v.)* laze
bermalas-malas *(v.)* loll
bermanfaat *(adj.)* benefic
bermanfaat *(adj)* gainful
bermanik *(adj.)* beady
bermasalah *(adj.)* problematic
bermasyarakat *(v.)* commune
bermata satu *(adj.)* monocular
bermeditasi *(v.)* meditate
bermegah *(v.)* brag
bermegah-megah *(v.)* boast
bermegah-megah *(v.)* gloat
bermimpi *(v.)* dream
berminat *(adj.)* passionate
berminyak *(adj.)* oleaginous
bermonogami *(adj.)* monogynous
bermoral *(adj.)* moral
bermuafakat *(v.)* conspire
bermuka bayi *(n.)* babyface
bermurah hati *(n.)* magnanimity
bermuram *(v.)* mope
bermusuhan *(v.)* feud
bermusuhan *(adj.)* hostile
bermutu tinggi *(adj.)* superfine
bernafas *(v.)* breathe
bernafas *(v.)* respire
bernafsu *(adj.)* lustful
bernanah *(v.)* fester
bernasib baik *(adj.)* fortunate
bernasib baik *(adj.)* serendipitous
berniat *(v.)* intend
berniat jahat *(adj.)* despiteful
berniat jahat *(adj.)* malicious
bernilai *(adj.)* worth
bernombor *(adj.)* numeral
bernyanyi yodel *(v.)* yodle

beroleh *(v.)* beget
berombak *(v.)* billow
berombak *(adj.)* wavy
beroperasi *(adj.)* operative
berotot *(adj.)* muscular
berovari *(adj.)* ovular
berpakaian *(v.)* attire
berpakaian *(v.)* garb
berpangkat *(n.)* personage
berpangkat tinggi *(adv)* uber
berpantang *(v.)* abstain
berpasir *(adj.)* sandy
berpasukan *(v.)* team
berpatah balik *(v.)* backtrack
berpatah balik *(v.)* retread
berpaut *(v.)* cling
berpaya *(adj.)* marshy
berpecah *(v.)* split
berpeluh *(v.)* perspire
berpeluh *(v.)* sweat
berpelukan *(v.)* nestle
berpemandangan baik *(n.)* belvedere
berpendapat *(v.)* believe
berpendapat *(v.)* perceive
berpengalaman *(adj.)* veteran
berpengaruh *(adj.)* affluential
berpengaruh *(adj.)* influential
berpengaruh *(v.)* preponderate
berpengetahuan luas *(adj.)* knowledgeable
berpenyakit skizofrenia *(adj.)* schyzophreniac
berperang *(n.)* belligerent
berperang *(v.)* war
berperangai bodoh *(adj.)* oafish
berperikemanusiaan *(adj.)* humane
berpesta *(n.)* reveller
berpidato *(n.)* oratory
berpindah *(v.)* reallocate
berpindah-randah *(adj.)* nomadic

berpintal-pintal *(v.)* convolve
berpisah *(v.)* part
berpotensi *(adj.)* potential
berpotensi *(n.)* potentiality
berprestij *(adj.)* prestigious
berpuak-puak *(adj.)* factious
berpuasa *(v.)* fast
berpucuk *(v.)* sprout
berpunca *(adj.)* causative
berpura-pura *(v.)* feign
berpura-pura *(v.)* pretend
berpura-pura *(n.)* pretension
berpura-pura *(v.)* sham
berpusing *(adj.)* cyclic
berpusing *(v.)* round
berpusing *(v.)* whirl
berputar *(v.)* rotate
berputar *(v.)* spin
berputus asa *(v.)* despair
bersabar *(adj.)* patient
bersabun *(adj.)* soapy
bersahaja *(adj.)* nonchalant
bersaing *(v.)* compete
bersaing *(v.)* vie
bersalah *(adj.)* wrongful
bersalin kulit *(v.)* moult
bersalin kulit *(v.)* shed
bersalji *(v.)* snow
bersalji *(adj.)* snowy
bersama *(adv.)* together
bersambung *(v.)* connect
bersampan *(v.)* boat
bersara *(v.)* retire
bersarang *(v.)* nest
bersatu *(v.)* unite
bersayap *(adj.)* aliferous
bersebab *(adj.)* causal
bersebelahan *(v.)* adjoin
bersederhana *(v.)* temperate
bersedia *(adv.)* readily
bersegi empat *(adj.)* quadrangular

bersegi empat tepat *(adj.)* rectangular
bersejarah *(a.)* historic
bersekedudukan *(v.)* cohabit
bersekongkol *(adj.)* providential
bersekutu *(v.)* affiliate
bersekutu *(v.)* ally
bersekutu *(n.)* associate
berselerak *(v.)* clutter
berselerak *(v.)* straggle
berselindung *(v.)* patronize
bersemangat *(adj.)* ebullient
bersemangat *(adj.)* enthusiastic
bersemangat *(adj.)* reverent
bersemangat *(adj.)* spirited
bersemangat *(adj.)* zealous
bersemangat waja *(adj.)* indomitable
bersembang *(v.)* chat
bersembunyi *(v.)* lurk
bersempadan *(v.)* abut
bersempadan *(adj.)* contiguous
bersenam *(v.)* exercise
bersenang-lenang *(v.)* revel
bersendawa *(v.)* belch
bersendawa *(v.)* burp
bersendirian *(adj.)* lone
bersendirian *(adv.)* singularly
berseni *(adj.)* artful
bersepadu *(adj.)* conjunct
bersepah *(n.)* mess
bersepah *(n.)* rummage
bersepuh emas *(adj.)* gilt
berseri *(adv.)* aglow
berseri *(v.)* glow
berseri *(n.)* sizzle
berseri-seri *(n.)* radiance
berseru *(n.)* ejaculate
bersesuaian *(adj.)* abideable
bersesuaian *(adv.)* pat
bersetubuh *(v.)* couple
bersetuju *(v.)* accede
bersetuju *(v.)* accord
bersetuju *(v.)* acquiesce
bersetuju *(v.)* agree
bersetuju *(v.)* approbate
bersetuju *(v.)* assent
bersiap sedia *(v.)* forearm
bersiar-siar *(n.)* outing
bersiar-siar *(v.)* stroll
bersidang *(v.)* convene
bersidang *(v.)* convoke
bersifat alkali *(adj.)* alkaline
bersifat bijaksana *(adj.)* tactful
bersifat demokrasi *(adj.)* democratic
bersifat keibuan *(adj.)* motherly
bersifat kejiranan *(adj.)* neighbourly
bersifat kekal *(n.)* immortality
bersifat kewanitaan *(adj.)* effeminate
bersifat lirik *(adj.)* lyrical
bersifat memfitnah *(adj.)* slanderous
bersifat mendesak *(adj.)* insistent
bersifat mengelak *(adj.)* evasive
bersifat menghakis *(adj.)* corrosive
bersifat menyenangkan *(adj.)* complaisant
bersifat naluri *(adj.)* instinctive
bersifat negatif *(n.)* nihilism
bersifat otoriter *(adj.)* authoritative
bersifat pakiderma *(adj.)* pachidermatous
bersifat pengorbanan *(adj.)* sacrificial
bersifat perkauman *(adj.)* racist
bersifat pertanyaan *(adj.)* interrogative
bersifat sinis *(adj.)* cynical
bersifat taksidermi *(adj.)* taxidermic

bersifat terburu-buru *(n.)* impetuosity
bersih *(adv.)* clean
bersih *(adj.)* hygienic
bersih *(adj.)* net
bersih *(adj.)* sanitary
bersih *(adj.)* spotless
bersih *(adj.)* stainless
bersilang *(adv.)* across
bersilang *(v.)* intersect
bersimpati *(v.)* commiserate
bersimpati *(adj.)* sympathetic
bersimpati *(v.)* sympathize
bersin *(n.)* sneeze
bersinar *(v.)* gleam
bersinar *(adj.)* gleaming
bersinar *(adj.)* radiant
bersinar *(v.)* scintillate
bersinar *(v.)* shine
bersiri *(adj.)* serial
bersiri *(n.)* serial
bersiul *(v.)* cheep
bersiul *(v.)* whistle
bersorak *(v.)* acclaim
bersorak *(v.)* cheer
bersubahat *(v.)* abet
bersukan *(v.)* sport
bersumpah *(v.)* vow
bersumpah berhenti *(v.)* forswear
bersumpah bohong *(v.)* perjure
bersungguh-sungguh *(n.)* ply
bersungguh-sungguh *(adj.)* wily
bersusah-payah *(v.)* struggle
bersusu *(adj.)* milky
bersyampu *(v.)* shampoo
bersyukur *(adj.)* grateful
bertaburan *(v.)* dot
bertaburan *(adj.)* scattered
bertahan *(v.)* withstand
bertahan lama *(n.)* perennial
bertakung *(v.)* stagnate

bertakwa *(n.)* piety
bertali *(adj.)* corded
bertamadun *(v.)* civilize
bertambah *(v.)* accrue
bertambah teruk *(v.)* worsen
bertangguh *(v.)* procrastinate
bertanggungjawab *(adj.)* responsible
bertanya *(v.)* quiz
bertaraf rendah *(adj.)* lowly
bertarikh *(v.)* date
bertaruh *(v.)* wager
bertarung *(v.)* combat
bertatahkan *(v.)* encrust
bertaubat *(v.)* repent
bertegas *(v.)* assert
bertelingkah *(v.)* conflict
bertelingkah *(v.)* dispute
bertelur *(n.)* nestling
bertelur *(adj.)* oviferous
bertembung *(v.)* clash
bertempiaran *(v.)* scatter
bertempur *(v.)* skirmish
bertemu *(v.)* meet
bertenaga *(adj.)* lusty
bertenaga *(adj.)* sprightly
bertenggek *(v.)* perch
bertenggek *(v.)* roost
bertengkar *(v.)* wrangle
bertentangan *(adj.)* opposite
berteriak *(v.)* cry
berteriak *(v.)* exclaim
berteriak berulang-ulang *(v.)* chant
berterima kasih *(adj.)* thankful
berterus terang *(n.)* candour
berterusan *(n.)* persist
bertimbang rasa *(adj.)* considerate
bertimbang rasa *(adj.)* thoughtful
bertindak *(n.)* acting
bertindak balas *(v.)* counteract

bertindak balas *(v.)* react
bertindih *(v.)* overlap
bertoksik *(n.)* toxicity
bertoleransi *(adj.)* tolerant
bertompok *(n.)* mottle
bertompok-tompok *(v.)* blot
bertuah *(adj.)* auspicious
bertuah *(adj.)* lucky
bertujuan *(v.)* mean
bertujuan *(v.)* purpose
bertujuan mengajar *(adj.)* didactic
bertukar *(v.)* switch
bertukar bentuk *(v.)* shapeshift
bertukar kulit *(v.)* slough
bertukar menjadi *(v.)* morph
bertunang *(adj.)* bespoken
bertunang *(v.)* betroth
berturutan *(adj.)* consecutive
berturut-turut *(adj.)* successive
berualang *(n.)* recurrence
beruang *(n.)* bear
berubah *(v.)* transfigure
berubah-ubah *(adj.)* fickle
berubah-ubah *(adj.)* variable
beruk *(n.)* ape
berulang *(v.)* recur
berulang *(n.)* relapse
berulang-alik *(v.)* commute
berulang-alik *(v.)* shuttle
berumur *(adj.)* aged
berumur 80an *(adj.)* octogenarian
berunding *(v.)* confer
berunding *(v.)* negotiate
berundur *(v.)* retreat
berunsur kerohanian *(n.)* otherworldliness
berunsur khayalan *(adj.)* whimsical
berunsur mistik *(adj.)* mythical
beruntung *(a)* successful
berupaya *(adj.)* potent

berurusan *(v.)* deal
berurusan *(v.)* transact
berus *(n.)* brush
berusaha *(v.)* endeavour
berusaha *(v.)* strive
berwarna-warni *(adj.)* colourful
berwaspada *(adj.)* watchful
berwawasan *(adj.)* visionary
berzaman-zaman *(n.)* eon
bes *(n.)* bass
besar *(adj.)* massive
besar kepala *(n.)* bighead
besar sekali *(adj.)* voluminous
besen *(n.)* basin
besi *(n.)* iron
besi pengadang *(n.)* grate
besi tuang *(adj.)* cast-iron
besifat tertimbul *(adj.)* molluscous
beta *(n.)* beta
betina *(adj.)* female
beting *(n.)* sandbank
beting *(n.)* shoal
betis *(n.)* calf
betul *(adj.)* correct
betul-betul *(adv.)* stark
biadab *(adj.)* imprudent
biadap *(adj.)* rude
biara *(n.)* abbey
biara *(n.)* monastery
biasa *(adj.)* wont
biasanya *(adv.)* usually
biasiswa *(n.)* scholarship
biawak *(n.)* goanna
bibir *(n.)* lip
bibit *(n.)* seed
bibliografi *(+n)* bibliography
bicara perut *(v.)* ventriloquize
bicu *(n.)* jack
bida *(n.)* bid
bidadari *(n.)* sylph
bidai *(n.)* shutter
bidalan *(n.)* maxim

bidan *(n.)* midwife
bidang kuasa *(v.)* remit
bidang penulisan *(adj.)* orthographic
bidang pergigian *(n.)* odontology
bidet *(n.)* bidet
bigami *(n.)* bigamy
bigamis *(n.)* bigamist
bihara *(n.)* nunnery
bijak *(adj.)* smart
bijaksana *(adj.)* wise
bijaksana *(adj.)* sagacious
bijan *(n.)* sesame
biji catur *(n.)* rook
biji chia *(n.)* chia
biji mata *(n.)* eyeball
biji rami *(n.)* linseed
biji sawi *(n.)* mustard
bijih *(n.)* ore
bijiran milet *(n.)* millet
bijirin *(adj.)* oatmeal
bikar *(n.)* beaker
bikini *(n.)* bikini
bil *(n.)* bill
bila *(adv.)* when
bila masa *(adv.)* whenever
bila-bila *(adv.)* anytime
bila-bila masa *(adv.)* anywhen
bila-bila masa *(conj.)* whenever
bilah *(n.)* lath
bilangan ekar *(n.)* acreage
bilateral *(adj.)* bilateral
biliard *(n.)* billiard
bilik *(n.)* chamber
bilik *(n.)* room
bilik hotel *(n.)* suite
bilik kebal *(n.)* vault
bilik mayat *(n.)* morgue
bilik mayat *(n.)* mortuary
bilik tidur *(n.)* bedroom
bilik tidur yang besar *(n.)* dormitory
bilur *(n.)* welt
bimbang *(adj.)* anxious
bimbingan *(n.)* guidance
binatang *(n.)* animal
binatang *(n.)* beast
binatang berkaki empat *(n.)* quadruped
binatang kembiri *(n.)* gelding
bingar *(v.)* blare
bingkai *(n.)* casing
bingkai *(n.)* frame
bingkai *(n.)* rim
bingkai kayu *(n.)* cadge
bingkai tingkap *(n.)* mullion
bingkas *(v.)* spring
bingung *(v.)* bemuse
bingung *(v.)* daze
bingung *(adj.)* dazed
bintang *(n.)* star
bintang panduan *(n.)* loadstar
bintik *(n.)* spot
bintik mata *(n.)* eyespot
biobahan api *(n.)* biofuel
biodegradasi *(n.)* biodegradation
biografi *(n.)* biography
bioiklim *(n.)* bioclimate
biojisim *(n.)* biomass
biokejuruteraan *(n.)* bioengineering
biokimia *(adj.)* biochemical
biola *(n.)* fiddle
biologi *(n.)* biology
Biologi Nano *(n.)* nanobiology
biologi sintetik *(n.)* xenobiology
biometrik *(adj.)* biometric
bionik *(adj.)* bionic
biopsi *(n.)* biopsy
bioskop *(n.)* bioscope
bir *(n.)* beer
biri-biri *(n.)* lamb
biri-biri *(n.)* sheep
biro *(n.)* bureau

birokrasi *(n.)* Bureacuracy
birokrat *(n.)* bureaucrat
biru *(n.)* blue
biru cerah *(adj.)* azzure
biru kehijauan *(n.)* cyan
biru nila *(n.)* indigo
bisa *(n.)* venom
biseksual *(adj.)* bisexual
bisel *(adj.)* bicellular
biseps *(n.)* biceps
bisikan *(n.)* aside
bisikan *(n.)* whisper
bising *(n.)* babel
bising *(adj.)* noisy
bisk *(n.)* bisque
biskop *(n.)* bishop
biskut *(n.)* biscuit
biskut 'shortbread' *(n.)* shortbread
biskut tawar *(n.)* cracker
bison *(n.)* bison
bistro *(n.)* bistro
bisu *(adj.)* dumb
bisul *(n.)* abscess
bisul *(n.)* boil
bisul *(n.)* wen
bit *(n.)* beet
bius *(n.)* anaesthesia
blaus *(n.)* blouse
blip *(n.)* blip
blok *(n.)* bloc
blok *(n.)* block
blok ais *(n.)* iceblock
bocor *(n.)* leak
bodek *(n.)* sycophancy
bodoh *(adj.)* stupid
bodoh *(adj.)* obtuse
bogel *(adj.)* naked
bogel *(n.)* nude
bohemian *(adj.)* bohemian
bohong *(n.)* lie
boikot *(n.)* boycott
bola *(n.)* ball

bola api *(n.)* fireball
bola keranjang *(n.)* basketball
bola sepak *(n.)* football
bola trek *(n.)* trackball
boleh *(v.)* can
boleh *(v.)* could
boleh *(v.)* may
boleh alih *(adj.)* movable
boleh berjalan *(adj.)* ambulant
boleh berkahwin *(adj.)* marriageable
boleh diajar *(adj.)* teacheable
boleh diamalkan *(adj.)* practicable
boleh dianggar *(adj.)* estimative
boleh dibaca *(adj.)* legible
boleh dibaiki *(adj.)* repairable
boleh dibasuh *(adj.)* washable
boleh dibayar *(adj.)* billable
boleh dibedah *(n.)* operability
boleh dibedah *(adj.)* operable
boleh diceritakan *(adj.)* taleable
boleh dicukaikan *(adj.)* taxable
boleh didengar *(adj.)* audible
boleh dihasilkan *(adj.)* generable
boleh dijalankan *(adj.)* workable
boleh dijamin *(adj.)* bailable
boleh dijual *(adj.)* salable
boleh dijustifikasikan *(adj.)* justifiable
boleh dikira *(adj.)* countable
boleh dilaksana *(adv.)* effably
boleh dilaksanakan *(adj.)* effable
boleh dilaksanakan *(adj.)* feasible
boleh dilalui *(adj.)* traversable
boleh diletakkan *(adj.)* placable
boleh dimaafkan *(adj.)* pardonable
boleh dimaafkan *(adj.)* venial

boleh dimakan *(n.)* eatable
boleh dimakan *(adj.)* edible
boleh dipadam *(adj.)* deletable
boleh dipasarkan *(adj.)* marketable
boleh dipercayai *(adj.)* credible
boleh dipercayai *(adj.)* reliable
boleh dipercayai *(adj.)* trustworthy
boleh diperoleh *(adj.)* obtainable
boleh dipindahkan *(adj.)* transferable
boleh dirunding *(adj.)* negotiable
boleh diselamatkan *(adj.)* savable
boleh diservis *(adj.)* serviceable
boleh diskrinkan *(adj.)* screenable
boleh ditanggalkan *(adj.)* removable
boleh diterima *(adj.)* acceptable
boleh diterima *(adj.)* tolerable
boleh ditinggalkan *(adj.)* abandonable
boleh ditukarkan *(adj.)* convertible
boleh ditutupi *(n.)* sealability
boleh diubati *(adj.)* curable
boleh diundur *(adj.)* reversible
boleh diwaraskan *(n.)* sanability
boleh diwarisi *(adj.)* heritable
boleh jadi *(adv.)* quite
boleh larut *(adj.)* soluble
boleh lepas *(adj.)* escapable
boleh menerima *(adj.)* amenable
boleh menjadi *(adj.)* viable
bom *(n.)* bomb
bom tangan *(n.)* grenade
bomba *(n.)* fire
bomoh *(n.)* shaman
boneka *(n.)* dummy
boneka *(n.)* puppet
boneka bertali *(n.)* marionette
boneka pakaian *(n.)* mannequin
bonet *(n.)* bonnet
bonggol pokok *(n.)* gnarl
bongok *(n.)* gawk
bonus *(n.)* bonus
borang *(n.)* form
borjuis *(adj.)* bourgeois
borong *(n.)* wholesale
borong *(adv.)* wholesale
boros *(adj.)* extravagant
boros *(adj.)* prodigal
bos *(n.)* boss
bosan *(adj.)* blasé
bosan *(n.)* bore
bosan *(adj.)* rut
bot *(n.)* boat
bot laut *(n.)* seaboat
bot pembawa *(n.)* portage
bot polis *(n.)* policeboat
bot ringan *(v.)* gig
bot trawl *(n.)* trawlboat
bot tunda *(n.)* towboat
botak *(adj.)* bald
botani *(n.)* botany
botol *(n.)* bottle
botol kecil *(n.)* phial
boya *(n.)* buoy
braille *(n.)* braille
brandi *(n.)* brandy
brek *(n.)* brake
brek angin *(n.)* airbrake
briged *(n.)* brigade
brigedier *(n.)* brigadier
british *(adj.)* british
broker *(n.)* broker
broker *(n.)* realtor
broker saham *(n.)* sharebroker
brokoli *(n.)* broccoli
bru *(n.)* brew
buah *(n.)* fruit

buah berangan *(n.)* chestnut
buah beri *(n.)* berry
buah dam *(n.)* draught
buah kurma *(n.)* date
buah oak *(n.)* acorn
buah pala *(n.)* nutmeg
buah pelaga *(n.)* cardamom
buah pinggang *(n.)* kidney
buah tin *(n.)* fig
buah zakar *(n.)* testicle
buai *(adj.)* rocking
buaian *(n.)* swing
buaian *(n.)* cradle
buang *(n.)* cast
buang *(v.)* rid
buangan *(n.)* discharge
buas *(n.)* brute
buasir *(n.)* piles
buat asal *(v.)* undo
buat hal *(n.)* ruckus
buatan khas *(n.)* custom
buaya *(n.)* alligator
buaya *(n.)* crocodile
buaya darat *(n.)* libertine
bubuh arak *(v.)* flambé
bubur *(n.)* porridge
budak *(n.)* kid
budak lelaki *(n.)* boy
budak lelaki *(n.)* lad
budak nakal *(n.)* urchin
budak perempuan *(n.)* girl
budaya *(n.)* culture
budaya rakyat *(n.)* folklore
budi bicara *(n.)* discretion
budiman *(adj.)* prudent
buih *(v.)* foam
buih *(n.)* bubble
buih *(n.)* foam
buih *(n.)* lather
buih lautan *(n.)* seafoam
bujang *(adj.)* single
bujur *(n.)* oval
buk *(v.)* thud

buka *(v.)* spread
bukaan *(n.)* aperture
bukaan kecil *(n.)* doghole
bukan *(adv.)* no
bukan *(adv.)* not
bukan biasa *(adj.)* atypic
bukan peminum arak *(n.)* teetotaller
bukan sesiapa *(n.)* nonentity
bukan-bukan *(n.)* absurdity
bukankah *(interj.)* what
bukit *(n.)* hill
bukit pasir *(n.)* sandhill
bukti *(n.)* evidence
bukti *(n.)* proof
bukti *(n.)* testament
buktikan bersalah *(v.)* incriminate
buku *(n.)* bar
buku *(n.)* book
buku besar *(n.)* tome
buku doa *(n.)* breviary
buku jari *(v.)* knuckle
buku kecil *(n.)* brochure
buku kedai *(n.)* shopbook
buku log *(n.)* log
buku mata *(n.)* scorebook
buku nota *(n.)* scratchpad
buku panduan *(n.)* handbook
buku panduan *(n.)* manual
buku panduan *(n.)* rulebook
buku roti *(n.)* loaf
buku skrap *(n.)* scrapbook
buku teks *(n.)* textbook
buku teks *(adj.)* textbookish
buku video *(n.)* videobook
bulan *(n.)* month
bulan *(n.)* moon
bulan madu *(n.)* honeymoon
bulanan *(n.)* monthly
bulat *(adj.)* round
bulatan *(n.)* runabout
bulbul *(n.)* nightingale

buletin *(n.)* bulletin
bulimia *(n.)* bulimia
bulu *(n.)* thistle
bulu *(n.)* woollen
bulu binatang *(n.)* fur
bulu binatang *(n.)* mink
bulu biri-biri *(n.)* fleece
bulu biri-biri *(n.)* wool
bulu gebu *(n.)* fuzz
bulu kain *(n.)* nap
bulu kejur *(n.)* bristle
bulu kening *(n.)* eyebrow
bulu mata *(n.)* eyelash
bulu pelepah *(n.)* feather
bulu tangkis *(n.)* shuttle
bulu tangkis *(n.)* shuttlecock
buluh *(n.)* bamboo
bumbung *(n.)* roof
bumi *(n.)* earth
bumiputera *(n.)* native
bumiputera *(n. pl)* aborigines
bumiputera *(adj.)* indigenous
bunga *(v.)* blossom
bunga *(n.)* bloom
bunga *(n.)* flower
bunga api *(n.)* fireworks
bunga dafodil *(n.)* daffodil
bunga daisi *(n.)* daisy
bunga myrtle *(n.)* myrtle
bungkus *(n.)* wrap
bungkusan *(n.)* package
bungkusan *(n.)* parcel
bunian *(n.)* elf
bunker *(n.)* bunker
buntu *(adj.)* dead-end
buntut *(n.)* butt
bunuh diri *(adj.)* suicidal
bunuh diri *(n.)* suicide
bunuh tenang *(v.)* euthanize
bunyi *(n.)* sound
bunyi bising *(n.)* noise
bunyi bong *(n.)* shottie
bunyi cucuran *(n.)* eavesdrop

bunyi decit *(n.)* squeak
bunyi derap *(n.)* crunch
bunyi desing *(v.)* buzz
bunyi desis *(n.)* hiss
bunyi desis *(n.)* sibilating
bunyi genta atau loceng *(v.)* chime
bunyi kelajuan *(n.)* zoom
bunyi kelenting *(n.)* clink
bunyi keletak *(n.)* clack
bunyi kertik *(n.)* click
bunyi khinzir *(v.)* oink
bunyi kuat *(adj.)* tanged
bunyi kuda *(n.)* neigh
bunyi kuda *(n.)* tchick
bunyi lidah *(adj.)* lingual
bunyi loceng *(n.)* chime
bunyi mengejek *(n.)* hoot
bunyi mengerang *(n.)* groan
bunyi meriah *(v.)* ripple
bunyi nyaring *(adj.)* piercing
bunyi 's' atau 'sh' *(adj.)* sibilant
bunyian alat muzik *(adj.)* instrumental
buritan *(n.)* aft
buritan kapal *(n.)* stern
buruan *(n.)* quarry
buruh *(v.)* labour
buruh *(n.)* labourer
buruj *(n.)* constellation
buruk *(adj.)* bad
buruk *(adv.)* ill
burung *(n.)* bird
burung botak *(n.)* stork
burung camar *(n.)* gull
burung camar *(n.)* seagull
burung dodo *(n.)* dodo
burung gagak *(n.)* raven
burung gagak *(n.)* rook
burung hantu *(n.)* owl
burung helang *(n.)* eagle
burung jenjang *(n.)* crane
burung kakak tua *(n.)* parrot

burung kedidi *(n.)* oxbird
burung kenari *(n.)* canary
burung kosa *(n.)* cormorant
burung lark *(n.)* lark
burung laut *(n.)* seabird
burung merpati *(n.)* dove
burung murai *(n.)* magpie
burung panglin *(n.)* coot
burung pipit *(n.)* sparrow
burung ren *(n.)* wren
burung unta *(n.)* ostrich
burut *(n.)* hernia
bus berteksi *(n.)* taxibus
busuk hati *(n.)* spite
busur *(n.)* bow
buta *(n.)* blindness
buta hati *(n.)* purblind
buta huruf *(n.)* illiteracy
buta huruf *(adj.)* illiterate
buta warna *(adj.)* colour-blind
butang *(n.)* button
butir teknikal *(n.)* technicality
butiran *(n.)* detail

C

cabang fizik *(n.)* statics
cabaran *(n.)* challenge
cabaran *(n.)* dare
cabul *(adj.)* unmannerly
cabut lari *(v.)* abscond
cabutan bertuah *(n.)* draw
cacar *(n.)* smallpox
cacat *(n.)* cripple
cacat *(adj.)* disabled
cacing *(n.)* worm
cacing pita *(n.)* ringworm
cadangan *(n.)* suggestion
cadar *(n.)* bedsheet

cadar *(n.)* sheet
cadar *(n.)* spread
cadong *(n.)* portion
cagaran *(n.)* mortgage
cahaya *(n.)* light
cahaya belakang *(n.)* backlight
cahaya samar-samar *(n.)* glimmer
cahaya subuh *(n.)* dawnlight
cair *(adj.)* dilute
cair *(adj.)* liquid
cair *(adj.)* slushy
caj *(n.)* charge
caj berlebihan *(v.)* overcharge
caj tambahan *(n.)* surcharge
cakap-cakap *(v.)* prattle
cakar ayam *(n.)* scrawl
cakera *(n.)* disc
cakerawala *(n.)* firmament
calar *(n.)* abrasion
calar *(n.)* scratch
calitan *(n.)* smear
calitan *(n.)* stroke
calon *(n.)* candidate
calon *(n.)* nominee
calon peperiksaan *(n.)* examinee
cambuk *(n.)* scourge
cambuk *(n.)* whip
campak *(n.)* shy
campur aduk *(n.)* jumble
campur tangan *(adj.)* officious
campuran *(n.)* blend
campuran *(n.)* hotchpotch
campuran *(n.)* mixture
canaian *(v.)* polished
candu *(n.)* opium
canggih *(adj.)* sophisticated
cangkuk *(n.)* barb
cangkuk *(n.)* hook
cangkul *(n.)* mattock
canselor *(n.)* chancellor
cantik *(adj.)* beautiful

cantik *(adj.)* comely
cantik *(adj.)* lovely
cantik *(adj.)* pretty
cantuman *(n.)* graft
cap kempa *(n.)* hallmark
cara *(n.)* means
cara *(n.)* way
cara apapun *(adv.)* however
cara berenang *(n.)* sidestroke
cara pemikiran *(n.)* mentality
carik *(n.)* shred
carta *(n.)* chart
cat *(n.)* paint
cat asas *(n.)* primer
cat jari *(n.)* fingerpaint
cat kapur *(n.)* whitewash
catatan *(n.)* tally
catatan tambahan *(n.)* postscript
catuan *(n.)* ration
catur *(n.)* chess
cauvinis *(n.)* chauvinist
cauvinisme *(n.)* chauvinism
cawan *(n.)* chalice
cawan *(n.)* cup
cawan teh *(n.)* teacup
cebisan *(n.)* crumb
cebisan *(n)* shard
cebisan mengait *(n.)* scrumble
cecah *(n.)* till
cecair *(n.)* fluid
cecair *(n.)* liquid
cedera *(v.)* injure
cek *(n.)* cheque
cekal *(adj.)* mettlesome
cekap *(n.)* adept
cekap *(adj.)* deft
cekap *(adj.)* efficient
cekap mengendali *(adj.)* omnicompetent
celaka *(n.)* damn
celaka *(n.)* wretch
celik huruf *(n.)* literacy
celik huruf *(adj.)* literate
celoteh *(n.)* blether
celoteh *(n.)* yak
celoteh *(n.)* prattle
Celsius *(adj.)* Celsius
celsius *(adj.)* centigrade
celup *(n.)* dip
cemas *(n.)* panic
cemburu *(v.)* envy
cemburu *(adj.)* jealous
cemerkap *(adj.)* clumsy
cemerlang *(v.)* excel
cemerlang *(adj.)* outstanding
cemuhan *(n.)* ridicule
cemuhan *(n.)* scoff
cemuhan *(n.)* sneer
cendawan *(n.)* mushroom
cendawan trifle *(n.)* trifle
cendekiawan *(n.)* intellectual
cendekiawan *(n.)* intelligentsia
cenderamata *(n.)* memento
cenderamata *(n.)* souvenir
cenderung *(v.)* incline
cenderung *(adj.)* prone
cenderung *(v.)* tend
cenderung *(n.)* tending
cendikiawan *(n.)* scholar
cengkaman *(n.)* clutch
cengkerang *(n.)* shell
cengkerik *(n.)* cricket
cengkih *(n.)* clove
cepat *(adv.)* apace
cepat *(adj.)* apt
cepat *(adj.)* fast
cepat *(adj.)* quick
cepat *(adj.)* rapid
cerah *(adj.)* sunny
cerai susu *(n.)* ablactation
cerang *(n.)* glade
cercaan *(n.)* snub
cerdik *(adj.)* apt
cerdik *(adj.)* intelligent
cerek *(n.)* kettle

cereka *(n.)* fiction
cerewet *(n.)* stickler
cergas *(adj.)* lively
ceri *(n.)* cherry
ceria *(adj.)* alacrious
ceria *(adj.)* mirthful
cerita *(n.)* story
cerita *(n.)* tale
cerita *(n.)* yarn
cerita bohong *(n.)* canard
cerita teladan *(n.)* fable
cermat *(adj.)* careful
cermat *(adj.)* painstaking
cermin *(n.)* mirror
ceroboh *(adj.)* wanton
cerpelai *(n.)* mongoose
ceruk *(n.)* hollow
ceruk *(n.)* nook
ceruk gereja *(n.)* ambry
cerun *(n.)* slope
cerut *(n.)* cheroot
cerut *(n.)* cigar
cetak rompak *(n.)* piracy
cetakan *(n.)* print
cetakan semula *(n.)* reprint
cetek *(adj.)* shallow
chimera *(n.)* chimera
cicak *(n.)* lizard
cicipan *(n.)* twitter
cik *(n.)* miss
cikar *(n.)* chariot
cilap *(v.)* flicker
cili *(n.)* chilli
cimpanzi *(n.)* chimpanzee
Cina *(n.)* China
cincin *(n.)* ring
cinta *(v.)* love
cinta *(n.)* romance
cip Nano *(n.)* nanochip
ciptaan *(n.)* creation
ciptaan *(n.)* invention
ciri *(n.)* feature
ciri *(n.)* trait

ciri felin *(n.)* felinity
cirit birit *(n.)* diarrhea
cis *(interj)* fie
cita-cita *(n.)* ambition
ciuman *(n.)* kiss
clausula *(n.)* clausula
cocok *(adj.)* congenial
cogan alam *(n.)* sceptre
cogan kata *(n.)* slogan
cogan kata *(n.)* watchword
coklat *(n.)* chocolate
coklat kemerah-merahan *(adj.)* auburn
cokmar *(n.)* mace
comot *(adj.)* slatternly
condong *(v.)* lean
condong *(v.)* slope
condong *(n.)* tilt
condongkan *(verb.)* angle
contengan *(n.)* scribble
contoh *(n.)* example
contoh unggul *(n.)* quintessence
corak *(n.)* pattern
cuaca *(n.)* weather
cuai *(adj.)* careless
cuai *(adj.)* negligent
cuai *(adj.)* reckless
cubaan *(n.)* tryst
cucian *(n.)* wash
cucuk *(v.)* poke
cucuk *(v.)* prick
cucukan jari *(n.)* fingerstick
cucuran *(n.)* eave
cuka *(n.)* vinegar
cukai *(n.)* tariff
cukai *(n.)* tax
cukai tambahan *(n.)* supertax
cukai tambahan *(n.)* surtax
cukai tempatan *(n.)* scot
cukup *(adj.)* adequate
cukup *(adj.)* ample
cukup *(adj.)* enough

cukup *(adj.)* sufficient
cukup umur *(adj.)* adult
cukur *(n.)* rasure
cukuran *(n.)* shave
cungapan *(n.)* gasp
cungapan *(n.)* pant
cuping telinga *(n.)* lobe
cupon *(n.)* cupon
curam *(adj.)* sheer
curam *(adj.)* steep
curiga *(n.)* sceptic
curiga *(n.)* suspicion
cuti *(n.)* holiday
cuti *(n.)* leave

dada *(n.)* bosom
dada *(n.)* chest
dadah *(n.)* dope
dadah *(n.)* drug
dadah opiat *(adj.)* opiate
dadih *(n.)* curd
dadih *(n.)* yogurt
dadu *(n.)* dice
dadu *(n.)* die
daerah *(n.)* district
daftar *(n.)* register
daftar keluar *(n.)* checkout
daging *(n.)* flesh
daging *(n.)* meat
daging babi *(n.)* pork
daging batang pinang *(n.)* loin
daging biri-biri *(n.)* mutton
daging lembu *(n.)* beef
dagu *(n.)* chin
dahaga *(adj.)* athirst
dahaga *(v.)* thirst
dahaga *(adj.)* thirsty
dahan *(n.)* bough

dahan *(n.)* branch
dahan dipotong *(n.)* lop
dahi *(n.)* forehead
dahsyat *(adj.)* abominable
dahsyat *(adj.)* awful
dahsyat *(adj.)* catastrophic
dahsyat *(adj.)* ghastly
dahsyat *(adj.)* horrible
dahsyat *(adj.)* terrible
dahulu *(adv.)* ago
dahulu *(adv.)* ahead
dahulu *(adv.)* before
dahulunya *(adv.)* formerly
dail *(n.)* dial
dakwa *(v.)* recriminate
dakwah *(v.)* preach
dakwat *(n.)* ink
dalam *(adj.)* deep
dalam *(prep.)* in
dalam *(prep.)* within
dalam rumah *(adj.)* indoor
dalaman *(adj.)* internal
dalaman *(adj.)* inward
dalaman negeri *(n.)* midland
dalang *(n.)* conspirator
dalang *(n.)* schemer
dalih *(n.)* pretext
dam *(n.)* checkers
damai *(n.)* peace
damai *(adj.)* peaceable
damak *(n.)* dart
dan *(conj.)* and
dan lain-lain *(adv.)* etcetera
dan sebaliknya *(adv.)* vice-versa
dan selepasnya *(adv.)* downward
dana *(n.)* fund
dandang *(n.)* boiler
dandelion *(n.)* dandelion
dapat dibahaskan *(n.)* moot
dapat dijejaki *(adj.)* trackable

dapat dikendalikan *(adj.)* navigable
dapat dikesan *(n.)* searchability
dapat dikesan *(adj.)* traceable
dapat dilakukan *(adj.)* doable
dapat dilihat *(adj.)* visible
dapat dimansuhkan *(adj.)* revocable
dapat dipertahankan *(adj.)* tenable
dapat dipisahkan *(adj.)* separable
dapat dipuaskan *(adj.)* satiable
dapat ditahan *(adj.)* endurable
dapat diterima *(adj.)* admissible
dapat diukur *(adj.)* measurable
dapat diuruskan *(adj.)* manageable
dapat merasa *(adj.)* sentient
dapur *(n.)* cooker
dapur *(n.)* kitchen
dapur *(n.)* stove
dara *(n.)* virgin
darah *(n.)* blood
darah beku *(n.)* gore
daratan *(n.)* terrestrial
dari *(prep.)* from
dari dalam *(adv.)* within
dari mana *(adv.)* whence
dari mana *(adv.)* wherever
dari sana *(adv.)* thence
dari sekarang *(adv.)* henceforth
dari sekarang *(adv.)* hereafter
dari utara *(adv.)* northerly
daripada roti *(v.)* breaden
daripada tanah *(adj.)* earthen
darjah *(n.)* degree
dasar *(n.)* basis
dasar *(n.)* bottom
dasar *(n.)* base
dasar *(n.)* bedding
dasar *(adj.)* cardinal
dasar *(n.)* ground
dasar *(n.)* tenent
dasar *(n.)* staple
dasar laut *(n.)* seafloor
dasawarsa *(n.)* decennary
data *(n.)* data
datang *(v.)* come
datang *(v.)* emanate
datar *(adj.)* even
datar *(adj.)* level
dataran *(n.)* plain
dataran tinggi *(n.)* plateau
datuk bandar *(n.)* mayor
daun *(n.)* leaf
daun selasih *(n.)* basil
daya *(n.)* force
daya hidup *(n.)* vitality
daya penarik *(n.)* charm
dayung *(n.)* oar
dayus *(n.)* cuckold
debaran *(n.)* thud
debit *(n.)* debit
debu *(n.)* dust
debu kapur *(n.)* chalkdust
debu radioaktif *(n.)* fallout
debunga *(n.)* pollen
dedar *(adj.)* febrile
dedaun *(n.)* foliage
dedaunan *(n.)* browse
dedaunan *(n.)* greenery
dedenyut *(adj.)* impulsive
dedikasi *(n.)* dedication
dedikasi *(n.)* dedicatory
defendan *(n.)* defendant
defensif *(adv.)* defensive
definisi *(n.)* definition
degil *(adj.)* mulish
degil *(n.)* obduracy
degil *(adj.)* persistent
degil *(adj.)* perverse
degil *(adj.)* stubborn
deisme *(n.)* deism
dekad *(n.)* decade
dekan *(n.)* dean

dekat *(adj.)* adjacent
dekat *(adj.)* close
dekat *(adj.)* near
dekat *(prep.)* near
dekat *(adj.)* proximate
dekat *(prep.)* nigh
dekat ekor *(adj.)* caudal
dekat tengah *(adj.)* centrical
dekut *(n.)* coo
delegasi *(n.)* delegacy
delegasi *(n.)* delegation
delinkuen *(adj.)* delinquent
delman *(n.)* cart
delta *(n.)* delta
deltoid *(n.)* deltoid
delusi *(n.)* delusion
demagog *(n.)* demagogue
demagogi *(n.)* demagogy
demam *(n.)* ague
demam *(n.)* fever
demam *(adj.)* feverish
demam campak *(n.)* measles
demam kuning *(n.)* jaundice
demobilisasi *(n.)* demobilization
demokrasi *(n.)* democracy
demonstrasi *(n.)* demonstration
denai *(n.)* wake
denda *(n.)* fine
denda *(n.)* forfeit
dendam *(n.)* rancour
dengan *(prep.)* with
dengan *(adv.)* withal
dengan adil *(adv.)* fairly
dengan angkuh *(adv.)* vainly
dengan baik *(adv.)* nicely
dengan berani *(adv.)* boldly
dengan berkhayal *(adv.)* dreamily
dengan bermisteri *(adv.)* enigmatically
dengan bersama *(adv.)* jointly
dengan bersungguh *(adv.)* anxiously
dengan bertaburan *(adv.)* scatteringly
dengan betul *(adv.)* aright
dengan ekstrinsik *(adv.)* extrinsically
dengan ganas *(adv.)* savagely
dengan gembira *(adv.)* delightedly
dengan gembira *(adv.)* gladly
dengan gembira *(adv.)* gleefully
dengan gigih *(adv.)* hard
dengan itu *(adv.)* thereby
dengan izin *(adj.)* consensual
dengan jelas *(adv.)* clearly
dengan jelas *(adv.)* decidedly
dengan kasar *(adv.)* abusively
dengan laju *(adv.)* speedily
dengan lembut *(adv.)* benignly
dengan lembut *(adv.)* kindly
dengan lembut *(adv.)* tenderly
dengan lisan *(adv.)* viva voce
dengan lisan *(adj.)* viva voce
dengan marah *(adv.)* darkly
dengan marak *(adj.)* blazing
dengan megah *(adv.)* gloatingly
dengan memeranjatkan *(adv.)* scandalously
dengan mendalam *(adv.)* deeply
dengan menganalisa *(adv.)* deconstructively
dengan menyilaukan *(adv.)* dazzlingly
dengan minat *(adv.)* avidly
dengan mulia *(adv.)* nobly
dengan perlahan *(adv.)* lightly
dengan perlahan *(adv.)* stealthily
dengan ringkas *(adv.)* tersely
dengan segera *(adv.)* instantly
dengan seksi *(adv.)* sexily
dengan selamat *(adv.)* safely
dengan senang *(adj.)* handy
dengan sendiri *(adv.)* solo

dengan sepenuh hati *(adv.)* heartily
dengan syarat *(adj.)* conditional
dengan takut *(adv.)* dreadfully
dengan tegang *(adv.)* tautly
dengan teliti *(adv.)* scrupulously
dengan tepat *(adv.)* appositely
dengan teruk *(adv.)* abominably
dengan tiba-tiba *(adv.)* short
dengar *(v.)* hear
denggi *(n.)* dengue
dengki *(n.)* grudge
dengkuran *(n.)* purr
dengkuran *(n.)* snore
dengungan *(n.)* buzz
dengungan *(n.)* hum
dengusan *(n.)* snort
dentuman *(v.)* bang
dentuman *(n.)* bam
dentuman *(n.)* boom
denyutan *(n.)* pulsation
denyutan *(n.)* throb
deodoran *(n.)* deodorant
deoksi *(adj.)* deoxy
depa *(n.)* fathom
depan *(adj.)* front
depan pantai *(n.)* shorefront
depilatori *(adj.)* depilatory
deraman *(n.)* growl
deraman *(n.)* snarl
derap *(n.)* gallop
derap *(n.)* trot
deria *(n.)* sense
deria rasa *(n.)* palate
derik *(n.)* derrick
derma *(n.)* alms
derma *(n.)* benefaction
derma *(n.)* donation
derma *(n.)* largesse
dermaga *(n.)* wharfage
dermawan *(adj.)* benevolent
dermawan *(adj.)* philological
deruan *(n.)* gust

deruan angin *(n.)* draught
desa *(n.)* county
desakan *(n.)* insistence
desakan *(n.)* urge
desas-desus *(n.)* bruit
desibel *(n.)* decibel
desimeter *(n.)* decimetre
desis *(v.)* assibilate
desis *(n.)* fizz
deskriptif *(adj.)* descriptive
desosialisasi *(n.)* desocialization
destinasi *(n.)* destination
detektif *(n.)* detective
detik *(n.)* moment
detikan *(n.)* tick
detoksifikasi *(n.)* detoxication
dewa *(n.)* deity
dewa *(n.)* god
dewa asmara *(n.)* Cupid
dewan *(n.)* hall
dewan *(n.)* saloon
dewasa *(n.)* adult
dewi *(n.)* goddess
di antara *(prep.)* among
di antara *(prep.)* between
di antara *(prep.)* betwixt
di atas *(adv.)* aboard
di atas *(prep.)* on
di atas *(n.)* over
di atas *(v.)* top
di awal *(adv.)* early
di bahagian atas *(adj.)* upper
di balik *(n.)* behind
di bawah *(prep.)* underneath
di bawah *(prep.)* below
di bawah *(adv.)* beneath
di bawah *(adv.)* down
di bawah *(prep.)* under
di belakang *(adj.)* behind
di dalam *(adv.)* indoors
di dalam *(prep.)* inside
di dalam *(adj.)* interior

di dalam *(adv.)* underneath
di hadapan *(prep.)* before
di kalangan *(prep.)* amongst
di kapal *(n.)* shipboard
di katil *(adv.)* abed
di luar *(adj.)* out
di luar *(adj.)* outside
di mana *(conj.)* where
di mana *(adv.)* wherein
di mana-mana *(adv.)* anywhere
di pinggir *(n.pl.)* outskirts
di sana *(adv.)* there
di sana *(adv.)* yonder
di sebalik *(prep.)* behind
di sebalik *(prep.)* beyond
di sebelah *(prep.)* beside
di sekitar *(n.)* vicinity
di selatan *(adj.)* south
di sesuatu tempat *(adv.)* somewhere
di sini *(adv.)* here
di sisi *(prep.)* by
di tengah *(adj.)* middle
di tengah-tengah *(prep.)* amid
di tengah-tengah *(n.)* midst
di tepi *(prep.)* by
dia *(pron.)* he
dia *(pron.)* her
dia *(pron.)* him
dia *(pron.)* she
diagnosis *(n.)* diagnosis
diakui *(adv.)* admittedly
dialek Greek *(adj.)* aeolic
dialog *(n.)* dialogue
dialu-alukan *(adj.)* welcome
diam *(adj.)* reticent
diambil *(adj.)* taken
diam-diam *(adj.)* tacit
dianggap suci *(v.)* hallow
diangkut kapal *(adj.)* shipborne
diapit *(v.)* flank
diari *(n.)* diary
diatas *(prep.)* upon

diawalkan *(v.)* prefix
dibahagikan *(v.)* apportion
dibawa angin *(v.)* waft
dibebaskan *(n.)* deliverance
dibelakangkan *(adv.)* rear
dibius dadah *(n.)* narcosis
dibru *(v.)* brew
dibuang *(adj.)* trashed
dibuang negeri *(v.)* banish
dibuang negeri *(n.)* exile
dibuat-buat *(adj.)* airy
dibubuh arak *(adj.)* flambé
dibungkus *(n)* takeout
dicacatkan *(n.)* mutilation
dicampuradukkan *(adj.)* scrambled
dicukur *(adj.)* shaven
diesel *(n.)* diesel
diet *(v.)* diet
diet sayuran *(n.)* vegan
digaru *(adj.)* scratched
digital *(adj.)* digital
diguna pakai *(v.)* prevail
dihantar *(adj.)* shipped
dihantar pulang *(v.)* repatriate
dihiasi permata *(v.)* bejewel
diikat jamin *(v.)* bail
diingati *(adj.)* memorable
diingini *(adj.)* desirable
diisytihar santa *(v.)* canonize
dikancing *(v.)* fasten
dikasihi *(adj.)* beloved
dikategorikan *(adj.)* stereotyped
dikecualikan *(v.)* exempt
dikenakan *(v.)* hold
dikerajaankan *(n.)* nationalization
dikerajaankan *(v.)* nationalize
dikesali *(adj.)* lamentable
diketepikan *(v.)* ostracize
diktator *(n.)* dictator
dikutubkan *(v.)* polarize
dilahirkan *(v.)* born

dilahirkan kaya *(adj.)* born rich
dilakukan duduk *(adj.)* sedentary
dilampirkan *(v.)* annex
dilantik *(adj.)* designated
dilarang *(adj.)* forbidden
dilarang *(adj.)* taboo
dilaserasi *(n.)* dilaceration
dilelong *(v.)* auction
dilema *(n.)* dilemma
diliputi ais *(v.)* ice
dilukai *(v.)* lacerate
dimengertikan *(adj.)* perceptible
dimensi *(n.)* dimension
dinamik *(adj.)* dynamic
dinamik *(n.)* dynamics
dinamo *(n.)* dynamo
dinasti *(n.)* dynasty
dinding *(n.)* wall
dinding pertahanan *(n.)* bawn
dinding ricih *(n.)* shearwall
dingin *(adv.)* aloof
dingin *(adj.)* chilly
dioksida *(n.)* dioxide
dioksigenkan *(adj.)* oxygenated
diozonkan *(n.)* ozonate
dipam *(v.)* flush
dipanjangkan *(n.)* prolongation
dipengaruhi *(v.)* attaint
diperkatakan *(v.)* bruit
dipersalahkan *(n.)* blame
dipersoalkan *(adj.)* questionable
dipertimbangkan mahkamah *(adj.)* subjudice
dipindahkan *(n.)* reallocation
diploma *(n.)* diploma
diplomasi *(n.)* diplomacy
diplomat *(n.)* diplomat
diplomatik *(adj.)* diplomatic
diraja *(adj.)* regal
diraja *(adj.)* royal
diraja *(n.)* royalist

diramalkan *(v.)* predetermine
dirampas *(v.)* forfeit
direktori *(n.)* directory
diri *(n.)* self
disamakan *(v.)* tantamount
disauhkan *(n.)* moorings
disayangi *(v.)* endear
disegerakan *(n.)* prompter
diseksi *(n.)* dissection
diselaputi *(adj.)* encrusted
diselubungi *(v.)* bewind
disember *(n.)* december
disenarai hitamkan *(v.)* blacklist
disenarai pendek *(adj.)* shortlisted
disenteri *(n.)* dysentery
diserang histeria *(adj.)* hysterical
diserap semula *(v.)* reabsorb
disiarkan *(v.)* telecast
disibukkan *(n.)* preoccupation
disihir *(adj.)* bewitched
disimpan bersyarat *(v.)* escrow
disiplin *(n.)* discipline
diskriminasi *(n.)* discrimination
dispensari *(n.)* dispensary
distopia *(n.)* dystopia
ditangguh *(adj.)* abeyant
ditangguhkan *(adj.)* terminable
ditanggung *(adj.)* borne
ditarik graviti *(v.)* gravitate
ditembak *(int.)* shot
ditempatkan *(v.)* quarter
ditetapkan *(adj.)* statutory
ditinggalkan *(n.)* omission
dituduh *(n.)* accused
ditujukan *(v.)* dedicate
ditulis selepas *(adj.)* adscript
diturun takhta *(v.)* dethrone
ditutup *(adj.)* sealed
diubah bentuk *(adj.)* mutative
diusir *(v.)* deport
doa *(n.)* invocation

dobi *(n.)* laundry
dodoi *(n.)* lullaby
dodoi *(v.)* rock
dogma *(n.)* dogma
dogmatik *(adj.)* dogmatic
doh *(n.)* dough
doktor *(n.)* doc
doktor *(n.)* doctor
doktor *(n.)* physician
doktor gigi *(n.)* dentist
doktor gigi *(n.)* odontologist
doktor mata *(n.)* ophtalmologist
doktrin *(n.)* doctrine
doktrin pembaptisan *(n.)* anabaptism
dokumen *(n.)* document
dokumen keselamatan *(n.)* safe-conduct
dokumentar *(adj.)* documentary
dokumentari *(n.)* documentary
dolar *(n.)* buck
dolar *(n.)* dollar
domain *(n.)* domain
domestik *(adj.)* domestic
dominan *(adj.)* dominant
domino *(n.)* domino
domisil *(n.)* domicile
dompet *(n.)* purse
dompet *(v.)* purse
dompet *(n.)* wallet
donat *(n.)* doughnut
dorman *(adj.)* dormant
dorongan *(n.)* drive
dorongan *(n.)* impulse
dorongan *(n.)* incentive
dorsal *(adj.)* dorsal
dos *(n.)* dosage
dos *(n.)* dose
dosa *(v.)* sin
dosa *(n.)* sin
draf *(n.)* draft
drama *(n.)* drama
dramatik *(adj.)* dramatic
dramatis *(n.)* dramatist
drastik *(n.)* drastic
dua *(n.)* two
dua *(adj.)* two
dua *(adj.)* dual
dua antena *(adj.)* biantennary
dua bangsa *(adj.)* biracial
dua belas *(n.)* dozen
dua belas *(n.)* twelve
dua bentuk *(n.)* biformity
dua dimensi *(adj.)* bidimensional
dua kali *(adv.)* twice
dua kali ganda *(adj.)* twofold
dua kali setahun *(adj.)* biannual
dua kali setahun *(adv.)* biannually
dua minggu *(n.)* fort-night
dua puluh *(adj.)* twenty
dua puluh *(n.)* twenty
dua ratus tahun *(adj.)* bicentenary
dubuk *(n.)* hyaena, hyena
dubur *(adj.)* anal
dubur *(n.)* anus
duchess *(n.)* duchess
duda *(n.)* widower
duduk *(v.)* seat
duduk *(v.)* sit
duet *(n.)* duet
duit kertas *(n.)* banknote
duit syiling *(n.)* coin
duit syiling *(n.)* coinage
duka *(n.)* woe
dukacita *(v.)* grieve
dukacita *(n.)* woeful
duke *(n.)* duke
dulang *(n.)* tray
dungu *(adj.)* daft
dungu *(adj.)* dope
dungu *(v.)* dummy
dunia *(n.)* world
dunia *(n.)* worldling
dunia ideal *(n.)* dreamworld

dunia lain *(n.)* otherworld
duniawi *(adj.)* earthly
duniawi *(adj.)* worldly
dupa *(n.)* censer
dupleks *(n.)* duplex
duri *(n.)* prick
duri *(n.)* thorn
dusun *(n.)* orchard
duta *(n.)* ambassador
dwi *(pref)* bi
dwi sudut *(adj.)* biangular
dwibahasa *(adj.)* bilingual
dwibulanan *(adj.)* bimonthly
dwijantina *(adj.)* ambissexual
dwikutub *(adj.)* bipolar
dwimingguan *(adj.)* bi-weekly
dwimuka *(adj.)* bifacial
dwipaksi *(adj.)* biaxial
dwiseksual *(n.)* ambissexual
dwiseksual *(adj.)* bisexual
dwitahunan *(adj)* biennial

e-buku *(n.)* e-book
e-dagang *(n.)* e-commerce
edema *(n.)* edema
editorial *(adj.)* editorial
efek lanjutan *(n.)* aftereffect
efemera *(n.)* ephemera
ego *(n.)* ego
egosentrik *(adj.)* egocentric
egotisme *(n.)* egotism
ejaan *(n.)* spell
ejekan *(n.)* gibe
ejekan *(n.)* mockery
ejekan *(n.)* raillery
ejekan *(n.)* taunt
ejen *(n.)* agent
ejen pembersih *(adj.)* cathartical

ekar *(n.)* acre
ekinoid *(adj.)* echinid
eklampsia *(n.)* eclampsia
eklektik *(adj.)* eclectic
eklipsis *(n.)* eclipsis
ekokardiogram *(n.)* echocardiogram
ekologi *(n.)* ecology
ekonomi *(n.)* economics
ekonomi *(n.)* economy
ekor *(n.)* tail
ekosistem *(n.)* ecosystem
eksais *(n.)* excise
eksistensialisme *(n.)* existentialism
ekskavasi *(n.)* excavation
eksklusif *(adj.)* exclusive
ekspedisi *(n.)* expedition
eksperimen *(n.)* experiment
eksport *(n.)* export
ekspres *(n.)* express
ekstasi *(n.)* ectasy
ekstra *(adv.)* extra
ekstrak *(n.)* extract
ekstrak bijan *(n.)* sesamin
ekstrapolasi *(n.)* extrapolation
ekstrinsik *(adj.)* extrinsic
ekstrovert *(n.)* extrovert
ektoplasma *(n.)* ectoplasm
ekuinoks *(n.)* equinox
ekzema *(n.)* eczema
elakan *(n.)* parry
elastik *(adj.)* elastic
elaun pengangguran *(n.)* dole
elegan *(adj.)* elegant
elegi *(n.)* elegy
elektrik *(adj.)* electric
elektrolit *(n.)* electrolyte
elektron *(n.)* electron
elektronik *(adj.)* electronic
eliksir *(n.)* elixir
elips *(v.)* ellipse
elisi *(n.)* elision

elit *(adj.)* elite
elitis *(n.)* elitist
elitisme *(n.)* elitism
elk *(n.)* elk
emak *(n.)* mummy
emas *(n.)* gold
embargo *(n.)* embargo
embek *(n.)* bleat
embrio *(n.)* embryo
embun *(n.)* dew
e-mel *(n)* email
emosi *(n.)* emotion
emotif *(adj.)* emotive
empangan *(n.)* dam
empangan *(n.)* weir
empat *(n.)* four
empat belas *(n.)* fourteen
empat kali ganda *(adj.)* quadruple
empat puluh *(n.)* forty
empati *(n.)* empathy
empayar *(n.)* empire
emper *(n.)* porch
empirik *(adj.)* empirical
empirisisme *(n.)* empiricism
enam *(n., a)* six
enam belas *(n., adj.)* sixteen
enam puluh *(n., adj.)* sixty
enamel *(n.)* enamel
encik *(n.)* mister
endemik *(adj.)* endemic
endoskopi *(n.)* endoscopy
enggan *(adj.)* averse
enggan *(adj.)* loath
enggan *(adj.)* reluctant
enigma *(n.)* enigma
enjin *(n.)* engine
ensiklopedia *(n.)* encyclopaedia
entiti *(n.)* entity
entomologi *(n.)* entomology
environmentalisme *(n.)* environmentalism
enzim *(n.)* enzyme

epal *(n.)* apple
epiboli *(n.)* epibole
epifani *(n.)* epiphany
epiglotis *(n.)* epiglittis
epigram *(n.)* epigram
epik *(n.)* epic
epik *(adj.)* epical
epilepsi *(n.)* epilepsy
epileptik *(n.)* epileptic
epilog *(n.)* epilogue
episod internet *(n.)* webisode
epitaf *(n.)* epitaph
erangan *(n.)* moan
ereksi *(n.)* erection
erektil *(adj.)* erectile
erotik *(adj.)* erotic
erotika *(n.)* erotica
erotisisme *(n.)* eroticism
eskalator *(n.)* escalator
eskapisme *(n.)* escapism
esok *(n.)* morrow
esok *(n.)* tomorrow
esok *(adv.)* tomorrow
esoterik *(adj.)* esoteric
esoterisme *(n.)* esoterism
estet *(n.)* estate
estetik *(adj.)* aesthetic
estetika *(n.pl.)* aesthetics
estrogen *(n.)* estrogen
eter *(n.)* ether
etika *(n.)* ethics
etika *(n.)* etiquette
etimologi *(n.)* etymology
etnik *(adj.)* ethnic
etos *(n.)* ethos
euforia *(n.)* euphoria
eureka *(int.)* eureka
evolusi *(n.)* evolution
evolusi *(adv.)* evolutionary

fabrik kashmir *(n.)* cashmere
fabrik kusam *(n.)* drab
fabrik organza *(n.)* organza
fabrik tenunan *(n.)* camlet
fagik *(adj.)* phagic
fail *(n.)* file
faks *(v.)* fax
faksimile *(n.)* fac-simile
faksimili *(n.)* telecopier
fakta *(n.)* fact
faktor *(n.)* factor
fakulti *(n.)* faculty
falanks *(n.)* phalange
falanks *(n.)* phalanx
falik *(adj.)* phallic
falkon *(n.)* falcon
falsafah *(n.)* philosophy
falsafah ontologi *(n.)* ontologism
falus *(n.)* phallus
fana *(adj.)* mortal
fanatik *(n.)* bigot
fanatik *(adj.)* fanatic
fanatik *(n.)* zealot
fantasmagoria *(n.)* phantasmagoria
fantasmal *(adj.)* phantasmal
fantastik *(adj.)* fantastic
faraj *(n.)* vagina
farmaseutikal *(n.)* pharmaceutical
farmasi *(adj.)* pharmaceutic
farmasi *(n.)* pharmacy
fasa *(n.)* phase
fasal *(n.)* section
faset *(n.)* facet
fasih *(adj.)* eloquent
fasih *(adj.)* fluent
fatalisme *(n.)* fatalism

fauna *(n.)* fauna
faundri *(n.)* foundry
Februari *(n.)* February
federal *(adj.)* federal
felatio *(n.)* fellatio
feloni *(n.)* felony
feminin *(adj.)* feminine
fenomena *(n.)* phenomenon
feret *(n.)* ferret
feri *(n.)* ferry
feri *(n.)* ferryboat
fesyen *(n.)* fashion
fesyen *(n.)* vogue
fetisy *(n.)* fetish
fetisyisme *(n.)* fetishism
fetus *(adj.)* fetal
feudal *(adj.)* feudal
feudalisme *(n.)* feudalism
fibrilat *(v.)* fibrillate
fibroid *(adj.)* fibroid
fibromuskular *(adj.)* fibromuscular
figuratif *(adj.)* figurative
fikir *(v.)* figure
fikiran *(n.)* mind
fikiran *(n.)* thought
fikiran kemudian *(n.)* afterthought
filamen *(n.)* filament
filandri *(n.)* philandry
filantropi *(n.)* philanthropy
filem *(n.)* film
filem *(n.)* movies
filet *(n.)* fillet
filologi *(n.)* philology
fir *(n.)* fir
firasat *(n.)* hunch
fisiogomi *(n.)* physiognomy
fiskal *(adj.)* fiscal
fistula *(n.)* fistula
fitnah *(n.)* calumny
fitnah *(n.)* defamation
fitnah *(adj.)* defamatory

fitnah *(n.)* slander
fitnah bertulis *(n.)* libel
fius *(n.)* fuse
fizik *(n.)* physic
fizik *(v.)* physic
fizik *(n.)* physics
fizikal *(adj.)* physical
flambé *(n.)* flambé
flanel *(n.)* flannel
flatulen *(adj.)* flatulent
fleksibel *(adj.)* flexible
flora *(n.)* flora
fokus *(n.)* focus
fokus *(adj.)* mindful
fokus pengajaran *(adj.)* teachercentric
foliat *(adj.)* foliate
folio *(n.)* folio
fon *(n.)* font
fonetik *(adj.)* phonetic
fonetik *(n.)* phonetics
format *(n.)* format
forseps *(n.)* forceps
forum *(n.)* forum
fosforus *(n.)* phosphorus
fosil *(n.)* fossil
fostat *(n.)* phosphate
fotografi *(n.)* photography
fotokopi *(v.)* xerox
francais *(n.)* frachise
frasa *(n.)* phrase
frasa *(n.)* phraseology
frekuensi Nano *(n.)* nanohertz
fros *(n.)* frost
funeral *(n.)* wake
fungsi *(n.)* function
futuristik *(adj.)* futuristic

G

gabenor *(n.)* governor
gabenor istana *(n.)* castellan
gabungan *(n.)* coalition
gabungan *(n.)* conjuncture
gabus *(n.)* cork
gading *(n.)* ivory
gading *(n.)* tusk
gadis *(n.)* damsel
gadis *(n.)* lass
gadis *(n.)* wench
gadis *(n.)* miss
gadis nakal *(n.)* minx
gaduh *(adj.)* rowdy
gagah *(adj.)* bold
gagak *(n.)* crow
gagak Eurasia *(n.)* jay
gagal *(v.)* fail
gagal *(adj.)* luckless
gagal *(v.)* misfire
gagap *(v.)* stammer
gajah *(n.)* elephant
gaji *(n.)* emolument
gaji *(n.)* pay
gaji *(n.)* salary
gaji *(n.)* stipend
gaji *(n.)* wage
galak *(adj.)* piquant
galaksi *(n.)* galaxy
galang *(n.)* girder
galeri *(n.)* gallery
galian *(n.)* mineral
galvanometer *(n.)* galvanometer
galvanoskop *(n.)* galvanoscope
gam *(n.)* glue
gam *(n.)* mucilage
gama *(n.)* gamma
gambar *(n.)* photo
gambar *(n.)* photograph
gambar *(n.)* picture

gambar *(n.)* snap
gambar rajah *(n.)* diagram
gambar rajah *(n.)* figure
gambar skrin *(n.)* screensaver
gambar skrin *(n.)* screenshot
gambaran *(n.)* portrayal
gambaran bangunan *(n.)* orthograph
ganas *(adj.)* beastly
ganas *(adj.)* brutish
ganas *(adj.)* ferocious
ganas *(adj.)* savage
ganas *(adj.)* violent
gancu *(n.)* buckle
ganda tiga *(adj.)* triplicate
ganda tiga *(n.)* triplicate
gandaan besar *(n. & adj.)* centuple
gandakan *(v.)* double
gandar *(n.)* axle
gandar *(n.)* rudderpost
gandum *(n.)* wheat
ganggu *(n.)* poke
gangguan *(n.)* botheration
gangguan *(n.)* disorder
gangguan *(n.)* harassment
gangguan *(n.)* interference
gangguan *(n.)* interruption
gangguan *(n.)* intrusion
gangguan *(n.)* nuisance
gangguan *(n.)* tamper
gangguan *(adv.)* tauntingly
gangren *(n.)* gangrene
gangsa *(n.)* bronze
ganjaran *(n.)* bounty
ganjaran *(n.)* remuneration
ganjaran *(n.)* reward
ganjil *(adj.)* abnormal
ganjil *(adj.)* alien
ganjil *(adj.)* anomalous
ganjil *(adj.)* odd
ganjilnya *(adv.)* abnormally
ganti *(n.)* relay

ganti *(adj.)* spare
gantung *(v.)* hang
garah *(v.)* jest
garaj *(n.)* garage
garam *(n.)* salt
garang *(adj.)* fierce
garau *(adj.)* raspy
garau *(adj.)* scratchy
gari *(n.)* handcuff
gari *(n.)* cuff
garing *(adj.)* crisp
garis miring *(n.)* slash
garis pita *(n.)* tapeline
garis pusat *(n.)* diameter
garis tegak *(n.)* perpendicular
garisan *(n.)* line
garisan sentuh *(n.)* tangent
garisan tepi *(n.)* sideline
garison *(n.)* garisson
garuk *(adj.)* guttural
gas *(n.)* gas
gas nebula *(n.)* nebula
gasang *(adj.)* lascivious
gasang *(adj.)* licentious
gasar *(adj.)* barbarian
gasket *(n.)* gasket
gastrik *(adj.)* gastric
gastronomi *(n.)* gastronomy
gatal *(n.)* itch
gauk *(n.)* caw
gaun *(n.)* dress
gaun *(n.)* gown
gaun tidur *(n.)* nightie
gaung *(n.)* gorge
gaung *(n.)* ravine
gawat *(adj.)* dangerous
gay *(n.)* gay
gaya *(n.)* pose
gaya akrobatik *(n.)* acrobatics
gaya bahasa *(n.)* parlance
gaya bercakap *(n.)* diction
gaya berjalan *(n.)* gait
gaya hidup *(n.)* lifestyle

gaya pertuturan *(n.)* locution
gaya rambut *(n.)* coif
gaya rambut *(n.)* dreadlock
gazel *(n.)* gazelle
gear *(n.)* gear
gebar selesa *(n.)* comforter
gebu *(adj.)* fuzzy
geiser *(n.)* geyser
geisya *(n.)* geisha
gel *(n.)* gel
geladak kapal *(n.)* deck
gelang *(adj.)* armlet
gelang *(n.)* annulet
gelang *(n.)* bangle
gelang kaki *(n.)* anklet
gelang lengan *(adj.)* armlet
gelang tangan *(n.)* bracelet
gelanggang *(n.)* arena
gelanggang *(n.)* pitch
gelap *(adj.)* dark
gelap *(adj.)* swarthy
gelaran *(n.)* dub
gelaran *(n.)* title
gelaran bangsawan *(n.)* count
gelas *(n.)* tumbler
gelatin *(n.)* gelatin
gelen *(n.)* gallon
gelendong *(n.)* bobbin
gelendong *(n.)* spindle
geletar *(n.)* shudder
geletuk *(n.)* clatter
gelinciran kereta api *(n.)* derailment
gelisah *(v.)* fidget
gelisah *(adj.)* restive
gelojoh *(adj.)* gorge
gelombang *(n.)* billow
gelombang *(n.)* surge
gelombang mikro *(n.)* microwave
gelung *(n.)* loop
gelungan rambut *(n.)* ringlet
gema *(v.)* echo

gema *(n.)* resonance
gemar *(n.)* liking
gemar membaca *(n.)* bookish
gembala *(n.)* herdsman
gembala biri-biri *(n.)* shepherd
gembala gajah *(n.)* mahout
gembira *(adj.)* ecstatic
gembira *(adj.)* elate
gembira *(adj.)* gay
gembira *(adj.)* glad
gembira *(adj.)* happy
gemerlapan *(n.)* glitter
gemerlapan *(n.)* scintillation
gemerlapan *(n.)* sparkle
gemilang *(adj.)* glorious
gemilang *(adj.)* splendid
geminal *(adj.)* geminal
geminat *(adj.)* geminate
Gemini *(n.)* Gemini
gempa *(n.)* quake
gempa bumi *(n.)* earthquake
gempal *(adj.)* stout
gemuk *(n.)* fertilizer
gemuk *(adj.)* fat
gemuk *(adj.)* podgy
gemuruh *(adj.)* nervous
gen *(n.)* gene
gen makmal *(n.)* xenogenesis
genap *(adj.)* even
gendang *(n.)* drum
generasi *(n.)* generation
generasi seterusnya *(n.)* posterity
genetik *(adj.)* genetic
geng *(n.)* gang
genggam *(v.)* grasp
genggaman *(n.)* clasp
genggaman *(n.)* grasp
genggaman *(n.)* grip
gengster *(n.)* gangster
genitalia *(n.)* genitalia
genius *(n.)* genius
genjatan senjata *(n.)* armistice

genjatan senjata *(n.)* ceasefire
genjatan senjata *(n.)* truce
genom *(n.)* genome
genosid *(n.)* genocide
genre *(n.)* genre
gentian kaca *(n.)* fiberglass
genting *(adj.)* critical
genting *(adj.)* tense
geografi *(n.)* geography
geologi *(n.)* geology
geometri *(n.)* geometry
gerabak *(n.)* carriage
gerabak barang *(n.)* wagon
gerabak barang *(n.)* wain
geraham *(n.)* molar
gerai *(n.)* booth
gerai *(n.)* stall
gerak hati *(n.)* intuition
gerak isyarat *(n.)* gesture
gerak kaki *(n.)* footwork
geran *(n.)* grant
geranium *(n.)* geranium
gerbang *(n.)* gateway
gereja *(n.)* church
gereja besar *(n.)* cathedral
gereja kecil *(n.)* chapel
gergaji *(n.)* saw
gergaji bangku *(n.)* sawbench
gergasi *(n.)* giant
gergasi *(adj.)* mammoth
gergasi betina *(n.)* giantess
gerhana *(n.)* eclipse
gerila *(n.)* guerilla
gerimis *(n.)* drizzle
gerincing *(n.)* jingle
gerombolan *(n.)* rabble
gersak *(n.)* crepitation
gersang *(adj.)* arid
gerudi *(n.)* auger
gerudi *(n.)* drill
gerun *(n.)* terror
gerund *(n.)* gerund
gesa *(v.)* rush

geseran *(n.)* friction
geseran *(n.)* scrape
getah *(n.)* rubber
getah bernilon *(n.)* bungee
getah burung *(n.)* birdlime
getah cerut *(n.)* garter
getah kering *(n.)* asafoetida
getaran *(v.)* tremble
getaran *(n.)* quiver
getaran *(n.)* tremor
getaran *(n.)* vibration
geto *(n.)* ghetto
gewang *(n.)* nacre
ghairah *(adj.)* agog
ghairah *(adj.)* ardent
giat *(adj.)* mobile
gigabait *(n.)* gigabyte
gigabit *(n.)* gigabit
gigi *(n.)* tooth
gigi bongsu *(n.)* wisdom-tooth
gigi gergaji *(n.)* sawtooth
gigi roda *(n.)* cog
gigih *(adj.)* persistent
gigih *(adj.)* tenacious
gigit *(n.)* bite
gigitan kecil *(n.)* nibble
gila *(adj.)* crazy
gila *(n.)* cuckoo
gila *(adj.)* insane
gila *(adj.)* lunatic
gila *(adj.)* mad
gila *(adj.)* wacko
gila *(n.)* nutcase
gila *(adj.)* nutty
gila keanehan *(n.)* xenomania
gila shahwat *(adj.)* nymphomaniac
gilang gemilang *(adj.)* resplendent
gilir *(adj.)* alternate
giliran *(n.)* turn
gimik *(n.)* gimmick
gimik *(n.)* gimmickry

gimnasium *(n.)* gymnasium
gimnastik *(adj.)* gymnastic
gimnastik *(n.)* gymnastics
gin *(n.)* gin
gipsi *(n.)* bohemian
girang *(adj.)* jovial
gitar *(n.)* guitar
gladiator *(n.)* gladiator
glamor *(adj.)* glam
glamor *(n.)* glamour
glasier *(n.)* glacier
glaukoma *(n.)* glaucoma
gliserin *(n.)* glycerine
glob *(n.)* globe
glosari *(n.)* glossary
glukosa *(n.)* glucose
godaan *(n.)* allurement
godaan *(n.)* seduction
godaan *(n.)* temptation
gogal *(n.)* goggles
gol *(n.)* goal
golf *(n.)* golf
golongan atasan *(n.)* gentry
golongan bangsawan *(n.)* noble
golongan petani *(n.)* peasantry
goncangan *(n.)* jolt
goncangan *(n.)* shake
gondola *(n.)* gondola
gong *(n.)* gong
gonggok *(n.)* millipede
gores *(v.)* line
gorila *(n.)* gorilla
gosip *(n.)* gossip
gosokan *(n.)* rubbing
gothik *(n.)* gothic
gout *(n.)* gout
goyah *(v.)* waver
goyang *(n.)* sway
goyang *(v.)* wag
goyangan *(n.)* wag
goyangan *(n.)* oscillation
graf *(n.)* graph

grafik *(adj.)* graphic
gram *(n.)* gramme
gramofon *(n.)* gramophone
gratis *(adv.)* gratis
gratuiti *(n.)* gratuity
graviti *(n.)* gravitation
graviti *(n.)* gravity
gros *(n.)* gross
gua *(n.)* cave
gua besar *(n.)* cavern
gubahan *(n.)* composition
gudang *(n.)* barn
gudang *(n.)* godown
gudang *(v.)* warehouse
gudang senjata *(n.)* armoury
gudang senjata *(n.)* arsenal
gugusan *(n.)* cluster
gula *(n.)* sugar
gula-gula *(n.)* candy
gula-gula *(n.)* sweet
gula-gula berkacang *(n.)* comfit
gula-gula kapas *(n.)* fondant
guli *(n.)* marble
gulung *(n.)* reel
gulung *(n.)* roll
gulungan *(n.)* curl
gulungan *(v.)* reel
gulungan kertas *(n.)* scroll
gumpalan tanah *(n.)* clod
guna dadah *(adj.)* dorky
gundah *(adj.)* sentimental
gundik *(n.)* concubinage
gundik *(n.)* concubine
gunting *(n.)* scissors
gunting *(n. pl.)* shears
gunung *(n.)* mount
gunung *(n.)* mountain
gunung *(n.)* mount
gunung berapi *(adj.)* volcanic
gunung berapi *(n.)* volcano
gurau *(n.)* joke
gurau senda *(n.)* banter
gurau senda *(n.)* sally

gurauan *(n.)* jest
gurauan *(n.)* prank
gurisan *(n.)* nick
gurisan *(n.)* scotch
guru *(n.)* master
guru *(n.)* schoolmaster
guru *(n.)* schoolteacher
guru *(n.)* teacher
guru pengasuh *(n.)* governess
guru tegas *(n.)* pedagogue
guruh *(n.)* thunder
gurun *(n.)* desert
gusi *(n.)* gum

hab *(n.)* hub
haba *(n.)* heat
habeas corpus *(n.)* habeas corpus
habis *(adv.)* over
habitat *(n.)* habitat
habuan *(n.)* share
habuk *(n.)* mote
habuk kayu *(n.)* sawdust
had *(n.)* demarcation
had *(n.)* limit
had *(n.)* limitation
hadapan kedai *(n.)* shopfront
hadiah *(n.)* award
hadiah *(n.)* gift
hadiah *(n.)* present
hadiah *(n.)* prize
hadiah taruhan *(n.)* stake
hadir *(adj.)* present
haid *(n.)* menses
haiwan peliharaan *(n.)* pet
haiwan terbiar *(n.)* stray
hajat *(n.)* wish
haji *(n.)* pilgrimage
hak mengundi *(n.)* suffrage

hakim *(n.)* judge
hakisan *(n.)* erosion
hal rasuah *(n.)* venality
halaman *(n.)* courtyard
halaman *(n.)* lawn
halaman *(n.)* page
halaman *(n.)* yard
halaman sebelah *(adv.)* overleaf
halang *(v.)* retain
halangan *(n.)* hindrance
halangan *(n.)* impediment
halangan *(n.)* obstacle
halangan *(n.)* obstruction
halau *(n.)* telling-off
halia *(n.)* ginger
halimunan *(adj.)* invisible
halosentrik *(adj.)* hallocentric
halus *(adj.)* fine
halus *(n.)* refinement
halus *(adj.)* smooth
halus *(n.)* subtle
hama *(n.)* mite
hamba *(n.)* thrall
hamba *(n.)* serf
hamba *(n.)* slave
hambar *(adj.)* bland
hambar *(adj.)* insipid
hambar *(adj.)* prosaic
hamil *(v.)* conceive
hamil *(adj.)* pregnant
hamparan *(n.)* spread
hampir *(adv.)* almost
hampir dengan *(adv.)* near
hampir tidak *(adv.)* hardly
hampir-hampir *(adv.)* nearly
hampir-hampir *(adv.)* nigh
hancur *(adv.)* asunder
hancur *(v.)* crumble
hancur *(n.)* mush
handal *(adj.)* masterly
handal *(adj.)* terrific
hangat *(adj.)* warm

hangus *(n.)* scorch
hantaran kahwin *(n.)* dowery
hantu *(n.)* ghost
hantu *(n.)* manes
hantu *(n.)* phantom
hantu *(n.)* spectre
hanya *(adv.)* barely
hanya *(adj.)* only
hanya *(adv.)* scarcely
hanyalah *(adj.)* mere
hanyut *(v.)* drift
hap *(n.)* harp
hapak *(adj.)* musty
haram *(adj.)* illegal
haram *(adj.)* illicit
harapan *(n.)* aspiration
harapan *(n.)* hope
harga *(n.)* cost
harga *(n.)* price
hari *(n.)* day
hari beristirehat *(adj.)* sabbatical
hari Easter *(n.)* easter
hari hujan *(adj.)* showery
hari ini *(adv.)* today
hari kiamat *(adj.)* doomsday
harian *(adv.)* daily
harian *(n.)* daily
harimau *(n.)* tiger
harimau betina *(n.)* tigress
harimau bintang *(n.)* leopard
harimau kumbang *(n.)* panther
harmoni *(adj.)* harmonious
harmoni *(n.)* tala
harmonium *(n.)* harmonium
harta *(n.)* asset
harta karun *(n.)* treasure
harta rampasan *(n.)* booty
hartawan *(n.)* magnate
harum *(n.)* scent
hasil *(n.)* outcome
hasil *(n.)* produce
hasil *(n.)* revenue

hasil *(v.)* wield
hasil *(n.)* yield
hasil *(n.)* result
hasil bahagi *(n.)* quotient
hasil pemeluwapan *(n.)* condensate
hasta *(n.)* cubit
hasutan *(n.)* instigation
hasutan *(n.)* sedition
hati *(n.)* liver
hawar *(n.)* blight
hayat *(n.)* life
hayat *(n.)* term
hayat pendek *(adj.)* ephemeric
hebat *(adj.)* awesome
hebat *(adj.)* great
hebat *(adj.)* impressive
hebat *(adj.)* superb
hebat *(v.)* teem
hebat *(adj.)* torrential
hebat *(adj.)* wholesome
heboh *(adj.)* uproarious
helah *(n.)* artifice
helah *(n.)* dodge
helai *(n.)* page
helaian batu *(n.)* scant
helang *(n.)* hawk
hem *(n.)* hemp
hemah *(n.)* prudence
hemat *(adj.)* economical
hembusan *(n.)* puff
hembusan *(n.)* waft
hembusan angin *(n.)* sniff
hempasan *(n.)* slam
hempedu *(n.)* bile
hentakan kaki *(n.)* tread
hentaman *(n.)* bash
hentaman *(n.)* smash
herba *(n.)* herb
herba beraroma *(n.)* estragon
hiasan *(adj.)* decorative
hiasan *(adj.)* ornamental
hiasan *(n.)* ornamentation

hiasan berangkai *(n.)* festoon
hiasan bermanik *(n.)* beadwork
hiasan hidangan *(n.)* garnish
hiasan kepala *(n.)* aigrette
hiasi rumbai *(v.)* fringe
hibernasi *(n.)* hibernation
hiburan *(n.)* amusement
hiburan *(n.)* entertainment
hidangan *(n.)* dish
hidrogen *(n.)* hydrogen
hidung *(n.)* nose
hidup *(adj.)* alive
hidup *(adj.)* animate
hidup *(v.)* live
hidup *(adj.)* living
hidup *(adj.)* live
hidup lama *(v.)* outlive
hierarki *(n.)* hierarchy
hijau *(adj.)* green
hijau sage *(n.)* sage-green
hijrah *(v.)* emigrate
hikayat *(n.)* saga
hilang *(v.)* disappear
hilang *(v.)* lose
hilang *(v.)* misplace
himpunan *(n.)* compilation
hina *(adj.)* abject
hina *(v.)* disdain
hinaan *(n.)* insult
hingar-bingar *(n.)* din
hingar-bingar *(adj.)* tumultuous
hingga *(conj.)* till
hiperbola *(n.)* hyperbole
hipnotisme *(n.)* hypnotism
hipokrit *(n.)* hypocrite
hipokrit *(adj.)* hypocritical
hipotesis *(n.)* hypothesis
hipotetikal *(adj.)* hypothetical
hirisan-hirisan *(n.)* shavings
histeria *(n.)* hysteria
hitam *(adj.)* black
hitam putih *(adj.)* monochromatic

hobi *(n.)* hobby
hodoh *(n.)* ugliness
hodoh *(adj.)* ugly
hoki *(n.)* hockey
homeopati *(n.)* homeopathy
hore *(interj.)* hurrah
hortikultur *(n.)* horticulture
hos *(n.)* hose
hos air *(v.)* firehose
hospital *(n.)* hospital
hospital gila *(n.)* asylum
hospital gila *(n.)* madhouse
hospital gila *(n.)* sanatorium
hotel *(n.)* hotel
hubung kait *(n.)* correlation
hubung kait *(n.)* interplay
hubungan *(n.)* contact
hubungan *(n.)* liaison
hubungan *(n.)* rapport
hubungan cinta *(n.)* amour
hubungan kekeluargaan *(n.)* kinship
hud *(n.)* hood
hujan *(n.)* rain
hujan batu *(n.)* hail
hujan lebat *(n.)* downpour
hujung *(n.)* tip
hukum bunuh *(adj.)* capital
hukum kanun *(n.)* statute
hukuman *(n.)* penalty
hukuman *(n.)* punishment
hukuman *(n.)* sentence
hukuman *(n.)* verdict
hukuman berat *(adj.)* condign
hukuman kejutan elektrik *(n.)* electrocution
hulu *(n.)* handle
huraian *(n.)* description
huruf a *(n.)* alfa
huruf besar *(n.)* capital
huruf italik *(n.)* italics
huru-hara *(n.)* havoc
huru-hara *(n.)* pandemonium

huru-hara *(n.)* tumult
hutan *(n.)* forest
hutan *(n.)* jungle
hutan *(n.)* woodland
hutan *(n.)* woods
hutan rimba *(n.)* wilderness
hutang *(n.)* debt

ia *(pron.)* it
iaitu *(adv.)* namely
iambik *(adj.)* iambic
ibarat *(n.)* allegory
ibarat *(n.)* simile
ibu *(n.)* mother
ibu *(n.)* mum
ibu ayam *(n.)* bawd
ibu bapa *(n.)* parent
ibu jari tangan *(n.)* thumb
ibu negeri *(n.)* capital
ibu saudara *(n.)* aunt
idea *(n.)* idea
idea *(n.)* notion
idealis *(n.)* idealist
idealisme *(n.)* idealism
idealistik *(adj.)* idealistic
identiti *(n.)* identity
identiti tersendiri *(n.)* individuality
idiomatik *(adj.)* idiomatic
idola *(n.)* idol
iglu *(n.)* igloo
ijazah kedoktoran *(n.)* doctorate
ikan *(n.)* fish
ikan duyung *(n.)* mermaid
ikan duyung *(n.)* merman
ikan hering *(n.)* herring
ikan Kaloi *(n.)* carp

ikan keli *(n.)* catfish
ikan kod *(n.)* cod
ikan koi *(n.)* koi
ikan lumba-lumba *(n.)* dolphin
ikan pasir *(n.)* sandfish
ikan paus *(n.)* whale
ikan putih *(n.)* cisco
ikan sebelah *(n.)* sole
ikan siakap *(n.)* rockfish
ikat *(n.)* bundle
ikatan *(n.)* bond
ikhlas *(adj.)* sincere
iklan *(n.)* advertisement
iklim *(n.)* climate
ikon *(n.)* icon
ikon emosi *(n.)* emoticon
ikonik *(adj.)* iconic
ikrar *(n.)* pledge
iktibar *(n.)* moral
ikut peraturan *(adj.)* deontological
ileran *(n)* drool
ilham *(n.)* brainstorm
ilham *(n.)* inspiration
ilmiah *(adj.)* scholarly
ilmu akustik *(n.)* acoustics
ilmu hitung *(n.)* arithmetic
ilmu mekanik *(n.)* mechanics
ilmu menilik *(n.)* palmistry
ilmu nujum *(n.)* astrology
ilmu sihir *(n.)* witchcraft
ilmu sihir *(n.)* witchery
ilustrasi *(n.)* illustration
imaginasi *(n.)* imagination
imamat *(n.)* priesthood
imbas kembali *(n.)* flashback
imbasan *(n.)* scan
imbuhan *(n.)* suffix
imej *(n.)* image
imej digital emosi *(n.)* emoji
imejan *(n.)* imagery
imigran *(n.)* immigrant
imigrasi *(n.)* immigration

imperialisme *(n.)* imperialism
impersonal *(adj.)* impersonal
implikasi *(n.)* implication
import *(v.)* import
inci *(n.)* inch
indah *(adj.)* picturesque
indeks *(n.)* index
indikmen *(n.)* indictment
individu *(adj.)* individual
individualisme *(n.)* individualism
industri *(n.)* industry
infantri *(n.)* infantry
infiniti *(n.)* infinity
inflasi *(n.)* inflation
ingat *(v.)* recall
ingat semula *(n.)* recall
ingatan *(n.)* inkling
ingatan *(n.)* memory
ingatan *(n.)* recollection
ingatan *(n.)* remembrance
Inggeris *(n.)* English
ingin *(adj.)* desirous
ingin mengawan *(n.)* rut
ingin sekali *(v.)* long
ingin sekali *(n.)* yen
ingin tahu *(adj.)* curious
ingin tahu *(adj.)* exquisitive
ingin tahu *(adj.)* inquisitive
ingkar *(adj.)* defiant
ingkar *(adj.)* insubordinate
inisiatif *(n.)* initiative
injap *(n.)* valve
injunksi *(n.)* injunction
inkues *(n.)* inquest
inning *(n.)* innings
inokulasi *(n.)* inoculation
inovasi *(n.)* innovation
input *(n.)* input
inskripsi *(n.)* inscription
institusi *(n.)* institution
institusi mental *(n.)* nuthouse
insurans *(n.)* insurance
integriti *(n.)* integrity
intelek *(n.)* intellect
intensif *(adj.)* intensive
interim *(n.)* interim
Internet persendirian *(n.)* extranet
inti *(n.)* gist
intim *(adj.)* intimate
intipati *(n.)* essence
intisari *(n.)* kernel
intransitif *(adj. (verb))* intransitive
intrinsik *(adj.)* intrinsic
intuitif *(adj.)* intuitive
invois *(n.)* invoice
ipar *(n.)* in-laws
irama *(n.)* cadence
irama *(b.)* rhythm
iri hati *(adj.)* begrudging
iri hati *(adj.)* envious
iri hati *(v.)* envy
iringan *(n.)* accompaniment
ironi *(n.)* irony
ironik *(adj.)* ironical
isi *(n.)* pulp
isi kuku *(n.)* quick
isi padu *(n.)* volume
isikel *(n.)* icicle
Isnin *(n.)* Monday
isobar *(n.)* isobar
istana *(n.)* castle
istana *(n.)* palace
istana pasir *(n.)* sandcastle
isteri *(n.)* wife
istiadat *(adj.)* ceremonial
istilah *(n.)* term
istimewa *(adj.)* especial
istimewa *(adj.)* special
istirahat *(v.)* repose
isu *(n.)* issue
isyarat *(n.)* beck
isyarat *(n.)* cue
isyarat *(n.)* motion

isyarat *(n.)* signal
isyarat *(adj.)* signal
italik *(adj.)* italic
itik *(n.)* duck
itik getah *(n.)* rubber duck
itik 'Sawbill' *(n.)* sawbill
itu *(adj.)* that
itu *(dem. pron.)* that

jabatan *(n.)* department
jabatan majistret *(n.)* magistrature
jadi-jadi *(adj.)* considerable
jadual *(n.)* schedule
jadual *(n.)* table
jadual *(adj.)* tabular
jag *(n.)* jug
jaguh *(n.)* ace
jagung *(n.)* corn
jagung *(n.)* maize
jahanam *(int.)* damn
jahat *(adj.)* evil
jahat *(adj.)* maleficent
jahat *(adj.)* nefarious
jahat *(adj.)* sinister
jahat *(adj.)* wicked
jahat *(adj.)* mean
jahil *(adj.)* ignorant
jahil *(n.)* nescience
jahil *(adj.)* pagan
jahitan *(n.)* stitch
jaket *(n.)* jacket
jalan *(v.)* ambulate
jalan *(n.)* drive
jalan *(n.)* road
jalan *(n.)* route
jalan *(n.)* street
jalan berselirat *(n.)* labyrinth
jalan buntu *(n.)* impasse
jalan buntu *(n.)* standstill
jalan kecil *(n.)* byway
jalan keluar *(n.)* exit
jalan keluar *(n.)* loop-hole
jalan keluar *(n.)* recourse
jalan masuk *(n.)* avenue
jalan mati *(n.)* dead-end
jalan persendirian *(n)* bywalk
jalan pintas *(v.)* crosscut
jalan raya *(n.)* roadkill
jalan raya *(n.)* thoroughfare
jalan sekeliling *(n.)* sidewind
jalur *(n.)* stripe
jalur sisi *(n.)* sideband
jaluran *(n.)* wisp
jam *(n.)* chronograph
jam *(n.)* clock
jam *(n.)* hour
jam pasir *(n.)* sandglass
jam tangan *(n.)* watch
jambak bunga *(n.)* bouquet
jamban *(n.)* closet
jamban korek *(n.)* latrine
jambang *(n.)* beard
jambang *(n.)* sideburn
jambang *(n.)* sideburns
jambatan *(n.)* bridge
jambatan *(n.)* time
jambatan *(n.)* trapline
jambatan tarik *(n.)* drawbridge
jambu batu *(n.)* guava
jambul *(n.)* crest
jambul *(n.)* forelock
jambul *(n.)* fringe
jaminan *(n.)* seal
jaminan *(n.)* assurance
jaminan *(n.)* bail
jaminan *(n.)* guarantee
jaminan *(v.)* warrant
jaminan *(n.)* warranty
jampi *(n.)* rune

jampi *(n.)* spell
jamuan *(n.)* banquet
janakuasa *(n.)* generator
janggal *(adj.)* awkward
janggut baru *(n.)* stubble
jangkaan *(n.)* anticipation
jangkaan *(n.)* expectation
jangkauan *(n.)* reach
jangkitan *(n.)* infection
jangkitan *(n.)* transmission
jangkungan *(n.)* stilt
janji *(n.)* promise
janji temu *(n.)* appointment
janji temu *(n.)* date
jantan *(adj.)* male
jantan *(adj.)* virile
jantina *(n.)* gender
jantina *(n.)* sex
jantina *(n.)* sexuality
jantung *(n.)* heart
Januari *(n.)* January
jarak *(n.)* distance
jarak dekat *(adv.)* pointblank
jarang *(adj.)* rare
jarang *(adv.)* rarely
jarang *(n.)* rareness
jarang *(adv.)* seldom
jarang *(adj.)* sparse
jarang *(adj.)* tect
jargon *(n.)* jargon
jari *(n.)* finger
jari kaki *(n.)* toe
jari telunjuk *(n.)* forefinger
jaring *(n.)* mesh
jaring *(n.)* net
jarum *(n.)* needle
jasmani *(adj.)* physical
jata *(n.)* blazon
jati *(v.)* teak
jatuh *(n.)* falls
jatuh *(v.)* topple
jatuh *(n.)* skid
jatuh sakit *(v.)* sicken

jauh *(adj.)* far
jauhari *(n.)* jeweller
jawapan *(n.)* answer
jawapan *(n.)* retort
jawatan *(n.)* post
jawatan gereja *(n.)* benefice
jawatankuasa *(n.)* committee
jean *(n.)* jean
jed *(n.)* jade
jegil *(n.)* glare
jejak *(n.)* trace
jejak *(n.)* track
jejak *(n.)* trail
jejak *(n)* traunch
jejak langkah *(adj.)* traunch
jejak semula *(n.)* trackback
jejari *(n.)* radius
jejari *(n.)* spoke
jelaga *(n.)* soot
jelak *(adj.)* sickened
jelapang *(n.)* granary
jelas *(v.)* articulate
jelas *(adj.)* vivid
jelas *(adj.)* explicit
jelekitan *(adj.)* cohesive
jemaah *(n.)* congregation
jemaah *(n.)* pilgrim
jemaah menteri *(n.)* cabinet
jemputan *(n.)* invitation
jenaka *(adj.)* comic
jenaka *(n.)* gag
jenaka *(adj.)* jocular
jenaka *(n.)* witticism
jenama *(n.)* brand
jenama samsonite *(n.)* samsonite
jenama Sandbell *(n.)* sandbell
jenayah *(n.)* crime
jenayah pemalsuan *(n.)* forgery
jenayah siber *(n.)* cybercrime
jengket *(v.)* tip
jenis *(n.)* kind
jenis *(n.)* sort

jenis *(n.)* type
jenis *(adj.)* kind
jenis salad *(n.)* butterhead
jentera *(n.)* machinery
jentikan *(n.)* flip
jerami *(n.)* straw
jerami atap *(n.)* thatch
jerat *(n.)* snare
jerawat *(n.)* acne
jerawat *(n.)* pimple
jerebu *(n.)* smog
jeritan *(n.)* scream
jeritan *(n.)* shout
jeritan *(n.)* yell
jeritan nyaring *(n.)* shriek
jerkin *(n.)* jerkin
jersi *(n.)* jersey
jeruk *(n.)* pickle
jerung *(n.)* shark
jet *(n.)* jet
jidal *(n.)* thimble
jijik *(adj.)* disgusting
jijik *(adj.)* repugnant
jika *(conj.)* if
jika tidak *(conj.)* otherwise
jilatan *(n.)* lick
jilbab *(n.)* wimple
jimat *(adj.)* frugal
jimat *(n.)* thrift
jin *(n.)* genie
jinak *(adj.)* tame
jingga *(adj.)* orange
jiran *(n.)* neighbour
jirim *(n.)* matter
jirim kecil *(n.)* nano
jisim *(n.)* mass
jiwa *(n.)* psyche
jiwa *(n.)* soul
jober *(n.)* jobber
jualan *(n.)* sale
jualan runcit *(n.)* retail
juara *(n.)* champion
jubah *(n.)* robe
jubah paderi *(n.)* vestment
jubah tidur *(n.)* bedrobe
jubin *(n.)* tile
jubli *(n.)* jubilee
judi *(n.)* gamble
judul *(n.)* title
juga *(adv.)* rather
juga *(adv.)* also
jujur *(adv.)* bonafide
jujur *(adj.)* honest
jujur *(adj.)* truthful
julap *(n.)* laxative
julap *(adj.)* laxative
juling *(n.)* squint
Jumaat *(n.)* Friday
jumlah *(n.)* amount
jumlah *(adj.)* total
jumlah *(n.)* total
jumlah *(n.)* sum
jumlah berat *(n.)* weightage
jumlah mata *(n.)* score
jumpa *(v.)* find
jumpa *(v.)* found
junior *(n.)* junior
jurang *(n.)* abyss
jurang *(n.)* cliff
jurang *(n.)* gap
juri *(n.)* jury
jurisprudens *(n.)* jurisprudence
jurnal *(n.)* journal
juru web *(n.)* webmaster
juruanalisis *(n.)* analyst
juruaudit *(n.)* auditor
jurubahasa *(n.)* interpreter
jurubank *(n.)* banker
jurubina *(n.)* architect
jurucakap *(n.)* spokesman
jurugambar *(n.)* photographer
jurujual *(n.)* salesman
jurulatih *(n.)* coach
jurumesin *(n.)* machinist
jururawat *(n.)* nurse
juruteknik *(n.)* technician

jurutera *(n.)* engineer
Jurutera Nano *(n.)* nanoengineer
juruterbang *(n.)* aviator
juruterbang *(n.)* pilot
jurutrengkas *(n.)* stenographer
juruwang *(n.)* cashier
juruwang *(n.)* teller
jus *(n.)* juice
justifikasi *(n.)* justification
jut *(n.)* jute
juta *(n.)* million
jutawan *(n.)* billionaire
jutawan *(n.)* millionaire

kabar angin *(n.)* scutllebutt
kabaret *(n.)* cabaret
kabel *(n.)* cable
kabin *(n.)* cabin
kabinet *(n.)* cabinet
kabur *(n.)* blur
kabur *(adj.)* vague
kabus *(n.)* fog
kabus *(n.)* fogbank
kabus *(n.)* haze
kabus *(n.)* mist
kaca *(n.)* glass
kaca mata *(n.)* glasses
kaca tingkap *(n.)* pane
kacak *(adj.)* handsome
kacang *(n.)* bean
kacang pea *(n.)* pea
kacau *(adj.)* addle
kacau-bilau *(adj.)* shambolic
kacukan *(adj.)* hybrid

kad *(n.)* card
kad imbas *(n.)* flashcard
kad permainan *(n.)* playcard
kad skor *(n.)* scorecard
kadang kala *(adv.)* sometimes
kadang-kadang sedutan *(adj.)* occlusive
kadang-kala *(adj.)* occasional
kadar *(adj.)* proportional
kadar *(n.)* rate
kadaran *(v.)* proportion
kadbod *(n.)* cardboard
kadet *(n.)* cadet
kadmium *(n.)* cadmium
kaedah *(n.)* method
kaedah oktonionik *(n.)* octonionics
kafe *(n.)* cafe
kafe siber *(n.)* cybercafé
kagum *(n.)* awe
kagum *(n.)* wonder
kahak *(n.)* sputum
kahwin lari *(v.)* elope
kain *(n.)* cloth
kain *(n.)* fabric
kain *(v.)* rag
kain berwarna *(adj.)* shot
kain broked *(n.)* brocade
kain bulu *(n.)* serge
kain buruk *(n.)* rag
kain dalam *(n.)* petticoat
kain kanvas *(n.)* canvas
kain kapan *(n.)* shroud
kain kasa *(n.)* muslin
kain linen *(n.)* linen
kain pengesat *(n.)* duster
kain poplin *(n.)* poplin
kain sutera *(n.)* silk
kain tudung *(n.)* kerchief
kaitan *(n.)* link
kaitan *(n.)* relation
kaji selidik *(n.)* survey

kaji selidik pendapat *(n.)* opinionnaire
kajian *(n.)* study
kajian bau *(adj.)* olfactic
kajian bauan *(n.)* olfactics
kajian burung *(n.)* ornithology
kajian diri *(n.)* introspection
kajian gempabumi *(n.)* seismography
kajian kemasyarakatan *(n.)* sociology
kajian lautan *(adj.)* oceanographic
kajian lautan *(n.)* oceanology
kajian penamaan *(n.)* onomatology
kajian tahi *(n.)* coprology
kajian UFO *(n.)* ufology
kajian ultrabunyi *(n.)* ultrasonics
kakak *(n.)* sister
kaki *(n.)* foot
kaki *(n.)* leg
kaki ayam *(adj.)* barefoot
kaki botol *(n.)* soak
kaki depan *(n.)* foreleg
kaki judi *(n.)* gambler
kaki lepak *(n.)* loafer
kaki lima *(n.)* pavement
kaki lima *(n.)* sidewalk
kaki perempuan *(n.)* philanderer
kaki perempuan *(n.)* womaniser
kakitangan *(n.)* personnel
kaktus *(n.)* cactus
kala *(adj.)* periodical
kala *(n.)* tense
kala jengking *(n.)* scorpion
kalah *(n.)* rout
kalau-kalau *(conj.)* lest
kalendar *(n.)* calendar
kali terakhir *(adv.)* last
kaliber *(n.)* stature
kaligrafi *(n.)* calligraphy
kalis *(adj.)* proof

kalis air *(adj.)* waterproof
kalis air *(v.)* waterproof
kalis api *(adj.)* fireproof
kalis hujan *(adj.)* showerproof
kalis tembak *(adj.)* shotproof
kalium *(n.)* potassium
kalium karbonat *(n.)* potash
kalkulator *(n.)* calculator
kalori *(n.)* calorie
kalsit *(n.)* calcite
kalsium *(n.)* calcium
kalung bunga *(n.)* garland
kalungan bunga *(n.)* wreath
kamar kecil *(v.)* closet
kambing *(n.)* goat
kambing hitam *(n.)* scapegoat
kameo *(n.)* cameo
kamera *(n.)* camera
kamikaze *(n.)* kamikaze
kampit *(n.)* sack
kampung *(n.)* village
kampung kecil *(n.)* hamlet
kampus *(n.)* campus
kamus *(n.)* dictionary
kamus *(n.)* lexicon
kanak-kanak *(n.)* child
kanan *(adv)* right
kandang *(n.)* pen
kandang *(n.)* stall
kandang kuda *(n.)* stable
kandang lembu *(n.)* byre
kandar *(v.)* yoke
kandas *(v.)* deadlock
kandungan *(n.)* content
kanggaru *(n.)* kangaroo
kanibal *(n.)* cannibal
kanibal *(v.)* cannibalise
kanibalisme *(n.)* cannibalism
kanin *(adj.)* canine
kanji *(n.)* starch
kanopi *(n.)* canopy
kanser *(n.)* cancer
kanta *(n.)* lens

kantin *(n.)* canteen
kanton *(n.)* canton
kantonmen *(n.)* cantonment
kanun *(n.)* canon
kapak *(n.)* axe
kapak *(n.)* hatchet
kapal *(n.)* ark
kapal *(n.)* ship
kapal *(n.)* vessel
kapal dagang *(n.)* carrack
kapal karam *(n.)* shipwreck
kapal layar *(n.)* sailboat
kapal minyak *(n.)* tanker
kapal pengiring *(n.)* consort
kapal selam *(n.)* submarine
kapal selam *(adj.)* submarine
kapal terbang *(n.)* aeroplane
kapal terbang *(n.)* airbus
kapal terbang *(v.)* plane
kapan-kapan *(adj.)* some
kapas *(n.)* cotton
kapasiti *(n.)* capacity
kapilari *(n.)* capillary
kapitalis *(n.)* capitalist
Kaprikorn *(n.)* Capricorn
kapsul *(n.)* capsule
kapsyen *(n.)* caption
kapten *(n.)* captain
kapten *(n.)* skipper
kapur *(n.)* lime
kapur *(n.)* whitewash
kapur barus *(n.)* camphor
kapur tulis *(n.)* chalk
karam *(v.)* wreck
karangan *(n.)* essay
karat *(v.)* rust
karat *(n.)* carat
karat *(n.)* karat
karavan *(n.)* caravan
karbon *(n.)* carbon
kardinal *(n.)* cardinal
kardiologi *(n.)* cardiology
kargo *(n.)* cargo

kariah *(n.)* parish
karies *(adj.)* carious
karikatur *(n.)* caricature
karisma *(n.)* charisma
karnival *(n.)* carnival
karnival *(n.)* fair
karnivor *(n.)* carnivore
karton *(n.)* carton
kartrij *(n.)* cartridge
kartun *(n.)* cartoon
karun *(n.)* mammon
karut *(n.)* bunk
karut *(n.)* nonsense
karut *(adj.)* absurd
karut *(adj.)* sacrilegious
karya agung *(n.)* masterpiece
kasar *(adj.)* rustic
kasar *(adj.)* uncouth
kaserol *(n.)* casserole
kaset *(n.)* cassette
kasih *(n.)* affection
kasih sayang *(n.)* love
kasihan *(adj.)* pitiful
kasihan *(n.)* pity
kasino *(n.)* casino
kasta *(n.)* caste
kastard *(n.)* custard
kastroli *(n.)* castor
kasturi *(n.)* musk
kasual *(adj.)* casual
kasut *(n.)* shoe
kasut but *(n.)* boot
kasut roda *(n.)* skate
kata *(v.)* say
kata dua *(n.)* ultimatum
kata ganti nama *(n.)* pronoun
kata kerja *(n.)* verb
kata kerja aktif *(n.)* deponent
kata keterangan *(n.)* adverb
kata kunci *(n.)* keyword
kata lawan *(n.)* antonym
kata nama *(n.)* noun
kata pengantar *(v.)* preface

kata penghubung *(n.)* conjunction
kata seru *(n.)* interjection
katak *(n.)* frog
kata-kata *(adj.)* utter
kata-kata *(adj.)* wordy
kata-kata bohong *(n.)* falsehood
kata-kata sayang *(n.)* endearment
katalog *(n.)* catalogue
katarak *(n.)* cataract
katarsis *(n.)* catharsis
kategori *(n.)* category
katil *(n.)* bed
katil bayi *(n.)* cot
katil pesakit *(n.)* sickbed
katolik *(adj.)* catholic
katolik *(n.)* catholicism
kaum *(n.)* racialism
kaunter *(n.)* counter
kaustik *(adj.)* caustic
kaviar *(n.)* caviar
kawah *(n.)* cauldron
kawah *(n.)* crater
kawalan *(n.)* command
kawalan *(n.)* control
kawalan *(n.)* curb
kawalan diri *(n.)* self-control
kawan *(n.)* buddy
kawan *(n.)* friend
kawan *(n.)* pal
kawan rapat *(n.)* chum
kawan sekolah *(n.)* schoolmate
kawanan binatang *(n.)* herd
kawasan *(n.)* territory
kawasan *(n.)* compound
kawasan datar *(n.)* flatbed
kawasan gereja *(n.)* churchyard
kawasan kejiranan *(n.)* neighbourhood
kawasan mendatar *(adj.)* flatbed
kawasan paderi *(n.)* diocese

kawasan pengundian *(n.)* constituency
kawasan polis *(n.)* police beat
kawasan tanah *(n.)* tract
kawasan tropikal *(adj.)* tropical
kaya *(adj.)* affluent
kaya *(adj.)* rich
kaya *(adj.)* substantial
kaya *(adj.)* wealthy
kayu *(n.)* stick
kayu *(n.)* wood
kayu *(adj.)* wooden
kayu balak *(n.)* log
kayu balak *(n.)* timber
kayu bercangkuk *(n.)* crome
kayu cendana *(n.)* sandalwood
kayu hitam *(n.)* ebony
kayu jati *(n.)* teak
kayu manis *(n.)* cinnamon
kayu panjang *(n.)* staff
kayu pengecat *(n.)* maulstick
ke atas *(adv.)* up
ke atas *(adv.)* upwards
ke barat *(adv.)* west
ke barat *(adj.)* westerly
ke barat *(adv.)* westerly
ke bawah *(adv.)* downwards
ke belakang *(adj.)* backward
ke dalam *(prep.)* into
ke dalam *(adv.)* inwards
ke depan *(adv.)* forward
ke hadapan *(adj.)* onward
ke hadapan *(adj.)* forward
ke luar *(adj.)* outward
ke luar *(adv.)* outwards
ke mana *(adv.)* whither
ke mari *(adv.)* hither
ke pantai *(adv.)* ashore
ke sana *(adv.)* thither
ke selatan *(adv.)* south
ke selatan *(adj.)* southerly
ke tepi *(adv.)* aside
ke timur *(adv.)* east

ke utara *(adv.)* north
keabadian *(n.)* eternity
keadaan *(n.)* lay
keadaan *(n.)* state
keadaan *(n.)* condition
keadaan baru *(n.)* novelty
keadaan bersedia *(n.)* readiness
keadaan dipelbagaikan *(n.)* multiplicity
keadaan gelap *(n.)* darkness
keadaan kebingungan *(n.)* daziness
keadaan kebulluran *(n.)* famine
keadaan kotor *(n.)* squalor
keadaan lembap *(n.)* damp
keadaan mengantuk *(n.)* somnolence
keadaan menjemukan *(n.)* tedium
keadaan nyanyuk *(n.)* senility
keadaan rumit *(n.)* complication
keadaan senyap *(n.)* quiet
keadaan serius *(n.)* solemnity
keadaan sia-sia *(n.)* futility
keadaan sunyi *(n.)* stillness
keadaan telanjang *(n.)* nudity
keadaan teragak-agak *(n.)* hesitation
keadaan teragak-agak *(n.)* indecision
keadilan *(n.)* justice
keagamaan *(adj.)* religious
keagungan *(n.)* majesty
keahlian *(n.)* membership
keajaiban *(n.)* miracle
keakuran *(n.)* conformity
keanak-anakan *(adj.)* childish
keanak-anakan *(adj.)* puerile
keanehan *(n.)* peculiarity
keanehan *(n.)* wacko
keangkuhan *(n.)* vanity
keapungan *(n.)* buoyancy

kearifan *(n.)* sagacity
keasidan *(n.)* acidity
keaslian *(n.)* originality
keazaman *(n.)* determination
kebahagiaan *(n.)* bliss
kebahagiaan *(n.)* felicity
kebaikan *(n.)* virtue
kebajikan *(n.)* welfare
kebakaran sedikit *(n.)* singe
kebal *(adj.)* invincible
kebanggaan *(v.)* pride
kebangkitan semula *(n.)* renaissance
kebangkitan semula *(n.)* resurgence
kebangkitan semula *(n.)* revival
kebangsaan *(adj.)* national
kebanyakan *(n.)* majority
kebanyakan *(n.)* most
kebanyakannya *(adv.)* mainly
kebarangkalian *(n.)* contingency
kebaratan *(adj.)* western
kebas *(adj.)* numb
kebasahan *(n.)* wetness
kebebasan *(n.)* freedom
kebebasan *(n.)* liberation
kebebasan *(n.)* liberty
kebelakang *(v.)* recoil
kebelakangan ini *(adv.)* lately
kebelakangan ini *(adj.)* recent
kebenaran *(n.)* veracity
kebenaran berlepas *(n.)* conge
kebenaran masuk *(n.)* admission
kebencian *(n.)* odium
kebendaan *(adj.)* material
kebendaan *(n.)* materialism
kebengisan *(n.)* petulance
keberadaan *(n.)* omnipresence
keberangan *(n.)* fury
keberanian *(n.)* valour
keberatan *(v.)* scuffle

kebergantungan *(n.)* dependence
kebergantungan *(n.)* reliance
keberkesanan *(n.)* efficacy
keberkesanan *(n.)* potency
kebersihan *(n.)* cleanliness
kebersihan *(n.)* hygiene
kebertanggungjawaban *(n.)* accountability
kebesaran *(n.)* grandeur
kebesaran *(n.)* sublimity
kebetulan *(adj.)* accidental
kebetulan baik *(n.)* serendipity
kebiadaban *(n.)* barbarity
kebiadaban *(n.)* impertinence
kebiadaban *(n.)* imprudence
kebiasaan *(n.)* wont
kebijakan *(n.)* brilliance
kebijaksanaan *(n.)* wisdom
kebijaksanaan *(n.)* sageness
kebimbangan *(n.)* vexation
kebingungan *(n.)* quandary
kebocoran *(n.)* leakage
kebodohan *(n.)* stupidity
kebodoh-bodohan *(adj.)* apish
kebolehan *(n.)* competence
kebolehan mengesan *(adj.)* detective
kebolehgunaan *(n.)* practicability
keborosan *(n.)* extravagance
kebudak-budakan *(adj.)* vernal
kebudayaan *(adj.)* cultural
kebuluran *(n.)* starvation
keburukan *(n.)* ill
kecacatan *(n.)* imperfection
kecaman *(n.)* condemnation
kecaman *(n.)* stricture
kecaman *(n.)* tirade
kecanggihan *(n.)* sophistication
kecanggihan *(n.)* urbanity
kecantikan *(n.)* beauty
kecantikan *(n.)* prettiness

kecapi *(n.)* lute
kecederaan *(n.)* harm
kecederaan *(n.)* injury
kecek *(v.)* jabber
kecekalan *(n.)* fortitude
kecekalan *(n.)* mettle
kecekapan *(n.)* efficiency
kecekapan *(n.)* sleight
kecekapan tinggi *(n.)* omnicompetence
kecelakaan *(n.)* doom
kecemasan *(n.)* emergency
kecemburuan *(n.)* repugnance
kecemerlangan *(n.)* excellence
kecenderungan *(n.)* tendency
kecenderungan kelam-kabut *(n.)* entropy
kecenderungan menyingkir *(adj.)* eliminatory
kecewa *(v.)* deject
kecil *(n.)* small
kecuaian *(n.)* negligence
kecuali *(prep.)* save
kecuali *(conj.)* unless
kecukupan *(n.)* adequacy
kecukupan *(n.)* sufficiency
kecurangan *(n.)* dishonesty
kecurian *(n.)* burglary
kecurigaan *(n.)* mistrust
kedahsyatan *(n.)* virulence
kedai *(n.)* tavern
kedai *(n.)* shop
kedai makan *(n.)* diner
kedai permainan *(n.)* toystore
kedai roti *(n.)* bakery
kedai runcit *(n.)* grocery
kedai topi *(n.)* millinery
kedalaman *(n.)* depth
kedalaman *(n.)* intensity
kedalaman *(n.)* profundity
kedalaman *(n.)* within
kedangkalan *(n.)* superficiality
kedap air *(adj.)* watertight

kedaulatan *(n.)* sovereignty
kedegilan *(adj.)* obdurate
kedekut *(adj.)* niggardly
kedekut *(adj.)* stingy
kedermawanan *(n.)* benevolence
kedesaan *(n.)* rusticity
kediaman *(n.)* residence
kedua *(adj.)* latter
kedua belas *(adj.)* twelfth
kedua belas *(n.)* twelfth
kedua puluh *(adj.)* twentieth
kedua puluh *(n.)* twentieth
keduaan *(n.)* duality
kedua-dua *(adj.)* both
kedua-duanya *(pron)* both
kedudukan *(n.)* bearing
kedudukan *(n.)* location
kedudukan *(n.)* position
kedudukan *(n.)* whereabout
kedudukan buntu *(n.)* stalemate
kedudukan membongkok *(n.)* stoop
kedudukan tertinggi *(n.)* supremacy
kedukaan *(n.)* sorrow
kedut *(n.)* crimp
kedut *(n.)* wrinkle
kedutaan *(n.)* embassy
kedutan *(n.)* ruck
kedwijantinaan *(n.)* ambissexuality
keelastikan *(n.)* elasticity
keemasan *(adj.)* golden
keembung *(n.)* balsam
keenam *(adj.)* sixth
keenam belas *(adj.)* sixteenth
keenam puluh *(adj.)* sixtieth
keengganan *(n.)* aversion
keengganan *(n.)* reluctance
keetnikan *(n.)* ethnicity
kefahaman *(n.)* comprehension

kefasihan *(n.)* eloquence
kegagalan *(n.)* breakdown
kegagalan *(n.)* default
kegagalan *(n.)* fail
kegagalan *(n.)* failure
kegagalan *(n.)* fiasco
keganasan *(adj.)* bacchanal
keganasan *(n.)* savagery
keganasan *(n.)* terrorism
keganasan *(n.)* violence
keganasan demi persekitaran *(n.)* ecoterrorism
keganjilan *(n.)* abnormality
keganjilan *(n.)* oddity
kegelapan *(n.)* dark
kegelisahan *(n.)* fidget
kegelisahan *(n.)* unrest
kegemaran *(n.)* indulgence
kegembiraan *(n.)* jubilation
kegemilangan *(n.)* glam
kegemilangan *(n.)* pageantry
kegemilangan *(n.)* pomp
kegemukan *(n.)* pddge
keghairahan *(n.)* sensuality
kegiatan buruk *(n.)* debauchery
kegigihan *(n.)* obstinacy
kegigihan *(n.)* persistence
kegigihan *(n.)* tenacity
kegilaan *(n.)* mania
kegila-gilaan *(adj.)* frantic
kegila-gilaan *(n.)* frenzy
kegirangan *(n.)* joviality
keguguran *(n.)* miscarriage
keguguran *(v.)* miscarry
kegunaan *(n.)* utility
kehabisan stok *(n.)* outage
kehadiran *(n.)* attendance
kehadiran *(n.)* presence
kehairanan *(n.)* amazement
kehairanan *(n.)* astonishment
kehakiman *(n.)* judicature
kehalusan *(n.)* nuance
kehalusan *(n.)* subtlety

kehambaan *(n.)* servility
kehambaran *(n.)* insipidity
kehamilan *(n.)* pregnancy
kehangatan *(n.)* warmth
keharmonian *(n.)* harmony
kehendak *(n.)* whim
keheningan *(n.)* hush
kehidupan berpindah-randah *(n.)* nomad
kehilangan *(adj.)* bereaved
kehilangan *(n.)* disappearance
kehilangan *(n.)* loss
kehinaan *(n.)* abjection
kehormat *(adj.)* honorary
kehujanan *(n.)* pluvial
keibuan *(n.)* maternity
keibuan *(adj.)* motherlike
keikhlasan *(n.)* sincerity
keinginan *(n.)* appetence
keinginan *(n.)* desire
keinginan *(n.)* longing
keinginan memberontak *(adj.)* rebellious
keingkaran *(n.)* defiance
keingkaran *(n.)* insubordination
keintiman *(n.)* intimacy
keistimewaan *(n.)* privilege
keistimewaan *(n.)* speciality
keizinan *(n.)* sanction
kejadian *(v.)* scene
kejahatan *(n.)* evil
kejahatan *(n.)* malignity
kejahatan *(n.)* meanness
kejahatan *(n.)* perversity
kejahilan *(n.)* ignorance
kejam *(adj.)* vicious
kejang *(n.)* wrick
kejang otot *(n.)* spasm
kejantanan *(n.)* manhood
kejantanan *(n.)* manliness
kejantanan *(n.)* virility
kejatuhan *(n.)* downfall
kejatuhan *(n.)* fall

kejayaan *(n.)* success
kejayaan *(adj.)* triumphant
kejayaan *(n.)* trump
kejelasan *(n.)* clarity
kejelasan *(n.)* lucidity
kejengkelan *(n.)* irritation
keji *(adj.)* vile
keju *(n.)* cheese
keju cheddar *(n.)* cheddar
keju gouda *(n.)* gouda
kejujuran *(n.)* honesty
kejuruteraan *(n.)* engineering
kejutan *(n.)* shock
kejutan *(n.)* surprise
kejutan elektrik *(v.)* electrocute
kek *(n.)* cake
kek minum petang *(n.)* teacake
kek 'shortcake' *(n.)* shortcake
kekaburan *(n.)* vagueness
kekacang *(n.)* nut
kekacauan *(n.)* turmoil
kekacauan *(n.)* upheaval
kekaguman *(n.)* admiration
kekaki *(n.)* pedestal
kekal *(adj.)* eternal
kekal *(adj.)* everlasting
kekal *(n.)* permanence
kekal *(adj.)* permanent
kekal *(adj.)* perpetual
kekal *(adj.)* imperishable
kekal abadi *(adj.)* immortal
kekalahan *(n.)* defeat
kekandasan *(n.)* deadlock
kekang *(n.)* bridle
kekangan *(n.)* rein
kekasaran *(n.)* abrasiveness
kekasaran *(n.)* salebrosity
kekasaran *(n.)* vulgarity
kekasih *(n.)* beloved
kekasih *(n.)* lover
kekayaan *(n.)* affluence
kekayaan *(n.)* riches
kekayaan *(adj.)* richness

kekayaan *(n.)* wealth
kekecewaan *(n.)* frustration
kekecilan *(adv.)* smallness
kekecohan *(n.)* uproar
kekejaman *(n.)* cruelty
kekelaman *(n.)* dimness
kekeliruan *(n.)* confusion
kekeliruan *(n.)* muddle
kekemasan *(n.)* tidiness
kekenyangan *(n.)* fullness
kekerapan *(n.)* frequency
kekerasan *(n.)* vehemence
kekisi *(n.)* lattice
kekok *(adj.)* gawky
kekok *(adj.)* maladroit
kekok *(adj.)* ungainly
kekosongan *(n.)* vacancy
kekuasaan *(n.)* predominance
kekuatan *(n.)* intensity
kekuatan *(n.)* strength
kekuatan seseorang *(n.)* forte
kekuning-kuningan *(adj.)* yellowish
kekurangan *(n.)* dearth
kekurangan *(n.)* deficiency
kekurangan *(adj.)* deficient
kekurangan *(n.)* lack
kekurangan *(n.)* minus
kekurangan *(n.)* paucity
kekurangan *(n.)* privation
kekurangan *(n.)* scarcity
kekurangan *(n.)* shortfall
kekurangan pekerja *(n.)* shorthand
kekurangan pengalaman *(n.)* inexperience
kekutuban *(n.)* polarity
kekuyuan *(n.)* sag
kelab *(n.)* club
kelabu *(adj.)* grey
kelahiran *(n.)* birth
kelahiran *(adj.)* natal
kelahiran *(n.)* nativity
kelahiran semula *(n.)* rebirth
kelainan *(n.)* aberrance
kelainan *(n.)* abnormalcy
kelainan *(n.)* disparity
kelainan *(n.)* variation
kelajuan *(n.)* rapidity
kelajuan *(n.)* speed
kelajuan *(n.)* velocity
kelakar *(adj.)* comical
kelakuan *(n.)* conduct
kelakuan *(n.)* mannerism
kelakuan buruk *(n.)* delinquency
kelakuan buruk *(n.)* misbehaviour
kelakuan malu *(n.)* coy
kelalaian *(n.)* oblivion
kelalang *(n.)* flask
kelalian *(n.)* immunity
kelam *(adv.)* dimly
kelambatan *(n.)* tardiness
kelangkang *(n.)* crotch
kelapa *(n.)* coconut
kelaparan *(n.)* hunger
kelas *(n.)* class
kelas kedua *(adj.)* beta
kelasi *(n.)* crew
kelasi *(n.)* mariner
kelasi *(n.)* sailor
kelasi *(n.)* seafarer
kelasi tua *(n.)* seadog
kelawar *(n.)* bat
kelayakan *(n.)* eligibility
kelayakan *(n.)* qualification
kelazatan *(n.)* delectability
kelaziman *(n.)* cliché
kelaziman *(n.)* rote
keldai *(n.)* donkey
kelebihan *(n.)* favour
kelebihan *(n.)* plus
kelegaan *(n.)* alleviation
kelegapan *(n.)* opacity
kelemahan *(n.)* disadvantage
kelemahan *(n.)* drawback

kelemahan *(n.)* infirmity
kelemahan *(n.)* shortcoming
kelemahan *(n.)* vice
kelemahan *(n.)* weakness
kelemahan fizikal *(n.)* debility
kelembapan *(n.)* humidity
kelembapan *(n.)* slowness
kelembutan *(n.)* delicacy
kelembutan *(n.)* tenderness
kelembutan *(n.)* tepidity
kelemumur *(n.)* dandruff
kelengkapan *(n.)* equipment
kelengkapan *(n.)* kit
kelenjar *(n.)* gland
kelesuan *(n.)* languor
kelesuan *(n.)* lethargy
keletihan *(n.)* fatigue
kelewatan *(n.)* delayment
kelihatan *(v.)* seem
kelihatannya *(n.)* outside
keliling *(adv.)* around
kelim *(n.)* seam
kelimpahan *(n.)* profusion
kelipan *(n.)* flicker
kelipan *(n.)* twinkle
kelipan *(n.)* flashing
keliru *(v.)* baffle
keliru *(adv.)* pell-mell
kelmarin *(n.)* yesterday
kelompok *(v.)* flock
kelompok *(n.)* lot
kelompok *(n.)* swarm
kelopak *(n.)* petal
kelopak mata *(n.)* eyelid
keluar *(n.)* escape
keluar *(v.)* exit
keluar *(v.)* issue
keluar *(adv.)* out
keluar *(adv.)* forth
keluaran *(n.)* output
keluaran *(n.)* product
keluaran sampingan *(n.)* by-product

keluarga *(n.)* family
keluarga *(n.)* kin
keluasan *(n.)* purview
keluasan *(v.)* span
kelucahan *(n.)* obscenity
keluhan *(n.)* sigh
keluli *(n.)* steel
kemabukkan *(n.)* intoxication
kemahiran *(n.)* mastery
kemahiran *(n.)* proficiency
kemahiran *(n.)* workmanship
kemahiran *(n.)* skill
kemahiran berlayar *(n.)* sailcraft
kemahiran melepaskan diri *(n.)* escapology
kemahiran tangan *(n.)* craft
kemahuan *(n.)* want
kemajmukan *(n.)* plurality
kemajuan *(n.)* advance
kemajuan *(n.)* advancement
kemajuan *(n.)* amelioration
kemajuan *(n.)* progress
kemakmuran *(n.)* prosperity
kemalangan *(n.)* accident
kemalangan kecil *(n.)* mishap
kemalasan *(n.)* idleness
kemalasan *(n.)* laziness
kemalasan *(n.)* sloth
kemaluan *(adj.)* genital
kemampuan *(n.)* affordability
kemampuan bayar *(n.)* solvency
kemandulan *(n.)* sterility
kemanisan *(n.)* sweetness
kemanusiaan *(adj.)* humanitarian
kemarahan *(n.)* anger
kemarahan *(n.)* ire
kemarahan *(n.)* outrage
kemarahan *(n.)* rage
kemarahan *(v.)* rage
kemarahan *(n.)* resentment
kemarahan *(n.)* wrath

kemarahan *(n.)* indignation
kemarau *(n.)* drought
kemas *(adj.)* tidy
kemasinan *(n.)* salinity
kemasukan *(n.)* admittance
kemasukan banyak *(n.)* influx
kemasukkan gol *(n.)* goalscoring
kemasyhuran *(n.)* fame
kemasyhuran *(n.)* notoriety
kemasyhuran *(n.)* renown
kematangan *(n.)* maturity
kematian *(n.)* bereavement
kematian *(n.)* death
kematian *(n.)* decease
kematian *(n.)* demise
kematian *(n.)* fatality
kematian *(n.)* mortality
kembali *(adv.)* back
kembali *(v.)* rejoin
kembali semula *(n.)* reinstatement
kembali semula *(v.)* revert
kembar *(n.)* twin
kembar *(adj.)* twin
kembara romantik *(adj.)* gothic
kembiri *(n.)* demasculinization
kembiri *(adj.)* gelded
kembung *(n.)* flatulence
kemegahan *(n.)* boast
kemegahan *(n.)* glory
kemelesetan *(n.)* depression
kemelesetan *(n.)* recession
kemenangan *(n.)* triumph
kemenangan *(n.)* victory
kemenangan *(n.)* win
kementerian *(n.)* ministry
kemenyan *(n.)* incense
kemenyan *(n.)* myrrh
kemerahan *(n.)* blushing
kemerahan *(v.)* crimson
kemerahan *(n.)* flush
kemerahan *(adj.)* reddish
kemerahan *(adj.)* ruddy
kemerahan *(n.)* vermillion
kemerahan-oren *(adj.)* vermillion
kemerah-merahan *(adj.)* cherry
kemerdekaan *(n.)* independence
kemerduan *(n.)* sonority
kemeriahan *(n.)* festivity
kemeriahan *(n.)* merriment
kemerosotan *(adj.)* decadent
kemerosotan *(n.)* decline
kemerosotan *(n.)* degenerate
kemerosotan *(n.)* slump
kemewahan *(n.)* luxury
kemewahan *(n.)* opulence
kemiripan *(n.)* semblance
kemiskinan *(n.)* poverty
kemodenan *(n.)* modernity
kemolekan *(n.)* elegance
kempen *(n.)* campaign
kemudahan *(n.)* facility
kemudi *(n.)* rudder
kemudian *(adj.)* after
kemudian *(adv.)* afterwards
kemudian *(adv.)* then
kemudian *(adv.)* thereafter
kemuflisan *(n.)* bankruptcy
kemuliaan *(n.)* nobility
kemuliaan *(n.)* splendour
kemuliaan *(n.)* stateliness
kemuncak *(n.)* climax
kemuncak *(v.)* culminate
kemunculan *(n.)* appearance
kemunculan semula *(n.)* reappearance
kemungkinan *(n.)* likelihood
kemungkinan *(n.)* odds
kemungkinan *(n.)* possibility
kemungkinan *(n.)* probability
kemungkinan *(adj.)* probable
kemurahan hati *(n.)* liberality
kemuraman *(n.)* dejection

kemuraman *(n.)* gloom
kemurungan *(n.)* depression
kemusnahan *(n.)* destruction
kemusnahan *(n.)* holocaust
kemustahilan *(n.)* impossibility
kenaifan *(n.)* naivete
kenaifan *(n.)* naivety
kenaikan *(n.)* rise
kenaikan pangkat *(n.)* promotion
kenakalan *(n.)* mischief
kenalan *(n.)* acquaintance
kenalan *(v.)* associate
kenangan *(adj.)* monumental
kenangan *(n.)* reminiscence
kenangan *(n.)* retrospection
kenang-kenangan *(n.)* keepsake
kenapa *(adv.)* why
kencing *(adj.)* urinary
kencing *(v.)* urinate
kencing *(n.)* urination
kencing manis *(n.)* diabetes
kendak *(n.)* paramour
kenderaan *(n.)* vehicle
kenderaan *(adj.)* vehicular
kenderaan berkuda *(n.)* barouche
kenderaan rover *(n.)* rover
kendi Rusia *(n.)* samovar
kendor *(adj.)* saggy
kendur *(adj.)* slack
kenduri *(n.)* feast
kengerian *(n.)* horror
kenikmatan *(n.)* pleasure
kening *(n.)* brow
kenit *(n.)* midget
kental *(v.)* gel
kentang *(n.)* potato
kentang lenyek *(n.)* mash
kenyataan biasa *(n.)* bromite
kenyataan rasmi *(n.)* communiqué

kenyataan saksi *(n.)* testimony
kenyitan mata *(n.)* wink
keong *(n.)* escargot
kepada gas *(n.)* gasification
kepadatan *(n.)* density
kepakaran *(n.)* prowess
kepala *(n.)* head
kepala lembing *(n.)* spearhead
kepala membesar *(n.)* macrocephaly
kepala pancuran *(n.)* showerhead
kepantasan *(n.)* celerity
kepastian *(n.)* certainty
kepatuhan *(n.)* adherence
kepatuhan *(n.)* compliance
kepatuhan *(n.)* obedience
kepatuhan *(n.)* submission
kepatuhan *(n.)* subservience
kepedihan *(n.)* acrimony
kepedihan *(n.)* smart
kepejalan *(n.)* firmness
kepekaan *(n.)* sensibility
kepelatan 's' *(n.)* lisp
kepelbagaian *(n.)* variety
kepelbagaian arah *(adj.)* omnidirectional
kepelikan *(n.)* wack
kepenatan *(n.)* poignacy
kependekkan perkataan *(n.)* crasis
kependuaan *(n.)* duplicity
kepentingan *(n.)* importance
kepentingan *(n.)* sake
kepentingan *(n.)* significance
keperangan *(n.)* tanbark
kepercayaan *(n.)* belief
kepercayaan *(n.)* creed
kepercayaan *(n.)* faith
kepercayaan *(adj.)* reverential
kepercayaan *(n.)* tenet
kepercayaan *(n.)* trust

kepercayaan ortodoks *(n.)* orthodoxy
keperibadian *(n.)* personality
keperluan *(n.)* must
keperluan *(n.)* necessary
keperluan *(n.)* need
keperluan *(n.)* requirement
keperluan *(n.)* requisite
keperluan *(adv.)* needs
keperluan asas *(n.)* necessity
keperwiraan *(n.)* heroism
kepimpinan *(n.)* leadership
kepingan *(v.)* piece
kepintaran *(n.)* intelligence
kepompong *(n.)* chrysalis
keprihatinan *(n.)* solicitude
kepuasan *(n.)* fulfilment
kepuasan *(n.)* gratification
kepuasan *(n.)* satisfaction
kepuasan badaniah *(n.)* voluptuary
kepucatan *(n.)* paleness
kepulangan *(n.)* return
kepunyaan *(n.)* belongings
kepunyaan *(n.)* belonging
kepunyaan *(n.)* possession
kepunyaan *(n.)* property
kepunyaan kita *(pron.)* our
kepunyaan lelaki *(pron.)* his
kepunyaan mereka *(adj.)* their
kepunyaan perempuan *(adj.)* her
kepunyaan saya *(pron.)* mine
kepunyaan saya *(adj.)* my
kepunyaan sendiri *(adj.)* own
kepuraan *(adj.)* pretentious
kepura-puraan *(n.)* affectation
kepura-puraan *(n.)* charade
kepura-puraan *(n.)* hypocrisy
kepura-puraan *(n.)* pretence
kepura-puraan *(adj.)* sham
kepurbaan *(adj.)* antiquarian
keputihan *(adj.)* whitish

keputusan *(n.)* decidedness
keputusan *(n.)* decision
keputusan *(n.)* ruling
kerabat diraja *(adj.)* royal
kerabat diraja *(n.)* royalty
keracunan darah *(n.)* toxemia
keraguan *(n.)* doubt
keraguan *(n.)* shilly-shally
keraguan diri *(n.)* self-doubt
kerahsiaan *(n.)* secrecy
kerajaan *(n.)* ascendancy
kerajaan *(n.)* government
kerajaan *(n.)* kingdom
kerajinan *(n.)* diligence
kerak *(n.)* crust
kerakyatan *(n.)* nationality
keramahan *(n.)* amiability
keramahan *(n.)* geniality
keramat *(n.)* shrine
kerana *(conj.)* because
kerana *(conj.)* for
keranda *(n.)* casket
keranda *(n.)* coffin
kerang *(v.)* cockle
kerang *(n.)* mollusc
keranggian *(n.)* falmboyance
kerani *(n.)* clerk
kerap *(n.)* frequent
kerap *(adv.)* often
keras *(adj.)* hard
keras *(n.)* stiff
keras *(adj.)* vehement
keras kepala *(adj.)* adamant
keras kepala *(adj.)* headstrong
keras kepala *(adj.)* obstinate
kerbau *(n.)* buffalo
kerdil *(n.)* dwarf
kerdil *(n.)* nanism
kerelaan *(n.)* volition
kerelaan *(n.)* willingness
kerenah *(n.)* caprice
kerencatan *(n.)* retardation
kerendahan *(n.)* laxity

kerengsaan *(n.)* irritation
kerepek nacho *(n.)* nacho
kereta *(n.)* automobile
kereta *(n.)* car
kereta angkut *(n.)* cartage
kereta api *(n.)* train
kereta berbumbung *(n.)* roadster
kereta berhud *(n.)* convertible
kereta bomba *(n.)* firetruck
kereta kebal *(n.)* tank
kereta kuda *(n.)* chaise
kereta kuda beroda dua *(n.)* gig
kereta lembu *(n.)* oxcart
kereta sisi *(n.)* sidecar
kereta sorong bayi *(n.)* perambulator
keretakan *(n.)* crack
keriangan *(n.)* gaiety
keriangan *(n.)* jollity
kerinduan *(n.)* yearning
kering *(adj.)* dried
kering *(adj.)* dry
kerisauan *(n.)* worry
keriting *(adj.)* curly
keriuhan *(n.)* clamour
keriuhan *(n.)* commotion
keriuhan *(n.)* hilarity
keriuhan *(n.)* hubbub
keriut *(n.)* creak
kerja *(n.)* labour
kerja *(n.)* work
kerja bangku *(n.)* benchwork
kerja berat *(n.)* toil
kerja harian *(adj.)* workaday
kerja lebih *(n.)* overwork
kerja perfileman *(n.)* screenwork
kerja remeh *(adj.)* menial
kerja tangan *(n.)* handiwork
kerja trek *(n.)* pointwork
kerjasama *(v.)* collaborate
kerjasama *(n.)* collaboration
kerjasama *(n.)* cooperation
kerjasama *(adj.)* cooperative
kerjasama *(n.)* teamwork
kerjasama diam-diam *(n.)* connivance
kerjaya *(n.)* career
kerjaya *(n.)* profession
kerjaya *(n.)* vocation
kerlingan *(n.)* glance
kerohanian *(n.)* spiritualism
kerohanian *(n.)* spirituality
kerongkong *(n.)* throat
keronsang *(n.)* ouch
kerosakan *(n.)* damage
kerosakan *(n.)* ravage
kerosakan akhlak *(n.)* depravation
kerosakkan *(n.)* delipidation
kertas *(n.)* paper
kertas *(n.)* sheet
kertas kajang *(n.)* foolscap
kertas markah *(n.)* scorepad
kertas pasir *(n.)* sandpaper
kertas terkelepet *(adj.)* dogeared
kerubin *(n.)* cherub
kerunsingan *(n.)* care
kerunsingan *(n.)* disquiet
keruntuhan *(n.)* wane
kerusi *(n.)* chair
kerusi *(n.)* seat
kes *(n.)* case
kesabaran *(n.)* forbearance
kesabaran *(n.)* patience
kesabaran *(n.)* tentativeness
kesahan *(n.)* legality
kesahan *(n.)* legitimacy
kesahihan *(n.)* validity
kesakitan *(v.)* ache
kesakitan *(n.)* affliction
kesakitan *(n.)* agony
kesakitan *(n.)* anguish
kesakitan *(n.)* pungency

kesakitan dada *(n.)* angina
kesakitan otot *(n.)* myalgia
kesal *(adj.)* sorry
kesalahan *(n.)* error
kesalahan *(n.)* guilt
kesalahan *(n.)* offence
kesalahan *(n.)* misdeed
kesalahan ringan *(n.)* misdemeanour
kesalingbergantungan *(n.)* interdependence
kesamaan *(n.)* equality
kesamaan *(adv.)* samely
kesan *(n.)* impact
kesan *(n.)* imprint
kesan *(n.)* toll
kesan buruk *(n.)* taint
kesan kotor *(n.)* stain
kesan kotoran *(adj.)* blotted
kesan lecur *(n.)* sear
kesan lipat *(n.)* crease
kesan melemahkan *(n.)* debuff
kesan tisu *(n.)* bioactivity
kesarjanaan *(n.)* scholarship
kesatria *(n.)* chevalier
kesatria *(n.)* knight
kesatriaan *(n.)* chivalry
kesatuan *(n.)* oneness
kesatuan *(n.)* single
kesedaran *(n.)* awakening
kesedaran *(n.)* awareness
kesedaran *(n.)* conscience
kesedaran *(n.)* realization
kesederhanaan *(n.)* mediocrity
kesederhanaan *(n.)* moderation
kesederhanaan *(n.)* simplicity
kesederhanaan *(n.)* temperance
kesedihan *(n.)* distress
kesedihan *(n.)* grief
kesedihan *(n.)* pang
kesedihan *(n.)* sadness
keseganan *(n.)* embarrassment
keseimbangan *(n.)* balance
kesejagatan *(n.)* universality
kesejahteraan *(n.)* weal
kesejukan *(n.)* cold
keselamatan *(n.)* safety
keselamatan *(n.)* security
keselesaan *(n.)* comfort
keseluruhan *(n.)* allness
keseluruhan *(n.)* overall
keseluruhan *(adj.)* overall
keseluruhan *(n.)* totality
kesembilan *(adj.)* ninth
kesembilan belas *(adj.)* nineteenth
kesembilan puluh *(adj.)* ninetieth
kesempitan fikiran *(n.)* insularity
kesempurnaan *(n.)* perfection
kesemuanya *(pron)* all
kesenangan *(n.)* ease
kesenangan *(n.)* pleasantry
kesengsaraan *(n.)* adversity
kesengsaraan *(n.)* misery
kesenyapan *(n.)* still
keseorangan *(adj.)* lonely
kesepakatan *(n.)* unanimity
kesepuluh *(adj.)* tenth
keserasian *(n.)* consonance
keseriusan *(n.)* sobriety
keseronokan *(n.)* enjoyment
keseronokan *(n.)* fun
keseronokan *(n.)* thrill
keseronokkan *(n.)* mirth
kesesakan *(n.)* jam
kesesatan *(n.)* sophist
kesesuaian *(n.)* concord
kesesuaian *(n.)* congruency
kesesuaian *(n.)* convenience
kesesuaian *(n.)* suitability
kesetiaan *(n.)* allegiance
kesetiaan *(n.)* fealty
kesetiaan *(n.)* fidelity

kesetiaan *(n.)* loyalty
kesetiaan *(n.)* obeisance
kesihatan *(n.)* health
kesilapan *(n.)* blunder
kesilapan *(n.)* bungle
kesilapan *(n.)* demerit
kesilapan *(n.)* gaffe
kesilapan *(n.)* mistake
kesilapan *(n.)* slip
kesilapan besar *(n.)* blundering
kesilapan besar *(adj.)* capital
kesilapan bodoh *(n.)* goof
kesilapan kecil *(n.)* lapse
kesimpulan *(n.)* conclusion
kesimpulan *(n.)* inference
kesinambungan *(n.)* continuity
kesolvenan *(n.)* solvency
kesombongan *(n.)* snobbery
kesopanan *(n.)* courtesy
kesopanan *(n.)* decency
kesopanan *(n.)* decorum
kesopanan *(n.)* gentility
kesopanan *(n.)* politeness
kesopanan *(n.)* prude
kespontanan *(n.)* spontaneity
kestabilan *(n.)* stability
kestabilan *(n.)* steadiness
kesuburan *(n.)* fertility
kesuburan *(n.)* luxuriance
kesucian *(n.)* chastity
kesucian *(n.)* purity
kesucian *(n.)* sanctity
kesucian *(n.)* virginity
kesudahan *(n.)* upshot
kesujudan *(adj.)* prostrate
kesukaan *(n.)* favourite
kesukaan bermain *(n.)* flirt
kesukaran dibaca *(n.)* illegibility
kesungguhan *(n.)* zest
kesunyian *(n.)* loneliness
kesusahan *(n.)* difficulty
kesusahan *(n.)* hardship
kesusahan *(n.)* mire
kesusahan *(n.)* predicament
kesusahan *(n.)* severity
kesusahan *(n.)* struggle
kesusahan *(n.)* tribulation
kesusasteraan *(n.)* literature
ketaasuban *(n.)* bigotry
ketaatan *(n.)* devotion
ketabahan *(n.)* perseverance
ketagih *(v.)* addict
ketagihan *(n.)* addiction
ketagihan arak *(n.)* alcoholism
ketahanan *(n.)* endurance
ketajaman *(n.)* acumen
ketajaman *(n.)* keenness
ketakcernaan *(n.)* indigestion
ketakjuban *(n.)* marvel
ketakmampuan bayar *(n.)* insolvency
ketaksaan *(n.)* ambiguity
ketaksekataan *(n.)* irregularity
ketakutan *(n.)* dread
ketakutan *(n.)* fear
ketakutan *(n.)* fright
ketakutan *(n.)* scare
ketakutan sangat *(n.)* dreadful
ketam *(n.)* crab
ketamakan *(n.)* avarice
ketamakan *(n.)* greed
ketangkasan *(n.)* agility
ketanpanamaan *(n.)* anonymity
ketara *(adj.)* conspicuous
ketara *(adj.)* palpable
ketat *(adj.)* restrictive
ketat *(adj.)* rigorous
ketat *(adj.)* stringent
ketat *(adj.)* tight
ketawa *(n.)* laugh
ketawa kecil *(v.)* chuckle
ketegangan *(n.)* strain
ketegangan *(n.)* suspense
ketegangan *(adj.)* tensible
ketegangan *(adj.)* tensile
ketegangan *(adj.)* tensioned

ketegangan *(adj.)* tensor
ketegasan *(n)* pointedness
ketegasan *(n.)* resolution
ketekalan *(n.)* consistency
ketenangan *(n.)* composure
ketenangan *(n.)* serenity
ketenangan *(n.)* solace
ketenangan *(n.)* tranquility
ketenteraan *(adj.)* warlike
ketepatan *(n.)* accuracy
ketepatan *(n.)* nicety
ketepatan *(n.)* precision
ketepatan *(n.)* punctuality
ketepuan *(n.)* saturation
keteraturan *(n.)* regularity
keterlaluan *(adj.)* effusive
keterlaluan *(adj.)* excessive
keterlaluan *(n.)* extremity
keterlaluan *(n.)* outburst
keterlarutan *(n.)* solubility
ketersediaan *(n.)* accessibility
ketetapan *(n.)* stipulation
ketiadaan *(n.)* absence
ketiadaan nafsu seks *(n.)* asexuality
ketiadaan nama *(n.)* anonymosity
ketiak *(n.)* armpit
ketibaan *(n.)* advent
ketibaan *(n.)* arrival
ketidak jelasan *(n.)* tenebrosity
ketidakadilan *(n.)* injustice
ketidakgiatan *(n.)* inaction
ketidakjujuran *(adj.)* roguish
ketidakmampuan *(n.)* inability
ketidakmatangan *(n.)* immaturity
ketidakpedulian kesalahan *(n.)* condonation
ketidakpentingan *(n.)* insignificance
ketidakpercayaan *(n.)* disbelief
ketidakpercayaan *(n.)* distrust

ketidakpercayaan *(n.)* scepticism
ketidakpuasan *(n.)* malcontent
ketidakpuasan *(n.)* discontent
ketidakpuasan *(n.)* dissatisfaction
ketidaksabaran *(n.)* impatience
ketidaksedaran *(n.)* insensibility
ketidakselarasan *(n.)* mal adjustment
ketidakselesaan *(n.)* discomfort
ketidaksempurnaan *(n.)* fault
ketidaksopanan *(n.)* impropriety
ketidaksopanan *(n.)* indecency
ketidakstabilan *(n.)* instability
ketidakupayaan *(n.)* disability
ketidakupayaan *(n.)* incapacity
ketiga *(adj.)* third
ketiga *(n.)* third
ketiga *(adv.)* thirdly
ketiga belas *(adj.)* thirteenth
ketiga puluh *(adj.)* thirtieth
ketiga puluh *(n.)* thirtieth
ketika itu *(n.)* instant
ketika itu *(adv.)* then
ketimuran *(adj.)* oriental
ketinggalan *(adv.)* behind
ketinggalan *(v.)* lag
ketinggalan *(n.)* omittance
ketinggalan zaman *(adj.)* dated
ketinggalan zaman *(adj.)* outdated
ketinggian *(n.)* height
ketua *(n.)* chieftain
ketua biskop *(n.)* archbishop
ketua dok *(n.)* dockmaster
ketua kapal *(n.)* shipmaster
ketua malaikat *(n.)* archangel
ketua pejabat pos *(n.)* postmaster
ketuat *(n.)* wart
ketuhanan *(adj.)* divine

ketuhar *(n.)* oven
ketujuh *(adj.)* seventh
ketujuh belas *(adj.)* seventeenth
ketujuh puluh *(adj.)* seventieth
ketukan *(n.)* tap
ketul *(n.)* lump
ketulan *(n.)* nugget
ketumbar *(n.)* coriander
ketumbit *(n.)* sty
ketumbit *(n.)* stye
ketumbuhan *(n.)* node
ketur ludah *(n.)* spittoon
keturunan *(n.)* ancestry
keturunan *(n.)* descendant
keturunan *(n.)* heredity
keturunan *(n.)* lineage
keturunan *(n.)* parentage
keturunan *(n.)* progeny
keturunan bawahan *(n.)* lowliness
keunggulan *(adj.)* transcendental
keuntungan *(n.)* advantage
keuntungan *(n.)* proceeds
keuntungan *(n.)* profit
keupacaraan *(adj.)* puritanical
keupayaan mengelak *(n.)* evitability
keutamaan *(adj.)* precautionary
keutamaan *(adj.)* preferential
keutamaan *(n.)* priority
keutaraan *(adj.)* northerly
kewajiban *(n.)* duty
kewangan *(n.)* finance
kewangan *(adj.)* pecuniary
kewanitaan *(adj.)* feminist
kewanitaan *(n.)* womanhood
kewarasan *(n.)* sanity
kewarganegaraan *(n.)* citizenship
kewartawanan *(n.)* journalism
kewaspadaan *(n.)* alertness
kewujudan *(n.)* being
kewujudan *(n.)* existence
kewujudan bersama *(n.)* coexistence
keyakinan *(n.)* confidence
keystone *(n.)* keystone
khabar *(n.)* news
khabar angin *(n.)* hearsay
khabar angin *(n.)* rumour
Khamis *(n.)* Thursday
khatulistiwa *(n.)* equator
khayal *(adj.)* dreamy
khayal *(n.)* trance
khayalan *(n.)* daydream
khayalan *(n.)* fantasy
khayalan *(n.)* figment
khayalan *(n.)* illusion
khayalan *(adj.)* imaginary
khayalan *(adv.)* transcendentally
khayalan imaginasi *(n.)* fancy
khemah *(n.)* camp
khemah *(n.)* tent
khi *(n)* chi
khianat *(adj.)* treacherous
khuatir *(adj.)* apprehensive
khusus *(adj.)* particular
khusus *(adj.)* specific
khusus *(adj.)* express
khususnya *(adv.)* especially
khusyuk *(adj.)* captive
khutbah *(n.)* sermon
kiamat *(n.)* doomsday
kiasan *(n.)* allusion
kiasan *(n.)* metaphor
kicauan *(n.)* chirp
kicauan *(n.)* warble
kijang *(n.)* roe
kikir *(n.)* file
kikir *(v.)* rasp
kilang *(n.)* factory
kilang bir *(n.)* brewery
kilang papan *(n.)* sawmill
kilang wang *(n.)* mint

kilauan *(n.)* gloss
kilauan *(n.)* lustre
kilo *(n.)* kilo
kilogram *(n.)* kilogram
kilt *(n.)* kilt
kima *(n.)* clam
kimia *(n.)* chemistry
kimia 'octyne' *(n.)* octyne
kimia tumbuhan *(n.)* oleochemical
kimiawi *(adj.)* chemical
kimkha *(n.)* damask
kimpalan *(n.)* weld
kincir angin *(n.)* windmill
kinetik *(adj.)* kinetic
kini *(n.)* present
kini *(n.)* today
kipas *(n.)* fan
kipas angin *(n.)* ventilator
kiraan *(n.)* calculation
kira-kira *(adj.)* approximate
kiri *(adj.)* left
kiriman wang *(n.)* post
kisah *(n.)* narrative
kismis *(n.)* currant
kismis *(n.)* raisin
kitab *(n.)* scripture
kitab Injil *(n.)* bible
klarinet *(n.)* clarinet
klasik *(adj.)* classic
klasik *(n.)* classic
klausa *(n.)* clause
klik *(v.)* click
klinik *(n.)* clinic
klinikal *(adj.)* clinical
klip *(n.)* clip
klorin *(n.)* chlorine
kloroform *(n.)* chloroform
koala *(n.)* koala
kobalt *(n.)* cobalt
kocokan *(n.)* shuffle
kod *(n.)* code
kod morse *(n.)* morse

kodok *(n.)* toad
koefisien *(n.)* coefficient
kognat *(adj.)* cognate
kognitif *(adj.)* cognitive
koheren *(adj.)* coherent
koir *(n.)* choir
kok *(v.)* coke
kokaina *(n.)* cocaine
kokot *(n.)* staple
kokpit *(n.)* cock-pit
kolam *(n.)* pond
kolar *(n.)* collar
kole *(n.)* mug
kole logam *(n.)* tankard
kolej *(n.)* college
kolektif *(adj.)* collective
kolera *(n.)* cholera
kolonel *(n.)* colonel
kolonial *(adj.)* colonial
kolot *(adj.)* outmoded
koma *(n.)* coma
koma *(adj.)* comatose
koma terbalik *(n.)* apostrophe
komandan *(n.)* commandant
komanwel *(n.)* commonwealth
komedi *(n.)* comedy
komen *(n.)* remark
komersial *(adj.)* commercial
komet *(n.)* comet
komik *(n.)* comic
komisen *(n.)* commission
komisur *(n.)* commissure
komitmen *(n.)* commitment
kompas *(n.)* compass
kompetitif *(adj.)* competitive
komplot *(n.)* conspiracy
komplot *(n.)* machination
komponen *(adj.)* component
komponen Nano *(n.)* nanocomponent
kompos *(n.)* compost
kompromi *(n.)* compromise
komputer *(n.)* computer

komputer Nano *(n.)* nanocomputer
komputer riba *(n.)* laptop
komunal *(adj.)* communal
komunikasi *(n.)* communication
komunis *(n.)* communist
komunisme *(n.)* communism
kon *(n.)* cone
konc *(n.)* conch
kondolidasi semula *(v.)* reconsolidate
kondor *(n.)* condor
konduktor *(n.)* conductor
konfigurasi *(n.)* config
konfigurasi *(n.)* configuration
konfigurasi *(v.)* reconfigurate
konfigurasi semula *(n.)* reconfiguration
konfrontasi *(n.)* confrontation
konglomerat *(n.)* congolmerate
kongres *(n.)* congress
konjunktiva *(n.)* conjunctiva
konkresens *(n.)* concrescence
konkrit *(n.)* concrete
konkrit *(adj.)* concrete
konsensus *(n.)* consensus
konsep *(n.)* concept
konsep *(n.)* draft
konsert *(n.)* concert
konsert *(v.)* concert
konservatif *(adj.)* conservative
konservatif *(n.)* conservative
konsesi *(n.)* concession
konsisten *(n.)* consistence
konsisten *(n.)* consistency
konsisten *(adj.)* consistent
konsonan *(n.)* consonant
konstabel *(n.)* constable
konstituen *(n.)* constituent
konsultasi *(n.)* consultation
konteks *(n.)* context
kontemporari *(adj.)* contemporary
kontinum *(n.)* continuum
kontra *(pref.)* contra
kontrak *(n.)* contract
kontraktor *(n.)* contractor
kontralto *(n.)* contralto
kontraseptif *(adj.)* contraceptive
kontroversi *(n.)* controversy
kontur *(n.)* contour
konvensyen *(n.)* convention
konvoi *(n.)* convoy
konvokesyen *(n.)* convocation
koordinat *(adj.)* coordinate
kopi *(n.)* coffee
kor *(n.)* corps
korban *(n.)* oblation
korduroi *(n.)* corduroy
koresponden *(n.)* correspondent
koridor *(n.)* cloister
koridor *(n.)* corridor
kornet *(n.)* cornet
kornikel *(n.)* cornicle
koroid *(n.)* choroid
korporal *(adj.)* corporal
korporat *(adj.)* corporate
korset *(n.)* bodice
korum *(n.)* quorum
korupsi *(n.)* corruption
korus *(n.)* chorus
kosmetik *(adj.)* cosmetic
kosmik *(adj.)* cosmic
kosmik *(adj.)* sidereal
kosmopolitan *(adj.)* cosmopolitan
kosmos *(n.)* cosmos
kosong *(n.)* aught
kosong *(adj.)* empty
kosong *(n.)* nil
kosong *(n.)* nought
kosong *(adj.)* vacant
kosong *(adj.)* void
kostum *(n.)* costume
kot *(n.)* coat
kot *(n.)* crib

kota *(n.)* fort
kota kara *(n.)* outpost
kota kecil *(n.)* borough
kotak *(n.)* boist
kotak *(n.)* box
kotak *(n.)* case
kotak gear *(n.)* gearbox
kotak markah *(n.)* scorebox
kotak pasir *(n.)* sandbox
kotak teh *(n.)* teabox
kotor *(adj.)* profane
kotor *(adj.)* sordid
kotor *(adj.)* dirty
kotor *(adj.)* foul
kotoran *(n.)* dirt
kotoran *(n.)* filth
koyak *(n.)* snag
koyak *(n.)* tear
koyak rabak *(n.)* tatter
kraftangan *(n.)* handicraft
kreatif *(adj.)* creative
kreatif *(adj.)* recreative
kredit *(n.)* credit
kredit *(n.)* tick
krematorium *(n.)* crematorium
kren *(n.)* crane
krep *(n.)* crepe
kriket *(n.)* cricket
kril *(n.)* krill
krim *(n.)* cream
kriogenik *(n.)* cryogenics
kriptografi *(n.)* cryptography
krisis *(n.)* crisis
krismas *(n.)* Christmas
Krismas *(n.)* Xmas
kristal *(n.)* crystal
Kristian *(n.)* Christian
Kristian *(n.)* Christianity
kriteria *(n.)* criterion
kritikan *(n.)* censure
kritikan *(n.)* criticism
krom *(n.)* chrome
kromosom *(n.)* chromosome

kronik *(adj.)* chronic
kronologi *(n.)* chronology
krotcet *(n.)* crotchet
kuak *(n.)* croak
kuala *(n.)* confluence
kualitatif *(adj.)* qualitative
kualiti *(n.)* quality
kualiti bergentian *(n.)* fibrosity
kuantitatif *(adj.)* quantitative
kuantiti *(n.)* quantity
kuari *(n.)* quarry
kuasa *(v.)* sway
kuasa *(n.)* authority
kuasa *(n.)* jurisdiction
kuasa *(n.)* power
kuasa ghaib *(adj.)* supernatural
kuasa memerintah *(n.)* dominion
kuasa paus *(n.)* papacy
kuasa tarikan *(n.)* traction
kuat *(adj.)* robust
kuat *(adj.)* strong
kuat *(adj.)* tough
kuat *(adj.)* vigorous
kuat tegap *(adj.)* stalwart
kuat-kuat *(adv.)* aloud
kubah *(n.)* dome
kubah *(n.)* vault
kubis *(n.)* cabbage
kubis bunga *(n.)* cauliflower
kubu *(n.)* bulwark
kubu *(n.)* bastion
kubu *(n.)* stronghold
kubu besar *(n.)* fortress
kubu kota *(n.)* citadel
kubur *(n.)* catacomb
kubur *(n.)* grave
kubus *(n.)* cube
kucing *(n.)* cat
kucing jantan *(n.)* tomcat
kuda *(n.)* steed
kuda *(n.)* horse
kuda baka *(n.)* stud

kuda belang *(n.)* zebra
kuda betina *(n.)* mare
kuda jantan *(n.)* stallion
kuda liar *(n.)* mustang
kuda mainan *(n.)* hobbyhorse
kuda padi *(n.)* pony
kuda pusing *(n.)* whirligig
kuda-kuda *(n.)* sawbuck
kuda-kuda *(n.)* sawhorse
kudapan *(n.)* refreshment
kudeta *(n.)* coup
kudis *(n.)* sore
kudis *(n.)* scab
kudis buta *(n.)* scabies
kudrat Allah *(n.)* omnipotence
kudung *(n.)* amputee
kudup *(n.)* bud
kuek *(n.)* quack
kugiran *(n.)* band
kuih kecil *(n.)* dainty
kuil *(n.)* temple
kuilt *(n.)* quilt
kuinina *(n.)* quinine
kuiz *(n.)* quiz
kuku *(n.)* hoof
kuku *(n.)* nail
kuku *(n.)* talon
kuku besi *(n.)* tyranny
kuku binatang *(n.)* claw
kuku jari *(n.)* fingernail
kulapuk *(n.)* mildew
kulat *(n.)* fungus
kulat *(n.)* mould
kuliah *(n.)* lecture
kulir *(n.)* trowel
kulit *(n.)* cutis
kulit *(n.)* peel
kulit *(n.)* skin
kulit anjing laut *(n.)* sealskin
kulit binatang *(n.)* hide
kulit binatang *(n.)* leather
kulit kayu *(n.)* bark
kulit kepala *(n.)* scalp

kulit memerang *(n.)* beaverskin
kulit rusa betina *(n.)* doeskin
kultus *(n.)* cult
kuman *(n.)* germ
kumbahan *(n.)* sewage
kumbang *(n.)* beetle
kumbang *(n.)* scarab
kumis *(n.)* moustache
kumpul *(v.)* nut
kumpulan *(n.)* agglomerate
kumpulan *(n.)* batch
kumpulan *(n.)* bunch
kumpulan *(n.)* class
kumpulan *(n.)* group
kumpulan *(n.)* spate
kumpulan *(n.)* troop
kumpulan protein *(n.)* germin
kunci *(n.)* key
kunci *(n.)* lock
kunci *(adj.)* key
kundang *(n.)* footman
kuning *(adj.)* yellow
kuning kristal *(adj.)* citrine
kuning pucat *(n.)* buff
kuning telur *(n.)* yolk
kuning terang *(adj.)* canary
kuno *(adj.)* antiquated
kuno *(adj.)* ancient
kuno *(adj.)* archaic
kunyah *(v.)* gnaw
kunyit *(n.)* curcumin
kunyit *(n.)* turmeric
kuota *(n.)* quota
kuplet *(n.)* couplet
kupon *(n.)* coupon
kupu-kupu *(n.)* moth
kura-kura *(n.)* tortoise
kurang *(n.)* deficit
kurang *(adj.)* lesser
kurang *(adj.)* minus
kurang *(v.)* lack
kurang *(adj.)* less
kurang *(adv.)* less

kurang ajar *(n.)* cad
kurang ajar *(n.)* insolence
kurang ajar *(adj.)* insolent
kurang berguna *(adj.)* subservient
kurang bersemangat *(adj.)* lacklustre
kurang bijak *(adj.)* injudicious
kurang hati-hati *(adj.)* indiscreet
kurang padat *(v.)* rarefy
kurang semangat *(adj.)* droopy
kurang sempurna *(n.)* rudiment
kurcaci *(n.)* gnome
kurikulum *(n.)* curriculum
kurnia *(n.)* grace
kurniaan *(adj.)* endowed
kursus *(n.)* course
kurungan bawah tanah *(n.)* dungeon
kurus *(adj.)* thin
kurus kering *(adj.)* emaciated
kurus kering *(adj.)* gaunt
kurus kering *(adj.)* scraggy
kusa *(n.)* goad
kusta *(n.)* leprosy
kusut *(n.)* tangle
kusyen *(n.)* cushion
kutipan *(n.)* collection
kutu *(n.)* flea
kutu *(n.)* louse
kutub *(adj.)* polar
kutub *(adj.)* polarazing
kutub *(n.)* pole
kuvet *(n.)* cuvette

laba *(n.)* lucre
labah-labah *(n.)* spider
label *(n.)* label
label *(n.)* tag
laberang *(n.)* mainstay
labu *(n.)* gourd
labu *(n.)* pumpkin
laci *(n.)* drawer
lada *(n.)* pepper
lada benggala *(n.)* capsicum
ladang *(n.)* farm
ladang *(n.)* plantation
ladang disewa *(n.)* croft
ladang ternak *(n.)* ranch
lagak ngeri *(n.)* stunt
lagi *(adv.)* again
lagi *(adv.)* else
lagi *(adv.)* more
lagi pun *(adv.)* besides
lagipun *(adv.)* anyway
lagipun *(adv.)* moreover
lagu *(n.)* song
lagu kebangsaan *(n.)* anthem
lagu Krismas *(n.)* carol
lagun *(n.)* lagoon
lahiriah *(adv.)* outward
lain *(adj.)* else
laju *(adj.)* fast
laju *(adj.)* speedy
lak *(n.)* lac, lakh
lakar *(n.)* outline
lakaran *(n.)* sketch
laknat *(n.)* damnation
lakonan bisu *(n.)* pantomime
laksamana *(n.)* admiral
laktat *(v.)* lactate
laktometer *(n.)* lactometer
laktosa *(n.)* lactose
lalai *(adj.)* scatterbrained

lalang Eropah *(n.)* shoreweed
lalat *(n.)* fly
lali *(adj.)* immune
lalu *(v.)* pass
lalu *(adj.)* through
lalu lintas *(n.)* traffic
laluan *(n.)* passage
laluan *(n.)* path
laluan trek *(n.)* trek
lama *(adv)* long
lambab *(adj.)* muggy
lambang *(n.)* emblem
lambat *(n.)* delay
lambat *(adv.)* late
lambat *(adj.)* tardy
lambat *(adj.)* slow
lambat-lambat *(adj.)* leisurely
lambung *(n.)* flank
lambung *(n.)* rebound
lambungan *(n.)* toss
laminat *(v.)* laminate
lampau *(adj.)* past
lampin *(n.)* diaper
lampiran *(n.)* appendage
lampiran *(n.)* appendix
lampiran *(n.)* attachment
lampiran *(n.)* enclosure
lampu *(n.)* lamp
lampu cari *(n.)* searchlight
lampu suluh *(n.)* torch
lampu tidur *(n.)* bedlamp
lamunan cinta *(n.)* enamourment
lancang *(adj.)* saucy
landak laut *(n.)* urchin
landas *(n.)* abutment
landasan *(v.)* run
landasan *(n.)* rail
landasan kereta api *(n.)* railway
landskap *(n.)* landscape
langau *(n.)* gadfly
langganan *(n.)* subscription
langit *(n.)* sky

langkah *(n.)* pace
langkah *(n.)* step
langkah *(n.)* stride
langkah awal *(n.)* preliminary
langkah berjaga *(n.)* precaution
langsing *(adj.)* slim
langsir *(n.)* drape
langsung *(adj.)* direct
langsung *(adv.)* least
lanjutan *(n.)* consequence
lanjutan *(n.)* continuation
lanjutan *(n.)* sequel
lanskap pasir *(n.)* sandscape
lantai *(n.)* floor
lantai kedai *(n.)* shopfloor
lantang *(n.)* clarion
lantang *(adj.)* loud
lanugo *(n.)* lanugo
lanun *(n.)* pirate
lanun *(n.)* seajack
lap *(n.)* wipe
lapan *(n.)* eight
lapan belas *(adj.)* eighteen
lapan nada *(n.)* octave
lapan puluh *(n.)* eighty
lapan segi *(adj.)* octangular
lapang *(adj.)* spacious
lapangan terbang *(n.)* aerodrome
lapar *(adj.)* hungry
lapik *(n.)* padding
lapisan *(n.)* layer
lapisan *(n.)* stratum
lapisan *(n.)* tier
lapisan ozon *(n.)* ozone layer
laporan *(n.)* report
lapuk *(adj.)* stale
larang *(adj.)* prohibitory
larangan *(n.)* ban
larangan *(n.)* prohibition
larangan *(adj.)* prohibitive
lari *(v.)* scamper
lari semula *(n.)* runback

larian *(n.)* run
larian mengatasi *(v.)* outrun
larutan *(n.)* solution
lasak *(adj.)* rugged
lastik *(n.)* catapult
lastik *(n.)* sling
lata *(n.)* crawl
latar belakang *(n.)* background
latihan *(n.)* rehearsal
latihan *(n.)* training
latitud *(n.)* latitude
laundryman *(n.)* dob
laungan *(n.)* bellowing
laut *(n.)* ocean
laut *(n.)* sea
lava *(n.)* lava
lavender *(n.)* lavender
lawak *(n.)* pun
lawan *(n.)* adversary
lawan *(n.)* antithesis
lawan *(n.)* nemesis
lawan *(n.)* opponent
lawan *(prep.)* versus
lawatan *(n.)* call
lawatan *(n.)* tour
lawatan *(n.)* trip
lawatan *(n.)* visit
layak *(adj.)* eligible
layak *(v.)* qualify
layanan *(n.)* treatment
layanan baik *(n.)* hospitality
layang-layang *(n.)* kite
layang-layang *(n.)* swallow
layar *(n.)* sail
layu *(n.)* droop
layu *(n.)* withe
lazat *(adj.)* delicious
lazat *(adj.)* luscious
lazat *(adj.)* palatable
lazat *(adj.)* tasty
lazuardi *(n.)* azure
lebah *(n.)* bee
lebah jantan *(n.)* drone
lebam *(n.)* bruise
lebam *(n.)* contusion
lebar *(n.)* breadth
lebar *(adj.)* broad
lebar *(adj.)* wide
lebar *(n.)* width
lebat *(n.)* thick
lebih *(adj.)* more
lebih *(adj.)* extra
lebih *(adj.)* plus
lebih baik *(adj.)* better
lebih berat *(v.)* outweigh
lebih berpengaruh *(adj.)* predominant
lebih bersinar *(v.)* outshine
lebih dahulu *(prep.)* before
lebih daripada *(a)* much
lebih kurang *(prep.)* around
lebih kurang *(adv.)* thereabouts
lebih masa *(adv.)* overtime
lebih masa *(n.)* overtime
lebih membebankan *(v.)* overburden
lebih muda *(adj.)* junior
lebih pintar *(n.)* sharper
lebih rendah *(adv.)* beneath
lebih tua *(adj.)* elder
lebih tua *(adj.)* senior
lebihan *(n.)* excess
lebihan *(n.)* glut
lebihan *(n.)* redundance
lebihan *(n.)* surplus
lebihan *(n.)* preponderance
lebuh raya *(n.)* highway
lebur *(adj.)* molten
lecet *(n.)* blister
lecet *(n.)* graze
leftenan *(n.)* lieutenant
lega *(n.)* relief
legap *(adj.)* opaque
legenda *(n.)* legend
legion *(n.)* legion
leher *(n.)* neck

leher *(n.)* scragg
lejar *(n.)* ledger
leka *(v.)* engross
lekat *(n.)* sticky
leksikografi *(n.)* lexicography
lekuk *(adj.)* concave
lekuk *(n.)* depression
lelaki *(n.)* dude
lelaki *(n.)* male
lelaki *(n.)* man
lelaki *(adj.)* manly
lelaki bangsawan *(n.)* nobleman
lelaki budiman *(n.)* gallant
lelaki budiman *(n.)* gentleman
lelaki bujang *(n.)* bachelor
lelaki homoseksual *(n.)* queer
lelaki tulen *(n.)* ubersexual
leleh *(n.)* drib
lelehan *(n.)* dribble
lelong *(n.)* auction
lelubang *(n.)* eyelet
lemah *(adj.)* enervated
lemah *(adj.)* feeble
lemah *(adj.)* frail
lemah *(adj.)* puny
lemah *(adj.)* sickly
lemah *(adj.)* weak
lemah gemalai *(adj.)* aeriform
lemah lembut *(adj.)* tenebrous
lemah lembut *(adj.)* tenuous
lemah mental *(n.)* bottler
lemah-lembut *(adj.)* benign
lemah-lembut *(adj)* gainly
lemak *(n.)* fat
lemak binatang *(n.)* tallow
lemas *(v.)* drown
lemas *(n.)* suffocation
lembaga *(n.)* board
lembaga *(n.)* wraith
lembah *(n.)* dale
lembah *(n.)* vale
lembah *(n.)* valley
lembap *(adj.)* damp
lembap *(n.)* dank
lembap *(adj.)* humid
lembap *(adj.)* moist
lembap *(adj.)* sluggish
lembapan *(n.)* moisture
lembaran *(v.)* sheet
lembaran *(n.)* shell
lembayung *(n.)* crimson
lembik *(adj.)* pulpy
lembing *(n.)* javelin
lembing *(n.)* spear
lembu *(n.)* cattle
lembu *(n.)* cow
lembu *(n.)* bullock
lembu jantan *(n.)* bull
lembu jantan *(n.)* ox
lembu Yak *(n.)* yak
lembut *(adj.)* delicate
lembut *(adj.)* gentle
lembut *(n.)* soft
lembut *(adj.)* supple
lembut *(adj.)* tender
lembut *(adj.)* lenient
lemon *(n.)* lemon
lemonad *(n.)* lemonade
lempeng *(n.)* slab
lena *(adv.)* asleep
lencana *(n.)* badge
lencongan *(n.)* deviation
lencongan *(n.)* sidetrack
lendir *(n.)* slime
lengan *(n.)* arm
lengan *(n.)* forearm
lengan baju *(n.)* sleeve
lengan tiang *(n.)* polearm
lengkap *(adj.)* complete
lengkap *(adj.)* unabridged
lengket *(v.)* conglutinate
lengkok *(n.)* arc
lengkuk *(v.)* curve
lengkung *(n.)* arch
lengkung *(n.)* curvature
lengkung *(n.)* curve

lengkungan *(n.)* bow
lentil *(n.)* lentil
lentur *(n.)* bend
lenyap *(n.)* dematerialisation
lenyap *(v.)* vanish
Leo *(n.)* Leo
lepas *(adv.)* ago
lepuh *(n.)* bleb
lesen *(n.)* licence
lesu *(v.)* languish
lesu *(adj.)* weary
lesu *(adj.)* listless
letak *(n.)* put
leteran *(n.)* babble
leteran *(n.)* nag
letih lesu *(adj.)* haggard
letupan *(n.)* blast
letupan *(n.)* explosion
letusan *(n.)* eruption
levi *(n.)* levy
lewat *(adj.)* belated
lewat *(adj.)* late
lewat *(adj.)* overdue
liang roma *(n.)* pore
liar *(adj.)* wild
liberal *(adj.)* liberal
liberalisme *(n.)* liberalism
licik *(adj.)* canny
licik *(adj.)* crafty
licik *(adj.)* cunning
licik *(adj.)* shifty
licik *(adj.)* sly
licin *(adj.)* slick
licin *(adj.)* slippery
lidah *(n.)* tongue
lien *(n.)* lien
lif *(n.)* elevator
lif *(n.)* lift
liga *(n.)* league
ligas *(n.)* canter
lignit *(n.)* lignite
lik *(n.)* leek
lilin *(n.)* candle

lilin *(n.)* sealant
lilin *(n.)* wax
lilin tirus *(n.)* taper
lilitan *(n.)* circumference
lima *(n.)* five
lima belas *(n.)* fifteen
lima puluh *(n.)* fifty
limbungan *(n.)* dock
limbungan *(n.)* dockyard
limbungan kapal *(n.)* shipyard
limpa *(n.)* spleen
lincah *(adj.)* nimble
lincah *(n.)* wimble
lindungan *(n.)* lee
lingkaran *(n.)* spiral
lingo *(n.)* slang
linguistik *(adj.)* linguistic
linguistik *(n.)* linguistics
lintah *(n.)* leech
lintah darat *(n.)* usurer
lintang pukang *(adj.)* haphazard
lintasan *(n.)* crossing
lipan *(n.)* centipede
lipas *(n.)* cockroach
lipas *(n.)* roach
lipat *(adj.)* folding
lipat *(adj.)* foldup
lipatan *(n.)* fold
lipatan *(n.)* folding
liputan *(n.)* sweep
liputan ais *(n.)* icecap
lirik *(adj.)* lyric
lirik *(n.)* lyric
lisan *(adj.)* oral
lisan *(adj.)* verbal
litar *(n.)* circuit
litar Nano *(n.)* nanocircuitry
liter *(n.)* litre
literasi komputer *(n.)* computeracy
litigan *(n.)* litigant
litigasi *(n.)* litigation
litoral *(adj.)* littoral

lobak merah *(n.)* carrot
lobak putih *(n.)* radish
lobak putih *(n.)* turnip
lobi *(n.)* lobby
loceng *(n.)* bell
loceng pintu *(n.)* doorbell
logam *(n.)* metal
logam perak *(n.)* nickel
logaritma *(n.)* logarithim
loghat *(n.)* accent
loghat *(n.)* dialect
loghat *(adj.)* vernacular
logik *(adj.)* coherent
logik *(n.)* logic
lokar *(n.)* locker
lokasi *(n.)* ubicity
loket *(n.)* locket
lokomotif *(n.)* locomotive
lokus *(n.)* locus
lolipop *(n.)* lollipop
lolongan *(n.)* howl
lombong *(n.)* mine
lompang *(n.)* lacuna
lompatan *(n.)* jump
lompatan teruja *(n.)* cavorting
loncatan *(n.)* bound
loncatan *(n.)* hop
loncatan *(n.)* leap
loncatan *(n.)* skip
longgar *(adj.)* loose
longgar *(adj.)* lax
longgokan *(n.)* heap
longgokan *(n.)* mound
longgokan *(n.)* rick
longitud *(n.)* longitude
longkang *(n.)* gutter
lontaran *(n.)* cast
lontaran *(n.)* casting
lopak *(n.)* puddle
lopak air *(v.)* puddle
lori *(n.)* lorry
lori berat *(n.)* truck
lorong *(n.)* aisle
lorong *(n.)* alley
lorong *(n.)* lane
lorong tepi *(n.)* sideway
losen *(n.)* lotion
lot tanah *(n.)* lot
loteng *(n.)* loft
loteri *(n.)* lottery
loya *(v.)* gag
loya *(n.)* nausea
loyang *(n.)* brass
luar *(adj.)* external
luar bandar *(n.)* rustic
luar biasa *(adj.)* exceptional
luar biasa *(adj.)* extraordinary
luar biasa *(adj.)* phenomenal
luar biasa *(n.)* rarity
luar biasa *(adj.)* remarkable
luar biasa *(adj.)* uncanny
luar biasa *(adj.)* wondrous
luar biasa *(adj.)* extraspecial
luar daripada *(prep.)* outside
luar negara *(adv.)* abroad
luar nikah *(adj.)* extramarital
luar nikah *(adj.)* illegitimate
luar penerimaan *(adj.)* deplorable
luar rumah *(adj.)* outdoor
luar undang-undang *(adj.)* extrajuducial
luas *(adj.)* capacious
luas *(n.)* immensity
luas *(adj.)* roomy
luas *(adj.)* sizable
luas *(adj.)* vast
luas *(adv.)* wide
lubang *(n.)* burrow
lubang *(n.)* hole
lubang *(n.)* vent
lubang api *(n.)* firepit
lubang besar *(n.)* pit
lubang gergaji *(n.)* sawpit
lubang hidung *(n.)* nostril
lubang kecil *(n.)* puncture

lubang kunci *(n.)* keyhole
lucah *(adj.)* crude
lucah *(adj.)* lewd
lucah *(adj.)* obscene
lucah *(adj.)* vulgar
lucu *(n.)* funny
lucu *(adj.)* humorous
lucu *(adj.)* witty
ludah *(n.)* spit
luka *(n.)* cut
luka *(n.)* gash
luka *(n.)* wound
lukisan *(n.)* draft
lukisan *(n.)* drawing
lukisan *(n.)* painting
lulus *(n.)* pass
lumpuh *(n.)* palsy
lumpuh *(n.)* paralysis
lumpuh *(adj.)* paralytic
lumpur *(n.)* mud
lumpur *(n.)* silt
lumpur *(n.)* terp
lumut *(n.)* moss
lunak *(adj.)* mellow
lupa *(v.)* forget
lurang *(n.)* manhole
lurus *(adj.)* right
lurus *(n.)* slender
lurus *(adj.)* straight
lusern *(n.)* lucerne
lusuh *(adj.)* worn
lutsinar *(adj.)* transparent
lutut *(n.)* knee
lyre *(n.)* lyre

maaf *(n.)* apology
maaf *(n.)* pardon
mabuk *(adj.)* drunk
mabuk kereta *(adj.)* carsick
mabuk kereta *(n.)* carsickness
mabuk sedikit *(adj.)* tipsy
Mac *(n.)* March
macam mana *(adv.)* how
madu *(n.)* honey
madu bunga *(n.)* nectar
mafia *(n.)* mafia
magma *(n.)* magma
magnet *(n.)* magnet
magnetik *(adj.)* magnetic
magnetisme *(n.)* magnetism
magnitud *(n.)* magnitude
maha kuasa *(adj.)* almighty
mahal *(adj.)* costly
mahal *(adj.)* expensive
maharaja *(n.)* emperor
maharani *(n.)* empress
mahasiswa *(n.)* undergraduate
mahir *(adj.)* expert
mahir *(adj.)* proficient
mahir *(adj.)* versed
mahir *(adj.)* skilful
mahkamah *(n.)* court
mahkota *(n.)* coronet
mahkota *(n.)* crown
mahogani *(n.)* mahogany
mahu *(v.)* want
majalah *(n.)* magazine
majikan *(n.)* employer
majistret *(n.)* magistrate
majistret *(n.)* magistracy
majlis *(n.)* council
majlis recital *(n.)* recital
majmuk *(adj.)* compound
majmuk *(adj.)* plural

maju *(v.)* progress
maju *(adj.)* progressive
maju *(n.)* shapeup
maju ke hadapan *(v.)* forge
maka *(conj.)* so
makadamia *(n.)* macadamia
makam *(n.)* mausoleum
makam *(n.)* tomb
makan *(v.)* eat
makan lewat malam *(n.)* supper
makan malam *(v.)* dine
makan malam *(n.)* dinner
makan tengah hari *(n.)* lunch
makan tengah hari *(v.)* lunch
makanan *(n.)* aliment
makanan *(n.)* food
makanan *(n.)* nourishment
makanan *(n.)* sustenance
makanan binatang *(n.)* feed
makanan binatang *(n.)* fodder
makanan laut *(n.)* seafood
makanan manisan *(n.)* sweetmeat
makanan ringan *(n.)* snack
makhluk *(n.)* creature
makhluk asing *(n.)* extraterrestrial
makhluk asing *(n.)* xenomorph
maklumat *(n.)* information
maklumat *(n.)* intelligence
maklumat *(n.)* particular
makmal *(n.)* laboratory
makmal laut *(n.)* sealab
makmur *(v.)* prosper
makmur *(adj.)* prosperous
makmur *(n.)* psalm
makna *(n.)* meaning
makna *(n.)* signification
makro *(n.)* macro
makro *(adj.)* macro
makrobiotik *(adj.)* macrobiotic
maksiat *(n.)* vice
maksila *(n.)* maxilla

maksimum *(adj.)* maximum
maksimum *(n.)* maximum
maksud *(n.)* purport
malahan *(adv.)* nay
malaikat *(n.)* angel
malaise *(n.)* malaise
malam *(n.)* night
malam ini *(n.)* tonight
malam ini *(adv.)* tonight
malang *(n.)* misfortune
malang *(adj.)* unfortunate
malang *(adj.)* wretched
malap *(adj.)* dim
malapetaka *(n.)* calamity
malar hijau *(adj.)* evergreen
malaria *(n.)* malaria
malas *(adj.)* indolent
malas *(n.)* lazy
malas *(n.)* slothful
malignan *(n.)* malignancy
malignan *(adj.)* malignant
malnutrisi *(n.)* malnutrition
malt *(n.)* malt
malu *(adv.)* abase
malu *(adj.)* abashed
malu *(adj.)* ashamed
malu *(v.)* embarrass
malu *(n.)* shame
malu *(adj.)* timorous
malu *(v.)* whiz
malu-malu *(adj.)* coy
malu-malu *(adj.)* self-conscious
mama *(n.)* mamma
mamalia *(n.)* mammal
mamot *(n.)* mammoth
mampu *(adj.)* able
mampu *(v.)* afford
mampu bayar *(adj.)* payable
mana *(pron.)* which
mana *(adv.)* where
mana saja *(pron)* whichever
manakala *(adv.)* meanwhile
mancis *(n.)* match

mandat *(n.)* mandate
mandatori *(adj.)* mandatory
mandi *(n.)* bath
mandi *(v.)* shower
mandi sauna *(v.)* sauna
mandul *(n.)* barren
mandul *(adj.)* sterile
mandur *(n.)* foreman
manfaat *(n.)* benefit
manfaat *(n.)* gain
mangan *(n.)* manganese
mangga *(n.)* mango
mangkin *(n.)* catalyst
mangkuk *(n.)* bowl
mangsa *(n.)* prey
mangsa *(n.)* victim
mangsa culik *(n.)* abductee
mangsa korban *(n.)* casualty
manifestasi *(n.)* manifestation
manifesto *(n.)* manifesto
manik *(n.)* bead
manipulasi *(n.)* manipulation
manis *(adj.)* sweet
manis sekalii *(adj.)* saccharine
manisan *(n.)* confectionery
manor *(n.)* manor
mantel *(n.)* cape
mantel *(n.)* cloak
mantel *(n.)* mantel
mantel *(n.)* mantle
manual *(adj.)* manual
manusia *(adj.)* human
manusia *(n.)* mankind
manusia *(n.)* mortal
manusia *(n.)* sapiens
manusia luar biasa *(adj.)* superhuman
manusia luar biasa *(n.)* superman
manuskrip *(n.)* manuscript
marah *(adj.)* angry
marah *(adj.)* cross
marah *(adj.)* irate
marah *(v.)* resent
marah *(v.)* tip (off)
marah *(adj.)* indignant
marak *(n.)* blaze
maraton *(n.)* marathon
margin *(n.)* margin
marginal *(adj.)* marginal
marigold *(n.)* marigold
Marikh *(n.)* Mars
maritim *(adj.)* maritime
marjerin *(n.)* margarine
markah *(n.)* grade
marmalad *(n.)* marmalade
marsupial *(n.)* marsupial
marsyal *(n.)* marshal
maruah *(n.)* dignity
maruah *(n.)* pride
masa *(adv.)* post
masa *(n.)* time
masa belia *(n.)* youth
masa depan *(adj.)* future
masa depan *(n.)* future
masa kanak-kanak *(n.)* boyhood
masa kini *(adv.)* presently
masa lampau *(n.)* past
masa lampau *(n.)* pastime
masa lapang *(n.)* leisure
masa rermaja *(n.)* adolescence
masak *(adj.)* ripe
masakan *(n.)* cuisine
masalah *(n.)* hitch
masalah *(n.)* problem
masalah *(n.)* trouble
masalah rumit *(n.)* teaser
masam *(adj.)* sour
masih *(adv.)* still
masih *(adv.)* yet
masih jaga *(adj.)* awake
masin *(adj.)* saline
masin *(adj.)* salty
masing-masing *(pron.)* each
masing-masing *(adj.)* respective

masjid *(n.)* mosque
maskot *(n.)* mascot
maskulin *(adj.)* masculine
mastautin *(adj.)* domiciled
masuk *(n.)* entry
masuk bakul gol *(n.)* dunk
masuk campur *(v.)* intervene
masuk tentera *(v.)* enlist
masyarakat *(n.)* commune
masyarakat *(n.)* community
masyarakat *(n.)* society
masyhur *(adj.)* renowned
mat *(n.)* checkmate
mat *(v.)* mate
mat jenin *(n.)* dreamer
mata *(n.)* eye
mata bulat *(n.)* ballpoint
mata pena *(n.)* nib
mata pencarian *(n.)* livelihood
mata pisau *(n.)* blade
mata wang *(n.)* currency
matador *(n.)* matador
matahari *(n.)* sun
matang *(adj.)* mature
matawang *(n.)* pound
matematik *(n.)* mathematics
mati *(adj.)* stagnant
mati *(n.)* dead
mati *(v.)* die
mati pucuk *(n.)* impotence
mati syahid *(n.)* martyrdom
matlamat *(n.)* objective
matriks *(n.)* matrix
matrikulasi *(v.)* matriculate
matrikulasi *(n.)* matriculation
matron *(n.)* matron
maung *(n.)* wormwood
maut *(v.)* decease
mawar *(n.)* rose
maya *(adj.)* virtual
mayat *(n.)* cadaver
mayat *(n.)* corpse
mazhab sesat *(n.)* sect

mazmur *(n.)* hymn
medan perang *(n.)* battleground
medan pertempuran *(n.)* battlefield
median *(adj.)* median
meditasi *(n.)* meditation
medium *(n.)* medium
megafon *(n.)* megaphone
megalit *(n.)* megalith
Mei *(n.)* May
meja *(n.)* desk
meja *(n.)* table
meja buffet *(n.)* sideboard
mejar *(n.)* major
mekanik *(n.)* mechanic
mekanik Nano *(n.)* nanomechanics
mekanikal *(adj.)* mechanical
mekanisme *(n.)* mechanism
mekar *(v.)* bloom
melabel *(v.)* tag
melabelkan *(v.)* label
melabur *(v.)* invest
melahap *(v.)* binge
melahap *(v.)* devour
melahirkan *(v.)* bear
melahirkan *(v.)* father
melahirkan anak kuda *(v.)* foal
melakarkan *(v.)* outline
melakarkan *(v.)* sketch
melaknati *(v.)* damn
melakonkan *(v.)* act
melakonkan *(v.)* enact
melaksanakan *(v.)* implement
melakukan *(v.)* commit
melakukan berlebihan *(v.)* overdo
melakukan diri *(v.)* behave
melakukan kesalahan *(v.)* err
melalau *(v.)* handicap
melalikan *(v.)* immunize
melalui *(prep.)* by
melalui *(prep.)* via

melalui *(prep.)* through
melalui osmosis *(v.)* osmose
melalui sungai *(adv.)* by
melalui telegraf *(adj.)* telegraphic
melambai-lambai *(v.)* undulate
melambai-lambai *(v.)* wave
melambangkan *(v.)* symbolize
melambatkan *(v.)* delay
melambatkan *(v.)* retard
melambatkan *(v.)* slacken
melambatkan *(v.)* slow
melambung *(v.)* sky
melambungkan *(v.)* toss
melampau *(adj.)* gross
melampaui *(adv.)* above
melampirkan *(v.)* append
melampirkan *(v.)* attach
melancap *(v.)* masturbate
melancarkan *(v.)* launch
melanda *(v.)* whelm
melanggan *(v.)* subscribe
melanggar *(v.)* breach
melanggar *(v.)* infringe
melanggar batasan *(n.)* transboundery
melanggar peraturan *(v.)* foul
melanggar peraturan *(n.)* rulebreaking
melanggar sumpah *(n.)* oathbreaking
melangkahi *(v.)* vault
melangkaui *(v.)* skip
melanjutkan *(v.)* further
melankoli *(n.)* melancholy
melankolia *(n.)* melancholia
melankolik *(adj.)* melancholic
melantik *(v.)* appoint
melantik *(v.)* induct
melantik *(adj.)* ordained
melantik semula *(v.)* reappoint
melaporkan *(v.)* report
melarang *(v.)* forbid
melarang *(v.)* prohibit
melarang perbuatan *(v.)* delegalize
melaraskan *(v.)* modulate
melaraskan *(adj.)* projectile
melarikan *(n.)* abscondence
melarikan diri *(v.)* flee
melarut resap *(v.)* leach
melarutkan *(v.)* dissolve
melastik *(v.)* catapult
melatih *(v.)* coach
melatih *(v.)* train
melawak *(v.)* pun
melawan *(n.)* demur
melawan *(prep.)* against
melawan *(v.)* oppose
melawat *(v.)* tour
melawat *(v.)* visit
melayan *(v.)* tip
melayan *(v.)* treat
melayani *(v.)* entertain
melayani *(v.)* minister
melebamkan *(v.)* contuse
melebihi *(adv.)* beyond
melebihi *(v.)* exceed
melebihi *(prep.)* out
melebihi *(v.)* out-balance
melebihi *(v.)* outnumber
melebihkan kenalan *(n.)* nepotism
meleburkan *(v.)* smelt
melegakan *(v.)* ease
melegakan *(v.)* relieve
melekap *(adj.)* clingy
melekat *(v.)* adhere
melekat *(adj.)* ingrained
melekat *(v.)* stick
melekatkan *(v.)* affix
melekatkan *(v.)* glue
melekatkan *(v.)* tape
melelahkan *(v.)* sap
meleleh *(v.)* dribble
meleleh *(v.)* exude

meleleh air liur *(v.)* drool
melemahkan *(adj.)* debilitating
melemahkan *(v.)* enervate
melemahkan *(v.)* enfeeble
melemahkan semangat *(v.)* daunt
melemahkan semangat *(v.)* demoralize
melemahkan semangat *(v.)* discourage
melemaskan *(v.)* asphyxiate
melemaskan *(v.)* smother
melemaskan *(v.)* suffocate
melembap *(v.)* dank
melembapkan *(v.)* damp
melembapkan *(v.)* moisten
melembing *(v.)* spear
melembutkan *(v.)* soften
melembutkan *(v.)* temper
melembutkan *(v.)* tenderize
melempar *(v.)* hurl
melemparkan *(v.)* cast
melemparkan *(v.)* fling
melencong *(v.)* deviate
melencong *(adj.)* wayward
melendut *(v.)* sag
melengahkan *(v.)* shilly-shally
melengahkan *(v.)* stall
melengkapkan *(v.)* complete
melengkapkan *(v.)* equip
melengkung *(v.)* arch
melengkung *(v.)* snake
melenguh *(v.)* low
melenguh *(v.)* moo
melenyapkan *(v.)* dematerialize
melenyapkan *(v.)* scavenge
melenyek *(v.)* mash
melenyek *(v.)* pulp
melenyekkan *(v.)* squash
melepa *(v.)* mortar
melepak *(v.)* loiter
melepak *(v.)* lounge
melepaskan *(v.)* extricate
melepaskan *(v.)* forgo
melepaskan *(v.)* release
melepaskan *(v.)* renounce
melepaskan diri *(v.)* escape
meleraikan *(v.)* disperse
meleret-leret *(adj.)* verbose
melesenkan *(v.)* license
meletakkan *(v.)* deposit
meletakkan *(v.)* lay
meletakkan *(v.)* place
meletakkan *(v.)* put
meletakkan gula *(v.)* sugar
meletakkan jawatan *(v.)* resign
meletakkan tepi *(v.)* sideline
meletihkan *(v.)* exhaust
meletihkan *(v.)* fatigue
meletihkan *(v.)* tire
meletihkan *(adj.)* tiresome
meletik *(v.)* decrepitate
meletup *(v.)* burst
meletup *(v.)* detonate
meletup *(v.)* explode
meletupkan *(v.)* blast
meletus *(v.)* erupt
meletus *(n.)* outbreak
melibatkan *(v.)* implicate
melibatkan *(v.)* involve
melihat *(v.)* perceive
melihat *(v.)* see
melihat *(v.)* sight
melihat *(v.)* watch
melihat-lihat *(v.)* browse
melilin *(v.)* candle
melilit *(v.)* girdle
melilit *(v.)* pot
melimpah-ruah *(v.)* abound
melimpah-ruah *(adj.)* bountiful
melimpah-ruah *(n.)* superabundance
melimpah-ruah *(adj.)* superabundant
melimpah-ruah *(n.)* superfluity
melincirkan *(v.)* lubricate

melindungi *(v.)* bemask
melindungi *(v.)* cushion
melindungi *(v.)* protect
melindungi *(v.)* safeguard
melindungi *(v.)* secure
melindungi *(v.)* shelter
melindungi *(v.)* shield
melingkar *(adj.)* spiral
melingkari *(v.)* ring
melingkari *(v.)* wreathe
melingkungi *(v.)* begird
melingkungi *(v.)* encompass
melintang *(adj.)* cross
melintangi *(prep.)* athwart
melintas *(v.)* cross
melintasi *(n.)* traverse
melipat *(v.)* fold
meliputi *(v.)* engulf
meliputi *(n.)* tect
melodi *(n.)* melody
melodrama *(n.)* melodrama
melodramatik *(adj.)* melodramatic
melolong *(v.)* howl
melompat *(v.)* jump
melompat teruja *(v.)* cavort
melompati *(v.)* hurdle
meloncat *(v.)* hop
meloncat *(v.)* leap
meloncat *(v.)* skip
melonggarkan *(v.)* loosen
melonggokkan *(v.)* heap
melonggokkan *(v.)* lump
melonjak-lonjak *(v.)* bound
melopong *(v.)* gawk
meluangkan masa *(v.)* spare
meluangkan masa *(v.)* spend
meluaskan *(v.)* widen
melucukan *(adj.)* laughable
melucutkan senjata *(v.)* disarm
meludah *(v.)* spit
melukai *(v.)* gash
melukai *(adj.)* gashing

melukai *(v.)* wound
melukis *(v.)* draw
melukis *(v.)* portray
melukis bulatan *(v.)* escribe
melukis peta *(v.)* map
melumpuhkan *(v.)* disable
melumpuhkan *(v.)* paralyse
melumpurkan *(v.)* terp
melumur *(v.)* smear
melumurkan *(v.)* anoint
melunaskan *(v.)* amortise
meluncur *(v.)* glide
meluncur *(v.)* skate
meluncur air *(v.)* bodyboard
meluncur air *(v.)* surf
meluncur angin *(v.)* sailboard
meluncur pasir *(v.)* sandboard
melunturkan *(v.)* bleach
melur *(n.)* jasmine
meluru *(v.)* dart
meluru *(n)* darting
meluru *(v.)* dash
meluru *(v.)* surge
meluruskan *(v.)* straighten
melutut *(v.)* kneel
memaafkan *(v.)* excuse
memaafkan *(v.)* forgive
memaafkan *(v.)* pardon
memabukkan *(v.)* intoxicate
memacakkan *(v.)* spike
memadamkan *(n.)* blowout
memadamkan *(v.)* delete
memadamkan *(v.)* douse
memadamkan *(v.)* efface
memadamkan *(v.)* erase
memadamkan *(v.)* extinguish
memadamkan *(v.)* quench
memadankan *(v.)* fit
memadankan *(v.)* match
memagar *(v.)* fence
memagari *(v.)* enclose
memagari *(v.)* hedge
memagari *(v.)* wall

memagari seperti glob *(v.)* englobe
memahami *(v.)* comprehend
memahami *(adj.)* empathic
memahami *(v.)* understand
memahami bahasa-bahasa *(n.)* omnilingual
memahat *(v.)* carve
memahat *(v.)* chisel
memaip *(v.)* pipe
memajakkan *(v.)* lease
memajuh *(v.)* gorge
memajukan *(v.)* advance
memajukan *(v.)* develop
memakai *(v.)* wear
memakai pakaian *(v.)* dress
memakai skirt *(v.)* kilt
memakai topeng *(v.)* mask
memakaikan *(v.)* clothe
memakamkan *(v.)* entomb
memakan diri *(v.)* backfire
memaksa *(v.)* coerce
memaksa *(v.)* compel
memaksa *(v.)* force
memaksa keluar *(v.)* eject
memaksimumkan *(v.)* maximize
memaku *(v.)* nail
memalang *(v.)* bar
memalit *(v.)* daub
memalsukan *(v.)* fake
memalsukan *(v.)* falsify
memalsukan *(v.)* forge
memalukan *(v.)* abase
memalukan *(v.)* abash
memalukan *(n.)* abashing
memalukan *(v.)* beshame
memalukan *(adj.)* embarrassing
memalukan *(v.)* mortify
memalukan *(v.)* shame
memalukan *(adj.)* shameful
memamah *(adj.)* ruminant
memampangkan *(v.)* blazon
memampas *(v.)* compensate
memampatkan *(v.)* compress
memanaskan *(v.)* heat
memanaskan badan *(v.)* limber
memancang *(v.)* stake
memancar *(v.)* transceive
memancarkan *(v.)* beam
memancarkan *(v.)* cast
memancarkan *(v.)* flash
memancarkan *(v.)* radiate
memancing *(v.)* dap
memancing *(v.)* fish
memancung *(v.)* behead
memancut *(v.)* spurt
memancutkan *(v.)* ejaculate
memancutkan *(v.)* spout
memandang *(v.)* look
memandang *(v.)* view
memandikan *(v.)* bathe
memandu *(v.)* drive
memandu *(v.)* motor
memandulkan *(v.)* sterilize
memanfaatkan *(v.)* benefit
memanggang *(v.)* crispen
memanggang *(v.)* parch
memanggang *(v.)* roast
memanggil *(v.)* invoke
memanggil *(v.)* page
memanggil *(v.)* summon
memangkas *(v.)* prune
memanifestasikan *(v.)* manifest
memanipulasikan *(v.)* manipulate
memaniskan *(v.)* sweeten
memanjakan *(v.)* cocker
memanjakan *(v.)* pamper
memanjakan *(v.)* spoil
memanjakan diri *(v.)* indulge
memanjangkan *(v.)* lengthen
memanjangkan *(v.)* prolong
memanjat *(v.)* clamber
memanjat *(v.)* climb
memanjat *(v.)* clive
memansuhkan *(n.)* abolitionism

memansuhkan *(v.)* abrogate
memansuhkan *(v.)* nullify
memansuhkan *(v.)* repeal
memantul *(v.)* rebound
memantulkan *(v.)* reflect
memaparkan *(v.)* post
memarahi *(v.)* chide
memarahi *(v.)* scold
memarahi *(v.)* upbraid
memarakkan api *(v.)* stoke
memarapi *(v.)* initial
memaritkan *(v.)* trench
memarkir *(v.)* park
memarut *(v.)* grate
memasak *(v.)* cook
memasang *(v.)* attach
memasang *(v.)* install
memasang jubin *(v.)* tile
memasang ladam *(v.)* shoe
memasang pelana *(v.)* saddle
memasang skru *(v.)* screw
memasang tali *(v.)* string
memasang tapak *(v.)* sole
memasang telinga *(v.)* eavesdrop
memasangkan *(v.)* pair
memasarkan *(v.)* market
memastikan *(v.)* ascertain
memastikan *(v.)* ensure
memasuki *(v.)* enter
memasukkan *(v.)* bracket
memasukkan *(v.)* incorporate
memasukkan *(v.)* insert
memasukkan *(v.)* thread
memasukkan oksigen *(v.)* oxygenate
memasukkan sesuatu *(n.)* teabagging
mematahkan *(v.)* quell
memateri *(v.)* braze
memateri *(v.)* solder
mematikan *(v.)* bag
mematuhi *(v.)* abide
mematuhi *(v.)* obey
mematuhi *(v.)* toe
mematuk *(v.)* peck
membaca *(v.t.)* read
membahagikan *(v.)* branch
membahagikan *(v.)* divide
membahagikan *(v.)* partition
membahagikan *(v.)* portion
membahagikan *(v.)* segment
membahagikan *(v.)* share
membaham *(v.)* maul
membaharui *(v.)* renew
membahayakan *(v.)* endanger
membahayakan *(v.)* hazard
membahayakan *(v.)* imperil
membahayakan *(v.)* jeopardize
membahayakan *(adj.)* noxious
membaik pulih *(v.)* overhaul
membaik pulih *(v.)* recondition
membaiki *(v.)* better
membaiki *(v.)* fix
membaiki *(v.)* mend
membaiki *(v.)* repair
membaiki rupa *(v.)* facelift
membaja *(v.)* manure
membajak *(v.)* plough
membakar *(v.)* bake
membakar *(v.)* burn
membakar *(v.)* sear
membakar *(v.)* toast
membakar kemenyan *(v.)* cense
membakar kemenyan *(v.)* incense
membakar mayat *(v.)* cremate
membalas *(v.)* counter
membalas *(v.)* reciprocate
membalas *(v.)* reply
membalas *(v.)* requite
membalas *(v.)* respond
membalas *(v.)* retaliate
membalas dendam *(n.)* revenge
membalikkan organ *(v.)* evert

membaling *(v.)* throw
membaling tepi *(v.)* sidearm
membalut *(v.)* wrap
membalut luka *(v.)* bandage
membancuh *(v.)* concoct
membandingkan *(n.)* contrast
membandingkan *(v.)* compare
membangkitkan *(v.)* evocate
membangkitkan *(v.)* evoke
membangkitkan *(v.)* rouse
membangkitkan kemarahan *(v.)* antagonize
membanjiri *(v.)* flood
membanjiri *(v.)* glut
membanjiri *(v.)* swamp
membantah *(n.)* protest
membantah *(n.)* argument
membantah *(v.)* demur
membantah *(v.)* object
membanting *(v.)* thresh
membantu *(adj.)* adjuvant
membantu *(v.)* assist
membantu *(adj.)* auxiliary
membantu *(v.)* succour
membantut *(v.)* depauperate
membantutkan *(v.)* stunt
membantutkan pertumbuhan *(v.)* dwarf
membaptiskan *(+v.t.)* baptize
membaptiskan *(v.)* dup
membara *(v.)* blaze
membara *(adj.)* fervent
membara *(v.)* smoulder
membariskan *(v.)* array
membasahkan *(v.)* wet
membasmi *(v.)* eradicate
membatalkan *(v.)* abolish
membatalkan *(v.)* annul
membatalkan *(v.)* cancel
membatalkan *(v.)* countermand
membatalkan *(v.)* revoke
membatalkan *(v.)* vitiate
membatalkan *(v.)* void

membatasi *(v.)* delimit
membatasi *(v.)* delimitate
membawa *(v.)* bring
membawa *(v.)* carry
membawa *(v.)* convey
membawa *(v.t)* marshal
membawa *(v.)* usher
membawa bencana *(adj.)* disastrous
membawa kepada *(v.)* conduce
membawa maut *(adj.)* deathly
membawa maut *(adj.)* fatal
membawa maut *(adj.)* lethal
membayangi *(v.)* shadow
membayangkan *(v.)* conceive
membayangkan *(v.)* envisage
membayangkan *(v.)* envision
membayangkan *(v.)* fancy
membayangkan *(v.)* imagine
membayangkan *(v.)* picture
membayangkan *(v.)* smack
membayangkan *(v.)* visualize
membayar *(v.)* cash
membayar *(v.)* foot
membayar *(v.)* pay
membayar balik *(n.)* refund
membayar balik *(v.)* ayield
membayar balik *(v.)* reimburse
membayar balik *(v.)* repay
membayar pampasan *(v.)* recompense
membayar ufti *(n.)* tributary
membazir *(v.)* waste
membazir *(adj.)* wasteful
membebankan *(v.)* burden
membebankan *(v.)* encumber
membebaskan *(v.)* absolve
membebaskan *(v.)* acquit
membebaskan *(v.)* assoil
membebaskan *(v.)* emancipate
membebaskan *(v.)* enfranchise
membebaskan *(v.)* free
membebaskan *(v.)* liberate

membebaskan *(v.)* manumit
membebel *(v.)* babble
membebel *(adj.)* nagging
membebel *(v.)* ramble
membedah *(v.)* dissect
membedil *(v.)* bombard
membedil berterusan *(v.)* cannonade
membekalkan *(v.)* supply
membekalkan *(v.)* stock
membekalkan kakitangan *(v.)* staff
membekalkan makanan *(v.)* cater
membekalkan nutrien *(adj.)* nutritive
membeku *(v.)* clot
membeku *(v.)* congeal
membeku *(v.)* freeze
membela *(v.)* avenge
membela jinak *(v.)* domesticate
membelah *(v.)* slit
membelah dua *(v.)* bisect
membelah dua *(v.)* halve
membelai *(v.)* pet
membelai rasa *(adj.)* sensuous
membelai-belai *(v.)* fondle
membelakangkan *(v.)* rear
membelanjakan *(v.)* expend
membelanjakan *(v.)* spend
membelasah *(v.)* lambaste
membelasah *(n.)* maul
membelasah *(v.)* thrash
membelenggu *(v.)* fetter
membeli *(v.)* buy
membeli *(v.)* purchase
membeli-belah *(v.)* shop
membelok *(n.)* fetter
membelot *(v.)* betray
membenarkan *(v.)* allow
membenarkan *(v.)* authorize
membenarkan *(v.)* let
membenarkan *(v.)* permit

membenarkan *(v.)* right
membenci *(v.)* abominate
membenci *(v.)* despise
membengkang-bengkok *(adj.)* zigzag
membengkok *(v.)* crankle
membengkokkan *(v.)* bend
membentangkan *(v.)* table
membentuk *(v.)* constitute
membentuk *(v.)* form
membentuk *(v.)* mould
membentuk *(v.)* shape
membentuk teori *(v.)* theorize
memberak *(v.)* defecate
memberangkan *(v.)* infuriate
memberanikan *(v.)* embolden
memberhentikan *(v.)* demobilize
memberi *(v.)* give
memberi *(v.)* tablet
memberi amaran *(v.)* caution
memberi amaran *(v.)* warn
memberi bil *(v.)* bill
memberi dadah *(v.)* dope
memberi ganjaran *(v.)* remunerate
memberi ganjaran *(v.)* reward
memberi gred *(v.)* grade
memberi isyarat *(v.)* beckon
memberi keterangan *(v.)* reamplify
memberi khasiat *(v.)* nourish
memberi komen *(v.)* remark
memberi kuasa *(v.)* empower
memberi kuliah *(v.)* lecture
memberi makan *(v.)* feed
memberi nasihat *(v.)* counsel
memberi nombor *(v.)* number
memberi penenang *(v.)* sedate
memberi perhatian *(v.)* heed
memberi petunjuk *(v.)* hint
memberi subsidi *(v.)* subsidize
memberi takziah *(v.)* condole
memberi tenaga *(v.)* energize

memberi tepukan *(v.)* applaud
memberi tip *(v.)* tip
memberikan *(v.)* vest
memberikan asas *(v.)* ground
memberikan pendapat *(v.)* opine
memberikan ramalan *(adj.)* oracular
memberikan sebatan *(v.)* flog
memberitahu *(v.)* apprise
memberitahu *(v.)* inform
memberitahu *(v.)* notify
memberitahu *(v.)* tell
memberkati *(v.)* bless
memberontak *(adj.)* insurgent
memberontak *(adj.)* mutinous
memberontak *(v.)* mutiny
memberontak *(v.)* rebel
memberontak *(v.)* revolt
membersihkan *(v.)* clean
membersihkan *(v.)* cleanse
membersihkan *(v.)* clear
membersihkan *(v.)* preen
membersihkan *(v.)* purify
memberus *(v.)* brush
memberus *(adj.)* scrub
membesar *(v.)* grow
membesar *(v.)* swell
membesar melebihi *(v.)* outgrow
membesar-besarkan *(v.)* overact
membesar-besarkan *(v.)* overdraw
membesarkan *(v.)* enlarge
membesarkan *(v.)* magnify
membetulkan *(v.)* cobble
membetulkan *(v.)* correct
membetulkan *(v.)* emaculate
membetulkan *(v.)* emend
membetulkan *(v.)* rectify
membetulkan *(v.)* redress
membezakan *(v.)* distinguish

membiak *(n.)* breed
membiak *(v.)* proliferate
membiak *(v.)* reproduce
membiarkan *(v.)* connive
membiarkan *(v.)* overlook
membiarkan *(v.)* fallow
membiasakan *(v.)* acclimatise
membiasakan *(v.)* accustom
membiasakan *(v.)* habituate
membiasakan *(v.)* naturalize
membiayai *(v.)* finance
membicu *(v.)* jack
membida *(v.)* bid
membilas *(v.)* rinse
membimbangkan *(v.)* concern
membimbangkan *(v.)* unsettle
membimbing *(v.)* guide
membina *(v.)* build
membina *(v.)* construct
membina *(adj.)* edificant
membinasakan *(v.)* devastate
membincangkan *(v.)* discuss
membincangkan *(v.)* parley
membingitkan *(v.)* blare
membingitkan telinga *(adj.)* deafening
membingkaikan *(v.)* frame
membingungkan *(v.)* bewilder
membingungkan *(adj.)* enigmatic
membingungkan *(adj.)* enigmatical
membingungkan *(v.)* perplex
membingungkan *(v.)* puzzle
membingungkan *(v.)* stupefy
membintangi *(v.)* star
membisu *(adj.)* mute
memboikot *(v.)* boycott
membolehkan *(v.)* enable
membongkar *(v.)* unearth
membongkarkan *(v.)* disclose
membongkok *(v.)* stoop
memborong *(adj.)* wholesale

membosankan *(v.)* bore
membosankan *(adj.)* drab
membosankan *(v.)* dull
membotolkan *(v.)* bottle
membrek *(v.)* brake
membru *(v.)* brew
membuahkan hasil *(adj.)* fruitful
membuak-buak *(v.)* seethe
membuang *(v.)* ablate
membuang *(v.)* discard
membuang *(v.)* dump
membuang *(v.)* remove
membuang *(v.)* scrap
membuang *(v.)* expel
membuang dalaman *(v.)* eviscerate
membuang kemagnetan *(v.)* demagnetize
membuang kulit *(v.)* skin
membuang masa *(v.)* loaf
membuang masin *(v.)* desalt
membuang pelarut *(v.)* desolvate
membuang penentukur *(v.)* decalibrate
membuang sampah *(v.)* litter
membuat *(v.)* do
membuat *(v.)* make
membuat anggaran *(v.)* estimate
membuat biopsi *(v.)* biopsy
membuat dadih *(v.)* curd
membuat filem *(v.)* film
membuat filem *(v.)* shoot
membuat filet *(v.)* fillet
membuat gelung *(v.)* noose
membuat jalur *(v.)* stripe
membuat kecoh *(v.)* fuss
membuat kesilapan *(v.)* blundering
membuat kesimpulan *(v.)* deduce
membuat kesimpulan *(v.)* infer
membuat konfigurasi *(v.)* configure
membuat kontrak *(v.)* contract
membuat litigasi *(v.)* litigate
membuat lubang *(v.)* hole
membuat lubang *(v.)* pit
membuat pakaian *(v.)* tailor
membuat pembaharuan *(v.)* innovate
membuat persegi *(v.)* square
membuat rayuan *(v.)* appeal
membuat salinan *(v.)* duplicate
membuat seperti *(v.t.)* mint
membuat sistem *(v.)* systematize
membuat teres *(v.)* terrace
membuat terowong *(v.)* tunnel
membuatkan terkehel *(v.)* sprain
membubarkan *(v.)* disband
membubarkan *(v.)* dissolve
membubuh garam *(v.)* salt
membubuh kapu *(v.)* lime
membubuh perasa *(v.)* season
membujang *(adj.)* celibate
membuka *(v.)* open
membuka *(v.)* pop
membuka *(v.)* unfold
membuka sarung *(v.)* unsheathe
membuktikan *(v.)* prove
membuktikan *(v.)* testify
membuktikan salah *(v.)* disprove
membuktikan salah *(v.)* invalidate
membuli *(v.)* bully
membungkus *(v.)* bale
membungkus *(v.)* encase
membungkus *(v.)* pack
membungkus *(v.)* parcel
membungkus hadiah *(v.)* gift-wrap

membuntu *(v.)* dead-end
membunuh *(v.)* assassinate
membunuh *(v.)* kill
membunuh *(v.)* murder
membunuh *(v.)* slay
membunuh *(adj.)* murderous
membunuh anak *(n.)* infanticide
membunuh beramai-ramai *(v.)* massacre
membunyikan genta *(v.)* toll
memburu *(v.)* hunt
memburu haram *(v.)* poach
memburu mengumpul *(n.)* foraging
memburuk *(v.)* delipidate
memburuk-burukkan *(v.)* vilify
memburukkan *(v.)* aggravate
membutangkan *(v.)* button
membutirkan *(v.)* detail
memecahkan *(v.)* break
memecahkan *(v.)* rupture
memecahkan *(v.)* smash
memecahkan bisul *(v.)* lance
memecat *(v.)* dismiss
memecat *(v.)* sack
memecut *(v.)* accelerate
memecut *(v.)* speed
memecut *(v.)* sprint
memedankan *(v.)* pole
memegang *(v.)* palm
memegang erat *(v.)* grapple
memegunkan *(v.)* stun
memekakkan *(v.)* deafen
memekatkan *(v.)* condense
memekatkan *(v.)* recondense
memekatkan *(v.)* thicken
memelihara *(v.)* foster
memelihara *(v.)* preserve
memeluk *(v.)* cuddle
memeluk *(v.)* embrace
memenatkan *(v.)* sap
memendekkan *(v.)* abbreviate
memendekkan *(v.)* curtail

memendekkan *(v.)* shorten
memenjarakan *(v.)* imprison
memenjarakan *(v.)* jail
mementingkan perincian *(n.)* pedantic
mementingkan sensual *(n.)* sensualist
memenuhi *(v.)* fulfil
memerah *(v.)* flush
memerah *(v.)* wring
memerah susu *(v.)* milk
memerang *(n.)* beaver
memerang *(n.)* otter
memerangkap *(v.)* entrap
memerangkap *(v.)* trap
memeras ugut *(v.)* blackmail
memercikkan *(v.)* splash
memerhatikan *(v.)* observe
memeriahkan *(v.)* enliven
memerihkan *(adj.)* laborious
memeriksa *(v.)* checkup
memeriksa *(v.)* examine
memeriksa *(v.)* inspect
memerintah *(n.)* command
memerintah *(v.)* govern
memerintah *(v.)* reign
memerintah *(v.)* rule
memerlukan *(v.)* necessitate
memerlukan *(v.)* need
memerlukan *(v.)* require
memerlukan *(v.)* requisition
memesongkan *(v.)* deflect
memesongkan *(v.)* sidetrack
memesongkan *(v.)* sophisticate
memeterai *(v.)* seal
memetik *(v.)* cite
memetik *(v.)* pluck
memetik *(v.)* quote
memfailkan *(v.)* file
memfitnah *(adj.)* malign
memfitnah *(v.)* calumniate
memfitnah *(v.)* defame
memfitnah *(v.)* slander

memfitnah bertulis *(v.t.)* libel
memfokuskan *(v.)* focalize
memfokuskan *(v.)* focus
memicagari *(v.)* syringe
memicit *(v.)* squeeze
memihak *(v.)* favour
memijak *(v.)* conculcate
memijak *(v.)* step
memijak *(v.)* trample
memikat *(v.)* attract
memikat *(v.)* beguile
memikat *(v.)* charm
memikat *(v.)* court
memikat *(v.)* enamour
memikat *(v.)* woo
memikirkan *(v.)* brood
memikirkan *(v.)* devise
memikirkan *(v.)* dwell
memikirkan *(v.)* muse
memikul *(v.)* shoulder
memilih *(v.)* choose
memilih *(v.)* opt
memilih *(v.)* pick
memilih *(v.)* prefer
memilih *(v.)* select
memiliki *(v.)* own
memiliki *(v.)* possess
memimpin *(v.)* lead
meminati keanehan *(n.)* xenophile
meminda *(v.)* amend
memindahkan *(v.)* evacuate
memindahkan *(v.)* transfer
memindahkan *(v.)* transplant
meminimumkan *(v.)* minimize
meminjam *(v.)* borrow
meminjamkan *(v.)* lend
meminjamkan *(v.)* loan
meminta *(v.)* demand
meminta *(v.)* solicit
meminta maaf *(v.)* apologize
memintal rambut *(v.)* dreadlock
memintas *(v.)* intercept

meminum *(v.)* bib
meminyaki *(v.)* grease
meminyaki *(v.)* oil
memiringkan *(v.)* slant
memisahkan *(v.)* detach
memisahkan *(v.)* disembody
memisahkan *(v.)* segregate
memisahkan *(v.)* separate
memiskinkan *(v.)* impoverish
memodenkan *(v.)* modernize
memohon *(v.)* apply
memohon *(v.)* implore
memohon *(v.)* request
memoir *(n.)* memoir
memolok *(v.)* engorge
memolok *(n.)* gobble
memonopoli *(v.)* monopolize
memorandum *(n.)* memorandum
memorial *(adj.)* memorial
memotivasikan *(v.)* motivate
memotong *(v.)* amputate
memotong *(v.)* chop
memotong *(v.)* deduct
memotong *(v.)* nip
memotong *(v.)* overtake
memotong *(v.)* sever
memotong nipis *(v.)* foliate
memotong rapi *(n.)* trim
mempamerkan *(v.)* display
mempamerkan *(v.)* exhibit
mempatenkan *(v.)* patent
mempelajari *(v.)* learn
mempelajari burung *(n.)* ornithologist
mempengaruhi *(v.)* bias
mempengaruhi *(v.)* influence
mempengaruhi *(v.)* sway
mempengaruhi *(v.)* tincture
memperagakan *(v.)* model
memperakui *(v.)* attest
memperbaharu *(v.)* reform
memperbaik *(v.)* retouch

memperbaiki *(v.)* ameliorate
memperbetulkan posisi *(v.)* orient
mempercayai *(v.)* believe
mempercepat *(v.)* hasten
memperdanakan *(v.)* prime
memperdaya *(v.)* beguile
memperdaya *(v.)* delude
memperdaya *(v.)* fool
memperdaya *(v.)* hoodwink
memperdayakan *(v.)* mislead
memperhamba *(v.)* enslave
memperincikan *(v.)* elaborate
memperingati *(v.)* commemorate
memperingatkan *(v.)* forewarn
memperjuangkan *(v.)* champion
memperkecil-kecilkan *(adj.)* depreciatory
memperkenalkan *(v.)* introduce
memperlahankan *(v.)* decelerate
memperlakukan *(v.)* manhandle
mempermainkan *(v.)* trifle
memperoleh *(v.)* acquire
memperoleh *(v.)* bag
memperoleh *(v.)* obtain
memperolehi *(v.)* derive
memperolok-olokkan *(v.)* hoax
mempersembahkan *(v.)* perform
mempersembahkan *(v.)* stage
mempersendakan *(v.)* gibe
mempersendakan *(v.)* mock
mempersendakan *(v.)* satirize
mempersenjatai *(v.)* arm
mempertahankan *(v.)* defend
mempertimbangkan *(v.)* consider
mempertimbangkan *(prep.)* considering
mempertimbangkan *(v.)* deliberate
mempertimbangkan *(v.)* mull
mempertimbangkan *(v.)* ponder
mempertimbangkan etika *(v.)* scruple
mempertimbangkan semula *(v.)* reconsider
mempertingkatkan *(v.)* improve
memperuntukkan *(v.)* allot
memperuntukkan *(v.)* mete
mempesona *(adj.)* beguiling
mempesona *(adj.)* bewitching
mempesona *(v.)* fascinate
mempesonakan *(v.)* enchant
mempesonakan *(v.)* enrapture
mempiawaikan *(v.)* standardize
mempopularkan *(v.)* popularize
mempromosikan *(v.)* promote
mempublisiti palsu *(v.)* gimmick
mempunyai *(v.)* have
mempunyai belas kasihan *(adj.)* merciful
mempunyai cahaya *(n.)* lust
mempunyai cahaya *(adj.)* lustrous
mempunyai harapan *(adj.)* hopeful
mempunyai harapan *(adj.)* promising
mempunyai imaginasi *(adj.)* imaginative
mempunyai ulser *(adj.)* ulcerous
mempunyai zon *(adj.)* zonal
memualkan *(adj.)* mawkish
memuaskan *(v.)* satiate
memuaskan *(adj.)* satisfactory
memuaskan *(v.)* satisfy
memuaskan *(v.)* slake
memuaskan hati *(v.)* content
memuatkan *(v.)* load
memuatkan kargo *(v.)* lade
memudahkan *(v.)* facilitate
memudahkan *(v.)* simplify

memudaratkan *(adj.)* inimical
memudarkan *(v.)* tarnish
memuja *(v.)* worship
memuji *(v.)* commend
memuji *(v.)* compliment
memuji *(v.)* praise
memuji berlebihan *(v.)* beslaver
memujuk *(v.)* cajole
memujuk *(v.)* coax
memujuk *(v.)* comfort
memujuk *(v.)* console
memujuk *(v.)* induce
memujuk *(v.)* persuade
memujuk *(v.)* wheedle
memujuk *(n.)* wile
memukat *(v.)* trawl
memukau *(v.)* captivate
memukau *(v.)* enthral
memukau *(v.)* hypnotize
memukau *(v.)* mesmerize
memukul *(v.)* batter
memukul *(v.)* beat
memukul *(v.)* biff
memukul *(v.)* hit
memukul *(v.)* mace
memukul *(v.)* strike
memukul *(v.)* whack
memukul *(v.)* whisk
memulakan *(v.)* commence
memulakan *(v.)* initiate
memulakan *(v.)* start
memuliakan *(v.)* dignify
memuliakan *(v.)* ennoble
memulihara *(v.)* conserve
memulihkan *(v.)* rehabilitate
memulihkan *(v.)* remedy
memulihkan *(v.)* restore
memunggah muatan *(v.)* discharge
memuntahkan *(v.)* vomit
memupuk *(v.)* cultivate
memupuk *(v.)* nurture
memusnahkan *(v.)* destroy
memusnahkan *(v.)* raze
memusnahkan hutan *(v.)* deforest
memutar *(v.)* twist
memutihkan *(v.)* blanch
memutihkan *(v.)* whiten
memutuskan *(v.)* adjudge
memutuskan *(v.)* break
memutuskan *(v.)* decide
memutuskan *(v.)* disconnect
memutuskan *(v.)* snap
memutuskan hubungan *(v.)* sunder
memvakum *(v.)* vacuum
menabalkan *(v.)* enthrone
menabik *(v.)* salute
menabur *(v.)* sprinkle
menabur *(v.)* strew
menaburi *(v.)* bestrew
menafikan *(v.)* abnegate
menafikan *(v.)* deny
menafikan *(v.)* gainsay
menafikan *(v.)* abjure
menafikan *(v.)* negate
menafikan jenayah *(v.)* decriminalize
menafsirkan *(n.)* estimate
menahan *(v.)* detain
menahan *(v.)* hail
menahan *(v.)* restrain
menahan *(v.)* stifle
menahan *(v.)* subdue
menahan *(v.)* withhold
menahan diri *(v.)* forbear
menahan diri *(v.)* refrain
menahan lapar *(v.)* starve
menahan malu *(v.)* brazen
menaiki *(v.)* ascend
menaiki *(v.)* board
menaiki *(v.)* embark
menaiki *(v.)* podium
menaikkan *(v.)* elevate
menaikkan *(v.)* hoist

menaikkan *(v.)* mount
menaikkan darah *(v.)* brustle
menaikkan kemarahan *(v.)* inflame
menaikkan nama *(v.)* boost
menaikkan pangkat *(v.)* exalt
menaikkan pangkat *(v.)* promote
menaip *(v.)* key
menaip *(v.)* type
menaja *(v.)* sponsor
menajamkan *(v.)* sharpen
menakjubkan *(v.)* astound
menakjubkan *(adj.)* fabulous
menakjubkan *(adj.)* marvellous
menakjubkan *(n.)* sublime
menakjubkan *(adj.)* wonderful
menakluk *(v.)* conquer
menaklukan *(v.)* subject
menaklukan *(v.)* subordinate
menakutkan *(adj.)* alarming
menakutkan *(v.)* cow
menakutkan *(adj.)* daunting
menakutkan *(adj.)* fearful
menakutkan *(v.)* frighten
menakutkan *(v.)* scare
menakutkan *(v.)* terrify
menakut-nakutkan *(v.)* overawe
menala *(v.)* tune
menamai *(v.)* denominate
menamakan *(v.)* name
menamakan *(v.)* term
menamatkan *(v.)* end
menamatkan *(v.)* finish
menamatkan *(v.)* terminate
menambah *(v.)* augment
menambah *(v.)* increase
menambah *(v.)* replenish
menambah *(v.)* supplement
menambah caj *(v.)* surcharge
menambahkan lagi *(v.)* intensify
menambak *(v.)* embank
menambat *(v.)* tether

menampakkan *(v.)* evince
menampakkan *(v.)* expose
menampal *(v.)* paste
menampal *(v.)* plaster
menampalkan *(v.)* suffix
menampar *(v.)* slap
menampar *(v.)* smack
menampi *(v.)* winnow
menampung *(v.)* accommodate
menampung *(v.)* patch
menanam *(v.)* inculcate
menanam *(v.)* plant
menanda *(v.)* mark
menanda *(v.)* tick
menandai *(v.)* stamp
menandakan *(v.)* designate
menandakan *(adj.)* suggestive
menandatangani *(v.)* ratify
menandatangani *(v.)* sign
menandatangani balas *(v.)* countersign
menang *(v.)* triumph
menang *(adj.)* victorious
menang *(v.)* win
menangakap *(v.)* arrest
menangani *(v.)* cope
menanggalkan *(v.)* strip
menangguhkan *(v.)* adjourn
menangguhkan *(v.)* defer
menangguhkan *(v.)* postpone
menangguhkan *(v.)* shelve
menanggung *(v.)* bear
menangis *(v.)* cry
menangis *(v.)* sob
menangis *(adj.)* tearful
menangis *(v.)* weep
menangkap *(v.)* apprehend
menangkap *(v.)* capture
menangkap *(v.)* catch
menangkap *(v.)* nab
menangkap *(v.)* net
menangkap ikan *(v.)* dib
menangkis *(v.)* parry

menangkis *(v.)* repel
menanti *(adj.)* pending
menapai *(v.)* ferment
menapis *(v.)* censor
menapis *(v.)* filter
menapis *(v.)* screen
menapis *(v.)* sieve
menara *(n.)* minaret
menara *(n.)* tower
menara gereja *(n.)* steeple
menari *(v.)* dance
menari *(adj.)* dancing
menari cergas *(v.)* canary
menari samba *(v.)* samba
menari tango *(v.)* tango
menarik *(adj.)* attractive
menarik *(adj.)* darling
menarik *(v.)* draw
menarik *(adj.)* nubile
menarik *(v.)* pull
menarik *(adj.)* refulgent
menarik *(v.)* entice
menarik *(adj.)* interesting
menarik balik senjata *(v.)* decommission
menarik diri *(v.)* secede
menarik diri *(v.)* withdraw
menarik nafas *(v.)* inhale
menarik perhatian *(adj.)* engaging
menasihati *(v.)* advise
menatah *(v.)* stud
menawan *(adj.)* adorable
menawan semula *(v.)* reconquer
menawar *(v.)* bargain
menawar lebih *(v.)* outbid
menawarkan *(v.)* offer
menawarkan diri *(v.)* volunteer
menawarkan hati *(v.)* dehort
menawarkan hati *(v.)* dissuade
menawarkan perkhidmatan *(v.)* tender
menawas *(v.)* taw

mencabar *(adj.)* adventurous
mencabar *(v.)* challenge
mencabar *(v.)* dare
mencabul *(v.)* molest
mencabul *(v.)* violate
mencabut *(v.)* uproot
mencabut *(v.)* weed
mencacah *(v.)* tattoo
mencacati *(v.)* blemish
mencacatkan *(v.)* deform
mencacatkan *(v.)* disfigure
mencadangkan *(v.)* propose
mencadangkan *(v.)* recommend
mencadangkan *(v.)* suggest
mencaduk *(v.)* uplift
mencagarkan *(v.)* mortgage
mencair *(v.)* liquefy
mencair *(v.)* melt
mencairkan *(v.)* dilute
mencairkan *(v.)* thaw
mencakar *(v.)* claw
mencakar *(v.)* paw
mencakar *(v.)* peg
mencakar *(v.)* scratch
mencalonkan *(v.)* nominate
mencambuk *(v.)* scourge
mencambuk *(v.)* whip
mencampuradukkan *(v.)* scramble
mencampuri *(v.)* blend
mencampurkan *(v.)* compound
mencampurkan *(v.)* mix
mencampurkan *(v.)* shuffle
mencangkuk *(v.)* crome
mencangkuk *(v.)* moor
mencangkung *(v.)* squat
mencantas *(v.)* lop
mencantikkan *(v.)* beautify
mencantikkan diri *(v.)* groom
mencantumkan *(v.)* interlock
mencapai *(v.)* achieve
mencapai *(v.)* attain
mencapai *(v.)* reach

mencari *(v.t.)* quest
mencari *(v.)* search
mencari *(v.)* seek
mencari kepah *(v.)* clam
mencari makanan *(v.)* forage
mencari maklumat *(v.)* google
mencarik *(v.)* shred
mencartakan *(n.)* chart
mencatat *(v.)* jot
mencatat *(v.)* note
menceburkan *(v.)* dabble
mencederakan *(v.)* harm
mencederakan *(adj.)* injurious
mencegah *(v.)* prevent
mencekik *(v.)* scragg
mencekik *(v.)* strangle
mencekik *(v.)* throttle
mencekup *(v.)* muzzle
mencela *(v.)* cavil
mencelup *(v.)* dip
mencelup *(v.)* dunk
mencelup *(v.)* dye
mencemari *(v.)* scandalize
mencemari *(v.)* taint
mencemarkan *(v.)* adulterate
mencemarkan *(v.)* besmirch
mencemarkan *(v.)* contaminate
mencemarkan *(v.)* pollute
mencemaskan *(v.)* alarm
mencemburui *(v.)* begrudge
mencemuh *(v.)* jeer
mencemuh *(v.)* ridicule
mencemuh *(v.)* scoff
mencemuh *(v.)* sneer
mencengangkan *(v.)* flabbergast
mencengkam *(v.)* clutch
mencengkam *(v.)* usurp
menceritakan *(v.)* narrate
menceritakan *(v.)* talebear
mencerminkan *(v.)* mirror
mencerminkan *(adj.)* reflective
menceroboh *(v.)* encroach

menceroboh *(v.)* trespass
mencetak *(v.)* print
mencetak rompak *(v.)* pirate
mencetak semula *(v.)* reprint
mencetuskan *(v.)* trigger
mencetuskan *(v.)* wage
mencicip *(v.)* twitter
mencincang *(v.)* mince
mencintai *(adj.)* loving
mencipta *(v.)* create
mencipta *(v.)* invent
mencirikan *(v.)* typify
mencium *(v.)* kiss
mencium *(v.)* osculate
mencondongkan *(v.)* tilt
menconteng *(v.)* scrawl
menconteng *(v.)* scribble
mencuba *(v.)* attempt
mencuba *(v.)* essay
mencuba *(v.)* sample
mencuba *(v.)* try
mencuba *(adj.)* trying
mencubit *(v.)* pinch
mencuci *(v.)* wash
mencucuk *(n.)* dig
mencucuk *(v.)* jab
mencukupi *(v.)* suffice
mencukur *(v.)* fleece
mencukur *(v.)* shave
mencukur *(n.)* tonsure
menculik *(v.)* abduct
menculik *(v.)* kidnap
mencungkil *(v.)* elicitate
mencurahkan *(v.)* lavish
mencuri *(v.)* pilfer
mencuri *(v.)* steal
mencuri *(v.)* depredate
mencuri *(v.)* shoplift
mencuri buah *(v.)* scrump
mencuri ternakan *(n.)* abaction
mencurigai *(v.)* distrust
mencurigai *(v.)* mistrust
mencurigakan *(adj.)* dubious

mencurigakan *(adj.)* suspicious
mendada *(v.)* strut
mendadak *(n.)* abruption
mendadak *(adv.)* sharp
mendaftarkan *(v.)* enrol
mendaftarkan *(v.)* register
mendahului *(v.)* antecede
mendahului *(v.)* precede
mendahului *(n.)* precedence
mendaki *(v.)* scale
mendaki *(adj.)* upward
mendakwa *(v.)* allege
mendakwa *(v.)* impeach
mendakwa *(v.)* indict
mendakwa *(v.)* profess
mendakwa *(v.)* prosecute
mendalam *(adj.)* profound
mendalamkan *(v.)* deepen
mendamaikan *(v.)* conciliate
mendamaikan *(v.)* mediate
mendambakan *(v.)* covet
mendambakan *(v.)* yearn
mendandani *(v.)* adorn
mendapan *(n.)* sediment
mendapat *(v.)* earn
mendapat *(v.)* gain
mendapat ijazah *(v.)* graduate
mendapat mata *(v.)* score
mendapat semula *(v.)* recover
mendapatkan *(v.)* procure
mendapatkan kembali *(v.)* recoup
mendapatkan semula *(v.)* retrieve
mendarab *(v.)* multiply
mendarat *(v.)* land
mendaratkan *(n.)* landing
mendebarkan *(v.)* thrill
mendebitkan *(v.)* debit
mendedahkan *(v.)* bare
mendedahkan *(v.)* blurt
mendedahkan *(v.)* divulge
mendedahkan *(v.)* expose

mendedikasikan *(v.)* devote
mendekati *(adj.)* accosted
mendekati *(v.)* approach
mendekati *(v.)* near
mendekati *(n.)* offing
mendekati *(v.)* reapproach
mendeklamasi *(v.)* recite
mendendangkan *(n.)* crooning
mendengar *(v.)* listen
mendengus *(v.)* snort
menderam *(v.)* snarl
menderap *(v.)* gallop
menderap *(v.)* trot
menderita *(v.)* scourge
menderita *(v.)* suffer
menderita *(v.)* writhe
menderma *(v.)* donate
mendesak *(v.)* adjure
mendesak *(v.)* clamour
mendesak *(v.)* insist
mendesak *(v.)* pressurize
mendesis *(v.)* sibilate
mendetak *(v.)* tchick
mendewakan *(v.)* deify
mendiagnosis *(v.)* diagnose
mendiami *(v.)* inhabit
mendiami *(v.)* people
mendiami *(v.)* populate
mendiami *(v.)* shack
mendiamkan *(v.)* hush
mendiamkan *(v.)* silence
mendiang *(adj.)* deceased
mendidihkan *(v.)* boil
mendidik *(v.)* educate
mendidik *(v.)* school
mendirikan *(v.)* erect
mendisiplinkan *(v.)* proctor
mendiskriminasikan *(v.)* discriminate
mendobi *(v.)* launder
mendominasi *(v.)* predominate
mendorong *(v.)* goad
mendorong *(v.)* propel

mendorong *(v.)* spur
menduduki *(v.)* settle
menduga *(v.)* fathom
mendukakan *(v.)* aggrieve
mendukakan *(v.)* ail
mendukung *(v.)* espouse
mendukung *(v.)* uphold
mendung *(adj.)* cloudy
mendung *(adj.)* overcast
menebas rumput *(v.)* mow
menebat *(v.)* insulate
menebuk *(v.)* perforate
menebuk lubang *(v.)* puncture
menebus *(v.)* redeem
menebus dosa *(v.)* atone
meneduhi *(v.)* overshadow
menegangkan *(v.)* strain
menegangkan *(v.)* tension
menegaskan *(v.)* stress
meneguhkan akhlak *(v.)* edify
meneguk *(v.)* sip
menegur *(v.)* admonish
menegur *(v.)* rebuke
menegur *(v.)* reprimand
menegur keras *(v.)* bollocks
meneka *(v.)* conjecture
meneka *(v.)* guess
meneka *(v.)* surmise
menekan *(v.)* depress
menekan *(v.)* press
menekankan *(v.)* accent
menekankan *(v.)* emphasize
menekankan *(v.)* stress
menekup lemas *(v.)* burke
menelan *(v.)* gulp
menelan *(v.)* sup
menelan *(v.)* swallow
menelefon *(v.)* telephone
menelegram *(v.)* cable
meneliti *(v.)* peruse
meneliti *(v.)* scrutinize
menemani *(v.)* accompany

menemani seseorang *(adj.)* escorted
menembak *(v.)* fire
menembak *(v.)* shoot
menembak serentak *(v.)* volley
menembusi *(v.)* penetrate
menembusi *(v.)* pierce
menempa *(v.)* forge
menempah *(v.)* book
menempah *(v.)* reserve
menempangkan *(v.)* lame
menempatkan *(v.)* base
menempatkan *(v.)* garisson
menempatkan *(v.)* position
menempatkan *(v.)* station
menempik *(v.)* bellow
menempuh *(v.)* weather
menemu duga *(v.)* interview
menemui *(v.)* discover
menenangkan *(v.)* appease
menenangkan *(v.)* becalm
menenangkan *(v.)* calm
menenangkan *(adj.)* calmative
menenangkan *(v.)* compose
menenangkan *(v.)* pacify
menenangkan *(v.)* poise
menenangkan *(v.)* solace
menenangkan *(v.)* soothe
menenangkan *(v.)* tranquillize
menenangkan hati *(v.)* comfort
menendang *(v.)* kick
menengking *(v.)* bark
menentang *(pref.)* anti
menentang *(v.)* buck
menentang *(v.)* militate
menentang kemajuan *(adj.)* reactionary
menentukan *(v.)* determine
menentukan masa *(v.)* time
menentukur *(v.)* calibrate
menenun *(v.)* weave
menenun kain *(v.)* brocade
menenung *(v.)* ogle

menepuk *(n.)* pat
menepuk tangan *(v.)* clap
menerangi *(v.)* brighten
menerangi *(v.)* illuminate
menerangi *(n.)* illumination
menerangi *(adj.)* lucent
menerangi belakang *(v.)* backlight
menerbangkan *(v.)* airlift
menerbitkan *(v.)* publish
menerima *(v.)* accept
menerima *(v.)* get
menerima *(v.)* receive
menerima *(adj.)* receptive
menerima *(v.)* tolerate
menerkam *(v.)* lunge
menerkam *(v.)* pounce
menerkam *(n.)* pounce
meneruskan *(v.)* continue
meneruskan *(v.)* persist
meneruskan *(v.)* proceed
meneruskan *(v.)* resume
meneruskan semula *(n.)* resumption
menetak *(v.)* hew
menetap *(adj.)* resident
menetap nada *(v.)* pitch
menetapkan *(v.)* set
menetapkan *(v.)* stipulate
menetapkan had *(v.)* demarcate
meneteramkan *(v.)* placate
menewaskan *(v.)* conquer
menewaskan *(v.)* vanquish
menfitnah *(v.)* asperse
mengabadikan *(v.)* eternalize
mengabaikan *(v.)* disregard
mengabaikan *(v.)* ignore
mengabaikan *(v.)* neglect
mengabaikan *(v.)* rubberneck
mengabdikan *(v.)* consecrate
mengaburi *(v.)* blear
mengaburkan *(v.)* blur
mengacau *(v.)* mess

mengacau *(v.)* stir
mengada-ngada *(v.)* emote
mengadili *(v.t.,)* umpire
mengadu *(v.)* confide
mengadu *(v.)* dob
mengagak *(v.)* speculate
mengagalkan *(adj.)* scotch
mengagihkan *(v.)* distribute
mengagumi *(v.)* admire
mengagumkan *(adj.)* imposing
mengagumkan *(adj.)* sublime
mengagung-agungkan *(v.)* glorify
mengahwini *(v.)* marry
mengaibkan *(v.)* degrade
mengaibkan *(v.)* dishonour
mengairi *(v.)* irrigate
mengait *(v.)* crochet
mengait *(v.)* knit
mengaitkan *(v.)* link
mengaitkan *(v.)* relate
mengajaibkan *(adj.)* miraculous
mengajar *(v.)* teach
mengajarkan *(v.)* moralize
mengajuk *(v.)* burlesque
mengajuk *(v.)* impersonate
mengajuk *(v.)* mimic
mengajuk *(n.)* mimicry
mengajuk *(v.)* parody
mengajukan *(v.)* propound
mengakibatkan *(v.)* effect
mengakibatkan *(v.)* spawn
mengakreditasi *(v.)* accredit
mengaktifkan *(v.)* activate
mengaku *(v.)* admit
mengakui *(v.)* avow
mengakui *(v.)* concede
mengakui *(v.)* acknowledge
mengakui *(v.)* confess
mengakui kebenaran *(v.)* daresay
mengalah *(v.)* rout
mengalah *(v.)* succumb

mengalahkan *(v.)* beat
mengalahkan *(v.)* defeat
mengalahkan *(v.)* outwit
mengalahkan *(v.)* worst
mengalamatkan *(v.)* address
mengalami *(v.)* experience
mengalihkan *(v.)* divert
mengalir *(v.)* discharge
mengalir *(v.)* flow
mengalir *(v.)* ooze
mengalir bersama *(adj.)* confluent
mengalirkan semula *(n.)* reconductor
mengalirkan udara *(v.)* ventilate
mengalungkan *(v.)* garland
mengamalkan *(v.)* practise
mengamanahkan *(v.)* entrust
mengamati *(v.)* behold
mengambil *(v.)* appropriate
mengambil *(v.)* fetch
mengambil *(v.)* take
mengambil alih *(n.)* takeover
mengambil bahagian *(v.)* partake
mengambil berlebihan *(v.)* overdose
mengambil gambar *(v.)* photograph
mengambil gambar *(v.)* shoot
mengambil hati *(v.)* please
mengambil kesempatan *(n.)* opportunism
mengambil pekerja *(v.)* employ
mengampu *(v.)* flatter
mengamuk *(adv.)* amuck
mengamuk *(n.)* berserk
mengamuk *(adj.)* beserk
mengamuk *(v.)* rampage
mengamuk *(n.)* rampage
menganalisa *(v.)* deconstruct
menganalisis *(v.)* analyse
mengancam *(v.)* menace
mengancam *(v.)* terrorize
mengancam *(v.)* threaten
mengancingkan *(v.)* buckle
mengandaikan *(v.)* presuppose
mengandungi *(v.)* comprise
mengandungi *(v.)* consist
mengandungi *(v.)* contain
mengandungi kiasan *(adj.)* allusive
menganggap *(v.)* account
menganggap *(v.)* ascribe
menganggap *(v.)* assume
menganggap *(v.)* deem
menganggap *(v.)* presume
menganggap *(v.)* reckon
menganggap *(v.)* suppose
mengganggu *(v.)* disrupt
mengangguk *(v.)* nod
menganginkan *(v.)* wind
mengangkat *(v.)* adopt
mengangkat *(v.)* heave
mengangkat *(v.)* lift
mengangkat *(v.)* raise
mengangkat *(v.)* windlass
mengangkat bahu *(v.)* shrug
mengangkat bahu *(n.)* shrug
mengangkat tengkuk *(v.)* scruff
mengangkut *(v.)* ferry
mengangkut *(v.)* transport
menganiaya *(v.)* persecute
menganiayai *(v.)* mistreat
menganjurkan *(v.)* advocate
menganotasi *(v.)* annotate
mengantuk *(adj.)* sleepy
mengantuk *(n.)* somnolent
menganugerahi *(v.)* award
menganugerahkan *(v.)* bestow
menganugerahkan *(v.)* confer
mengapankan *(v.)* shroud
mengapi-apikan *(v.)* incite
mengapi-apikan *(adj.)* inflammatory
mengapit *(v.)* sandwich

mengapung *(v.)* tread
mengarah *(v.)* order
mengarahkan *(v.)* command
mengarahkan *(v.)* instruct
mengarut *(adj.)* nonsensical
mengasah *(v.)* whet
mengasak *(v.)* jostle
mengasidkan *(v.)* acetify
mengasihi *(v.)* adore
mengasingkan *(v.)* isolate
mengasingkan *(v.)* seclude
mengasingkan *(v.)* sequester
mengasuh *(n.)* babysitting
mengata *(v.)* malign
mengatakan *(v.)* say
mengatapi *(v.)* thatch
mengatasi *(v.)* outdo
mengatasi *(v.)* overcome
mengatasi *(v.)* surpass
mengatasi *(v.)* transcend
mengatur *(v.)* arrange
mengatur *(v.)* organize
mengatur *(v.)* regulate
mengatur permainan *(v.)* gamemaster
mengatur seiring *(v.)* juxtapose
mengaudit *(v.)* audit
mengaum *(v.)* roar
mengawal *(v.)* control
mengawal *(v.)* curb
mengawal *(v.)* guard
mengawal tarikh *(n.)* antedate
mengawan *(v.)* copulate
mengawan *(v.)* mate
mengawasi *(v.)* monitor
mengawasi *(v.)* police
mengawasi *(v.)* supervise
mengawasi peperiksaan *(v.)* invigilate
mengawet *(v.)* embalm
mengayak *(v.)* riddle
mengayak *(v.)* sift
mengayuh *(v.)* paddle

mengayuh *(v.)* pedal
mengayuh *(v.)* row
mengayun *(v.)* swing
mengdekod *(v.)* decrypt
mengebom *(v.)* bomb
mengecam *(v.)* condemn
mengecam *(v.)* denounce
mengecap *(n.)* branding
mengecap *(n.)* degustation
mengecap *(v.)* stereotype
mengecas *(v.)* charge
mengecat *(v.)* paint
mengecek *(v.)* cadge
mengecewakan *(v.)* disappoint
mengecewakan *(v.)* frustrate
mengecilkan *(v.)* constrict
mengecualikan *(v.)* except
mengecualikan *(v.)* exclude
mengecut *(v.)* shrink
mengedarkan *(v.)* circulate
mengedipkan *(v.)* bat
mengeja *(v.)* spell
mengejar *(prep.)* after
mengejar *(v.)* chase
mengejar *(v.)* pursue
mengejek *(v.)* taunt
mengejek *(adv.)* teasingly
mengejek *(v.)* hoot
mengejutkan *(v.)* outrage
mengejutkan *(v.)* shock
mengejutkan *(v.)* surprise
mengekalkan *(v.)* immortalize
mengekalkan *(v.)* maintain
mengekalkan *(v.)* perpetuate
mengekang *(v.)* rein
mengekek *(v.)* giggle
mengeluarkan telur *(v.)* ovulate
mengekodkan *(v.)* cipher
mengekodkan *(v.)* code
mengekodkan *(n.)* cypher
mengekodkan *(v.)* encrypt
mengekori *(v.)* dog

mengekori *(v.)* tail
mengekot *(v.)* cringe
mengeksploitasi *(v.)* exploit
mengeksploitasi *(v.)* overwork
mengeksport *(v.)* export
mengekstrak *(v.)* extract
mengekstrapolasi *(v.)* extrapolate
mengelak *(v.)* dodge
mengelak *(v.)* elude
mengelak *(v.)* eschew
mengelak *(v.)* evade
mengelak *(v.)* hedge
mengelak *(v.)* ward
mengelakkan *(v.)* avert
mengelakkan *(v.)* avoid
mengelamun *(v.)* daydream
mengelamun *(adj.)* absent
mengelamun *(adj.)* scatty
mengelap *(v.)* sponge
mengelap *(v.)* towel
mengelap *(v.)* wipe
mengelap lantai *(v.)* mop
mengelar *(v.)* slash
mengelaskan *(v.)* classify
mengelektrifikasi *(v.)* electrify
mengelilingi *(v.)* circle
mengelilingi *(v.)* encircle
mengelilingi *(v.)* gird
mengelilingi *(v.)* skirt
mengelirukan *(adj.)* baffling
mengelirukan *(v.)* confuse
mengelirukan *(v.)* mystify
mengeluarkan *(v.)* emit
mengeluarkan *(n.)* withdrawal
mengeluarkan idea *(v.)* brainstorm
mengeluarkan isi *(v.)* deflesh
mengeluarkan perintah *(v.)* decree
mengeluarkan sampah *(v.)* scum
mengeluh *(v.)* sigh

mengemaskan *(v.)* declutter
mengemaskan *(v.)* stow
mengemaskan *(v.)* tidy
mengembalikan semula *(v.)* reinstate
mengembangkan *(v.)* expand
mengembara *(v.)* backpack
mengembara *(v.)* journey
mengembara *(v.)* travel
mengembek *(v.)* bleat
mengembiri *(v.)* geld
mengempelas *(v.)* sand
mengempiskan *(v.)* deflate
mengemudi *(v.)* navigate
mengemudi *(v.)* pilot
mengemukakan *(v.)* adduce
mengemukakan *(v.)* table
mengemulsi *(v.)* emulsify
mengenai *(prep.)* about
mengenai *(prep.)* of
mengenai mana *(adv.)* whereabout
mengenakan *(v.)* inflict
mengenakan cukai *(v.)* impose
mengenakan cukai *(v.)* tax
mengenakan denda *(v.)* fine
mengenakan harga *(v.)* price
mengenakan levi *(v.)* levy
mengenali *(v.)* recognize
mengenalpasti *(v.)* identify
mengenalpasti kedudukan *(v.)* orientate
mengendali *(v.)* steer
mengendalikan *(v.)* handle
mengendalikan *(v.)* man
mengendalikan *(v.)* manoeuvre
mengendalikan *(v.)* operate
mengendap *(adj.)* nosy
mengendurkan *(v.)* relax
mengenyit *(v.)* wince
mengenyit mata *(v.)* wink
mengepak-ngepak *(n.)* flutter
mengepam *(v.)* pump

mengepong *(v.)* siege
mengepung *(v.)* besiege
mengepung *(v.)* cordon
mengepung *(v.)* surround
mengerahkan *(v.)* draft
mengeram *(v.)* brood
mengeram *(v.)* incubate
mengerang *(v.)* groan
mengerang *(v.)* moan
mengeras *(v.)* stiffen
mengerikan *(adj.)* ghoulish
mengerikan *(adj.)* morbid
mengeringkan *(n.)* arefaction
mengeringkan *(v.)* dry
mengerling *(v.)* glance
mengerling *(v.)* squint
mengerutkan dahi *(v.)* frown
mengesahkan *(v.)* affirm
mengesahkan *(v.)* certify
mengesahkan *(v.)* confirm
mengesahkan *(v.)* endorse
mengesahkan *(v.)* substantiate
mengesahkan *(v.)* validate
mengesahkan *(v.)* verify
mengesan *(v.)* detect
mengesan *(v.)* locate
mengesan tepat *(v.)* localize
mengesankan *(v.)* affect
mengesyaki *(v.)* suspect
mengetahui *(v.)* know
mengetahui benar-benar *(adj.)* conversant
mengetatkan *(v.)* tighten
mengetepikan *(v.)* waive
mengetinkan *(v.)* can
mengetinkan *(v.)* tin
mengetuai *(v.)* head
mengetuk *(v.)* knock
mengetuk *(v.)* tap
mengewap *(v.)* aerify
mengewapkan *(v.)* gasify
mengezip *(v.)* zip

menggabungkan *(n.)* combination
menggabungkan *(adj.)* incorporate
menggagalkan *(v.)* foil
menggalakkan *(v.)* boost
menggalakkan *(v.)* encourage
menggalakkan *(adj.)* favourable
menggalakkan *(v.)* foster
menggambarkan *(v.)* depict
menggamit *(v.)* beckon
menggandakan *(v.)* redouble
mengganggu *(adj.)* chic
mengganggu *(v.)* bedevil
mengganggu *(v.)* bother
mengganggu *(v.)* disturb
mengganggu *(v.)* harass
mengganggu *(v.)* interrupt
mengganggu *(v.)* intrude
mengganggu *(v.)* tamper
mengganggu *(adj.)* taunting
mengganggu *(v.)* upset
mengganggu fikiran *(v.)* perturb
menggantikan *(v.)* displace
menggantikan *(v.)* relay
menggantikan *(v.)* replace
menggantikan *(v.)* substitute
menggantikan *(v.)* supersede
menggantung *(v.)* lynch
menggantung *(v.)* suspend
menggari *(v.)* cuff
menggari *(v.)* handcuff
menggari *(v.)* shackle
menggariskan *(v.)* underline
menggauk *(v.)* caw
menggayakan *(v.)* pose
menggebar *(v.)* flapping
menggelapkan kulit *(v.)* tan
menggelar *(v.)* dub
menggelas *(v.)* candy
menggelatin *(v.)* gelatinize
menggeleber *(adj.)* flabby
menggeledah *(v.)* ransack

menggelegakkan *(v.)* ebulliate
menggelembung *(v.)* billow
menggelepar *(v.)* convulse
menggeletar *(v.)* shudder
menggeletek *(v.)* tickle
menggeletuk *(v.)* clatter
menggeliang-geliut *(v.)* wriggle
menggeluncur *(v.)* slide
menggelupas *(adj.)* flaking
menggemari buku *(n.)* bookish
menggembirakan *(v.)* delight
menggembirakan *(adj.)* delightful
menggembirakan *(v.)* elate
menggembirakan *(v.)* gladden
menggembirakan *(n.)* joyful
menggembirakan *(n.)* uplift
menggemparkan penonton *(n.)* showstopper
menggenggam *(v.)* clasp
menggenggam *(v.)* fist
menggenggam *(v.)* grip
menggerakkan *(v.)* deploy
menggerakkan *(v.)* mobilize
menggerakkan keretapi *(v.)* shunt
menggerakkan mulut *(v.)* mouth
menggerakkan plat *(v.)* obduct
menggeresek *(v.)* crepitate
menggergaji *(v.)* saw
menggerudi *(v.)* drill
menggerunkan *(adj.)* formidable
menggerunkan *(v.)* horrify
menggerutup *(v.)* crackle
menggesa *(v.)* urge
menggeselkan hidung *(v.)* nuzzle
mengghairahkan *(v.)* eroticize
menggigil *(v.)* quiver
menggigil *(v.)* shiver
menggigit *(v.)* bite
menggigit kecil *(v.)* nibble

menggilap *(v.)* polish
menggilirkan *(v.)* alternate
menggoda *(v.)* allure
menggoda *(adj.)* enticing
menggoda *(v.)* mack
menggoda *(v.)* seduce
menggoda *(adj.)* seductive
menggoda *(v.)* tantalize
menggoda *(v.)* tempt
menggodam *(v.)* hack
menggolekkan *(v.)* bowl
menggoncang *(v.)* shake
menggondolkan *(v.)* denude
menggoreng *(v.)* fry
menggosok *(v.)* rub
menggubah *(v.)* compose
menggubal undang-undang *(v.)* legislate
menggugurkan *(v.)* abort
menggulingkan *(v.)* depose
menggulingkan *(v.)* overthrow
menggulingkan *(v.)* subvert
menggulung *(v.)* furl
menggulung *(v.)* reel
menggulung *(v.)* roll
menggumam *(v.)* murmur
mengguman *(v.)* mutter
menggunakan *(v.)* adhibit
menggunakan *(v.)* apply
menggunakan *(v.)* consume
menggunakan *(v.)* resort
menggunakan *(v.)* use
menggunakan *(v.)* utilize
menggunakan kanji *(v.)* starch
menggunakan sinar-x *(v.)* x-ray
menggunakan tampon *(v.)* tampon
menggunakan telegraf *(v.)* telegraph
menggunakan vena *(v.)* vein
menggunting *(v.)* clip
menggunung *(v.)* well
menghabiskan *(v.)* squander

menghabiskan masa *(v.)* while
menghablur *(v.)* crystalize
menghadam *(v.)* digest
menghadap *(v.)* front
menghadap laut *(adj.)* beachfront
menghadapi *(v.)* face
menghadapi *(v.)* surmount
menghadiahkan *(v.)* gift
menghadiri *(v.)* attend
menghadkan *(v.)* limit
menghadkan *(v.)* restrict
menghairankan *(v.)* astonish
menghairankan *(v.)* stump
menghakimi *(v.)* judge
menghakis *(v.)* erode
menghakis *(adj.)* erosive
menghala *(prep.)* towards
menghalakan *(v.)* aim
menghalakan *(v.)* direct
menghalang *(v.)* block
menghalang *(v.)* forestall
menghalang *(v.)* hinder
menghalang *(v.)* impede
menghalang *(v.)* inhibit
menghalang *(v.)* obstruct
menghalang *(adj.)* obstructive
menghalang *(v.)* occlude
menghalang *(v.)* preclude
menghalang *(v.)* thwart
menghaluskan *(v.)* smooth
menghaluskan *(v.)* sublimate
menghampiri *(v.)* accost
menghancurkan *(v.)* crush
menghangatkan *(v.)* warm
menghanguskan *(v.)* scorch
menghantar *(v.)* deliver
menghantar *(v.)* send
menghantar *(v.)* ship
menghantar *(v.)* transmit
menghantar *(v.)* forward
menghantar faks *(n.)* fax
menghantui *(v.)* haunt

menghapuskan *(v.)* annihilate
menghapuskan *(v.)* eliminate
menghapuskan *(v.)* obliterate
menghapuskan besar *(v.)* decimate
menghapuskan diri *(v.)* self-destruct
mengharamkan *(v.)* ban
mengharamkan *(v.)* outlaw
menghargai *(v.)* appreciate
menghargai *(v.)* cherish
menghargai *(v.)* prize
menghargai *(v.)* treasure
mengharungi *(v.)* breast
menghasilkan *(v.)* generate
menghasilkan *(v.)* produce
menghasilkan *(v.)* yield
menghasilkan *(v.)* result
menghasilkan semula *(v.)* reproduce
menghasilkan suara *(adj.)* ventriloquistic
menghasut *(v.)* instigate
menghasut *(adj.)* seditious
menghela *(v.)* draw
menghembuskan *(v.)* puff
menghempas *(v.)* plank
menghempas *(v.)* slam
menghendaki *(n.)* will
menghendap *(v.)* stalk
menghentak *(v.)* ram
menghentak kaki *(v.)* storm
menghentam *(v.)* bash
menghentam *(v.)* belabour
menghentikan *(v.)* cease
menghentikan *(v.)* discontinue
menghentikan *(v.)* stem
menghentikan *(v.)* stop
mengheret *(v.)* drag
mengheret *(v.)* trail
mengherotbenyotkan *(v.)* distort
menghias *(v.)* accessorise

menghias *(v.)* bedight
menghias *(v.)* ornament
menghias hidangan *(v.)* garnish
menghiasi *(v.)* decorate
menghiaskan *(v.)* orn
menghiburkan *(v.)* amuse
menghiburkan *(n.)* consolation
menghidu *(v.)* nose
menghidu *(v.)* smell
menghidu *(v.)* sniff
menghidupkan *(v.)* animate
menghidupkan *(v.)* vitalize
menghidupkan semula *(v.)* regenerate
menghijau *(adj.)* verdant
menghilangkan dara *(v.)* deflower
menghilangkan diri *(v.)* decamp
menghimpunkan *(v.)* assemble
menghimpunkan *(v.)* compile
menghina *(v.)* affront
menghina *(adj.)* derogatory
menghina *(v.)* humiliate
menghina *(v.)* insult
menghina *(v.)* scorn
menghina *(v.)* slight
menghindari *(v.)* circumvent
menghindari *(v.)* shirk
menghiraukan *(v.)* care
menghiris *(v.)* slice
menghisap *(v.)* suck
menghisap *(v.)* suckle
menghitamkan *(v.)* blacken
menghitamkan *(v.)* shade
menghitung *(v.)* enumerate
menghitung semula *(v.)* recount
menghormati *(v.)* honour
menghormati *(v.)* respect
menghormati *(v.)* revere
menghormati *(v.)* venerate
menghubungi *(v.)* call
menghubungi *(v.)* contact
menghubungkan *(v.)* bridge

menghubungkan *(v.)* correlate
menghujani *(v.)* rain
menghukum *(v.)* castigate
menghukum *(v.)* chastise
menghukum *(v.)* penalize
menghukum *(v.)* punish
menghukum *(adj.)* punitive
menghuni *(v.)* occupy
menghuni *(v.)* populate
menghunus *(v.)* draw
menghuraikan *(v.)* describe
menghutankan *(v.)* afforest
mengiakan *(adj.)* affirmative
mengiakan *(adv.)* affirmatively
mengiau *(v.)* mew
mengidam *(v.)* crave
mengidam *(n.)* craving
mengidealkan *(v.)* idealize
mengikat *(v.)* bind
mengikat *(v.)* rope
mengikat *(v.)* strap
mengikat *(v.)* tie
mengikat tali *(v.t.)* lace
mengikir *(v.)* file
mengiklankan *(v.)* advertise
mengiklankan *(v.)* publicize
mengikut *(v.)* comply
mengikut *(v.)* follow
mengikut jejak *(v.)* emulate
mengikut musim *(adj.)* seasonal
mengikut penggal *(n.)* sessional
mengikut perkataan *(adv.)* verbatim
mengikut tradisi *(adj.)* orthodox
mengikut ucapan *(adj.)* verbatim
mengilang *(v.)* manufacture
mengilap *(adj.)* glossy
mengilap *(v.)* mercerise
mengilatkan *(v.)* varnish
mengilhamkan *(v.)* inspire
mengilustrasi *(v.)* illustrate

mengimbangi *(v.)* offset
mengimbangkan *(v.)* balance
mengimbas *(v.)* scan
mengimplikasikan *(v.)* imply
mengingat kembali *(v.)* recollect
mengingati *(v.)* remember
mengingatkan *(adj.)* mnemonic
mengingatkan *(v.)* remind
mengingatkan *(adj.)* reminiscent
menginginkan *(v.)* desire
menginginkan *(v.)* yen
mengingkari *(v.)* disobey
menginokulasi *(v.)* inoculate
menginsafkan *(v.)* chasten
menginsuranskan *(v.)* insure
mengintai *(v.)* peep
mengintip *(n.)* peep
mengintip *(v.)* spy
mengira *(v.)* calculate
mengira *(v.)* compute
mengira *(v.)* count
mengirim *(v.)* mail
mengirim wang *(v.)* remit
mengiring *(adv.)* sideway
mengiringi *(v.)* convoy
mengiringi *(v.)* escort
mengisar *(v.)* grind
mengisar *(v.)* mill
mengisi *(v.)* fill
mengisyaratkan *(v.)* motion
mengisyaratkan *(v.)* signal
mengisytiharkan *(v.)* declare
mengizinkan *(v.)* consent
mengizinkan *(v.)* grant
mengizinkan *(v.)* permit
mengizinkan *(v.)* sanction
mengkagumkan *(v.)* impress
mengkagumkan *(adj.)* magnificent
mengkagumkan *(adj.)* spectacular
mengkaji diri *(v.)* introspect

mengkaji nama *(adj.)* onomastic
mengkaji selidik *(v.)* survey
mengkapurkan *(v.)* whitewash
mengkarbonkan *(v.)* carbonize
mengkatalogkan *(v.)* catalogue
mengkhususkan *(v.)* specify
mengkritik *(v.)* censure
mengkritik *(v.)* criticize
mengokot *(v.)* staple
mengorbankan *(v.)* sacrifice
mengorek *(v.)* dig
mengorek *(v.)* excavate
mengorek *(v.)* ferret
mengorek *(v.)* hollow
mengorek *(v.)* scrape
mengosok *(v.)* sandpaper
mengosongkan *(v.)* empty
mengosongkan *(v.)* vacate
mengotorkan *(v.)* bemire
mengotorkan *(v.)* mire
mengotorkan *(v.)* profane
mengotorkan *(v.)* soil
mengoyak *(v.)* rip
mengoyakkan *(v.)* tatter
mengoyakkan *(v.)* tear
mengozonkan *(v.)* ozonate
menguap *(v.)* yawn
menguari *(v.)* quarry
menguasai *(v.)* dominate
menguasai *(v.)* master
menguasai *(v.)* overpower
menguasai *(v.)* overwhelm
menguasai *(v.)* subjugate
menguasai *(v.)* tackle
menguatkan *(v.)* amplify
menguatkan *(v.)* strengthen
menguatkuasakan *(v.)* enforce
mengubah *(v.)* change
mengubah suai *(v.)* modify
mengubat *(adj.)* medicinal
mengubati *(v.)* cure
mengubati *(v.)* scab
menguburkan *(v.)* bury

mengucapkan *(v.)* bid
mengucapkan tahniah *(v.)* congratulate
mengucapkan tahniah *(v.)* felicitate
mengucilkan *(v.)* excommunicate
menguek *(v.)* quack
mengugut *(v.)* intimidate
menguji *(v.)* test
mengukir *(v.)* cameo
mengukir *(v.)* carve
mengukir *(v.)* engrave
mengukir *(v.)* etch
mengukir *(v.)* sculpt
mengukuhkan *(v.)* consolidate
mengukuhkan *(v.)* fortify
mengukuhkan *(v.)* reinforce
mengukus *(v.)* steam
mengulang kaji *(v.)* revise
mengulangi *(adj.)* recurrent
mengulangi *(v.)* reiterate
mengulangi *(v.)* relapse
mengulangi *(v.)* repeat
mengulas *(v.)* comment
mengulas *(v.)* review
mengumpan *(v.)* bait
mengumpan *(v.)* decoy
mengumpan *(v.)* lure
mengumpat *(v.)* backbite
mengumpat *(v.)* blab
mengumpul *(v.)* collect
mengumpulkan *(v.)* accrete
mengumpulkan *(v.)* accumulate
mengumpulkan *(v.)* aggregate
mengumpulkan *(v.)* amass
mengumpulkan *(v.)* gather
mengumpulkan *(v.)* group
mengumpulkan *(v.)* muster
mengumpulkan tiram *(v.)* oyster
mengumumkan *(v.)* announce
mengumumkan *(v.)* herald

mengumumkan *(v.)* proclaim
mengunci *(v.)* lock
mengundi *(v.)* ballot
mengundi *(v.)* elect
mengundi *(v.)* vote
mengungkai *(v.)* undo
mengungkapkan *(v.)* phrase
menguning *(v.)* yellow
menguntukkan *(v.)* allocate
menguntungkan *(v.)* advantage
menguntungkan *(adj.)* advantageous
menguntungkan *(adj.)* lucrative
menguntungkan *(adj.)* profitable
menguntungkan *(adj.)* remunerative
mengunyah *(v.)* chew
mengunyah *(v.)* crunch
mengunyah *(v.)* masticate
mengunyah *(v.)* munch
mengupah *(v.)* hire
mengupas *(v.)* peel
mengupas *(v.)* shell
mengurang *(n.)* decrease
mengurangkan *(v.)* allay
mengurangkan *(v.)* alleviate
mengurangkan *(v.)* assuage
mengurangkan *(v.)* dampen
mengurangkan *(v.)* decrease
mengurangkan *(v.)* deplete
mengurangkan *(v.)* diminish
mengurangkan *(v.)* lessen
mengurangkan *(v.)* mitigate
mengurangkan *(v.)* reduce
mengurangkan bunyi *(v.)* muffle
mengurangkan kalsium *(v.)* decalcifiy
mengurangkan pemecahan *(v.)* defragment
mengurangkan tekanan *(v.)* decompress

mengurangkan tekanan *(v.)* destress	menimpa *(v.)* befall
mengurniai kesatria *(v.)* knight	menindas *(v.)* oppress
mengurniakan *(v.)* endow	menindas *(v.)* repress
mengurung *(v.)* cage	meninggalkan *(v.)* abandon
mengurung *(v.)* confine	meninggalkan *(v.)* desert
mengurung *(v.)* encage	meninggalkan *(v.)* forsake
mengurung *(v.)* encapsulate	meninggalkan *(v.)* leave
mengurung *(v.)* pen	meninggalkan *(n.)* left
mengurus *(v.)* manage	meninggalkan *(v.)* relinquish
menguruskan badan *(v.)* slim	meninggalkan kesan *(v.)* stain
mengurut *(v.)* massage	meninggalkan parut *(v.)* scar
mengusap *(v.)* stroke	meninggalkan tanda *(v.)* imprint
mengusap *(n.)* fondling	meningitis *(n.)* meningitis
mengusir *(v.)* evict	meningkat *(v.)* rise
mengusutkan *(v.)* ruffle	meningkatkan *(v.)* enhance
mengusutkan *(v.)* tangle	meningkatkan *(v.)* heighten
mengutarakan *(v.)* pose	meninjau *(v.)* scout
meniarap *(v.)* prostrate	meninjau kembali *(adj.)* retrospective
meniduri *(v.)* bed	menipiskan *(v.)* thin
menikam *(v.)* stab	menipu *(v.)* bluff
menikmati *(v.)* bask	menipu *(v.)* cheat
menikmati *(v.)* enjoy	menipu *(v.)* deceive
menikmati *(v.)* relish	menipu *(v.)* dupe
menikmati *(v.)* savour	menipu *(v.)* gull
menilai *(v.)* appraise	menipu *(v.)* swindle
menilai *(v.)* assess	menipu *(v.)* trick
menilai *(v.)* evaluate	menipu *(v.)* victimize
menilai *(v.)* rate	menipu lokaliti *(v.)* nack
menilai *(v.)* size	meniru *(v.)* ape
menilai *(v.)* value	meniru *(v.)* imitate
menimang-nimang *(v.)* dandle	menirus *(v.)* taper
menimbang *(v.)* scale	menitis *(v.)* drip
menimbang *(v.)* weigh	menitis *(v.)* trickle
menimbang tara *(v.)* arbitrate	meniup *(v.)* blow
menimbulkan *(v.)* arouse	meniup trompet *(v.)* trumpet
menimbulkan *(v.)* cast	menjadi *(v.)* be
menimbulkan kacau-bilau *(v.)* foment	menjadi *(pref.)* be
menimbulkan kemarahan *(adj.)* maddening	menjadi *(v.)* become
	menjadi *(n.)* morph
menimbun *(v.)* bank	menjadi asid *(v.)* acidify
menimbunkan *(v.)* pile	menjadi askar *(v.)* soldier
	menjadi balu *(v.)* widow

menjadi gas *(adj.)* gasified
menjadi gelap *(v.)* darken
menjadi kabur *(v.)* fuzz
menjadi kawan *(v.)* befriend
menjadi kejam *(v.)* brutify
menjadi kelam *(v.)* darkle
menjadi keras *(v.)* harden
menjadi kuat *(v.)* toughen
menjadi lapuk *(v.)* stale
menjadi layu *(v.)* wither
menjadi lemah *(v.)* atrophy
menjadi lemah *(v.t. & i)* weaken
menjadi malap *(v.)* dim
menjadi masak *(v.)* ripen
menjadi masam *(v.)* sour
menjadi matang *(v.)* mature
menjadi merah *(adv.)* ablush
menjadi merah *(v.)* blush
menjadi merah *(adj.)* blushing
menjadi merah *(v.)* redden
menjadi pelopor *(v.)* spearhead
menjadi pucat *(v.)* pale
menjadi pudar *(v.)* fade
menjadi senyap *(v.t.)* quiet
menjadi sumbing *(v.)* chip
menjadi tegang *(v.)* tense
menjadi tulang *(v.)* ossify
menjadi wap *(v.)* vaporize
menjadikan *(v.)* make
menjadikan berperikemanusiaan *(v.)* humanize
menjadikan dibenarkan *(v.)* legalize
menjadikan gelas *(v.)* glassify
menjadikan genap *(v.)* even
menjadikan hamba *(v.)* slave
menjadikan hodoh *(v.)* uglify
menjadikan kalis api *(v.)* fireproof
menjadikan kaya *(v.)* enrich
menjadikan lapan *(n.)* octuplicate

menjadikan neutral *(v.)* neutralize
menjadikan normal *(v.)* normalize
menjadikan ozon *(n.)* ozonation
menjadikan perak *(v.)* silver
menjadikan sempit *(v.)* straiten
menjadualkan *(v.)* schedule
menjadualkan *(v.)* tabulate
menjaga *(v.)* fend
menjaga *(v.)* mother
menjaga budak *(v.)* babysit
menjahit *(v.)* sew
menjahit *(v.)* stitch
menjahitkan *(v.)* seam
menjajarkan *(v.)* align
menjalani *(v.)* undergo
menjalankan *(v.)* conduct
menjalankan *(v.)* execute
menjalankan *(v.)* undertake
menjalankan kewajipan *(n.)* observance
menjalankan upacara *(v.)* solemnize
menjalin *(v.)* braid
menjamin *(v.)* assure
menjamin *(v.)* guarantee
menjamin *(v.)* vouch
menjamin *(v.)* vouchsafe
menjamu *(v.)* feast
menjangka *(v.)* anticipate
menjangka *(v.)* expect
menjangkiti *(v.)* infect
menjangkiti *(v.)* transmit
menjarakkan *(v.)* space
menjatuhkan *(v.)* deck
menjatuhkan *(v.)* fell
menjatuhkan *(v.)* floor
menjatuhkan hukuman *(v.)* sentence
menjauhi tengah *(adj.)* centrifugal
menjauhi tengah *(v.)* decentre

menjawab *(v.)* answer
menjawab *(v.)* retort
menjawab *(n.)* talkback
menjayakan *(v.)* accomplish
menjegil *(v.)* glare
menjejaki *(v.)* trace
menjejaki *(v.)* track
menjejaki *(v.)* traunch
menjejaki semula *(v.)* retrace
menjejaluri *(v.)* flute
menjejaskan *(v.)* undermine
menjejaskan pernafasan *(adj.)* aerodigestive
menjelajah *(v.)* cruise
menjelajah *(v.)* explore
menjelaskan *(v.)* clarify
menjelaskan *(v.)* elucidate
menjelaskan *(v.)* enlighten
menjelaskan *(v.)* explain
menjelaskan *(v.)* paraphrase
menjelaskan *(v.)* prescribe
menjelaskan hutang *(v.)* liquidate
menjelekkan *(v.)* nettle
menjelma *(v.)* embody
menjelma *(v.)* incarnate
menjemput *(v.)* invite
menjemukan *(adj.)* humdrum
menjemukan *(adj.)* tedious
menjengkelkan *(adj.)* irksome
menjengkelkan *(v.)* irritate
menjengkelkan *(adj.)* obnoxious
menjengket *(n.)* tip
menjentik *(v.)* flip
menjerat *(v.)* snare
menjerit *(v.)* scream
menjerit *(v.)* shout
menjerit *(v.)* yell
menjerit nyaring *(v.)* shriek
menjerukkan *(v.)* pickle
menjerut leher *(v.)* garrotte
menjijikkan *(v.)* detest
menjijikkan *(adj.)* filthy
menjijikkan *(adj.)* loathsome
menjijikkan *(adj.)* repulsive
menjijikkan *(adj.)* seamy
menjilat *(v.)* lick
menjinakkan *(v.)* tame
menjolok mata *(adj.)* gaudy
menjual *(v.)* sell
menjugel *(v.)* juggle
menjumlahkan *(v.)* sum
menjumlahkan *(v.)* total
menjunam *(adv.)* headlong
menjustifikasikan *(v.)* justify
menobatkan *(v.)* crown
menodai *(n.)* defile
menodai *(v.)* maculate
menokok tambah *(v.)* exaggerate
menolak *(v.)* decline
menolak *(v.)* negative
menolak *(v.)* overrule
menolak *(v.)* push
menolak *(v.)* rebuff
menolak *(v.)* refuse
menolak *(v.)* reject
menolak *(v.)* reproach
menolak *(v.)* repudiate
menolak *(v.)* repulse
menolak *(v.)* resist
menolak *(v.)* shove
menolak *(v.)* shun
menolak *(v.)* snub
menolak *(v.)* spurn
menolak *(v.)* subtract
menolak *(v.)* thrust
menolong *(n.)* aid
menolong *(v.)* help
menolong *(n.)* soliloquy
menombori halaman *(v.)* page
menonjol *(adj.)* prominent
menonjolkan *(v.)* feature
menopang *(v.)* prop
menopang *(v.)* shore
menopaus *(n.)* menopause

mensabitkan *(v.)* convict
mensabotaj *(v.)* sabotage
mensenyawakan *(v.)* fertilize
mensiklostil *(v.)* cyclostyle
menstabilkan *(v.)* stabilize
menstabilkan *(v.)* steady
mentadbir *(v.)* administer
mentafsir *(v.)* interpret
mentafsirkan *(v.)* decipher
mentafsirkan kod *(v.)* decode
mentah *(adj.)* callow
mentah *(adj.)* raw
mentakdirkan *(v.)* fate
mentakrifkan *(v.)* define
mental *(adj.)* mental
mentega *(n.)* butter
mentega *(n.)* shortening
mentega susu *(n.)* buttermilk
menteri *(n.)* minister
menterjemahkan *(v.)* translate
menternak *(v.)* ranch
mentol *(n.)* bulb
mentol *(n.)* flashbulb
mentor *(n.)* mentor
menu *(n.)* menu
menuai *(v.)* harvest
menuai *(n.)* reap
menuang *(v.)* pour
menuang *(v.)* tap
menuas *(v.)* lever
menubi *(v.)* pepper
menubuhkan *(v.)* establish
menuduh *(v.)* accuse
menuduh *(v.)* arraign
menuduh *(v.)* impute
menugaskan *(v.)* assign
menugaskan *(v.)* task
menuju *(adj.)* bound
menuju pantai *(adj.)* shoreward
menujukan *(v.)* rifle
menukar *(v.)* alter
menukar *(v.)* convert
menukarkan *(v.)* barter

menukul *(v.)* hammer
menular *(adj.)* contagious
menulis *(v.)* chalk
menulis *(v.)* inscribe
menulis *(v.)* pencil
menulis *(v.)* write
menulis sajak *(v.)* versify
menumbuk *(v.)* punch
menumbuk *(v.)* thump
menumpahkan *(v.)* spill
menumpangkan *(v.)* house
menumpaskan *(v.)* suppress
menumpu *(adj.)* focusing
menumpukan pada *(v.)* zoom
menumpukan perhatian *(v.)* concentrate
menunda *(v.)* tow
menunggang *(v.)* ride
menunggang basikal *(v.)* cycle
menunggu *(v.)* await
menunggu *(v.)* bide
menunggu *(v.)* wait
menunjukkan *(v.)* bespeak
menunjukkan *(v.)* demonstrate
menunjukkan *(v.)* denote
menunjukkan *(v.)* indicate
menunjukkan *(adj.)* indicative
menunjukkan *(v.)* show
menunjukkan *(v.)* signify
menunjukkan simptom *(adj.)* symptomatic
menunjuk-nunjuk *(v.)* flaunt
menunjuk-nunjuk *(adj)* gala
menunjuk-nunjuk *(n.)* ostentation
menunjuk-nunjuk *(adj.)* ostentatious
menuntut *(v.)* claim
menuntut *(v.)* reclaim
menurap *(v.)* pave
menurap jalan *(v.)* tar
menurun *(v.)* backslide
menurun *(v.)* lapse

menurun *(adj.)* declinous
menuruni *(prep.)* down
menurunkan *(v.)* cheapen
menurunkan kualiti *(v.)* debase
menurut *(n.)* accordance
menurut abjad *(adj.)* alphabetical
menurut kemahuan *(adj.)* indulgent
menutup *(v.)* close
menutup *(v.)* cover
menutup *(v.)* shut
menutup *(v.)* veil
menutup mata *(v.)* blindfold
menutupi *(v.)* cap
menutupi *(v.)* coat
menutupi *(v.)* drape
menyabit *(v.)* scythe
menyabun *(v.)* soap
menyadur *(v.)* galvanize
menyadur *(v.)* gild
menyadur *(v.)* glaze
menyadur *(v.)* plate
menyahaktifkan *(v.)* deactivate
menyahhidratkan *(v.)* dehydrate
menyahjajah *(v.)* decolonize
menyahkawalan *(v.)* decontrol
menyahkutubkan *(v.)* depolarize
menyahlembabkan *(v.)* dehumidify
menyahstabilkan *(v.)* destabilize
menyakat *(v.)* tease
menyakat *(n.)* teasing
menyakiti *(v.)* afflict
menyakiti *(v.)* agonize
menyakiti *(v.)* hurt
menyakitkan *(adj.)* painful
menyakitkan hati *(v.)* annoy
menyakitkan hati *(adj.)* offensive
menyaksikan *(v.)* witness

menyala *(adj.)* fiery
menyala *(v.)* flame
menyala *(v.)* flare
menyalahgunakan *(v.)* abuse
menyalahgunakan *(v.)* misappropriate
menyalahgunakan *(v.)* misuse
menyalahkan *(v.)* blame
menyalahkan *(v.)* scapegoat
menyalak *(v.)* bark
menyalak *(v.)* yap
menyalakan *(v.)* kindle
menyalakan *(v.)* light
menyalib *(v.)* crucify
menyalib *(v.)* savage
menyalin *(v.)* copy
menyalurkan *(v.)* drain
menyaluti *(v.)* case
menyamakan *(v.)* equalize
menyamakan *(v.)* equate
menyamakan *(v.)* liken
menyaman *(v.)* sue
menyamar *(v.)* disguise
menyamarkan diri *(adj.)* camouflaged
menyambar *(v.)* seize
menyambar *(v.)* swoop
menyambung *(v.)* join
menyambung *(v.)* wire
menyambungkan *(v.)* yoke
menyambut *(v.)* welcome
menyampaikan *(v.)* impart
menyampaikan *(v.)* present
menyangkal *(v.)* confute
menyangkal *(v.)* contradict
menyangkal *(v.)* refute
menyanjung *(v.)* adulate
menyanjung *(v.)* extol
menyanjung *(v.)* laud
menyanyi *(v.)* sing
menyapa *(v.)* greet
menyapu *(v.)* sweep
menyapu bedak *(v.)* powder

menyapu debu *(v.)* dust
menyapu mentega *(v.)* butter
menyarungkan *(v.)* sheathe
menyatakan *(v.)* express
menyatakan *(v.)* state
menyatukan *(v.)* weld
menyayangi berlebihan *(v.)* doating
menyebabkan *(v.)* cause
menyebabkan *(v.)* incur
menyebabkan *(v.)* occasion
menyebabkan kematian *(adj.)* deadly
menyebabkan kesedihan *(v.)* distress
menyebabkan marah *(v.)* embitter
menyebabkan meradang *(adj.)* annoying
menyebabkan retak *(v.)* fracture
menyebabkan tumor *(adj.)* oncogenic
menyebar luas *(v.)* spread
menyebarkan *(v.)* propagate
menyebelahi *(v.)* side
menyebut *(v.)* mention
menyebut *(v.)* pronounce
menyebut *(v.)* utter
menyebut sepatah *(adj.)* monosyllabic
menyebut sipi-sipi *(v.)* allude
menyebutkan *(v.)* enunciate
menyedari *(v.)* realize
menyederhanakan *(v.)* moderate
menyediakan *(v.)* prepare
menyediakan *(v.)* provide
menyediakan draf *(v.)* draft
menyediakan perabot *(v.)* furnish
menyedihkan *(v.)* depress
menyedihkan *(adj.)* pathetic
menyedihkan *(adj.)* pitiable
menyedihkan *(v.)* sadden
menyegarkan *(v.)* refresh
menyegerakan *(v.)* expedite
menyeimbangkan *(n.)* offset
menyejukkan *(v.)* cool
menyejukkan *(v.)* refrigerate
menyekat *(v.)* debar
menyekat *(v.)* roadblock
menyeksa *(v.)* torment
menyeksa *(v.)* torture
menyelak *(v.)* bolt
menyelak *(v.)* deadbolt
menyelak *(v.)* thumb
menyelamat *(n.)* rescue
menyelamatkan *(v.)* rescue
menyelamatkan *(v.)* salvage
menyelamatkan *(v.)* save
menyelaraskan *(v.)* coordinate
menyelesaikan *(v.)* settle
menyelesaikan *(v.)* solve
menyelia *(v.)* oversee
menyelia *(v.)* superintend
menyelidik *(v.)* research
menyelongkar *(v.)* rummage
menyelubungi *(v.)* eclipse
menyelubungi *(v.)* envelop
menyelubungi *(v.)* mantle
menyelubungi kegelapan *(v.)* benight
menyeludup *(v.)* smuggle
menyeludup *(v.)* sneak
menyeluruh *(adj.)* comprehensive
menyemadikan *(v.)* enshrine
menyemai *(v.)* seed
menyemai *(v.)* sow
menyemai idea *(v.)* instil
menyemak *(v.)* check
menyemak *(v.)* revise
menyembelih *(v.)* butcher
menyembelih *(v.)* slaughter
menyembunyikan *(v.)* conceal
menyembunyikan *(v.)* harbour

menyembunyikan *(v.)* hide
menyemburkan *(v.)* spray
menyempurnakan *(v.)* perfect
menyempurnakan *(v.)* refine
menyenangkan *(adj.)* agreeable
menyenangkan *(adj.)* pleasant
menyenangkan *(adj.)* winsome
menyenaraikan *(v.)* list
menyendal *(v.)* gib
menyendal *(v.)* wedge
menyenduk *(v.)* ladle
menyengat *(v.)* sting
menyental *(v.)* scrub
menyentap *(v.)* tug
menyentuh *(v.)* touch
menyenyapkan *(v.)* still
menyepit *(v.)* peg
menyerah *(v.)* capitulate
menyerah *(v.)* cede
menyerah *(v.)* submit
menyerah *(v.)* surrender
menyerahkan *(v.)* consign
menyerahkan *(v.)* hand
menyeramkan *(adj.)* creepy
menyeramkan *(adj.)* eerie
menyerang *(v.)* assail
menyerang *(n.)* assault
menyerang *(v.)* attack
menyerang *(v.)* invade
menyerang *(v.)* maraud
menyerang *(v.t)* overrun
menyerang *(v.)* raid
menyerang hendap *(v.)* ambuscade
menyerang lisan *(v.)* shoot
menyerap *(v.)* absorb
menyerapkan *(v.)* assimilate
menyerbu *(v.)* foray
menyeret *(v.)* shamble
menyerikan *(v.)* grace
menyeronokkan *(adj.)* enjoyable
menyerpih *(v.)* flake
menyerpih *(v.)* splinter

menyertai *(v.)* participate
menyertai semula *(v.)* rejoin
menyesakkan *(v.)* mob
menyesakkan napas *(adj.)* oppressive
menyesal *(v.)* regret
menyesatkan *(adj.)* deceptive
menyesuaikan *(v.)* adapt
menyesuaikan *(v.)* adjust
menyesuaikan *(v.)* reappropriate
menyeterika *(v.)* iron
menyewa *(v.)* rent
menyewakan *(v.)* sublet
menyiarkan *(v.)* broadcast
menyiasat *(v.)* investigate
menyiasat *(v.)* probe
menyibuk *(v.)* pry
menyifatkan *(v.)* attribute
menyihir *(v.)* bewitch
menyikat *(v.)* comb
menyiku *(v.)* nudge
menyilaukan *(adj.)* aglare
menyilaukan *(v.)* dazzle
menyilaukan mata *(adj.)* dazzling
menyimen *(v.)* cement
menyimpan *(v.)* bank
menyimpan *(v.)* save
menyimpan *(v.)* pocket
menyimpan bekalan *(v.)* store
menyimpan kuda *(v.)* stable
menyimpang *(v.)* digress
menyimpang *(n.)* perversion
menyimpulkan *(v.)* conclude
menyimpulkan *(v.)* knot
menyinari *(v.)* irradiate
menyindir *(v.)* insinuate
menyindir *(v.)* lampoon
menyindir *(adj.)* satirical
menyinggung perasaan *(v.)* offend
menyingkirkan *(v.)* dismiss

menyingkirkan *(v.)* oust
menyiram *(v.)* water
menyisik *(v.)* descale
menyoal *(v.)* ask
menyoal *(v.)* question
menyoal siasat *(v.)* interrogate
menyodok *(v.)* shovel
menyodok *(v.)* spade
menyogok *(v.)* bribe
menyokong *(v.)* back
menyokong *(v.)* corroborate
menyokong *(adj.)* corroborative
menyokong *(v.)* second
menyokong *(v.)* support
menyondol *(v.)* butt
menyongsangkan *(v.)* invert
menyorokkan *(v.)* occult
menyorong *(v.)* wheel
menyuarakan *(v.)* voice
menyucikan *(v.)* sanctify
menyudu *(v.)* spoon
menyukat *(v.)* measure
menyuling *(v.)* distil
menyumbang *(v.)* contribute
menyumbat *(v.)* cram
menyumbat *(v.)* plug
menyumbat *(v.)* stuff
menyumbat mulut *(v.)* gag
menyumpah *(v.)* curse
menyuntik *(v.)* inject
menyuntik vaksin *(v.)* vaccinate
menyunting *(v.)* edit
menyuruh berhenti *(v.)* halt
menyusahkan *(adj.)*
   burdensome
menyusahkan *(adj.)*
   inconvenient
menyusahkan *(adj.)* onerous
menyusahkan *(v.)* relent
menyusahkan *(adj.)*
   troublesome
menyusun *(v.)* assort
menyusun *(v.)* sort

menyusun atur *(v.)* dispose
menyusun semula *(v.)*
   rearrange
menyusuri jalan *(v.)* zigzag
menyusutkan *(v.)* emaciate
meraban *(v.)* gibber
meraban *(n.)* gibberish
meraba-raba *(v.)* finger
meraba-raba *(v.)* fumble
meraba-raba *(v.)* grope
meracau *(v.)* rave
meracun *(v.)* poison
meradang *(n.)* annoyance
meradang *(v.)* scowl
meragas *(v.)* wax
meragui *(v.)* doubt
meragut *(v.)* grab
meragut *(v.)* snatch
meragut rumput *(v.)* graze
meragut rumput *(v.)* pasture
merah *(n.)* blush
merah *(n.)* crimson
merah *(adj.)* red
merah *(n.)* red
merah delima *(n.)* ruby
merah jambu *(adj.)* damask
merah jambu *(n.)* pink
merah jambu *(adj.)* pinkish
merah jambu *(adj.)* rosy
merah jambu tua *(adj.)* roseate
merah muda *(adj.)* pink
merah pulasan *(n.)* maroon
merah tua *(adj.)* maroon
meraikan *(v.)* celebrate
merak betina *(n.)* peahen
merak jantan *(n.)* peacock
merakam *(v.)* record
merakam video *(v.)* video
merakam video *(v.)* videotape
meramal *(v.)* auspicate
meramal *(v.)* forecast
meramal *(v.)* foresee
meramal *(v.)* foretell

meramal *(v.)* portend
meramal *(v.)* prophesy
meramalkan *(v.)* forbode
meramalkan *(v.)* predict
merampai *(v.)* shuffle
merampas *(v.)* bereave
merampas *(v.)* confiscate
merampas barang *(v.)* loot
merampas bot *(v.)* seajack
merancang *(v.)* plan
merancang *(v.)* plot
merancang *(v.)* scheme
meranduk *(v.)* wade
meranggas *(v.)* defoliate
merangkaikan *(v.)* combine
merangkak *(v.)* crawl
merangkap pantun *(n.)* versification
merangkul *(v.)* net
merangkung *(v.)* cower
merangsang *(v.)* excite
merangsang *(v.)* spark
merangsang *(v.)* stimulate
merangsang adrenalin *(v.)* adrenalise
merantai *(v.)* chain
merapikan *(v.)* trim
merasa *(v.)* taste
merasa jijik *(v.)* loathe
merasa ngeri *(v.)* abhor
merasai *(v.)* feel
merasai *(v.)* savour
merasakan *(v.)* sense
merasmikan *(v.)* officiate
meratakan *(v.)* level
meratapi *(v.)* bewail
meratapi *(v.)* lament
merata-rata *(pron.)* everywhere
meraung *(v.)* bawl
meraung *(v.)* ululate
meraung *(v.)* wail
meraut *(v.)* whittle
merawat *(v.)* doctor

merawat *(v.)* nurse
merawat *(v.)* treat
merayap *(v.)* creep
merayau *(v.)* roam
merayau *(v.)* rove
merayau *(v.)* wander
merayu *(v.)* beg
merayu *(v.)* beseech
merayu *(v.)* entreat
merayu *(v.)* plead
merayu undi *(v.)* canvass
mercun *(n.)* cracker
merdeka *(adj.)* autonomous
merdu *(adj.)* melodious
merebak *(adj.)* rampant
merebakkan penyakit *(v.)* vector
merebus *(n.)* stew
meredakan *(v.)* abate
meregangkan *(v.)* stretch
mereguk *(v.)* booze
merejam *(v.)* stone
mereka *(pron.)* them
mereka bentuk *(v.)* design
mereka-reka *(v.)* fabricate
merekod skor *(n.)* scorekeeping
merekodkan *(v.)* log
meremajakan *(v.)* rejuvenate
mereman *(v.)* remand
merembeskan *(v.)* secrete
merempahi *(v.)* spice
merempahi *(v.)* zest
merempuh *(v.)* stampede
merencanakan *(v.)* dictate
merencanakan *(v.)* programme
merendah diri *(n.)* modesty
merendahkan *(dj.)* condescending
merendahkan *(v.)* belittle
merendahkan *(prep.)* below
merendahkan *(v.)* lower
merendah-rendahkan *(v.)* condescend

merendam *(v.)* immerse
merendam *(v.)* soak
merendam *(v.)* steep
mereneh *(v.)* simmer
merengek *(v.)* whimper
merenggangkan *(v.)* alienate
merenggangkan *(v.)* estrange
merengsakan *(adj.)* irritant
merengus *(v.)* grunt
merenjis *(v.)* drizzle
merentap *(v.)* wrench
merentap *(v.)* wrest
merentasi *(v.)* traverse
merenung *(adv.)* agaze
merenung *(v.)* gaze
merenung *(n.)* ogle
merenung *(v.)* ruminate
merenung *(v.)* stare
merenungi *(v.)* contemplate
merepek *(v.)* chatter
mereput *(n.)* decay
mereput *(v.)* decay
mereput *(v.)* decompose
mereput *(v.)* rot
meresap *(v.)* diffuse
meresap *(v.)* pervade
meresap *(v.)* seep
meretakkan *(v.)* crack
meriah *(adj.)* convivial
meriah *(adj.)* festive
meriah *(a)* merry
meriam *(n.)* cannon
meridian *(n.)* meridian
meringankan *(v.)* commute
meringankan *(v.)* lighten
meringankan beban *(v.)* unburden
meringkaskan *(v.)* abridge
meringkaskan *(v.)* abstract
meringkik *(v.)* bray
meringkik *(v.)* neigh
merisaukan *(v.)* trouble
merit *(n.)* merit

merkuri *(n.)* mercury
merkuri *(n.)* quicksilver
merobohkan *(v.)* demolish
merodok *(v.)* gore
merogol *(v.)* rape
merokok *(v.)* smoke
merompak *(v.)* plunder
merompak *(v.)* rob
merompak *(v.)* romp
meronda *(v.)* patrol
merosakkan *(v.)* bane
merosakkan *(v.)* botch
merosakkan *(v.)* bungle
merosakkan *(v.)* corrupt
merosakkan *(v.)* damage
merosakkan *(v.)* mangle
merosakkan *(v.)* mar
merosakkan *(v.)* muddle
merosakkan *(v.)* queer
merosakkan *(v.)* ravage
merosakkan *(v.)* ruin
merosakkan *(v.)* spoil
merosakkan akhlak *(v.)* debauch
merosakkan akhlak *(v.)* deprave
merosot *(v.)* degenerate
merosot *(adj.)* moribund
merotan *(v.)* birch
merotan *(v.)* cane
merotan *(n.)* caning
merpati *(n.)* pigeon
merujuk *(v.)* advert
merujuk *(v.)* consult
merujuk *(v.)* refer
merumitkan *(v.)* complicate
merumuskan *(v.)* formulate
merumuskan *(v.)* summarize
merungut *(v.)* complain
merungut *(v.)* grumble
merungut *(v.)* quibble
merungut *(v.)* whine
merungut marah *(v.)* gnarl

merungut suami *(v.)* henpeck
merunsingkan *(v.)* agitate
merupakan khayalan *(adj.)* fanciful
mesej *(n.)* message
mesin *(n.)* machine
mesin fotokopi *(n.)* copier
mesin fotokopi *(n.)* xerox
mesin robotik *(n.)* droid
mesin 'shredder' *(n.)* shreder
mesin tenun *(n.)* loom
meskipun *(conj.)* nevertheless
meskipun *(conj.)* though
mesra *(adj.)* affable
mesra *(adj.)* amiable
mesti *(v.)* must
mesyuarat *(n.)* meeting
metabolisme *(n.)* metabolism
metafizik *(adj.)* metaphysical
metafizik *(n.)* metaphysics
metalurgi *(n.)* metallurgy
metamorfosis *(n.)* metamorphosis
metawang rusia *(n.)* rouble
meteor *(n.)* meteor
meteorologi *(n.)* meteorology
meter *(n.)* meter
meter *(n.)* metre
meter laluan *(n.)* odometer
metrik *(adj.)* metric
metropolis *(n.)* metropolis
metropolitan *(adj.)* metropolitan
mewah *(adj.)* luxurious
mewah *(adj.)* opulent
mewah *(adj.)* plush
mewah *(adj.)* sumptuous
mewajarkan *(v.)* rationalize
mewajarkan *(v.)* vindicate
mewajibkan *(v.)* oblige
mewakili *(v.)* represent
mewakili *(adj.)* representative
mewakilkan *(v.)* delegate
mewakilkan *(v.)* depute

mewangikan *(v.)* perfume
mewangikan *(v.)* scent
mewarisi *(v.)* inherit
mewariskan *(v.)* bequeath
mewarnakan *(v.)* colour
mewarnakan *(v.)* tinge
mewarnakan sedikit *(v.)* tint
meyakinkan *(adj.)* cogent
meyakinkan *(adj.)* conclusive
meyakinkan *(v.)* convince
meyakinkan *(v.)* reassure
meyerupai tembaga *(adj.)* coppery
mezanin *(n.)* mezzanine
migraln *(n.)* migraine
migran *(n.)* migrant
migrasi *(n.)* migration
mika *(n.)* mica
mika berpotasium *(n.)* muscovite
mikro organisma berbahaya *(n.)* bioagent
mikrofilem *(n.)* microfilm
mikrofon *(n.)* microphone
mikrologi *(n.)* micrology
mikrometer *(n.)* micrometer
mikroskop *(n.)* microscope
mikroskopik *(adj.)* microscopic
mil oat *(n.)* oatmeal
milenium *(n.)* millennium
milieu *(n.)* milieu
milik *(v.)* belong
milik mereka *(pron.)* theirs
militan *(adj.)* militant
mimbar *(adj.)* pulpit
mimbar *(n.)* rostrum
mimpi *(n.)* dream
mimpi ngeri *(n.)* nightmare
minat *(n.)* interest
minat *(n.)* passion
minat keterlaluan *(adv.)* avidity
minat sukan *(adj.)* sportive
mineral *(adj.)* mineral

mineralogi *(n.)* mineralogy
minggu *(n.)* week
mingguan *(adj.)* weekly
mini *(adj.)* miniature
miniatur *(n.)* miniature
minima *(n.)* minim
minima *(adj.)* minimal
minimum *(n.)* minimum
minimum *(adj.)* minimum
minit *(adj.)* minute
minoriti *(n.)* minority
minum *(v.)* drink
minuman *(n.)* beverage
minuman *(n.)* drink
minuman kocak *(n.)* slush
minyak *(n.)* grease
minyak *(n.)* oil
minyak *(n.)* ointment
minyak babi *(n.)* lard
minyak benzin *(n.)* petrol
minyak jarak *(n.)* castor oil
minyak tanah *(n.)* kerosene
minyak tanah *(n.)* paraffin
minyak wangi *(n.)* fragrance
minyak wangi *(n.)* perfume
miosis *(n.)* myosis
miraj *(n.)* mirage
miring *(n.)* bias
miring *(n.)* slant
misai *(n.)* mustache
misai *(n.)* whisker
misi *(n.)* mission
miskin *(adj.)* destitute
miskin *(adj.)* poor
misteri *(n.)* mystery
mistik *(adj.)* mystic
mistik *(n.)* mystic
mistik *(n.)* mysticism
mitologi *(n.)* mythology
mitos *(n.)* myth
mobiliti *(n.)* mobility
mod *(n.)* mode
modal *(n.)* capital

model *(n.)* model
moden *(adj.)* modern
modul *(n.)* module
mogok *(n.)* strike
molek *(adv.)* pretty
molekul *(n.)* molecule
momentum *(n.)* momentum
monalatri *(n.)* monolatry
monastik *(n.)* monasticism
moniformity *(n.)* moniformity
monocle *(n.)* monocle
monogami *(n.)* monogamy
monograf *(n.)* monograph
monogram *(n.)* monogram
monolit *(n.)* monolith
monolog *(n.)* monologue
monopoli *(n.)* monopoly
monoteis *(n.)* monotheist
monoteisme *(n.)* monotheism
monotoni *(n.)* monotony
monsun *(n.)* monsoon
montok *(adj.)* voluptuous
monumen *(n.)* monument
monyet *(n.)* monkey
moraliti *(n.)* morality
morbiditi *(n.)* morbidity
morfin *(n.)* morphia
morfin *(n.)* morphine
morfologi *(n.)* morphology
mortaliti *(n.)* mortality
motel *(n.)* motel
motif *(n.)* motif
motif *(n.)* motive
motivasi *(n.)* motivation
moto *(n.)* motto
motor *(n.)* bike
motor *(n.)* motor
mozek *(n.)* mosaic
mualaf *(n.)* convert
muara *(n.)* estuary
muatan *(n.)* content
muatan *(n.)* shipment
muatan kapal *(n.)* shipload

mubaligh *(n.)* missionary
muda *(adj.)* young
muda *(adj.)* youthful
mudah *(adj.)* easy
mudah *(adj.)* effortless
mudah *(adj.)* facile
mudah *(adj.)* simple
mudah alih *(n.)* movables
mudah alih *(adj.)* portable
mudah dibentuk *(adj.)* malleable
mudah difahami *(adj.)* intelligible
mudah disayangi *(adj.)* lovable
mudah diserang *(adj.)* vulnerable
mudah disogok *(adj.)* venal
mudah geli *(adj.)* ticklish
mudah lentur *(adj.)* limber
mudah marah *(adj.)* irritable
mudah marah *(n.)* temper
mudah meletup *(n.)* explosive
mudah menangis *(adj.)* lachrymose
mudah pecah *(adj.)* fragile
mudah percaya *(adj.)* credulous
mudah rosak *(adj.)* perishable
mudah terbakar *(adj.)* combustile
mudah terbakar *(adj.)* inflammable
mudah terpengaruh *(adj.)* temperamental
mudah tertipu *(n.)* gull
mudarat *(adj.)* virulent
muflis *(n.)* bankrupt
muhibah *(n.)* goodwill
muka *(n.)* face
muka bumi *(n.)* terrain
muka tembok *(adj.)* shameless
mukadimah *(n.)* preamble
mukus *(n.)* mucus
mula *(v.)* begin
mula *(v.)* prelude
mula menurun *(v.)* wane
mulai jelas *(v.)* dawn
mulai sekarang *(adv.)* henceforward
mulberri *(n.)* mulberry
mulia *(adj.)* august
mulia *(adj.)* honourable
mulia *(adj.)* noble
mullah *(n.)* mullah
multilateral *(adj.)* multilateral
mulut *(n.)* mouth
mulut murai *(adj.)* talkative
mulut murai *(n.)* talkativeness
mulut tempayan *(n.)* telltale
mumia *(n.)* mummy
munasabah *(adj.)* logical
munasabah *(adj.)* rational
munasabah *(adj.)* reasonable
munasabah *(n.)* repartee
muncul *(v.)* appear
muncul *(v.)* emerge
muncul *(v.)* loom
muncul *(v.)* materialize
muncul *(v.)* surface
muncul pertama *(n.)* debutant
muncul semula *(v.)* reappear
muncung *(n.)* snout
muncung *(n.)* spout
muncung binatang *(n.)* muzzle
muncung paip *(n.)* nozzle
mundar-mandir *(v.)* pace
mundur *(adv.)* recoil
mungkin *(adj.)* likely
mungkin *(n.)* might
mungkin *(adv.)* perhaps
mungkin *(adj.)* possible
mungkin *(adv.)* probably
muntah *(n.)* vomit
murah *(adj.)* cheap
murah *(adj.)* inexpensive
murah hati *(adj.)* generous
murah hati *(adj.)* gracious

murah hati *(adj.)* magnanimous
mural *(adj.)* mural
mural *(n.)* mural
muram *(adj.)* cheerless
muram *(adj.)* gloomy
muram *(adj.)* sullen
muram *(adj.)* moody
murid *(n.)* pupil
murung *(adj.)* morose
musik tekno *(n.)* technomusic
musim *(n.)* season
musim luruh *(n.)* autumn
musim panas *(n.)* summer
musim sejuk *(n.)* winter
musim sejuk *(v.)* winter
muslihat *(n.)* cunning
muslihat *(n.)* gambit
muslihat *(n.)* ruse
muslihat *(n.)* stratagem
muslim *(adj.)* muslim
musnah *(v.)* perish
mustahak *(adj.)* urgent
mustahil *(adj.)* impossible
mustahil dilalui *(adj.)* impassable
mustahil dimasuki *(adj.)* impenetrable
musuh *(n.)* enemy
musuh *(n.)* foe
musytari *(n.)* jupiter
mutasi *(n.)* mutation
mutiara *(n.)* pearl
mutlak *(adj.)* absolute
mutlak *(adj.)* categorical
muzik *(n.)* music
muzikal *(adj.)* musical
muzium *(n.)* museum

nabi *(n.)* prophet
nada *(v.)* cadence
nada *(n.)* pitch
nada *(n.)* tone
nadi *(v.)* pulse
nadir *(n.)* nadir
nafas *(n.)* breath
nafas busuk *(n.)* dogbreath
nafi *(n.)* negative
nafkah *(n.)* upkeep
nafsu syahwat *(adj.)* carnal
naga *(n.)* dragon
naif *(adj.)* naive
naik *(v.)* accend
naik taraf *(v.)* meliorate
nakal *(adj.)* mischievous
nakal *(adj.)* naughty
naluri *(n.)* instinct
nama *(n.)* name
nama baik *(n.)* repute
nama filem *(n.)* octopussy
nama keluarga *(n.)* surname
nama lelaki *(n.)* clive
nama palsu *(n.)* alias
nama samaran *(n.)* pseudonym
nama skrin *(n.)* screen name
nama timangan *(n.)* nickname
namun begitu *(adv.)* notwithstanding
nanah *(n.)* pus
nanas *(n.)* pineapple
nanti *(adj.)* then
napal *(n.)* marl
napkin *(n.)* napkin
narkotik *(n.)* narcotic
narsisisme *(n.)* narcissism
nasi *(n.)* rice
nasib *(n.)* fortune
nasib *(n.)* luck

nasib *(n.)* plight
nasib baik *(adv.)* luckily
nasib malang *(n.)* misadventure
nasib malang *(n.)* mischance
nasihat *(n.)* advice
nasihat *(n.)* counsel
nasionalisme *(n.)* nationalism
naungan *(n.)* patronage
nautika *(adj.)* nautic(al)
nawab *(n.)* nabob
negara *(n.)* country
negara *(n.)* nation
negara barat *(n.)* occident
negarawan *(n.)* statesman
negatif *(adj.)* negative
nekad *(adj.)* venturesome
nelayan *(n.)* fisherman
nenek moyang *(n.)* ancestor
nenek moyang *(n.)* forefather
neolitik *(adj.)* neolithic
neon *(n.)* neon
Neptun *(n.)* Neptune
neraka *(adj.)* hell
neraka *(adj.)* infernal
neurologi *(n.)* neurology
neurosis *(n.)* neurosis
neutral *(n.)* neuter
neutral *(adj.)* neutral
neutral *(n.)* non-alignment
neutron *(n.)* neutron
nganga *(n.)* agape
ngarai *(n.)* canyon
ngauman *(n.)* roar
ngiau *(n.)* mew
niat *(n.)* aim
niat jahat *(n.)* malice
nikmat *(n.)* relish
nikotin *(n.)* nicotine
nilai *(n.)* value
nilai *(n.)* worth
nilam *(n.)* sapphire
nilon *(n.)* nylon
nipis *(adj.)* thin

nisbah *(n.)* ratio
nitrogen *(n.)* azote
nitrogen *(n.)* nitrogen
noda *(adj.)* maculate
nombor *(n.)* figure
nombor *(n.)* number
nominal *(adj.)* nominal
norma *(n.)* norm
normal *(adj.)* routine
nostalgia *(n.)* nostalgia
nota *(n.)* note
nota pendek *(n.)* chit
nota tepi *(n.)* sidebox
notari *(n.)* notary
notasi *(n.)* notation
notis *(n.)* notice
novel *(n.)* novel
novel ringkas *(n.)* novelette
November *(n.)* November
nuklear *(adj.)* nuclear
nukleus *(n.)* nucleus
nun *(adj.)* yonder
nutrisi *(n.)* nutrient
nyahpepijat *(v.)* debug
nyahwang *(v.)* demonetize
nyalaan *(n.)* flare
nyamuk *(n.)* mosquito
nyanyian dua kumpulan *(n.)* antiphony
nyanyuk *(adj.)* senile
nyaring *(adj.)* strident
nyaring *(adj.)* shrill
nyata *(adj.)* manifest
nyata *(adj.)* patent
nyata *(adj.)* real
nyata *(adj.)* tangible
nyenyak *(adj.)* sound

oak *(n.)* oak
oak *(n.)* oaktree
obes *(n.)* obesity
obesiti *(n.)* adiposity
obituari *(adj.)* obituary
obituari *(n.)* orbituary
objek matematik *(n.)* tensor
objektif *(adj.)* objective
obsesi *(n.)* obsession
obstetrik *(adj.)* obstetric
ocehan *(n.)* blabber
Ogos *(n.)* August
oke *(n.)* okay
oksida *(n.)* oxide
oksigen *(n.)* oxygen
oksipital *(adj.)* occipital
oktagon *(n.)* octagon
Oktober *(n.)* October
olahraga *(n.)* athletics
olahragawan *(n.)* athlete
oleh itu *(adv.)* hence
oleh itu *(adv.)* therefore
oligarki *(n.)* oligarch
oligarki *(n.)* oligarchy
olimpiad *(n.)* olympiad
ombak *(n.)* surf
ombak *(n.)* undulation
ombak *(n.)* wave
omboh *(n.)* piston
omega *(n.)* omega
omnidirectionality *(n.)* omnidirectionality
omnivor *(n.)* omnivore
onkologi *(n.)* oncology
ontologi *(n.)* ontology
operasi *(n.)* operation
operator *(n.)* operator
operator talian *(n.)* teleoperator
opereta *(n.)* operetta
ophtalmoscope *(n.)* ophtalmoscope
opiat *(v.)* opiate
optik *(adj.)* optic
optimis *(n.)* optimist
optimistik *(adj.)* optimistic
optimistik *(adj.)* sanguine
optimum *(n.)* optimum
optimum *(adj.)* optimum
orang *(n.)* people
orang *(n.)* person
orang aneh *(n.)* ubergeek
orang arab *(n.)* Arab
orang asia *(n.)* oriental
orang asing *(n.)* foreigner
orang asing *(n.)* stranger
orang asli *(adj.)* aboriginal
orang awam *(n.)* civilian
orang awam *(n.)* populace
orang awam *(n.)* publication
orang awan *(n.)* public
orang baik *(n.)* good
orang baru *(n.)* tendefoot
orang bawahan *(n.)* underdog
orang berkabung *(n.)* mourner
orang berpengaruh *(n.)* affluential
orang biasa *(n.)* commoner
orang bijaksana *(n.)* sage
orang bisu *(n.)* mute
orang bodoh *(adj.)* goofy
orang bodoh *(n.)* ass
orang bodoh *(n.)* dumbell
orang bodoh *(n.)* dumbo
orang bodoh *(n.)* dunce
orang bodoh *(n.)* fool
orang bodoh *(n.)* idiot
orang bodoh *(n.)* moron
orang bodoh *(n.)* oaf
orang cemerkap *(n.)* butterfingers
orang gaji *(n.)* domestic
orang gaji *(n.)* menial

orang gaji *(n.)* servant
orang gasar *(n.)* barbarian
orang gasar *(n.)* boor
orang gemuk *(n.)* oinker
orang gila *(n.)* lunatic
orang gila *(n.)* maniac
orang hitam *(n.)* kaffir
orang Ireland *(n.)* Irish
orang Itali *(n.)* Italian
orang kampung *(n.)* churl
orang kebanyakan *(adj.)* lay
orang kebanyakan *(n.)* layman
orang kedekut *(n.)* niggard
orang ketegar *(n.)* die
orang ketinggalan *(n.)* laggard
orang ketinggalan *(n.)* straggler
orang Kreol *(n.)* creole
orang Kristian *(n.)* Christ
orang lemah *(n.)* weakling
orang lembap *(n.)* sluggard
orang luar *(n.)* outsider
orang lurus *(n.)* simpleton
orang meracau *(n.)* deliriant
orang pelik *(n.)* freak
orang pelik *(n.)* zany
orang Perancis *(n.)* French
orang ramai *(n.)* crowd
orang ramai *(n.)* mob
orang ramai *(n.)* throng
orang salah *(n.)* convict
orang Scotland *(n.)* Scot
orang seakan *(n.)* double
orang Sepanyol *(n.)* Spaniard
orang siam *(adj.)* siamese
orang sombong *(n.)* snob
orang suruhan *(n.)* lackey
orang Switzerland *(n.)* Swiss
orang taat *(n.)* loyalist
orang tebusan *(n.)* hostage
orang tengah *(n.)* middleman
orang terhormat *(n.)* squire
orang terkemuka *(n.)* notability

orang upahan *(n.)* hireling
orang Yahudi *(n.)* Jew
orang zuhud *(n.)* ascetic
orbit *(n.)* orbit
oren *(n.)* orange
organ *(n.)* organ
organ pembiakan *(n.)* gonads
organik *(adj.)* constituent
organik *(adj.)* organic
organisasi *(n.)* organization
organisma *(n.)* organism
organograph *(n.)* organograph
origami *(n.)* origami
osmosis *(n.)* osmosis
otak *(n.)* brain
otoman *(n.)* ottoman
otoscopis *(adj.)* otoscopis
otot *(n.)* muscle
ovari *(n.)* ovary
ovulasi *(n.)* ovum
ozon *(n.)* ozone

pacak *(n.)* spike
pada *(prep.)* at
pada dasarnya *(adv.)* basically
pada zahirnya *(adv.)* outwardly
padahal *(conj.)* whereas
padan *(n.)* fit
padanan *(n.)* match
padang *(n.)* field
padang *(n.)* lea
padang pasir *(n.)* desert
padang permainan *(n.)* playfield
padang permainan *(n.)* playground
padang ragut *(n.)* pasture
padang rumput *(n.)* mead

padang rumput *(n.)* meadow
padang rumput *(n.)* steppe
padat *(adj.)* compact
padat *(adj.)* dense
paderi *(n.)* clergy
paderi *(n.)* deacon
paderi *(n.)* druid
paderi *(n.)* ecclesiast
paderi *(n.)* parson
paderi *(n.)* priest
paderi *(n.)* solder
paderi *(n.)* prelate
paderi wanita *(n.)* priestess
padi *(n.)* paddy
padu *(adj.)* cohesive
paedologi *(n.)* paedology
pagan *(n.)* pagan
paganisme *(n.)* paganism
paganistik *(adj.)* paganistic
pagar *(n.)* fence
pagar *(n.)* railing
pagar sesat *(n.)* maze
pagar tumbuhan *(n.)* hedge
pagi *(abbr)* am
pagi *(n.)* forenoon
pagi *(n.)* morning
pagoda *(n.)* pagoda
paha *(n.)* thigh
pahat *(n.)* chisel
pahit *(adj.)* bitter
pahlawan *(n.)* warrior
pain *(n.)* pine
pain *(v.)* pine
paip *(n.)* pipe
paip *(n.)* tap
paip salir *(n.)* drainpipe
pajakan *(n.)* lease
pakaian *(n.)* apparel
pakaian *(n.)* attire
pakaian *(n.)* clothes
pakaian *(n.)* clothing
pakaian *(n.)* garb
pakaian *(n.)* garment

pakaian *(n.)* outfit
pakaian *(n.)* geekwear
pakaian berkabung *(n.)* mourning
pakaian dalam *(n.)* underwear
pakaian labuh *(n.)* dolman
pakaian longgar *(n.)* chemise
pakaian samaran *(n.)* camouflage
pakaian seragam *(n.)* livery
pakar *(n.)* connaisseur
pakar *(n.)* expert
pakar *(n.)* specialist
pakar *(v.)* specialize
pakar *(n.)* geek
pakar bedah *(n.)* surgeon
pakar dermatologi *(n.)* dermatologist
pakar ekologi *(n.)* ecologist
pakar genetik *(n.)* geneticist
pakar homeopati *(n.)* homeopath
pakar lautan *(n.)* oceanologist
pakar mata *(n.)* oculist
pakar meteorologi *(n.)* meteorologist
pakar mineralogi *(n.)* mineralogist
pakar nama *(n.)* onomatolgist
pakar neurologi *(n.)* neurologist
pakar obstetrik *(n.)* obstetrician
pakar onkologi *(n)* oncologist
pakar ontologi *(n.)* ontologist
pakar optik *(n.)* optician
pakar psikiatri *(n.)* psychiatrist
pakar psikologi *(n.)* psychologist
pakar roket *(n.)* rocketeer
pakar roket *(n.)* rocketman
pakar semulajadi *(n.)* naturalist
pakar statistik *(n.)* statistician
pakar strategi *(n.)* strategist

pakar taksidermi *(n.)* taxidermist
pakar taktik *(n.)* tactician
pakar teknologi *(n.)* technologist
pakar teknologi *(n.)* techy
pakar teori *(n.)* theorist
pakar toksikologi *(n.)* toxicologist
pakar topografi *(n.)* topographer
pakar undang-undang *(n.)* jurist
pakar yoga *(n.)* yogi
pakar zoologi *(n.)* zoologist
pakatan sulit *(n.)* collusion
pakej *(n.)* package
paket *(n.)* packet
pakiderma *(n.)* pachyderm
paksaan *(n.)* compulsion
paksi *(adj.)* axial
paksi *(n.)* axis
paku *(n.)* nail
paku payung *(n.)* tack
paku-pakis *(n.)* fern
palam *(n.)* plug
palang *(n.)* crossbar
palang *(n.)* rood
palatal *(adj.)* palatal
palatial *(adj.)* palatial
paleobiologi *(n.)* paleobiology
paleobiologikal *(adj.)* paleobiological
paleokologi *(n.)* paleoecology
paleolitik *(adj.)* paleolithic
paleontologi *(n.)* paleontology
palet *(n.)* palette
paling *(adj.)* least
paling *(adj.)* most
paling *(adj.)* superlative
paling asas *(adj.)* elementary
paling dalam *(adj.)* inmost
paling dalam *(adj.)* innermost

paling digemari *(adj.)* favourite
paling sesuai *(adj.)* ideal
paling terbaik *(adj.)* ultimate
paling teruk *(n.)* worst
palma *(n.)* palm
palpitasi *(n.)* palpitation
palsu *(v.)* pinch
palsu *(adj.)* bastard
palsu *(adj.)* bogus
palsu *(adj.)* counterfeit
palsu *(adj.)* fake
palsu *(adj.)* mendacious
palsu *(adj.)* spurious
palsu *(adj.)* fraudulent
palung *(n.)* manger
pam *(n.)* pump
pam *(n.)* flush
pam angin *(n.)* bellows
pameran *(n.)* display
pameran *(n.)* exhibition
pameran *(n.)* ostension
pameran indah *(n.)* showpiece
pampasan *(n.pl.)* amends
pampasan *(n.)* compensation
pampasan *(n.)* indemnity
pampasan *(n.)* recompense
panas *(adj.)* hot
panas terik *(adj.)* torrid
pancaindera *(n.)* sentience
pancang *(n.)* stake
pancaragam *(n.)* orchestra
pancaran *(n.)* beam
pancaran *(n.)* emanation
pancaran *(n.)* flash
pancuran air *(n.)* fountain
pancuran air *(n.)* shower
pancutan *(n.)* ejaculation
pancutan *(n.)* spurt
pandai *(n.)* swell
pandai *(adj.)* accomplished
pandai *(adj.)* sharp
pandang dengar *(adj.)* audiovisual

pandangan *(n.)* outlook
pandangan *(n.)* perspective
pandangan *(n.)* view
pandangan *(n.)* sight
pandangan belakang *(adj.)* rearview
pandangan jauh *(n.)* foresight
pandangan marah *(n.)* scowl
panduan *(n.)* guide
panduan *(adj.)* rulebound
panel *(n.)* panel
panel *(v.)* panel
panggang *(adj.)* roast
panggil *(v.)* call
panggilan *(n.)* call
panggilan *(v.)* nickname
panggilan *(n.)* roll-call
panggilan hormat *(n.)* sahib
pangkalan data *(n.)* database
pangkalan kapal *(n.)* seabase
pangkat *(n.)* rank
pangkat *(v.)* rank
pangkat kapten *(n.)* captaincy
panglima *(n.)* commander
pangsapuri *(n.)* apartment
panik *(v.)* panic
panjang *(n.)* length
panjang *(adj.)* long
panjang lurus *(adj.)* lank
panjang usia *(n.)* longevity
panorama *(n.)* panorama
pantai *(n.)* beach
pantai *(n.)* coast
pantai *(n.)* seashore
pantai *(n.)* shore
pantai *(n.)* shoreline
pantai lautan *(n.)* seabeach
pantang *(n.)* abstinence
pantang larang *(n.)* taboo
pantas *(adj.)* brisk
pantas *(adv.)* fast
panteisme *(n.)* pantheism
pantomim *(v.)* mime

pantri *(n.)* pantry
papa *(n.)* pauper
papa kedana *(adj.)* penniless
papan *(n.)* board
papan *(n.)* plank
papan bicara *(n.)* talkboard
papan iklan *(n.)* billboard
papan kekunci *(n.)* keypad
papan lapis *(n.)* plywood
papan luncur *(n.)* bodyboard
papan luncur *(n.)* sailboard
papan mata *(n.)* scoreboard
papan pasir *(n.)* sandboard
papan ukiran *(n.)* scratchboard
paparan elektrik *(n.)* oscilloscope
para kecil *(n.)* cubby
paradoks *(n.)* paradox
paradoks *(adj.)* paradoxical
parah *(adj.)* grievous
paralelisme *(n.)* parallelism
paranormal *(adj.)* occult
parap *(n.)* initial
para-para *(n.)* bower
paras *(n.)* level
paras rendah *(n.)* low
parasit *(n.)* parasite
parau *(adj.)* hoarse
pari-pari *(n.)* fairy
pari-pari *(n.)* nymph
parit *(n.)* ditch
parit *(n.)* drain
parit *(n.)* moat
parit *(n.)* trench
parlimen *(n.)* parliament
parlimentari *(adj.)* parliamentary
parodi *(n.)* burlesque
parodi *(n.)* parody
parol *(n.)* parole
parol *(v.)* parole
parti *(n.)* party
partikel *(adj.)* particle
partisan *(n.)* partisan

partisan *(adj.)* partisan
paruh *(n.)* beak
paru-paru *(n.)* lung
parut *(n.)* scar
pasak *(n.)* tumbler
pasang *(n.)* pair
pasang surut *(n.)* tide
pasangan *(n.)* couple
pasangan *(n.)* mate
pasangan *(n.)* spousal
pasar *(n.)* market
pasar *(n.)* mart
pasar malam *(adj.)* fair
pasaran saham *(n.)* sharemarket
pasif *(adj.)* passive
pasifisme *(n.)* pacifism
pasir *(n.)* sand
pasir *(adj.)* sand
pasir jerlus *(n.)* quicksand
pasli *(n.)* parsley
pasport *(n.)* passport
pastel *(adj.)* pastel
pasti *(adj.)* certain
pasti *(adj.)* doubtless
pasti *(adj.)* sure
pasti *(adv.)* surely
pasti berlaku *(adj.)* imminent
pasu *(n.)* vase
pasu hiasan *(n.)* urn
pasukan *(n.)* team
pasukan jualan *(v.)* salesforce
paten *(n.)* patent
patriot *(n.)* patriot
patriotik *(adj.)* patriotic
patuh *(adj.)* compliant
patuh *(adj.)* docile
patuh *(adj.)* obedient
patuh *(adj.)* submissive
patuk *(n.)* peck
patung *(n.)* effigy
patung *(n.)* statue
patut *(adj.)* seemly

patut *(v.)* should
patut diberikan *(n.)* due
patut dihormati *(adj.)* venerable
patut dipersalahkan *(adj.)* culpable
patut dipuji *(adj.)* creditable
patut dipuji *(adj.)* meritorious
patut dipuji *(adj.)* praiseworthy
patut melakukan *(v.)* ought
patut mendapat *(v.)* deserve
Paus *(n.)* pope
paus pembunuh *(n.)* orca
paus putih *(n.)* beluga
pautan *(adj.)* osculant
pavilion *(n.)* pavilion
pawagam *(n.)* cinema
pawang *(n.)* magician
paya *(n.)* bog
paya *(n.)* marsh
paya *(n.)* slough
paya *(n.)* swamp
payudara *(n.)* breast
payung *(n.)* umbrella
payung terjun *(n.)* parachute
payung terjun *(n.)* parachutist
pebatuan *(n.)* rock
pecah *(n.)* burst
pecah *(n.)* rupture
pecahan *(n.)* fraction
pecahan gelas *(n.)* cullet
pecutan *(n.)* sprint
pedagang *(n.)* merchant
pedagang *(n.)* trader
pedagogi *(n.)* pedagogy
pedal *(n.)* pedal
pedalaman *(adj.)* inland
pedalaman *(n.)* outback
pedalaman *(adj.)* rural
pedang *(n.)* rapier
pedang *(n.)* sword
pedang lengkung *(n.)* sabre
pedang saber *(v.)* sabre
pedant *(n.)* pedant

pedantri *(n.)* pedantry
pedar *(adj.)* pungent
pedas *(adj.)* spicy
pedati *(n.)* carriage
pedati *(n.)* cart
pedih *(adj.)* acrid
pedofil *(n.)* paedophiles
pedofilia *(n.)* paedophilia
pedofiliak *(n.)* paedophiliac
pegangan *(n.)* hold
pegawai *(n.)* officer
pegawai *(n.)* official
pegawai *(n.)* functionary
pegawai gereja *(n.)* beadle
pegawai gereja *(n.)* elder
pegawai kehutanan *(n.)* forester
pegawai penjara *(n.)* jailer
peguam *(n.)* attorney
peguam *(n.)* lawyer
peguam *(n.)* barrister
peguam cara *(n.)* solicitor
peguam rayuan *(n.)* pleader
pejabat *(n.)* office
pejabat duta *(n.)* chancery
pejabat paderi *(n.)* deaconship
pejabat pos *(n.)* post-office
pejal *(adj.)* solid
pejalan kaki *(n.)* pedestrian
pejalan lambat *(n.)* saunterer
pejuang *(n.)* combatant
pejuang perang *(n.)* crusader
pekak *(adj.)* deaf
pekali *(n.)* multiplicand
pekan *(n.)* town
pekedai *(n.)* tradesman
pekedai alat tulis *(n.)* stationer
pekedai runcit *(n.)* grocer
pekerja *(n.)* employee
pekerja *(n.)* worker
pekerja *(n.)* workman
pekerja dok *(n.)* dockworker
pekerja kisar *(n.)* miller
pekerjaan *(n.)* calling

pekerjaan *(n.)* job
pekerjaan *(n.)* occupation
pekhemah *(n.)* camper
pelabuhan *(n.)* anchorage
pelabuhan *(n.)* harbour
pelabuhan *(n.)* port
pelaburan *(n.)* investment
pelacur *(n.)* prostitute
pelacur *(n.)* slattern
pelacur *(n.)* strumpet
pelacur *(n.)* whore
pelacur *(n.)* courtesan
pelacuran *(n.)* prostitution
pelahap *(n.)* glutton
pelajar *(n.)* learner
pelajar *(n.)* student
pelajaran *(n.)* lesson
pelajaran *(adj.)* scholastic
pelajaran *(n.)* study
pelakon *(n.)* performer
pelakon gantian *(n.)* double
pelakon lelaki *(n.)* actor
pelakon mimik *(n.)* mummer
pelakon wanita *(n.)* actress
pelaksana *(n.)* doer
pelaksana *(n.)* executioner
pelaksanaan *(n.)* execution
pelamar *(n.)* suitor
pelampau *(n.)* extremist
pelana *(n.)* saddle
pelana tepi *(n.)* sidesaddle
pelancaran *(n.)* blastoff
pelancaran *(n.)* launch
pelancong *(n.)* tourist
pelancongan *(n.)* tourism
pelanggan *(n..)* client
pelanggan *(n.)* customer
pelanggar sumpah *(n.)* oathbreaker
pelanggaran *(n.)* breach
pelanggaran *(n.)* infringement
pelanggaran *(n.)* transgression
pelanggaran *(n.)* usurpation

pelantar minyak *(n.)* oilrig
pelantikan *(n.)* induction
pelantikan sendiri *(adj.)* self-appointed
pelanun *(n.)* seajacker
pelapik *(n.)* pad
pelari *(n.)* runner
pelarian *(n.)* escapee
pelarian *(n.)* fugitive
pelarian *(n.)* refugee
pelarian *(n.)* runaway
pelarik *(n.)* lathe
pelarut *(n.)* solvent
pelat 's' *(v.)* lisp
pelatih *(n.)* intern
pelatih *(n.)* trainee
pelawak *(n.)* comedian
pelawak *(n.)* humorist
pelawak *(n.)* joker
pelawat *(n.)* visitor
pelayan *(n.)* attendant
pelayan *(n.)* tender
pelayan bar *(n.)* barman
pelayan bar *(n.)* bartender
pelayan lelaki *(n.)* waiter
pelayan perempuan *(n.)* waitress
pelayar *(n.)* voyager
pelayar bot *(n.)* sailboater
pelayar sesawang *(n.)* browser
pelayaran *(n.)* voyage
pelbagai *(adj.)* diverse
pelbagai *(adj.)* manifold
pelbagai *(adj.)* miscellaneous
pelbagai *(n.)* miscellany
pelbagai *(adj.)* multifarious
pelbagai *(n.)* range
pelbagai *(adj.)* varied
pelbagai *(n.)* multiple
pelbagai *(n.)* myriad
pelbagai bentuk *(n.)* multiform
pelbagai elemen *(adj.)* multiplex
pelekat *(n.)* sticker

pelekatan *(n.)* adhesion
pelemahan *(n.)* attenuance
pelengkap *(adj.)* complementary
pelengkap *(n.)* complement
pelengkapan *(n.)* completion
pelepasan *(n.)* breakout
pelepasan takhta *(n.)* abdication
peletikan *(n.)* decrepitation
pelik *(adj.)* bizarre
pelik *(adj.)* eccentric
pelik *(n.)* gooney
pelik *(adj.)* grotesque
pelik *(adj.)* odd
pelik *(adj.)* queer
pelik *(adj.)* strange
pelik *(adj.)* wack
pelik *(adj.)* weird
pelik *(adj.)* zany
pelincir *(n.)* lubricant
pelinciran *(n.)* lubrication
pelindung *(n.)* protector
pelindung *(n.)* safeguard
pelindung *(n.)* shield
pelipis *(n.)* temple
pelocok *(n.)* plunge
pelombong *(n.)* miner
pelombong *(n.)* pitman
pelopor *(n.)* apostle
peluang *(n.)* chance
peluang *(n.)* opportunity
pelucutan hak *(n.)* forfeiture
pelucutan senjata *(n.)* disarmament
peluh *(n.)* perspiration
peluh *(n.)* sweat
pelukan *(n.)* cuddle
pelukan *(n.)* embrace
pelukis *(adj.)* draftsman
pelukis *(n.)* painter
pelukis kartun *(n.)* cartoonist
pelunasan *(n.)* amortization
peluncur *(n.)* glider
peluncur angin *(n.)* sailboarder

peluncuran *(n.)* glide
peluncuran *(n.)* runcation
peluntur *(n.)* bleach
pelupa *(adj.)* forgetful
pelupa *(n.)* scatterbrain
peluru *(n.)* bullet
peluru *(n.)* projectile
peluru berpandu *(n.)* missile
peluru getah *(n.)* rubber bullet
pemabuk *(n.)* drunkard
pemadam *(n.)* eraser
pemain *(n.)* gameplayer
pemain *(n.)* player
pemain begpaip *(n.)* bagpiper
pemain muzik *(n.)* instrumentalist
pemain pedang *(n.)* fencer
pemain piano *(n.)* pianist
pemain pita *(n.)* tape player
pemain saksofon *(n.)* saxophonist
pemain ukulele *(n.)* ukeleleist
pemain violin *(n.)* violinist
pemajak *(n.)* lessee
pemakan kayu *(adj.)* xylophagous
pemakan orang *(n.)* androphagi
pemakan sayur *(n.)* vegetarian
pemakanan *(n.)* diet
pemakanan *(n.)* nutrition
pemakanan mentah *(n.)* omophagia
pemalas *(n.)* dawdler
pemalas *(n.)* deadbeat
pemalas *(n.)* idler
pemalas *(n.)* shirker
pemalsu *(n.)* counterfeiter
pemalsuan *(n.)* adulteration
pemalsuan *(n.)* falsification
pemalu *(adj.)* bashful
pemanah *(n.)* archer
pemanah *(n.)* sagittary
pemancar *(n.)* transceiver

pemancar *(n.)* transmitter
pemancaran *(n.)* emittance
pemancutan *(adj.)* ejaculatory
pemandangan *(n.)* scenery
pemandangan *(n.)* vista
pemandangan indah *(adj.)* scenic
pemandu *(n.)* chauffeur
pemandu *(n.)* coachman
pemandu *(n.)* driver
pemandu *(n.)* motorist
pemandu pameran *(adj.)* docent
pemandu pelancong *(n.)* courier
pemandu teksi *(n.)* cabby
pemandulan *(n.)* sterilization
pemanggil *(n.)* caller
pemangkin *(n.)* catalyzer
pemangku *(v.)* function
pemanis *(n.)* saccharin
pemansuhan *(v.)* abolition
pemansuhan *(n.)* abrogation
pemansuhan *(n.)* annulment
pemansuhan *(n.)* nullification
pemansuhan *(n.)* repeal
pemansuhan *(n.)* revocation
pemantau *(n.)* monitor
pemantul *(n.)* reflector
pemantulan *(n.)* reflection
pemarut *(n.)* grater
pemasang *(n.)* fitter
pemasangan *(n.)* installation
pemasangan *(n.)* yoke
pemasukan *(n.)* inclusion
pembaca *(n.)* reader
pembacaan *(n.)* recitation
pembacaan teliti *(n.)* perusal
pembahagian *(n.)* division
pembahagian *(n.)* partition
pembahagian sedikit *(v.)* dole
pembaharu *(n.)* reformer
pembaharuan *(n.)* reform
pembaharuan *(adj.)* reformatory

pembaharuan *(n.)* renewal
pembaikan *(n.)* repair
pembaikan rupa *(n.)* facelift
pembajak *(n.)* ploughman
pembakar *(n.)* combustor
pembakaran *(n.)* combustion
pembakaran mayat *(n.)* cremation
pembakaran sengaja *(n.)* arson
pembalasan *(n.)* retaliation
pembalikan *(n.)* reversal
pembaling *(n.)* pitcher
pembalut *(n.)* wrapper
pembalut luka *(n.)* bandage
pembalutan *(n.)* envelopment
pembangkitan *(n.)* evocation
pembanting *(n.)* thresher
pembantu *(n.)* aide
pembantu *(n.)* assistant
pembantu paderi *(n.)* acolyte
pembantu rumah *(n.)* maid
pembaris *(n.)* ruler
pembasmi *(n.)* abolisher
pembasmi *(n.)* eradicator
pembasmian *(n.)* eradication
pembasuh *(n.)* washer
pembatalan *(n.)* abolishment
pembatalan *(n.)* cancellation
pembawa *(n.)* carrier
pembayar *(n.)* payee
pembayaran *(n.)* payment
pembayaran balik *(n.)* repayment
pembaziran *(n.)* prodigality
pembaziran *(n.)* wastage
pembebas *(n.)* liberator
pembebasan *(n.)* acquittal
pembebasan *(n.)* emancipation
pembebasan *(n.)* manumission
pembebasan *(n.)* release
pembedahan *(n.)* surgery
pembedahan bersalin *(n)* cesarean

pembedilan *(n.)* bombardment
pembekal *(n.)* supplier
pembela jinak *(n.)* domesticator
pembeli *(n.)* buyer
pembelian *(adj.)* preemptive
pembelian *(n.)* purchase
pembencian *(v.)* hate
pembendungan *(n.)* containment
pembengis *(n.)* savage
pembengkakkan kulit *(n.)* blain
pembentukan *(n.)* formation
pembentukan gunung *(n.)* orogen
pembentukan gunung *(adj.)* orogenic
pembentukkan kumpulan *(n.)* aggroupment
pemberani *(n.)* daredevil
pemberi maklumat *(n.)* informer
pemberi pendapat *(n.)* opinator
pemberita *(n.)* reporter
pemberitahuan *(n.)* notification
pemberitahuan *(n.)* telling
pemberontak *(n.)* insurgent
pemberontak *(n.)* rebel
pemberontakan *(n.)* insurrection
pemberontakan *(n.)* mutiny
pemberontakan *(n.)* rebellion
pemberontakan *(n.)* revolt
pemberontakan *(n.)* uprising
pembersih telinga *(n.)* aurilave
pembersihan *(n.)* clearance
pembersihan *(n.)* preen
pembersihan *(v.)* purge
pembersihan *(n.)* purification
pembesar suara *(n.)* speaker
pembesaran *(n.)* amplification
pembesaran bakteria *(n)* filamentation
pembetulan *(n.)* correction

pembetulan *(n.)* emaculation
pembetulan *(v.)* emendate
pembetulan *(n.)* rectification
pembetulan *(n.)* redress
pembetung *(n.)* culvert
pembetung *(n.)* sewer
pembiakan *(n.)* proliferation
pembiakan *(n.)* reproduction
pembiakan *(adj.)* reproductive
pembicara *(n.)* abjurer
pembida *(n.)* bidder
pembimbing *(adj.)* pastoral
pembina kapal *(n.)* shipbuilder
pembinaan *(n.)* construction
pembinasa kapal terbang *(adj.)* anti-aircraft
pemblog video *(n.)* videoblogger
pembodek *(n)* brownnoser
pembohong *(n.)* liar
pembolot *(n.)* scrooge
pemborong *(n.)* wholesaler
pemboros *(n.)* spendthrift
pemborosan *(n.)* waste
pembotol *(n.)* bottler
pembuangan *(n.)* banishment
pembuangan *(n.)* disposal
pembuangan *(n.)* removal
pembuangan dalaman *(n.)* evisceration
pembuangan gluten *(n.)* deglutination
pembuangan kulit luar *(n.)* dermabrasion
pembuat *(n.)* maker
pembuat filem *(n.)* filmmaker
pembuat gelas *(n.)* glassmaker
pembuat khemah *(n.)* tentmaker
pembuat kunci *(n.)* keysmith
pembuat mainan *(n.)* toymaker
pembuat pembaharuan *(n.)* innovator
pembuat roti *(n.)* baker

pembuat teh *(n.)* teamaker
pembuat topi *(n.)* milliner
pembuat ukiran *(n.)* sculpturist
pembuatan *(n.)* make
pembuatan *(n.)* manufacture
pembubaran *(n.)* liquidation
pembujangan *(n.)* celibacy
pembuka selera *(n.)* appetizer
pembukaan *(n.)* opening
pembukaan mulut *(n.)* orifice
pembukaan mulut *(adj.)* orificial
pembuli *(n.)* bully
pembuluh *(n.)* pipe
pembunuh *(n.)* assassin
pembunuh *(n.)* murderer
pembunuh bapa *(n.)* patricide
pembunuh ibu *(n.)* matricide
pembunuh kuman *(n.)* germicide
pembunuhan *(n.)* assassination
pembunuhan *(n.)* homicide
pembunuhan *(n.)* kill
pembunuhan *(n.)* murder
pembunuhan beramai-ramai *(n.)* carnage
pembunuhan beramai-ramai *(n.)* massacre
pembunuhan ibu *(adj.)* matricidal
pembunuhan raja *(n.)* regicide
pembunuhan saudara *(n.)* fratricide
pemburu *(n.)* huntsman
pemburu *(n.)* hunter
pemburu ayam *(n.)* fowler
pemburu haram *(n.)* poacher
pemburu pengumpul *(n.)* forager
pemburuan *(n.)* hunt
pemburukan nama *(n.)* disrepute
pemburukkan *(n.)* aggravation
pemecah ais *(n.)* icebreaker

pemecah panduan *(n.)* rulebraker
pemecah peti *(n.)* safecracker
pemecahan *(n.)* breakage
pemecahan *(n.)* breaking
pemecatan *(n.)* dismissal
pemecatan *(n.)* expulsion
pemecut *(n.)* accelerator
pemecutan *(n.)* acceleration
pemegang amanah *(n.)* trustee
pemegang cagaran *(n.)* mortgagee
pemegang lesen *(n.)* licensee
pemegang saham *(n.)* shareholder
pemegang saham *(adj.)* shareholding
pemeliharaan *(n.)* preservation
pemeliharaan lebah *(n.)* apiculture
pemenang *(n.)* victor
pemenang *(n.)* winner
pemenang pingat *(n.)* medallist
pemencaran *(adj.)* decentralized
pemencilan *(n.)* seclusion
pemeras ugut *(n.)* blackmailer
pemerhatian *(n.)* observation
pemerhatian *(n.)* surveillance
pemerhatian burung *(n.)* ornithoscopy
pemeriksa *(n.)* examiner
pemeriksa *(n.)* inspector
pemeriksaan *(n.)* check
pemeriksaan *(n.)* checkup
pemeriksaan *(n.)* inspection
pemeriksaan *(adj.)* post-mortem
pemeriksaan lisan *(n.)* viva voce
pemeriksaan perubatan *(n.)* bioscopy
pemeriksaan telinga *(n.)* otoscopy
pemerintah zalim *(n.)* despot
pemerintahan *(n.)* governance
pemerintahan *(n.)* regime
pemerintahan *(n.)* reign
pemerintahan beraja *(n.)* monarchy
pemerolehan *(n.)* acquest
pemerolehan *(n.)* acquisition
pemerolehan semula *(n.)* recovery
pemesongan *(n.)* deflection
pemetik api *(n.)* lighter
pemfailan *(v.)* tray
pemfekunan *(n.)* fecundation
pemhantaran *(n.)* repatriation
pemikat burung *(n.)* decoyman
pemikir *(n.)* thinker
pemilihan *(n.)* selection
pemilik *(n.)* owner
pemilik *(n.)* proprietor
pemilik kapal *(n.)* shipowner
pemilik kedai *(n.)* shopkeep
pemilik kedai *(n.)* shopowner
pemilikan *(n.)* ownership
pemimpin *(n.)* leader
pemimpin orkestra *(n.)* conductor
peminat *(n.)* admirer
peminat *(n.)* buff
peminat *(n.)* fan
pemindah *(n.)* mover
pemindahan *(n.)* conveyance
pemindahan *(n.)* evacuation
pemindahan *(n.)* transfer
pemindahan *(n.)* transplant
pemindahan bersama *(n.)* cotransfer
pemintal *(n.)* spinner
pemintasan *(n.)* interception
peminum *(n.)* bibber
pemisah *(n.)* secessionist
pemisahan *(n.)* secession
pemisahan *(n.)* segregation
pemisahan *(n.)* separation

pemisalan *(n.)* assumption
pemiutang *(n.)* creditor
pemodenan *(n.)* modernization
pemogokan *(n.)* stoppage
pemohon *(n.)* applicant
pemohon *(n.)* tenderizer
pemonopoli *(n.)* monopolist
pemotong *(n.)* cutter
pemotongan *(n.)* deduction
pemparitan *(v.)* moat
pempolimeran *(v.)* polymerize
pemprofilan *(v.)* profile
pemuasan *(n.)* satiety
pemuja *(n.)* devotee
pemuja *(n.)* worshipper
pemujaan *(n.)* worship
pemukul *(n.)* batsman
pemukul bola *(n.)* bat
pemula *(n.)* beginner
pemulihan *(n.)* recovery
pemulihan *(n.)* rehabilitation
pemulihan *(adj.)* remedial
pemulihan *(n.)* restoration
pemuliharaan *(n.)* conservation
pemunggahan muatan *(n.)* discharge
pemupukan *(n.)* cultivation
pemupukan *(n.)* nurture
pemurah *(adj.)* munificent
pemurah *(adj.)* selfless
pemurah *(adj.)* omnibenevolent
pemusing *(n.)* turner
pemusnah *(n.)* destroyer
pemusnah *(n.)* wrecker
pemutusan *(n.)* severance
pen *(n.)* pen
penafian *(n.)* abnegation
penafian *(n.)* denial
penafian *(n.)* negation
penafian jenayah *(n.)* decriminalization
penagih *(n.)* addict
penagih arak *(n.)* alcoholic

penagih seks *(n.)* debauchee
penaikan *(n.)* accession
penaikan *(n.)* elevation
penaikan gaji *(v.)* reappraise
penaikan semula *(n.)* reappraisal
penaja *(n.)* sponsor
penajam *(n.)* sharpener
penakluk *(n.)* conquerer
penaklukan *(n.)* conquest
penaklukan *(n.)* subjection
penakung najis *(n.)* cesspool
penakut *(adj.)* timid
penal *(adj.)* penal
penalaan *(n.)* tune
penamatan *(n.)* termination
penambahan *(n.)* addition
penambahan *(n.)* annexation
penambahan *(n.)* augmentation
penambakan *(n.)* reclamation
penanam *(n.)* grower
penanam hutan *(n.)* sylviculturist
penanaman *(n.)* infusion
penanda *(n.)* marker
penanda buku *(n.)* book-mark
penandatangan *(n.)* signatory
penanggalan pakaian *(n.)* strip
penangguhan *(n.)* abeyance
penangguhan *(n.)* adjournment
penangguhan *(n.)* postponement
penangkap anjing *(n.)* dogcatcher
penangkapan *(n.)* arrest
penangkapan *(n.)* capture
penangkapan *(n.)* catch
penangkapan ikan *(n.)* dib
penapai *(n.)* ferment
penapaian *(n.)* fermentation
penapis *(n.)* censor
penapis *(n.)* filter
penapis *(n.)* sieve

penapis wain *(n.)* carlock
penapisan *(n.)* censorship
penari *(n.)* dancer
penari tiang *(n.)* pole dancer
penarik *(n.)* enticer
penarik perhatian *(n.)* eyecatcher
penarik perhatian *(n.)* flaunter
penarikan *(n.)* enticement
penarikan balik *(n.)* backtrack
penasihat *(n.)* counsellor
penat *(adj.)* poignant
penat *(v.)* weary
penaung *(n.)* patron
penawar *(n.)* antidote
penawar *(n.)* panacea
penawar *(n.)* remedy
penawar *(n.)* tonic
penawar racun *(n.)* mithridate
pencabulan *(n.)* molestation
pencabulan *(n.)* sacrilege
pencabulan *(n.)* violation
pencacar *(n.)* vaccinator
pencairan *(n.)* thaw
pencalonan *(n.)* candidacy
pencalonan *(n.)* nomination
pencapai *(n.)* achiever
pencapaian *(n.)* accomplishment
pencapaian *(n.)* achievement
pencapaian *(n.)* attainment
pencapaian *(n.)* feat
pencarian *(n.)* quest
pencarian *(n.)* search
pencarian *(n.)* searching
pencarian makanan *(n.)* forage
pencatat skor *(n.)* scorekeeper
pencegahan *(n.)* prevention
pencegahan *(adj.)* preventive
pencegahan kehamilan *(n.)* contraception
pencelaan *(n.)* disapproval
pencelaan etnik *(n.)* nigger
pencelup *(n.)* dye

pencemaran *(n.)* pollution
pencen *(n.)* pension
pencen *(v.)* pension
pencerita *(n.)* narrator
penceritaan *(n.)* narration
penceritaan *(adj.)* narrative
penceroboh *(n.)* crasher
pencerobohan *(n.)* invasion
pencerobohan *(n.)* trespass
pencetak *(n.)* printer
pencetusan *(n.)* induction
pencinta keamanan *(n.)* pacifist
pencinta negara *(n.)* nationalist
pencinta persekitaran *(n.)* environmentalist
pencipta *(n.)* creator
pencipta *(n.)* inventor
pencipta *(n.)* originator
pencuci mata *(n.)* eyewash
pencuci mulut *(n.)* dessert
pencucuhan *(n.)* ignition
pencukaan *(n.)* acetifier
pencukuran *(n.)* shaving
penculik *(n.)* abductor
penculikan *(n.)* abduction
pencuri *(n.)* burglar
pencuri *(n.)* thief
pencuri *(n.)* safebraker
pencuri *(n.)* shoplifter
pencuri ternakan *(n.)* abactor
pencurian *(n.)* theft
pendaftar *(n.)* registrar
pendaftaran *(n.)* registration
pendaftaran *(n.)* registry
pendahulu *(n.)* predecessor
pendakap *(n.)* brace
pendakap *(n.)* braces
pendaki *(n.)* rock climber
pendaki *(n.)* climber
pendaki gunung *(n.)* alpinist
pendaki gunung *(n.)* mountaineer
pendakian *(n.)* ascent

pendakian *(n.)* climb
pendakian *(v.)* trek
pendakwa *(n.)* prosecutor
pendakwaan *(n.)* impeachment
pendakwaan *(n.)* prosecution
pendalaman *(adv.)* inland
pendapat *(n.)* belief
pendapat *(n.)* opinion
pendapat *(n.)* view
pendapatan *(n.)* income
pendapatan rendah *(n.)* pittance
pendaraban *(n.)* multiplication
pendaunan *(n.)* foliation
pendayung *(n.)* oarsman
pendedahan *(n.)* revelation
pendek *(adj.)* shortish
pendek *(adj.)* snub
pendek *(adj.)* short
pendekatan *(n.)* approach
pendengar *(n.)* listener
penderaan diri *(n.)* self-abuse
penderhakaan *(n.)* treason
penderitaan *(n.)* scourge
penderma *(n.)* benefactor
penderma *(n.)* donor
pendesaan *(n.)* rustication
pendiam *(adj.)* taciturn
pendidikan *(n.)* education
pendidikan campuram *(n.)* coeducation
pendikit *(n.)* throttle
pendingin *(n.)* cooler
pendisiplin *(n.)* martinet
pendisiplin *(n.)* proctor
pendorong *(n.)* spur
pendosa *(n.)* sinner
penduduk *(n.)* inhabitant
penduduk *(n.)* population
penduduk *(n.)* resident
penduduk barat *(adj.)* occidental
penduduk kampung *(n.)* villager
pendukung *(n.)* exponent
penebat *(n.)* insulator
penebatan *(n.)* insulation
penebusan *(n.)* redemption
penebusan dosa *(n.)* atonement
penegangan *(n.)* contraction
penegasan *(adj.)* assertive
penegasan *(n.)* stress
peneguhan akhlak *(n.)* edification
penekanan *(n.)* emphasis
penelitian *(n.)* scrutiny
penembak handalan *(n.)* marksman
penempatan *(n.)* placement
penempatan *(n.)* settlement
penemuan *(n.)* discovery
penentang kemajuan *(n.)* reactionist
penentang pendapat *(n.)* contrarian
penentu *(adj.)* decisive
penentu nada *(n.)* fret
penentuan *(n.)* determination
penentukuran *(n.)* calibration
penepatan *(n.)* occupancy
penerbangan *(n.)* aviation
penerbangan *(n.)* flight
penerbit *(n.)* publisher
penerima *(n.)* addressee
penerima *(n.)* receiver
penerima *(n.)* recipient
penerima anuiti *(n.)* annuitant
penerima penghormatan *(n.)* laureate
penerima tugas *(n.)* assignee
penerimaan *(n.)* acceptance
penerimaan *(n.)* reception
penerimaan kepuasan *(n.)* enjoyability
peneroka *(n.)* pioneer

peneroka *(n.)* settler
penetapan pungguk *(n.)* owlery
pengabai *(n.)* abandoner
pengabaian *(n.)* disregard
pengabaian *(n.)* neglect
pengabaian *(n.)* skip
pengabstrakan *(n.)* abstraction
pengadil *(n.)* arbiter
pengadil *(n.)* arbitrator
pengadil *(n.)* referee
pengadil *(n.)* umpire
pengadilan *(n.)* arbitration
pengagak *(n.)* conjecture
pengagihan *(n.)* distribution
pengagungan *(n.)* apotheosis
pengagungan *(n.)* glorification
pengairan *(n.)* irrigation
pengajar *(n.)* instructor
pengajar *(n.)* tutor
pengakap *(n.)* scout
pengakhiran *(adv.)* ultimately
pengakuan *(n.)* acknowledgement
pengakuan *(n.)* admission
pengakuan *(n.)* confession
pengalaman *(n.)* experience
pengalaman pahit *(n.)* ordeal
pengalir *(n.)* conductor
pengamal *(n.)* practitioner
pengamal *(n.)* profiteer
pengamal sodomi *(n.)* sodomite
pengambil *(n.)* taker
pengambil sampel *(n.)* sampler
pengambilan pekerja *(n.)* employment
pengampu *(n.)* sycophant
pengampunan *(n.)* absolution
pengampunan *(n.)* amnesty
pengamputasian semula *(n.)* reamputation
pengamuk *(n.)* beserker

penganalisaan *(n.)* deconstruction
pengangka *(n.)* numerator
pengangkat barang *(n.)* porter
pengangkatan *(n.)* adoption
pengangkutan *(n.)* freight
pengangkutan *(n.)* transport
pengangkutan *(n.)* transportation
pengangkutan udara *(n.)* airlift
penganiayaan *(n.)* persecution
penganimasi *(v.)* reanimate
penganimasian *(n.)* reanimation
penganimasian semula *(adj.)* reanimate
penganjur *(n.)* advocate
penganjur *(n.)* convener
pengantara *(n.)* mediator
pengantaraan *(n.)* mediation
pengantin lelaki *(n.)* bridegroom
pengantin lelaki *(n.)* groom
pengantin perempuan *(n.)* bride
penganut *(n.)* votary
penganut deisme *(n.)* deist
penganut panteisme *(n.)* pantheist
penganut teisme *(n.)* theist
pengapit *(n.)* clamp
pengaplikasian semula *(n.)* reapplication
pengapung *(n.)* treader
pengarah *(n.)* director
pengaruh *(n.)* hold
pengaruh *(n.)* influence
pengaruh *(n.)* say
pengaruh *(n.)* sway
pengasas *(n.)* founder
pengasih *(adj.)* affectionate
pengasingan *(n.)* isolation
pengasuh *(n.)* nanny
pengatur *(n.)* regulator
pengatur huruf *(n.)* compositor

pengaturan seiring *(n.)* juxtaposition
pengawal *(n.)* controller
pengawal *(n.)* sentinel
pengawal *(n.)* sentry
pengawal *(n.)* trooper
pengawal penjara *(n.)* warder
pengawal peribadi *(n.)* bodyguard
pengawas *(n.)* prefect
pengawas peperiksaan *(n.)* invigilator
pengawasan *(adj.)* monitory
pengawasan *(n.)* supervision
pengawasan *(n.)* vigilance
pengawasan peperiksaan *(n.)* invigilation
pengawet *(n.)* preservative
pengawetan *(n.)* embalming
pengayuh *(n.)* paddle
pengdekodan *(n.)* decrypt
pengdekodan *(n.)* decryption
pengebom *(n.)* bomber
pengebumian *(n.)* burial
pengebumian *(n.)* funeral
pengecaman *(n.)* denunciation
pengecas *(n.)* charger
pengecualian *(n.)* exception
pengecualian *(n.)* waiver
pengecut *(adj.)* chicken
pengecut *(n.)* coward
pengecut *(adj.)* yellow
pengecutan *(n.)* shrinkage
pengedar *(n.)* dealership
pengejaran *(n.)* chase
pengekalan *(n.)* retention
pengekodan *(n.)* coding
pengelakan *(n.)* avoidance
pengelakan *(n.)* eschewment
pengelakan *(n.)* evasion
pengelamun *(n.)* escapist
pengelap lantai *(n.)* mop
pengelasan *(n.)* classification

pengelip *(n.)* flasher
pengeluaran *(n.)* emission
pengeluaran *(n.)* production
pengeluaran lebih *(n.)* overdraft
pengembangan *(n.)* expansion
pengembara *(n.)* backpacker
pengembara *(n.)* traveller
pengembara *(n.)* vagabond
pengembara *(n.)* wayfarer
pengembaraan *(n.)* ramble
pengembaraan *(n.)* adventure
pengembaraan *(n.)* travel
pengemis *(n.)* beggar
pengempisan *(n.)* deflation
pengemudi *(n.)* navigator
pengemudian *(n.)* navigation
pengemulsi *(n.)* emulsifier
pengenaan *(n.)* imposition
pengenalan *(n.)* indentification
pengenalan *(n.)* introduction
pengenalan *(adj.)* introductory
pengendalian kapal *(n.)* seakeeping
pengenduran *(n.)* relaxation
pengepungan *(n.)* blockade
pengepungan *(n.)* siege
pengerusi *(n.)* chairman
pengerusi *(v.)* preside
pengesah *(n.)* endorser
pengesahan *(n.)* affirmation
pengesahan *(n.)* confirmation
pengesahan *(n.)* endorsement
pengesahan *(n.)* substantiation
pengesahan *(n.)* verification
pengesan *(n.)* tracker
pengetahuan *(n.)* cognizance
pengetahuan *(n.)* knowledge
pengetahuan terdahulu *(n.)* foreknowledge
pengetatan *(n.)* stringency
pengetua *(n.)* principal

penggabungan *(n.)* amalgamation
penggabungan *(n.)* incorporation
penggabungan *(n.)* affiliation
penggabungan *(n.)* merger
penggadai *(n.)* mortgagor
penggal *(n.)* term
penggal *(adj.)* sessional
penggambaran *(n.)* rumination
pengganas *(n.)* terrorist
pengganggu *(n.)* taunter
pengganti *(n.)* replacement
pengganti *(n.)* substitute
penggantian *(n.)* substitution
penggantungan *(n.)* suspension
penggawa *(n.)* courtier
penggebaran *(n.)* flapping
penggelek *(n.)* roller
penggemaan *(n.)* accrementition
penggemar *(n.)* amateur
penggemar makanan *(n.)* epicure
penggemar makanan *(n.)* epicurean
penggergaji *(n.)* sawyer
penggesaan *(n.)* rush
penggila shahwat *(n.)* nymphomaniac
penggoda *(n.)* mack
penggoda *(n.)* tempter
penggodak *(n.)* churn
penggodam *(n.)* hacker
penggolongan *(n.)* denomination
penggrafan *(n.)* graft
pengguguran *(n.)* abortion
penggulingan *(n.)* overthrow
penggulung *(n.)* winder
penggunaan *(n.)* consumption
penggunaan *(n.)* usage
penggunaan *(n.)* use
penggunaan *(n.)* utilization
penggunaan dadah *(adj.)* doped
penghadaman *(n.)* digestion
penghalang *(n.)* barrier
penghambaan *(n.)* bondage
penghambaan *(adj.)* servile
penghamilan *(n.)* conception
penghantar telegram *(n.)* telegraphist
penghantaran *(n.)* delivery
penghantaran *(n.)* shipping
penghantaran *(n.)* transmission
penghantaran pulang *(n.)* repatriate
penghapus *(n.)* eliminator
penghapusan *(n.)* annihilation
penghapusan *(n.)* elimination
penghapusan *(n.)* obliteration
penghargaan *(n.)* appreciation
penghasilan semula *(n.)* reproduction
penghentian *(n.)* breakoff
penghentian *(n.)* cessation
penghias rantai *(n.)* necklet
penghijrahan *(n.)* emigration
penghinaan *(n.)* abasement
penghinaan *(n.)* affront
penghinaan *(n.)* disdain
penghinaan *(n.)* humiliation
penghinaan *(n.)* satire
penghinaan *(n.)* scorn
penghinaan *(n.)* slight
penghindaran *(n.)* circumvention
penghormatan *(n.)* deference
penghormatan *(n.)* homage
penghormatan *(n.)* honour
penghormatan *(n.)* respect
penghormatan *(n.)* reverence
penghormatan *(n.)* tribute
penghormatan *(n.)* veneration
penghormatan pencapaian *(adj.)* laureate

penghujung *(n.)* finish
penghuni *(n.)* inmate
penghuni *(n.)* occupant
penghutang *(n.)* debtor
pengikat *(n.)* harness
pengikatan *(adj.)* binding
pengikis *(n.)* scraper
pengiktirafan *(n.)* recognition
pengikut *(n.)* disciple
pengikut *(n.)* follower
pengikut *(n.)* minion
pengikut 'sect' *(adj.)* sectarian
pengikut setia *(n.)* henchman
pengilang *(n.)* manufacturer
pengilat *(n.)* varnish
penginapan *(n.)* accommodation
penginapan *(n.)* lodging
pengintai *(n.)* voyeur
pengintaian *(n.)* voyeurism
pengintip *(n.)* spy
pengiraan *(n.)* computation
pengiraan *(n.)* count
pengiraan detik *(n.)* countdown
pengirim *(n.)* addresser
pengiriman *(n.)* consignment
pengiriman wang *(n.)* remittance
pengiring *(n.)* escort
pengiring *(n.)* retinue
pengisar *(n.)* grinder
pengisar *(n.)* mill
pengisar injakan *(n.)* treadmill
pengisytiharan *(n.)* declaration
pengisytiharan *(n.)* inauguration
pengkaji gunung *(n.)* orologist
pengkaji lautan *(n)* oceanographer
pengkaji nama *(n)* onomast
pengkapuran *(v.)* whitewash
pengkarbonan *(n.)* carbonization
pengkelasan *(n.)* modality

pengkhianat *(n.)* traitor
pengkhianatan *(n.)* betrayal
pengkhianatan *(n.)* perfidy
pengkhianatan *(n.)* treachery
pengkhususan *(n.)* specialization
pengkhutbah *(n.)* preacher
pengkodan *(n.)* encryption
pengkritik *(n.)* critic
pengkritik *(n.)* detractor
penglibatan pembunuhan *(n.)* parricide
penglihatan *(n.)* visibility
pengoksidaan *(n.)* oxidation
pengorbanan *(n.)* sacrifice
pengsan *(v.)* faint
pengsan *(adj.)* insensible
pengsan *(v.)* swoon
penguasaan *(n.)* domination
penguat *(n.)* amplifier
pengubah suaian *(n.)* renovation
pengubahsuaian *(n.)* modification
pengubahsuaian *(n.)* overhaul
pengubuan *(n.)* entrenchment
penguburan *(n.)* sepulture
pengudaraan *(n.)* ventilation
pengukir *(n.)* sculptor
pengukuhan *(n.)* consolidation
pengukuhan *(n.)* reinforcement
pengukur sudut *(n.)* demicircle
pengukus *(n.)* steamer
pengulangan *(n.)* reiteration
pengulangan *(n.)* repetition
pengulas *(n.)* commentator
pengumpul *(n.)* collector
pengumpul setem *(n.)* philalethist
pengumpulan *(n.)* accumulation
pengumpulan tersorok *(n.)* cache

pengumuman *(n.)* announcement
pengumuman *(n.)* proclamation
pengundi *(n.)* electorate
pengundi *(n.)* voter
pengunjung pantai *(n.)* beachergoer
pengurangan *(n.)* decrement
pengurangan *(n.)* mitigation
pengurangan *(n.)* reduction
pengurangan *(n.)* rundown
pengurangan *(n.)* depletion
pengurangan kelajuan *(n.)* deceleration
pengurangan pemecahan *(n.)* defragmentation
pengurangan tekanan *(n.)* decompression
pengurungan *(n.)* captivity
pengurungan *(n.)* confinement
pengurus *(n.)* manager
pengurus kedai *(n.)* shopkeeper
pengurus niaga *(n.)* dealmaker
pengurusan *(n.)* management
pengusaha tiram *(n.)* oysterman
pengusir *(n.)* evictor
pengusiran *(n.)* eviction
peni *(n.)* penny
peniaga *(n.)* dealer
peniaga *(n.)* taverner
peniaga kuda *(n.)* coper
penidur *(n.)* sleeper
penilaian *(n.)* assessment
penilaian *(n.)* valuation
penilik nama *(n.)* onomancy
penindasan *(n.)* oppression
penindasan *(n.)* oppressor
penindasan *(n.)* repression
pening *(adj.)* giddy
peninggalan *(n.)* omission
peningkatan *(n.)* betterment
peningkatan *(n.)* enhancement
peningkatan *(n.)* improvement
peninjauan semula *(n.)* recrimination
penipu *(n.)* cheater
penipu *(n.)* knave
penipu *(n.)* sham
penipu *(n.)* sneak
penipu *(n.)* swindler
penipu *(n.)* tawer
penipu *(n.)* trickster
penipu *(n.)* cheat
penipuan *(n.)* cheat
penipuan *(n.)* deceit
penipuan *(n.)* deception
penipuan *(n.)* dupe
penipuan *(n.)* knavery
penipuan *(n.)* swindle
penipuan *(n.)* trickery
peniru *(n.)* mimic
peniruan *(n.)* mimesis
peniti *(n.)* pin
penjabatanan *(n.)* departmentalization
penjaga *(n.)* caretaker
penjaga *(n.)* custodian
penjaga *(n.)* guardian
penjaga *(n.)* keeper
penjaga bangunan *(n.)* janitor
penjaga dandang *(n.)* stoker
penjaga gol *(n.)* goalkeeper
penjaga kedai *(n.)* tavernkeeper
penjaga lebah *(n.)* beekeeper
penjaga pagar *(n.)* gatekeeper
penjagaan *(n.)* custody
penjagaan *(n.)* wardship
penjahat *(n.)* dacoit
penjahat *(n.)* ruffian
penjaja *(n.)* hawker
penjaja *(n.)* monger
penjajahan *(n.)* subjugation
penjajap *(n.)* cruiser
penjajaran *(n.)* alignment
penjamin *(n.)* surety

penjamin *(n.)* warrantor
penjanaan semula *(n.)* regeneration
penjara *(n.)* jail
penjara *(n.)* prison
penjaring *(n.)* scorer
penjawat kini *(n.)* incumbent
penjelajahan *(n.)* exploration
penjelasan *(n.)* clarification
penjelasan *(n.)* explanation
penjelasan *(n.)* paraphrase
penjelmaan *(n.)* embodiment
penjelmaan *(adj.)* incarnate
penjelmaan semula *(n.)* incarnation
penjenayah *(adj.)* criminal
penjenayah *(n.)* outlaw
penjerapan *(n.)* adsorption
penjerut leher *(n.)* garrotter
penjual *(n.)* seller
penjual *(n.)* vendor
penjual buku *(n.)* book-seller
penjual bunga *(n.)* florist
penjual daging *(n.)* butcher
penjual kain *(n.)* draper
penjual mainan *(n.)* toyseller
penjual obat *(n.)* druggist
penjugel *(n.)* juggler
penolakan *(n.)* objection
penolakan *(n.)* rebuff
penolakan *(n.)* refusal
penolakan *(n.)* refutation
penolakan *(n.)* rejection
penolakan *(n.)* renunciation
penolakan *(n.)* reproach
penolakan *(n.)* repudiation
penolakan *(n.)* repulsion
penolakan *(n.)* resistance
penolakan *(n.)* subtraction
penonton *(n.)* audience
penonton *(n.)* on-looker
penonton *(n.)* spectator
penopang *(n.)* prop

pensampelan *(n.)* sampling
pensel *(n.)* pencil
penskan radio *(n.)* radioscan
penstabilan *(n.)* stabilization
pensyarah *(n.)* docent
pensyarah *(n.)* lecturer
pentadbir *(v.)* administrate
pentadbir *(n.)* administrator
pentadbiran *(n.)* administration
pentafsir kod *(n.)* decoder
pentagon *(n.)* pentagon
pentas *(n.)* platform
pentas *(n.)* stage
pentas peragaan *(n.)* catwalk
penternakan *(n.)* husbandry
penting *(adj.)* crucial
penting *(adj.)* important
penting *(adj.)* integral
penting *(v.)* matter
penting *(adj.)* noteworthy
penting *(adj.)* pertinent
penting *(n.)* urgency
penting *(adj.)* vital
penting *(adj.)* salient
penting *(adj.)* significant
pentingkan diri *(adj.)* self-centered
pentingkan diri *(adj.)* selfish
pentranskrip *(n.)* transcriber
penuai *(n.)* reaper
penuai *(n.)* harvester
penuaian *(n.)* harvest
penuasan *(n.)* leverage
penubuhan *(n.)* establishment
penuduh *(n.)* accusator
penuh *(adj.)* replete
penuh *(adj.)* utmost
penuh *(adj.)* full
penuh azam *(adj.)* manful
penuh berahi *(adj.)* amorous
penuh dendam *(adj.)* revengeful
penuh dosa *(adj.)* sinful
penuh harapan *(adj.)* wishful

penuh hormat *(adj.)* respectful
penuh kasih sayang *(adj.)* amatory
penuh kebencian *(adj.)* contemptuous
penuh kepercayaan *(adj.)* trustful
penuh misteri *(adj.)* mysterious
penuh perasaan *(adj.)* expressive
penuh rasa *(adj.)* tasteful
penuh riang *(adj.)* gleeful
penuh semangat *(n.)* ebullience
penuh sensasi *(adj.)* sensational
penuh tenaga *(adj.)* energetic
penuh tenaga *(adj.)* forceful
penukaran *(n.)* conversion
penulis *(n.)* author
penulis *(n.)* essayist
penulis *(n.)* writer
penulis biografi *(n.)* biographer
penulis lirik *(n.)* lyricist
penulis novel *(n.)* novelist
penulis rajah *(n.)* schematist
penulis risalah *(n.)* pamphleteer
penulis ruangan *(n.)* columnist
penulis siluman *(n.)* ghostwriter
penulis skrip *(n.)* scenarist
penumbuk *(n.)* fist
penumpang *(n.)* passenger
penumpasan *(n.)* suppression
penunggang *(n.)* rider
penunggang basikal *(n.)* cyclist
penunggang motor *(n.)* biker
penunjuk tempat *(n.)* usher
penuntut perubatan *(n.)* medic
penurunan martabat *(adj.)* degrading
penurunan mental *(v.)* dement
penurunan rahim *(n.)* lightening
penurut *(adj.)* meek

penutup *(n.)* cover
penutup *(n.)* flap
penutup *(n.)* lid
penutup cadar *(n.)* coverlet
penutup mata *(n.)* blindfold
penutupan *(n.)* closure
penwayaran *(n.)* wiring
penyahaktif *(n.)* deactivator
penyahaktifan *(n.)* deactivation
penyahhidratan *(n.)* dehydration
penyahjajahan *(n.)* decolonization
penyahkapuran *(n.)* decalcification
penyahoksidaan *(n.)* deoxidation
penyahstabilan *(n.)* destabilization
penyair *(n.)* poetaster
penyajak *(n.)* poet
penyajak wanita *(n.)* poetess
penyakat *(n.)* tease
penyakit *(n.)* ailment
penyakit *(n.)* disease
penyakit *(n.)* illness
penyakit *(n.)* malady
penyakit *(n.)* nadger
penyakit *(n.)* sepsis
penyakit *(n.)* sickness
penyakit anjing gila *(n.)* rabies
penyakit hati *(adj.)* cirrhotic
penyakit kuning *(v.)* jaundice
penyalahguna *(n.)* abuser
penyalahgunaan *(n.)* abuse
penyalahgunaan *(n.)* misapplication
penyalahgunaan *(n.)* misuse
penyalahgunaan dana *(n.)* sidestream
penyalahgunaan kuasa *(n.)* deturpation
penyalin *(n.)* copist
penyamar *(n.)* impostor

penyamar *(n.)* sham
penyamar *(n.)* shapeshifter
penyamaran *(n.)* disguise
penyamaran *(n.)* imposture
penyamaran *(n.)* masquerade
penyamaran *(n.)* ostensibility
penyamaran *(adv.)* ostensibly
penyamaran *(n.)* quackery
penyambungan *(n.)* affixation
penyampai petisyen *(n.)* petitioner
penyamun *(n.)* bandit
penyamun *(n.)* brigand
penyandar *(n.)* stand
penyangak *(n.)* rogue
penyangak *(n.)* villain
penyangga *(n.)* corbel
penyanyi *(n.)* singer
penyanyi *(n.)* songster
penyanyi *(n.)* vocalist
penyanyi rock *(n.)* rocker
penyanyi solo *(n.)* soloist
penyapu *(n.)* broom
penyapu jalan *(n.)* scavenger
penyataan *(n.)* expression
penyataan palsu *(n.)* fraud
penyatuan *(n.)* fusion
penyatuan *(n.)* unification
penyatuan *(n.)* union
penyatuan gereja *(adj.)* ecumenic
penyebar fitnah *(n.)* talebearing
penyebaran *(n.)* propagation
penyedia makanan *(n.)* caterer
penyejukan *(n.)* refrigeration
penyeksaan *(n.)* mal-treatment
penyeksaan *(n.)* torture
penyelamat *(n.)* saviour
penyelamatan *(n.)* salvation
penyelarasan *(n.)* coordination
penyelenggaraan *(n.)* maintenance
penyelesaian *(n.)* settlement
penyelesaian *(n.)* solution
penyelewengan *(n.)* jobbery
penyelewengan *(n.)* malpractice
penyelia *(n.)* overseer
penyelia *(n.)* superintendent
penyelia *(n.)* supervisor
penyeliaan *(n.)* superintendence
penyelidikan *(n.)* research
penyeludup *(n.)* smuggler
penyembah berhala *(n.)* idolater
penyembelihan *(n.)* slaughter
penyembuhan *(n.)* convalescence
penyendiri *(n.)* recluse
penyengat *(n.)* wasp
penyepit *(n.)* peg
penyepit *(n. pl.)* tongs
penyerahan *(n.)* surrender
penyerang *(n.)* marauder
penyerang *(n.)* striker
penyerang *(n.)* aggressor
penyerangan *(n.)* aggression
penyerapan *(n.)* absorption
penyerapan *(n.)* absorptivity
penyerapan *(n.)* assimilation
penyerapan tisu *(n.)* bioabsorption
penyertaan *(n.)* participation
penyesalan *(n.)* compunction
penyesalan *(n.)* regret
penyesalan *(n.)* remorse
penyesalan *(n.)* repentance
penyesuaian *(n.)* adaptation
penyesuaian *(n.)* adjustment
penyewa *(n.)* occupier
penyewa *(n.)* tenant
penyewaan *(n.)* tenancy
penyiar *(n.)* podcaster
penyiasatan *(n.)* inquisition
penyiasatan *(n.)* investigation

penyibuk *(adj.)* nosey
penyimpan kira-kira *(n.)* bookkeeper
penyimpanan *(n.)* safekeeping
penyimpangan *(n.)* aberration
penyimpangan *(n.)* digression
penyingkiran *(n.)* disqualification
penyitaan *(n.)* seizure
penyodok *(n.)* shovel
penyodok *(n.)* spade
penyokong *(n.)* seconder
penyokong *(n.)* talebearer
penyokong kewanitaan *(n.)* feminist
penyokong setia *(n.)* stalwart
penyu *(n.)* turtle
penyucian *(n.)* sanctification
penyucuk *(n.)* poker
penyulingan *(n.)* distillery
penyumbahleweng *(v.)* pervert
penyumbat *(n.)* cork
penyuntikan vaksin *(n.)* vaccination
penyunting *(n.)* editor
penyusuan *(n.)* suckling
penyusutan *(adj.)* depreciating
peon *(n.)* peon
pepatah *(n.)* adage
pepatah *(n.)* aphorism
pepatah *(n.)* dictum
pepatah *(n.)* proverb
pepatah *(n.)* saw
pepatung *(n.)* dragonfly
pepejal *(n.)* solid
peperangan *(n.)* belligerency
peperangan *(n.)* warfare
peperiksaan *(n.)* examination
perabot *(n.)* breakfront
perabot *(n.)* furniture
perada *(n.)* tinsel
peraduan *(v.)* contest
peraga *(n.)* dandy

perahan *(adj.)* milch
perahu layar *(n.)* yacht
perak *(n.)* silver
perakam *(n.)* recorder
perakam voltan *(n.)* oscillograph
perakaunan *(n.)* accountancy
peralatan *(n.)* utensil
peralihan *(n.)* transition
peramah *(adj.)* cordial
peramal *(n.)* visionary
peranan *(n.)* role
perancah *(n.)* scaffold
perang *(v.)* battle
perang *(n.)* war
perang salib *(n.)* crusade
perangai *(n.)* temperament
perangai pelik *(n.)* vagary
peranggas *(n.)* defoliant
peranginan *(n.)* balcony
perangkap *(n.)* entrapment
perangkap *(n.)* pitfall
perangkap *(n.)* trap
perangkap *(n.)* trapdoor
perangsang *(n.)* boost
perangsang *(n.)* stimulant
perantara *(n.)* intermediary
perantis *(n.)* apprentice
perarakan *(n.)* parade
perarakan *(n.)* procession
peras ugut *(n.)* blackmail
perasaan *(n.)* feeling
perasaan cemas *(n.)* alarm
perasaan cemburu *(n.)* jealousy
perasaan khuatir *(adj.)* forboding
perasmian *(adj.)* inaugural
peraturan *(n.)* regulation
peraturan *(n.)* rule
peratus *(adv.)* per cent
peratusan *(n.)* percentage
perawan *(n.)* maiden
perawan cilik *(n.)* nymphet

perayaan *(n.)* celebration
perayaan *(n.)* occasion
perayu *(n.)* appellant
perbahasan *(n.)* debate
perbalahan *(n.)* altercation
perbandaran *(adj.)* municipal
perbandingan *(adj.)* comparative
perbandingan *(n.)* comparison
perbarisan *(n.)* march
perbatuan *(n.)* mile
perbatuan *(n.)* mileage
perbelanjaan *(n.)* expenditure
perbelanjaan *(n.)* expense
perbendaharaan kata *(n.)* vocabulary
perbezaan *(n.)* difference
perbezaan *(n.)* distinction
perbezaan *(n.)* variance
perbincangan *(n.)* discourse
perbincangan *(n.)* parley
perbualan *(adj.)* colloquial
perbualan *(n.)* conversation
perbualan *(n.)* talk
perbualan berdua *(n.)* tete-a-tete
perbuatan *(n.)* practice
perbuatan *(n.)* act
perbuatan *(n.)* deed
perbuatan berlagak *(n.)* swagger
perbuatan buruk *(n.)* debauch
perbuatan fokus *(n.)* focalization
perbuatan handal *(n.)* exploit
perbuatan melemahkan *(n.)* debilitation
perbuatan memasukkan *(n.)* insertion
perbuatan mencekik *(n.)* strangulation
perbuatan mengasaskan *(n.)* foundation
perbuatan mengejar *(n.)* pursuit
perbuatan menguntukkan *(n.)* allocation
perbuatan menjunam *(n.)* dive
perbuatan menuduh *(n.)* allegation
perbuatan menyindir *(n.)* insinuation
perburuan *(n.)* shoot
percabangan *(n.)* bifurcation
percakapan bodoh *(n.)* onology
percambahan *(n.)* germination
percanggahan *(n.)* clash
percanggahan *(n.)* contradiction
percaya *(v.)* trust
percaya perkara tahyul *(adj.)* superstitious
perceraian *(n.)* divorce
percetakan skrin *(n.)* screenprint
percikan *(n.)* spark
percikan *(n.)* splash
perciuman *(adj.)* oscular
percubaan *(n.)* attempt
percubaan *(n.)* probationer
percubaan *(n.)* trial
percubaan *(n.)* try
percubaan meragut *(n.)* snatch
percukaian *(n.)* taxation
percutian *(n.)* vacation
perdagangan *(n.)* commerce
perdagangan *(n.)* trade
perdagangan haram *(v.)* traffic
perdamaian *(n.)* reconciliation
perdana *(n.)* prime
perdana menteri *(n.)* premier
perdebatan *(n.)* contention
perdiangan *(n.)* hearth
perduaan *(adj.)* binary
perebutan *(n.)* scramble
perebutan *(n.)* scambling
peredam bunyi *(n.)* silencer

peredaran *(n.)* circulation
pereka *(n.)* designer
perekat *(n.)* adhesive
peremajaan *(n.)* rejuvenation
perembesan *(n.)* secretion
perempuan *(n.)* dame
perempuan *(n.)* female
perempuan bengis *(n.)* shrew
perempuan bujang *(n.)* bachelorette
perempuan kaya *(n.)* bourgeoise
perempuan murahan *(n.)* slut
perempuan simpanan *(n.)* mistress
perempuan tua *(n.)* crone
perempuan tua *(n.)* hag
perenang *(n.)* swimmer
perendaman *(n.)* immersion
perenggan *(n.)* paragraph
perengsa *(n.)* irritant
perentak jantung *(n.)* pacemaker
perentas *(n.)* chord
pereputan *(n.)* decay
pereputan *(n.)* decomposition
pergaduhan *(n.)* brawl
pergaduhan *(n.)* fray
pergaduhan *(n.)* melee
pergelangan kaki *(n.)* ankle
pergelangan tangan *(n.)* wrist
pergelutan *(v.)* tussle
pergelutan *(n.)* grapple
pergelutan *(n.)* scuffle
pergelutan *(n.)* tussle
pergerakan *(n.)* motion
pergerakan *(n.)* move
pergerakan *(n.)* movement
pergerakan atas bawah *(v.)* bob
pergerakan badan *(n.)* mime
pergerakan kaki *(n.)* shuffle
pergerakan masa *(n.)* travetime
pergerakan plat *(n.)* obduction

pergerakan tanah *(adj.)* seismic
pergi *(v.)* go
pergi *(prep.)* off
pergi tergesa-gesa *(n.)* scamper
pergolakan *(n.)* agitation
pergolakan *(adj.)* turbulent
perhambaan *(n.)* servitude
perhambaan *(n.)* slavery
perhambaan *(n.)* thralldom
perhatian *(n.)* attention
perhatian *(n.)* heed
perhentian *(n.)* stop
perhiasan *(n.)* garnishment
perhiasan *(n.)* ornament
perhiasan *(v.)* flourish
perhiasan *(n.)* decoration
perhiasan bilik *(n.)* decor
perhiasan mahal *(n.)* bling
perhimpunan *(n.)* assembly
perhimpunan *(n.)* rally
perhimpunan *(n.)* coven
perhubungan *(n.)* intercourse
perhutanan *(n.)* forestry
peribadi *(adj.)* personal
peribadi *(v.)* personify
peribahasa *(n.)* byword
perihal berhemat *(n.)* retrenchment
perihal berhenti *(n.)* halt
perihal berkayuh *(n.)* row
perihal gereja *(n.)* minster
perihal keibuan *(n.)* motherhood
perihal ketawa *(n.)* laughter
perihal menggambarkan *(n.)* depiction
perihal menonjol *(n.)* prominence
perihal tergolek *(n.)* tumble
perihal tersadung *(n.)* stumble
perikatan *(n.)* alliance
perikemanusiaan *(n.)* humanity
periksa *(v.)* checkpoint

perimeter pentadbiran *(n.)* sheading
perindustrian *(adj.)* industrial
peringatan *(n.)* commemoration
peringatan *(n.)* reminder
peringatan *(n.)* mnemonic
peringkat *(n.)* gradation
peringkat akhir *(adj.)* terminal
peringkat permulaan *(n.)* infancy
perintah *(n.)* commandment
perintah *(n.)* decree
perintah *(n.)* edict
perintah berkurung *(n.)* curfew
perintah mahkamah *(n.)* writ
perintis *(n.)* forerunner
perintis *(v.)* pioneer
perisa *(n.)* flavour
peristiwa *(n.)* episode
peristiwa *(n.)* event
peristiwa *(n.)* incident
peristiwa *(n.)* occurrence
periuk *(n.)* pot
perivetan *(v.)* rivet
periwayat *(n.)* annalist
perjalanan *(n.)* drive
perjalanan *(n.)* journey
perjalanan *(n.)* ride
perjalanan kaki *(v.)* walk
perjalanan perlahan-lahan *(n.)* saunter
perjanjian *(n.)* accordancy
perjanjian *(n.)* compact
perjanjian *(n.)* covenant
perjanjian *(n.)* deal
perjanjian *(n.)* pact
perjumpaan *(n.)* muster
perjumpaan *(n.)* rendezvous
perkadaran *(n.)* proportion
perkahwinan *(n.)* marriage
perkahwinan *(n.)* matrimony
perkahwinan *(n.)* wedding
perkahwinan *(adj.)* morganatic

perkahwinan *(n.)* nuptials
perkaitan *(adj.)* relevant
perkakas *(n.)* appliance
perkakas *(n.)* material
perkakasan *(n. pl)* paraphernalia
perkara *(n.)* item
perkara *(n.)* matter
perkara lalu *(prep.)* past
perkara pendek *(n.)* short
perkasa *(adj.)* brave
perkasa *(adj.)* herculean
perkataan *(n.)* word
perkauman *(n.)* racism
perkelahan *(n.)* picnic
perkelahian *(n.)* quarrel
perkelahian wanita *(n.)* catfight
perkembangan *(n.)* development
perkembangan individu *(adj.)* ontogenic
perkembangan individu *(n)* ontogeny
perkembangan individu *(adj.)* ontologic
perkhidmatan *(n.)* service
perkongsian *(n.)* partnership
perkongsian pertanian *(n.)* sharecrop
perkuburan *(n.)* cemetery
perlakuan bodoh *(n.)* indiscretion
perlanggaran *(n.)* collision
perlanggaran *(n.)* crash
perlanggaran peraturan *(n.)* foul
perlawanan *(n.)* battle
perlawanan *(n.)* bout
perlawanan *(n.)* duel
perlawanan *(n.)* fight
perlawanan *(n.)* meet
perlawanan ganas *(adj.)* gladiatorial

perlawanan lembu *(n.)* tauromachy
perlembagaan *(n.)* constitution
perlengkapan *(n.)* appurtenance
perlepasan *(n.)* departure
perletakan jawatan *(n.)* resignation
perlindungan *(n.)* shadow
perlindungan *(n.)* protection
perlindungan *(adj.)* protective
perlindungan *(n.)* refuge
perlu *(adj.)* necessary
perlu *(adj.)* needful
perlu *(adj.)* requisite
perlumbaan *(n.)* race
perlumbaan *(n.)* road race
permaidani *(n.)* carpet
permaidani *(n.)* rug
permainan *(n.)* game
permainan *(n.)* play
permainan *(n.)* toy
permainan daun terup *(n.)* rummy
permainan perkataan *(n.)* crambo
permainan trak *(n.)* trapball
permainan video *(n.)* videogaming
permaisuri *(n.)* queen
permata *(n.)* gem
permata *(v.)* jewel
permintaan *(n.)* demand
permintaan *(n.)* solicitation
permit *(n.)* permit
permohonan *(n.)* application
permohonan *(n.)* request
permukaan *(n.)* surface
permukaan bangku *(n.)* benchtop
permukaan kasar *(adj.)* mealy
permukaan kasar *(adj.)* scragged
permukaan meja *(n.)* desktop

permulaan *(n.)* beginning
permulaan *(n.)* commencement
permulaan *(n.)* inception
permulaan *(n.)* onrush
permulaan *(n.)* onset
permulaan *(n.)* outset
permulaan *(n.)* overture
permulaan *(n.)* prelude
permulaan *(n.)* start
permulaan *(adj.)* initial
permusuhan *(n.)* animosity
permusuhan *(n.)* antagonism
permusuhan *(n.)* enmity
permusuhan *(n.)* feud
permutasi *(n.)* permutation
pernafasan *(n.)* respiration
pernah *(adv.)* ever
perniagaan *(n.)* business
pernikahan *(n.)* wedlock
pernyataan *(n.)* statement
pernyataan *(n.)* utterance
perobohan *(n.)* demolition
perolehan *(n.)* acquirement
perolehan *(n.)* procurement
perompak *(n.)* robber
perompak *(n.)* vulture
perpaduan *(n.)* solidarity
perpaduan *(n.)* unity
perpecahan *(n.)* schism
perpecahan *(n.)* split
perpisahan *(n.)* breakup
perpisahan *(n.)* detachment
perpisahan *(n.)* farewell
perpustakaan *(n.)* library
persahabatan *(n.)* amity
persaingan *(n.)* rivalry
persaingan *(n.)* emulation
persamaan *(n.)* equation
persamaan *(n.)* likeness
persamaan *(n.)* parity
persamaan *(n.)* resemblance
persamaan *(n.)* similarity
persamaan *(n.)* similitude

persaraan *(n.)* retirement
persatuan *(n.)* association
persatuan *(n.)* guild
persaudaraan *(n.)* brotherhood
persaudaraan *(n.)* confraternity
persaudaraan *(n.)* fraternity
persaudaraan wanita *(n.)* sisterhood
persediaan *(adj.)* preparatory
persegi *(adj.)* square
persekitaran *(n.)* environment
persekitaran *(n.)* surroundings
persekutuan *(n.)* comeradery
persekutuan *(n.)* federation
perselisihan *(n.)* discord
persembahan *(n.)* performance
persembahan *(n.)* presentation
persendirian *(adj.)* private
persenjataan *(n.)* armament
persepsi *(adj.)* perceptive
persepuluh *(adj.)* decimal
persetujuan *(n.)* acquiescence
persetujuan *(adj.)* affirmative
persetujuan *(n.)* agreement
persetujuan *(n.)* approval
persetujuan *(n.)* assent
persetujuan *(n.)* bargain
persetujuan *(n.)* compact
persetujuan *(n.)* treaty
persetujuan semula *(n.)* reapproval
persiapan *(n.)* preparation
persilangan *(n.)* intersection
persimpangan *(n.)* junction
persinggahan *(n.)* sojourn
persoalan *(n.)* issue
personifikasi *(n.)* personification
pertabalan *(n.)* coronation
pertahanan *(n.)* cordon
pertahanan *(n.)* defence
pertahanan *(n.)* vindication
pertahanan diri *(adj.)* martial

pertalian *(n.)* affinity
pertalian *(n.)* bonds
pertama *(adj.)* original
pertambahan *(n.)* increase
pertambahan *(n.)* surge
pertandingan *(n.)* competition
pertandingan *(n.)* contest
pertandingan *(n.)* match
pertandingan *(n.)* pageant
pertandingan *(n.)* tournament
pertandingan sukan *(n.)* meet
pertanian *(adj.)* agrarian
pertanian *(adj.)* agricultural
pertanian *(n.)* agriculture
pertanyaan *(n.)* inquiry
pertanyaan *(n.)* query
pertanyaan *(n.)* interrogative
pertapa *(n.)* hermit
pertaruhan *(n.)* bet
pertaruhan *(adj.)* betting
pertarungan *(n.)* combat
pertelagahan *(n.)* loggerhead
pertelingkahan *(n.)* conflict
pertelingkahan *(n.)* dispute
pertelingkahan *(n.)* skirmish
pertembungan *(n.)* encounter
pertemuan *(v.)* encounter
pertengahan *(adj.)* intermediate
pertengahan musim panas *(n.)* midsummer
pertengkaran *(n.)* argument
pertengkaran *(n.)* row
pertengkaran *(n.)* wrangle
pertikaian *(n.)* strife
pertimbangan *(n.)* consideration
pertimbangan *(n.)* deliberation
pertimbangan *(n.)* judgement
pertimbangan moral *(n.)* scruple
pertindihan *(n.)* overlap
pertiotisme *(n.)* partiotism
pertolongan *(n.)* assistance
pertolongan *(n.)* favour

pertolongan *(n.)* help
pertolongan *(n.)* relief
pertukangan kayu *(n.)* carpentry
pertukaran *(n.)* barter
pertukaran *(n.)* exchange
pertukaran *(n.)* interchange
pertukaran gen *(n)* oncogene
pertumbuhan *(n.)* growth
pertumbuhan tangkai *(v.)* scape
pertumpahan darah *(n.)* bloodshed
pertumpuan *(n.)* convergence
pertunangan *(n.)* betrothal
pertunangan *(n.)* engagement
pertunjukan *(n.)* show
pertunjukan *(n.)* spectacle
pertunjukan jalanan *(n.)* roadshow
pertunjukan sampingan *(n.)* sideshow
pertuturan *(n.)* speech
perubahan *(n.)* alteration
perubahan *(n.)* change
perubahan nasib *(n.)* vicissitude
perubatan *(adj.)* medical
perubatan haiwan *(adj.)* veterinary
perubatan mata *(adj.)* ophtalmologic
perubatan mata *(n.)* ophtalmology
perubatan ortopedik *(n.)* orthopaedia
perubatan ortopedik *(n.)* orthopaedics
perubian *(v.)* rubify
perubrikan *(v.)* rubricate
perumpamaan *(n.)* parable
peruncit *(n.)* retailer
peruncitan *(v.)* retail
perundangan *(n.)* legislation

perundangan *(adj.)* legislative
perunding *(n.)* negotiator
perundingan *(n.)* conference
perunggu *(adj.)* bronze
peruntukan *(n.)* appropriation
peruntukan *(n.)* provision
peruntukkan *(n.)* allowance
perusahaan *(n.)* enterprise
perut *(n.)* belly
perut *(n.)* midriff
perut *(n.)* stomach
perwakil monarki *(n.)* viceroy
perwakilan *(n.)* delegator
perwakilan *(n.)* deputation
perwakilan *(n.)* representation
perwakilan *(adj.)* vicarious
perwatakan baik *(adj.)* saintly
perwatakan serius *(adj.)* staid
pes *(n.)* paste
pesakit *(n.)* patient
pesakit anoreksia *(adj.)* anorexic
pesakit kusta *(n.)* leper
pesakit luar *(n.)* outpatient
pesakit skizofrenia *(n.)* schyzophreniac
pesalah *(n.)* culprit
pesalah *(n.)* malefactor
pesalah *(n.)* miscreant
pesalah *(n.)* offender
pesalah disyaki *(adj.)* alleged
pesara *(n.)* pensioner
pesawat terbang *(n.)* aircraft
pesawat udara *(n.)* aerocraft
peserta *(n.)* participant
peserta separuh-akhir *(n.)* semi-finalist
pesimis *(n.)* pessimist
pesimis *(adj.)* pessimistic
pesona *(n.)* bewitching
pesona *(n.)* fascination
pesta *(n.)* festival
pesta *(n.)* gala

pesta *(n.)* revelry
pesta liar *(n.)* orgy
pesuruhjaya *(n.)* commissioner
peta *(n.)* map
petah *(adj.)* articulate
petaka *(n.)* catastrophe
petanda *(n.)* auspice
petanda *(n.)* indication
petanda *(n.)* omen
petanda *(n.)* premonition
petanda buruk *(adj.)* ominous
petang *(n.)* afternoon
petang *(n.)* evening
petani *(n.)* agriculturist
petani *(n.)* carl
petani *(n.)* farmer
petani *(n.)* peasant
petaruh *(n.)* bettor
peterana *(n.)* dais
peti *(n.)* crate
peti ais *(n.)* fridge
peti besi *(n.)* safe
peti deposit *(n.)* safe-deposit
peti keselamatan *(n.)* safebox
peti sejuk *(n.)* refrigerator
peti simpanan *(n.)* coffer
petikan *(n.)* excerpt
petikan *(n.)* quotation
petisyen *(n.)* petition
petisyen *(v.)* petition
petrimoni *(n.)* patrimony
petrol *(n.)* gasoline
petroleum *(n.)* petroleum
petunjuk *(n.)* clue
petunjuk *(n.)* hint
petunjuk *(n.)* indicator
pewaris *(n.)* heir
pewaris *(n.)* successor
pewarisan *(n.)* inheritance
pewarisan *(n.)* succession
peyumbat mulut *(n.)* gag
piagam *(n.)* charter
piala *(n.)* chalice

piala *(n.)* goblet
piala *(n.)* trophy
piano *(n.)* piano
piawai *(n.)* standard
piawai *(adj.)* standard
pic *(n.)* peach
picagari *(n.)* syringe
picu *(n.)* trigger
pidato *(n.)* elocution
pidato *(n.)* oration
pigmi *(n.)* pygmy
pihak menuntut *(n.)* claimant
piket *(n.)* picket
piket *(v.)* picket
piksel *(n.)* pixel
pikselasi *(v.)* pixelate
pikulan *(n.)* burden
pil *(n.)* pill
pilihan *(n.)* alternative
pilihan *(n.)* choice
pilihan *(n.)* option
pilihan *(adj.)* optional
pilihan *(n.)* pick
pilihan raya *(n.)* election
pilihan raya *(n.)* poll
pilihan raya kecil *(n.)* by-election
pilihan utama *(n.)* preference
pimpinan *(n.)* lead
pimpinan wanita *(n.)* matriarch
pin *(v.)* pin
pinang *(n.)* areca
pindaan *(n.)* amendment
pingat *(n.)* medal
pinggan *(n.)* plate
pinggan mangkuk *(n.)* crockery
pinggang *(n.)* waist
pinggir *(n.)* brim
pinggir *(n.)* brink
pinggir *(n.)* periphery
pinggir *(n.)* verge
pinggir bandar *(n.)* suburb
pinggul *(n.)* hip

pinjaman *(n.)* loan
pintar *(adv.)* sharp
pintar *(adj.)* shrewd
pintasan *(n.)* bypass
pintu *(n.)* door
pintu masuk *(n.)* entrance
pintu pagar *(n.)* gate
pintu skrin *(n.)* screendoor
pipi *(n.)* cheek
pir *(n.)* pear
piramid *(n.)* pyramid
piring *(n.)* saucer
piring terbang *(n.)* ufo
piromantik *(adj)* pyromantic
pisang *(n.)* banana
pisang kaki *(n.)* kaki
pisau *(n.)* knife
pisau bajak *(n.)* colter
pisau bedah *(adj.)* lancet
pisau belati *(n.)* dagger
pisau cukur *(n.)* razor
pistol *(n.)* gun
pistol *(n.)* pistol
pistol *(n.)* sidearm
pita *(n.)* tape
pita hias *(n.)* gimp
pita video *(n.)* videotape
pitam *(n.)* swoon
pivot *(n.)* pivot
piza *(n.)* pizza
plaintif *(n.)* plaintiff
planet *(n.)* planet
planet luar *(n.)* outworld
plasebik *(adj.)* placebic
plasebo *(n.)* placebo
plasma Nano *(n.)* nanoplasma
plaster *(n.)* plaster
plastik *(n.)* plastic
platinum *(n.)* platinum
platonik *(adj.)* platonic
platun *(n.)* platoon
playar *(n.)* plyer
plebisit *(n.)* plebiscite

plod *(v.)* plod
plot *(n.)* plot
plum *(n.)* plum
plumbum *(n.)* lead
plutokrat *(adj.)* plutocrat
plutonik *(adj.)* plutonic
plutonium *(n.)* plutonium
pluvial *(adj.)* pluvial
pluviometer *(n.)* pluviometer
pneudraulik *(n.)* pneudraulics
pneuma *(n.)* pneuma
pneumatik *(adj.)* pneumatic
pneumatologi *(n.)* pneumatology
pneumatologikal *(adj.)* pneumatological
pneumogastrik *(adj.)* pneumogastric
pneumologi *(n.)* pneumology
pneumonia *(n.)* pneumoniac
pneumonik *(adj.)* pneumonic
pneumoterapi *(n.)* pneumotherapy
pod *(n.)* pod
podcast *(n.)* podcast
podiatrik *(adj.)* podiatric
podium *(n.)* podium
pohon berduri *(n.)* nettle
pointilis *(n.)* pointillist
pointilisme *(n.)* pointillism
poket *(n.)* pocket
pokok *(adj.)* fundamental
pokok *(n.)* tree
pokok alder *(n.)* orl
pokok alp *(n.)* alpine
pokok anggur *(n.)* vine
pokok bic *(n.)* beech
pokok birch *(n.)* birch
pokok getah *(n.)* rubber tree
pokok ivy *(n.)* ivy
pokok jejawi *(n.)* banyan
pokok kecil *(n.)* bush
pokok laurel *(n.)* laurel

pokok lilac *(n.)* lilac
pokok limau nipis *(n.)* lime
pokok misletoe *(n.)* mistletoe
pokok renek *(n.)* shrub
pokok sedar *(n.)* cedar
pokok sycamore *(n.)* sycamore
pokok willow *(n.)* willow
pola irama *(adj.)* metrical
polaroid *(n.)* polaroid
polaroid *(adj.)* polary
polemik *(adj.)* polemic
polenta *(n.)* polenta
poliacetilene *(n.)* polyacetylene
poliander *(n.)* polyander
poliandri *(n.)* polyandry
poliandrianisme *(n.)* polyandrianism
polibutene *(n.)* polybutene
polibutilene *(n.)* polybutylene
polifarmakal *(adj.)* polypharmacal
polifom *(n.)* polyform
poligami *(n.)* polygamy
poliglot *(n.)* polyglot
polikarbonat *(n.)* polycarbonate
polikrasi *(n.)* polycracy
polikrom *(adj.)* polychrome
polilokuan *(adj.)* polyloquent
polimer *(n.)* polymer
polimetalik *(adj.)* polymetallic
polimetilin *(n.)* polymethylene
polimetin *(n.)* polymethine
polimikrobial *(adj.)* polymicrobial
polimiotik *(adj.)* polymiotic
polimof *(n.)* polymorph
polimolekular *(adj.)* polymolecular
polimorfik *(adj.)* polymorphic
polimorfisme *(n.)* polymorphism
polimorfosis *(n.)* polymorphosis
poline *(n.)* polyene
polinukleat *(adj.)* polynucleate

polipropilin *(n.)* polypropylene
poliprotin *(n.)* polyprotein
polis *(n.)* police
polis lelaki *(n.)* policeman
polisentrik *(adj.)* polycentric
polisentrisme *(n.)* polycentrism
polisi *(n.)* policy
polisimia *(n.)* polysemia
politeknik *(adj.)* polytechnic
politik *(adj.)* politic
politik *(n.)* politics
politik *(n.)* polity
politisme *(n.)* polytheism
politist *(n.)* polytheist
politistik *(adj.)* polytheistic
polkat *(n.)* polecat
polo *(n.)* polo
polos *(adj.)* artless
pondok *(n.)* cottage
pondok *(n.)* hut
pondok *(adj.)* shanty
pondok pantai *(n.)* cabana
pondok pengawal *(n.)* gatehouse
pop *(n.)* pop
popular *(adj.)* popular
populariti *(n.)* popularity
porcelin *(n.)* porcelain
portal *(n.)* portal
portfolio *(n.)* portfolio
pos *(n.)* carrier
posisi bola *(n.)* mid-off
posisi bola *(n.)* mid-on
positif *(adj.)* positive
poskod *(n.)* zip
posmen *(n.)* postman
poster *(n.)* poster
postur *(n.)* posture
potensi *(n.)* potential
potong *(v.)* cut
potong dadu *(v.)* dice
potongan harga *(n.)* discount
potret *(n.)* portrait

potret *(n.)* portraiture
pragmatiik *(adj.)* pragmatic
pragmatisme *(n.)* pragmatism
prakata *(n.)* foreword
prakata *(n.)* preface
pra-keunggulan *(n.)* pre-eminence
praktikal *(adj.)* practical
pram *(n.)* pram
pramatang *(adj.)* premature
pra-meditasi *(v.)* premeditate
pra-meditasi *(n.)* premeditation
pramugara *(n.)* steward
prasangka *(n.)* prejudice
prasangka *(n.)* presupposition
prasejarah *(adj.)* prehistoric
prasyarat *(adj.)* prerequisite
pra-terkemuka *(adj.)* pre-eminent
predikat *(n.)* predicate
premium *(n.)* premium
preposisi *(n.)* preposition
prerogatif *(n.)* prerogative
preseptor *(n.)* preceptor
presiden *(n.)* president
preskripsi *(n.)* prescription
prestij *(n.)* cachet
prestij *(n.)* prestige
prihatin *(adj.)* solicitous
prima fasi *(adv.)* prima facie
primitif *(adj.)* primitive
prinsip *(n.)* gospel
prinsip *(n.)* principle
prinsip Kristian *(n.)* evangel
prinsip punca *(n.)* causality
privasi *(n.)* privacy
produktif *(adj.)* productive
produktiviti *(n.)* productivity
profesional *(adj.)* professional
profesor *(n.)* professor
profil *(n.)* profile
profligasi *(n.)* profligacy
projek *(n.)* project

projektor *(n.)* projector
proksi *(n.)* proxy
prolifik *(adj.)* prolific
prolog *(n.)* prologue
promisori *(adj.)* promissory
promosi *(n.)* promotion
propaganda *(n.)* propaganda
propagandis *(n.)* propagandist
proprietari *(adj.)* proprietary
prorog *(v.)* prorogue
prosa *(n.)* prose
prosedur *(n.)* procedure
proses *(n.)* process
proses haid *(n.)* menstruation
proses membiasakan *(n.)* normalization
proses memperingatkan *(n.)* mnemonization
proses mempiawaikan *(n.)* standardization
proses pemindahan *(n.)* transplantation
proses pengaktifan *(n.)* reactivation
proses penggandaan *(n.)* triplication
proses pengoksidaan *(n.)* oxidization
proses pengoksigenan *(n.)* oxygenation
prosodi *(n.)* prosody
prospek *(n.)* prospect
prospektif *(adj.)* prospective
prospektus *(n.)* prospectus
protein *(n.)* protein
prototaip *(n.)* prototype
provinsialisme *(n.)* provincialism
proviso *(n.)* proviso
provoaktif *(adj.)* provocative
provokasi *(n.)* provocation
provokasi *(v.)* provoke
prudensi *(adj.)* prudential

psikiatri *(n.)* psychiatry
psikik *(adj.)* psychic
psikologi *(n.)* psychology
psikologi kaya *(n.)* affluenza
psikopat *(n.)* psychopath
psikosis *(n.)* psychosis
psikoterapi *(n.)* psychotherapy
puak *(n.)* faction
puak *(n.)* tribe
puan *(n.)* madam
puan *(n..)* missis, missus
puas *(adj.)* complacent
puas *(adj.)* content
puas hati *(n.)* contentment
puasa *(n.)* fast
publisiti *(n.)* limelight
publisiti *(n.)* publicity
pucat *(adj.)* ashen
pucat *(adj.)* cadaverous
pucat *(n.)* pale
pucat *(adj.)* pale
pucat lesi *(adj.)* wan
pucuk *(n.)* sprout
pudina *(n.)* mint
puding *(n.)* pudding
puisi *(n.)* ode
puisi *(n.)* poesy
puisi *(n.)* poetics
puisi *(n.)* poetry
puisi *(n.)* verse
puitis *(adj.)* poetic
pujaan *(n.)* adoration
pujangga *(n.)* bard
pujian *(n.)* acclaim
pujian *(n.)* acclamation
pujian *(n.)* commendation
pujian *(n.)* compliment
pujian *(n.)* flattery
pujian *(n.)* laud
pujian *(n.)* panegyric
pujian *(n.)* praise
pujukan *(n.)* inducement
pujukan *(n.)* persuasion

pukal *(n.)* bulk
pukat tunda *(n.)* trawl
pukul *(n.)* whisk
pukul rata *(v.)* average
pukulan *(n.)* beat
pukulan *(n.)* biff
pukulan *(n.)* blow
pukulan *(n.)* hit
pukulan *(n.)* stroke
pukulan 'baseball' *(v.)* single
pukulan kilas *(n.)* backhand
pukulan kuat *(n.)* thump
pulang *(v.)* return
pulau *(n.)* island
pulau *(n.)* isle
pulih *(v.)* recover
pulih *(n.)* restoration
pun *(adv.)* even
punca *(n.)* cause
punca kanser *(adj.)* cancerogenic
punca kerosakan *(n.)* bane
puncak *(n.)* apex
puncak *(n.)* blossom
puncak *(n.)* peak
puncak *(n.)* pinnacle
puncak *(n.)* summit
puncak *(n.)* superlative
puncak *(n.)* top
puncak langit *(n.)* zenith
puncak syahwat *(n.)* orgasm
puncak syahwat *(adj.)* orgasmic
pundi kencing *(n.)* bladder
punggung *(n.)* back
punggung *(n.)* bottom
punggung *(n.)* buttock
puntung *(n.)* stub
pupus *(adj.)* extinct
purbakala *(adj.)* primeval
purbawan *(n.)* antiquarian
purbawan *(n.)* antiquary
purdah *(n.)* veil
purgasi *(n.)* purgation

purgatif *(n.)* purgative
purgatori *(n.)* purgatory
pusaka *(adj.)* ancestral
pusara *(n.)* sepulchre
pusaran *(n.)* vortex
pusaran air *(n.)* whirlpool
pusat *(n.)* center
pusat *(adj.)* central
pusat asuhan *(n.)* nursery
pusat gempa *(n.)* epicentre
pusing *(n.)* retread
pusing *(v.)* turn
pusing *(n.)* twist
pusing *(n.)* whirl
pusingan *(n.)* cycle
pusingan *(n.)* round
pusingan *(n.)* turn
pustakawan *(n.)* librarian
putaran *(adj.)* rotary
putaran *(n.)* rotation
putaran *(n.)* spin
putaran *(n.)* whir
putera *(n.)* prince
puteri *(n.)* princess
putih *(adj.)* white
puting *(n.)* nipple
puting beliung *(n.)* tornado
puting beliung *(n.)* whirlwind
puting susu *(n.)* pacifier
puting susu *(n.)* teat
puting susu *(n.)* udder
putus asa *(n.)* despair
putus asa *(adj.)* hopeless
puyuh *(n.)* quail
pyorrhea *(n.)* pyorrhea

R

rabai *(n.)* rabbi
raban *(n.)* gibber
Rabu *(n.)* Wednesday
rabun jauh *(n.)* myopia
rabun jauh *(adj.)* myopic
rabung *(n.)* ridge
racun *(n.)* poison
racun anai-anai *(n.)* termiticide
racun serangga *(n.)* insecticide
racun serangga *(n.)* pesticide
radang *(n.)* inflammation
radang paru-paru *(n.)* pneumonia
radas *(n.)* apparatus
radiasi *(n.)* radiation
radikal *(adj.)* radical
radio *(n.)* radio
radiofon *(n.)* radiophone
radiografi *(n.)* radiography
radiogram *(n.)* radiogram
radiologi *(n.)* radiology
radiolokasi *(n.)* radiolocation
radiomerkuri *(n.)* radiomercury
radiomunologi *(n.)* radiommunology
radion *(n.)* radion
radiotelegrafi *(n.)* radiotelegraphy
radium *(n.)* radium
radius *(adj.)* radious
ragi *(n.)* yeast
ragu-ragu *(adj.)* doubtful
ragu-ragu *(v.)* misgive
ragu-ragu *(adj.)* sceptical
rahang *(n.)* jaw
rahib *(n.)* abbot
rahib *(n.)* monk
rahib wanita *(n.)* nun
rahim *(n.)* mercy

rahim *(n.)* uterus
rahim *(n.)* womb
rahmat *(n.)* benison
rahmat *(n.)* godsend
rahsia *(adj.)* secret
rahsia *(n.)* secret
raja *(n.)* king
raja *(n.)* monarch
raja *(n.)* royalist
raja *(n.)* sovereign
raja kaya *(n.)* croesus
rajah sisi empat *(n.)* quadrilateral
rajah skema *(n.)* schematic
rajin *(adj.)* diligent
rajin *(adj.)* industrious
rak *(v.)* rack
rak *(n.)* rack
rak *(n.)* shelf
rakaman *(n.)* playback
rakaman skrin *(n.)* screencast
rakan *(n.)* mate
rakan jenayah *(n.)* accomplice
rakan kongsi *(n.)* copartner
rakan kongsi *(n.)* partner
rakan permainan *(n.)* playdate
rakan sebaya *(n.)* peer
rakan sejawat *(n.)* counterpart
rakan sekerja *(n.)* colleague
rakap *(n.)* stirrup
raket *(n.)* racket
raksasa *(n.)* monster
rakus *(adj.)* voracious
rakyat *(n.)* folk
rakyat jelata *(v.)* mass
ramah *(adj.)* genial
ramah *(adj.)* hospitable
ramai *(adj.)* many
ramai anak *(adj.)* multiparous
ramai penduduk *(adj.)* populous
ramalan *(n.)* forbode
ramalan *(n.)* forecast
ramalan *(n.)* prediction
ramalan *(n.)* prescience
ramalan *(n.)* prophecy
ramalan sistematik *(n.)* futurology
rama-rama *(n.)* butterfly
rambang *(adj.)* aleatory
rambut *(n.)* hair
rambut palsu *(n.)* wig
rambut pendek *(n.)* bob
rampasan *(n.)* confiscation
rampasan *(n.)* spoil
ramuan *(n.)* ingredient
rancangan *(n.)* arrangement
rancangan *(n.)* plan
rancangan *(n.)* programme
rancangan *(n.)* scheme
rancangan jahat *(n.)* intrigue
ranggi *(adj.)* falmboyant
rangka *(n.)* skeleton
rangkaian *(n.)* network
rangsangan *(n.)* stimulus
rantai *(n.)* chain
rantai leher *(n.)* necklace
ranting *(n.)* offshoot
ranting *(n.)* twig
rapat *(v.)* intimate
rapi *(adj.)* neat
rapi *(adj.)* shipshape
rapi *(adj.)* trim
rapuh *(adj.)* brittle
rasa *(n.)* savour
rasa *(n.)* taste
rasa *(n.)* sapidity
rasa benci *(n.)* antipathy
rasa dahaga *(n.)* thirst
rasa hormat *(n.)* esteem
rasa kecewa *(n.)* dismay
rasa malas *(n.)* inertia
rasa menyusahkan *(n.)* displeasure
rasa sakit *(n.)* throe
rasberi *(n.)* raspberry
rasional *(n.)* rationale

rasional *(n.)* rationality
rasmi *(n.)* form
rasmi *(adj.)* formal
rasmi *(adj.)* official
rasta *(n.)* rasta
rasuah *(adj.)* incorruptible
rasuah *(n.)* bribe
rata *(adv.)* evenly
rata *(adj.)* flat
rata *(adj.)* plane
ratapan *(n.)* lament
ratapan *(n.)* lamentation
ratapan *(n.)* mournful
rata-rata *(v.)* average
ratus *(n.)* hundred
raungan *(n.)* ululation
raungan *(n.)* wail
rawak *(adj.)* random
rawak *(v.)* randomise
rawan *(n.)* cartilage
rawan *(adj.)* maudlin
rawang *(n.)* slough
rawatan *(n.)* treat
rawatan *(n.)* treatment
rayuan *(n.)* appeal
rayuan *(n.)* beseech
rayuan *(n.)* beseeching
rayuan *(n.)* entreaty
rayuan *(n.)* plea
reaksi *(n.)* reaction
reaksi hebat *(n.)* backlash
reaktif *(adj.)* reactive
reaktor *(n.)* reactor
realis *(n.)* realist
realisme *(n.)* realism
realistik *(adj.)* realistic
realiti *(n.)* reality
reaneksi *(n.)* reannexation
reanneks *(v.)* reannex
rebah *(v.)* slump
rebakan *(adj.)* plague
rebat *(n.)* rebate
reben *(n.)* ribbon

rebus *(adj.)* poached
rebus *(v.)* stew
rebut *(adj.)* rampant
reda *(n.)* abatement
reda *(n.)* lull
referendum *(n.)* referendum
refleks *(n.)* reflex
refleks *(adj.)* reflex
refleksif *(adj.)* reflexive
reformasi *(n.)* reformation
reformasi *(n.)* reformatory
regangan *(n.)* stretch
rehat *(n.)* break
rehat *(n.)* repose
rehat *(n.)* rest
rehat *(n.)* sabbath
rehat petang *(n.)* siesta
rejimen *(n.)* regiment
rejimen *(v.)* regiment
reka bentuk *(n.)* design
rekaan *(n.)* fabrication
rekaan *(adj.)* fictitious
rekahan *(n.)* cleft
rekahan *(n.)* fissure
rekod *(n.)* record
rekod voltan *(adj.)* oscillometric
rekreasi *(n.)* recreation
rekrut *(n.)* recruit
rekrut *(v.)* recruit
rektum *(n.)* rectum
rel *(v.)* rail
rela *(adj.)* willing
relatif *(adj.)* relative
relau *(n.)* furnace
relik *(n.)* relic
remaja *(adj.)* adolescent
remaja *(n.)* teenager
remaja *(n. pl.)* teens
reman *(n.)* remand
remeh *(adj.)* negligible
remeh *(n.)* trifle
remeh *(adj.)* trivial
remisi *(n.)* remission

rempah *(n.)* spice
rempuhan binatang *(n.)* stampede
renang *(n.)* swim
rencana *(n.)* dictation
rencana pengarang *(n.)* editorial
renda *(n.)* lace
rendah *(adj.)* inferior
rendah *(adj.)* low
rendah *(adv.)* low
rendah diri *(adj.)* humble
rendah diri *(n.)* inferiority
rendah diri *(adj.)* modest
rendah hati *(n.)* humility
reneh *(v.)* simmer
renga *(n.)* maggot
rengekan *(n.)* whine
renggang *(adv.)* ajar
rengusan *(n.)* grunt
renjer *(n.)* ranger
renjis *(v.)* fizz
rentak *(n.)* pace
rentak gendang *(n.)* drumbeat
rentapan *(n.)* wrench
rentas jarak *(v.)* teleport
rentetan *(n.)* trail
renungan *(n.)* contemplation
renungan *(n.)* gaze
renungan *(n.)* stare
renyah *(adj.)* crisp
replika *(n.)* replica
repositori *(n.)* repository
reptilia *(n.)* reptile
republik *(n.)* republic
republikan *(adj.)* republican
republikan *(n.)* republican
reput *(n.)* rot
reputasi *(n.)* reputation
rerambut *(adj.)* capillary
resepi *(n.)* recipe
resit *(n.)* receipt
resonan *(adj.)* resonant
responden *(n.)* respondent

restoran *(n.)* restaurant
restoran piza *(n.)* pizzeria
restu *(n.)* benediction
resume *(n.)* resume
retak *(n.)* fracture
retak *(n.)* rift
retina *(n.)* retina
retorik *(n.)* rhetoric
retorik *(adj.)* rhetorical
reumatik *(adj.)* rheumatic
reumatisme *(n.)* rheumatism
reveren *(adj.)* reverend
revolusi *(n.)* revolution
revolusionari *(adj.)* revolutionary
revolusioner *(n.)* revolutionary
revolver *(n.)* revolver
reyot *(adj.)* rickety
riang *(adj.)* cheerful
riang *(n.)* glee
riang *(adj.)* jolly
riang *(adj.)* rueful
riang *(adj.)* vivacious
riang-riang *(n.)* cicada
rias *(n.)* manicure
riba *(n.)* lap
riba *(n.)* usury
ribu *(n.)* chiliad
ribu *(n.)* thousand
ribuan *(adj.)* thousand
ribuan jutaan *(n.)* decillion
ribut *(adj.)* stormy
ribut kuat *(n.)* tempest
ribut pasir *(n.)* sandstorm
ribut salji *(n.)* blizzard
rigor *(n.)* rigour
riket *(n.)* rickets
rim *(n.)* ream
rima *(n.)* rhyme
rimbun *(adj.)* rank
rimer *(n.)* reamer
rimester *(n.)* rhymester
rindu *(v.)* miss

ringan *(adj.)* light
ringan *(adj.)* mild
ringkas *(adj.)* brief
ringkas *(adj.)* concise
ringkas *(adj.)* curt
ringkas *(adj.)* laconic
ringkas *(adj.)* summary
ringkas *(adj.)* terse
ringkasan *(n.)* conspectus
ringkasan *(n.)* digest
ringkasan *(n.)* precis
ringkikan *(n.)* bray
rintangan *(n.)* baulk
rintangan *(n.)* hurdle
rintangan *(adj.)* resistant
rintangan *(n.)* setback
risalah *(n.)* booklet
risalah *(n.)* brochure
risalah *(n.)* leaflet
risalah *(n.)* pamphlet
risalah *(n.)* tract
risalah *(n.)* treatise
risau *(adj.)* apprehensive
risau *(v.)* fret
risau *(v.)* worry
risiko *(n.)* peril
risiko *(v.)* risk
ritual *(n.)* ritual
riuh-rendah *(adj.)* boisterous
rivet *(n.)* rivet
riwayat *(n.pl.)* annals
riwayat *(n.)* chronicle
rizab *(n.)* militia
robot *(n.)* robot
robot nano *(n.)* nanite
robot terkecil *(n.)* nanobot
roda *(n.)* wheel
roda gear *(n.)* gearwheel
roda kisar *(n.)* treadwheel
rogol *(n.)* rape
rohaniah *(adj.)* spiritual
roket *(n.)* rocket
rokok *(n.)* cigarette

romantik *(adj.)* romantic
romantik melulu *(adj.)* quixotic
rombongan *(n.)* excursion
rombongan *(n.)* troupe
rompakan *(n.)* plunder
rompakan *(n.)* robbery
rompakan *(n.)* romp
rompakan *(n.)* rubblework
rompakan ganas *(n.)* dacoity
rondaan *(n.)* patrol
rongga *(n.)* cavity
ropol *(n.)* frill
ropol *(n.)* ruffle
rosak *(adj.)* delipidate
rosak *(adj.)* pernicious
rosak *(n.)* ruin
rosak akhlak *(adj.)* depraved
rotan *(n.)* cane
roti *(n.)* bread
roti bakar *(n.)* toast
roti Perancis *(n.)* baguette
rover *(n.)* rover
royalti *(n.)* royalty
ruam *(adj.)* rash
ruang *(n.)* compartment
ruang *(n.)* column
ruang *(n.)* espace
ruang *(n.)* niche
ruang *(adj.)* spatial
ruang *(n.)* space
ruang angkasa *(adj.)* extraterrestrial
ruang bawah tanah *(n.)* basement
ruang istirehat *(n.)* lounge
ruang kecil *(n.)* alcove
ruang lingkup *(n.)* scope
ruang permainan *(n.)* gamespace
ruang sakit *(n.)* sickbay
ruang simpanan *(n.)* storage
ruang tamu *(n.)* drawing-room
ruang tamu *(n.)* parlour

rubah *(n.)* fox	**rumusan** *(n.)* summary
rubah betina *(n.)* vixen	**runcit** *(adj.)* retail
rubian *(n.)* rubian	**rundingan** *(n.)* nagotiation
rubikan *(adj.)* rubican	**rungutan** *(n.)* complaint
rubiko *(n.)* rubicon	**rungutan** *(n.)* grievance
rubiola *(n.)* rubeola	**rungutan** *(n.)* quibble
rubrik *(n.)* rubric	**runsing** *(n.)* brood
rujukan *(n.)* reference	**runsing** *(adj.)* uneasy
rum *(n.)* rum	**runtuh** *(v.)* collapse
rumah *(n.)* building	**runtuhan batu** *(n.)* rockfall
rumah *(n.)* home	**runtuhan batu bata** *(n.)* rubble
rumah *(n.)* house	**rupa** *(adj.)* look
rumah agam *(n.)* mansion	**rupee** *(n.)* rupee
rumah anak yatim *(n.)* orphanage	**rusa** *(n.)* deer
rumah anjing *(n.)* doghouse	**rusa** *(n.)* ruminant
rumah anjing *(n.)* kennel	**rusa betina** *(n.)* doe
rumah burung *(n.)* aviary	**rusa jantan** *(n.)* stag
rumah jalanan *(n.)* roadhouse	**rusuhan** *(n.)* riot
rumah kaca *(n.)* glasshouse	**rusuk** *(adj.)* costal
rumah mainan *(n.)* toyhouse	**rutin** *(n.)* routine
rumah pangsa *(n.)* flat	**rutin am** *(n.)* tenor
rumah pekerja *(n.)* lodge	
rumah pelacuran *(n.)* brothel	
rumah penginapan *(n.)* inn	
rumah peranginan *(n.)* resort	
rumah permainan *(n.)* playhouse	
rumah persembunyian *(n.)* safehouse	
rumah rosak *(n.)* fixer-upper	**saat** *(n.)* second
rumah sekolah *(n.)* schoolhouse	**saat-saat kematian** *(n.)* deathbed
rumah teh *(n.)* teahouse	**sabar** *(adj.)* placatory
rumah terapung *(n.)* boathouse	**sabatikal** *(n.)* sabbatical
rumbai *(n.)* fringe	**sabit** *(n.)* scythe
rumit *(adj.)* complex	**sabit** *(n.)* sickle
rumit *(adj.)* intricate	**sabitan** *(n.)* conviction
rumpai *(n.)* weed	**sabotaj** *(n.)* sabotage
rumput *(n.)* grass	**Sabtu** *(n.)* Saturday
rumput *(n.)* turf	**sabun** *(n.)* soap
rumput berpaya *(n.)* everglade	**sabun kain** *(n.)* seak
rumput kering *(n.)* hay	**sabung anjing** *(n.)* dogfight
rumusan *(n.)* formula	**sabut kelapa** *(n.)* coir

sadis *(n.)* sadist
sadisme *(n.)* sadism
sadur *(n.)* glaze
saduran *(n.)* coating
saeljacking *(n.)* sealjacking
safron *(n.)* saffron
sagebush *(n.)* sagebush
sagu hati *(n.)* honorarium
sah *(adj.)* valid
sah *(adj.)* lawful
sah *(adj.)* legitimate
sah undang-undang *(adj.)* legal
sahabat *(n.)* comrade
sahaja *(adv.)* only
saham *(n.)* share
saingan *(n.)* rival
sains *(n.)* science
saintifik *(adj.)* scientific
saintis roket *(n.)* rocket scientist
saiz *(n.)* size
saiz terbesar *(adj.)* outsize
sajak *(n.)* poem
sajian *(n.)* board
sakit *(n.)* ache
sakit *(adj.)* afflictive
sakit *(adj.)* ill
sakit *(n.)* pain
sakit *(v.)* pain
sakit *(adj.)* sore
sakit *(n.)* hurt
sakit *(adj.)* sick
sakit gigi *(n.)* toothache
sakit kaki *(adj.)* footsore
sakit kepala *(n.)* headache
sakramen *(n.)* sacrament
saksama *(adj.)* equitable
saksi *(n.)* witness
saksi sumpah *(n.)* deponent
saksofon *(n.)* saxophone
salad *(n.)* salad
salah *(adj.)* erroneous
salah *(adj.)* false
salah *(adj.)* incorrect

salah *(adj.)* wrong
salah *(v.)* wrong
salah anggap *(v.)* misjudge
salah anggapan *(n.)* fallacy
salah arah *(n.)* misdirection
salah cetak *(v.)* misprint
salah cetakan *(n.)* misprint
salah faham *(v.)* misapprehend
salah faham *(n.)* misapprehension
salah faham *(v.)* misunderstand
salah faham *(n.)* misunderstanding
salah guna *(n.)* misappropriation
salah hitung *(v.)* miscalculate
salah kira *(n.)* miscalculation
salah laku *(n.)* misconduct
salah panduan *(v.)* misguide
salah panggilan *(v.)* miscall
salah penamaan *(n.)* misnomer
salah penerangan *(v.)* misrepresent
salah pentadbiran *(n.)* maladministration
salah satu *(adv.)* either
salah tadbir *(n.)* misrule
salah tafsir *(v.)* misconstrue
salah tanggap *(v.)* misconceive
salah tanggapan *(n.)* misbelief
salah tanggapan *(n.)* misconception
salah tuju *(v.)* misdirect
salah urus *(n.)* mismanagement
salakan anjing *(n.)* woof
salamander *(n.)* salamander
salasilah *(n.)* genealogy
salasilah *(n.)* pedigree
salib *(n.)* crucifix
salinan *(n.)* copy
salinan *(n.)* duplicate
saling *(adj.)* reciprocal

saling bergantung *(adj.)* interdependent
saling bertukar *(v.)* interchange
saliran *(n.)* drainage
saliran *(n.)* limber
salji *(n.)* snow
salur *(v.)* duct
saluran *(n.)* channel
saluran *(n.)* duct
saluran *(n.)* main
saluran *(n.)* sluice
saluran air *(n.)* aqueduct
sama *(adv.)* alike
sama *(n.)* ditto
sama *(adj.)* mimic
sama *(adj.)* mutual
sama *(n.)* par
sama *(adj.)* same
sama *(adj.)* tally
sama *(adj.)* tantamount
sama *(n.)* equal
sama *(adj.)* even
sama ada *(pron.)* either
sama ada *(conj.)* whether
sama banyak *(adj.)* equivalent
sama dengan *(v.)* equal
sama dengan *(v.)* parallel
sama nama *(n.)* namesake
sama sekali *(adv.)* absolutely
sama sekali *(adv.)* any
sama sisi *(adj.)* equilateral
samak *(n.)* tannery
saman *(n.)* summons
samar *(adj.)* sketchy
samaran *(v.)* camouflage
samaran *(n.)* guise
samaria *(n.)* samaritan
samar-samar *(adj.)* hazy
samawi *(adj.)* celestial
sambaran *(n.)* swoop
sambil lewa *(adj.)* flip
sambil lewa *(n.)* levity
sambungan *(n.)* connection

sambutan *(n.)* welcome
sambutan ganas *(n.)* bacchanal
sami Buddha *(n.)* lama
sampah *(n.)* garbage
sampah *(n.)* litter
sampah *(n.)* refuse
sampah *(n.)* rubbish
sampah *(n.)* trash
sampah masyarakat *(n.)* outcast
sampah masyarakat *(n.)* scum
sampai *(v.)* till
sampel *(n.)* sample
sampingan *(adj.)* incidental
sampul surat *(n.)* envelope
samseng *(n.)* hooligan
samseng *(n.)* thug
samurai *(n.)* samurai
sandal *(n.)* sandal
sandiwara *(n.)* farce
sandwic *(n.)* sandwich
sangat *(adv.)* badly
sangat *(adj.)* very
sangat *(adv.)* much
sangat baik *(adj.)* enviable
sangat baik *(adj.)* excellent
sangat banyak *(n.)* multitude
sangat berani *(adj.)* dauntless
sangat berani *(adj.)* heroic
sangat berharga *(adj.)* invaluable
sangat berkuasa *(adj.)* powerful
sangat berminat *(adj.)* eager
sangat bertentangan *(adj.)* irreconcilable
sangat besar *(adj.)* enormous
sangat besar *(adj.)* gigantic
sangat besar *(adj.)* huge
sangat besar *(adj.)* immense
sangat besar *(adj.)* massy
sangat besar *(adj.)* titanic
sangat besar *(adj.)* tremendous
sangat bodoh *(n.)* cretin

sangat cantik *(adj.)* exquisite
sangat cantik *(adj.)* gorgeous
sangat dingin *(adj.)* frigid
sangat gemar *(adj.)* avid
sangat gembira *(adj.)* exultant
sangat gembira *(n.)* joyous
sangat gembira *(adj.)* jubilant
sangat gembira *(adj.)* overjoyed
sangat hodoh *(adj.)* hideous
sangat kecil *(adj.)* minuscule
sangat kecil *(adj.)* tiny
sangat kejam *(adj.)* heinous
sangat kotor *(adj.)* squalid
sangat laju *(n.)* breakneck
sangat letih *(adj.)* deadbeat
sangat lucu *(adj.)* hilarious
sangat marah *(v.)* enrage
sangat mewah *(adj.)* lavish
sangat miskin *(adj.)* needy
sangat panjang *(adj.)* lengthy
sangat penting *(adj.)* imperative
sangat penting *(adj.)* momentous
sangat perlu *(adj.)* essential
sangat sejuk *(adj.)* icy
sangat seronok *(adj.)* freak
sangat teliti *(adj.)* scrupulous
sangat/amat *(adv.)* most
sangkar *(n.)* cage
sangkar burung *(n.)* birdcage
sanjungan *(n.)* adulation
santai *(adv.)* leisurely
santapan *(n.)* meal
santun-santun *(adj.)* urbane
sapaan *(n.)* salutation
sapu tangan *(n.)* handkerchief
sara hidup *(n.)* subsistence
saraf *(n.)* nerve
sarang *(n.)* den
sarang *(n.)* lair
sarang *(v.)* lodge
sarang *(n.)* nest
sarang arnab *(n.)* warren

sarang labah-labah *(n.)* web
sarang lebah *(n.)* apiary
sarang lebah *(n.)* beehive
sarang lebah *(n.)* hive
sarang lebah *(n.)* honeycomb
sarapan *(n.)* breakfast
sarjan *(n.)* sergeant
sarjana *(n.)* master
sarjana muda *(n.)* baccalaureate
sarkas *(n.)* circus
sarung *(n.)* sheath
sarung kaki *(n.)* hosiery
sarung kepala *(n.)* balaclava
sarung pedang *(n.)* scabbard
sarung tangan *(n.)* gauntlet
sarung tangan *(n.)* glove
sarung tangan *(n.)* mitten
sasaran *(n.)* target
sasaran tepat *(n.)* bull's eye
sastera *(adj.)* literary
satah *(n.)* plane
satah *(n.)* plane
satelit *(n.)* satellite
satin *(n.)* satin
satirrawan *(n.)* satirist
satu *(art.)* a
satu *(adj.)* one
satu *(n.)* single
satu *(adj.)* singular
satu *(art.)* an
satu estrus *(n.)* monoestrous
satu lagi *(adj.)* another
satu melodi *(n.)* monody
satu pihak *(adj.)* ex-parte
saudara *(adj.)* fraternal
saudara *(n.)* relative
saudara mara *(n.)* kith
sauh *(n.)* anchor
sauna *(n.)* sauna
sawan *(n.)* convulsion
sawang *(n.)* cobweb
sawo matang *(n.)* tan
sawo matang *(adj.)* tan

saya *(pron.)* I
saya *(pron.)* me
saya sendiri *(pron.)* myself
sayang *(n.)* babe
sayang *(n.)* darling
sayap *(n.)* wing
sayu *(adj.)* piteous
sayu *(adj.)* wistful
sayur *(n.)* vegetable
sayur bayam *(n.)* spinach
sayur saderi *(n.)* celery
sayur-sayuran *(adj.)* vegetable
schoolfekkow *(n.)* schoolfekkow
schoolyard *(n.)* schollyard
scratchbush *(n.)* scratchbush
se *(n.)* single
seadanya *(adj.)* scratch
seakan benar *(n.)* verisimilitude
seakan-akan sama *(adj.)* analogous
seandainya *(conj.)* only
sebab *(n.)* cause
sebab *(n.)* reason
sebab *(v.)* reason
sebagai contoh *(adv.)* say
sebagai dasar *(adj.)* basal
sebagai ganti *(n.)* lieu
sebahagian *(adj.)* partial
sebahagian besarnya *(adv.)* substantially
sebaiknya *(adj.)* advisable
sebarang *(adj.)* any
sebatan *(n.)* lash
sebatian *(n.)* compound
sebatian karbon *(n.)* carbide
sebatian perubatan *(adj.)* farmaceutical
sebelah dalam *(n.)* inside
sebelah dalam *(adj.)* inner
sebelah dalam *(adj.)* inside
sebelah selatan *(adj.)* southern
sebelah timur *(adj.)* east
sebelas *(n.)* eleven

sebelum *(prep.)* afore
sebelum *(adj.)* antecedent
sebelum *(conj.)* before
sebelum *(adj.)* prior
sebelum berkahwin *(adj.)* premarital
sebelum bersalin *(adj.)* antenatal
sebelum perkahwinan *(adj.)* antenuptial
sebenar *(adj.)* literal
sebenar *(adj.)* veritable
sebenar *(adj.)* actual
sebenarnya *(int.)* really
sebenarnya *(adv.)* actually
sebentar *(adv.)* awhile
sebentar *(adv.)* shortly
sebentar lagi *(adv.)* soon
seberang *(prep.)* across
seberkas *(n.)* sheaf
sebuah negeri *(n.)* wellington
sebulat suara *(adj.)* unanimous
sebutan *(n.)* enunciation
sebutan *(n.)* mention
sebutan *(n.)* pronunciation
secara adil *(n.)* impartiality
secara adil *(adv.)* justly
secara automatik *(adj.)* mindless
secara baik *(adj.)* amicable
secara berkumpulan *(adv.)* teamwise
secara bersuku *(adj.)* quarterly
secara berturutan *(adv.)* consecutively
secara biasa *(adv.)* ordinarily
secara idealnya *(adj.)* notional
secara kasar *(adv.)* abrasively
secara ketara *(adv.)* obviously
secara kronologi *(n.)* chronological
secara langsung *(adv.)* live
secara lisan *(adv.)* orally

secara lisan *(adv.)* verbally
secara mingguan *(adv.)* weekly
secara paksa *(adj.)* forcible
secara perlahan *(adv.)* slowly
secara praktikal *(adv.)* practically
secara rasmi *(adv.)* officially
secara runcit *(adv.)* retail
secara salah *(adv.)* wrong
secara sembarangan *(adv.)* anyhow
secara semulajadinya *(adv.)* naturally
secara skema *(adv.)* schematically
secara sukarela *(adv.)* voluntarily
secara teori *(adj.)* theoretical
secara terbuka *(adv.)* openly
secara terperinci *(adj.)* elaborate
secara terus *(adv.)* straight
secara terus *(adv.)* summarily
secara umumnya *(adv.)* generally
secara waras *(adv.)* sanely
secukupnya *(adv.)* enough
sedang belajar *(n.)* learning
sedang berfungsi *(adj)* on
sedap *(adj.)* good
sedap *(adj.)* scrumptious
sedap *(adj.)* toothsome
sedap dipandang *(adj.)* sightly
sedar *(adj.)* aware
sedar *(adj.)* conscious
sedar *(v.)* notice
sedaya *(adj.)* maiden
sedemikian *(adv.)* thus
sederhana *(adj.)* mediocre
sederhana *(adj.)* middling
sederhana *(adj.)* moderate
sederhana *(adj.)* temperate
sedia *(v.)* avail

sedia *(adj.)* ready
sedih *(adj.)* blue
sedih *(adj.)* dolorous
sedih *(adj.)* forlorn
sedih *(adj.)* leaden
sedih *(adj.)* sad
sedih *(adj.)* unhappy
sedikit *(n.)* bit
sedikit *(adj.)* few
sedikit *(adv.)* little
sedikit *(n.)* little
sedikit *(n.)* mite
sedikit *(n.)* modicum
sedikit *(n.)* morsel
sedikit *(adj.)* scant
sedikit *(adj.)* slight
sedikit pun *(n.)* jot
sedikit wiski *(n.)* dram
sedu *(n.)* hiccup
sedu-sedan *(n.)* sob
sedutan *(n.)* suck
seekor semut *(n.)* emmet
segak *(adj.)* dapper
segak *(adj.)* smart
segak *(adj.)* stately
segan *(adj.)* sheepish
segar *(adj.)* fresh
segenggam *(n.)* handful
segera *(a)* immediate
segera *(adj.)* prompt
segera *(adj.)* instant
segi empat *(n.)* quadrangle
segi empat sama *(n.)* square
segi empat selari *(n.)* parallelogram
segi empat tepat *(n.)* rectangle
segi tiga *(n.)* triangle
segi tiga *(adj.)* triangular
segulung benang *(n.)* skein
sehingga *(prep.)* till
sehingga *(prep.)* until
sehingga kini *(v.)* post-date
sehiris *(n.)* slice

seimbang *(n.)* mean
seimbang *(adj.)* proportionate
seimbang *(n.)* square
seimicity *(n.)* seimicity
seimograf *(n.)* seismograph
seiring *(adv.)* abreast
seismogram *(n.)* seismogram
seismologi *(n.)* seismology
sejagat *(adj.)* global
sejagat *(adj.)* universal
sejajar *(v.)* tally
sejambak bunga *(n.)* nosegay
sejarah *(adj.)* historical
sejarah *(n.)* history
sejarawan *(n.)* historian
sejat *(v.)* evaporate
sejenis anjing *(n.)* spaniel
sejenis anjing *(n.)* terrier
sejenis arak *(n.)* tequila
sejenis arak *(n.)* wassail
sejenis arnab *(n.)* hare
sejenis binatang *(n.)* badger
sejenis bir *(n.)* ale
sejenis buku *(n.)* talebook
sejenis burung *(n.)* roadrunner
sejenis 'cryptobiosis' *(n.)* osmobiosis
sejenis cuka *(n.)* alegar
sejenis hela *(n.)* teagle
sejenis ikan *(n.)* bleak
sejenis ikan *(n.)* bonefish
sejenis ikan *(n.)* drumfish
sejenis kain *(n.)* plush
sejenis kamera *(n.)* webcam
sejenis khemah *(n.)* wigwam
sejenis kiub *(n.)* tesseract
sejenis kuda *(n.)* shire
sejenis kumbang *(n.)* weevil
sejenis minuman *(n.)* ouzo
sejenis pisang *(n.)* plantain
sejenis plat *(n.)* treadplate
sejenis pokok *(n.)* eucalypt
sejenis pokok *(n.)* poplar

sejenis rumput *(n.)* sawgrass
sejenis silikon *(n.)* silicene
sejenis wiski *(n.)* rye
sejuk *(n.)* chill
sejuk *(adj.)* cold
sejuk *(adj.)* cool
sejuk *(adj.)* wintry
sejuk lembap *(adj.)* dank
sekali *(adv.)* once
sekali ganda *(adj.)* double
sekali imbas *(n.)* glimpse
sekali sekala *(adj.)* spasmodic
sekali-sekala *(adv.)* occasionally
sekali-sekala *(adj.)* sporadic
sekam *(n.)* husk
sekarang *(adv.)* now
sekarang *(conj.)* now
sekarang ini *(adv.)* hitherto
sekatan *(n.)* barricade
sekatan *(n.)* restriction
sekatan *(n.)* roadblock
sekawan *(n.)* shoal
sekejap-sekejap *(adj.)* fitful
sekeping *(n.)* piece
seketika *(adj.)* ephemeral
seketika *(adj.)* momentary
sekilas *(adj.)* fugitive
sekitar sini *(adv.)* hereabouts
sekolah *(n.)* school
seks *(v.)* sex
seksi *(adj.)* sexy
seksual *(adj.)* sexual
sektor *(n.)* sector
sekumit *(n.)* quantum
sekumpulan anak-anak *(n.)* brood
sekumpulan orang *(n.)* horde
sekunder *(adj.)* secondary
sekutu *(n.)* ally
sekutu *(n.)* cohort
sel *(n.)* cell
sela *(v.)* gap

selain *(prep.)* besides
selain dari *(pron.)* other
selak *(n.)* bolt
selak *(n.)* deadbolt
selak *(n.)* latch
selama *(n.)* while
selama-lamanya *(adv.)* eternally
selama-lamanya *(adv.)* forever
selamat *(adj.)* safe
selamat *(adj.)* secure
selamat diri *(n.)* elusion
selamat jalan *(adj.)* good
selamat tinggal *(interj.)* adieu
selamat tinggal *(interj.)* bye-bye
selamat tinggal *(interj.)* farewell
selamat tinggal *(interj.)* goodbye
selamat untuk bayi *(adj.)* babyproof
selanjutnya *(adj.)* further
selaput *(n.)* membrane
selaput mata *(n.)* cornea
selaras *(v.)* correspond
selari *(adj.)* parallel
selat *(n.)* strait
selatan *(n.)* south
selebriti *(n.)* celebrity
selekeh *(adj.)* shabby
selekeh *(adj.)* slovenly
selendang *(n.)* scarf
selendang *(n.)* shawl
selendang leher *(n.)* muffler
selepas *(conj.)* after
selepas *(adj.)* next
selepas kematian *(adj.)* posthumous
selera *(n.)* appetite
selesa *(adj.)* comfortable
selesa *(adj.)* comfy
selesa *(adj.)* cosy
selesa *(adj.)* cozy
selesa *(n.)* snug
selesema *(n.)* cold

selimut *(n.)* blanket
selimut *(n.)* duvet
selipar *(n.)* slipper
selo *(n.)* cello
selsema *(n.)* influenza
seluar *(n.)* breeches
seluar panjang *(n.)* pantaloon
seluar panjang *(n.)* slacks
seluar panjang *(n. pl)* trousers
seluar pendek *(n. pl.)* shorts
selumbar *(n.)* splinter
seluruh *(adj.)* entire
seluruh *(adv.)* throughout
seluruhnya *(adv.)* wholly
selusur *(n.)* bannister
selut *(n.)* ooze
semak *(n.)* scrub
semak berduri *(n.)* hawthorn
semakan *(n.)* revision
semakin kelam-kabut *(adj.)* entropic
semakin merosot *(v.)* ebb
semakin sempit *(v.)* narrow
semak-samun *(n.)* coppice
semangat *(n.)* enthusiasm
semangat *(n.)* morale
semangat *(n.)* refulgence
semangat *(n.)* spirit
semangat *(n.)* vivacity
semangat *(n.)* will
semangat *(n.)* zeal
semasa *(adj.)* current
semasa *(prep.)* during
semasa *(conj.)* when
semasa *(conj.)* while
sembahyang *(n.)* prayer
sembang *(n.)* chat
sembang siber *(n.)* cyberchat
sembarangan *(adj.)* indiscriminate
sembarangan *(adj.)* slipshod
sembelit *(n.)* constipation
sembilan *(n.)* nine

sembilan belas *(n.)* nineteen
sembilan puluh *(n.)* ninety
sembuh *(v.)* convalesce
sembuh *(adj.)* convalescent
sembuh *(v.)* heal
semburan *(n.)* spray
semenjak *(prep.)* since
semenjak *(conj.)* since
sementara *(n.)* fad
sementara *(prep.)* pending
sementara *(adj.)* provisional
sementara *(adj.)* temporary
sementara *(adj.)* transitory
semester *(n.)* semester
semi-formal *(adj.)* semi-formal
semikonduktor *(n.)* semiconductor
seminar *(n.)* seminar
seminar internet *(n.)* webinar
sempadan *(n.)* border
sempadan *(n.)* boundary
sempadan *(n.)* frontier
sempit *(adj.)* narrow
sempoa *(n.)* abacus
sempurna *(n.)* ideal
sempurna *(n.)* paragon
sempurna *(adj.)* perfect
semua *(n.)* all
semua *(adj.)* whole
semua *(adj.)* all
semua bentuk *(adj.)* omniform
semuanya *(adv.)* all
semuanya *(adv.)* altogether
semuanya *(pron.)* everything
semuanya *(n.)* whole
semula *(adv.)* afresh
semula *(adv.)* anew
semula jadi *(adj.)* inborn
semula jadi *(adj.)* innate
semula jadi *(adj.)* natural
semulut penuh *(n.)* mouthful
semut *(n.)* ant
sen *(n.)* cent

senada *(adj.)* monotonous
senaman *(n.)* exercise
senaman kardiovaskular *(n.)* cardio
senang *(n.)* revel
senapang *(n.)* rifle
senapang automatik *(v.)* carabine
senapang lantak *(n.)* musket
senapang patah *(n.)* scattergun
senapang patah *(n.)* shotgun
senarai *(n.)* list
senarai calon *(n.)* slate
senarai hitam *(n.)* blacklist
senarai pendek *(v.)* shortlist
senarai semak *(n.)* checklist
senarai set *(n.)* setlist
senarai trek *(n.)* tracklist
senario *(n.)* scenario
senat *(n.)* senate
senator *(n.)* senator
senda *(adj.)* mock
sendal *(n.)* gib
sendal *(n.)* wedge
sendawa *(n.)* belch
sendawa *(n.)* brup
sendi *(n.)* joint
sendirian *(adj.)* alone
senduk *(n.)* ladle
sengaja *(adj.)* deliberate
sengaja *(adj.)* intentional
sengaja *(adv.)* purposely
sengat *(n.)* sting
sengau *(n.)* nasal
senget *(adj.)* crook
senget *(adj.)* crooked
sengkenit *(n.)* tick
sengsara *(adj.)* miserable
sengsara *(n.)* torment
seni *(n.)* art
seni arca *(n.)* sculpture
seni bina *(n.)* architecture

seni bina Perancis *(n.)* falmboyant
seni ukir *(adj.)* etching
seniman *(n.)* artist
senior *(n.)* senior
senjakala *(n.)* dusk
senjakala *(n.)* twilight
senjata *(n.)* munitions
senjata *(n.)* weapon
sensasi *(n.)* sensation
sensitif *(adj.)* sensitive
sensitif *(adj.)* touchy
sensual *(adj.)* sultry
sentakan *(n.)* jerk
sentiasa *(adv.)* always
sentiasa ada *(n.)* ubiquity
sentimen *(n.)* sentiment
sentimental *(adj.)* sentimental
sentuhan *(adj.)* tactile
sentuhan *(n.)* touch
senyap *(adj.)* mum
senyap *(adj.)* quiet
senyap *(n.)* silence
senyap *(adj.)* silent
senyuman *(n.)* smile
seolah-olah *(adj.)* ostensible
seorang *(n.)* somebody
seorang diri *(adj.)* solitary
sepadan *(adj.)* congruent
sepana *(n.)* spanner
sepanduk *(n.)* banner
sepanduk *(n.)* streamer
sepanjang *(prep.)* along
sepanjang *(prep.)* throughout
sepanjang hayat *(adj.)* lifelong
sepanjang malam *(adv.)* overnight
sepanjang malam *(adj.)* overnight
separa automatik *(adj.)* semiautomatic
separa menghiburkan *(adj.)* semiamusing

separuh *(adj.)* half
separuh bulatan *(n.)* hemisphere
separuh bulatan *(n.)* semicircle
separuh mati *(adj.)* alamort
sepasang *(n.)* duo
sepatah perkataan *(n.)* monosyllable
sepenuh hati *(adj.)* wholehearted
sepenuhnya *(adv.)* entirely
sepenuhnya *(adv.)* fully
sepenuhnya *(adv.)* through
seperti *(adv.)* as
seperti *(prep.)* like
seperti *(n.)* sich
seperti *(adj.)* such
seperti hamba *(adj.)* slavish
seperti bakhil *(adj.)* miserly
seperti baldu *(adj.)* velvety
seperti balsam *(adj.)* balmlike
seperti biasa *(adj.)* wonted
seperti binatang *(adj.)* bestial
seperti gajah *(adj.)* elephantine
seperti gelatin *(adj.)* gelatinous
seperti guruh *(adj.)* thunderous
seperti itu *(pron.)* such
seperti kakak *(adj.)* sisterly
seperti keembung *(adj.)* balsamic
seperti lelaki *(adj.)* manlike
seperti orkestra *(adj.)* orchestral
seperti pepatah *(adj.)* proverbial
seperti pungguk *(adj.)* owly
seperti raja *(adj.)* lordly
seperti raksasa *(adj.)* monstrous
seperti satin *(adj.)* satin
seperti sepatutnya *(adv.)* duly
seperti singa *(adj.)* leonine
seperti sutera *(adj.)* silken
seperti sutera *(adj.)* silky

seperti syaitan *(adv.)* satanically
seperti udara *(adj.)* aerial
seperti wanita *(n.)* womanish
sepintas lalu *(adj.)* cursory
sepotong roti *(n.)* shive
September *(n.)* September
septik *(adj.)* septic
sepuluh *(n., a)* ten
sepuluh kali ganda *(adj.)* tenfold
sepupu *(n.)* cousin
seragam *(adj.)* homogeneous
serak *(adj.)* husky
seramik *(n.)* ceramics
serang hendap *(n.)* ambuscade
serang hendap *(n.)* ambush
serang hendap *(v.)* embush
serang hendap *(v.)* waylay
serangan *(n.)* attack
serangan *(n.)* offensive
serangan *(n.)* onslaught
serangan *(n.)* raid
serangan cepat *(v.)* sally
serangga *(n.)* bug
serangga *(n.)* insect
serangga perosak *(n.)* pest
serantau *(adj.)* regional
serapan semula *(n.)* reabsorption
serat *(n.)* fibre
serat Makro *(n.)* macrofibre
serata tempat *(adj.)* omnipresent
seratus minimum *(n.)* centenarian
seratus tahun *(n.)* centenary
serba boleh *(adj.)* versatile
serba boleh *(n.)* versatility
serba tahu *(n.)* omniscience
serba tahu *(adj.)* omniscient
serba tahu *(n.)* polymath
serban *(n.)* turban
serbaneka *(adj.)* motley
serbuan *(n.)* foray
serbuan *(n.)* irruption
serbuk bakar *(n.)* amberite
serebrum *(adj.)* cerebral
serentak *(v.)* coincide
serentak *(adj.)* cotemporal
serentak *(adj.)* simultaneous
serentak *(n.)* unison
seret *(n.)* drag
seri *(n.)* draw
seri *(n.)* glow
seri warna *(n.)* tint
seribu juta *(n.)* billion
serigala *(n.)* marten
serigala *(n.)* wolf
sering berubah *(adj.)* mercurial
sering kali *(adv.)* oft
serius *(adj.)* austere
serius *(adj.)* serious
serius *(adj.)* solemn
serombong *(n.)* chimney
serong *(adj.)* sideway
seronok *(n.)* gloat
seronok *(v.)* savour
serpihan *(n.)* chip
serpihan *(n.)* debris
serpihan *(n.)* flake
serpihan *(n.)* fragment
serpihan *(n.)* scrap
serpihan *(n.)* shapnel
serpihan kayu *(n.)* shide
serta-merta *(adv.)* forthwith
serta-merta *(adj.)* instantaneous
serta-merta *(adj.)* outright
serta-merta *(adj.)* snap
serta-merta *(adv.)* straightway
seruling *(n.)* flute
serupa *(adj.)* akin
serupa *(adj.)* alike
serupa *(adj.)* identical
serupa *(adj.)* like
serupa *(v.)* resemble
serupa *(adj.)* similar

servis *(n.)* serve
sesak *(adj.)* crowded
sesak *(adj.)* crowdy
sesak *(adj.)* stuffy
sesalan *(n.)* rue
sesat *(adv.,)* astray
sesat *(v.)* stray
seseorang *(pron.)* one
seseorang *(pron.)* somebody
seseorang *(pron.)* someone
sesi *(n.)* session
sesiapa *(pron)* anyone
sesiapa *(pron.)* whoever
sesuai *(adj.)* apt
sesuai *(adj.)* becoming
sesuai *(adj.)* convenient
sesuai *(adj.)* fit
sesuai *(adj.)* opportune
sesuai *(adj.)* proper
sesuai *(v.)* suit
sesuai *(adj.)* suitable
sesuai didiami *(adj.)* habitable
sesuai didiami *(adj.)* inhabitable
sesuatu *(pron.)* something
sesudu penuh *(n.)* spoonful
sesungut *(n.)* antennae
set gear *(n.)* gearset
setan *(n.)* fiend
setanding *(adj.)* equal
seteguk *(n.)* sip
setelah *(prep.)* after
setelah itu *(conj.)* whereat
setelah itu *(adv.)* next
setem *(n.)* stamp
setengah *(n.)* half
seterusnya *(adv.)* forth
setia *(adj.)* faithful
setia *(adj.)* loyal
setiap *(adj.)* each
setiap *(adj.)* every
setiap *(prep.)* per
setiap bulan *(adv.)* monthly
setiap hari *(adj.)* daily
setiap hari *(adj.)* everyday
setiap malam *(adv.)* nightly
setiap orang *(pron.)* everybody
setiap orang *(pron.)* everyone
setiap tahun *(adv.)* yearly
setiausaha *(n.)* secretary
setinggan *(n.)* slum
setingkat lagi *(n.)* notch
setuju *(n.)* acceder
setuju *(v.)* okay
sewa *(n.)* rent
sewajarnya *(adv.)* accordingly
sewenang-wenang *(adj.)* arbitrary
sfera *(n.)* sphere
sfera luas *(n.)* macrosphere
shard *(v.)* shard
shawarma *(n.)* shawarma
sheat *(n.)* sheat
Si bodoh *(n.)* blockhead
siang hari *(n.)* daylight
sianida *(n.)* cyanide
siapa *(pron.)* who
siapa *(pron.)* whom
siapa punya *(pron.)* whose
siar *(v.)* podcast
siaran *(n.)* broadcast
siaran *(n.)* telecast
siaran web *(n.)* webcasting
siarkan *(v.)* televise
siasatan *(n.)* probe
sia-sia *(adj.)* futile
sia-sia *(adj.)* idle
sia-sia *(adj.)* pointless
sia-sia *(adj.)* vain
siatika *(n.)* sciatica
siber *(adj.)* cyber
sibuk *(adv.)* astir
sibuk *(v.)* bustle
sibuk *(adj.)* busy
sibuk *(v.)* preoccupy
sida-sida *(n.)* eunuch
sifar *(n.)* cipher

sifar *(n.)* zero
sifat *(n.)* attribute
sifat cauvinisme *(adj.)* chauvinist
sifat jenaka *(n.)* humour
sifat kesatriaan *(adj.)* chivalrous
sifat ketuhanan *(n.)* divinity
sifat lahap *(n.)* gluttony
sifat menyenangkan *(n.)* complaisance
sifat mudah percaya *(n.)* credulity
sifat murah hati *(n.)* generosity
sifat pengecut *(n.)* cowardice
sifat sensitif *(n.)* sensitivity
sifat sosial *(n.)* sociability
sihat *(adj.)* hale
sihat *(adj.)* healthy
sihat *(adj.)* well
sihir *(n.)* magic
sihir *(n.)* occult
sihir *(n.)* sorcery
sijil *(n.)* certificate
sikap *(n.)* attitude
sikap *(n.)* manner
sikap berhati-hati *(n.)* forethought
sikap bersahaja *(n.)* nonchalance
sikap ingin tahu *(n.)* curiosity
sikap lembut *(n.)* lenience
sikap lembut *(n.)* leniency
sikap optimis *(n.)* optimism
sikap pesimis *(n.)* pessimism
sikap sambilewa *(n.)* flippancy
sikap tak endah *(n.)* indifference
sikat *(n.)* comb
siklon *(n.)* cyclone
siklops *(n.)* cyclops
siklostil *(n.)* cyclostyle
siku *(n.)* ancon
siku *(n.)* elbow

sila *(adv.)* please
silabik *(n.)* syllabic
silap *(v.)* mistake
silap bodoh *(v.)* goof
silap mata *(v.)* conjure
silau *(n.)* dazzle
silika *(n.)* silica
silikon *(n.)* silicon
silinder *(n.)* cylinder
siling *(n.)* ceiling
simbahan *(n.)* dash
simbiosis *(n.)* symbiosis
simbiotik *(n.)* symbiote
simbol *(n.)* symbol
simbolik *(adj.)* symbolic
simbolisme *(n.)* symbolism
simen *(n.)* cement
simetri *(adj.)* symmetrical
simetri *(n.)* symmetry
simfoni *(n.)* symphony
simpan *(v.)* keep
simpan kira-kira *(n.)* book-keeping
simpanan *(adj.)* retentive
simpanan bersyarat *(n.)* escrow
simpati *(n.)* compassion
simpati *(n.)* sympathy
simposium *(n.)* symposium
simptom *(n.)* symptom
simpulan *(n.)* knot
simpulan bahasa *(n.)* idiom
sinabar *(n.)* cinnabar
sinar *(n.)* ray
sinar *(n.)* shine
sinaran *(n.)* gleam
sinar-x *(n.)* x-ray
sindiran *(n.)* sarcasm
singa *(n.)* lion
singa betina *(n.)* lioness
singa laut *(n.)* sealion
singkat *(n.)* brevity
singkatan *(n.)* abbreviation
singkatan *(n.)* abridgement

singlet *(n.)* vest
sinis *(n.)* cynic
sinis *(adj.)* sarcastic
sinis *(adj.)* sardonic
sinki *(n.)* sink
sinonim *(n.)* synonym
sinonim *(adj.)* synonymous
sinopsis *(n.)* synopsis
sintaks *(n.)* syntax
sintesis *(n.)* synthesis
sintetik *(adj.)* synthetic
sintetik *(n.)* synthetic
sipres *(n.)* cypress
siput *(n.)* snail
sirap *(n.)* syrup
sirap tumbuhan *(n.)* molasses
siren *(n.)* siren
siri *(n.)* series
sirih *(n.)* betel
sirip ikan *(n.)* fin
sirkumfluens *(n.)* circumfluence
sirosis *(n.)* cirrhosis
sisa *(n.)* remains
sisa *(adj.)* residual
sisa *(n.)* residue
sisa *(n.)* vestige
sisa di laut *(n.)* wrack
sisi *(n.)* edge
sisi *(adj.)* flank
sisi empat *(adj.)* quadrilateral
sisik *(n.)* scale
sisipan *(n.)* parenthesis
sista *(n.)* cist
sistem *(n.)* system
sistem pembetungan *(n.)* sewerage
sistem totalitari *(adj.)* totalitarian
sistematik *(adj.)* systematic
siswazah *(n.)* graduate
sitrik *(adj.)* citric
sitrin *(n.)* citrine
sitrus *(n.)* citrus
situasi *(n.)* case

situasi *(n.)* circumstance
situasi *(n.)* situation
siulan *(n.)* whistle
sivik *(adj.)* civic
sivik *(n.)* civics
sivil *(adj.)* civil
skala *(v.)* range
skala *(n.)* scale
skandal *(n.)* scandal
skandal *(adj.)* scandalous
skapula *(n.)* scapula
skema *(adj.)* schematic
sketsa *(n.)* skit
skirt *(n.)* skirt
skizofrenia *(n.)* schyzophrenia
skrin *(n.)* screen
skrip *(n.)* script
skrotum *(n.)* scrotum
skru *(n.)* screw
skuad *(n.)* squad
skuadron *(n.)* squadron
skuasy *(n.)* squash
skuner *(n.)* schooner
skuter *(n.)* scooter
slaid *(n.)* slide
soal selidik *(n.)* questionnaire
soal siasat *(n.)* interrogation
soalan *(n.)* question
sodomi *(n.)* sodomy
sofa *(n.)* couch
sofa *(n.)* settee
sofa *(n.)* sofa
sofisme *(n.)* sophism
soket *(n.)* socket
sokongan *(n.)* advocacy
sokongan *(adj.)* backup
sokongan *(n.)* support
soleh *(adj.)* godly
solo *(n.)* solo
solo *(adj.)* solo
sombong *(adj.)* arrogant
sombong *(adj.)* haughty
sombong *(v.)* snobbish

somnambulis *(n.)* somnambulist
somnambulisme *(n.)* somnambulism
sopan *(adj.)* courteous
sopan *(adj.)* decent
sopan *(adj.)* mannerly
sopan *(adj.)* polite
sopan *(n.)* propriety
sorakan *(n.)* cheer
sos *(n.)* sauce
sos *(v.)* sauce
sos tomato *(n.)* ketchup
sosej *(n.)* sausage
sosial *(n.)* social
sosialis *(n,a)* socialist
sosialisme *(n.)* socialism
sotong argonaut *(n.)* argonaut
sotong gurita *(n.)* octopus
span *(n.)* sponge
sperma *(n.)* sperm
spesies *(n.)* species
spesifikasi *(n.)* specification
spesimen *(n.)* specimen
spiritualis *(n.)* spiritualist
spontan *(adj.)* spontaneous
spring *(n.)* spring
Sputnik *(n.)* sputnik
stabil *(adj.)* stable
stadium *(n.)* stadium
staf *(n.)* staff
stail *(n.)* style
stamina *(n.)* stamina
stanza *(n.)* stanza
statik *(n.)* static
statistik *(n.)* statistics
stenografi *(n.)* stenography
stensil *(n.)* stencil
stensil *(v.)* stencil
stereotaip *(n.)* stereotype
stering kemudi *(n.)* helm
stesen *(n.)* depot
stesen *(n.)* station
stesen terakhir *(n.)* terminus
stetoskop *(n.)* stethoscope
stok *(adj.)* stock
stok *(n.)* stock
stoking *(n.)* sock
stoking *(n.)* stocking
stor *(n.)* store
stor maklumat *(n.)* alveary
strategi *(n.)* strategy
strategik *(adj.)* strategic
strawberri *(n.)* strawberry
struktur *(n.)* structure
struktur perlindungan *(n.)* blindage
struktural *(adj.)* structural
studio *(n.)* studio
suai pinda *(adj.)* doctored
suai tani *(adj.)* arable
suam *(adj.)* lukewarm
suam *(adj.)* tepid
suam *(adv.)* tepidly
suami *(n.)* husband
suami isteri *(adj.)* conjugal
suar *(n.)* beacon
suara *(n.)* say
suara *(n.)* voice
suara kesakitan *(int.)* ouch
suara perlahan *(n.)* undertone
suara tinggi *(n.)* falsetto
suasana hati *(n.)* mood
suatu masa *(adv.)* sometime
sub bandar *(adj.)* suburban
subahat *(n.)* abetment
subjek *(n.)* subject
subjek *(adj.)* subject
subjektif *(adj.)* subjective
subordinasi *(n.)* subordination
subordinat *(adj.)* subordinate
subsidi *(n.)* subsidy
subsidiari *(adj.)* subsidiary
subuh *(n.)* dawn
subur *(adj.)* fecund
subur *(adj.)* fertile

subur *(adj.)* lush
subur *(adj.)* luxuriant
subversi *(n.)* subversion
subversif *(adj.)* subversive
suci *(adj.)* chaste
suci *(adj.)* holy
suci *(adj.)* sacred
suci *(adj.)* virgin
suci *(adj.)* virtuous
suci *(adj.)* sacrosanct
sudah *(adv.)* already
sudah tentu *(adv.)* certainly
sudah tentu *(adv.)* indeed
sudi *(v.)* deign
sudu *(n.)* spoon
sudut *(n.)* angle
sudut *(n.)* corner
sudut pandangan *(n.)* standpoint
sudut tegak *(adj.)* perpendicular
sugul *(adj.)* woebegone
suhu *(n.)* temperature
suis *(n.)* switch
sujud *(n.)* prostration
suka *(v.)* like
suka *(adj.)* fond
suka belajar *(adj.)* studious
suka berahsia *(adj.)* secretive
suka berbelanja *(n.)* shopaholic
suka berbelanja *(n.)* shpaholism
suka berdebat *(adj.)* combative
suka bergaul *(adj.)* sociable
suka berkelahi *(adj.)* quarrelsome
suka bermain *(adj.)* playful
suka bermain-main *(v.)* flirt
suka berperang *(adj.)* bellicose
suka membantu *(adj.)* ministrant
suka mencela *(adj.)* censorious
suka mengarah *(adj.)* bossy
suka menolong *(adj.)* helpful
sukan *(n.)* game

sukan *(n.)* sport
sukan memanah *(n.)* archery
sukar *(adj.)* arduous
sukar *(adj.)* laboured
sukar *(adj.)* paltry
sukar dibaca *(adj.)* illegible
sukar dihadam *(adj.)* indigestible
sukar dikawal *(adj.)* unruly
sukar dipercayai *(adj.)* incredible
sukar ditemui *(adj.)* elusive
sukarela *(adj.)* voluntary
sukarelawan *(n.)* volunteer
sukatan *(n.)* measure
sukatan *(n.)* measurement
sukatan pelajaran *(n.)* syllabus
suku *(n.)* quarter
suku kata *(n.)* syllable
suku pigmi *(n.)* pigmy
sulaman *(n.)* embroidery
sulfur *(n.)* sulphur
sulit *(adj.)* clandestine
sulit *(adj.)* confidential
sulit *(adj.)* tricky
sulung *(adj.)* first
sulung *(adj.)* maiden
sulur paut *(n.)* tendril
sumbangan *(n.)* contribution
sumber *(n.)* resource
sumber *(n.)* source
sumber ilham *(n.)* muse
sumbu *(n.)* wick
sumpah *(n.)* oath
sumpah *(n.)* vow
sumpah bohong *(n.)* perjury
sumpahan *(n.)* curse
sumpahan *(n.)* malediction
sumsum *(n.)* marrow
sungai *(n.)* river
sungai kecil *(n.)* streamlet
sungguh gembira *(adj.)* elated

sungguh menghairankan *(v.)* amaze
sungguhpun *(conj.)* although
suntikan *(n.)* injection
suntikan epidura *(n.)* epidural
sunyi *(adj.)* lonesome
sup *(n.)* soup
supaya mudah dibaca *(adv.)* legibly
superfisial *(adj.)* superficial
superior *(adj.)* superior
superioriti *(n.)* superiority
surai *(n.)* mane
suram *(adj.)* beamless
suram *(adj.)* bleak
suram *(adj.)* dingy
suram *(adj.)* sombre
suram *(adj.)* stark
surat *(n.)* letter
surat *(n.)* mail
surat *(n.)* missive
surat pekeliling *(n.)* circular
surat perakuan *(n.)* testimonial
surat sebaran *(n.)* handbill
surat sumpah *(n.)* affidavit
surat-menyurat *(n.)* correspondence
suria *(adj.)* solar
suruhanjaya *(n.)* commission
surut *(n.)* ebb
susah *(adj.)* difficult
susah *(adj.)* hard
suspek *(n.)* suspect
susu *(adj.)* mammary
susu *(n.)* milk
susuk badan *(n.)* physique
susunan *(n.)* array
susunan *(n.)* order
susunan kayu *(n.)* shiplap
susut *(v.)* dwindle
susut *(v.)* recede
susut nilai *(v.)* depreciate
sut *(n.)* suit

sut api *(n.)* firesuit
sut balapan *(n.)* tracksuit
sutera tebal *(n.)* samite
swafoto *(n.)* selfie
syahid *(n.)* martyr
syair *(n.)* sonnet
syaitan *(n.)* demon
syaitan *(n.)* devil
syaitan *(n.)* satan
syampu *(n.)* shampoo
syarat *(n.)* condition
syarikat *(n.)* company
syarikat *(n.)* corporation
syarikat *(n.)* firm
syiling *(n.)* shilling
syiling emas *(n.)* ducat
syurga *(n.)* heaven
syurga *(n.)* paradise

taat setia *(adj.)* staunch
tab *(n.)* tub
tabah *(v.)* persevere
tabah *(n.)* stoic
tabiat *(n.)* habit
tabir *(adj.)* drapery
tablet *(n.)* tablet
tabloid *(n.)* tabloid
tabulasi *(n.)* tabulation
tabulator *(n.)* tabulator
tabung *(n.)* treasury
tabungan *(n.)* tip
tadbir *(adj.)* administrative
tadika *(n.)* kindergarten
tahan *(v.)* endure
tahan *(v.)* stomach

tahan lasak *(adj.)* durable
tahan lasak *(adj.)* hardy
tahanan *(n.)* custody
tahap boleh lepas *(n.)* escapability
tahi *(adj.)* fecal
tahi *(n.)* feces
tahi binatang *(n.)* dung
tahi lalat *(n.)* mole
tahi telinga *(n.)* cerumen
tahniah *(n.)* congratulation
tahniah *(int.)* felicitations
tahun *(n.)* year
tahunan *(adj.)* annual
tahunan *(adj.)* yearly
tahyul *(n.)* superstition
tajam *(adj.)* acute
tajam *(adj.)* argute
tajam *(adj.)* barbed
tajam *(adj.)* pointed
tajam *(adj.)* searching
tajam *(adj.)* sharp
tajam *(adj.)* waspish
tajam pemerhatian *(adj.)* observant
tajuk *(n.)* heading
tajuk *(v.)* title
tak berbuat salah *(adj.)* infallible
tak berdaya *(adj.)* infirm
tak berdisiplin *(n.)* indiscipline
tak bergerak-gerak *(adj.)* inert
tak berguna *(adj.)* pointerless
tak bersalah *(n.)* innocence
tak bersyukur *(n.)* ingratitude
tak boleh dielakkan *(adj.)* inevitable
tak boleh dipertikaikan *(adj.)* indisputable
tak boleh dipisahkan *(adj.)* inseparable
tak boleh ditiru *(adj.)* inimitable

tak boleh diubati *(adj.)* incurable
tak dapat diperikan *(adj.)* indescribable
tak dapat dipertahankan *(adj.)* indefensible
tak dapat disekat *(adj.)* inexorable
tak dapat diterangkan *(adj.)* inexplicable
tak endah *(adj.)* indifferent
tak fleksibel *(adj.)* inflexible
tak mampu bayar *(adj.)* insolvent
tak praktikal *(n.)* impracticability
tak puas-puas *(adj.)* insatiable
tak ramah *(adj.)* inhospitable
tak sekata *(adj.)* irregular
tak sepusat *(adj.)* acentric
tak sofistikated *(adj.)* domestical
tak terbahagikan *(adj.)* indivisible
tak terkira *(adj.)* incalculable
tak tetap *(n.)* wriggle
takal *(n.)* pulley
takal *(n.)* tackle
takat *(n.)* extent
takdir *(n.)* destiny
takdir *(n.)* fate
takdir *(n.)* predestination
takdir *(n.)* providence
takdir buruk *(v.)* doom
takdir buruk *(adj.)* doomed
takhta *(n.)* throne
takhta *(v.)* throne
takjub *(v.)* marvel
taklukan *(adj.)* tributary
taksa *(adj.)* ambiguous
taksa *(adj.)* equivocal
taksidermi *(n.)* taxidermy
taktik *(n.)* manoeuvre
taktik *(v.)* tack

taktik *(n.)* tactics
taktik pukau *(n.)* mesmerism
takungan *(n.)* reservoir
takut *(adj.)* afraid
takut *(v.)* dread
takut *(v.)* fear
takut *(v.)* shy
takziah *(n.)* condolence
talbot *(n.)* talbot
tali *(n.)* rope
tali *(n.)* strap
tali *(n.)* string
tali cambuk *(n.)* whipcord
tali gantung *(n..)* gallows
tali gantung *(n.)* noose
tali jerut *(n.)* garrotte
tali kapal *(n.)* clew
tali kasut *(n.)* lace
tali leher *(n.)* tie
tali penambat *(n.)* tether
tali penyokong *(n.)* stay
tali pinggang *(n.)* belt
tali pinggang *(n.)* girdle
tali pintal *(n.)* cord
talkum *(n.)* talc
tamadun *(n.)* civilization
tamak *(n.)* cupidity
tamak *(adj.)* greedy
tamak *(adj.)* omnivorous
taman *(n.)* garden
taman *(n.)* park
tamat *(n.)* end
tamat *(n.)* pursuance
tamat tempoh *(v.)* expire
tambah *(v.)* add
tambahan *(adj.)* additional
tambahan *(n.)* adjunct
tambahan *(n.)* supplement
tambahan *(adj.)* supplementary
tambahan *(n.)* increment
tambahan lagi *(adv.)* further
tambahan luaran *(adj.)*
 adscititious
tambak *(n.)* causeway
tambak *(n.)* embankment
tambang *(n.)* fare
tampan *(adj.)* dashing
tamparan *(n.)* slap
tamparan *(n.)* smack
tampon *(n.)* tampon
tampung *(n.)* patch
tan *(n.)* ton
tan *(n.)* tonne
tanah *(n.)* ground
tanah *(n.)* land
tanah *(n.)* sod
tanah *(n.)* soil
tanah berbencah *(n.)* boglet
tanah jajahan *(n.)* colony
tanah liat *(n.)* argil
tanah liat *(n.)* clay
tanah pamah *(n.)* flatland
tanah paya *(n.)* bogland
tanah perkuburan *(n.)*
 necropolis
tanah peruntukkan *(n.)*
 allotment
tanah subur *(n.)* oasis
tanah terbiar *(n.)* fallow
tanaman *(n.)* crop
tanaman Narcissus *(n.)*
 narcissus
tanda *(n.)* mark
tanda *(adj.)* telltale
tanda *(n.)* token
tanda *(n.)* sign
tanda aras *(n.)* bench
tanda baca *(v.)* punctuate
tanda baca *(n.)* punctuation
tanda hormat *(n.)* salute
tanda koma *(n.)* comma
tanda kurungan *(n.)* bracket
tanda lahir *(n.)* birthmark
tanda pangkah *(n.)* cross
tanda peringatan *(n.)* memorial
tandas *(n.)* lavatory

tandas *(n.)* toilet
tandas luar *(n.)* outhouse
tanda-tanda *(n.)* intimation
tandatangan *(n.)* signature
tandem *(adj.)* tandem
tandem *(adv.)* tandem
tandem (tali) *(n.)* tandem
tandori *(n.)* tandoor
tandu *(n.)* palanquin
tandu *(n.)* sedan
tanduk binatang *(n.)* horn
tanduk rusa *(n.)* antler
tangan *(n.)* hand
tangga *(n.)* ladder
tangga *(n.)* stair
tangga belakang *(n.)* backstairs
tanggapan *(n.)* apprehension
tanggapan *(n.)* impression
tanggapan *(n.)* perception
tanggapan negatif *(n.)* stigma
tanggungan *(n.)* dependant
tanggungjawab *(n.)* obligation
tanggungjawab *(n.)* responsibility
tangisan *(n.)* cry
tangkai *(n.)* shaft
tangkai *(n.)* scape
tangkai *(n.)* sprig
tangkai *(n.)* stalk
tangkal *(n.)* talisman
tangkal bertali *(n.)* scapular
tangkas *(adj.)* agile
tangkas *(adj.)* swift
tangki *(n.)* cistern
tangki *(n.)* tank
tanglung *(n.)* lantern
tanjung *(n.)* cape
tanjung *(n.)* mull
tanpa *(adj.)* devoid
tanpa *(prep.)* without
tanpa *(adv.)* without
tanpa belas kasihan *(adj.)* merciless
tanpa cukai *(adj.)* scot-free
tanpa had *(adj.)* limitless
tanpa henti *(adj.)* relentless
tanpa kepala *(adj.)* acephalous
tanpa kepala *(n.)* acephaly
tanpa kesudahan *(adj.)* endless
tanpa kord *(adj.)* cordless
tanpa malu *(adj.)* brazen
tanpa malu *(adv.)* unabashedly
tanpa menghiraukan *(adj.)* irrespective
tanpa nama *(adv.)* anon
tanpa nama *(adj.)* anonymous
tanpa pengetahuan *(adj.)* witless
tanpa pengumuman *(adj.)* unannounced
tanpa pertahanan *(adj.)* defenceless
tanpa pita *(adj.)* tapeless
tanpa tanda *(adj.)* cueless
tanpa tulang *(adj.)* boneless
tanpa undang-undang *(adj.)* lawless
tanpa wayar *(n.)* wireless
tantra *(n.)* tantra
tantrik *(adj.)* tantric
tanur *(n.)* kiln
tapak *(n.)* site
tapak *(n.)* sole
tapak haiwan *(n.)* paw
tapak leper *(n.)* flatfoot
tapak perkhemahan *(n.)* campsite
tapak tangan *(n.)* palm
tapestri *(n.)* tapestry
tapisan *(n.)* refinery
tar *(n.)* tar
taraf *(n.)* grade
taraf *(n.)* status
taramit *(n.)* taramite
tarantisme *(n.)* tarantism
tarian *(n.)* dance

tarian bolero *(n.)* bolero
tarian samba *(n.)* samba
tarian tango *(n.)* tango
tarian twist *(n.)* twist
tarik lahir *(int.)* dob
tarikan *(n.)* attraction
tarikan *(n.)* draw
tarikan *(n.)* pull
tarikan kayu *(adj.)* xylophilous
tarikh *(n.)* date
tarikh lahir *(n.)* birthdate
taruhan *(n.)* wager
tasbih *(n.)* rosary
tasik *(n.)* lake
taska *(n.)* nursery
tatabahasa *(n.)* grammar
tatanama *(n.)* nomenclature
tatapan *(adj.)* circumspect
tatu *(n.)* tattoo
taubat *(adj.)* repentant
taubat *(v.)* rue
taufan *(n.)* hurricane
taufan *(n.)* typhoon
tauliah *(n.)* credential
tawanan *(n.)* captive
tawar *(adj.)* bland
tawar hati *(v.)* dishearten
tawaran *(n.)* offer
tawaran *(n.)* offering
tawaran *(n.)* tender
tawar-menawar *(v.)* haggle
tawas *(n)* taw
tayangan perdana *(n.)* premiere
tayangan siang *(n.)* matinee
tayar *(n.)* tire
tayar *(n.)* tyre
teater *(n.)* theatre
tebal *(adj.)* thick
tebing *(n.)* bank
tebing laut *(n.)* seacliff
tebuan *(n.)* hornet
teduh *(adj.)* shadowy

tegak *(adj.)* erect
tegak *(adj.)* upright
tegak *(adj.)* vertical
tegang *(adj.)* taut
tegang *(adj.)* tense
tegang *(adv.)* tensely
tegang *(n.)* tension
tegang *(v.)* tensor
tegap *(adj.)* beefy
tegap *(adj.)* rigid
tegar *(adj.)* righteous
tegas *(adj.)* emphatic
tegas *(adv.)* pointedly
tegas *(adj.)* resolute
tegas *(adj.)* stern
tegas *(adj.)* strict
teguh *(adj.)* firm
teguh *(adj.)* steadfast
teguh *(adj.)* sturdy
teguh *(n.)* tensility
teguk *(v.)* down
tegukan air *(n.)* sup
teguran *(n.)* admonition
teguran *(n.)* rebuke
teguran *(n.)* reprimand
teguran *(n.)* reproof
teguran keras *(int.)* bollocks
teh *(v.)* tea
teisme *(n.)* theism
tekaan *(n.)* guess
tekaan *(n.)* surmise
tekak *(adj.)* throaty
tekanan *(n.)* pressure
tekanan *(n.)* stress
tekanan rendah *(n.)* depression
teka-teki *(n.)* acrostic
teka-teki *(n.)* conundrum
teka-teki *(n.)* puzzle
teka-teki *(n.)* riddle
teknik *(n.)* technique
teknikal *(n.)* technical
teknofil *(n.)* technophile
teknofob *(n.)* technophobe

teknologi *(n.)* technology
teknomad *(n.)* technomad
teknomania *(n.)* technomania
teko *(n.)* teapot
teko mencair *(n.)* crevet
teks *(n.)* text
teksi *(n.)* cab
teksi *(n.)* taxi
teksi *(n.)* taxicab
teksi persendirian *(adj.)* uber
tekstil *(adj.)* textile
tekstil *(n.)* textile
tekstual *(n.)* textual
tekstur *(n.)* texture
tektonik *(adj.)* tectonic
tekun *(adj.)* attentive
tekun *(adj.)* earnest
tekun *(adj.)* intent
telaga *(n.)* well
telah berpisah *(adj.)* estranged
telah digergaji *(n.)* sawn
telah dikodkan *(adj.)* encrypted
telah diperbahaskan *(adj.)* debated
telah ditakdirkan *(v.)* ordain
telah wujud *(n.)* preexistence
telahan *(n.)* speculation
telan *(n.)* gulp
telan *(n.)* swallow
telanjang *(adj.)* nude
telatah *(n.)* antic
telebelian *(n.)* teleshopper
telebelian *(n.)* teleshopping
telebimbingan *(n.)* teleguide
telecetak *(n.)* teleprint
telefaks *(n.)* telefax
telefon *(n.)* phone
telefon *(n.)* telephone
telefon tab *(n.)* tablet
telefon video *(n.)* videotelephone
telegraf *(n.)* telegraph
telegrafi *(n.)* telegraphy
telegram *(n.)* telegram
tele-kewartawanan *(n.)* telejournalism
telekinesis *(n.)* telekinesis
telekinetik *(adj.)* telekinetic
telekomunikasi *(n.)* telecommunications
telekonferens *(n.)* teleconference
telekos *(n.)* telecourse
telematik *(adj.)* telematic
telemetri *(n.)* telemetry
teleologi *(n.)* teleology
tele-pasaran *(v.)* telemarket
telepati *(n.)* telepathy
telepatis *(n.)* telepathist
tele-pemasaran *(n.)* telemarketing
tele-perbankan *(n.)* telebanking
tele-perkomputeran *(n.)* telecomputing
teleportasi *(n.)* teleportation
teleprom *(v.)* teleprompt
teleskop *(n.)* telescope
teleskop *(n.)* telescopy
teleskop telinga *(n.)* otoscope
teleteks *(n.)* teletext
televisyen *(n.)* television
telinga *(n.)* ear
teliti *(adj.)* nice
teliti *(adj.)* thorough
teluk *(n.)* bay
teluk *(n.)* bight
teluk *(n.)* gulf
telur *(n.)* egg
telur dadar *(n.)* omelette
tema *(n.)* theme
teman *(n.)* companion
teman *(n.)* fellow
teman hidup *(n.)* helpmate
teman hidup *(n.)* spouse
tematik *(adj.)* thematic
tembaga *(n.)* copper

tembakan *(n.)* shot
tembakan serentak *(n.)* volley
tembakau *(n.)* tobacco
tembakau sedut *(n.)* snuff
tembak-menembak *(n.)* crossfire
tembak-menembak *(n.)* firefight
tembam *(adj.)* chubby
temberang *(n.)* bluff
tembikai *(n.)* melon
tembikai *(n.)* water-melon
tembikar *(n.)* china
tembikar *(n.)* pottery
tembolok *(n.)* craw
tempahan *(n.)* reservation
tempang *(adj.)* lame
tempat *(n.)* place
tempat *(n.)* venue
tempat aneh *(n.)* geeksville
tempat berlindung *(n.)* shelter
tempat berpijak *(n.)* foothold
tempat bertapa *(n.)* hermitage
tempat bertenggek *(n.)* perch
tempat bertenggek *(n.)* roost
tempat kejadian *(n.)* scene
tempat kosong *(n.)* blank
tempat kotor *(n.)* sty
tempat mengadu *(n.)* confidant
tempat peristiwa *(n.)* locale
tempat perlindungan *(n.)* haven
tempat sampah *(n.)* dumpster
tempat selamat *(n.)* safe harbour
tempat semak *(n.)* checkpoint
tempat sempurna *(n.)* eutopia
tempat suci *(n.)* sanctuary
tempat teduh *(n.)* shade
tempat tidur *(n.)* berth
tempat tidur *(n.)* bunk
tempat tumpuan *(n.)* haunt
tempatan *(adj.)* local
templat *(v.)* template

tempoh *(n.)* duration
tempoh *(v.)* tenure
tempoh *(n.)* time
tempoh *(n.)* span
tempoh akhir *(n.)* deadline
tempoh berkenalan *(n.)* courtship
tempoh masa *(n.)* period
tempoh percubaan *(n.)* probation
tempoh perkhidmatan *(n.)* seniority
tempoh tamat *(n.)* expiry
temporal *(adj.)* temporal
temu duga *(n.)* interview
tenaga *(n.)* verve
tenaga *(n.)* energy
tenaga elektrik *(n.)* electricity
tenang *(n.)* calm
tenang *(adj.)* nerveless
tenang *(adj.)* placative
tenang *(adj.)* placid
tenang *(n.)* poise
tenang *(adj.)* sedate
tenang *(adj.)* serene
tenang *(adj.)* tranquil
tenang *(adj.)* still
tendangan *(n.)* kick
tengah *(adj.)* mid
tengah *(n.)* middle
tengah gereja *(n.)* nave
tengah hari *(n.)* midday
tengah hari *(n.)* noon
tengah malam *(n.)* midnight
tenggelam *(v.)* shipwreck
tenggelam *(v.)* sink
tenggelam *(v.)* submerge
tengik *(adj.)* rancid
tengik *(v.)* rancidify
tengkorak *(n.)* skull
tengkuk *(n.)* nape
tengkuk *(n.)* scruff
tenis *(n.)* tennis

tenor *(adj.)* tenor
tentang *(prep.)* over
tentang tanah *(adj.)* telluric
tentangan *(n.)* opposition
tentatif *(adj.)* tentative
tentera *(n.)* army
tentera *(n.)* military
tentera berkuda *(n.)* cavalry
tentera laut *(n.)* navy
tenteram *(adj.)* pacific
tentu *(adj.)* definite
tenusu *(n.)* dairy
tenusu *(n.)* poultry
teokrasi *(n.)* theocracy
teologi *(n.)* theology
teorem *(n.)* theorem
teori *(n.)* theory
teori etika *(n.)* deontology
tepat *(adj.)* accurate
tepat *(adj.)* apposite
tepat *(n.)* arrant
tepat *(adv.)* due
tepat *(adj.)* exact
tepat *(adv.)* full
tepat *(adv.)* minutely
tepat *(adj.)* pointful
tepat *(n.)* precise
tepat *(adj.)* punctual
tepat jitu *(n.)* effect
tepat masa *(adj.)* timely
tepat sekali *(adv.)* exactly
tepat waktunya *(adj.)* well-timed
tepek *(n.)* blob
tepi *(n.)* side
tepi dinding *(n.)* sidewall
tepi kapal *(adj.)* shipboard
tepi pantai *(adj.)* beachside
tepian teluk *(adj.)* bayside
tepu *(v.)* saturate
tepuk *(v.t.)* pat
tepukan *(n.)* applause
tepukan *(n.)* clap
tepukan sanjungan *(n.)* ovation

tepung *(n.)* flour
tepung salut *(n.)* batter
terabait *(n.)* terabyte
terabes *(n.)* terabase
terabit *(n.)* terabit
teragak-agak *(v.)* falter
teragak-agak *(adj.)* hesitant
teragak-agak *(v.)* hesitate
terajoule *(n.)* terajoule
terakhir *(adj.)* last
terakota *(n.)* terracotta
teramat pemurah *(n.)* omnibenevolence
terancam *(adj.)* endangered
terang *(adj.)* bright
terang-terangan *(adj.)* blatant
terang-terangan *(adj.)* flagrant
terantuk *(v.)* collide
terapi *(n.)* therapy
terapung *(adv.)* afloat
terapung *(v.)* float
teras *(n.)* core
teratai *(n.)* lily
teratai *(n.)* lotus
teratak *(n.)* shack
teratur seiring *(adj.)* juxtaposed
terbahagi lapan *(adj.)* octuple
terbakar *(adv.)* ablaze
terbakar *(adv.)* aflame
terbakar *(v.)* combust
terbakar sedikiy *(v.)* singe
terbalik *(adv.)* backward
terbalik *(v.)* capsize
terbalik *(adj.)* reverse
terbang *(adj.)* airborne
terbang *(v.)* fly
terbang *(v.)* soar
terbang mengepak-ngepak *(v.)* flutter
terbantut *(adv.)* abortive
terbatas *(adj.)* finite
terbelit *(v.)* entangle
terbentang *(v.)* extend

terbersin *(v.)* sneeze
terbiar *(adj.)* desolate
terbiar *(adj.)* stray
terbiasa *(adj.)* accustomed
terbit semula *(adj.)* resurgent
terbitan *(n.)* edition
terbuka *(adj.)* open
terbuka *(adj.)* overt
terbukti *(v.)* clear
terbukti *(adj.)* evident
terbukti layak *(adj.)* credential
terburai *(adj.)* scattery
terburu-buru *(adj.)* hasty
terburu-buru *(adj.)* impetuous
terburuk *(n.)* worsted
tercekik *(v.)* choke
tercemar *(adj.)* corrupt
tercengang *(adj.)* flabbergasted
tercicir *(n.)* dropout
tercungap-cungap *(v.)* gasp
terdahulu *(n.)* first
terdahulu *(adj.)* previous
terdampar *(v.)* maroon
terdedah *(adj.)* bare
terdedah *(adj.)* vulnerable
terdengar *(v.)* overhear
terdesak *(adj.)* desperate
terendam *(v.)* infuse
teres *(n.)* terrace
tergamam *(v.)* nonplus
terganggu *(v.t.)* mind
terganggu *(v.)* upset
tergantung *(v.)* dangle
tergantung *(adj.)* dangling
tergelincir *(v.)* derail
tergelincir *(v.)* skid
tergelincir *(v.)* slip
tergesa-gesa *(n.)* haste
tergesa-gesa *(v.)* hurry
tergesa-gesa *(n.)* rush
tergila-gila *(n.)* infatuation
tergila-gila *(adv.)* mad
tergolek *(v.)* tumble

tergolong *(prep.)* belong
terhad *(adj.)* limited
terhad *(adj.)* scarce
terhenti *(v.)* lull
terhenti *(n.)* stagnation
terhidu *(v.)* scent
terhuyung-hayang *(v.)* stagger
terhuyung-hayang *(n.)* stagger
teriakan *(n.)* exclamation
teriakan berulang-ulang *(n.)* chant
terima kasih *(n.)* thanks
terima semula *(v.)* reaccept
teringin *(v.)* hanker
terinspirasi sekejap *(v.)* infatuate
teritip *(n.)* barnacle
terjadi *(v.)* happen
terjaga *(v.)* awake
terjemahan *(n.)* translation
terjun *(v.)* dive
terjun *(v.)* plunge
terkaman *(n.)* lunge
terkandas *(v.)* bog
terkandas *(v.)* ground
terkandas *(v.)* strand
terkedek-kedek *(v.)* waddle
terkehel *(n.)* sprain
terkejut *(adj.)* aghast
terkejut *(v.)* startle
terkejut besar *(v.)* freak
terkemuka *(adj.)* eminent
terkemuka *(adj.)* notable
terkenal *(n.)* celebrity
terkenal *(adj.)* famous
terkenal *(adj.)* infamous
terkenal *(n.)* infamy
terkenal *(n.)* luminary
terkenal *(adj.)* notorious
terkenal *(adj.)* well-known
terketar-ketar *(adj.)* shaky
terkini *(adj.)* up-to-date
terkorban *(n.)* fallen

terkulai *(v.)* droop
terkumat-kamit *(n.)* murmur
terkurung *(adj.)* caged
terkutuk *(adj.)* accursed
terkutuk *(adj.)* damnable
terlaknat *(adj.)* damned
terlaksana *(v.)* materialize
terlalu *(adj.)* intense
terlalu *(adv.)* too
terlalu *(n.)* utmost
terlalu mahal *(n.)* overcharge
terlalu memikirkan *(v.)* obsess
terlampau *(adj.)* undue
terlanjur *(v.)* blunder
terlarang *(v.)* taboo
terlebih beban *(v.)* overload
terlebih dahulu *(adv.)* beforehand
terlebih dahulu *(n.)* prioress
terlebih dos *(n.)* overdose
terlebih fikir *(adj.)* brood
terlebih muatan *(n.)* overload
terlebih pujian *(v.)* overrate
terlelap *(n.)* doze
terlepas pandang *(n.)* oversight
terletak *(adj.)* set
terletak had *(adj.)* vested
terlibat *(v.)* engage
terma *(adj.)* thermal
termasuk *(v.)* include
termasuk *(adj.)* inclusive
termengah-mengah *(v.)* pant
termenung *(adj.)* pensive
terminal *(n.)* terminal
terminologi *(n.)* terminology
termometer *(n.)* thermometer
termos *(n.)* thermos (flask)
ternakan *(n.)* stock
ternama *(adj.)* legendary
ternganga *(adv.,)* agape
ternganga *(v.)* gape
teroksida *(v.)* oxidate
teropong *(adj.)* binocular

teropong *(n.)* binoculars
terowong *(n.)* tunnel
terpaksa *(adv.)* perforce
terpampang *(adj.)* blazoned
terpanggang *(adj.)* seared
terpedaya *(adj.)* deluded
terpelajar *(adj.)* learned
terpelajar *(n.)* savant
terpencil *(adj.)* remote
terpencil *(adj.)* secluded
terpendam *(adj.)* latent
terperanjat *(adv.)* aback
terperanjat *(v.)* dumbfound
terperanjat *(adj.)* dumbfounded
terperinci *(adj.)* circumstantial
terpikat *(adj.)* enamoured
terpilih *(adj.)* select
terpilih *(adj.)* selective
terpisah *(adv.)* apart
terpisah *(adj.)* separate
terpuji *(adj.)* admirable
terpuji *(adj.)* commendable
terpuji *(adj.)* laudable
terpukau *(adj.)* rapt
tersadung *(v.)* stumble
tersadung *(v.)* trip
tersaji *(v.)* serve
tersalib *(adj.)* crucified
tersangat *(adv.)* something
tersangat kasual *(adj.)* ultracasual
tersangat kompak *(adj.)* ultracompact
tersangat konservatif *(adj.)* ultraconservative
tersangat selamat *(adj.)* ultrasecure
tersebar *(adj.)* diffuse
tersebar *(adj.)* widespread
tersebar luas *(n.)* prevalence
tersebar luas *(adj.)* prevalent
tersebut sebelumnya *(adj.)* aforementioned

tersebut sebelumnya *(adj.)* aforesaid
tersedia *(adj.)* available
tersekat *(v.)* jam
tersekat lalu *(n.)* inhibition
tersembunyi *(adj.)* obscure
tersengguk *(n.)* lurch
tersengguk-sengguk *(v.)* lurch
tersentak-sentak *(adj.)* jerky
tersenyum *(v.)* smile
tersergam *(v.)* tower
tersirat *(adj.)* implicit
tersirat *(adj.)* oblique
tersirat *(adj.)* ulterior
tersusun *(adj.)* methodical
tersusun *(adj.)* orderly
tertanya-tanya *(v.)* wonder
tertawa *(v.)* laugh
tertentu *(adj.)* certain
tertian *(adj.)* tertian
tertiari *(n.)* tertiary
tertib *(n.)* precedent
tertumpu *(adj.)* convergent
tertumpu *(adj.)* focused
teruk *(adv.)* badly
teruk *(adj.)* dire
teruk *(adj.)* grave
teruk *(adj.)* nasty
teruk *(adj.)* severe
teruk betul *(adj.)* incorrigible
terukir *(adj.)* etched
terung *(n.)* brinjal
terung ungu *(n.)* aubergine
terus hidup *(n.)* survival
terus hidup *(v.)* survive
terus kehadapan *(adv.)* onwards
terus terang *(adj.)* candid
terus terang *(adj.)* downright
terus terang *(adv.)* outright
terus terang *(adj.)* outspoken
terus terang *(adj.)* straightforward

terusan *(n.)* canal
terus-terang *(adj.)* blunt
terus-terang *(adv.)* bluntly
terus-terang *(adj.)* frank
terutama *(adj.)* arch
terutama *(adj.)* foremost
terutama *(adv.)* primarily
terutamanya *(adv.)* particularly
tesis *(n.)* thesis
testikel *(n.)* bollocks
testosteron *(n.)* testosterone
tetamu *(n.)* guest
tetap *(adj.)* constant
tetap *(adj.)* immovable
tetap *(adj.)* steady
tetapi *(conj.)* but
tetapi *(conj.)* yet
tetra *(n.)* tetra
Tetuan *(n.)* Messrs
tiada *(n.)* without
tiada *(pron.)* none
tiada akses *(adj.)* unaccessible
tiada apa *(n.)* nothing
tiada bertempat *(adv.)* nowhere
tiada jaminan *(n.)* insecurity
tiada jantina *(adj.)* neuter
tiada kekuatan *(adj.)* debile
tiada langsung *(adv.)* none
tiada mandian *(adj.)* showerless
tiada pekerja *(adj.)* unmanned
tiada pendapat *(adj.)* opinioless
tiada persetujuan *(n.)* disagreement
tiada polis *(adj.)* policeless
tiada sesi *(adj.)* sessionless
tiada sesiapa *(pron.)* nobody
tiada tandingan *(adj.)* incomparable
tiada tandingan *(adj.)* matchless
tiada tandingan *(adj.)* nonpareil
tiada tangkai *(adj.)* scapeless
tiada toleransi *(n.)* intolerance

tiada warna *(adj.)* coclourless
tiang *(n.)* pillar
tiang *(n.)* post
tiang gol *(n.)* goalpost
tiang layar *(n.)* mast
tiang pagar *(n.)* gatepost
tiap-tiap seorang *(adv.)* each
tiara *(n.)* tiara
tiba *(v.)* arrive
tiba-tiba *(n.)* sudden
tiba-tiba *(adj.)* abrupt
tiba-tiba *(adv.)* suddenly
tidak *(adj.)* no
tidak *(conj.)* nor
tidak adil *(adj.)* unfair
tidak adil *(adj.)* unjust
tidak aktif *(adj.)* inactive
tidak baik *(adj.)* inauspicious
tidak berakhlak *(adj.)* immoral
tidak berasas *(adj.)* baseless
tidak berasas *(adj.)* invalid
tidak berat sebelah *(adj.)* impartial
tidak berdaya *(adj.)* helpless
tidak beretika *(adj.)* scrupleless
tidak bergerak *(adj.)* motionless
tidak bergerak *(adj.)* stationary
tidak berguna *(adj.)* null
tidak berhasil *(adj.)* acarpous
tidak berhubung *(adj.)* wireless
tidak berhutang *(adj.)* solvent
tidak berjalan *(adj.)* inoperative
tidak berjambang *(adj.)* beardless
tidak berkaitan *(adj.)* irrelevant
tidak berkesan *(adj.)* ineffective
tidak berkesudahan *(adj.)* peerless
tidak berkualiti *(adj.)* scrubby
tidak bermakna *(adj.)* meaningless
tidak bermaya *(adj.)* lethargic
tidak bermoral *(n.)* immorality
tidak bernilai *(adj.)* worthless
tidak bernyawa *(adj.)* inanimate
tidak bernyawa *(adj.)* lifeless
tidak berperasaan *(adj.)* callous
tidak berperikemanusiaan *(adj.)* inhuman
tidak berprinsip *(adj.)* unprincipled
tidak bersalah *(adj.)* innocent
tidak bersalah *(adj.)* pitiless
tidak bersetuju *(v.)* disagree
tidak bersetuju *(v.)* disapprove
tidak bersih *(adj.)* impure
tidak bersyukur *(adj.)* thankless
tidak bertanggungjawab *(adj.)* irresponsible
tidak bertimbang rasa *(adj.)* inconsiderate
tidak bertoleransi *(adj.)* intolerant
tidak berupaya *(adj.)* impotent
tidak berwarna *(adj.)* achromatic
tidak boleh *(adj.)* unable
tidak boleh dicabul *(adj.)* inviolable
tidak boleh dipakai *(adj.)* inapplicable
tidak boleh diterima *(adj.)* inadmissible
tidak cekap *(adj.)* incompetent
tidak dapat diatasi *(adj.)* insurmountable
tidak dapat dielak *(adj.)* unavoidable
tidak dapat dinafikan *(adj.)* irrefutable
tidak dapat dipulihkan *(adj.)* irrecoverable
tidak dapat diterima *(adj.)* unacceptable
tidak digunakan *(adj.)* waste
tidak diingini *(adj.)* untoward
tidak dikenali *(v.)* obscure

tidak dikenali *(adj.)* unacquainted
tidak diluluskan *(adj.)* unapproved
tidak dipercayai *(v.)* discredit
tidak dipercayai *(adj.)* unreliable
tidak diselaraskan *(adj.)* unadjusted
tidak gemar *(adj.)* unamused
tidak habis-habis *(adj.)* interminable
tidak hadir *(n.)* absentee
tidak ikhlas *(adj.)* insincere
tidak ikhlas *(n.)* insincerity
tidak jelas *(adj.)* faint
tidak jelas *(adj.)* indefinite
tidak jelas *(adj.)* indistinct
tidak jelas *(n.)* obscurity
tidak jelas *(n.)* slur
tidak jelas *(adj.)* tenebrose
tidak jujur *(adj.)* bent
tidak jujur *(adj.)* deceitful
tidak jujur *(adj.)* dishonest
tidak jujur *(n.)* roguery
tidak kedengaran *(adj.)* inaudible
tidak keduanya *(conj.)* neither
tidak keliru *(n.)* unambivalence
tidak kemas *(n.)* scruffiness
tidak kena *(adv.)* amiss
tidak keruan *(adj.)* incoherent
tidak ketara *(adj.)* intangible
tidak kritis *(adj.)* acritical
tidak langsung *(adj.)* indirect
tidak larut *(n.)* insoluble
tidak layak *(v.)* disqualify
tidak lengkap *(a.)* incomplete
tidak mabuk *(adj.)* sober
tidak malu *(adj.)* unabashed
tidak mampu *(adj.)* incapable
tidak masuk akal *(adj.)* ridiculous
tidak matang *(adj.)* immature
tidak melakukan *(v.)* omit
tidak membantu *(adj.)* unaccommodating
tidak mempercayai *(v.)* disbelieve
tidak mempercayai *(n.)* misanthrope
tidak menarik *(adj.)* dull
tidak menarik *(adj.)* unappealing
tidak mencukupi *(adj.)* insufficient
tidak mencukupi *(adj.)* scanty
tidak mendapat *(v.)* deprive
tidak menentu *(adj.)* capricious
tidak menyedari *(adj.)* oblivious
tidak menyenangkan *(adj.)* disagreeable
tidak menyenangkan *(v.)* displease
tidak menyenangkan *(adj.)* objectionable
tidak menyenangkan *(adj.)* odious
tidak mesra *(adj.)* unaffectionate
tidak minum arak *(adj.)* teetotal
tidak munasabah *(adj.)* absonant
tidak munasabah *(adj.)* illogical
tidak mungkin *(adj.)* unlikely
tidak padan *(n.)* misfit
tidak padan *(v.)* mismatch
tidak pasti *(adj.)* uncertain
tidak penting *(n.)* weight
tidak penting *(adj.)* immaterial
tidak penting *(adj.)* insignificant
tidak perlu *(adj.)* needless
tidak pernah *(adv.)* never
tidak praktikal *(adj.)* impracticable
tidak puas *(v.)* dissatisfy
tidak rasional *(adj.)* irrational
tidak rasmi *(adj.)* informal

tidak rela *(v.)* grudge
tidak sabar *(adj.)* impatient
tidak sah *(n.)* invalid
tidak sahih *(adj.)* suspect
tidak sama *(adj.)* dissimilar
tidak seberapa *(adj.)* meagre
tidak secocok *(n.)* misalliance
tidak sedar *(adj.)* unaware
tidak sedar *(adv.)* unawares
tidak selamat *(adj.)* insecure
tidak selayaknya *(prep.)* beneath
tidak selesa *(adj.)* unadapted
tidak sempurna *(adj.)* faulty
tidak sempurna *(adj.)* imperfect
tidak senang *(adj.)* malcontent
tidak sengaja *(adv.)* unwittingly
tidak senonoh *(adj.)* immodest
tidak senonoh *(n.)* immodesty
tidak senonoh *(adj.)* indecent
tidak serius *(adj.)* frivolous
tidak sesuai *(adj.)* inopportune
tidak setia *(adj.)* disloyal
tidak sihat *(adj.)* unwell
tidak simetri *(adj.)* asymmetrical
tidak siuman *(adj.)* demented
tidak sopan *(adj.)* impolite
tidak sopan *(adj.)* improper
tidak stabil *(adj.)* wabbly
tidak statik *(adj.)* astatic
tidak tenang *(adj.)* fraught
tidak tepat *(adj.)* inaccurate
tidak tepat *(adj.)* inexact
tidak tepat *(adj.)* unaccurate
tidak tercapai *(adj.)* unachievable
tidak terhad *(adj.)* infinite
tidak terhingga *(adj.)* immeasurable
tidak terjejas *(adj.)* unaffected
tidak terkira *(adj.)* countless
tidak terkira *(adj.)* innumerable
tidak terkira *(adj.)* measureless
tidak terkira *(adj.)* myriad
tidak terkira *(adj.)* numberless
tidak tertanggung *(adj.)* insupportable
tidak tertanggung *(adj.)* intolerable
tidak tulen *(n.)* impurity
tidak wajar *(adj.)* temeritous
tidur *(v.)* nap
tidur *(v.)* sleep
tidur *(n.)* sleep
tidur *(v.)* slumber
tidur *(n.)* slumber
tidur-tidur ayam *(v.)* doze
tifoid *(n.)* typhoid
tifus *(n.)* typhus
tiga *(n.)* three
tiga *(adj.)* three
tiga belas *(n.)* thirteen
tiga kali *(adv.)* thrice
tiga kali *(adj.)* triple
tiga kali ganda *(v.)* triplicate
tiga puluh *(n.)* thirty
tiga puluh *(adj.)* thirty
tikaman *(n.)* stab
tikar *(n.)* mat
tiket *(n.)* ticket
tikus *(n.)* mouse
tikus *(v.)* rat
tikus *(n.)* rodent
tikus kasturi *(n.)* shrew
tilam *(n.)* mattress
timah *(n.)* tin
timba *(n.)* bucket
timbalan *(n.)* deputy
timbul *(v.)* arise
timbunan *(n.)* pile
timbunan kayu *(n.)* pyre
timbunan pasir *(n.)* dune
timun *(n.)* cucumber
timur *(n.)* east
timur *(n.)* orient
tin *(n.)* can

tin *(n.)* tin
tindak balas *(n.)* response
tindak dengan teliti *(n.)* thread
tindakan *(v.)* move
tindakan *(n.)* action
tindakan bersama *(n.)* synergy
tindakan mahkamah *(n.)* proceeding
tindik *(n.)* piercing
tinggal *(v.)* live
tinggal *(v.)* remain
tinggal *(v.)* reside
tinggal *(v.)* stay
tinggal di desa *(v.)* rusticate
tinggal sementara *(v.)* sojourn
tinggi *(adv.)* aloft
tinggi *(adj.)* high
tinggi *(adj.)* tall
tinggi mengawan *(adj.)* lofty
tingkah laku *(n.)* behaviour
tingkap *(n.)* window
tingkat *(n.)* floor
tingkat *(n.)* storey
tingkat bawah *(adj.)* downstairs
tinjauan kembali *(n.)* retrospect
tinju *(n.)* boxing
tinktur *(n.)* tincture
tipikal *(adj.)* typical
tipis *(adj.)* flimsy
tipis *(adj.)* threadbare
tipu daya *(v.)* intrigue
tipu helah *(n.)* hoax
tipu helah *(n.)* trick
tipu helah *(adj.)* underhand
tipu muslihat *(n.)* guile
tir *(v.)* rook
tirai *(n.)* curtain
tiram *(n.)* oyster
tiram muda *(n.)* oysterling
tiruan *(n.)* imitation
tiruan *(adj.)* artificial
tiruan suara *(n.)* onomatope
tiruan suara *(n.)* onomatopoeia

tisu *(n.)* tissue
tisu bersel *(adj.)* cellular
tisu berserat *(n.)* fibrosis
titik *(n.)* dot
titik *(n.)* drop
titik *(n.)* point
titik *(n.)* speck
titik gempa *(adj.)* epicentre
titik putus *(n.)* breakpoint
titik tengah *(n.)* centre
titisan *(n.)* drip
titisan *(n.)* trickle
titular *(adj.)* titular
tiub *(n.)* tube
tiub *(adj.)* tubular
tiub pernafasan *(n.)* tracheole
tocang *(n.)* braid
todak bernilai *(adv.)* nothing
tofi *(n.)* toffee
toga *(n.)* toga
toil *(n. pl.)* toils
tokok tambah *(n.)* exaggeration
toksifikasi *(n.)* toxification
toksik *(adj.)* toxic
toksikologi *(n.)* toxicology
toksin *(n.)* toxin
tol *(n.)* toll
tolak *(prep.)* minus
tolak *(n.)* push
tolak *(n.)* repellent
tolakan *(adj.)* repellent
tolakan *(n.)* shove
tolakan *(n.)* thrust
toleransi *(n.)* tolerance
toleransi *(n.)* toleration
tolol *(n.)* sap
tomato *(n.)* tomato
tombak *(n.)* lance
tomboi *(n.)* tomboy
tombol pintu *(n.)* doorknob
tompok *(n.)* blot
tong *(n.)* barrel
tong *(n.)* cask

tong susu *(v.)* churn
tongkat *(n.)* rod
tongkat sakti *(n.)* wand
tonik *(adj.)* tonic
tonik *(n.)* tonic
topang *(n.)* strut
topang ketiak *(n.)* crutch
topaz *(n.)* topaz
topeng *(n.)* mask
topeng gas *(n.)* gasmask
topi *(n.)* cap
topi *(n.)* hat
topi keledar *(n.)* helmet
topi klak *(n.)* claque
topi paderi *(n.)* mitre
topik *(n.)* topic
topik semasa *(adj.)* topical
topografi *(n.)* topography
toraks *(n.)* thorax
toreh *(v.)* mutilate
torpedo *(n.)* torpedo
torpedo *(v.)* torpedo
tradisi *(n.)* lore
tradisi *(n.)* tradition
tradisional *(adj.)* folk
tradisional *(adj.)* traditional
tragedi *(n.)* tragedian
tragedi *(n.)* tragedy
tragik *(adj.)* tragic
trakea *(n.)* trachea
trakeoskopi *(n.)* tracheoscopy
traktor *(n.)* tractor
transaksi *(n.)* transaction
transfigurasi *(n.)* transfiguration
transformasi *(n.)* transformation
transformasi planet *(n.)* terraforming
transistor Nano *(n.)* nanotransistor
transit *(n.)* transit
transit *(v.)* transit
transitif *(n.)* transitive

transkrip *(v.)* transcribe
transkripsi *(n.)* transcription
transmigrasi *(n.)* transmigration
trapiz *(n.)* trapeze
trapizoid *(n.)* trapezoid
trauma *(n.)* trauma
traumatik *(adj.)* traumatic
traumatisme *(n.)* traumatism
traumatologi *(n.)* traumatology
travelog *(n.)* travelogue
treler *(n.)* trailer
trem *(n.)* tram
trend *(n.)* trend
tribunal *(n.)* tribunal
triniti *(n.)* trinity
trio *(n.)* trio
tripartit *(adj.)* tripartite
tripod *(n.)* tripod
trisikal *(n.)* tricycle
triwarna *(adj.)* tricolour
triwarna *(n.)* tricolour
trompet *(n.)* trumpet
tropika *(n.)* tropic
tua *(adj.)* elderly
tua *(n.)* old
tuak epal *(n.)* cider
tuala *(n.)* towel
tuan *(n.)* master
tuan *(n.)* sir
tuan rumah *(n.)* host
Tuanku *(n.)* Highness
tuas *(n.)* lever
tuberkulosis *(n.)* tuberculosis
tubuh atas *(n.)* antecardium
tubuh badan *(n.)* build
tuduhan *(n.)* accusation
tuduhan balas *(n.)* countercharge
tudung rahib *(n.)* coif
tugas *(n.)* errand
tugas *(n.)* task
tuhan *(n.)* godhead
Tuhan *(n.)* lord

tuil *(n.)* crowbar
tuisyen *(n.)* tuition
tuju *(v.t.)* point
tujuan *(n.)* intent
tujuan *(n.)* intention
tujuan *(n.)* purpose
tujuh *(n.)* seven
tujuh *(adj.)* seven
tujuh belas *(n., a)* seventeen
tujuh puluh *(n., a)* seventy
tukang *(n.)* craftsman
tukang ajuk *(n.)* imitator
tukang angkut *(n.)* bellboy
tukang angkut *(n.)* bellhop
tukang batu *(n.)* mason
tukang besi *(n.)* blacksmith
tukang campur *(n.)* compounder
tukang cuci *(n.)* laundress
tukang emas *(n.)* goldsmith
tukang gunting *(n.)* barber
tukang jahit *(n.)* dressmaker
tukang jahit *(n.)* sewer
tukang jahit *(n.)* tailor
tukang kaca *(n.)* glazier
tukang kasut *(n.)* cobbler
tukang kayu *(n.)* carpenter
tukang kayu *(n.)* joiner
tukang kebun *(n.)* gardener
tukang logam *(n.)* smith
tukang manisan *(n.)* confectioner
tukang masak *(n.)* chef
tukang masak *(n.)* cook
tukang paip *(n.)* plumber
tukang pamer *(n.)* showoff
tukang pateri *(n.)* tinker
tukang pukul *(n.)* bouncer
tukang risik *(n.)* matchmaker
tukang sapu *(n.)* sweeper
tukang sihir *(n.)* wizard
tukang taip *(n.)* typist
tukang tembikar *(n.)* potter
tukang tenun *(n.)* tanner
tukang tenun *(n.)* weaver
tukang tilik *(n.)* palmist
tukang tilik *(n.)* seer
tukang urut *(n.)* masseur
tukar ganti *(v.)* exchange
tukul *(n.)* hammer
tulang *(n.)* bone
tulang bahu *(adj.)* scapular
tulang belakang *(n.)* backbone
tulang belakang *(adj.)* spinal
tulang belakang *(n.)* spine
tulang karpus *(adj.)* carpal
tulang kering *(n.)* shin
tulang paha *(n.)* femur
tulang rusuk *(n.)* rib
tulang-T *(n.)* T-bone
tulen *(adj.)* authentic
tulen *(adj.)* bonafide
tulen *(adj.)* genuine
tulen *(a)* pure
tulen *(adj.)* sterling
tulisan sindiran *(n.)* lampoon
tulus *(n.)* purist
tulus *(n.)* recrudency
tumbuh gigi *(v.)* teethe
tumbuhan *(n.)* plant
tumbuhan lanjur *(n.)* aftergrowth
tumbuhan menjalar *(n.)* creeper
tumbuh-tumbuhan *(n.)* vegetation
tumbuk *(v.)* pound
tumbukan *(n.)* punch
tumbukan maut *(n.)* deathblow
tumis *(v.)* saute
tumit *(n.)* heel
tumor *(n.)* tumour
tumpahan *(n.)* spill
tumpuan *(n.)* concentration
tumpuan *(adj.)* focal
tumpul *(adj.)* blunt
tunang *(adj.)* betrothed
tunang *(n.)* fiancé

tunas *(n.)* shoot
tunda *(n.)* tow
tunduk *(v.)* bow
tunduk *(v.)* duck
tunggakan *(n.pl.)* arrears
tunggal *(adj.)* single
tunggal *(n.)* singularity
tunggal *(adj.)* sole
tunggang terbalik *(n.)* somersault
tunggangan kuda *(adv.)* sidesaddle
tunggang-langgang *(adj.)* topsy turvy
tunggu *(n.)* wait
tunggul *(n.)* stump
tuntuan *(n.)* reclamation
tuntutan *(n.)* claim
tuntutan *(n.)* requisition
tupai *(n.)* squirrel
turbin *(n.)* turbine
turpentin *(n.)* turpentine
turun *(v.)* alight
turun *(v.)* avale
turun *(v.)* descend
turun *(n.)* descent
turun nilai *(v.)* devaluate
turun takhta *(v.t,)* abdicate
turun-temurun *(adj.)* folkloric
turun-temurun *(n.)* hereditary
tusukan *(n.)* penetration
tutorial *(adj.)* tutorial
tutorial *(n.)* tutorial

ubah *(v.)* transform
ubah suai *(v.)* renovate
ubat *(n.)* cure
ubat *(n.)* medicament
ubat *(n.)* medicine
ubat bius *(n.)* anaesthetic
ubat palsu *(n.)* nostrum
ubat pelemah *(n.)* debilitant
ubat penenang *(adj.)* sedative
ubat penenang *(n.)* sedative
ubat penenang *(n.)* tranquillizer
ubi bit *(n.)* beetroot
udang kara *(n.)* lobster
udang krai *(n.)* crayfish
udara *(n.)* air
udara mampat *(n.)* pneumatic
ufuk *(n.)* horizon
ugutan *(n.)* menace
ugutan *(n.)* intimidation
ujian *(n.)* test
ukulele *(n.)* ukelele
ukuran cecair *(n.)* ounce
ukuran panjang *(n.)* furlong
ukuran piawai *(n.)* gauge
ulang *(n.)* reverse
ulang alik *(v.)* ply
ulang kaji *(n.)* revision
ulang tahun *(n.)* anniversary
ular *(n.)* serpent
ular *(n.)* snake
ular berludak *(n.)* adder
ular boa *(n.)* boa
ular sawa *(n.)* python
ular tedung *(n.)* cobra
ulasan *(n.)* comment
ulasan *(n.)* commentary
ulasan *(n.)* review
ulat buku *(n.)* book-worm
ulat bulu *(n.)* caterpillar

ulser *(n.)* ulcer
ultra bunyi *(adj.)* supersonic
ultra ungu *(adj.)* ultraviolet
ultrasonik *(adj.)* ultrasonic
umat Kristian *(n.)* Christendom
umpan *(n.)* bait
umpan *(n.)* decoy
umpan *(n.)* lure
umpatan *(n.)* blab
umum *(adj.)* public
umur *(n.)* age
uncang *(n.)* pouch
uncang teh *(n.)* teabag
undang-undang *(n.)* law
undang-undang *(n.)* ordinance
undang-undang kecil *(n.)* bylaw, bye-law
undi *(v.)* poll
undi *(n.)* vote
undian *(n.)* ballot
undian *(n.)* vote
undur *(v.)* reverse
undur semula *(n.)* recondensation
unggul *(adj.)* transcendent
unggun api *(n.)* bonfire
unggun api *(n.)* campfire
ungka *(n.)* gibbon
ungu *(adj./n.)* purple
ungu *(n.)* violet
unik *(adj.)* unique
unit *(n.)* unit
universiti *(n.)* university
unjuran *(n.)* projection
unjuran *(v.)* tang
unsur *(n.)* element
unsuri *(adj.)* elemental
unta *(n.)* camel
untuk *(prep.)* for
untuk pemakan *(adj.)* epicurean
untung *(v.)* profit
upacara *(n.)* ceremony
upacara *(n.)* puritan

upacara *(adj.)* ritual
upacara agama *(n.)* ordinance
upacara sembahyang *(n.)* requiem
upah *(n.)* hire
upah gembala *(v.)* agist
urat *(n.)* vein
uri *(n.)* placenta
urus setia *(n.)* secretariat (e)
urusan *(n.)* affair
urusan *(n.)* dealings
urutan *(n.)* massage
urutan *(n.)* sequence
usaha *(n.)* effort
usaha *(n.)* endeavour
usaha *(n.)* venture
usaha memudahkan *(n.)* simplification
usaha menyelamatkan *(n.)* salvage
usang *(adj.)* obsolete
usungan *(n.)* stretcher
usungan jenazah *(n.)* bier
usus *(n.)* bowel
usus *(n.)* entrails
usus *(n.)* intestine
usus besar *(n.)* colon
utama *(adj.)* chief
utama *(adj.)* main
utama *(adj.)* major
utama *(n.)* paramount
utama *(adj.)* premier
utama *(adj.)* primary
utama *(adj.)* prime
utama *(adj.)* principal
utara *(adj.)* north
utara *(n.)* north
utas *(n.)* strand
utopia *(n.)* utopia
utusan *(n.)* envoy
utusan *(n.)* messenger
utusan *(n.)* oracle
uzur *(adj.)* indisposed

vaksin *(n.)* vaccine
vakum *(n.)* vacuum
van *(n.)* van
vasektomi *(n.)* vasectomy
vaselin *(n.)* vaseline
vektor *(n.)* vector
vektor *(adj.)* vectorial
ventrilokis *(n.)* ventriloquist
ventrilokisme *(n.)* ventriloquism
versi *(n.)* version
vest *(n.)* waistcoat
veteran *(n.)* veteran
veto *(n.)* veto
video *(n.)* video
video kaset *(n.)* videocassette
vila *(n.)* villa
violin *(n.)* violin
virus *(n.)* virus
visi *(n.)* vision
visual *(adj.)* visual
vitamin *(n.)* vitamin
vokal *(adj.)* vocal
vokal *(n.)* vowel
volt *(n.)* volt
voltan *(n.)* voltage

wabak *(n.)* epidemic
wabak *(n.)* pestilence
wabak *(v.)* plague
wabak *(n.)* polemic
wad *(n.)* ward
wain *(n.)* wine
wain malmsey *(n.)* malmsey

wajah *(n.)* visage
wajah masam *(adj.)* dour
wajar *(adj.)* appropriate
wajar *(adj.)* due
wajar *(adj.)* expedient
wajar *(v.)* merit
wajar *(adj.)* sensible
wajar *(adj.)* worthy
wajib *(adj.)* compulsory
wajib *(adj.)* incumbent
wajib *(adj.)* obligatory
wakil *(n.)* behalf
wakil *(n.)* delegate
wakil *(n.)* emissary
wakil *(n.)* representative
wakil gereja-gereja *(adj.)* ecumenical
waktu ini *(n.)* juncture
waktu malam *(adj.)* nocturnal
waktu rehat *(n.)* breaktime
waktu rehat *(n.)* recess
waktu selang *(n.)* interlude
waktu selang *(n.)* interval
waktu tidur *(n.)* bed-time
waktunya *(adj.)* seasonable
walau bagaimanapun *(conj.)* however
walau bagaimanapun *(adv.)* somehow
walaupun *(conj.)* albeit
walaupun *(adv.)* nonetheless
walaupun *(prep.)* notwithstanding
walaupun demikian *(conj.)* notwithstanding
wali Allah *(n.)* saint
walnut *(n.)* walnut
walrus *(n.)* walrus
wang *(n.)* money
wang British *(n.)* sterling
wang harum *(n.)* pelf
wang pendahuluan *(n.)* deposit
wang tebusan *(n.)* ransom

wang tebusan *(v.)* ransom
wang tunai *(n.)* cash
wang upah *(n.)* tip
wangi *(adj.)* odorous
wangi *(adj.)* fragrant
wanita *(n.)* lady
wanita *(n.)* woman
wanita angkuh *(n.)* chit
wanita bangsawan *(n.)* countess
wanita berfesyen *(n.)* flapper
wanita berkulit hitam *(n.)* negress
wanita cantik *(n.)* belle
wap *(n.)* steam
wap *(n.)* vapour
warak *(adj.)* pious
waran *(n.)* warrant
waran geledah *(n.)* search warrant
waranti *(n.)* warrantee
waras *(adj.)* sane
warden *(n.)* warden
warga emas *(n.)* octogenarian
warganegara *(n.)* citizen
warisan *(n.)* heritage
warisan *(n.)* legacy
warna *(n.)* colour
warna *(n.)* tinge
warna *(n.)* tone
warna coklat *(adj.)* brown
warna hijau *(n.)* green
warna kulit *(n.)* complexion
warna kuning *(n.)* yellow
warna perang *(n.)* brown
warna perang *(adj.)* ginger
warna putih *(n.)* white
warta kerajaan *(n.)* gazette
wartawan *(n.)* press
wasiat *(n.)* will
waspada *(adj.)* wary
watak *(n.)* character
watak utama *(n.)* protagonist

watt *(n.)* watt
wawasan *(n.)* insight
wayang *(n.)* opera
wayar *(n.)* wire
wejangan *(n.)* instruction
wiket *(n.)* wicket
wilayah *(adj.)* territorial
win *(n.)* winch
wira *(n.)* hero
wirawati *(n.)* heroine
wiski *(n.)* whisky
wuduk *(adj.)* ablutionary
wuduk *(n.)* ablution
wujud *(v.)* exist
wujud *(adj.)* existential
wujud bersama *(v.)* coexist
wujud berzaman-zaman *(adj.)* immemorial

xenofobia *(n.)* xenophobia
xenophobe *(n.)* xenophobe
xerox *(n.)* Xerox

ya *(adv.)* yes
yakin *(adj.)* confident
yakin diri *(adj.)* self-confident
yang akan mati *(adj.)* mortal
Yang Arif *(n.)* lordship
yang bercita-cita *(n.)* aspirant
yang berkicau *(n.)* warbler
yang bersekutu *(adj.)* associate
yang bertentangan *(n.)* extreme

yang boleh membantu *(n.)* auxiliary
yang dibenarkan *(adj.)* permissible
yang dihormati *(n.)* bottler
yang dikasihi *(adj.)* dear
yang dipinggirkan *(adj.)* outcast
yang ditinggalkan *(n.)* anbandonee
yang hidup *(n.)* living
yang kedua *(adj.)* second
yang lain *(adv.)* otherwise
yang mana *(adj.)* which
yang membangkitkan *(adj.)* evocative
yang membantu *(n.)* adjuvant
yang memindahkan *(n.)* transplantee
yang mendekati *(n.)* accost
yang menegur *(n.)* admonisher
yang mengusap *(n.)* fondler
yang meninggalkan *(n.)* omitter
yang menyebabkan *(conj.)* whereupon
yang mulia *(n.)* eminence
yang pertama *(pron)* former
yang sama *(n.)* like
yang suka ngeri *(n.)* ghoul
yang terakhir *(n.)* last
yang terbaik *(n.)* nonpareil
yang tercengang *(n.)* flabbergast
yang Terutama *(n.)* excellency
yayasan *(n.)* institute
Yen *(n.)* Yen
yodel *(n.)* yodle
yoga *(n.)* yoga
Yu todak *(n.)* sawfish

yunani *(n.)* Greek
yuran *(n.)* fee
yuran pengajian *(n.)* tuition

zahirnya *(n.)* facade
zaitun *(n.)* olive
zakar *(n.)* penis
zakat *(n.)* tithe
zalim *(n.)* tyrant
zaman *(n.)* era
zaman kanak-kanak *(n.)* childhood
zaman kegemilangan *(n.)* heyday
zaman pertengahan *(adj.)* medieval
zaman purba *(n.)* antiquity
zamrud *(n.)* emerald
zarah Nano *(n.)* nanoparticle
zilofon *(n.)* xylophone
zina *(n.)* adultery
zink *(n.)* zinc
zip *(n.)* zipper
zirafah *(n.)* giraffe
zodiak *(n.)* zodiac
zon *(n.)* zone
zon penurunan *(n.)* dropzone
zon perang *(n.)* battlezone
zoo *(n.)* zoo
zoologi *(n.)* zoology
zuhud *(adj.)* ascetic